读书是一件容易的事情，能够带着思考去读书，并且把所学的知识得以运用却是一件难事情，让这本书陪伴你，在学海中以苦为乐，在书山中以勤为径，梦想成真！

叶青

中华会计网校
www.chinaacc.com
正保远程教育旗下品牌网站
美国纽交所上市公司(代码:DL)
梦想成真®
系列辅导丛书

2020年注册会计师全国统一考试

税　法

经典题解 上册

■叶　青　主编　■中华会计网校　编

感恩20年相伴　助你梦想成真

人民出版社

责任编辑：薛岸杨
特邀编辑：张园园　潘炫名　赵　喆

图书在版编目（CIP）数据

税法经典题解：上下册/叶青主编；中华会计网校编. —北京：人民出版社，2020. 3
ISBN 978-7-01-021839-7

Ⅰ. ①税…　Ⅱ. ①叶…　②中…　Ⅲ. ①税法-中国-资格考试-题解　Ⅳ. ①D922. 22-44

中国版本图书馆 CIP 数据核字（2020）第 020009 号

税法经典题解（上下册）
SHUIFA JINGDIAN TIJIE

中华会计网校　编

人民出版社出版发行
（100706　北京市东城区隆福寺街 99 号）

三河市荣展印务有限公司印刷　新华书店经销

2020 年 3 月第 1 版　2020 年 3 月第 1 次印刷
开本：787×1092　1/16　印张：30. 5
字数：801 千字

ISBN 978-7-01-021839-7　定价：68. 00 元（全 2 册）

邮购地址　100706　北京市东城区隆福寺街 99 号
人民东方图书销售中心　电话：010－65250042　65289539
中华会计网校财会书店　电话：010－82318888

前 言

主编有话说

正保远程教育

发展：2000—2020年：感恩20年相伴，助你梦想成真

理念：学员利益至上，一切为学员服务

成果：18个不同类型的品牌网站，涵盖13个行业

奋斗目标：构建完善的“终身教育体系”和“完全教育体系”

中华会计网校

发展：正保远程教育旗下的第一品牌网站

理念：精耕细作，锲而不舍

成果：每年为我国财经领域培养数百万名专业人才

奋斗目标：成为所有会计人的“网上家园”

“梦想成真”书系

发展：正保远程教育主打的品牌系列辅导丛书

理念：你的梦想由我们来保驾护航

成果：图书品类涵盖会计职称、注册会计师、税务师、经济师、财税、实务等多个专业领域

奋斗目标：成为所有会计人实现梦想路上的启明灯

图书特色

1 命题趋势预测及应试技巧

解读考试整体情况，掌握解题突破口，

精准预测，提供备考指导

一、考试基本情况介绍

1. 教材基本结构

2020年审计教材共八编23章，充分体现了职业道德守则和执业准则的内容。具体如下：

第一编　审计基本原理(第1章~第6章)

二、命题规律总结及趋势预测

通过对近几年的试题分析，预计2020年的试题整体难度保持适中，客观题除少量题目与实务相关构成一定难度外，预计大部分题目来自于教材或准则；简答题基本为分析性题目，要

三、应试技巧

1. 客观题

客观题通常总体难度不高，大部分题目能从教材中找到答案，但有一部分题目有一定难度，这类题目或非常具有实务性，或是对教材知识点的延伸，或是来自于准则、应用指南、问

四、本书特点及备考建议

本书第一部分从总体上介绍教材基本结构、分值分布及各章难易度、应试技巧和备考建议；第二部分分章讲解核心考点，通过介绍考点的基本内容，辅以阶段性测试对相关知识点进

2 核心考点精析及习题训练

考情分析

权威解读考试情况，总结规律

»历年考情分析

本章作为注册会计师审计基本理论的重要内容，可能以各种题型考查考生对本章基本概念、基本理论知识的理解。近几年来，每年均考查多个客观题，同时在风险导向审计的综合题中考查审计目标理论在实务中的运用。考生应重点关注审计的保证程度、审计要素、审计目标、审计基本要求、审计风险等知识点。

核心考点及经典例题详解

全方位透析考试，钻研考点

考点一　审计的概念与保证程度★

扫我解疑难

经典例题

【例题1·单选题】(2019年)下列有关财务报表审计的说法中，错误的是(　)。

A. 审计不涉及为如何利用信息提供建议

的书面记录，但是并非对在审计过程中作出的所有职业判断均进行书面记录。

考点精析

重难点精析

审计基本要求包括遵守审计准则、遵守职业道德守则、保持职业怀疑、合理运用职业判断。此处主要讲解保持职业怀疑和合理运用职业判断两方面要求。

以题带点，深入解读真题

一、保持职业怀疑

本章综合练习

限时65分钟

夯实基础，快速掌握答题技巧

一、单项选择题

1. 下列有关财务报表审计的说法中，错误的是(　)。

A. 财务报表审计的目的是改善财务报表的质量或内涵

B. 财务报表审计的基础是独立性和专业性

A. 被审计单位的管理层

B. 被审计单位的股东

C. 为被审计单位提供贷款的银行

D. 对被审计单位财务报表执行审计的注册会计师

4. 下列各项业务中，属于合理保证业务的

3 跨章节主观题突破

找准致错关键，避开设题陷阱

一、简答题

1. 本题考核知识点：银行借款的函证、函证实施的时间、函证能够证实的认定、评价管理层不实施函证的理由、针对低估风险的函证

ABC会计师事务所的A注册会计师负责审计甲公司2019年度财务报表。审计工作底稿中与函证相关的部分内容摘录如下：

(1)甲公司2019年末的一笔大额银行借款已于2020年初到期归还。A注册会计师检查了还款凭证等支持性文件，结果满意，决定不实施函证程序，并在审计工作底稿

低估风险，因此，在询证函中未填列甲公司账面余额，而是要求被询证者提供余额信息。

要求：针对上述第(1)至(5)项，逐项指出A注册会计师的做法是否恰当。如不恰当，简要说明理由。

2. 本题考核知识点：审计工作底稿通常不包括的内容、审计工作底稿归档后的变动、审计工作底稿的保存期限、现金监盘、评价会计估计的合理性并确定错报

甲公司为ABC会计师事务所的常年审计客户，A注册会计师负责对甲公司2018年度

4 机考通关模拟试题演练

强化解题能力，速查漏补缺

一、单项选择题(本题型共25小题，每题1分，共25分。每题只有一个正确答案，请从每题的备选答案中选出一个你认为正确的答案。)

1. 关于审计重要性，下列说法中错误的是(　)。

A. 注册会计师在制定具体审计计划时，应当确定财务报表整体的重要性

一、单项选择题(本题型共25小题，每题1分，共25分。每题只有一个正确答案，请从每题的备选答案中选出一个你认为正确的答案。)

1. 如果已在财务报表中披露的某事项不会导致发表非无保留意见，也未被确定为将要在审计报告中沟通的关键审计事项，但根据职业判断认为对财务报表使用者理解财

提供充分适当的审计证据

D. 分析程序可以用于控制测试

4. 下列有关货币单元抽样的说法中，错误的是(　)。

A. 货币单元抽样不适用于测试总体的低估

B. 货币单元抽样适用于从大规模总体中选

充分、适当的审计证据，下列说法中正确的是(　)。

A. 注册会计师应当根据具体情况并运用职业判断，确定使用统计抽样或非统计抽样方法，以最有效率地获取审计证据

B. 审计抽样适用于控制测试和实质性程序中的所有审计程序

目　录

上　册

第一部分　命题趋势预测及应试技巧

第二部分　核心考点精析及习题训练

第四部分　机考通关模拟试题演练

正保文化官微

关注正保文化官微，
回复“勘误表”，
获取本书勘误内容。

第一部分

命题趋势预测及应试技巧

JINGDIAN TIJIE

智慧启航

世界上最快乐的事，莫过于为理想而奋斗。

——苏格拉底

2020年命题趋势预测及应试技巧

JINGDIAN TIJIE

一、考试基本情况介绍

(一)教材基本结构

2020年“税法”科目教材共14章，可分为四大部分，结构总览如下：

第一部分：税法总论(第1章)

本部分主要介绍税法基础知识和基本概念，包括税收法律关系、税法构成要素、税收立法机构、现行税法体系、税收管理体制、国际税收关系等，侧重从整体上对税法知识建立一个立体的框架体系，为今后各部分、各章节的学习奠定基础。由于本章内容不涉及操作能力问题，只会涉及知识层面考点，因此分值较少。

第二部分：税收实体法(第2~11章)

本部分由十章、18个税种的法律法规组成，主要介绍与注册会计师执业活动关系密切的实体法各税种的政策规定，是教材的核心内容，也是考试中分数最多的一部分内容。18部税法按学习层级不同，又可分为三个层次：

1. 商品劳务税法

商品劳务税法是以流转额(销售收入额、劳务收入额)为征税对象征收的一类税，包括教材第2、3章，涉及增值税法、消费税法两个税种。流转税作为现行税法体系中的主体税，考生在学习这两个税法时，既要全面掌握与理解每个税种的现行政策，熟练运用政策计算流转环节的各项税金；又要明确各税种的区别与内在联系，两税在应用层面相互结合，一定会出现在主观题的命题中。分析近年考题，增值税是每年必考的综合题，消费税是每年必考的计算分析题。

2. 所得税法

所得税法是以纳税人(包括法人、组织、自然人)纯收入为征税对象征收的一类税，包括教材第4、5章，涉及企业所得税法、个人所得税法两个税种。企业所得税的应纳税所得额是纳税人的收入总额扣除不征税收入、免税收入、价内税金、计税成本和费用、损失后的余额，其纳税调整与税额计算，既涉及税法与会计的关系，也涉及与纳税人缴纳的其他多个税种的联系，有较大的难度，一定会出现综合性考试题目；个人所得税法中，2019年1月1日起改为混合征收制，政策变化较大，以个人综合所得及分类所得计算税额为主线的学习内容需要有清晰的学习思路，随后出台的汇算清缴管理规定也较多。分析近年考题，企业所得税是每年必考的综合题，个人所得税是每年必考的计算分析题。

3. 其他税法

其他税法汇集了现行实体税法中的非主体税，包括资源税和环境保护税类、特定目的税类、财产行为税类、流转税中的关税，涉及教材第6~11章，共14个税种，它们是：城市维护建设税法、烟叶税法、关税法、船舶吨税法、资源税法、环境保护税法、城镇土地使用税法、耕地占用税法、房产税法、契税法、土地增值税法、车辆购置税法、车船税法、印花税法。每个单行税法内容较简单，但汇集在一起容易混淆，特别是每部税法的征税范围与纳税人、计税依据、应纳税额计算、减免税、纳税期限与地点等，需要边学习边归纳，这部分内容在知识层面会有较多考核点，但是难度较大的土地增值税、资源税税额计算，应关注计算分析题命题。

第三部分：国际税收税务管理实务(第12章)

国际税收的内容相对来说比较生僻，难以理解，学习中需要反复阅读教材，结合前面章节中实体税种的具体规定，理解涉及境外国际业务中纳税的方法及税额的计算。

考试中，对涉及计算性的知识点要掌握应用，注意计算性题目的考试命题。例如，外国常驻代表机构企业所得税的计算，承包工程作业和提供劳务企业所得税的计算，股息、利息、租金、特许权使用费和财产转让所得应纳税额的计算，境外所得的抵免，资本弱化等内容，均需要结合辅导课程的讲解，反复练习。

第四部分：税收征收管理法与税务行政法制(第13~14章)

我国的税收程序法以《中华人民共和国税收征收管理法》为核心，主要介绍了税务管理、税款征收、税务检查、违反税法行为的法律责任等问题。这部分内容包括教材第13、14章，涉及税收征收管理法和税务行政法制两章，其基本政策和程序规定，会涉及知识层面考点，是选择题的命题思路。

(二)分值分布及各章难易度

教材结构	框架内容	章节	分值及比例	难易程度
第一部分	税法总论	第1章	一般分值3~5分，占总分值3%左右	★
第二部分　税收实体法	商品劳务税法：增值税法、消费税法	第2、3章	合计分值30~35分，占总分值33%左右	★★★
	所得税法：企业所得税法、个人所得税法	第4、5章	合计分值25~30分，占总分值29%左右	★★★
	其他税法：14个税种	第6~11章	合计分值20~25分，占总分值23%左右	★★
第三部分	国际税收：国际税收税务管理实务	第12章	一般分值3~8分，占总分值7%左右	★★
第四部分	税收征收管理法和税务行政法制	第13、14章	合计分值4~5分左右，占总分值5%左右	★

(三)2020年教材

1. 整体概述

2020年的《税法》教材，共分为14章，总体框架结构没有变化，依旧是十四章内容。从目录大纲上看只是第十三章“税收征收管理法”增加了两节内容，分别是“第八节 税收违法行为检举管理办法”“第九节 税务文书电子送达规定(试行)”。

需要特别说明的是，税法政策时效性极强，根据2020年《税法》考试大纲要求，教材收录的政策截至2019年12月31日，增值税在2019年4月1日起重要的政策变化、个人所得税在2019年12月底关于个人所得税综合所得汇算清缴的公告、资源税在2019年12月通过了正式立法程序，这些涉及众多领域的新政都收录到了今年的教材中，因而2020年《税法》科目在第二章增值税法、第四章个人所得税法等变化较大。

2. 各章变化概述如下：

第1章 税法总论：基本没有变化。

补充了以国家法律形式发布实施的税种新增资源税法。

第 2 章 增值税法：变动很大。

(1)自 2019 年 4 月 1 日起的重要变化政策：

①税率调整为 13%、9%、6%和零税率；

②农产品扣除率调整为 9%和 10%；

③纳税人取得不动产或者不动产在建工程的进项税额一次性抵扣，取消分期抵扣的规定；

④购进国内旅客运输服务的进项税额准予抵扣；

⑤出口货物退税率调整为 13%、9%；

⑥境外旅客购物离境退税物品的退税率调整为 11%、8%。

(2)自 2019 年 4 月 1 日起的重要新增政策：

①增值税加计抵减政策：允许生产、生活性服务业纳税人按照当期可抵扣进项税额加计抵减应纳税额。生产性服务业的加计抵扣比例为 10%，生活性服务业的加计抵扣比例为 15%；

②退还增量留抵税额的规定。

(3)征税范围中，补充了一些具体业务增值税处理。

(4)新增综合保税区增值税一般纳税人资格管理。

(5)提供保险服务的纳税人赔付机动车辆保险责任进项税额抵扣规定。

(6)异常增值税扣税凭证的管理。

(7)纳税人取得的财政补贴收入：纳税人取得的与其销售额或销售量直接挂钩的，按规定计算缴纳增值税；取得的其他情形的财政补贴收入，不征收增值税。

(8)新增一些增值税免征项目。

(9)小规模纳税人开具增值税专用发票的管理规定。

第 3 章 消费税法：基本没有变化。

补充"成品油"税目中"关于纳税人利用废矿物油为原料生产的润滑油基础油、汽油、柴油等工业油料免征消费税"及相关条件。

第 4 章 企业所得税法：新增较多。

(1)增加了永续债的所得税处理规定。

发行方和投资方均为居民企业的，投资方的永续债利息收入可以适用企业所得税法规定的居民企业之间的股息、红利等权益性投资收益免征企业所得税规定；同时发行方支付的永续债利息支出不得在企业所得税税前扣除。

(2)企业投资者持有 2019~2023 年发行的铁路债券取得的利息收入，减半征收企业所得税。

(3)公益捐赠中，2019 年 1 月 1 日至 2022 年 12 月 31 日，用于目标脱贫地区的扶贫公益捐赠支出，准予在计算企业所得税应纳税所得额时据实扣除。

(4)税收优惠中，支持制造业企业加快技术改造和设备更新，自 2019 年 1 月 1 日起，适用固定资产加速折旧优惠的行业范围，扩大至全部制造业领域。

(5)从事污染防治的第三方企业减按 15%的税率征收企业所得税的税收优惠。

(6)跨境电子商务综合试验区核定征收企业所得税的规定。

第 5 章 个人所得税法：新增较多。

(1)细化无住所个人一个纳税年度内在中国境内累计居住天数；

(2)明确一些个人所得的所属税目；

(3)补充税收优惠：全国中小企业股份转让系统挂牌公司取得的股息红利，实行差别化政策；个人投资者持有铁路债券取得的利息收入，减按50%计入应纳税所得额等；

(4)计算含税全年一次性奖金公式修订；

(5)关于公益慈善事业捐赠个人所得税政策；

(6)个人捐赠住房作为廉租住房、公租房，按公益捐赠的要求税前扣除；

(7)非居民个人和无住所居民个人有关个人所得税的政策；

(8)需要办理和无需办理个人所得税综合所得汇算清缴的项目；

(9)建立个人所得税纳税信用管理机制；

(10)增加三个申报表及填表说明。

第6章 城市维护建设税法和烟叶税法：无变化。

第7章 关税法和船舶吨税法：无变化。

第8章 资源税法和环境保护税法：资源税变化较大。

(1)资源税：根据《中华人民共和国资源税法》最新规定，删除扣缴义务人的内容，资源税税目及税率表变动较大，资源税减税、免税项目内容整体变动，资源税纳税期限、纳税地点内容变化。

(2)环境保护税：新增特点和税目的详细分类解释。

第9章 城镇土地使用税法和耕地占用税法：耕地占用税变化较大。

(1)城镇土地使用税的税收优惠中新增了对城市公交站场、道路客运站场、城市轨道交通系统运营用地和对向居民供热收取采暖费的供热企业，免征城镇土地使用税的政策。

(2)耕地占用税变动较大，根据《中华人民共和国耕地占用税法实施办法》和《关于耕地占用税征收管理有关事项的公告》修，增加了园地、林地等解释，增加加征150%耕地占用税的规定；税收优惠和征收管理内容也有变化。

第10章 房产税法、契税法和土地增值税法：变化较小。

新增房产税的2项税收优惠政策，增加房产税纳税申报表。

第11章 车辆购置税法、车船税法和印花税法：车辆购置税变化较大。

车辆购置税根据《关于车辆购置税征收管理有关事项的公告》《关于继续执行的车辆购置税优惠政策的公告》《关于车辆购置税有关具体政策的公告》，对征税范围、计税依据、征收管理、税收优惠等知识点涉及的新增和变动内容较多。

第12章 国际税收税务管理实务：变动不大。

(1)新增非居民企业享受税收协定待遇，采取“自行判断、申报享受、相关资料留存备查”的方式办理。

(2)删除非居民企业承包工程作业和提供劳务中的“登记备案管理”和“税务申报要求”；删除国际税收征管合作中的“税收公约”。

(3)修改境外所得税收管理中的大例题。

第13章 税收征收管理法：变动较大，新增两节。

(1)税务登记管理中，新增设立税务登记相关内容；新增批量零申报处理情形。

(2)新增企业破产清算程序中的税收征管、《无欠税证明》开具服务。

(3)纳税信用管理中新增纳税信用修复的相关内容。

(4)新增第八节“税收违法行为检举管理办法”。

(5)新增第九节“税务文书电子送达规定(试行)”。

第 14 章 税务行政法制：无变化。

二、命题规律总结及趋势预测

（一）命题规律总结

1. 题型稳定，题量较大

根据近几年考试情况，“税法”科目的考试题型均为四种，分别是单项选择题、多项选择题、计算问答题、综合题，共计 44 题，题量较大，考试知识点覆盖面较广，章章有题，而且涉及计算的题目较多，对学员做题的熟练程度和准确性要求较高。

2. 全面考核、重点突出

不论教材如何变化，每年考试试题都涵盖了考试大纲及指定教材的所有章节，但分数是不会平均分配的，对各税种的考核也有差别，有的税种只有 1 分，有的税种则多达 20 分左右的分值（如增值税、企业所得税）。重点税种：增值税、消费税、企业所得税、个人所得税、土地增值税，分数合计能达到 65 分以上。

3. 注重能力性问题考核，记忆性问题考核较少

从过去几年的“税法”考试情况看，这门课程的能力性测试以应用操作层面为主，计算量较大，除计算问答题、综合题之外，单项选择题也经常涉及一些非重点税种的税额计算，与计算有关的分值一般在 70 分左右，6 个主观题的计算集中在增值税法、消费税法、企业所得税法、个人所得税法、土地增值税法和资源税法，计算问答题中要关注上述税种的重要法规政策描述；国际税收税务管理实务在近三年考试中也是每年都出现在计算问答题中，能力性问题考核较为明显。

（二）趋势预测

预计 2020 年考试难度和往年基本持平。“税法”考试虽然考查全面，但是重点突出；虽然知识点零散，但是也有规律可循；虽然计算量较大，但是也有应对方法。对于教材重要变动的内容，每年必考，所以需要重点关注，比如 2020 年教材的增值税众多变化、个人所得税汇算清缴要求、资源税立法之后的政策变化等内容，都需要学员重新学习并结合习题进行有针对性的巩固练习。近几年税法考试题型没有变化，预计 2020 年考试题型、题量也不会变化，仍为 44 题，具体题型、题量和分值如下表所示：

题型	单项选择题	多项选择题	计算问答题	综合题
题量	24 题	14 题	4 题	2 题
分值	24 分	21 分	24 分	31 分
	客观题：38 题、45 分		主观题：6 题、55 分	
合计与说明	100 分（计算问答题中选择一个题全部英文作答，会有 5 分的另外加分）			

三、应试技巧

考生在答题时，如能够正确把握答题的技巧，对于提高答题的准确率和答题速度很有裨益。

（一）计划统筹时间，有的放矢

《税法》科目的考试时长为 120 分钟，当你看到试卷后，应该看一看试题的分量，注意以下几个问题：题型、题量、分值有无变化，选项是否较往年有变化。做题时，建议按照单选题、

多选题、计算问答题、综合体的顺序，从易到难。另外，在一道题目上花费过多时间是不值得的，即使做对了，也是得不偿失。一般认为，单项选择题时间在 20 分钟以内；多项选择题时间在 20 分钟以内；计算问答题时间在 40 分钟以内；综合题时间在 40 分钟以内。切记不要在一些分值低、把握不大的题目上耗费过多的时间，因此一定要计划统筹时间、有的放矢、沉着应战。

（二）读懂题目，弄清题意

注意仔细审题，一定要看清楚题目问的是什么。有些考生看到题目就开始做题，迫不及待，这样容易答非所问；必须将选择题题干读完，弄清楚问什么，条件是什么，备选答案是什么，注意迷惑信息的干扰。对于计算问答题和综合题，由于时间紧迫而题干比较长，可以先将题目浏览一遍，将重点信息标记出来，然后结合题目所问快速确定答题思路，再按要求答题。防止花费了很多时间，再从头开始。但是也要注意题目条件之间的联系，以及隐藏的迷惑点，一般来说在安排答题顺序时，由简单到复杂，由易到难，不会做或无把握的题目，要有果断放弃的决心，尽量保证会做的题目的正确性。

（三）掌握一定的答题技巧

答好选择题，除了掌握必备的知识以外，如果再掌握一些答题技巧，你将胜券在握。

1. 运用排除法

如果不能一眼看出正确答案，应首先排除明显荒诞、拙劣或不正确的答案。一般来说，对于选择题，尤其是单项选择题，设问项与正确的选择答案几乎直接摘自指定教材或法规，有的备选项也有可能一眼就可看出是错误的答案。尽可能排除一些选项，就可以提高你选对答案而得分的概率。

2. 运用猜测法

如果你不知道确切的答案，也不要放弃，要充分利用所学知识去猜测。一般来说，排除的选项越多，猜到正确答案的可能性就越大。

3. 运用比较法

直接把各选项答案加以比较，并分析它们之间的不同点，集中考虑正确答案和错误答案的关键所在。

四、本书特点及备考建议

（一）本书特点

本书汇集海量经典习题，适合强化提高阶段学习。从经典例题入手，深刻分析各题目对应的知识点，对重要知识点进行高度提炼和深入分析。考点分析准确、精练，练习题目设计新颖、紧扣大纲，训练效果极强，疑难问题解答详尽、深刻、透彻。它不仅是考生应试的必备习题手册，更是疑难问题解答的随身老师。

（1）紧扣大纲，指导性强：编者对考试大纲进行了深入细致的研究，大纲中的考点、重点在本书中得到了充分的体现。

（2）重点讲解，丝丝入扣：本书对教材中的重要内容做了深刻的讲解，点面结合，并根据重要性进行了相关总结。

（3）题目多样，解析详细：根据大纲和教材编写大量实用的例题和习题，并有详尽解析，有助于考生理解知识点。

（4）海量训练，预测准确：针对每一知识点都进行了大量的习题训练，特别是很有针对性的阶段性测试，帮助考生学会一个考点就训练一个考点。机考通关题库，海量题目，供考生有效练习。凝聚中华会计网校辅导专家多年教学研究成果，考情分析透彻、精练，考点预测准确、权威。

(二)备考建议

2020年“税法”考试科目的指定教材在去年基础上，结合新出台和新修订的税收政策法规，扩展和补充了复习内容。如何准备2020年的“税法”考试，在此给大家提出几点复习建议：

1. 精读指定教材，归纳总结考点

根据考试大纲中的测试内容与能力等级的要求，通读、精读2020年的新教材，有些重点章节、重要考点还要反复学习研究，并配合以适量的典型例题，将其中涉及应用、操作的政策进行深入理解，以达到熟练运用的目的；而教材中一些政策规定，尤其是税收处罚中金额(倍数)的规定，要善于归纳，便于记忆。为此，可结合本书各章的“考点精析”，实现事半功倍的复习效果。

2. 借助参考资料，反复强化练习

本书是“税法”科目复习中的辅助资料，结合2020年出版的新教材内容，进行了重点难点分析，并有考点举例，还给考生归纳了大量图表；鉴于以往税法考试计算性题目占分数比例较大，跨章节、跨税种的综合题目有较大难度，本书还配有“跨章节综合题演练”，力求以新考试制度下的考试方向帮助考生进行综合性训练。借助辅导书进行复习时需要注意以下三个问题：

(1)应独立完成，并保证一定的做题速度。因为新考试制度下“税法”科目的考试时间为120分钟，没有速度就没有希望，而高速度要以对知识掌握的熟练程度为前提。

(2)练习题目不能只做一遍，对出现错误的、不会的、有难度的题目，要作出标记，找出问题所在，反复演练，才能找到思路，掌握考点和方法。

(3)最后冲刺阶段要按考试规定的时间和要求，做几套模拟题，检验自己对整体内容的掌握程度。另外，专业阶段的考试为机考，其答题方式与平时用辅导书作答有差别，需要考生在考前必须应对机考界面、机考答题方式熟练应用。

3. 借鉴历年考题，不去钻研“偏、难、怪”

我们研究历年考题是要求考生对已考过的考点、方向、难度有所了解，使大家的复习始终沿着应试的命题思路进行，特别是近几年在考试制度改革后的真题，务必作为练习的首选。

4. 重视细节，重视小税种

“税法”考试科目的重点与难点显而易见，但其中的细节只有通过专业的辅导与练习才能知晓，所以有的考生感慨“税法”的学习体会是“细节决定成败”。除增值税、消费税、企业所得税、个人所得税、土地增值税、资源税6个众所周知的重点税种之外，小税种的合计分数也要在20分左右，对考试的成败起着举足轻重的作用。大部分的小税种难度不大、易于理解、内容较繁琐，时间、地点、减免税优惠较多，大家学习时要加以足够的重视。

5. 注重政策精神，善于文字表达

税法考试中的“计算问答题”题型，要求用文字回答涉税处理的法规依据、政策规定，是很多考生忽略的事项，复习中只重视做计算题，不关注政策、法规，已成为大家的通病。这既不利于考试通关，也不利于执业中向客户解释政策、沟通信息，需要大家提高对政策阐述的重视。

本书作为“税法”考试科目的辅导用书，是基于指定教材的内容要求，有些新政策没有收录在教材中，也就不会出现在考试题目中。尽管本书提炼、归纳了很多知识点，也有一些很经典的题目，并按 2020 年教材中的新政策进行正确处理，但书中的内容、练习题中的考点，还要考生细细品味、理解、消化、吸收，要掌握正确的学习方法和解题思路，多做勤练，开阔思路，提高计算性问题的准确性。希望这本辅导书会对大家准备 2020 年“税法”考试科目带来帮助，在此也衷心预祝大家学习顺利、心想事成。

第二部分

核心考点精析及习题训练

JINGDIAN TIJIE

智慧启航

执着追求并从中得到最大快乐的人，才是成功者。

——梭罗

第1章 税法总论

JINGDIAN TIJIE

考情分析

历年考情分析

本章属于本科目学习的基础知识，有涉及一些基础理论和基本知识，考试多以单选题和多选题的形式考查，分值比例不高，一般2分左右。近几年的考题侧重对重要知识点的考查，比如税法原则、税法要素、税收立法、税收收入划分等。

本章2020年考试主要变化

本章内容基本没有变化，只是补充了以国家法律形式发布实施的税种新增资源税法。

核心考点及经典例题详解

考点一　税法的概念★

扫我解疑难

经典例题

【例题1·单选题】(2016年)下列权力中，作为国家征税依据的是(　)。

A. 财产权力　　B. 管理权力

C. 政治权力　　D. 社会权力

【答案】C

【解析】国家征税的依据是政治权力，它有别于按生产要素进行的分配。

【例题2·单选题】税收法律关系的内容中最实质，也是税法灵魂的是(　)。

A. 主体所应承担的义务

B. 税收法律关系的客体

C. 税收法律关系的主体

D. 主体所享有的权利和所应承担的义务

【答案】D

【解析】税收法律关系的内容就是主体所享有的权利和所应承担的义务，这是税收法律关系中最实质的东西，也是税法的灵魂。

【例题3·单选题】下列关于税法与行政法的关系，表述正确的是(　)。

A. 税法与行政法的联系主要表现在税法具有行政法的一般特征

B. 税法与一般行政法一样，都具有经济分配的性质

C. 税法是一种授权性法规

D. 行政法大多为义务性法规

【答案】A

【解析】税法具有经济分配的性质，并且是经济利益由纳税人向国家的无偿单向转移，这是一般行政法所不具备的；税法是一种义务性法规；行政法大多为授权性法规。

考点精析

（一）税收与税法

1. 税收：是国家为了满足社会公共需要，凭借政治权力，**强制、无偿**地获取财政收入的一种形式。

税收的特征：①国家取得财政收入的一种重要形式；②凭借政治权力参与社会产品分配形成的一种分配关系，它有别于按生产要素进行的分配；③目的是满足社会公共需要。

2. 税法：是国家制定的用以调整国家与纳税人之间在征纳税方面的权利及义务关系的法律规范的总称。

税法的特点：税法属于**义务性法规；具有综合性**。

（二）税收法律关系

税收法律关系在总体上与其他法律关系一样，都是由税收法律关系的**主体、客体和内容**三方面构成的。但在三方面的内涵上，税收法律关系又具有一定的特殊性。针对考试主要掌握以下内容：

(1)税收法律关系的**双主体**：一是代表国家行使征税职责的国家行政机关，包括各级税务机关和海关，另一方是履行纳税义务的人，包括法人、自然人和其他组织，在华的外国企业、组织、外籍人、无国籍人，以及在华虽然没有机构、场所但有来源于中国境内所得的外国企业或组织。

『关注』对税收法律关系中权利主体另一方的确定，在我国采取的是**属地兼属人**的原则。

(2)税收法律关系的内容：税收法律关系主体所享有的**权利**和所应承担的**义务**，是税收法律关系中最实质的内容。

(3)税法是引起税收法律关系的前提条件，但税法本身并不能产生具体的税收法律关系。税收法律关系的**产生、变更与消灭**必须有能够引起税收法律关系产生、变更或消灭的客观情况，也就是由**税收法律事实**来决定。

（三）税法与其他法律的关系

了解税法与其他法律的关系，是解决税法适用范围的基础，但考试中属于非重点内容。税法与其他法律的关系如表1-1所示。

表1-1　税法与其他法律的关系

要点	关系
税法与宪法	宪法是我国的根本大法，它是制定所有法律、法规的依据和章程 税法是国家法律的组成部分，要依据宪法的原则制定
税法与民法	民法是调整平等主体之间财产关系和人身关系的法律规范，其主要特点是平等、等价和有偿 税法是调整国家与纳税人关系的法律规范，明显带有**国家意志**和**强制**的特点，其调整方法要采取命令和服从的方法
税法与刑法	刑法是关于犯罪、刑事责任与刑罚的法律规范的总和 税法则是调整税收征纳关系的法律规范
税法与行政法	与一般行政法不同，税法具有经济分配的性质，并且经济利益由纳税人向**国家无偿单方面转移** 行政法大多为授权性法规，而税法则是一种**义务性法规**

考点二　税法原则★

扫我解疑难

经典例题

【例题1·单选题】(2019年)某税务稽查局2019年6月对辖区内一家企业进行的税务时，发现该企业2018年6月转增的注册资金按万分之五的税率缴纳了印花税，检查结束后，检查人员告知该企业可去申请退还印花税已缴纳金额的50%。该检查人员的这一做法遵循的税法使用原则是(　)。

A. 税收效率原则

B. 税收公平原则

C. 法律不溯及既往原则

D. 新法优于旧法原则

【答案】D

【解析】新法、旧法对同一事项有不同规定时，新法的效力优于旧法。2018年的最新规定，自2018年5月1日起，对按万分之五税率贴花的资金账簿减半征收印花税。因此在2018年6月企业应适用新法，不再适用之前旧法万分之五全额计税的规定。

【例题2·多选题】(2018年)下列各项中，属于税法适用原则的有(　)。

A. 国内法优于国际法

B. 在同一层次法律中，特别法优于普通法

C. 层次高的法律优于层次低的法律

D. 实体从旧，程序从新

【答案】BCD

【解析】税法适用原则包括：(1)法律优位原则；(2)法律不溯及既往原则；(3)新法优于旧法原则；(4)特别法优于普通法的原则；(5)实体从旧、程序从新原则；(6)程序优于实体原则。

在税收执法过程中，对其适用性或法律效力的判断，一般按以下原则掌握：一是层次高的法律优于层次低的法律；二是同一层次的法律中，特别法优于普通法；三是国际法优于国内法；四是实体法从旧，程序法从新。

【例题3·单选题】(2014年)下列各项税法原则中，属于税法适用原则的是(　)。

A. 税收公平原则　　　B. 税收法定原则

C. 实质课税原则　　　D. 程序优于实体原则

【答案】D

【解析】选项A、B、C，属于税法的基本原则；选项D，属于税法的适用原则。

【例题4·多选题】(2017年)下列关于税收原则的表述中，正确的有(　)。

A. 税收法定原则是税法基本原则中的核心

B. 税收行政法规的效力优于税收行政规章的效力，体现了法律优位原则

C. 税收效率原则要求税法的制定要有利于节约税收征管成本

D. 制定税法时禁止在没有正当理由的情况下给予特定纳税人特别优惠，这一做法体现了税收公平原则

【答案】ABCD

【解析】税收法定原则是税法基本原则的核心；法律优位原则在税法中的作用主要体现在处理不同等级税法的关系上。法律优位原则明确了税收法律的效力高于税收行政法规的效力，对此还可以进一步推论为税收行政法规的效力优于税收行政规章的效力。税收效率原则包含两方面：一是经济效率；二是行政效率。前者要求税法的制定要有利于资源的有效配置和经济体制的有效运行，后者要求提高税收行政效率，节约税收征管成本。税收公平原则源于法律上的平等性原则，所以许多国家的税法在贯彻税收公平原则时，都特别强调"禁止不平等对待"的法理，禁止对特定纳税人给予歧视性对待，也禁止在没有正当理由的情况下对特定纳税人给予特别优惠。

考点精析

税法原则的基本规定如表1-2所示。

表 1-2 税法原则的基本规定

税法原则		含义
基本原则	税收法定原则	税收法定原则是税法基本原则的核心
	税收公平原则	即税收负担必须根据纳税人的负担能力分配，负担能力相等，税负相同；负担能力不等，税负不同
	税收效率原则	税收效率原则包含两方面：一是指经济效率；二是指行政效率。前者要求税法的制定要有利于资源的有效配置和经济体制的有效运行，后者要求提高税收行政效率
	实质课税原则	指应根据客观事实确定是否符合课税要件，并根据纳税人的真实负担能力决定纳税人的税负，而不能仅考虑相关外观和形式
适用原则	法律优位原则	其基本含义为法律的效力高于行政立法的效力
	法律不溯及既往原则	一部新法实施后，对新法实施之前人们的行为不得适用新法，而只能沿用旧法
	新法优于旧法原则	新法、旧法对同一事项有不同规定时，新法的效力优于旧法
	特别法优于普通法的原则	对同一事项两部法律分别定有一般规定和特别规定时，特别规定的效力高于一般规定的效力
	实体从旧、程序从新原则	这一原则的含义包括两个方面：一是实体税法不具备溯及力；二是程序性税法在特定条件下具备一定的溯及力
	程序优于实体原则	在诉讼发生时税收程序法优于税收实体法

考点三 税法要素★

扫我解疑难

经典例题

【例题1·单选题】(2017年)下列税法中，规定具体征税范围、体现征税广度的是( )。

A. 税率　　B. 纳税环节

C. 税目　　D. 纳税对象

【答案】C

【解析】税目反映具体的征税范围，代表征税的广度。

【例题2·单选题】(2016年)下列税法要素中，能够区别一种税与另一种税的重要标志是( )。

A. 征税对象　　B. 纳税地点

C. 纳税环节　　D. 纳税义务人

【答案】A

【解析】征税对象是区分一种税与另一种税的重要标志。

考点精析

我国税法由总则、纳税义务人、征税对象、税目、税率、纳税环节、纳税期限、纳税地点、减免税、罚则、附则等要素组成。税法要素如表1-3所示。

表 1-3 税法要素

基本要素	含义	相关考点
纳税义务人	税法规定的直接负有纳税义务的单位和个人	(1)纳税人与负税人：二者一致的称为直接税，不一致的称为间接税 (2)代扣代缴义务人和代收代缴义务人
征税对象	指税法规定对什么征税，是征纳双方权利义务共同指向的客体或标的物	征税对象按其性质的不同划分为：流转额、所得额、财产、资源、特定行为等。征税对象是区别一种税与另一种税的重要标志

续表

基本要素	含义	相关考点
税目	税法中对征税对象分类规定的具体的征税项目，反映具体的征税范围	(1)对课税对象质的界定 (2)明确具体的征税范围，凡列入税目的即为应税项目，未列入税目的，则不属于应税项目
计税依据	是据以计算征税对象应纳税款的直接数量依据，解决对征税对象课税的计算问题	对课税对象的量的规定
税率	税率是对征税对象的征收比例或征收额度。税率是计算税额的尺度，也是衡量税负轻重与否的重要标志	我国现行税率主要有： (1)比例税率 (2)累进税率 (3)定额税率

考点四　税收立法与我国现行税法体系★

扫我解疑难

经典例题

【例题·单选题】(2013 年)下列各项税收法律法规中，属于国务院制定的行政法规的是(　)。

A.《中华人民共和国个人所得税法》

B.《中华人民共和国税收征收管理法》

C.《中华人民共和国企业所得税法实施条例》

D.《中华人民共和国增值税暂行条例实施细则》

【答案】C

【解析】选项 A、B 属于全国人民代表大会及其常委会制定的税收法律；选项 D，属于国务院税务主管部门制定的税收部门规章。

考点精析

(一)税收立法机关

税收立法机关如表 1-4 所示。

表 1-4　税收立法机关

分类	立法机关	形式	效力级次	举例
税收法律	全国人大及其常委会正式立法	法律	仅次于宪法，属于税法中最高级次。在税收法律体系中具有最高的法律效力	《企业所得税法》《个人所得税法》《税收征收管理法》等
	全国人大及其常委会授权立法	暂行条例	具有国家法律的性质和地位，其法律效力高于行政法规、部门规章等	《增值税暂行条例》
税收法规	国务院——税收行政法规	条例、暂行条例、实施细则	低于宪法、法律，高于地方法规、部门规章、地方规章，全国普遍适用	《企业所得税法实施条例》《税收征收管理法实施细则》
	地方人大(目前只有海南省、各民族自治区)——税收地方性法规		低于宪法、法律和行政法规	—
税收规章	财政部、国家税务总局、海关总署——税收部门规章	办法、规则、规定	不得与税收法律、行政法规相抵触	税务代理试行办法
	省、自治区、直辖市以及省、自治区的人民政府所在地的市和国务院批准的较大的市的人民政府——税收地方性规章			

（二）我国现行税法体系

我国现行税法体系如表1-5所示。

表1-5　我国现行税法体系

构成	分类	主要内容	立法现状
税收实体法体系	商品和劳务税类	增值税、消费税、关税	截至2019年12月31日，国家法律的形式发布实施的有： 企业所得税法、个人所得税法、车船税法、环境保护税法、烟叶税法、船舶吨税法、车辆购置税法、耕地占用税法、资源税法
	所得税类	企业所得税、个人所得税、土地增值税	
	财产、行为税类	房产税、车船税、印花税、契税	
	资源税和环境保护税类	资源税、环境保护税、城镇土地使用税	
	特定目的税类	城市维护建设税、车辆购置税、耕地占用税、烟叶税、船舶吨税	
税收程序法体系	税务机关负责征收	《税收征收管理法》	《税收征收管理法》是全国人大常务委员会正式立法的税收法律
	海关负责征收	《海关法》和《进出口关税条例》	

考点五　税收征收管理和收入划分★

扫我解疑难

经典例题

【例题1·单选题】（2018年）下列税种中，其收入全部作为中央政府固定收入的是（　）。

A. 耕地占用税　　B. 个人所得税

C. 车辆购置税　　D. 企业所得税

【答案】C

【解析】中央政府固定收入包括消费税（含进口环节海关代征的部分）、车辆购置税、关税、海关代征的进口环节增值税等。

【例题2·单选题】（2015年）下列税种中，属于中央政府与地方政府共享收入的是（　）。

A. 关税　　B. 消费税

C. 个人所得税　　D. 土地增值税

【答案】C

【解析】关税、消费税属于中央政府固定收入；土地增值税属于地方政府固定收入。

【例题3·单选题】下列税种中属于中央政府与地方政府共享收入的是（　）。

A. 耕地占用税　　B. 增值税

C. 车辆购置税　　D. 房产税

【答案】B

【解析】选项A、D属于地方政府固定收入；选项C属于中央政府固定收入。

考点精析

（一）税务机构设置

1. 现行税务机构设置

我国现行税务机构设置是：中央政府设立国家税务总局，省、市、县三级设国家税务局，实行以国家税务总局为主与省（自治区、直辖市）人民政府双重领导管理体制。

国家税务总局主要职能有多项：例如（1）具体起草税收法律法规草案及实施细则并提出税收政策建议，与财政部共同上报和下发，制订贯彻落实的措施。（2）承担组织实施中央税、共享税及法律法规规定的基金（费）的征收管理责任。（3）参与研究宏观经济政策、中央与地方的税权划分并提出完善分税制的建议，研究税负总水平并提出运用税收手段进行宏观调控的建议。（4）负责组织实施税收征收管理体制改革，起草税收征收管理法律法规草案并制定实施细则，制定和监督执行税收业务、征收管理的规章制度等。

2. 税收征收管理范围划分

目前，我国的税收分别由税务、海关等系统负责征收管理。税收征收管理范围划分，如表 1-6 所示。

表 1-6 税收征收管理范围划分

征收机关	分类	具体内容
税务系统	税收收入(共 16 个税种)	增值税、消费税、车辆购置税、企业所得税、个人所得税、资源税、城镇土地使用税、耕地占用税、土地增值税、房产税、车船税、印花税、契税、城市维护建设税、环境保护税、烟叶税
	非税收入	基本养老保险费、基本医疗保险费、失业保险费等各项社会保险费
海关系统	关税、船舶吨税、同时负责代征进出口环节的增值税和消费税	

(二)税收收入划分

根据国务院关于实行分税制财政管理体制的规定，我国税收收入按税种划分为中央政府固定收入、地方政府固定收入和中央政府与地方政府共享收入。税收收入划分如表 1-7所示。

表 1-7 税收收入划分

收入划分	税种
中央政府固定收入——中央税	消费税(含进口环节海关代征的部分)、车辆购置税、关税、海关代征的进口环节增值税等
地方政府固定收入——地方税	城镇土地使用税、耕地占用税、土地增值税、房产税、车船税、契税、环境保护税
中央政府与地方政府共享收入——共享税	3 大税：增值税、企业所得税、个人所得税
	3 小税：城市维护建设税、资源税(海洋石油企业缴纳部分归中央政府，其余部分归地方政府)、印花税(证券交易印花税归中央，其他归地方)

考点六 税务机关和纳税人的权利与义务★

扫我解疑难

经典例题

【例题 1 · 多选题】(2019 年)下列涉税服务中，会计师事务所可从事的有(　)。

A. 税务咨询　　B. 税收策划

C. 税务顾问　　D. 纳税审查

【答案】ABCD

【解析】涉税专业服务机构是指税务师事务所和从事涉税专业服务的会计师事务所、律师事务所、代理记账机构、税务代理公司、财税类咨询公司等机构。涉税专业服务机构涉税业务内容有 8 项，包括上述 4 项。

【例题 2 · 多选题】(2015 年)以下属于纳税人权利的有(　)。

A. 要求税务机关保护商业秘密

B. 对税务机关作出的决定享有陈述权、申辩权

C. 有权控告和检举税务机关、税务人员违法违纪行为

D. 依法申请减免税权

【答案】ABCD

【解析】选项 A、B、C、D 均属于纳税人权利。

考点精析

(一)征纳双方的权利与义务

考生应区分哪些是征税方的权利与义务，哪些是纳税方及税收管理相对方的权利与义务，如表 1-8 所示。

表 1-8 征纳双方的权利与义务

征纳双方	权利	义务
税务机关和税务人员	(1)负责税收征收管理工作 (2)税务机关依法执行职务，任何单位和个人不得阻挠	税务机关应当广泛宣传税收法律、行政法规，普及纳税知识，无偿地为纳税人提供纳税咨询服务等(共10项)
纳税人、扣缴义务人	(1)有权向税务机关了解国家税收法律、行政法规的规定以及与纳税程序有关的情况 (2)有权要求税务机关为纳税人、扣缴义务人的情况保密 (3)纳税人依法享有申请减税、免税、退税的权利 (4)纳税人、扣缴义务人对税务机关所作出的规定，享有陈述权、申辩权；依法享有申请行政复议、提起行政诉讼、请求国家赔偿等权利 (5)纳税人、扣缴义务人有权控告和检举税务机关、税务人员的违法违纪行为	(1)纳税人、扣缴义务人依照法律、行政法规的规定缴纳税款、代扣代缴、代收代缴税款 (2)纳税人、扣缴义务人和其他有关单位应当按照国家有关规定如实向税务机关提供与纳税和代扣代缴、代收代缴税款有关的信息 (3)纳税人、扣缴义务人和其他有关单位应当接受税务机关依法进行的税务检查

(二)发展涉税专业服务促进税法遵从

涉税专业服务是指涉税专业服务机构接受委托，利用专业知识和技能，就涉税事项向委托人提供的税务代理等服务。

1. 涉税专业服务机构涉税业务内容

(1)纳税申报代理。

(2)一般税务咨询。

(3)专业税务顾问。

(4)税收策划。

(5)涉税鉴证。

(6)纳税情况审查。

(7)其他税务事项代理。

(8)其他涉税服务。

2. 税务机关对涉税专业服务机构实施监管内容

(1)税务机关应当对税务师事务所实施行政登记管理。

(2)税务机关对涉税专业服务机构及其从事涉税服务人员进行实名制管理。

(3)税务机关应当建立业务信息采集制度，利用现有的信息化平台分类采集业务信息，加强内部信息共享，提高分析利用水平。

(4)税务机关对涉税专业服务机构从事涉税专业服务的执业情况进行检查，根据举报、投诉情况进行调查。

(5)税务机关应当建立信用评价管理制度，对涉税专业服务机构从事涉税专业服务情况进行信用评价，对其从事涉税服务人员进行信用记录。

(6)税务机关应当加强对税务师行业协会的监督指导，与其他相关行业协会建立工作联系制度。

(7)税务机关应当在门户网站、电子税务局和办税服务场所公告纳入监管的涉税专业服务机构名单及其信用情况，同时公告未经行政登记的税务师事务所名单。

(8)税务机关应当为涉税专业服务机构提供便捷的服务，依托信息化平台为信用等级高的涉税专业服务机构开展批量纳税申报、信息报送等业务提供便利化服务。

考点七 国际税收关系★★

扫我解疑难

经典例题

【例题·单选题】一个国家依据纳税人的国籍行使的税收管辖权是指(　)。

A. 地域管辖权　　B. 居民管辖权

C. 公民管辖权　　　　D. 属人管辖权

【答案】C

【解析】公民管辖权是指一个国家依据纳税人的国籍行使税收管辖权，对凡是属于本国的公民取得的来自世界范围内的全部所得行使的征税权力。

考点精析

考生应注意国际税收协定的主要内容。

（一）国际重复课税与国际税收协定

1. 国际重复课税

（1）国际税收是指两个或两个以上的主权国家或地区，各自基于其课税主权，在对跨国纳税人进行分别课税而形成的征纳关系中，所发生的国家或地区之间的税收分配关系。

（2）税收管辖权划分原则：属人主义原则和属地主义原则。

（3）税收管辖权的分类：居民管辖权、地域管辖权和公民管辖权。

（4）国际重复征税的类型。

①法律性国际重复征税：不同的征税主体对同一纳税人的同一税源进行的重复征税。

②经济性国际重复征税：不同的征税主体对不同纳税人的同一税源进行的重复征税。

③税制性国际重复征税：由于各国在税收制度上普遍实行复合税制度所导致的。

（5）国际重复征税的几种情形：

①居民（公民）管辖权同地域管辖权的重叠。

②居民（公民）管辖权与居民（公民）管辖权的重叠。

③地域管辖权与地域管辖权的重叠。

2. 国际税收协定

国际税收协定是指两个或两个以上的主权国家为了协调相互间在处理跨国纳税人征税事务和其他有关方面的税收关系，本着对等原则，经由政府谈判所签订的一种书面协议或条约，也称为国际税收条约。国际税收协定的主要内容有：

（1）协定适用范围。

（2）基本用语定义。

（3）对所得和财产的课税。

（4）避免双重征税的办法。

（5）税收无差别待遇。

（6）防止国际偷、漏税和国际避税。

（二）国际避税反避税与国际税收合作

1. 国际避税

2. 国际反避税与国际税收合作

阶段性测试

1.【单选题】以下选项中，不属于税法的适用原则的是（　）。

A. 程序优于实体原则

B. 法律优位原则

C. 税收效率原则

D. 新法优于旧法原则

2.【单选题】税收法律关系的产生、变更和消灭是由（　）决定的。

A. 税目　　　　B. 纳税义务人

C. 征税对象　　D. 税收法律事实

3.【单选题】在税法的构成要素中，（　）是对课税对象的量的规定。

A. 纳税义务人　　B. 税基

C. 税率　　　　　D. 税目

4.【单选题】《税务代理试行办法》的法律级次属于（　）。

A. 财政部制定的部门规章

B. 全国人大授权国务院立法

C. 国家税务总局颁发的税收部门规章

D. 全国人大制定的税收法律

阶段性测试答案精析

1. C 【解析】税收效率原则属于税法基本原则，而不是税法适用原则。

2. D 【解析】税收法律关系的产生、变更和消灭必须有能够引起税收法律关系产生、变更或消灭的客观情况，也就是由税收法律事实来决定的。

3. B 【解析】税基又叫计税依据，是据以计算征税对象应纳税款的直接数量依据，它解决对征税对象课税的计算问题，是对课税对象的量的规定。

4. C 【解析】国家税务总局颁发的《税务代理试行办法》属于税收部门规章。

本章综合练习 限时40分钟

一、单项选择题

1. 纳税人王某和税务机关在缴纳税款上发生了争议，必须在缴纳有争议的税款后，税务复议机关才能受理王某的复议申请，这体现了税法适用原则中的( )。
   A. 新法优于旧法原则
   B. 特别法优于普通法原则
   C. 程序优于实体原则
   D. 实体从旧原则
2. 我国税收法律关系权利主体中，纳税义务人的确定原则是( )。
   A. 国籍原则
   B. 属地原则
   C. 属人原则
   D. 属地兼属人原则
3. 下列关于税法与民法关系的表述，错误的是( )。
   A. 当税法的某些规范同民法的规范基本相同时，税法一般援引民法条款
   B. 民法是调整平等主体之间财产关系和人身关系的法律规范，其调整方法的主要特点是平等、等价和有偿
   C. 税法的本质是国家依据政治权力向公民进行课税，是调整国家与纳税人关系的法律规范，明显带有国家意志和强制的特点
   D. 当涉及税收征纳关系的问题时，一般应以民法的规范为准则
4. 下列各项税法原则中，属于税法基本原则核心的是( )。
   A. 税收公平原则
   B. 税收效率原则
   C. 实质课税原则
   D. 税收法定原则
5. 税收是国家取得财政收入的一种重要工具，其本质是一种( )。
   A. 生产关系
   B. 分配关系
   C. 社会关系
   D. 阶级关系
6. 关于税法要素，下列说法不正确的是( )。
   A. 征税对象是区分不同税种的主要标志
   B. 税目是征税对象的具体化
   C. 计税依据是对课税对象质的规定
   D. 税率是衡量税负轻重的重要标志
7. 下列关于税率的说法正确的是( )。
   A. 比例税率体现了税收的公平原则
   B. 定额税率具有计算简单、税负透明度高等优点
   C. 我国目前还没有采用超率累进税率
   D. 超额累进税率计算税额时，速算扣除数的作用主要是简化计算
8. 下列各项中，属于税收部门规章的是( )。
   A.《税务代理试行办法》
   B.《城市维护建设税暂行条例实施细则》
   C.《消费税暂行条例》
   D.《个人所得税法》
9. 下列税种中，由海关负责征收的是( )。
   A. 企业所得税
   B. 车辆购置税
   C. 个人所得税
   D. 船舶吨税
10. 下列属于中央政府固定收入的是( )。
   A. 增值税
   B. 城市维护建设税
   C. 资源税
   D. 车辆购置税

11. 下列选项中，属于税务机关和税务人员的义务的是(　)。

A. 依照法律、行政法规的规定缴纳税款、代扣代缴、代收代缴税款

B. 按照国家有关规定如实向税务机关提供与纳税和代扣代缴、代收代缴税款有关的信息

C. 应当广泛宣传税收法律、行政法规

D. 应当接受税务机关依法进行的税务检查

12. 下列各项中，不属于税务机关税收执法权的是(　)。

A. 税款征收管理权

B. 税收减免权

C. 税务检查权

D. 税务行政处罚权

13. 现行税务机构设置是中央政府设立国家税务总局，下设省、市、县三级税务局，下列关于税务机构管理体制的表述中，正确的是(　)。

A. 由国家税务总局领导

B. 由省(自治区、直辖市)人民政府领导

C. 由国家税务总局为主与省(自治区、直辖市)人民政府双重领导

D. 以上都正确

14. 下列各项中，不属于涉税专业服务机构的是(　)。

A. 代理记账机构

B. 从事涉税专业服务的会计师事务所

C. 从事民事法律服务的律师事务所

D. 财税类咨询公司

二、多项选择题

1. 截至2019年12月31日，以国家法律的形式发布实施的税法有(　)。

A. 环境保护税法

B. 资源税法

C. 房产税法

D. 车辆购置税法

2. 下列关于税法适用原则的表述，正确的有(　)。

A. 新法、旧法对同一事项有不同规定时，新法的效力优于旧法

B. 根据法律优位原则，税收法律的效力高于税收行政法规的效力，但税收行政法规的效力与税收行政规章的效力相同

C. 程序法优于实体法是指在诉讼发生时，税收程序法优于税收实体法

D. 根据特别法优于普通法的原则，居于特别法地位级别较低的税法，其效力可以高于作为普通法的级别较高的税法

3. 比例税率是指对同一征税对象，不分数额大小，规定相同的征收比例，其在适用中又可以分为的具体形式有(　)。

A. 单一比例税率

B. 差别比例税率

C. 幅度比例税率

D. 双重比例税率

4. 下列税种中，纳税人与负担税款的单位和个人一致的有(　)。

A. 增值税

B. 个人所得税

C. 消费税

D. 企业所得税

5. 我国税收立法主要应遵循的原则包括(　)。

A. 从实际出发的原则

B. 公平、公正、公开原则

C. 原则性与灵活性相结合的原则

D. 法律的稳定性、连续性与废、改、立相结合的原则

6. 关于税收立法权的划分，下列说法正确的有(　)。

A. 经全国人大及其常委会授权，国务院有税法的解释权

B. 经全国人大及其常委会授权，国务院有增减税目的权力

C. 经全国人大及其常委会授权，国务院有制定税法实施细则的权力

D. 经全国人大及其常委会授权，国务院有全国性税种的开征、停征权

7. 税收立法程序是税收立法活动中必须遵循的法定步骤，目前我国税收立法程序经过的主要阶段有(　)。
A. 提议阶段
B. 通过阶段
C. 审议阶段
D. 公布阶段
8. 按照税法的职能作用的不同，税法可分为(　)。
A. 税收基本法
B. 税收实体法
C. 税收程序法
D. 税收普通法
9. 我国纳税人依法享有纳税人权利，下列属于纳税人权利的有(　)。
A. 依法申请减免税权
B. 控告税务人员的违法违纪行为
C. 对税务机关作出的决定享有申辩权
D. 要求税务机关为纳税人的商业秘密保密
10. 下列各项中，属于税务机关的权利的有(　)。
A. 税收检查权
B. 延期纳税权
C. 税法处罚权
D. 提起行政诉讼权
11. 国际重复征税的一般类型有(　)。
A. 法律性国际重复征税
B. 经济性国际重复征税
C. 税制性国际重复征税
D. 税源性国际重复征税
12. 下列各项中属于国家税务总局职责的有(　)。
A. 起草税收法律法规草案及实施细则并提出税收政策建议
B. 办理税款征收业务
C. 办理进出口商品的税收及出口退税业务
D. 制定和监督执行税收业务、征收管理的规章制度
13. 下列各项中，属于国际重复征税产生原因的有(　)。
A. 居民(公民)管辖权与收入管辖权的重叠
B. 居民(公民)管辖权与居民(公民)管辖权的重叠
C. 居民(公民)管辖权与地域管辖权的重叠
D. 地域管辖权与地域管辖权的重叠
14. 下列各项中属于涉税专业服务的有(　)。
A. 税收策划
B. 纳税评估
C. 涉税鉴证
D. 代理纳税申报

本章综合练习参考答案及详细解析

一、单项选择题

1. C 【解析】在税收争讼发生时，程序法优于实体法，以保证国家课税权的实现。
2. D 【解析】我国税收法律关系权利主体中，纳税义务人采取属地兼属人原则来确定。
3. D 【解析】当涉及税收征纳关系的问题时，一般应以税法的规范为准则。
4. D 【解析】税收法定原则是税法基本原则的核心。
5. B 【解析】税收是国家取得财政收入的一种重要工具，其本质是一种分配关系。
6. C 【解析】税基又叫计税依据，是据以计算征税对象应纳税款的直接数量依据，它解决对征税对象课税的计算问题，是对课税对象量的规定。
7. D 【解析】选项A，比例税率不能针对不同的收入水平实施不同的税收负担，在调

节纳税人的收入水平方面难以体现税收的公平原则；选项B，计算简单、税负透明度高是比例税率的优点；选项C，目前我国税收体系中仅有土地增值税采用的是超率累进税率。

8. A 【解析】选项B属于地方政府制定的税收地方规章；选项C属于国务院经授权立法所制定的条例，具有国家法律的性质和地位；选项D由全国人大正式立法颁布，属于国家法律。

9. D 【解析】关税、船舶吨税、进口环节的增值税和消费税由海关系统负责征管；其他税种由税务机关负责征管。

10. D 【解析】选项A、B、C属于中央政府与地方政府共享收入。

11. C 【解析】选项ABD是纳税人、扣缴义务人的义务。

12. B 【解析】税收执法权包括税款征收管理权、税务稽查权、税务检查权、税务行政复议裁决权及其他税务管理权。

13. C 【解析】现行税务机构设置是中央政府设立国家税务总局(正部级)，原有的省及省以下国税地税机构两个系统通过合并整合，统一设置为省、市、县三级税务局，实行以国家税务总局为主与省(自治区、直辖市)人民政府双重领导管理体制。

14. C 【解析】涉税专业服务机构：是指税务师事务所和从事涉税专业服务的会计师事务所、律师事务所、代理记账机构、税务代理公司、财税类咨询公司等机构。

二、多项选择题

1. ABD 【解析】截至2019年12月31日，以国家法律的形式发布实施的有9部税法：企业所得税法、个人所得税法、车船税法、环境保护税法、烟叶税法、船舶吨税法、车辆购置税法、耕地占用税法、资源税。

2. ACD 【解析】税收行政法规的效力高于税收行政规章的效力，选项B不正确。

3. ABC 【解析】比例税率在适用中又可以分为单一比例税率、差别比例税率和幅度比例税率三种具体形式。

4. BD 【解析】纳税人本身就是负税人，一般不存在税负转嫁的一类税称为直接税，典型的直接税是所得税。

5. ACD 【解析】税收立法主要应遵循以下几个原则：(1)从实际出发的原则；(2)公平原则；(3)民主决策的原则；(4)原则性与灵活性相结合的原则；(5)法律的稳定性、连续性与废、改、立相结合的原则。

6. ABC 【解析】全国性税种的开征、停征权，属于全国人大及其常委会。

7. ABCD 【解析】目前我国税收立法程序主要包括以下几个阶段：(1)提议阶段；(2)审议阶段；(3)通过和公布阶段。

8. BC 【解析】按照税法的基本内容和效力的不同，税法可分为税收基本法和税收普通法；按照税法的职能作用的不同，可分为税收实体法和税收程序法。

9. ABCD 【解析】纳税人、扣缴义务人的权利：(1)纳税人、扣缴义务人有权向税务机关了解国家税收法律、行政法规的规定以及与纳税程序有关的情况；(2)纳税人、扣缴义务人有权要求税务机关为纳税人、扣缴义务人的情况保密；(3)纳税人依法享有申请减税、免税、退税的权利；(4)纳税人、扣缴义务人对税务机关所做出的决定，享有陈述权、申辩权，依法享有申请行政复议、提起行政诉讼、请求国家赔偿等权利；(5)纳税人、扣缴义务人有权控告和检举税务机关、税务人员的违法违纪行为。

10. AC 【解析】税务机关的权利主要表现在依法进行征税、税务检查以及对违章者进行处罚；其义务主要是向纳税人宣传、咨询、辅导解读税法，及时把征收的税款解缴国库，依法受理纳税人对税收争议的申诉等。选项B、D属于纳税义务人的权利。

11. ABC 【解析】国际重复征税一般包括法律性国际重复征税、经济性国际重复征税和税制性国际重复征税三种类型。

12. ACD 【解析】此内容为 2019 年教材新增，国家税务总局的主要职责共 10 项，不包括办理日常税款征收业务。

13. BCD 【解析】国际重复征税根据产生的原因可以分为：居民(公民)管辖权同地域管辖权的重叠；居民(公民)管辖权同居民(公民)管辖权的重叠；地域管辖权同地域管辖权的重叠。

14. ACD 【解析】纳税评估属于税务机关职责范围。

第2章 增值税法

JINGDIAN TIJIE

考情分析

历年考情分析

本章是注会税法考试中最为重要的一章。增值税是现实经济生活中涉及面最广、收入最多的第一大税。历年注会税法考试中，单选题和多选题一般有 3~4 题，计算问答题多与其他税结合命题，而综合题(15~16 分)是增值税每年必有的命题，总分值达到 20 分左右。虽然本章内容较多，但是近几年考试所命题的知识点基本都是常规考点。伴随减税降负的增值税政策的变化，本章内容近两年变化较大，考生在参考近年考题时请注意甄别业务发生时间。2020 年教材收录了截至 2019 年 1 月 1 日至 12 月 31 日的政策变化，特别是 2019 年 4 月 1 日起实施的增值税新政，增加和变化内容为本科目最多的一章。

本章 2020 年考试主要变化

1. 自 2019 年 4 月 1 日起的重要变化政策：

(1)税率调整为 13%、9%、6%和零税率；

(2)农产品扣除率调整为 9%、和 10%；

(3)纳税人取得不动产或者不动产在建工程的进项税额一次性抵扣，取消分期抵扣的规定；

(4)购进国内旅客运输服务的进项税额准予抵扣；

(5)出口货物退税率调整为 13%、9%；

(6)境外旅客购物离境退税物品的退税率调整为 11%、8%；

2. 自 2019 年 4 月 1 日起的重要新增政策：

(1)增值税加计抵减政策：允许生产、生活性服务业纳税人按照当期可抵扣进项税额加计抵减应纳税额。生产性服务业的加计抵扣比例为 10%，生活性服务业的加计抵扣的比例为 15%；

(2)退还增量留抵税额的规定。

3. 征税范围中，补充了一些具体业务增值税处理。

4. 新增综合保税区增值税一般纳税人资格管理。

5. 提供保险服务的纳税人赔付机动车辆保险责任进项税额抵扣规定。

6. 异常增值税扣税凭证的管理。

7. 纳税人取得的财政补贴收入：纳税人取得的与其销售额或销售量直接挂钩的，按规定计算缴纳增值税；取得的其他情形的财政补贴收入，不征收增值税。

8. 新增一些增值税免征政策。

9. 小规模纳税人开具增值税专用发票的管理规定。

核心考点及经典例题详解

考点一　增值税征税范围的一般规定★★★

扫我解疑难

经典例题

【例题1·单选题】(2019年)出租车公司向使用本公司自有出租车的司机收取管理费用，应缴纳增值税，该业务属于增值征税范围中的(　)。

A. 物流辅助服务

B. 交通运输服务

C. 居民日常服务

D. 商务辅助服务

【答案】B

【解析】出租车公司向使用本公司自有出租车的出租车司机收取的管理费用，按照陆路运输服务缴纳增值税。

【例题2·多选题】(2018年)金融企业提供金融服务取得的下列收入中，按"贷款服务"缴纳增值税的有(　)。

A. 以货币资金投资收取的保底利润

B. 融资性售后回租业务取得的利息收入

C. 买入返售金融商品利息收入

D. 金融商品持有期间取得的非保本收益

【答案】ABC

【解析】金融商品持有期间(含到期)利息(保本收益、报酬、资金占用费、补偿金等)收入、信用卡透支利息收入、买入返售金融商品利息收入、融资融券收取的利息收入，以及融资性售后回租、押汇、罚息、票据贴现、转贷等业务取得的利息及利息性质的收入，按照贷款服务缴纳增值税。选项D，金融商品持有期间取得的非保本收益，不属于利息或利息性质的收入，不征收增值税。

【例题3·单选题】下列收入中，应当征收增值税的是(　)。

A. 啤酒厂销售啤酒时收取的包装物押金

B. 纳税人提供安全保护服务

C. 根据国家指令无偿提供的用于公益事业的航空运输服务

D. 融资性售后回租业务中承租方出售资产取得的收入

【答案】B

【解析】选项A、C，不征收增值税；选项D，根据现行增值税有关规定，融资性售后回租业务中承租方出售资产的行为，不属于增值税征收范围，承租方不需要纳税。

【例题4·单选题】下列不属于"现代服务——租赁服务"的是(　)。

A. 融资性售后回租

B. 广告位出租

C. 车辆停放服务

D. 道路通行服务

【答案】A

【解析】选项A，融资性售后回租属于"金融服务——贷款服务"。

考点精析

本知识点在《考试大纲》中列为1级，但考试经常涉及选择题，主要考核对征税范围不同项目的划分，以及不同项目对应的税率要求，按历年考试的实际情况需要考生掌握此类内容。

根据《中华人民共和国增值税暂行条例》和《中华人民共和国增值税暂行条例实施细则》，现行增值税征税范围的一般规定包括应税销售行为和进口的货物。

具体征税范围如表2-1所示。

表 2-1　应税行为的范围

<table>
<tr><th>应税销售行为</th><th colspan="2">具体内容</th><th colspan="2">解析与说明</th></tr>
<tr><td>销售或者进口的货物</td><td colspan="2">货物是指有形动产</td><td colspan="2">包括电力、热力、气体在内
销售货物，是指有偿转让货物的所有权</td></tr>
<tr><td>销售劳务</td><td colspan="2">应税劳务是指纳税人有偿提供的加工、修理修配劳务</td><td colspan="2">单位或者个体工商户聘用的员工为本单位或者雇主提供劳务，不包括在内</td></tr>
<tr><td rowspan="10">销售服务</td><td rowspan="4">交通运输服务</td><td>陆路运输服务</td><td>(1)包括铁路运输服务和其他陆路运输服务
(2)其他陆路运输服务，是指铁路运输以外的陆路运输业务活动，包括公路运输、缆车运输、索道运输、地铁运输、城市轻轨运输等</td><td rowspan="4">下列业务也按照“交通运输服务”缴纳增值税：
(1)纳税人已收票但客户逾期未消费取得的运输逾期票证收入
(2)运输工具舱位承包和舱位互换业务
(3)无运输工具承运业务</td></tr>
<tr><td>水路运输服务</td><td>水路运输的程租、期租业务，属于“水路运输服务”</td></tr>
<tr><td>航空运输服务</td><td>(1)航空运输的湿租业务，属于“航空运输服务”
(2)航天运输服务，按照“航空运输服务”缴纳增值税</td></tr>
<tr><td>管道运输服务</td><td>—</td></tr>
<tr><td rowspan="3">邮政服务</td><td>邮政普遍服务</td><td colspan="2">是指函件、包裹等邮件寄递，以及邮票发行、报刊发行和邮政汇兑等业务活动</td></tr>
<tr><td>邮政特殊服务</td><td colspan="2">是指义务兵平常信函、机要通信、盲人读物和革命烈士遗物的寄递等业务活动</td></tr>
<tr><td>其他邮政服务</td><td colspan="2">是指邮册等邮品销售、邮政代理等业务活动</td></tr>
<tr><td rowspan="2">电信服务</td><td>基础电信服务</td><td colspan="2">是指利用固网、移动网、卫星、互联网，提供语音通话服务的业务活动，以及出租或者出售带宽、波长等网络元素的业务活动</td></tr>
<tr><td>增值电信服务</td><td colspan="2">(1)是指利用固网、移动网、卫星、互联网、有线电视网络，提供短信和彩信服务、电子数据和信息的传输及应用服务、互联网接入服务等业务活动
(2)卫星电视信号落地转接服务，按照“增值电信服务”缴纳增值税</td></tr>
<tr><td>建筑服务</td><td>工程服务、安装服务、修缮服务、装饰服务、其他建筑服务</td><td colspan="2">(1)固定电话、有线电视、宽带、水电、燃气、暖气等经营者向用户收取的安装费、初装费、开户费、扩容费以及类似收费，按“安装服务”缴纳增值税
(2)物业服务企业为业主提供的装修服务，以及纳税人将建筑施工设备出租给他人使用并配备操作人员的，均按照“建筑服务”缴纳增值税</td></tr>
</table>

续表

应税销售行为	具体内容		解析与说明
销售服务	金融服务	贷款服务	各种利息性质的收入、理财产品利息 以货币资金投资收取固定利润或保底利润按照“贷款服务”缴纳增值税 融资性售后回租按照“贷款服务”缴纳增值税
		直接收费金融服务	包括资金清算、资金结算、金融支付、账户管理、资金管理等
		保险服务	包括人身保险服务、财产保险服务
		金融商品转让	(1)包括转让外汇、有价证券、非货物期货和其他金融商品所有权 (2)不得开具增值税专用发票
	现代服务	研发和技术服务	包括研发服务、合同能源管理服务、工程勘察勘探服务、专业技术服务
		信息技术服务	包括软件服务、电路设计及测试服务、信息系统服务、业务流程管理服务和信息系统增值服务
		文化创意服务	(1)包括设计服务、知识产权服务、广告服务和会议展览服务 (2)宾馆、旅馆、旅社、度假村和其他经营性住宿场所提供会议场地及配套服务的活动，按照“会议展览服务”缴纳增值税
		物流辅助服务	包括航空服务、港口码头服务、货运客运场站服务、打捞救助服务、装卸搬运服务、仓储服务和收派服务
		租赁服务	光租、干租、车辆停放、道路通行、广告位出租
		鉴证咨询服务	包括认证服务、鉴证服务和咨询服务
		广播影视服务	包括广播影视节目(作品)的制作服务、发行服务和播映(含放映)服务
		商务辅助服务	(1)包括企业管理服务、经纪代理服务、人力资源服务、安全保护服务 (2)企业管理服务，例如总部管理、市场管理、物业管理等 (3)经纪代理服务，例如货运代理、法律代理、房地产中介、婚姻中介、代理记账、拍卖行受托拍卖取得的手续费或佣金等
		其他现代服务	例如：纳税人对安装运行后的电梯提供的维护保养服务；纳税人为客户办理退票而向客户收取的退票费、手续费等收入
	生活服务	文化体育服务 教育医疗服务 旅游娱乐服务 餐饮住宿服务 居民日常服务 其他生活服务	(1)提供游览场所属于“文化体育服务”，而不是“旅游服务” (2)台球、高尔夫、保龄球属于“娱乐服务”，而不是“体育服务” (3)堂食属“餐饮服务”；纳税人现场制作食品并直接销售给消费者，按照“餐饮服务”缴纳增值税 (4)纳税人在游览场所经营索道、摆渡车、电瓶车、游船等取得的收入，按照“文化体育服务”缴纳增值税 (5)纳税人提供植物养护服务，按照“其他生活服务”缴纳增值税
销售无形资产	转让无形资产所有权或者使用权的业务活动		包括技术、商标、著作权、自然资源使用权(如土地使用权等)和其他权益性无形资产(如配额、经营权等)
销售不动产	转让不动产所有权的业务活动		在转让建筑物或者构筑物时一并转让其所占土地的使用权的，按照销售不动产缴纳增值税

考点二　增值税应税行为及境内应税行为的判定★★

扫我解疑难

经典例题

【例题1·多选题】下列各项中，不缴纳增值税的有（　）。

A. 贷款利息

B. 存款利息

C. 被保险人获得的保险赔付

D. 保险公司收取的财产保险保费

【答案】BC

【解析】存款利息、被保险人获得的保险赔付，属于满足征税条件但不需要缴纳增值税的情形。

【例题2·多选题】下列境外企业发生的应税行为，需要在我国缴纳增值税的有（　）。

A. 境外某工程公司到中国境内给境内甲单位提供工程勘察勘探服务

B. 境外某咨询公司与中国境内乙公司签订咨询合同，咨询服务同时在境内和境外发生

C. 境外某公司向中国境内丙公司转让其在境内的连锁经营权

D. 境外某公司向中国境内丁公司转让一项专利技术，该技术同时用于丁公司在境内和境外的生产线

【答案】ABCD

【解析】上述应税行为均属于发生在我国境内的行为，需要在我国缴纳增值税。

考点精析

增值税应税销售行为的判定标准是理解性知识点，经常以选择题题型考核。

（一）根据《营业税改征增值税试点实施办法》，营改增的应税销售行为是否征收增值税需要符合相关条件

1. 应税行为缴纳增值税应同时具备的四个条件

（1）应税行为是发生在中华人民共和国境内。

（2）应税行为是属于《销售服务、无形资产、不动产注释》范围内的业务活动（见表2-1）。

（3）应税服务是为他人提供的。

（4）应税行为是有偿的。

2. 满足征税条件但不需要缴纳增值税的情形

（1）行政单位收取的同时满足条件的政府性基金或者行政事业性收费。

（2）存款利息。

（3）被保险人获得的保险赔付。

（4）房地产主管部门或者其指定机构、公积金管理中心、开发企业以及物业管理单位代收的住宅专项维修资金。

（5）在资产重组过程中，通过合并、分立、出售、置换等方式，将全部或者部分实物资产以及与其相关联的债权、负债和劳动力一并转让给其他单位和个人，其中涉及的不动产、土地使用权转让行为。

3. 不同时满足征税条件但需要缴纳增值税的情形

（1）单位或者个体工商户向其他单位或者个人无偿提供服务，但用于公益事业或者以社会公众为对象的除外。

（2）单位或者个人向其他单位或者个人无偿转让无形资产或者不动产，但用于公益事业或者以社会公众为对象的除外。

（3）财政部和国家税务总局规定的其他情形。

4. 下列非经营活动不需缴纳增值税

（1）行政单位收取的同时满足条件的政府性基金或者行政事业性收费。

（2）单位或者个体工商户聘用的员工为本单位或者雇主提供取得工资的服务。

（3）单位或者个体工商户为聘用的员工提供服务。

（4）财政部和国家税务总局规定的其他情形。

（二）根据《营业税改征增值税试点实施

办法》，应税行为发生在中华人民共和国境内，是判定是否缴纳增值税的条件之一

1. 基本规定

(1)服务(租赁不动产除外)或者无形资产(自然资源使用权除外)的销售方或者购买方在境内。

(2)所销售或者租赁的不动产在境内。

(3)所销售自然资源使用权的自然资源在境内。

(4)财政部和国家税务总局规定的其他情形。

2. 不属于在境内销售服务或者无形资产的情形

(1)境外单位或者个人向境内单位或者个人销售完全在境外发生的服务。

(2)境外单位或者个人向境内单位或者个人销售完全在境外使用的无形资产。

(3)境外单位或者个人向境内单位或者个人出租完全在境外使用的有形动产。

(4)财政部和国家税务总局规定的其他情形：

①为出境的函件、包裹在境外提供的邮政服务、收派服务。

②向境内单位或者个人提供的工程施工地点在境外的建筑服务、工程监理服务。

③向境内单位或者个人提供的工程、矿产资源在境外的工程勘察勘探服务。

④向境内单位或者个人提供的会议展览地点在境外的会议展览服务。

3. 境外单位或者个人销售的服务(不含租赁不动产)属于在我国境内销售服务，应照章缴纳增值税的两种情况：

(1)境外单位或者个人向境内单位或者个人销售的完全在境内发生的服务，属于在境内销售服务。

(2)境外单位或者个人向境内单位或者个人销售的未完全在境外发生的服务，属于在境内销售服务。

4. 境外单位或者个人销售的无形资产属于在我国境内销售无形资产，应照章缴纳增值税的两种情况

(1)境外单位或者个人向境内单位或者个人销售的完全在境内使用的无形资产，属于在境内销售无形资产。

(2)境外单位或者个人向境内单位或者个人销售的未完全在境外使用的无形资产，属于在境内销售无形资产。

考点三　增值税征税范围中的特殊项目★★★

扫我解疑难

经典例题

【例题1·单选题】(2017年)企业发生的下列行为中，需要缴纳增值税的是(　)。

A. 获得保险赔偿

B. 取得存款利息

C. 收取包装物租金

D. 取得中央财政补贴

【答案】C

【解析】选项A、B、D不征收增值税。

【例题2·单选题】下列各项业务中，应当征收增值税的是(　)。

A. 将委托加工的货物分配给股东

B. 药品生产企业销售自产创新药后，提供给患者后续免费使用的相同创新药

C. 售卡企业销售单用途卡

D. 融资性售后回租业务中承租方出售资产的行为

【答案】A

【解析】选项B、C，不征收增值税；选项D，融资性售后回租业务中承租方出售资产的行为，不属于增值税征收范围，不征收增值税。

考点精析

教材中提到的特殊项目，多为考试中的选择题考点，重点关注以下内容：

(一)增值税的特殊项目

(1)被保险人获得的保险赔付不征收增值税。

（2）纳税人在资产重组过程中，通过合并、分立、出售、置换等方式，将全部或者部分实物资产以及与其相关联的债权、债务和劳动力一并转让给其他单位和个人的行为，不属于增值税征收范围。

（3）关于罚没物品征免增值税问题：执罚部门和单位查处的属于一般商业部门经营的商品，具备拍卖条件的，其公开拍卖收入作为罚没收入由执罚部门和单位如数上缴财政，不予征税。

（4）航空运输企业已售票但未提供航空运输服务取得的逾期票证收入，按照航空运输服务征收增值税。

（5）纳税人取得的中央财政补贴，不属于增值税应税收入，不征收增值税。

（6）存款利息不征收增值税。

（7）融资性售后回租业务中，承租方出售资产的行为不属于增值税的征税范围，不征收增值税。

（8）房地产主管部门或者其指定机构、公积金管理中心、开发企业以及物业管理单位代收的住宅专项维修资金，不征收增值税。

（二）支付机构销售预付卡的增值税规定

1. 支付机构销售单用途卡业务

（1）售卡企业销售单用途卡，或者接受单用途卡持卡人充值取得的预收资金，不缴纳增值税。可向购卡人、充值人开具增值税普通发票，不得开具增值税专用发票。

（2）售卡方因发行或者销售单用途卡并办理相关资金收付结算业务取得的手续费、结算费、服务费、管理费等收入，应按照现行规定缴纳增值税。

（3）持卡人使用单用途卡购买货物或服务时，货物或者服务的销售方应按照现行规定缴纳增值税，且不得向持卡人开具增值税发票。

2. 支付机构销售多用途卡业务

（1）支付机构主要税务处理：

①销售多用途卡、接受多用途卡充值，不缴纳增值税，不得开具增值税专用发票。

②支付机构因发行或者受理多用途卡并办理相关资金收付结算业务取得的手续费、结算费、服务费、管理费等收入，应按照现行规定缴纳增值税。

（2）特约商户主要税务处理：

①持卡人使用多用途卡，特约商户应按照现行规定缴纳增值税，且不得向持卡人开具增值税发票。

②特约商户收到支付机构结算的销售款时，应向支付机构开具增值税普通发票。

考点四　视同发生应税销售行为及混合销售业务与兼营业务★★★

扫我解疑难

经典例题

【例题1·单选题】（2015年）下列行为中，视同销售货物缴纳增值税的是（　）。

A. 将购进的货物用于集体福利

B. 将购进的货物用于个人消费

C. 将购进的货物用于非增值税应税项目

D. 将购进的货物用于对外投资

【答案】D

【解析】将购进货物用于集体福利、个人消费、非增值税应税项目属于增值税进项税额不可以抵扣的情形。将购进的货物用于对外投资视同销售缴纳增值税。

【例题2·多选题】下列属于视同销售货物，应计算缴纳增值税的有（　）。

A. 某钢材生产企业将自产的钢材用于投资

B. 某商店将外购的水泥捐赠给灾区用于救灾

C. 某食品加工厂将外购的面粉用于生产面包

D. 某药品生产企业提供给患者后续免费使用的相同创新药

【答案】AB

【解析】选项C，属于将外购的货物用于增值税应税项目，不属于视同销售行为；选项D，药品生产企业销售自产创新药的销售额，为向购买方收取的全部价款和价外费用，其提供给患者后续免费使用的相同创新药，不属于增值税视同销售范围。

【例题3·多选题】下列业务中，应当按照销售服务缴纳增值税的有(　)。

A. 地板经销商销售外购地板并负责安装

B. 建筑施工企业包工包料承包工程

C. 医院提供医疗服务并销售药品

D. 饭店提供就餐服务并销售自制食品

【答案】BCD

【解析】A选项按照销售货物缴纳增值税。

考点精析

本知识点属于重点掌握内容，非常重要，既可以作为选择题命题，也可以在计算问答题、综合题中出现；而混合销售业务与兼营业务，往往出现在计算问答题或综合题，考生要全面掌握。

(一)视同发生应税销售行为

确定视同销售的目的主要有三个：一是保证增值税税款抵扣制度的实施；二是防止逃避纳税的现象；三是体现增值税计算的配比原则。具体内容如下：

(1)将货物交付其他单位或者个人代销。

(2)销售代销货物(提示：对收取的手续费，按"现代服务业"缴纳增值税)。

(3)总分机构(不在同一县市)之间移送货物用于销售的，移送当天发生增值税纳税义务。

【知识点拨】"用于销售"是指售货机构发生向购货方开具发票或向购货方收取货款情形之一的经营行为。售货机构的货物移送行为有上述两项情形之一的，应当向所在地税务机关缴纳增值税；未发生上述两项情形的，则应由总机构统一缴纳增值税。如果售货机构只就部分货物向购买方开具发票或收取货款，则应当区别不同情况计算并分别向总机构所在地或分支机构所在地缴纳税款。

(4)将自产、委托加工的货物用于非应税项目。

(5)将自产、委托加工的货物用于集体福利或个人消费。

(6)将自产、委托加工或购买的货物作为投资，提供给其他单位或个体工商户。

(7)将自产、委托加工或购买的货物分配给股东或投资者。

(8)将自产、委托加工或购买的货物无偿赠送给他人。

(9)单位或者个体工商户向其他单位或者个人无偿销售应税服务，无偿转让无形资产或者不动产，但用于公益事业单位或者以社会公众为对象的除外。

(10)财政部和国家税务总局规定的其他情形。

【知识点拨】视同销售和不得抵扣进项税额的区分如表2-2所示。

表2-2　视同销售和不得抵扣进项税额的区分

项目		增值税视同销售	抵扣进项税
自产、委托加工	用于职工个人福利(给个人)	√	√
外购		×	×
自产、委托加工	用于集体福利(食堂、浴室)	√	√
外购		×	×
(自产、委托加工、外购)用于投资		√	√
(自产、委托加工、外购)用于分配		√	√
(自产、委托加工、外购)用于赠送		√	√
单位或者个体工商户向其他单位或者个人无偿销售应税服务、无偿转让无形资产或者不动产，但用于公益事业单位或者以社会公众为对象的除外		√	√

【知识点拨1】纳税人将外购的货物用于非应税项目、集体福利、个人消费，不属于视同销售，而属于不得抵扣进项税额项目，如果购进的货物已抵扣进项税额，需要做进项税额转出处理；纳税人将外购的货物用于投资、分配、赠送，属于视同销售项目，应计算销项税额。

【知识点拨2】上述视同销售行为不仅要计算增值税的销项税，还要判断其是否需要缴纳企业所得税(法人内部机构之间移送不征所得税；自产用于在建工程不征所得税)。

【知识点拨3】将自产货物用于办公或经营使用不视同销售，不缴纳增值税；用于交换货物、抵债也不视同销售，属于正常销售，缴纳增值税；单位为员工提供服务，属于非营业活动，不征税。

(二)混合销售与兼营行为

全面营改增取消营业税之后，混合销售业务与兼营业务的内涵发生了实质性的变化。

1. 混合销售业务

(1)含义。一项销售行为如果既涉及货物又涉及服务，为混合销售。

【知识点拨】判定是否属于混合销售业务，应看是否同时具备两个条件：其一，销售行为必须是一项；其二，该项行为必须既涉及服务又涉及货物。

(2)税务处理。从事货物的生产、批发或者零售的单位和个体工商户的混合销售，按照销售货物缴纳增值税；其他单位和个体工商户的混合销售，按照销售服务缴纳增值税。

2. 兼营行为业务

(1)含义。纳税人同时兼有销售货物、提供应税劳务、发生应税行为，适用不同税率或征收率。

(2)税务处理。分别核算适用不同税率或者征收率的销售额；未分别核算销售额的，从高适用税率。具体税率确定为：

①兼有不同税率的销售货物、加工修理修配劳务、服务、无形资产或者不动产，从高适用税率。

②兼有不同征收率的销售货物、加工修理修配劳务、服务、无形资产或者不动产，从高适用征收率。

③兼有不同税率和征收率的销售货物、加工修理修配劳务、服务、无形资产或者不动产，从高适用税率。

考点五　一般纳税人和小规模纳税人的登记管理★★

扫我解疑难

经典例题

【例题1·多选题】以下各项中，应计入增值税一般纳税人登记标准的“年应税销售额”的有(　)。

A. 免税销售额

B. 稽查查补销售额

C. 纳税评估调整销售额

D. 税务机关代开发票销售额

【答案】ABCD

【解析】年应税销售额，是指纳税人在连续不超过12个月的经营期内累计应征增值税销售额，包括纳税申报销售额、稽查查补销售额、纳税评估调整销售额，其中纳税申报销售额包括税务机关代开发票销售额和免税销售额。

【例题2·多选题】下列关于增值税纳税人的登记及管理的说法中，正确的有(　)。

A. 个体工商户不可以登记为一般纳税人

B. 年应税销售额超过500万元的纳税人应当登记为一般纳税人

C. 纳税人应当向其机构所在地主管税务机关办理一般纳税人登记

D. 小规模纳税人的个体工商户会计核算健全，能够提供准确税务资料，可以登记为一般纳税人

【答案】BCD

【解析】个体工商户以外的其他个人无须办理一般纳税人资格登记。

考点精析

为了加强增值税的征收管理，依据纳税人的经营规模和核算水平，将其分为一般纳税人和小规模纳税人。

（一）一般纳税人和小规模纳税人的登记标准

一般纳税人和小规模纳税人的登记标准如表 2-3 所示。

表 2-3　一般纳税人和小规模纳税人的登记标准

划分标准	小规模纳税人	一般纳税人
年应税销售额	500 万元以下（含本数）	超过 500 万元
管理水平	—	会计核算健全，能提供准确税务资料的未达标准纳税人

【知识点拨 1】小规模纳税人会计核算健全，能够提供准确税务资料的，可以向主管税务机关办理登记为一般纳税人，依照《增值税暂行条例》有关规定计算应纳税额。

【知识点拨 2】2018 年 5 月 1 日起，对纳税人不再按行业区分，小规模纳税人的具体认定标准统一为年应征增值税销售额500 万元及以下。原来已登记为增值税一般纳税人的单位和个人，在 2018 年 12 月 31 日前，可转登记为小规模纳税人，其未抵扣的进项税额作转出处理。

【知识点拨 3】转登记日前连续 12 个月（以 1 个月为 1 个纳税期）或连续 4 个季度（以 1 个季度为 1 个纳税期）累计销售额未超过 500 万元的一般纳税人，在2019 年 12 月 31 日前，可选择转登记为小规模纳税人。

（二）相关具体规定

（1）年应税销售额，纳税人在连续不超过 12 个月或四个季度的经营期内累计应征增值税销售额，包括纳税申报销售额、稽查查补销售额、纳税评估调整销售额。纳税申报销售额是指纳税人自行申报的全部应征增值税销售额，其中包括免税销售额和税务机关代开发票销售额。

（2）纳税人偶然发生的销售无形资产、转让不动产的销售额，不计入应税行为年应税销售额。

（3）不得办理一般纳税人登记的情况：

①按照政策规定，选择按照小规模纳税人纳税的（应当向主管税务机关提交书面说明）。

②年应税销售额超过规定标准的其他个人。

（4）自转登记日的下期起连续不超过 12 个月或者连续不超过 4 个季度的经营期内，转登记纳税人应税销售额超过财政部、国家税务总局规定的小规模纳税人标准的（年应征增值税销售额超过 500 万元），应当向主管税务机关办理一般纳税人登记。

转登记纳税人按规定再次登记为一般纳税人后，不得再转登记为小规模纳税人。

【知识点拨】转登记一次性使用。

（5）登记的时限：纳税人在年应税销售额超过规定标准的月份（或季度）的所属申报期结束后 15 日内按照规定办理相关手续。

（6）风险管理：主管税务机关应当加强对税收风险的管理。对税收遵从度低的一般纳税人，主管税务机关可以实行纳税辅导期管理。

（三）一般纳税人和小规模纳税人的管理方法

一般纳税人和小规模纳税人的管理方法如表 2-4 所示。

表 2-4　一般纳税人和小规模纳税人的管理方法

区别	一般纳税人	小规模纳税人
发票	可自行开具增值税专用发票	可以自愿使用增值税发票管理系统自行开具。 选择自行开具增值税专用发票的小规模纳税人，税务机关不再为其代开增值税专用发票
计税方法	购进扣税法 应纳税额=销项税额-进项税额 (特殊情况下简易征收)	简易征收法 应纳税额=不含税销售额×征收率
进项	符合条件可以抵扣进项	不能抵扣进项

(四)综合保税区增值税一般纳税人资格管理

1. 符合条件的实行备案管理。

2. 税收政策

(1)试点企业进口自用设备(包括机器设备、基建物资和办公用品)时，暂免征收进口关税和进口环节增值税、消费税(以下简称进口税收)。

(2)除进口自用设备外，购买的下列货物适用保税政策：

①从境外购买并进入试点区域的货物；

②从海关特殊监管区域(试点区域除外)或海关保税监管场所购买并进入试点区域的保税货物；

③从试点区域内非试点企业购买的保税货物；

④从试点区域内其他试点企业购买的未经加工的保税货物。

(3)销售的下列货物，向主管税务机关申报缴纳增值税、消费税：

①向境内区外销售的货物；

②向保税区、不具备退税功能的保税监管场所销售的货物(未经加工的保税货物除外)；

③向试点区域内其他试点企业销售的货物。

(4)销售的下列货物(未经加工的保税货物除外)，适用出口退(免)税政策：①离境出口的货物；②向海关特殊监管区域(试点区域、保税区除外)或海关保税监管场所销售的货物；③向试点区域内非试点企业销售的货物。

(5)未经加工的保税货物离境出口实行增值税、消费税免税政策。

考点六　税率与征收率★★★

扫我解疑难

经典例题

【例题1·单选题】(2018年)境内单位和个人发生的下列跨境应税行为中，适用增值税零税率的是(　)。

A. 向境外单位转让的完全在境外使用的技术

B. 在境外提供的广播影视节目的播映服务

C. 无运输工具承运业务的经营者提供的国际运输服务

D. 向境外单位提供的完全在境外消费的电信服务

【答案】A

【解析】境内单位和个人向境外单位提供的完全在境外消费的下列服务，适用零税率：(1)研发服务。(2)合同能源管理服务。(3)设计服务。(4)广播影视节目(作品)的制作和发行服务。(5)软件服务。(6)电路设计及测试服务。(7)信息系统服务。(8)业务流程管理服务。(9)离岸服务外包业务。(10)转让技术。

选项B，在境外提供的广播影视节目(作

品）的播映服务免征增值税。选项C，境内单位和个人以无运输工具承运方式提供的国际运输服务，由境内实际承运人适用增值税零税率；无运输工具承运业务的经营者适用增值税免税政策。选项D，向境外单位提供的完全在境外消费的电信服务免征增值税。

【例题2·多选题】按照现行增值税政策规定，下列项目适用9%税率的有（　）。

A. 一般计税方法下自来水公司（一般纳税人）销售自来水

B. 苗圃销售自种花卉

C. 不动产租赁服务

D. 销售动物骨粒

【答案】ACD

【解析】选项B属于农业生产者销售自产农产品，免征增值税。

【例题3·多选题】下列项目适用增值税零税率的有（　）。

A. 对境内不动产提供的设计服务

B. 提供航天运输服务

C. 向境外提供的离岸服务外包业务

D. 向境外提供的技术转让服务

【答案】BCD

【解析】向境外单位提供的设计服务适用零税率，但是不包括对境内提供的设计服务。

【例题4·单选题】下列关于增值税的适用税率的表述中，错误的是（　）。

A. 花椒油，税率为9%

B. 环氧大豆油，税率为13%

C. 基础电信服务，税率为6%

D. 境内单位和个人向境外单位提供的完全在境外消费的研发服务，税率为零

【答案】C

【解析】基础电信服务，税率为9%。

考点精析

本知识点一般不会单独出题，只是在应纳增值税税额计算中使用。税率与征收率是计算税额的重要因素，考题中一般不会告知增值税的税率或征收率，但是鉴于近两年的增值税税率调整往往在教材进入出版程序之后，所以2018年、2019年考试中告知了增值税税率。考生在区分增值税计税方法、应税项目的前提下，应正确选择适用税率或征收率。

（一）税率

1. 近年增值税税率调整情况

增值税税率适用于一般纳税人税额计算。2019年4月1日起，增值税税率调整为13%、9%、6%。

『注释』2016年5月1日起税率共四档（17%、13%、11%、6%）；2017年7月1日起税率为三档（17%、11%、6%）；2018年5月1日起调整三档税率（16%、10%、6%）；2019年4月1日起调整为13%、9%、6%。

2. 增值税税率（见表2-5）

表2-5　增值税税率

类型	税率	规定
基本税率	13%	（1）绝大多数货物的销售或进口 （2）加工修理、修配劳务 （3）有形动产租赁服务

续表

类型	税率	规定
低税率	9%	1. 货物 (1)粮食等农产品、食用植物油、食用盐 (2)自来水、暖气、冷气、热水、煤气、石油液化气、天然气、二甲醚、沼气、居民用煤炭制品 (3)图书、报纸、杂志、音像制品、电子出版物 (4)饲料、化肥、农药、农机、农膜 (5)国务院规定的其他货物，如干姜、姜黄、橄榄油、动物骨粒 【知识点拨】淀粉不属于农业产品的范围，环氧大豆油、氢化植物油不属于食用植物油征收范围，均适用13%增值税税率 2. 销售服务 交通运输服务、邮政服务、基础电信服务、建筑服务、不动产租赁服务、销售不动产、转让土地使用权
	6%	增值电信服务、除租赁外的现代服务、金融服务、生活服务、销售无形资产(土地使用权除外；纳税人通过省级土地主管部门设立交易平台转让补充耕地指标，按照销售无形资产6%缴纳增值税)
零税率	0%	境内单位和个人跨境销售国务院规定范围内的服务、无形资产 跨境应税行为：境内单位和个人提供的国际运输服务；航天运输服务；向境外单位提供的完全在境外消费的列举服务[例如设计服务、广播影视节目(作品)的制作和发行服务等]；境内单位和个人发生的与我国香港地区、澳门地区、台湾地区有关的应税行为

(二)征收率

增值税的征收率为小规模纳税人采用，一般纳税人简易办法计税时也适用征收率。目前征收率见表2-6。

表2-6　征收率的一般规定

征收率	适用范围	特殊情况及说明
5%	(1)小规模纳税人销售自建或者取得的不动产 (2)一般纳税人选择简易计税方法计税的不动产销售 (3)房地产开发企业中的小规模纳税人，销售自行开发的房地产项目 (4)其他个人销售其取得(不含自建)的不动产(不含其购买的住房) (5)一般纳税人选择简易计税方法计税的不动产经营租赁 (6)小规模纳税人出租(经营租赁)其取得的不动产(不含个人出租住房) (7)其他个人出租(经营租赁)其取得的不动产(不含住房) (8)一般纳税人和小规模纳税人提供劳务派遣服务选择差额纳税的 (9)一般纳税人2016年4月30日前签订的不动产融资租赁合同，或以2016年4月30日前取得的不动产提供的融资租赁服务，选择适用简易计税方法的 (10)一般纳税人收取试点前开工的一级公路、二级公路、桥、闸通行费，选择适用简易计税方法的 (11)一般纳税人提供人力资源外包服务，选择适用简易计税方法的 (12)纳税人转让2016年4月30日前取得的土地使用权，选择适用简易计税方法的 (13)一般纳税人生产销售和批发零售抗癌药品，可选择简易计税方法	特殊情况及说明 (1)无论是一般纳税人还是小规模纳税人，采用简易办法销售、转让、出租不动产，均适用5%征收率 (2)个人出租住房：个人出租住房，应按照5%的征收率减按1.5%计算应纳税额 【知识点拨】个人包括个体工商户和其他个人，仅限于住房

续表

征收率	适用范围	特殊情况及说明
3%	除上述以外的纳税人选择简易计税方法销售货物、提供应税劳务、发生应税行为 【知识点拨】提供物业管理服务的纳税人，可采用差额计税，并按简易计税方法依3%纳税	一般纳税人销售自己使用过的属于不得抵扣且未抵扣进项税额的固定资产；小规模纳税人(除其他个人外)销售自己使用过的固定资产(动产类)，依3%征税率减按2%征收

(三)兼营行为的税率选择

试点纳税人发生应税销售行为适用不同税率或者征收率的，应当分别核算适用不同税率或者征收率的销售额，未分别核算销售额的，按照以下方法适用税率或者征收率：

(1)兼有不同税率的应税销售行为，从高适用税率。

(2)兼有不同征收率的应税销售行为，从高适用征收率。

(3)兼有不同税率和征收率的应税销售行为，从高适用税率。

(4)纳税人销售活动板房、机器设备、钢结构件等自产货物的同时提供建筑、安装服务，不属于混合销售，应分别核算货物和建筑服务的销售额，分别适用不同的税率或者征收率。

考点七　纳税人销售自己使用过的物品或经营旧货★★★

扫我解疑难

经典例题

【例题1·单选题】某副食品商店为增值税小规模纳税人，2019年8月销售副食品取得含税销售额66 950元，销售自己使用过的固定资产取得含税销售额17 098元。该商店应缴纳的增值税为(　)元。

A. 2 282　　B. 2 291.96

C. 2 448　　D. 2 477.88

【答案】A

【解析】应缴纳的增值税＝66 950÷(1+3%)×3%+17 098÷(1+3%)×2%＝1 950+332＝2 282(元)。

【例题2·单选题】某企业为增值税一般纳税人，2019年12月将自己使用过的设备赠送给其他企业(无法确定销售额)，该设备于2008年9月购进，购进时未抵扣进项税，该固定资产原值80万元，已提折旧15万元，未放弃减税优惠，则企业就该业务应纳增值税(　)万元。

A. 1.26　　B. 1.25

C. 2.6　　D. 11.05

【答案】A

【解析】将自己使用过的固定资产对外赠送，属于视同销售行为，税法规定对于无法确定销售额的，以固定资产净值为销售额。固定资产净值＝固定资产原值－折旧。该固定资产购进时进项税额未抵扣，按照简易办法依照3%征收率减按2%征收增值税。应纳增值税＝(80－15)÷(1+3%)×2%＝1.26(万元)。

考点精析

纳税人销售自己使用过的固定资产、其他物品或旧货，不属于纳税人经常性发生的事项，在考试中往往是单独的知识点考核。

纳税人销售自己使用过的物品或经营旧货的税务处理如表2-7所示。

表 2-7 纳税人销售自己使用过的物品或经营旧货的税务处理

纳税人	销售情况	税务处理	计税公式
一般纳税人	销售旧货	按简易办法：依照3%征收率减按2%征收增值税	增值税 = 含税售价÷(1+3%)×2%
	销售自己使用过的不得抵扣且未抵扣进项税额的固定资产 【知识点拨】2009年1月1日前我国增值税为生产型，外购固定资产不能抵扣进项税额		
	销售自己使用过的已抵扣过进项税额的固定资产	按正常销售货物适用税率征收增值税	增值税 = 含税售价÷(1+13%)×13%
	销售自己使用过的除固定资产以外的物品		
小规模纳税人(除其他个人外)	销售旧货	减按2%征收率征收增值税	增值税 = 含税售价÷(1+3%)×2%
	销售自己使用过的固定资产		
	销售自己使用过的固定资产以外的物品	按3%征收率征收增值税	增值税 = 含税售价÷(1+3%)×3%

【知识点拨1】对于纳税人发生固定资产视同销售行为，对已使用过的固定资产无法确定销售额的，以固定资产净值为销售额。

【知识点拨2】纳税人销售自己使用过的固定资产，适用简易办法依照3%征收率减按2%征收增值税政策的，不能开具增值税专用发票；也可以放弃减税，按照简易办法依照3%征收率缴纳增值税，并可以开具增值税专用发票。

考点八 增值税的计税方法★

扫我解疑难

经典例题

【例题1·多选题】(2017年)增值税一般纳税人可以选择简易计税的有(　)。

A. 提供文化体育服务

B. 提供装卸搬运服务

C. 公共交通运输服务

D. 提供税务咨询服务

【答案】ABC

【解析】选项D，没有出现在一般纳税人可以选择简易计税方法的列举行业。

【例题2·多选题】(2016年)增值税一般纳税人销售自产的下列货物中，可选择按照简易办法计算缴纳增值税的有(　)。

A. 生产建筑材料所用的砂土

B. 以水泥为原材料生产的水泥混凝土

C. 用微生物制成的生物制品

D. 县级以下小型火力发电单位生产的电力

【答案】ABC

【解析】选项D，县级及县级以下小型水力发电单位生产的电力，可选择按照简易办法依照3%征收率计算缴纳增值税。

【例题3·多选题】一般纳税人提供下列应税服务中可以选择按简易计税方法计算缴纳增值税的有(　)。

A. 劳务派遣服务

B. 收派服务

C. 装卸搬运服务

D. 电影放映服务

【答案】ABCD

【解析】一般纳税人提供的电影放映服务、仓储服务、装卸搬运服务和收派服务，可以选择按照简易计税办法计算缴纳增值税。

考点精析

增值税的计税方法，包括一般计税方法、简易计税方法和扣缴计税方法。考试中，计算问答题、综合题针对的是一般计税方法的运用、选择题针对的多是简易计税方法的运用；扣缴计税方法的运用往往都是综合题中的一部分，因此要求考生对增值税的各种计税方法都要熟练运用。

（一）一般计税方法

一般纳税人计算本月应纳增值税税额采用当期购进扣税法，计算税额围绕两个关键环节：一是销项税额如何计算；二是进项税额如何抵扣。计算公式如下：

应纳税额=当期销项税额-当期进项税额

（二）简易计税方法

小规模纳税人销售货物、提供应税劳务或者发生应税行为适用简易计税方法计税。简易计税方法的公式是：

当期应纳增值税税额=当期销售额（不含增值税）×征收率

一般纳税人销售或者提供或者发生财政部和国家税务总局规定的特定的货物、应税劳务、应税行为，也可以选择适用简易计税方法计税，但是不得抵扣进项税额。其主要包括以下情况：

（1）县级及县级以下小型水力发电单位生产的自产电力。

（2）自产建筑用和生产建筑材料所用的砂、土、石料。

（3）以自己采掘的砂、土、石料或其他矿物连续生产的砖、瓦、石灰（不含黏土实心砖、瓦）。

（4）自己用微生物、微生物代谢产物、动物毒素、人或动物的血液或组织制成的生物制品。

（5）自产的自来水。

（6）自来水公司销售自来水。

（7）自产的商品混凝土（仅限于以水泥为原料生产的水泥混凝土）。

（8）单采血浆站销售非临床用人体血液。

（9）寄售商店代销寄售物品（包括居民个人寄售的物品在内）。

（10）典当业销售死当物品。

（11）药品经营企业销售生物制品。

（12）公共交通运输服务。公共交通运输服务，包括轮客渡、公交客运、地铁、城市轻轨、出租车、长途客运、班车。

（13）经认定的动漫企业为开发动漫产品提供的动漫脚本编撰、形象设计、背景设计、动画设计、分镜、动画制作、摄制、描线、上色、画面合成、配音、配乐、音效合成、剪辑、字幕制作、压缩转码（面向网络动漫、手机动漫格式适配）服务，以及在境内转让动漫版权（包括动漫品牌、形象或者内容的授权及再授权）。

（14）电影放映服务、仓储服务、装卸搬运服务、收派服务和文化体育服务。

（15）以纳入“营改增”试点之日前取得的有形动产为标的物提供的经营租赁服务。

（16）在纳入“营改增”试点之日前签订的尚未执行完毕的有形动产租赁合同。

（17）以清包工方式提供的建筑服务。

（18）为甲供工程提供的建筑服务。

（19）销售2016年4月30日前取得的不动产。

（20）房地产开发企业一般纳税人销售自行开发的房地产老项目（包括以围填海方式取得土地并开发的房地产项目）。

（21）出租2016年4月30日前取得的不动产。

（22）提供非学历教育服务。

（23）一般纳税人收取试点前开工的一级公路、二级公路、桥、闸通行费。

（24）一般纳税人提供人力资源外包服务。

（25）一般纳税人2016年4月30日前签订的不动产融资租赁合同，或以2016年4月30日前取得的不动产提供的融资租赁服务。

（26）纳税人转让2016年4月30日前取得的土地使用权。

（27）一般纳税人提供劳务派遣服务。

（28）一般纳税人销售电梯的同时提供安装服务，其安装服务可以按照甲供工程选择适用简易计税方法计税。

一般纳税人销售或提供或者发生财政部和国家税务总局规定的特定的货物、应税劳务、应税行为，**一经选择适用简易计税方法计税，36个月内不得变更。**

（三）扣缴计税方法

中华人民共和国境外的单位或者个人在境内销售劳务，在境内未设有经营机构的，以其境内代理人为扣缴义务人；在境内没有代理人的，以购买方为扣缴义务人。

扣缴义务人代扣代缴增值税采用扣缴计税方法，计税公式如下：

应扣缴税额＝接受方支付的价款÷(1+税率)×税率

考点九　增值税销售额的确定★★★

扫我解疑难

经典例题

【例题1·单选题】(2018年)下列行为在计算增值税销项税额时，应按照差额确定销售额的是(　)。

A. 商业银行提供贷款服务

B. 转让金融商品

C. 直销员将从直销企业购买的货物销售给消费者

D. 企业逾期未收回的包装物不再退还押金

【答案】B

【解析】金融商品转让，按照卖出价扣除买入价后的余额为销售额，是按照差额确定销售额的。

【例题2·单选题】(2017年)对下列增值税应税行为计算销项税额时，按照全额确定销售额的是(　)。

A. 贷款服务

B. 一般纳税人提供客运场站服务

C. 金融商品转让服务

D. 经纪代理服务

【答案】A

【解析】选项B、C、D差额征收增值税。

【例题3·单选题】(2013年)汽车销售公司销售小轿车时一并向购买方收取的下列款项中，应作为价外费用计算增值税销项税额的是(　)。

A. 收取的小轿车改装费

B. 因代办保险收取的保险费

C. 因代办牌照收取的车辆牌照费

D. 因代办缴税收取的车辆购置税税款

【答案】A

【解析】销售货物的同时代办保险等而向购买方收取的保险费，以及向购买方收取的代购买方缴纳的车辆购置税、车辆牌照费，不属于价外费用。

【例题4·单选题】下列关于增值税计税销售额的说法正确的是(　)。

A. 贷款服务的销售额为利息收入全额

B. 房地产企业一般纳税人销售房地产销售额为全部销售收入

C. 经纪代理服务的销售额为收入全额

D. 一般融资租赁服务的销售额为收入扣除资产购置本金、利息、保险费、安装费后的余额

【答案】A

【解析】选项B，房地产企业一般纳税人销售房地产销售额为收入扣除土地价款后的差额；选项C，经纪代理服务的销售额为收入扣除向委托方收取并代为支付的政府性基金或行政事业收费的余额；选项D，一般融资租赁业务销售额为收入扣除借款利息、发行债券利息、车辆购置税后的余额。

考点精析

销售额是指纳税人发生应税销售行为时向购买方收取的全部价款(含消费税)和价外费用(如手续费、违约金等)。

在适用税率既定的前提下，销项税额的大小主要取决于销售额的大小。销售额的确定是准确计算销项税额的关键，需要考生根据一般销售、特殊销售、特定业务差额计税、视同销售四方面的销售额规定，全面熟练地

掌握销售额的确定方法。下面将销售额的确认分为以下四种情况：

（一）一般销售方式下销售额的确定

（1）销售额中不包含向购买方收取的销项税额。如果是含税销售额，公式为：

（不含税）销售额＝含税销售额÷（1+税率或征收率）

（2）销售额包括向购买方收取的价外费用（即价外收入），它应视为含税收入，在征税时换算成不含税收入再并入销售额。

（3）需要进行销售额价税分离换算的情形有：①价税合计金额；②商业企业零售价；③普通发票上注明的销售额；④价外费用。

（二）特殊销售方式下销售额的确定

学习这部分内容，必须在全面掌握政策规定的同时熟练运用。主要规定有：

（1）折扣折让方式下的销售额（见表2-8）。

表 2-8　折扣折让方式下的销售额

三种折扣折让	折扣折让原因	税务处理
折扣销售（商业折扣）	为促销多卖	（1）价格折扣：销售额和折扣额在同一张发票上的“金额”栏分别注明的，可按折扣后的销售额征收增值税。未在同一张发票“金额”栏注明折扣额，而仅在发票的“备注”栏注明折扣额的，折扣额不得从销售额中减除 （2）实物折扣：按视同销售中“无偿赠送”处理，实物款额不能从原销售额中减除
销售折扣（现金折扣）	为及早收回货款	发生在销售之后，属于一种融资行为，折扣额不得从销售额中减除
销售折让	因已出售产品出现品种、质量问题而给予购买方的补偿	发生在销货之后，是原销售额的减少，折让额可以从销售额中减除

（2）以旧换新销售：按新货同期销售价格确定销售额，不得扣减旧货收购价格（金银首饰除外）。

【知识点拨1】金银首饰以旧换新业务，应以销售方实际收取的不含增值税价款计算征收增值税。

【知识点拨2】金银首饰以旧换新业务，同样以实际收取的不含增值税价款计算征收消费税。

（3）还本销售：销售额就是货物销售价格，不得扣减还本支出。

（4）以物易物销售：双方均作购销处理，以各自发出的货物核算销售额并计算销项税额，以各自收到的货物核算购货额并计算进项税额。

【知识点拨】①换出的货物一定要计算销项税额。②换入的货物能否抵扣进项税额，必须仔细审题，看清条件：一要看是否取得专用发票；二要看换入货物用途。

（5）包装物押金的税务处理（见表2-9）。

表 2-9　包装物押金的税务处理

押金种类	收取时，未逾期	逾期或超过12个月时
一般包装物押金	不缴纳增值税	缴纳增值税（押金需换算为不含税价）
其他酒类产品包装物押金（除啤酒、黄酒外）	缴纳增值税、消费税（押金需换算为不含税价）	不再缴纳增值税、消费税
啤酒、黄酒包装物押金	不缴纳增值税、消费税	缴纳增值税、不缴纳消费税

①销售货物收取的包装物押金，如果单独记账核算且未逾期，不并入销售额征税。

②因逾期未收回包装物不再退还的押金，应并入销售额征税。征税时注意两点：一是

逾期界限(最长以12个月为限);二是包装物押金为含税收入，需换算成不含税价再并入销售额;三是征税税率为所包装货物适用税率。

③对酒类产品包装物押金:对销售除啤酒、黄酒外的其他酒类产品收取的包装物押金，无论是否返还以及会计上如何核算，均应并入当期销售额征税。啤酒、黄酒押金按是否逾期处理。

(6)金融服务业。

①贷款服务，以提供贷款服务取得的全部利息及利息性质的收入为销售额。

②资管产品管理人运营资管产品提供的贷款服务以2018年1月1日起产生的利息及利息性质的收入为销售额。

③直接收费金融服务，以提供直接收费金融服务收取的手续费、佣金、酬金、管理费、服务费、经手费、开户费、过户费、结算费、转托管费等各类费用为销售额。

(三)“营改增”行业销售额的差额计税

“营改增”行业销售额的差额计税具体规定见表2-10。

表2-10 “营改增”行业销售额的差额计税

差额计税的销售服务项目	具体规定
金融商品转让	按照卖出价扣除买入价后的余额为销售额;转让金融商品出现的正负差，按盈亏相抵后的余额为销售额;但年末时仍出现负差的，不得转入下一个会计年度;金融商品转让，不得开具增值税专用发票
经纪代理服务	扣除向委托方收取并代为支付的政府性基金或行政事业收费后的余额为销售额
航空运输企业	销售额不包括代收的机场建设费和代售其他航空运输企业客票代收转付的价款
航空运输销售代理企业	(1)提供境外航段机票代理服务，以取得的全部价款和价外费用，扣除向客户收取并支付给其他单位或者个人的境外航段机票结算款和相关费用后的余额为销售额 (2)提供境内机票代理服务，以取得的全部价款和价外费用，扣除向客户收取并支付给航空运输企业或其他航空运输销售代理企业的境内机票净结算款和相关费用后的余额为销售额
客运场站服务	扣除支付给承运方的运费后的余额为销售额
旅游服务	扣除向购买方收取并支付给他人的住宿费、餐饮费、交通费、签证费、门票费和其他接团企业旅游费用后的余额为销售额
融资性售后回租(金融服务6%)	取得的全部价款和价外费用(不含本金)，扣除对外支付的借款利息(包括外汇借款和人民币借款利息)、发行债券利息后的余额作为销售额
融资租赁	取得的全部价款和价外费用，扣除支付的借款利息(包括外汇借款和人民币借款利息)、发行债券利息和车辆购置税后的余额为销售额
适用简易计税方法的建筑服务(清包工、甲供材、老项目可选简易计税3%)	取得的全部价款和价外费用扣除支付的分包款后的余额为销售额
房地产企业一般纳税人销售房地产(选择简易计税老项目除外)	扣除受让土地时向政府部门支付的土地价款为销售额 【知识点拨1】向政府部门支付的土地价款，包括土地受让人向政府部门支付的征地和拆迁补偿费用、土地前期开发费用和土地出让收益等 【知识点拨2】以转让方式从其他纳税人处取得的土地，由于能够取得增值税专用发票，可正常抵扣进项税额，无须差额计税

续表

差额计税的销售服务项目	具体规定
一般纳税人转让其2016年4月30日前取得(非自建)的不动产	选择适用简易计税方法计税的，以取得的全部价款和价外费用，扣除不动产购置原价或者取得不动产时的作价后的余额为销售额(依5%向不动产所在地税务机关预缴税款，向机构所在地税务机关申报纳税)
物业管理服务(简易计税3%)	向服务接受方收取的自来水水费，以扣除其对外支付的自来水水费后的余额为销售额
提供劳务派遣服务(简易计税方法5%)	取得的全部价款和价外费用，扣除代用工单位支付给劳务派遣员工的工资、福利和为其办理社会保险及住房公积金后的余额为销售额

(四)视同发生应税销售行为的销售额确定

视同发生应税销售行为的销售额确定方法见表2-11。

表2-11 视同发生应税销售行为的销售额确定方法

适用范围	销售额确定方法
视同销售货物或视同提供应税行为	按下列顺序核定： (1)按**纳税人**最近时期同类货物或同类应税行为的**平均售价** (2)按**其他纳税人**最近时期同类货物或同类应税行为的**平均售价** (3)如果近期没有同类货物或同类应税行为的，就要按**组成计税价格**(简称组价)： 组价=成本×(1+成本利润率) 货物是应税消费品，组价公式为：组价=成本×(1+成本利润率)+消费税
有售价，但**售价明显偏低且无正当理由**	组价计税，公式：组价=成本×(1+成本利润率)

阶段性测试

1.【单选题】某工艺品厂为增值税一般纳税人，2019年8月8日销售给A企业300套工艺品，每套不含税价格500元。由于部分工艺品存在瑕疵，该工艺品厂给予A企业20%的销售折让，已开具红字增值税专用发票。为了鼓励A企业及时付款，该工艺品厂提出1/10，2/20，n/30的付款条件，A企业于当月22日付款。该工艺品厂此项业务的销项税额为(　　)元。

A. 15 288　　B. 15 600

C. 19 200　　D. 19 500

2.【单选题】某商店(为小规模纳税人)2019年12月采取以旧换新方式销售彩电，开出普通发票38张，收到货款80 000元，并注明已扣除的旧货折价为30 000元(含税)，则该商店当月应纳的增值税为(　　)元。

A. 3 203.88　　B. 2 330.10

C. 3 076.92　　D. 4 230.77

3.【单选题】某酒厂为增值税一般纳税人，2019年8月向一小规模纳税人销售白酒，开具的普通发票上注明金额93 600元；同时收取单独核算的包装物押金2 000元(尚未逾期)，此业务酒厂应计算的销项税额为(　　)元。

A. 10 768.14　　B. 10 998.23

C. 11 028.14　　D. 12 428

4.【多选题】下列项目中，可以从增值税计税销售额中扣除的有(　　)。

A. 销售中止　　B. 销售折扣

C. 销售折让　　D. 销售退回

5.【多选题】下列关于增值税的计税销售额规定，说法正确的有(　　)。

A. 以物易物方式销售货物，由多交付货

物的一方以价差计算缴纳增值税

B. 以旧换新方式销售货物，以实际收取的不含增值税的价款计算缴纳增值税（金银首饰除外）

C. 还本销售方式销售货物，其销售额为货物的销售价格

D. 现金折扣方式销售货物，不得从计税销售额中扣减折扣额

6. 【多选题】房地产开发企业中的一般纳税人销售其开发的房地产项目，按照一般计税方法进行增值税的处理可以扣除向政府部门支付的土地价款，其中向政府部门支付的土地价款包括（　）。

A. 拆迁补偿费用

B. 土地前期开发费用

C. 土地出让收益

D. 土地后期开发费用

阶段性测试答案精析

1. B 【解析】销售折让是指货物销售后由于品种或质量等原因购货方未予退货，但销货方需给予购货方的一种价格折让，可以从销售额中减除。销售折扣是为了鼓励购货方及时偿还货款而给予的折扣优待，不得从销售额中减除。此项业务销项税额 $=300\times500\times(1-20\%)\times13\%=15\ 600$（元）。

2. A 【解析】增值税法中规定，纳税人采取以旧换新方式销售货物的，应按新货物的同期销售价格确定销售额，不得扣减旧货物的折价款（金银首饰除外），则该商店当月应纳增值税 $=(80\ 000+30\ 000)\div(1+3\%)\times3\%=3\ 203.88$（元）。

3. B 【解析】对销售黄酒、啤酒以外的其他酒类产品的包装物押金，无论是否逾期，均应并入当期销售额征税。销项税额 $=(93\ 600+2\ 000)\div(1+13\%)\times13\%=10\ 998.23$（元）。

4. ACD 【解析】纳税人销售货物、提供应税劳务或者发生应税行为因销售折让、中止或者退回的，应扣减当期的销项税额（一般计税方法）或销售额（简易计税方法）。

5. CD 【解析】以物易物方式销售货物，双方是既买又卖的业务，分别按购销业务处理；以旧换新业务中，只有金银首饰以旧换新，按实际收取的不含增值税的价款计税，其他货物以旧换新均以新货物不含税价计税，不得扣减旧货物的收购价格。

6. ABC 【解析】"向政府部门支付的土地价款"，包括土地受让人向政府部门支付的征地和拆迁补偿费用、土地前期开发费用和土地出让收益等。

考点十　一般纳税人进项税额的抵扣★★★

扫我解疑难

经典例题

【例题1·多选题】甲企业（增值税一般纳税人），下列购进业务的进项税额准予抵扣的有（　）。

A. 购买进口原料取得海关进口增值税专用缴款书

B. 购买管理部门用电取得增值税专用发票

C. 购买审计服务取得增值税专用发票

D. 购买自用车辆取得机动车销售统一发票

【答案】ABCD

【解析】海关进口增值税专用缴款书、增值税专用发票、机动车销售统一发票均为法定扣税凭证。

【例题2·单选题】某饮料加工厂是增值税一般纳税人，2019年8月购进某果园种植的水果，农产品收购发票上注明价款为650 000元，当月全部领用用于生产罐装饮料，则允许抵扣的进项税额为（　）元。

A. 0　　　　B. 58 500

C. 65 000　　　　D. 84 500

【答案】C

【解析】从农业生产者处购入免税农产品直接销售，以农产品销售发票或收购发票上注明

的农产品买价和9%的扣除率计算进项税额。纳税人购进用于生产销售或委托加工13%税率货物的农产品，按照10%的扣除率计算进项税额。允许抵扣的进项税额=650 000×10%=65 000(元)。

【例题3·单选题】某白酒生产企业(增值税一般纳税人)2019年6月购进玉米一批用于生产白酒。当月销售1 000吨白酒，主营业务成本为1 800万元，农产品耗用率为80%，玉米平均购买单价为5 000元/吨。按照成本法计算，则该月允许抵扣的农产品进项税额为(　)万元。

A. 118.90　　B. 130.91

C. 165.66　　D. 207.08

【答案】C

【解析】农产品核定扣除采用成本法的，当期允许抵扣农产品增值税进项税额=当期主营业务成本×农产品耗用率×扣除率÷(1+扣除率)= 1 800×80%×13%÷(1+13%)= 165.66(万元)。

『说明』扣除率为销售货物的适用税率。

考点精析

进项税额，是指纳税人购进货物、劳务、服务、无形资产、不动产所支付或者负担的增值税额，它与销售方收取的销项税额相对应。纳税人支付的准予抵扣的增值税额，应取得法定的扣税凭证、并且属于准予抵扣的范围，一般在购进扣税法下一次性抵扣。

2019年4月1日至2021年12月31日，允许生产、生活性服务业纳税人按照当期可抵扣进项税额加计抵减应纳税额(以下称加计抵减政策)。生产、生活性服务业的加计抵扣比例为10%；2019年10月1日至2021年12月31日，允许生活性服务业的加计抵扣的比例为15%。

(一)准予抵扣进项税额的确定。

准予抵扣进项税额的政策，考试命题都围绕着综合性计算运用，要求考生熟练辨别能否抵扣、如何抵扣。准予从销项税额中抵扣的进项税额如表2-12所示。

表2-12　准予从销项税额中抵扣的进项税额

类别	具体情形
以票抵税	(1)从销售方或提供方取得的增值税专用发票注明的增值税额 【知识点拨1】接受投资转入的货物、接受捐赠转入的货物和接受应税劳务时，取得增值税专用发票的，允许抵扣进项税额 【知识点拨2】从销售方取得的增值税专用发票，包括机动车销售统一发票、税务机关代开的增值税专用发票、符合规定的增值税小规模纳税人自开的增值税专用发票。 (2)从海关取得的海关进口增值税专用缴款书上注明的增值税额 (3)从境外单位或个人处购进服务、无形资产、不动产，取得的完税凭证注明的增值税额 (4)收费公路通行费增值税电子普通发票上注明的增值税额。其中，高速公路通行费按3%，一级和二级公路通行费按5%
计算抵税——适用于购进农产品	(1)购进农产品，除取得增值税专用发票或者海关进口增值税专用缴款书外，按照农产品收购发票或者销售发票上注明的农产品买价和9%的扣除率计算的进项税额，国务院另有规定的除外 (2)除下面第(3)项规定外，纳税人购进农产品，取得一般纳税人开具的增值税专用发票或海关进口增值税专用缴款书的，以增值税专用发票或海关进口增值税专用缴款书上注明的增值税额为进项税额 从按照简易计税方法依照3%征收率计算缴纳增值税的小规模纳税人取得增值税专用发票的，以增值税专用发票上注明的金额和9%的扣除率计算进项税额 取得(开具)农产品销售发票或收购发票的，以农产品销售发票或收购发票上注明的农产品买价和9%的扣除率计算进项税额

续表

<table>
<tr><th>类别</th><th>具体情形</th></tr>
<tr><td>计算抵税——适用于购进农产品</td><td>(3)纳税人购进用于生产销售或委托加工13%税率货物的农产品，按照10%的扣除率计算进项税额
(4)纳税人购进农产品既用于生产销售或委托受托加工13%税率货物又用于生产销售其他货物服务的，应当分别核算用于生产销售或委托受托加工13%税率货物和其他货物服务的农产品进项税额。未分别核算的，统一以增值税专用发票或海关进口增值税专用缴款书上注明的增值税额为进项税额，或以农产品收购发票或销售发票上注明的农产品买价和9%的扣除率计算进项税额
(5)从农业生产者处购入烟叶，按规定缴纳的烟叶税，准予并入烟叶产品的买价，计算增值税的进项税额
购进烟叶准予抵扣的进项税额=收购价款×(1+10%)×(1+20%)×扣除率(9%或10%)</td></tr>
<tr><td>加计抵减</td><td>自2019年4月1日至2021年12月31日，允许生产、生活性服务业纳税人按照当期可抵扣进项税额加计抵减应纳税额：
(1)基本条件：提供四项服务(邮政服务、电信服务、现代服务、生活服务)取得的销售额占全部销售额的比重超过50%的纳税人
(2)加计抵减比例：生产、生活性服务业的加计抵扣比例为10%；2019年10月1日至2021年12月31日，允许生活性服务业的加计抵扣的比例为15%
(3)加计抵减额的计提和计算：
当期计提加计抵减额(A)=当期可抵扣进项税额×10%或15%
当期可抵减加计抵减额(B)=上期末加计抵减额余额+当期计提加计抵减额(A)−当期调减加计抵减额
(4)当期可抵减加计抵减额(B)的运用：
<table>
<tr><th>抵减前的应纳税额X</th><th>当期可抵减加计抵减额B</th><th>抵减后的应纳税额Y</th></tr>
<tr><td>(1)X=0</td><td>全部结转下期抵减</td><td>Y=X=0</td></tr>
<tr><td>(2)X>0，且>B</td><td>全额抵减</td><td>Y=X−B，差额纳税</td></tr>
<tr><td rowspan="2">(3)X>0，且≦B</td><td>抵减应纳税额至零</td><td rowspan="2">Y=0</td></tr>
<tr><td>未抵减完的当期可抵减加计抵减额，结转下期继续抵减。</td></tr>
</table>
(5)执行期限：2019年4月1日至2021年12月31日</td></tr>
</table>

(二)2019年4月1日起关于进项税额的重要变化如表2-13所示。

表2-13　进项税额的重要变化

进项税额的重要变化	具体内容
1. 购进国内旅客运输服务进项税额准予抵扣	2019年4月1日及以后实际发生，并取得合法有效增值税扣税凭证注明的或依据其计算的增值税税额。 (1)取得增值税专用发票或增值税电子普通发票，以增值税扣税凭证上的税额抵扣(9%) (2)未取得增值税专用发票的，暂按以下规定计算进项税额： ①取得注明旅客身份信息的航空运输电子客票行程单： 航空旅客运输进项税额=(票价+燃油附加费)÷(1+9%)×9%

续表

进项税额的重要变化	具体内容
1. 购进国内旅客运输服务进项税额准予抵扣	②取得注明旅客身份信息的铁路车票： **铁路旅客运输进项税额=票面金额÷(1+9%)×9%** ③取得注明旅客身份信息的公路、水路等其他客票： **公路、水路等其他旅客运输进项税额=票面金额÷(1+3%)×3%** 【知识点拨1】2019年4月1日之前，一般纳税人购买客运服务的进项税额是不予抵扣项目。这个重要变化务必是考试时中的重点关切。 【知识点拨2】准予抵扣的“国内旅客运输服务”，限于与本单位签订了劳动合同的员工，以及本单位作为用工单位接受的劳务派遣员工发生的国内旅客运输服务
2. 取得不动产或者不动产在建工程的进项税额一次性抵扣	(1)自2019年4月1日起，停止执行纳税人取得不动产或者不动产在建工程的进项税额分2年抵扣的规定。 【知识点拨】2016年5月1日后取得并在会计制度上按固定资产核算的不动产或者2016年5月1日后取得的不动产在建工程，其进项税额应自取得之日起分2年从销项税额中抵扣：第一年抵扣60%，第二年抵扣40%。 (2)此前按照上述规定尚未抵扣完毕的待抵扣进项税额，可自2019年4月税款所属期起从销项税额中抵扣。 【知识点拨】可以是2019年4月以后的任何一个月的税款所属期

(三)农产品增值税进项税额核定办法如表2-14所示。

表2-14　农产品增值税进项税额核定办法

纳税人应税行为	农产品增值税进项税额核定办法
基本规定	自2012年7月1日起，以购进农产品为原料生产销售液体乳及乳制品、酒及酒精、植物油的增值税一般纳税人，纳入农产品增值税进项税额核定扣除试点范围，其购进农产品无论是否用于生产上述产品，增值税进项税额均按照核定扣除试点办法抵扣，不再凭增值税抵扣凭证抵扣 自2013年9月1日起，各省、自治区、直辖市、计划单列市税务部门可商同级财政部门，根据《农产品增值税进项税额核定扣除试点实施办法》(财税〔2012〕38号)的有关规定，结合本省(自治区、直辖市、计划单列市)特点，选择部分行业开展核定扣除试点工作
	其他纳税人购进农产品，以及试点纳税人购进除农产品以外的货物、劳务和应税服务，增值税进项税额仍按现行规定抵扣
以购进农产品为原料生产货物	**投入产出法**：参照国家标准、行业标准确定销售单位数量货物耗用外购农产品的数量 **当期允许抵扣农产品进项税额=当期农产品耗用数量×农产品平均购买单价×扣除率÷(1+扣除率)** 当期农产品耗用数量=当期销售货物数量(不含采购除农产品以外的半成品生产的货物数量)×农产品单耗数量
	成本法：依据试点纳税人年度会计核算资料，计算确定耗用农产品的外购金额占生产成本的比例(以下简称农产品耗用率) **当期允许抵扣农产品进项税额=当期主营业务成本×农产品耗用率×扣除率÷(1+扣除率)** 农产品耗用率=上年投入生产的农产品的外购金额÷上年生产成本
	参照法：新办的试点纳税人或者试点纳税人新增产品的，可参照所属行业或生产结构相近的其他试点纳税人确定农产品单耗数量或农产品耗用率
购进农产品直接销售的	当期允许抵扣农产品进项税额=当期销售农产品数量÷(1-损耗率)×农产品平均购买单价×**9%÷(1+9%)**

续表

纳税人应税行为	农产品增值税进项税额核定办法
购进农产品用于生产经营且不构成货物实体的	当期允许抵扣农产品进项税额=当期耗用农产品数量×农产品平均购买单价×9%÷(1+9%)

【知识点拨】表 2-14 中提及的扣除率为销售货物的适用税率。

考点十一　不得从销项税额中抵扣的进项税额与进项税额转出★★★

扫我解疑难

经典例题

【例题 1 · 多选题】下列项目所包含的进项税额，不可以从销项税额中抵扣的有(　)。

A. 生产过程中出现的正常损耗的报废产品

B. 非正常损失在产品耗用的货物和交通运输服务

C. 购进的贷款服务

D. 非正常损失的不动产在建工程所耗用的购进货物、设计服务和建筑服务

【答案】BCD

【解析】选项 A，正常损耗的报废产品其进项税可抵扣。

【例题 2 · 多选题】增值税一般纳税人购进的下列服务中，不得抵扣进项税额的有(　)。

A. 贷款服务　　B. 客运服务

C. 餐饮服务　　D. 住宿服务

【答案】AC

【解析】一般纳税人购进的贷款服务、餐饮服务、居民日常服务、娱乐服务，不得抵扣进项税额。2019 年 4 月 1 日起，旅客运输服务准予抵扣进项税额。

【例题 3 · 单选题】某企业 2018 年 1 月以一台锅炉用于职工浴室，不含税价 120 万元，购入时未抵扣进项税额。2019 年 12 月改变用途，将锅炉用于生产车间，已知锅炉累计折旧金额为 24 万元，则 2019 年 12 月可以抵扣的进项税额为(　)万元。

A. 2.80　　B. 13.95

C. 13.24　　D. 13.81

【答案】B

【解析】不得抵扣且未抵扣进项税额的固定资产、无形资产、不动产，发生用途改变，用于允许抵扣进项税额的应税项目，可在用途改变的次月抵扣进项。

可以抵扣的进项=固定资产、无形资产、不动产净值÷(1+适用税率)×适用税率=(120-24)÷(1+17%)×17%=13.95(万元)。

考点精析

不得抵扣的进项税额有不同情形，考试中涉及的一般都属于不符合链条关系的项目，这不仅要求考生掌握不得抵扣的具体项目，而且要求考生熟练运用进项税额转出的方法与计算。该知识点一般是计算问答题、综合题的考点。

(一)不得抵扣的进项税额

不得抵扣的进项税额见表 2-15。

表 2-15　不得抵扣的进项税额

<table>
<tr><th>类别</th><th>具体情形</th><th>解析</th></tr>
<tr><td rowspan="2">纳税人身份不能抵扣</td><td>会计核算不健全，或不能准确提供税务资料</td><td rowspan="3">—</td></tr>
<tr><td>超过一般纳税人标准但未办理一般纳税人登记的</td></tr>
<tr><td>票据不符合要求</td><td>如增值税普通发票</td></tr>
</table>

续表

类别	具体情形	解析
不符合链条关系	(1)用于简易计税项目、免税项目、集体福利或个人消费的购进货物、劳务、服务、无形资产和不动产	涉及的固定资产、无形资产、不动产，仅指专用于上述项目的固定资产、无形资产、不动产。但是发生兼用于上述不允许抵扣项目情况的，该进项税额准予全部抵扣
	(2)非正常损失的购进货物及相关的劳务和交通运输服务	非正常损失的货物，是指因管理不善造成被盗、丢失、霉烂变质的损失以及被执法部门依法没收或者强令自行销毁的货物
	(3)非正常损失的在产品、产成品所耗用的购进货物(不含固定资产)、劳务和交通运输服务	
	(4)非正常损失的不动产，以及该不动产所耗用的购进货物、设计服务和建筑服务	非正常损失的不动产是指因违反法律法规被依法没收、销毁、拆除的不动产
	(5)非正常损失的不动产在建工程所耗用的购进货物、设计服务和建筑服务	
	(6)购进的贷款服务、餐饮服务、居民日常服务、娱乐服务	纳税人接受贷款服务向贷款方支付的与该笔贷款直接相关的投融资顾问费、手续费、咨询费等费用，其进项税额不得从销项税额中抵扣

【知识点拨1】一般纳税人购入货物、劳务、服务时，确定用于不得抵扣项目则不作进项税处理，直接计入相关成本。由于购进时没有抵扣进项税额，用途改变时也不用做进项税转出处理；如果购入时不能确定用途则按一般规定抵扣进项税额，用途改变时需要做进项税额转出。

【知识点拨2】**一般纳税人租入固定资产、不动产，既用于一般计税方法计税项目，又用于简易计税方法计税项目、免征增值税项目、集体福利或者个人消费的，其进项税额准予从销项税额中全额抵扣。**

【知识点拨3】保险公司承担机动车辆保险责任保险服务的进项税额处理：

(1)以现金赔付方式承担机动车辆保险责任的，将应付给被保险人的赔偿金直接支付给车辆修理劳务提供方，不属于保险公司购进车辆修理劳务，其进项税额不得从保险公司销项税额中抵扣。

(2)以实物赔付方式承担机动车辆保险责任的，自行向车辆修理劳务提供方购进的车辆修理劳务，其进项税额可以按规定从保险公司销项税额中抵扣。

(二)不得抵扣转可以抵扣

按照规定不得抵扣且未抵扣进项税额的固定资产、无形资产、不动产，发生用途改变，用于允许抵扣进项税额的应税项目，可在用途改变的次月按照下列公式计算可以抵扣的进项税额：

可以抵扣的进项税额＝固定资产、无形资产、不动产净值÷(1+适用税率)×适用税率

(三)进项税额转出

购进货物、服务、固定资产、无形资产在改变生产经营用途，不得抵扣进项税额的，如果在购进时已抵扣了进项税额，需要在改变用途当期作进项税额转出处理。进项税额转出的方法：

1. 一般纳税人已抵扣进项税额的货物、服务，发生不得从销项税额中抵扣进项税额情形的，按照下列方法计算不得抵扣的进项

税额：

(1)按原抵扣进项税额转出。

①如果原购进免税农产品，进项税额转出额=成本÷(1-9%或10%)×9%或者10%。

②伴随货物购进时一并抵扣的运输服务9%增值税，应同时做进项税额转出。

(2)按现在成本乘以税率转出。无法准确确定该项进项税额的，按当期实际成本(即买价+运费+保险费+其他有关费用)计算应扣减的进项税额。

进项税额转出数额=当期实际成本×税率

2. 一般纳税人已抵扣进项税额的固定资产、无形资产或者不动产，发生不得从销项税额中抵扣进项税额情形的，按照下列公式计算不得抵扣的进项税额：

不得抵扣的进项税额=已抵扣进项税额×不动产净值率

不动产净值率=(不动产净值÷不动产原值)×100%

3. 适用一般计税方法的纳税人，兼营简易计税方法计税项目、免征增值税项目而无法划分不得抵扣的进项税额，按照下列公式计算不得抵扣的进项税额：

不得抵扣的进项税额=当期无法划分的全部进项税额×(当期简易计税方法计税项目销售额+免征增值税项目销售额)÷当期全部销售额

考点十二　一般计税方法应纳增值税税额的计算应用★★★

扫我解疑难

经典例题

【例题1·单选题】某商场(一般纳税人)2019年12月购进一批货物，取得增值税专用发票上注明销售额20万元，发票已经税务机关认证，增值税2.6万元，本月售出80%，取得零售收入22万元，并按零售收入的10%取得厂家返利收入2.2万元，无其他事项；商场本月应纳的增值税为(　　)万元。

A. 0.01　　B. 0.18

C. 0.22　　D. 2.13

【答案】B

【解析】返利收入应冲减当期进项税金。应纳增值税=22÷(1+13%)×13%-[2.6-2.2÷(1+13%)×13%]=0.18(万元)。

【例题2·计算问答】某商场为增值税一般纳税人，2019年11月发生以下购销业务：

(1)购入服装两批，均取得增值税专用发票。两张专用发票上注明的货款分别为20万元和36万元，进项税额分别为2.6万元和4.68万元。另外，购进这两批货物时已分别支付两笔含税运费3万元和4万元，第一笔运费支付给一般纳税人，取得一般纳税人开具的运费增值税专用发票，第二笔运费支付给小规模纳税人，取得税务机关代开的运费增值税专用发票。

(2)批发销售服装一批，取得不含税销售额18万元，采用委托银行收款方式结算，货已发出并办妥托收手续，货款尚未收回。

(3)零售各种服装，取得含税销售额37.66万元，同时将零售价为1.78万元的服装作为礼品赠送给了顾客。

(4)采取以旧换新方式销售家用电视20台，每台零售价0.65万元，另支付顾客每台旧计算机收购款0.02元。

要求：计算该商场2019年11月应缴纳的增值税。

【答案】

(1)进项税额=2.6+4.68+3÷(1+9%)×9%+4÷(1+3%)×3%=7.64(万元)

(2)销项税额=18×13%+(37.66+1.78)÷(1+13%)×13%+(20×0.65)÷(1+13%)×13%=2.34+4.54+1.496=8.38(万元)

(3)应纳税额=8.38-7.64=0.74(万元)

考点精析

一般纳税人采用的增值税一般计税方法，涉及多项政策的综合运用，难度较大，是历年考试命题中计算问答题、综合题的必考内容，需要考生对相关考点的细节性规定全面掌握。

（一）税额计算中的一般方法

一般纳税人计算本月应纳增值税税额采用当期购进扣税法，计算公式如下所示：

一般纳税人当期应纳增值税计算中，关于税率、销售额、准予抵扣的进项税额、不予抵扣的进项税额、进项税额转出已在前面的考点中做过介绍，此处进一步强调一下“当期”的规定。

1. 当期销项税额确认时间

销项税额的“当期”，是指纳税人在什么时间计算销项税额，即增值税纳税义务发生时间（详见考点十九）。

2. 当期进项税额抵扣时间

增值税专用发票、海关进口增值税专用缴款书、机动车销售统一发票、收费公路通行费增值税电子普通发票，应当通过本省（自治区、直辖市和计划单列市）增值税发票综合服务平台对上述扣税凭证信息进行用途确认。

（二）当期进项税额不足抵扣的两种处理：

1. 结转抵扣：当期进项税额不足抵扣的部分可以结转下期继续抵扣。

2. 退还增量留抵税额：

自2019年4月1日起，试行增值税期末留抵税额退税制度。

（1）同时符合以下条件的纳税人，可以向主管税务机关申请退还增量留抵税额：

①自2019年4月税款所属期起，连续六个月增量留抵税额均大于零，且第六个月增量留抵税额不低于50万元；

②纳税信用等级为A级或者B级；

③申请退税前36个月未发生骗取留抵退税、出口退税或虚开增值税专用发票情形；

④申请退税前36个月未因偷税被税务机关处罚两次及以上；

⑤自2019年4月1日起未享受即征即退、先征后返（退）政策。

『说明』对于部分先进制造业纳税人退还增量留抵税额的条件也是同时符合5项：①增量留抵税额大于零；其余②-⑤同上。

（2）上述留抵税额增量留抵税额，是指**与2019年3月底相比新增加**的期末留抵税额。

（3）纳税人当期允许退还的增量留抵税额，按照以下公式计算：

允许退还的增量留抵税额＝增量留抵税额×进项构成比例×60%

【解析】公式中“进项构成比例”，为2019年4月至申请退税前一税款所属期内已抵扣的**增值税专用发票（含税控机动车销售统一发票）、海关进口增值税专用缴款书、解缴税款完税凭证注明的增值税额占同期全部已抵扣进项税额的比重。**

（三）税额计算中的特殊问题

1. 销售折让、中止或者退回涉及销项税额和进项税额的税务处理。纳税人适用一般计税方法计税的，因销售折让、中止或者退回而退还给购买方的增值税额，应当从当期的销项税额中扣减；因销售折让、中止或者退回而收回的增值税额，应当从当期的进项税额中扣减。

2. 向供货方取得返还收入的税务处理。商业企业向供货方收取的与商品销售量、销售额挂钩（如以一定比例、金额、数量计算）的各种返还收入，均应按照平销返利行为的有关规定**冲减当期增值税进项税金**。应冲减进项税金的计算公式调整为：

当期应冲减进项税金＝当期取得的返还资金÷（1+所购货物适用增值税税率）×所购货物适用增值税税率

商业企业向供货方收取的各种返还收入，一律不得开具增值税专用发票。

3. 一般纳税人注销时进项税额的处理。一般纳税人注销或取消辅导期一般纳税人资格，转为小规模纳税人时，其存货不作进项税额转出处理，其留抵税额也不予以退税。

阶段性测试

1.**【单选题】**某船运公司为增值税一般纳税

人，2019 年 6 月购进船舶配件取得的增值税专用发票上注明价款 360 万元、税额 46.8 万元；开具普通发票取得的含税收入包括国内运输收入 1 276 万元、期租业务收入 253 万元、打捞收入 116.6 万元。该公司 6 月应缴纳的增值税为(　)万元。

A. 46.35　　B. 86.05

C. 88　　D. 89.08

2. 【综合】(2019 年)位于市区的某集团总部为增值税一般纳税人，拥有外贸进出口资格。2019 年 6 月经营业务如下：

(1)内销一批服装，向客户开具的增值税发票的金额中分别注明了价款 300 万元，折扣额 30 万元。

(2)取得统借统还按支付给金融机构的借款利率水平利息收入 50 万元，保本理财产品利息收入 10.6 万元。

(3)转让其 100%控股的一家非上市公司的股权，初始投资成本 2 000 万元，转让价 5 000万元。

(4)在境内开展连锁经营，取得含税商标权使用费 106 万元。

(5)转让位于市区的一处仓库，取得含税金额 1 040 万元，该仓库 2010 年购入，购置价 200 万元，简易方法计征增值税

(6)向小规模纳税人销售一台使用过的设备，当年采购该设备时按规定未抵扣进项税额，取得含税金额 10.3 万元，开具增值税普通发票。

(7)聘请境外公司来华提供商务咨询并支付费用 20 万元，合同约定增值税由支付方承担。

(8)进口 3 辆厢式货车，关税完税价格 40 万元/辆；其中一辆用于本企业生产经营，其余两辆待售。

(9)发生其他无法准确划分用途支出，取得增值税专用发票注明税额 22.6 万元。

(注：销售货物的增值税 13%，进口厢货关税 15%，当月未取得代扣代缴税款的完税凭证，进口业务当月取得海关进口增值税专用缴款书，上述已申报抵扣)

(1)计算业务(1)中的销项税额。

(2)判断业务(2)是否缴纳增值税，如需缴纳并计算出结果。

(3)判断业务(3)是否缴纳增值税并说明理由。

(4)计算业务(4)中的销项税额。

(5)计算业务(5)中应纳增值税额。

(6)计算业务(6)中应纳增值税额。

(7)计算业务(7)当期代扣代缴的增值税额。

(8)计算业务(8)进口厢式货车时应纳的关税、车辆购置税和增值税额。

(9)计算当期不可抵扣的进项税额。

(10)回答主管税务机关是否有权对企业按月计算的不可抵扣进项税额进行调整；如需调整，应如何进行调整。

(11)计算当期应向主管税务机关缴纳的增值税额。

阶段性测试答案精析

1. B 【解析】国内运输收入和期租业务收入应按“交通运输服务”计算缴纳增值税；取得的打捞收入应按“现代服务——物流辅助服务”计算缴纳增值税。应纳增值税 = (1 276+253)÷(1+9%)×9%+116.6÷(1+6%)×6%−46.8 = 86.05(万元)。

2. 【答案】

(1)销项税额 = (300−30)×13% = 35.1(万元)

(2)统借统还业务的利息收入可以免征增值税。保本理财产品利息收入应缴纳增值税。

应纳增值税销项税额 = 10.6÷(1+6%)×6% = 0.6(万元)

『提示』统借统还业务中，企业集团或企业集团中的核心企业以及集团所属财务公司按不高于支付给金融机构的借款利率水平或者支付的债券票面利率水平，向企业集团或者集团内下属单位收取的利息，是

免征增值税的。保本理财产品利息收入按贷款服务缴纳增值税。

(3)无需缴纳增值税。股权转让不属于金融商品转让，不是增值税的征税范围，不缴纳增值税。

(4)销项税额=106÷(1+6%)×6%=6(万元)

(5)应纳增值税=(1 040-200)÷(1+5%)×5%=40(万元)

(6)应纳增值税=10.3÷(1+3%)×2%=0.2(万元)

(7)当期代扣代缴的增值税额=20×6%=1.2(万元)

『提示』合同约定增值税由支付方式承担，20万就是对方不含税的收入。

(8)关税=40×3×15%=18(万元)

车辆购置税=40×(1+15%)×10%=4.6(万元)

进口环节增值税=(40×3+18)×13%=17.94(万元)

(9)不得抵扣的进项税额=22.6×50÷(270+50+10+100)=2.63(万元)

『提示』无关联的收入、简易办法计税的收入(转让仓库和使用过的设备)，不参与分摊。

(10)主管税务机关有权对企业按月计算的不可抵扣进项税额进行调整。

主管税务机关可以参照不得抵扣进项税额公式，依据年度数据对不得抵扣的进项税额进行调整。

(11)应纳增值税额=35.1+0.6+6-(17.94+22.6-2.63)+40+0.2=43.99(万元)

考点十三　不动产转让与租赁业务增值税的税务处理★★★

扫我解疑难

经典例题

【例题1·单选题】甲县某企业为增值税一般纳税人，2019年5月在乙县购进一商铺并将其出租，其取得的商铺租金收入应在乙县按(　)预征率预缴税款。

A. 2%　　B. 5%

C. 1.5%　　D. 3%

【答案】D

【解析】一般纳税人出租营改增后购入的不动产适用一般计税方法计税的，应预缴税款=含税销售额÷(1+9%)×3%。

【例题2·单选题】甲企业为增值税一般纳税人，2019年12月对外转让一处仓库，取得含税收入2 200万元。该仓库为企业2016年1月购买的，购置原价为1 400万元，相关费用为80万元，甲企业选择按简易计税方法计算纳税。甲企业转让仓库应缴纳增值税(　)万元。

A. 34.29　　B. 104.76

C. 38.10　　D. 78.38

【答案】C

【解析】一般纳税人转让其2016年4月30日前取得(不含自建)的不动产，可以选择适用简易计税方法计税，以取得的全部价款和价外费用扣除不动产购置原价或者取得不动产时的作价后的余额为销售额，按照5%的征收率计算应纳税额。应纳增值税=(2 200-1 400)÷(1+5%)×5%=38.10(万元)。

考点精析

本考点涉及不动产(存量)转让、不动产租赁，是各行各业纳税人以及自然人都会经常发生的业务，在考试中属于出现频率很高的考点，题型涉及单选题(一般是小计算)、计算问答题、综合题，需要考生对取得不动产的时间、纳税人选择的计税方法、税率与征收率、计税依据是销售额全额还是差额、预缴税款与申报税款等问题，进行熟练区分与掌握。

(一)非房企转让不动产增值税的税务处理

非房企转让不动产的增值税政策，适用于纳税人转让其取得的不动产，包括以直接购买、接受捐赠、接受投资入股、自建以及抵债等各种形式取得的不动产；不适用于房地产开发企业销售自行开发的房地产项目。

非房企转让不动产增值税的税务处理如表 2-16 所示。

表 2-16　非房企转让不动产增值税的税务处理

纳税人		取得方式	计税销售额	税额计算
一般纳税人	可选简易 5%	之前取得	差额	预缴增值税＝(转让收入-购置原价或作价)÷(1+5%)×5% 申报增值税＝(转让收入-购置原价或作价)÷(1+5%)×5%
		之前自建	全额	预缴增值税＝转让收入÷(1+5%)×5% 申报增值税＝转让收入÷(1+5%)×5%
	正常计税 9%	之前取得	全额	预缴增值税＝(转让收入-购置原价或作价)÷(1+5%)×5% 申报增值税＝转让收入÷(1+9%)×9%-进项税额
		之前自建	全额	预缴增值税＝转让收入÷(1+5%)×5% 申报增值税＝转让收入÷(1+9%)×9%-进项税额
		之后取得	全额	预缴增值税＝(转让收入-购置原价或作价)÷(1+5%)×5% 申报增值税＝转让收入÷(1+9%)×9%-进项税额
		之后自建	全额	预缴增值税＝转让收入÷(1+5%)×5% 申报增值税＝转让收入÷(1+9%)×9%-进项税额
小规模纳税人		取得	差额	预缴增值税＝(转让收入-购置原价或作价)÷(1+5%)×5% 申报增值税＝(转让收入-购置原价或作价)÷(1+5%)×5%
		自建	全额	预缴增值税＝转让收入÷(1+5%)×5% 申报增值税＝转让收入÷(1+5%)×5%
个人住房		北上广深	不满 2 年，全额 5% 满 2 年，普通住宅免税，非普通住宅差额 5%	
		其他地区	不满 2 年，全额 5% 满 2 年，免税	

【知识点拨】(1)“之前”指的是 2016 年 4 月 30 日以前取得或自建的不动产；“之后”指的是 2016 年 5 月 1 日以后取得或自建的不动产。

(2)一般计税方法下，增值税＝转让全价÷(1+9%)×9%-进项税额-预缴税款。

(3)不动产转让服务中，一般计税方法下增值税的预征率为 5%。

(4)预缴政策：

①一般纳税人、小规模纳税人(除其他个人)：在不动产所在地的税务机关预缴，向机构所在地的税务机关申报纳税。

②其他个人：向不动产所在地的税务机关申报纳税。

(二)提供不动产经营租赁服务增值税的税务处理

提供不动产经营租赁服务的增值税政策，适用于纳税人出租取得的不动产(包括以直接购买、接受捐赠、接受投资入股、自建以及抵债等形式取得的不动产)；房地产开发企业不动产经营租赁服务，适合下列政策。

提供不动产经营租赁服务增值税的税务处理如表 2-17 所示。

表 2-17　提供不动产经营租赁服务增值税的税务处理

纳税人	取得方式	税务处理
一般纳税人	之前取得	可选简易征收 5%： 预缴增值税＝含税销售额÷(1+5%)×5% 申报增值税＝含税销售额÷(1+5%)×5%
	之后取得	一般计税方法： 预缴增值税＝含税销售额÷(1+9%)×3% 申报增值税＝含税销售额÷(1+9%)×9%－进项税额
小规模纳税人	非住房	简易征收 5%
	住房(个体工商户)	简易征收 5%，减按 1. 5%计税(同其他个人)

【知识点拨】(1)一般计税方法下增值税＝出售全价÷(1+9%)×9%－进项税额－预缴税款。

(2)预缴政策：①不动产和机构不在同一县市的，需在不动产所在地税务机关预缴，向机构所在地税务机关申报纳税。②其他个人出租不动产，由不动产所在地税务机关代征。

(3)不动产经营租赁服务中，一般计税方法下增值税的预征率为 3%。

(4)小规模纳税人出租不动产，月销售额未超过 10 万元的，当期无需预缴税款。

考点十四　建筑企业与房地产企业增值税的税务处理★★★

扫我解疑难

经典例题

【例题 1 · 单选题】一般纳税人跨县(市)提供建筑服务，适用一般计税方法的，应以全部价款和价外费用扣除分包款后的余额，按(　)的预征率在建筑服务发生地预缴税款。

A. 5%　　B. 3%

C. 2%　　D. 9%

【答案】C

【解析】采取一般计税方法的，按照 2%预征率在建筑服务发生地预缴税款。

【例题 2 · 单选题】甲建筑安装公司为增值税一般纳税人，其机构所在地为 A 市，2019 年 9 月承包 B 市的一项建筑服务，该建筑安装公司收取含税工程价款 500 万元，当月支付给分包方乙公司含税分包款 150 万元。甲建筑安装公司适用一般计税方法计税，则甲建筑安装公司当月应预缴的增值税为(　)万元。

A. 7　　B. 6. 36

C. 6. 42　　D. 9. 00

【答案】C

【解析】一般纳税人跨县(市)提供建筑服务，适用一般计税方法计税的，应预缴税款＝(全部价款和价外费用－支付的分包款)÷(1+9%)×2%。甲建筑安装公司当月应预缴的增值税＝(500－150)÷(1+9%)×2%＝6. 42(万元)。

【例题 3 · 单选题】某房地产企业为增值税一般纳税人，2017 年 6 月 1 日购买一地块开发房地产项目，支付地价款 800 万元，2019 年 10 月项目完工，当期销售其中的 90%，取得含税销售收入 2 000 万元，当期增值税销项税为(　)万元。

A. 99. 08　　B. 105. 69

C. 115. 2　　D. 165. 14

【答案】B

【解析】房地产开发企业中的一般纳税人销售其开发的房地产项目(选择简易计税方法的房地产老项目除外)，以取得的全部价款和价外费用，扣除受让土地时向政府部门支付的土地价款后的余额为销售额。销售额＝(全部价款和价外费用－当期允许扣除的土地价款)÷(1+9%)＝(2 000－800×90%)÷(1+9%)＝1

174.31(万元)，增值税销项税=1 174.31×9%=105.69(万元)。

考点精析

(一)跨县(市)提供建筑服务增值税的税务处理

建筑施工企业跨县(市)提供建筑服务的增值税政策，适用于单位和个体工商户在其机构所在地以外的县(市)提供建筑服务，纳税人向建筑服务发生地的税务机关预缴税款；向机构所在地的税务机关申报纳税；本政策不适用于其他个人跨县(市区)提供建筑服务。

纳税人提供建筑服务适用一般计税方法的，以取得的全部价款和价外费用为销售额；适用简易计税方法的，以取得的全部价款和价外费用扣除支付的分包款后的余额为销售额。

纳税人跨县(市)提供建筑服务或以预收款方式提供建筑服务，应以取得的全部价款和价外费用扣除支付的分包款后的余额，按规定的预征率在建筑服务发生地(跨县市)或机构所在地(本地)预缴增值税。

建筑服务的增值税税务处理如表 2-18 所示。

表 2-18 建筑服务的增值税税务处理

纳税人	税率与征收率	税务处理
一般纳税人	正常计税 9%	预缴增值税=(全部价款和价外费用-分包款)÷(1+9%)×2% 申报增值税=全部价款和价外费用÷(1+9%)×9%-进项税额
	简易征收 3%	预缴增值税=(全部价款和价外费用-分包款)÷(1+3%)×3% 应纳增值税=(全部价款和价外费用-分包款)÷(1+3%)×3%
		以清包工方式提供的建筑服务；为甲供工程提供的建筑服务；为建筑工程老项目提供的建筑服务
小规模纳税人	简易征收 3%	预缴增值税=(全部价款和价外费用-分包款)÷(1+3%)×3% 申报增值税=(全部价款和价外费用-分包款)÷(1+3%)×3%
	预缴地实现的月销售额未超过 10 万元的，当期无需预缴税款	

【知识点拨 1】老项目即建筑工程承包合同注明的开工日期在 2016 年 4 月 30 日前的建筑工程项目。

【知识点拨 2】跨县(市)提供建筑服务中，一般计税方法下增值税的预征率为2%。

【知识点拨 3】建筑企业与发包方签订建筑合同后，以内部授权或者三方协议等方式，授权集团内其他纳税人(以下称“第三方”)为发包方提供建筑服务，并由第三方直接与发包方结算工程款的，由第三方缴纳增值税并向发包方开具增值税发票，与发包方签订建筑合同的建筑企业不缴纳增值税。发包方可凭实际提供建筑服务的纳税人开具的增值税专用发票抵扣进项税额。

按照现行规定应在建筑服务发生地预缴增值税的项目[跨县(市)提供建筑服务项目]，纳税人收到预收款时在建筑服务发生地预缴增值税。按照现行规定无须在建筑服务发生地预缴增值税的项目(本地项目)，纳税人收到预收款时在机构所在地预缴增值税。

【知识点拨 4】其他个人跨县(市、区)提供建筑服务，不适用预缴税款

(二)房地产开发企业销售自行开发的房地产项目增值税的税务处理

房地产开发企业销售自行开发的房地产项目(包括土地开发和房屋开发)，增值税征收管理如表 2-19 所示。

表 2-19　房地产开发企业销售自行开发的房地产

纳税人	情形	税务处理
一般纳税人	老项目	可选简易征收，全额计税
	新项目	销售额＝(全部价款和价外费用－土地价款)÷(1+9%)
	预收款	预收款，按3%预征率预缴增值税＝预收款÷(1+9%)×3%
小规模纳税人	简易征收	预收款，按3%预征率预缴增值税＝预收款÷(1+5%)×3%

【知识点拨1】(1)公式中“土地价款”，是指向政府、土地管理部门或受政府委托收取土地价款的单位直接支付的土地价款。

当期允许扣除的土地价款＝(当期销售房地产项目建筑面积÷房地产项目可供销售建筑面积)×支付土地价款

(2)房地产开发企业中的一般纳税人自行开发的房地产项目，不执行进项税额分期抵扣政策，其进项税额可一次性抵扣。

【知识点拨2】房地产开发企业销售自行开发的房地产项目中，一般计税方法下增值税的预征率为3%。

阶段性测试

1.【单选题】甲房地产开发企业为增值税一般纳税人，2019年8月销售自行开发的房地产项目，取得含税销售收入500万元，另取得延期付款利息80万元。购买土地时向政府部门支付的土地价款总额为200万元，房地产项目可供销售建筑面积为2 000平方米，当期销售房地产项目建筑面积为800平方米。该房地产开发企业当期计税销售额为(　)万元。

A. 450　　B. 458.72

C. 500　　D. 550

2.【多选题】下列关于纳税人(非房地产开发企业)转让不动产的增值税征收管理规定的表述，错误的有(　)。

A. 一般纳税人转让其2016年4月30日前外购的不动产，以取得的全部价款和价外费用为销售额，按照5%的征收率计算应纳税额

B. 一般纳税人转让其2016年4月30日前自建的不动产，可以选择适用简易计税方法计税，以取得的全部价款和价外费用为销售额，按照5%的征收率计算应纳税额

C. 一般纳税人转让其2016年5月1日后取得(不含自建)的不动产，适用一般计税方法，以取得的全部价款和价外费用为销售额计算应纳税额

D. 小规模纳税人转让其自建的不动产，以取得的全部价款和价外费用为销售额，按照3%的征收率计算应纳税额

3.【综合】某市的A建筑公司(一般纳税人)2019年6月发生以下业务：

(1)在外市A县以清包工方式承接A建筑项目，选择了简易计税方法，按合同约定取得含税工程款1 000万元，支付含税分包款200万元。为完成A建筑项目购进辅助材料，取得增值税专用发票，上面注明价款10万元。

(2)在外省B县承接B建筑项目，选择了一般计税方法，按合同约定取得含税总包款4 200万元，支付含税分包款1 500万元，分包工程款取得增值税专用发票。为完成B建筑项目购进辅助材料，取得增值税专用发票，上面注明价款100万元。

(3)在本地以包工包料方式承接C项目，选择了一般计税方法，按合同约定取得含税工程款2 000万元。为完成C建筑项目购进原材料，取得增值税专用发票，上面注明价款800万元。

(4)采购办公用品取得增值税专用发票上注明价款10万元；支付电费取得增值税专用发票，上面注明价款2万元；支付道路通行费并取得道路通行费电子普通发票，

其中高速公路通行费 4 万元，一级公路、桥、闸通行费 1 万元。

(5)购入 4 台建筑设备，既用于一般计税项目，也用于简易计税，取得增值税专用发票，上面注明价款 500 万元。

要求：根据上述资料，按下列序号回答问题，每问需计算出合计数(保留两位小数，单位：万元)。

(1)计算 A 建筑项目在建筑服务发生地应该预缴的增值税。

(2)为 A 项目购进的辅助材料是否允许抵扣进项税额？为什么？

(3)计算 B 建筑项目在建筑服务发生地应该预缴的增值税。

(4)计算 B 项目的销项税额。

(5)计算 B 项目的分包款和辅助材料可以抵扣的进项税额。

(6)说明 B 项目是否需要预缴增值税。

(7)计算 C 项目的销项税额。

(8)计算水、电、办公用品、道路通行费可以抵扣的进项税额。

(9)计算本月购入设备可以抵扣的进项税额。

(10)计算 A 建筑公司在本市申报实际缴纳的增值税。

阶段性测试答案精析

1. B 【解析】房地产开发企业中的一般纳税人销售自行开发的房地产项目，适用一般计税方法计税，按照取得的全部价款和价外费用，扣除当期销售房地产项目对应的土地价款后的余额计算销售额。

当期允许扣除的土地价款=(当期销售房地产项目建筑面积÷房地产项目可供销售建筑面积)×支付的土地价款=(800÷2 000)×200=80(万元)；计税销售额=(全部价款和价外费用-当期允许扣除的土地价款)÷(1+9%)=(500+80-80)÷(1+9%)=458.72(万元)。

2. AD 【解析】选项 A，一般纳税人可以选择适用简易计税方法计税，以取得的全部价款和价外费用扣除不动产购置原价或者取得不动产时的作价后的余额为销售额，按照 5%的征收率计算应纳税额；选项 D，小规模纳税人应该按照 5%的征收率计算应纳税额。

3. 【答案】

(1)A 建筑项目应预缴增值税税款=(1 000-200)÷(1+3%)×3%=23.30(万元)

(2)为 A 项目购进的辅助材料不允许抵扣进项税额，因为用于简易计税项目的进项税额不得抵扣。

(3)B 建筑项目应预缴增值税税款=(4 200-1 500)÷(1+9%)×2%=49.54(万元)

(4)B 项目的销项税额=4 200÷(1+9%)×9%=346.79(万元)

(5)B 项目可以抵扣的进项税额=1 500÷(1+9%)×9%+100×13%=136.85(万元)

(6)B 项目需要预缴增值税。纳税人跨县市提供建筑服务，以取得的价款扣除支付的分包款后的余额，按规定的预征率 2%预缴增值税。

(7)C 项目的销项税额=2 000÷(1+9%)×9%=165.14(万元)

(8)水、电、办公用品、道路通行费的进项税额=10×13%+2×13%+4÷(1+3%)×3%+1÷(1+5%)×5%=1.73(万元)

(9)购入设备可以抵扣的进项税额=500×13%=65(万元)

【解析】只有专用于简易计税项目的固定资产不得抵扣进项税额，该设备既用于一般计税项目，又用于简易计税项目，其进项税额可以全额抵扣。

(10)销项税额=346.79+165.14=511.93(万元)

可以抵扣的进项税额=136.85+800×13%(C 项目购料)+1.73+65=307.58(万元)

简易计税应纳税额=23.30(万元)

A、B 项目的预缴增值税=23.30+49.54=72.84(万元)

在本市申报实际缴纳的增值税=511.93-307.58+23.30-72.84=154.81(万元)

考点十五　进口环节增值税的征收★★

扫我解疑难

经典例题

【例题1·多选题】(2017年)跨境电子商务零售进口商品按照货物征收关税，下列企业可以作为代收代缴义务人的有(　)。

A. 物流企业　B. 电子商务企业

C. 商品生产企业　D. 电子商务交易平台企业

【答案】ABD

【解析】电子商务企业、电子商务交易平台企业或物流企业可作为代收代缴义务人。

【例题2·单选题】甲商贸公司为增值税一般纳税人，2019年8月进口一批摩托车，关税完税价格折合人民币600万元，关税税率为20%，消费税税率为3%，则该批摩托车进口环节应缴纳增值税(　)万元。

A. 96.49　B. 129.16

C. 122.47　D. 118.95

【答案】A

【解析】进口环节应缴纳增值税=600×(1+20%)÷(1-3%)×13%=96.49(万元)。

【例题3·单选题】根据税法规定，跨境电子商务零售进口商品的单次交易限值为人民币(　)元。

A. 500　B. 1 000

C. 3 000　D. 5 000

【答案】D

【解析】跨境电子商务零售进口商品的单次交易限值为人民币5 000元。

考点精析

本知识点虽然内容不多，但是非常重要，进口环节缴纳的增值税可以作为进项税抵扣，进口业务会跟后面章节的关税结合起来考核，进口税额计算是否正确，直接影响增值税税额的计算是否正确，要引起重视。

进口环节增值税的具体征收办法如表2-20所示。

表2-20　进口环节征税

要点	内容
进口货物征税范围	凡是申报进入我国海关境内的货物，由海关代征进口环节增值税
进口增值税的计算方法	应纳进口增值税=组成计税价格×税率 【知识点拨1】公式中税率为9%或13%，同国内货物。进口抗癌药品，减按3%征收 组成计税价格=关税完税价格+关税+消费税 【知识点拨2】如果进口货物不属于消费税的应税消费品，组价公式中消费税为0
跨境电子商务规定	(1)跨境电子商务零售进口商品按照货物征收关税和进口环节增值税、消费税，以实际交易价格(包括货物零售价格、运费和保险费)作为完税价格 (2)购买跨境电子商务零售进口商品的纳税义务人：购买的个人 代收代缴义务人：电子商务企业、电子商务交易平台企业或物流企业 (3)对跨境电子商务零售进口商品的单次交易限值为人民币5 000元，个人年度交易限值为人民币26 000元以内进口的跨境电子商务零售进口商品，关税税率暂设为0%。跨境电子商务零售进口商品的进口环节增值税、消费税取消免征税额，暂按法定应纳税额的70%征收 (4)完税价格超过5 000元单次交易限值但低于26 000元年度交易限值，且订单下仅一件商品时，可以自跨境电商零售渠道进口，按照货物税率全额征收关税和进口环节增值税、消费税，交易额计入年度交易总额，但年度交易总额超过年度交易限值的，应按一般贸易管理 (5)跨境电子商务零售进口商品自海关放行之日起30日内退货的，可申请退税，并相应调整个人年度交易总额

续表

要点	内容
进口货物增值税纳税义务发生时间、纳税地点及期限	(1)进口货物的增值税，纳税义务发生时间为报关进口当天 (2)纳税地点为进口货物报关地海关 (3)纳税期限为海关填发海关进口增值税专用缴款书之日起15日内

考点十六 出口环节增值税的退(免)税和征税★★

扫我解疑难

经典例题

【例题1·多选题】下列出口货物劳务，不适用出口退(免)税政策的有( )。

A. 出口企业或其他单位销售给用于国际金融组织或外国政府贷款国际招标建设项目的中标机电产品

B. 增值税小规模纳税人出口的货物

C. 来料加工复出口的货物

D. 非列名生产企业出口的非视同自产货物

【答案】BCD

【解析】选项B、C、D均适用增值税免税政策。

【例题2·单选题】生产企业进料加工复出口货物，其增值税的退(免)税计税依据是( )。

A. 按出口货物的离岸价(FOB)扣除出口货物所含的海关保税进口料件的金额后确定

B. 出口货物的实际离岸价(FOB)

C. 出口货物的到岸价格

D. 按出口货物的离岸价(FOB)扣除出口货物所含的国内购进免税原材料的金额后确定

【答案】A

【解析】生产企业进料加工复出口货物，其增值税的退(免)税计税依据按出口货物的离岸价(FOB)扣除出口货物所含的海关保税进口料件的金额后确定。

考点精析

纳税人出口货物、劳务和跨境应税行为，增值税退(免)税的基本政策有三个：退(免)税政策、免税政策、征税政策，分别适用于不同的行业和业务。此考点重在区分退(免)税政策、免税政策的适用范围：

(一)退(免)税政策的范围

(1)出口企业出口货物，如生产企业、外贸企业。

(2)视同自产出口货物，如用于对外承包工程项目下的货物、用于境外投资的货物、用于对外援助的货物；生产自产货物的外购设备和原材料(农产品除外)。

(3)出口企业对外提供加工修理修配劳务，指对进境复出口货物或从事国际运输的运输工具进行的加工修理修配。

(4)境内单位和个人提供适用零税率的应税服务，如跨境运输服务。

(5)融资租赁货物出口。对融资租赁企业、金融租赁公司及其设立的项目子公司，以融资租赁方式租赁给境外承租人且租赁期限在5年(含)以上，并向海关报关后实际离境的货物，试行增值税、消费税出口退税政策。

(二)免税政策范围

1. 出口企业或其他单位出口规定的货物

(1)增值税小规模纳税人出口的货物。

(2)避孕药品和用具，古旧图书。

(3)软件产品。其具体范围是指海关税则号前四位为“9803”的货物。

(4)含黄金、铂金成分的货物，钻石及其饰品。

(5)国家计划内出口的卷烟。

(6)已使用过的设备。

(7)非出口企业委托出口的货物。

(8)非列名生产企业出口的非视同自产

货物。

(9)农业生产者自产农产品。

(10)来料加工复出口的货物。

(11)特殊区域内的企业出口的特殊区域内的货物。

(12)油、花生果仁、黑大豆等财政部和国家税务总局规定的出口免税的货物。

(13)以人民币现金作为结算方式的边境地区出口企业从所在省(自治区)的边境口岸出口到接壤国家的一般贸易和边境小额贸易出口货物。

2. 境内的单位和个人销售的下列服务和无形资产

【知识点拨】财政部和国家税务总局规定适用增值税零税率的除外。

(1)下列服务:

①工程项目在境外的建筑服务。

②工程项目在境外的工程监理服务。

③工程、矿产资源在境外的工程勘察勘探服务。

④会议展览地点在境外的会议展览服务。

⑤存储地点在境外的仓储服务。

⑥标的物在境外使用的有形动产租赁服务。

⑦在境外提供的广播影视节目(作品)的播映服务。

⑧在境外提供的文化体育服务、教育医疗服务、旅游服务。

(2)为出口货物提供的邮政服务、收派服务、保险服务。为出口货物提供的保险服务,包括出口货物保险和出口信用保险。

(3)向境外单位提供的完全在境外消费的下列服务和无形资产:

①电信服务。

②物流辅助服务(仓储服务、收派服务除外)。

③鉴证咨询服务。

④专业技术服务。

⑤商务辅助服务。

⑥广告投放地在境外的广告服务。

⑦无形资产(技术除外)。

⑧知识产权服务。

⑨为境外单位之间的货币资金融通及其他金融业务提供的直接收费金融服务,且该服务与境内的货物、无形资产和不动产无关。

⑩指定情形的国际运输服务,如:以无运输工具承运方式提供的国际运输服务。

(4)符合零税率政策但适用简易计税方法或声明放弃适用零税率选择免税,包括下列应税行为:

①国际运输服务。

②航天运输服务。

③向境外单位提供的完全在境外消费的下列服务:研发服务;合同能源管理服务;设计服务;广播影视节目(作品)的制作和发行服务;软件服务;电路设计及测试服务;信息系统服务;业务流程管理服务;离岸服务外包业务。

④向境外单位转让完全在境外消费的技术。

(5)市场经营户自营或委托市场采购贸易经营者以市场采购贸易方式出口的货物免征增值税。

(6)出口企业或其他单位未按规定申报或未补齐增值税退(免)税凭证的出口货物和劳务。

(三)外国驻华使(领)馆及其馆员在华购买货物和服务增值税退税管理办法

1. 下列情形不适用增值税退税政策

(1)购买非合理自用范围内的生活办公类货物和服务。

(2)购买货物单张发票销售金额(含税价格)不足 800 元人民币(自来水、电、燃气、暖气、汽油、柴油除外),购买服务单张发票销售金额(含税价格)不足 300 元人民币。

(3)使(领)馆馆员个人购买货物和服务,除车辆和房租外,每人每年申报退税销售金额(含税价格)超过 18 万元人民币的部分,不适用增值税退税政策。

(4)增值税免税货物和服务。

2. 退税的计算

申报退税的应退税额，为增值税发票上注明的税额。使(领)馆及其馆员购买电力、燃气、汽油、柴油，发票上未注明税额的，增值税应退税额按不含税销售额和相关产品增值税适用税率计算，计算公式为：

增值税应退税额=发票金额(含增值税)÷(1+增值税适用税率)×增值税适用税率

(四)境外旅客购物离境退税

(1)境外旅客：是指在我国境内连续居住不超过183天的外国人和港澳台同胞。

(2)境外旅客申请退税，应同时符合以下条件：

①同一境外旅客同一日在同一退税商店购买的退税物品金额达到500元人民币。

②退税物品尚未启用或消费。

③离境日距退税物品购买日不超过90天。

④所购退税物品由境外旅客本人随身携带或随行托运出境。

(3)退税物品的退税率：适用13%税率的境外旅客购物离境退税物品，退税率为11%；适用9%税率的境外旅客购物离境退税物品，退税率为8%。

(4)应退增值税额的计算公式：

应退增值税额=退税物品销售发票金额(含增值税)×退税率

考点十七　出口(免)退税的计算★★

扫我解疑难

经典例题

【例题1·单选题】(2016考题)某自营出口的生产企业为增值税一般纳税人，出口货物的征税率为17%，退税率为13%，6月购进原材料一批，取得的增值税专用发票注明金额500万元，税额85万元。6月内销货物取得不含税销售额150万元，出口货物取得销售额折合人民币200万元，上月增值税留抵税额10万元。该企业当期“免、抵、退”税不得免征和抵扣税额为(　)。

A. 8万元　　B. 20万元

C. 26万元　　D. 6万元

【答案】A

【解析】当期“免、抵、退”税不得免征和抵扣税额=200×(17%-13%)=8(万元)

【例题2·多选题】下列各项中，适用增值税出口“免抵退税”办法的有(　)。

A. 委托出口自产货物的生产企业

B. 自营出口自产货物的生产企业

C. 生产企业委托外贸企业代理出口货物

D. 收购货物出口的外贸企业

【答案】ABC

【解析】选项D适用于“免退税”办法。

考点精析

纳税人出口货物、劳务和跨境应税行为适用退(免)税政策的，退税方法主要有两种：“免、抵、退”方法和“免、退”方法，分别适用于不同的出口业务，这部分内容涉及计算应用，还要结合一般纳税人一般计税方法的其他规定，是难度较高的考点，需要考生在理解出口退税原理的基础上掌握退税的计算应用。

(一)生产企业出口货物、劳务增值税——“免、抵、退”税计算

(1)“免、抵、退”税的含义：免征增值税(实际针对的是零税率)，相应的进项税额抵减应纳增值税额(不包括适用增值税即征即退、先征后退政策的应纳增值税额)，未抵减完的部分予以退还。

『说明』自2019年4月1日起，原适用16%税率且出口退税率为16%的出口货物，出口退税率调整至13%。原适用10%税率且出口退税率为10%的出口货物、跨境应税行为，出口退税率调整至9%。

(2)“免、抵、退”税的适用范围：生产企业出口自产货物与视同自产货物；对外提供加工修理修配劳务；列名的生产企业出口

非自产货物；跨境应税行为适用增值税零税率政策的服务和无形资产。

(3)“免、抵、退”的计算分两种情况：

①出口企业全部原材料均从国内购进，“免、抵、退”办法基本步骤为五步，公式如表 2-21 所示。

表 2-21 生产企业免抵退税计算

步骤	计算项目	计算公式	会计处理
第一步：剔税	免抵退税不得免征和抵扣税额	免抵退税不得免征和抵扣税额 = 离岸价格×外汇人民币折合率×(出口货物征税率 - 出口退税率)	根据“当期免抵退税不得免征和抵扣税额”： 借：主营业务成本 贷：应交税费——应交增值税(进项税额转出)
第二步：抵税	当期应纳增值税额	当期应纳税额 = 当期内销货物的销项税额 -(当期进项税额 - 当期免抵退税不得免征和抵扣税额) - 上期期末留抵税额 = $-A$	—
第三步：算尺度	免抵退税额	免抵退税额 = 出口货物离岸价×外汇人民币折合率×退税率 = B	根据“当期免抵税额”： 借：应交税费——应交增值税(出口抵减内销产品应纳税额) 贷：应交税费——应交增值税(出口退税) 根据“当期应退税额”： 借：其他应收款——应收补贴款 贷：应交税费——应交增值税(出口退税)
第四步：确定应退税额	应退税额	比较第二步、第三步结果中的较小者，确定为应退税额	
第五步：确定免抵税额	确定免抵税额	若应退税额为 A，免抵税额为 $B-A$；若应退税额为 B，免抵税额为 0	

【知识点拨】免抵退税不得免征和抵扣税额，需要作进项税额转出处理；在会计上这部分不得抵扣的税金计入主营业务成本，影响损益，与企业所得税有联系。

②如果出口企业有进口料件加工业务，从境外进口的原材料称为免税购进原材料，由于这些原材料进口没有征过税，出口不存在退税问题，因此，要在计算不得免征和抵扣税额、免抵退税额两项时，先分别计算各自的抵减额。此时“免、抵、退”办法计算为七步骤，公式如下：

第一步——计算免抵退税不得免征和抵扣税额抵减额

免抵退税不得免征和抵扣税额抵减额 = 当期免税购进原材料价格×(出口货物征收率 - 出口货物退税率)

第二步——剔税：计算不得免征和抵扣税额

免抵退税不得免征和抵扣税额 = 出口货物离岸价×外汇人民币折合率×(出口货物征税率 - 出口货物退税率) - 免抵退税不得免征和抵扣税额抵减额

第三步——抵税：计算当期应纳增值税税额

当期应纳税额(A) = 当期内销货物的销项税额 -(当期进项税额 - 当期免抵退税不得免征和抵扣税额) = -A<0

第四步——计算免抵退税额抵减额

免抵退税额抵减额 = 当期免税购进原材料价格×出口货物退税率

第五步——算尺度：计算免抵退税额

免抵退税额(B) = 出口货物离岸价×外汇人民币折合率×出口货物退税率 - 免抵退税额抵减额

第六步——比较确定应退税额

以当期末抵扣税额、当期免抵退税额两者中的较小者，确定为应退税额。

第七步——确定免抵税额，方法同表2-21。

【知识点拨】当期免税购进原材料价格包括当期国内购进的无进项税额且不计提进项税额的免税原材料的价格和当期进料加工保税进口料件的价格，其中当期进料加工保税进口料件的价格为进料加工出口货物耗用的保税进口料件金额：

进料加工出口货物耗用的保税进口料件金额=当期进料加工出口货物离岸价×外汇人民币折合率×计划分配率

计划分配率=计划进口总值÷计划出口总值×100%

（二）零税率应税服务增值税退（免）税的计算——“免、抵、退”税计算

零税率应税服务增值税免抵退税，依下列公式计算：

（1）当期免抵退税额的计算：

当期零税率应税服务免抵退税额=当期零税率应税服务免抵退税计税依据×外汇人民币折合率×零税率应税服务增值税退税率

（2）以当期免抵退税额与期末留抵税额中的较小者，确定为当期应退税额。

如果当期期末留抵税额>当期免抵退税额：当期应退税额=当期免抵退税额；当期免抵税额=0，其差额为“期末留抵税额”。

（三）外贸企业出口业务——“免、退”税计算

（1）外贸企业出口委托加工修理修配货物以外的货物：

增值税应退税额=增值税退（免）税计税依据×出口货物退税率

『说明』自2019年4月1日起，原适用16%税率且出口退税率为16%的出口货物，出口退税率调整至13%。原适用10%税率且出口退税率为10%的出口货物、跨境应税行为，出口退税率调整至9%。

（2）外贸企业出口委托加工修理修配货物：

增值税应退税额=委托加工修理修配的增值税退（免）税计税依据×出口货物退税率

（3）外贸企业兼营的零税率应税服务应退税额=外贸企业兼营的零税率应税服务免退税计税依据×零税率应税服务增值税退税率

（4）退税率低于适用税率的，相应计算出的差额部分的税款计入出口货物劳务成本。

考点十八　增值税的税收优惠★★★

扫我解疑难

经典例题

【例题1·多选题】（2019年）下列金融业务中，免征增值税的有（　）。

A. 金融机构间的转贴现业务

B. 人民银行对金融机构提供贷款业务

C. 融资租赁公司从事融资性售后回租业务

D. 商业银行提供国家助学贷款业务

【答案】ABD

【解析】选项A，金融机构之间开展的转贴现业务免征增值税；选项B，人民银行对金融机构的贷款利息收入免征增值税；选项D，国家助学贷款利息收入免征增值税；选项C，融资性售后回租按贷款服务计算增值税。

【例题2·单选题】某动漫企业为增值税一般纳税人，2019年8月销售自行开发生产的软件产品取得销售额680 000元，已开具增值税专用发票；本月购进货物取得增值税专用发票注明的增值税为13 460元；支付运费取得的小规模纳税人运输企业由税务机关代开的增值税专用发票上列示运输费用20 000元。该企业上述业务实际应负担的增值税为（　）元。

A. 74 340　　　　B. 53 940

C. 40 800　　　　D. 20 400

【答案】D

【解析】增值税一般纳税人的动漫企业，销售

其自主开发生产的动漫软件，按13%的税率征收增值税后，对其增值税实际税负超过3%的部分，实行即征即退政策。

应纳税额=680 000×13%-13 460-20 000×3%=74 340(元)，实际税负=74 340÷680 000=10.93%，实际税负超过3%的部分实行即征即退。实际应负担税额=680 000×3%=20 400(元)。

【例题3·单选题】下列经营单位销售的货物中，属于增值税免税货物的是( )。

A. 进口仪器、设备

B. 旧货经营单位销售的旧货

C. 其他个人销售自己使用过的物品

D. 商业企业销售的水果

【答案】C

【解析】选项A，直接用于科学研究、科学试验和教学的进口仪器、设备，属于免征增值税项目；选项B，按简易办法依3%征收率减按2%征收增值税；选项D，属于按9%低税率征税货物。

【例题4·单选题】境内单位向境外单位提供的完全在境外消费的下列服务，不适用免征增值税政策的是( )。

A. 知识产权服务

B. 广告投放地在境外的广告服务

C. 研发服务

D. 鉴证咨询服务

【答案】C

【解析】选项C，境内单位向境外单位提供的完全在境外消费的研发服务适用增值税零税率。

【例题5·单选题】2019年7月，王先生转让杭州市一套住房，取得含税销售收入560万元，该住房于2015年3月购进，购进时支付房价160万元，支付手续费2万元，王先生转让住房应纳增值税( )万元。

A. 0　　　　B. 26.67

C. 18.90　　　　D. 19

【答案】A

【解析】个人将购买2年以上(含2年)的住房对外销售的，免征增值税。

考点精析

(一)《增值税暂行条例》规定的免税项目

【考情提示】《条例》规定的免税项目针对的是增值税免税货物，考试中注意选择题。

(1)农业生产者销售的自产农产品。

【知识点拨1】这里所说的“自产农产品”，是指直接从事植物的种植、收割和动物的饲养、捕捞的单位和个人销售的自产农产品。

【知识点拨2】对上述单位和个人销售的外购农产品，以及单位和个人外购农产品生产、加工后销售的仍然属于规定范围的农业产品，不属于免税的范围，应当按照规定的税率(9%)或征收率(3%)征收增值税。

(2)避孕药品和用具。

(3)古旧图书。

(4)直接用于科学研究、科学试验和教学的进口仪器、设备。

(5)外国政府、国际组织无偿援助的进口物资和设备。

(6)由残疾人的组织直接进口供残疾人专用的物品。

(7)销售的自己使用过的物品(是指其他个人自己使用过的物品)。

(二)“营改增”规定的税收优惠政策

【考情提示】以下免税项目针对的是增值税免税服务，考试中注意选择题。

1. 免税项目

(1)托儿所、幼儿园提供的保育和教育服务。

【知识点拨】超标收费以及另外收费不属于免税收入。

(2)养老机构提供的养老服务。

(3)残疾人福利机构提供的育养服务。

(4)婚姻介绍服务。

(5)殡葬服务。

(6)残疾人员本人为社会提供的服务。

(7)医疗机构提供的医疗服务。

(8)从事学历教育的学校提供的教育服

务。

【补充】境外教育机构与境内从事学历教育的学校开展中外合作办学，提供学历教育服务取得的收入免征增值税。

(9)学生勤工俭学提供的服务。

(10)农业机耕、排灌、病虫害防治、植物保护、农牧保险以及相关技术培训业务，家禽、牲畜、水生动物的配种和疾病防治。

(11)纪念馆、博物馆、文化馆、文物保护单位管理机构、美术馆、展览馆、书画院、图书馆在自己的场所提供文化体育服务取得的第一道门票收入。

【补充】对科普单位的门票收入，以及县级及以上党政部门和科协开展科普活动的门票收入免征增值税。

(12)寺院、宫观、清真寺和教堂举办文化、宗教活动的门票收入。

(13)行政单位之外的其他单位收取的符合规定条件的政府性基金和行政事业性收费。

(14)个人转让著作权。

(15)个人销售自建自用住房。

(16)台湾航运公司、航空公司从事海峡两岸海上直航、空中直航业务在大陆取得的运输收入。

(17)直接或间接的国际货物运输代理服务。

(18)列明利息收入。如金融机构农户小额贷款的利息收入；国家助学贷款；国债、地方政府债；中国人民银行对金融机构的贷款；住房公积金个人住房贷款等；企业集团内单位(含企业集团)之间的资金无偿借贷行为；境外机构投资境内债券市场取得的债券利息收入等。

(19)保险公司开办的一年期以上人身保险产品取得的保费收入。

(20)境内保险公司向境外保险公司提供的完全在境外消费的再保险服务。

(21)下列金融商品转让收入免税：

①合格境外投资者(QFII)委托境内公司在我国从事证券买卖业务。

②香港市场投资者(包括单位和个人)通过沪港通和深港通买卖上海证券交易所和深圳证券交易所上市A股。

③对香港市场投资者(包括单位和个人)通过基金互认买卖内地基金份额。

④内地投资者(包括单位和个人)通过沪港通买卖香港联交所上市股票。

⑤证券投资基金管理人运用基金买卖股票债券。

⑥个人从事金融商品转让业务。

(22)金融同业往来利息收入。

①金融机构与中国人民银行发生的资金往来业务。包括人民银行对一般金融机构贷款，以及人民银行对商业银行的再贴现等。

②银行联行往来业务。

③金融机构间的资金往来业务。

④金融机构之间开展的转贴现业务。

(23)纳税人提供技术转让、技术开发和与之相关的技术咨询、技术服务。

(24)政府举办的从事学历教育的高等、中等和初等学校(不含下属单位)，举办进修班、培训班取得的全部归该学校所有的收入。

(25)家政服务企业由员工制家政服务员提供家政服务取得的收入。

(26)福利彩票、体育彩票的发行收入。

(27)军队空余房产租赁收入。

(28)企业、行政事业单位按房改成本价、标准价出售住房取得的收入。

(29)将土地使用权转让给农业生产者用于农业生产。

(30)涉及家庭财产分割的个人无偿转让不动产、土地使用权。

(31)土地所有者出让土地使用权和土地使用者将土地使用权归还给土地所有者。

(32)县级以上地方人民政府或自然资源行政主管部门出让、转让或收回自然资源使用权(不含土地使用权)。

(33)随军家属就业。

(34)军队转业干部就业。

(35)各党派、共青团、工会、妇联、中

科协、青联、台联、侨联收取党费、团费、会费，以及政府间国际组织收取会费，属于非经营活动，不征收增值税。

（36）中国邮政集团公司及其所属邮政企业提供的邮政普遍服务和邮政特殊服务，免征增值税；为金融机构代办金融保险业务取得的代理收入，免征增值税。

（37）自2018年9月1日至2020年12月31日，对金融机构向小型企业、微型企业和个体工商户发放小额贷款取得的利息收入，免征增值税。

（38）自2018年1月1日起至2020年12月31日，免征图书批发、零售环节增值税。

（39）个人住房对外销售：

①购买不足2年：按照5%的征收率全额缴纳增值税。

②四地之外、购买2年以上（含2年）：免征增值税。

③四地（北、上、广、深）、购买2年以上（含2年）：

a. 普通住房对外销售：免征增值税。

b. 非普通住房对外销售：以销售收入减去购买住房价款后的差额按照5%的征收率缴纳增值税。

（40）纳税人取得的财政补贴收入，与其销售货物、劳务、服务、无形资产、不动产的收入或者数量直接挂钩的，应按规定计算缴纳增值税。纳税人取得的其他情形的财政补贴收入，不属于增值税应税收入，不征收增值税。

2. 增值税即征即退

（1）动漫企业销售其自行开发生产的软件产品，按13%税率征收增值税后，对其增值税实际税负超过3% 的部分实行即征即退政策。

（2）一般纳税人提供管道运输服务，对其增值税实际税负超过3%的部分实行增值税即征即退政策。

（3）经中国人民银行、银保监会或者商务部批准从事融资租赁业务的试点纳税人中的一般纳税人，提供有形动产融资租赁服务和有形动产融资性售后回租服务，对其增值税实际税负超过3%的部分实行增值税即征即退政策。

（4）自2018年5月1日至2020年12月31日，对动漫企业增值税一般纳税人销售其自主开发生产的动漫软件，按照13%的税率征收增值税后，对其增值税实际税负超过3%的部分，实行即征即退政策。

（5）安置残疾人的单位和个体工商户享受安置残疾人增值税即征即退优惠政策。

本期应退增值税额 = 本期所含月份每月应退增值税额之和

本月应退增值税额 = 纳税人本月安置残疾人员人数×本月月最低工资标准的4倍

3. 自2018年1月1日起至2020年12月31日，对宣传文化的出版发行实行增值税先征后退政策，退税比例为100%和50%

4. 扣减增值税规定

此政策惠及：退役士兵创业就业、重点群体创业就业。

（三）小微企业免征增值税优惠

（1）自2019年1月1日起，小规模纳税人发生应税销售行为，合计月销售额未超过10万元（按季纳税，季度销售额未超过30万元），免征增值税。

『说明1』适用增值税差额征税政策的小规模纳税人，以差额后的销售额确定是否可以享受上述免税政策。

『说明2』以1个季度为纳税期限的增值税小规模纳税人，因在季度中间成立或注销而导致当期实际经营期不足1个季度，当期销售额未超过30万元的，免征增值税。

（2）其他个人（自然人）采取一次性收取租金的形式出租不动产，取得的租金收入可在租金对应的租赁期内平均分摊，分摊后的月租金收入不超过10万元的，可以享受小微企业免征增值税优惠政策。

（3）小规模纳税人月销售额未超过10万元的，当期因开具增值税专用发票已经缴纳的税款，在增值税专用发票全部联次追回或者按规定开具红字专用发票后，可以向主管税务机关申请退还。

（四）财政部、国家税务总局规定的其他部分征免税项目

（1）资源综合利用产品和劳务增值税可享受即征即退：退税比例有30%、50%、70%和100%四个档次。

（2）免征蔬菜流通环节增值税：从事蔬菜批发、零售的纳税人销售的蔬菜免征增值税；各种蔬菜罐头不属于免税范围。

（3）豆粕属于征收增值税的饲料产品，除豆粕以外的其他粕类饲料产品，均免征增值税。

（4）制种企业利用自有土地或承租土地，雇用农户或雇工进行种子繁育，再经烘干、脱粒、风筛等深加工后销售种子；以及提供亲本种子委托农户繁育并从农户手中收回，再经烘干、脱粒、风筛等深加工后销售种子，均免征增值税。

（5）纳税人生产销售和批发、零售有机肥产品免征增值税。

（6）边销茶免征增值税。

（7）债转股免征增值税。

（8）对供热企业向居民个人（以下统称居民）供热而取得的采暖费收入免征增值税，采暖费收入包括供热企业直接向居民收取的、通过其他单位向居民收取的和由单位代居民缴纳的采暖费。

（9）继续对内资研发机构和外资研发中心采购国产设备全额退还增值税。

（10）城镇公共供水企业缴纳的水资源税所对应的水费收入，不计征增值税，按"不征税自来水"项目开具增值税普通发票。

（11）纳税人采取转包、出租、互换、转让、入股等方式将承包地流转给农业生产者用于农业生产，免征增值税。

（12）社会团体收取的会费，免征增值税。

（13）对赞助企业及参与赞助的下属机构根据协议向北京冬奥组委提供的，与北京2022年冬奥会、冬残奥会、测试赛有关的服务，免征增值税。

（14）国产抗艾滋病病毒药品的免征增值税。

（15）对单位或者个体工商户将自产、委托加工或购买的货物通过公益性社会组织、县级及以上人民政府及其组成部门和直属机构直接无偿捐赠给目标脱贫地区的单位和个人，免征增值税。

（16）社区养老托育家政服务收入免征增值税。

（五）兼营免税、减税项目与放弃免税

（1）纳税人兼营免税、减税项目的，应当分别核算免税、减税项目的销售额；未分别核算销售额的，不得免税、减税。

（2）纳税人发生应税销售行为适用免税规定的，可以放弃免税，依照《增值税暂行条例》的规定缴纳增值税。放弃免税后，36个月内不得再申请免税。

①生产和销售免征增值税的应税销售行为的纳税人要求放弃免税权，应当以书面形式提交放弃免税权声明，报主管税务机关备案。纳税人自提交备案资料的次月起，按照现行有关规定计算缴纳增值税。

②放弃免税权的纳税人符合一般纳税人登记条件，但尚未被登记为增值税一般纳税人的，应当按现行规定登记为增值税一般纳税人，其发生的应税销售行为可开具增值税专用发票。

③纳税人一经放弃免税权，其生产销售的全部应税销售行为均应按照适用税率征税，不得选择某一免税项目放弃免税权，也不得根据不同的销售对象选择部分应税销售行为放弃免税权。

④纳税人在免税期内购进用于免税项目的货物、劳务、服务、无形资产、不动产所取得的增值税扣税凭证，一律不得抵扣。

考点十九 征收管理★★

扫我解疑难

经典例题

【例题1·单选题】(2017年)下列增值税纳税人中，以1个月为纳税期限的是( )。

A. 信用社　　B. 商业银行

C. 保险公司　　D. 财务公司

【答案】C

【解析】纳税人的具体纳税期限，由主管税务机关根据纳税人应纳税额的大小分别核定。以1个季度为纳税期限的规定适用于小规模纳税人、银行、财务公司、信托投资公司、信用社，以及财政部和国家税务总局规定的其他纳税人。不能按照固定期限纳税的，可以按次纳税。

【例题2·单选题】下列有关增值税纳税义务发生时间的表述中，错误的是( )。

A. 纳税人提供应税服务先开具发票的，纳税义务发生时间为开具发票的当天

B. 纳税人从事金融商品转让的，纳税义务发生时间为金融商品所有权转移的当天

C. 纳税人提供不动产经营租赁服务，采用预收款方式的，纳税义务发生时间为合同约定收款的当天

D. 增值税扣缴义务发生时间为纳税人增值税纳税义务发生的当天

【答案】C

【解析】纳税人提供租赁服务采取预收款方式的，其纳税义务发生时间为收到预收款的当天。

考点精析

增值税的征收管理包括纳税义务发生时间、纳税期限、纳税地点、纳税申报等内容，考试中主要是考核政策本身的规定，纳税义务发生时间可以结合综合题的应用。

(一)纳税义务发生时间(确认当期销项税额的时间)

纳税人销售或者提供应税劳务和应税服务，其纳税义务发生时间是根据不同的结算方式来确定的。其基本原则是：纳税人销售货物或者提供应税劳务的，其纳税义务发生时间为收讫销售款或者取得索取销售款凭据的当天，先开具发票的，为开具发票的当天。

不同销售方式下的增值税纳税义务发生时间如表2-22所示。

表2-22 不同销售方式下的增值税纳税义务发生时间

销售方式	增值税纳税义务发生时间	备注
直接收款方式销售货物	收到销售款或取得索取销售款的凭据的当天	不论货物是否发出
托收承付和委托银行收款方式销售货物	发出货物并办妥托收手续的当天	不论货款是否收到
赊销和分期收款方式销售货物	书面合同约定的收款日期的当天；无书面合同的或者书面合同没有约定收款日期的，为货物发出的当天	不论款项是否收到
预收货款方式销售货物	货物发出的当天 【知识点拨】生产销售生产工期超过12个月的大型机械设备、船舶、飞机等货物，为收到预收款或者书面合同约定的收款日期的当天	不是收到预收款时

续表

销售方式	增值税纳税义务发生时间	备注
委托其他纳税人代销货物	收到代销清单或收到全部(部分)货款，二者中的较早者 【知识点拨】对于发出代销商品超过180天仍未收到代销清单及货款的，视同销售实现，一律征收增值税，其纳税义务发生时间为发出代销商品满180天的当天	不一定是收到代销款时
销售劳务	提供劳务同时收讫销售款或取得索取销售款的凭据的当天	—
其他视同销售货物行为	货物移送的当天	—
视同销售服务、无形资产或不动产	服务、无形资产转让完成的当天或者不动产权属变更的当天	—
提供租赁服务采取预收款方式	收到预收款的当天	—
从事金融商品转让	金融商品所有权转移的当天	—

(二)纳税期限

(1)以月(季)为纳税期：期满之日起15日内申报纳税。

(2)以一个季度为纳税期：适用于小规模纳税人；银行、财务公司、信托投资公司、信用社，以及财政部和国家税务总局规定的其他纳税人。

『说明』按固定期限纳税的小规模纳税人，可以选择以1个月或1个季度为纳税期限，一经选择，一个会计年度不得变更。

(3)以1日、3日、5日、10日或者15日为纳税期：期满之日起5日内预缴，次月1日起15日内申报结清上月税款。

(4)不能按照固定期限纳税的，可以按次纳税。

(5)进口货物：海关填发缴款书之日起15日内缴纳税款。

(三)纳税地点

纳税地点见表2-23。

表2-23 纳税地点

经营类型		纳税地点
固定业户	原地经营	(1)在机构所在地的主管税务机关申报纳税 (2)总分机构分别纳税或批准后在总机构处汇总纳税
	异地经营	(1)向其机构所在地的主管税务机关报告跨区域涉税事项，并向其机构所在地的主管税务机关申报纳税 (2)未报告的，应当向销售地或者劳务发生地的主管税务机关申报纳税 (3)未向销售地或者劳务发生地的主管税务机关申报纳税的，由其机构所在地的主管税务机关补征税款
非固定业户		销售地或者劳务发生地(或机构所在地或者居住地补征)
进口货物		报关地海关
扣缴义务人		机构所在地或居住地

（四）增值税纳税申报（了解纳税申报表结构与内容）

考点二十 增值税专用发票的使用及管理★

扫我解疑难

经典例题

【例题·多选题】增值税一般纳税人如有（ ）情形之一者，不得领购和使用增值税专用发票。

A. 会计核算不健全

B. 为他人代开专用发票，责令期限改正而未改正

C. 不能向税务机关准确提供有关增值税计税资料

D. 销售劳保专用品

【答案】ABC

【解析】一般纳税人经营商业零售的烟、酒、食品、服装、鞋帽（不包括劳保用品专用的部分）等消费品不得开具专用发票。

考点精析

增值税专用发票是销货方记录销项税额和购货方正确抵扣税款的凭证，它对增值税的计算与管理起决定性作用。这部分内容应熟悉以下几方面：

（一）增值税发票管理系统

增值税一般纳税人发生应税销售行为，应使用增值税发票管理新系统（以下简称新系统）开具增值税专用发票、增值税普通发票、机动车销售统一发票、增值税电子普通发票。

（二）专用发票的联次

专用发票基本联次为三联：发票联、抵扣联和记账联。发票联，作为购买方核算采购成本和增值税进项税额的记账凭证；抵扣联，作为购买方报送主管税务机关认证和留存备查的凭证；记账联，作为销售方核算销售收入和增值税销项税额的记账凭证。

（三）新办纳税人首次申领增值税发票相关规定

（1）首次申领时涉税事项：发票票种核定、增值税专用发票最高开票限额审批、税控系统专用设备初始发行等。

（2）首次申领最高开票限额及份数（见表2-24）：

表 2-24 首次申领最高开票限额及份数

发票种类	最高开票限额	每月最高领用数量
增值税专用发票	不超过 10 万元	不超过 25 份
增值税普通发票	不超过 10 万元	不超过 50 份

（四）专用发票的开具范围

一般纳税人发生应税销售行为，应向索取增值税专用发票的购买方开具专用发票。

不得开具专用发票的范围：

（1）商业企业一般纳税人零售的烟、酒、食品、服装、鞋帽（不包括劳保专用部分）、化妆品等消费品。

（2）应税销售行为的购买方为消费者个人的。

（3）发生应税销售行为适用免税规定的。

（五）小规模纳税人开具增值税专用发票的管理

增值税小规模纳税人（其他个人除外）发生增值税应税行为，需要开具增值税专用发票的，可以自愿使用增值税发票管理系统自行开具。选择自行开具增值税专用发票的小规模纳税人，税务机关不再为其代开增值税专用发票。

（六）税务机关代开增值税专用发票管理

（1）代开增值税专用发票主体：是主管税务机关，其他单位和个人不得代开。主管税务机关为所管辖范围内的增值税纳税人（指已

办理税务登记的小规模纳税人，包括个体经营者以及国家税务总局确定的其他可予代开增值税专用发票的纳税人)代开增值税专用发票，应设立代开增值税专用发票岗位和税款征收岗位，并分别确定专人负责代开增值税专用发票和税款征收工作。

(2)其他个人委托房屋中介、住房租赁企业等单位出租不动产，需要向承租方开具增值税发票的，可以由受托单位代其向主管地税机关按规定申请代开增值税发票。

(七)异常增值税扣税凭证的管理

1. 符合下列情形之一的增值税专用发票，列入异常凭证范围：

(1)纳税人丢失、被盗税控专用设备中未开具或已开具未上传的增值税专用发票；

(2)非正常户纳税人未向税务机关申报或未按规定缴纳税款的增值税专用发票；

(3)增值税发票管理系统稽核比对发现“比对不符”“缺联”“作废”的增值税专用发票；

(4)经税务总局、省税务局大数据分析发现，纳税人开具的增值税专用发票存在涉嫌虚开、未按规定缴纳消费税等情形的；

(5)属于《国家税务总局关于走逃(失联)企业开具增值税专用发票认定处理有关问题的公告》项规定情形的增值税专用发票。

2. 增值税一般纳税人申报抵扣异常凭证，同时符合下列情形的，其对应开具的增值税专用发票列入异常凭证范围：

(1)异常凭证进项税额累计占同期全部增值税专用发票进项税额70%(含)以上的；

(2)异常凭证进项税额累计超过5万元的。

纳税人尚未申报抵扣、尚未申报出口退税或已作进项税额转出的异常凭证，其涉及的进项税额不计入异常凭证进项税额的计算。

3. 增值税一般纳税人取得的增值税专用发票列入异常凭证范围的，应按照以下规定处理：

(1)尚未申报抵扣增值税进项税额的，暂不允许抵扣。已经申报抵扣增值税进项税额的，除另有规定外，一律作进项税额转出处理。

(2)尚未申报出口退税或者已申报但尚未办理出口退税的，除另有规定外，暂不允许办理出口退税。

(3)消费税纳税人以外购或委托加工收回的已税消费品为原料连续生产应税消费品，尚未申报扣除原料已纳消费税税款的，暂不允许抵扣；已经申报抵扣的，冲减当期允许抵扣的消费税税款，当期不足冲减的应当补缴税款。

(4)纳税信用A级纳税人取得异常凭证且已经申报抵扣增值税、办理出口退税或抵扣消费税的，可以自接到税务机关通知之日起10个工作日内，向主管税务机关提出核实申请。

(5)纳税人对税务机关认定的异常凭证存有异议，可以向主管税务机关提出核实申请。

4. 新办理增值税一般纳税人登记的纳税人，自首次开票之日起3个月内不得离线开具发票，按照有关规定不使用网络办税或不具备风险条件的特定纳税人除外。

本章综合练习 限时200分钟

一、单项选择题

1. 某生活服务企业(一般纳税人)，2018年4月至2019年3月期间的生活服务销售额2 000万元，销售货物的不含税销售额400万元，符合加计抵扣条件。2019年6月份生活服务不含税销售额200万元，销售货物不含税销售额30万元，进项税额为10万元。则该纳税人2019年6月份应纳增值税(　)。

A. 0.9万元

B. 4.4万元

C. 4.9万元

D. 5.9万元

2. 下列各项中，按照“生活服务”征收增值税的是(　)。

A. 纳税人为旅客办理退票而向旅客收取的退票费、手续费等收入

B. 纳税人对安装运行后的居民楼电梯提供的维护保养服务

C. 纳税人提供植物养护服务

D. 纳税人提供房地产中介服务

3. 纳税人取得的下列收入中，不征收增值税的是(　)。

A. 武装守护押运服务

B. 房屋租赁费

C. 学历教育服务

D. 存款利息

4. 纳税人取得的下列收入中，征收增值税的是(　)。

A. 纳税人取得的与销售额、数量无关的财政补贴

B. 纳税人取得的与销售额、数量直接挂钩的财政补贴

C. 被保险人获得的保险赔付

D. 物业管理单位代收的住宅专项维修资金

5. 下列业务中，不属于增值税视同销售的是(　)。

A. 单位无偿向其他企业提供建筑服务

B. 单位无偿为公益事业提供建筑服务

C. 单位无偿为关联企业提供建筑服务

D. 单位无偿将房产出租给其他单位

6. 下列关于增值税一般纳税人提供服务的税率，表述错误的是(　)。

A. 增值电信服务，适用税率为9%

B. 不动产租赁服务，适用税率为9%

C. 运输工具舱位承包业务，适用税率为9%

D. 提供动产租赁服务，适用税率为13%

7. 某市提供劳务派遣服务的A公司为小规模纳税人，2019年9月提供劳务派遣服务，取得含税收入40万元，公司代用工单位支付给劳务派遣员工工资、社会保险及福利费共计20万元，已知公司选择差额纳税，则当月A公司应纳的增值税为(　)万元。

A. 1.25

B. 0.95

C. 2.05

D. 1.05

8. 2019年7月，甲地某商贸公司(一般纳税人)将一栋位于乙地的办公楼对外转让，取得全部价款5 600万元，该办公楼为2014年以3 200万元购入。该商贸公司选择简易计税方法，则该公司应当在乙地预缴的增值税为(　)万元。

A. 112.54

B. 189.52

C. 152.36

D. 114.29

9. 跨境电子商务零售进口商品按照货物征收关税和进口环节增值税、消费税，其纳税义务人是(　)。

A. 购买跨境电子商务零售进口商品的个人

B. 电子商务企业

C. 电子商务交易平台企业

D. 物流企业

10. 按照现行规定，下列各项中必须被登记为小规模纳税人的是(　)。

A. 年应税销售额超过500万元的生产企业

B. 年应税销售额300万元，但是会计核算健全的企业

C. 销售800万元不动产的个人

D. 年应税销售额超过500万元的个体工商户

11. 增值税一般纳税人，购进的下列服务中进项税额可以从销项税额中抵扣的是(　)。

A. 娱乐服务

B. 餐饮服务

C. 住宿服务

D. 贷款服务

12. 一般纳税人购进用于生产销售或委托加工13%税率货物的初级农产品，按照(　)扣除率计算进项税额。

A. 10%

B. 11%

C. 12%

D. 13%

13. 某证券公司(一般纳税人)2019年8月以8元/股的价格购进A股票50 000股，购入过程中发生各种费用800元；12月将上述股票以13元/股的价格全部出售，卖出过程中发生税费1 950元；12月取得客户佣金含税收入6 000 000元，当月没有可以抵扣的进项税。该证券公司12月应缴纳增值税(　)元。

A. 353 617.92

B. 353 773.58

C. 375 000.00

D. 376 415.09

14. 某生产企业(增值税一般纳税人)，2019年7月销售化工产品取得含税销售额793.26万元，为销售货物出借包装物收取押金15.21万元，约定3个月内返还；当月没收逾期未退还包装物的押金1.3万元。该企业2019年7月的增值税计税销售额为(　)万元。

A. 703.15

B. 691.00

C. 692.11

D. 794.56

15. 某货物运输企业为增值税纳税人，2019年5月提供货物运输服务，取得不含税收入480 000元；出租闲置车辆取得含税收入68 000元；提供车辆停放服务，取得含税收入26 000元，以上业务均选择一般计税方法。该企业当月销项税额是(　)元。

A. 50 961.47

B. 53 169.79

C. 53 363

D. 54 186.79

16. 按现行增值税有关规定，下列关于增值税计税依据的表述，正确的是(　)。

A. 以旧换新方式销售彩电，以新彩电售价扣除旧彩电作价后的余额作为计税依据

B. 折扣销售方式，以在同一张发票金额栏上注明的销售额扣除折扣额后的余额作为计税依据

C. 企业逾期未收回的包装物不再退还押金，以押金直接作为计税依据

D. 以物易物销售方式，以购销金额的差额作为计税依据

17. 某烟厂为增值税一般纳税人，2019年11月收购烟叶生产卷烟，实际支付的价款总额550万元，缴纳烟叶税110万元(烟叶税税率20%)，已开具烟叶收购发票，取得一般纳税人运输公司开具的增值税专用发票，注明不含税运费为6万元，当月收购烟叶全部领用生产卷烟。该烟厂当月准予抵扣的进项税额为(　)万元。

A. 55.54

B. 59.94

C. 66.54

D. 66.6

18. 某食品加工厂2019年8月从农业生产者手中收购粮食一批加工食品，农产品收购发票上注明价款100 000元，委托运输公司将粮食运回食品加工厂，支付不含税运费3 000元，取得增值税专用发票，当月全部领用生产罐头，则该食品加工厂可以抵扣的进项税为(　)元。

A. 9 270

B. 10 000

C. 10 270

D. 12 300

19. 乙公司2019年9月因业务需要，购进办公用房，取得销售方开具的增值税专用发票，注明增值税90万元，其当月增值税的正确处理是( )。

A. 进项税额不得抵扣

B. 进项税额可抵扣60%

C. 进项税额可抵扣40%

D. 进项税额可抵扣100%

20. 某生产企业为增值税一般纳税人，2019年8月将闲置半年的一处厂房对外出租，一次性收取全年含税租金60万元，该企业采用简易计税方法计税，则该企业2019年8月应缴纳的增值税为( )万元。

A. 2.38

B. 2.86

C. 4.95

D. 5.50

21. 某企业为增值税一般纳税人，2019年6月销售单用途卡，取得销售额5万元，同时收取充值预收金额2万元；销售单用途卡同时办理相关业务，收取手续费1万元，以上金额均开具增值税普通发票，当月没有可以抵扣的进项税。企业当月应纳增值税为( )万元。

A. 0.06

B. 0.28

C. 0.40

D. 0.45

22. 2019年8月，张某销售一套住房，取得含税销售收入460万元，该住房于2017年10月购进，购进时支付房价100万元，手续费0.2万元，契税1.5万元，张某销售住房应纳增值税为( )万元。

A. 21.90

B. 17.14

C. 12.05

D. 0

23. 甲市某企业为一般纳税人，2019年12月转让2016年8月取得的位于乙市的不动产，应按照( )预征率向乙市主管地税机关预缴税款。

A. 2%

B. 3%

C. 5%

D. 9%

24. 下列项目中，不得享受出口货物免税并退税的是( )。

A. 外贸企业外购研发服务和设计服务出口

B. 无出口经营权的商贸企业委托外贸企业代理出口货物

C. 外贸企业从小规模纳税人购进并取得税务机关代开增值税专用发票的出口货物

D. 对外承包工程公司运出境外用于对外承包项目的货物

25. 某自营出口的生产企业为增值税一般纳税人，2019年11月出口货物的征税率为13%，退税率为13%，本月购进原材料一批，取得的增值税专用发票注明金额500万元，税额65万元。11月内销货物取得不含税销售额150万元，出口货物取得销售额折合人民币200万元，上月增值税留抵税额10万元。该企业当期“免抵退税”政策下应退增值税额为( )万元。

A. 0

B. 26

C. 29.5

D. 55.5

26. 某企业2019年4月外购一台锅炉用于职工浴室，不含税价120万元，购入时未抵扣进项税额。2020年12月改变用途，将锅炉用于生产车间，已知锅炉累计折旧金额为24万元，则2020年12月可以抵扣的进项税额为( )万元。

A. 2.80

B. 11.04

C. 13.24

D. 13.81

27. 位于市区的某制药公司由外商持股80%

且为增值税一般纳税人，该公司2019年向境外股东企业支付全年技术咨询指导费120万元，该公司当年应扣缴的增值税为(　)万元。

A. 3.50

B. 7.20

C. 6.79

D. 3.60

28. 甲房地产开发公司2016年2月取得土地使用权并开工建设A房地产项目，于2019年5月开始预售房屋。甲公司对其选择了简易计税，2019年5月取得预售收入12 000万元。应预缴的增值税是(　)万元。

A. 228.57

B. 342.86

C. 324.32

D. 571.43

29. 下列行为在计算增值税销项税额时，应按照差额确定销售额的是(　)。

A. 交通运输的联运业务

B. 转让金融商品

C. 直销员将从直销企业购买的货物销售给消费者

D. 销售取得的不动产

30. 下列项目免征增值税的是(　)。

A. 销售不动产

B. 退役兵创业就业

C. 个人转让著作权

D. 飞机修理

31. 向境外单位提供的完全在境外消费的下列服务，不适用零税率的是(　)。

A. 研发服务

B. 离岸服务外包业务

C. 合同能源管理服务

D. 商务辅助服务

32. 某制药厂(增值税一般纳税人)2019年9月销售抗生素药品113万元(含税)，销售免税药品50万元，当月购入生产用原材料一批，取得增值税专用发票上注明税款6.4万元，抗生素药品与免税药品无法划分耗料情况，则该制药厂当月应纳增值税为(　)万元。

A. 6.6

B. 11.73

C. 8.73

D. 17.86

33. 下列各项中利息中，缴纳增值税的有(　)。

A. 人民银行对金融机构的贷款

B. 地方政府债券利息收入

C. 金融机构贷款利息收入

D. 金融机构工商企业存款利息收入

34. 某企业在2019年11月的经营中，支付桥、闸通行费3 600元，支付高速公路通行费5 000元，均取得通行费电子发票，则该企业可以抵扣的进项税为(　)元。

A. 250.48

B. 317.06

C. 409.52

D. 342.95

35. 位于市区的某动漫软件公司为增值税一般纳税人，2019年8月销售自行开发的动漫软件，取得不含税销售额400 000元，当月进项税额为25 000元，其中包括用于集体福利实施的购买货物，取得增值税专用发票上注明的税额为2 600元，该企业2019年8月实际负担的增值税是(　)元。

A. 8 000

B. 12 000

C. 17 600

D. 29 600

36. 下列经营行为中，属于增值税混合销售行为的是(　)。

A. 商场销售相机及储存卡

B. 商场销售办公设备并提供送货服务

C. 疗养中心提供住宿并举办健康讲座

D. 健身房提供健身场所并销售减肥药

37. 某广告公司为增值税小规模纳税人，2019

年12月取得广告收入为160 000元；处置使用过的复印机一台，取得收入5 000元。广告公司12月应缴纳的增值税为(　)元。

A. 4 757.28

B. 4 814.69

C. 4 950

D. 9 153.69

38. 2019年1月1日起，小规模纳税人销售额未超过(　)免征增值税。

A. 月度3万元或季度9万元

B. 月度5万元或季度15万元

C. 月度10万元或季度30万元

D. 月度30万元或季度90万元

39. 下列关于进项税额加计抵减应纳税额的正确说法是(　)。

A. 生产性服务业的加计抵减比例为10%

B. 生产性服务业的加计抵减比例为15%

C. 生活性服务业的加计抵减比例为10%

D. 生活性服务业的加计抵减比例为50%

二、多项选择题

1. 下列关于增值税的征税范围的表述中，正确的有(　)。

A. 代理记账，属于"商务辅助服务——经纪代理服务"

B. 无运输工具承运业务，属于"交通运输服务"

C. 广告代理，属于"商务辅助服务——经纪代理服务"

D. 经营游览场所，属于"生活服务——旅游娱乐服务"

2. 下列各项中，属于金融服务的有(　)。

A. 信用卡服务

B. 资金结算服务

C. 票据贴现利息收入

D. 拍卖行受托拍卖取得佣金收入

3. 增值税一般纳税人可以选择简易计税的有(　)。

A. 提供电影放映服务

B. 提供收派服务

C. 公共交通运输服务

D. 提供货物运输服务

4. 某生产企业发生的下列项目中，属于增值税视同销售的有(　)。

A. 为本单位职工上下班无偿提供运输服务

B. 将购买的货物用于集体福利

C. 将购买的货物无偿赠送他人

D. 将自产的货物用于职工福利

5. 纳税人在资产重组过程中，通过合并、分立、出售、置换等方式，将全部或部分实物资产以及与其相关联的债权、负债和劳动力一并转让给其他单位和个人，并按程序办理注销税务登记的，下列关于其增值税处理的表述中，正确的有(　)。

A. 涉及的货物转让，不征收增值税

B. 涉及的货物转让，照常纳税

C. 尚未抵扣的进项税额不得由新纳税人抵扣

D. 尚未抵扣的进项税额可结转至新纳税人处继续抵扣

6. 下列各项中，属于增值税低税率货物，按照9%缴纳增值税的有(　)。

A. 食用油

B. 天然气

C. 淀粉

D. 调制乳

7. 境内的单位和个人销售的下列服务和无形资产，适用零税率的有(　)。

A. 在境内提供的不动产设计服务

B. 有国际运输资质的境内的单位和个人提供的国际运输劳务

C. 向境外单位提供的完全在境外消费的研发服务

D. 有国际运输资质的境内的单位和个人提供的往返香港、澳门、台湾地区的交通运输服务

8. 销售多用途卡的支付机构，下列业务应当缴纳增值税的有(　)。

A. 销售多用途卡取得的等值人民币资金

B. 接受多用途卡持卡人充值取得的充值资金

C. 因发行多用途卡取得的服务费、管理费

D. 因办理相关资金收付结算业务取得的手续费、结算费

9. 增值税纳税人下列项目中，应缴纳增值税的有(　)。

A. 代省级政府收取的全额上缴财政的费用

B. 随同货物销售收取的包装物租金

C. 逾期的白酒包装物押金

D. 收取的白酒包装物押金

10. 增值税一般纳税人取得的下列发票或凭证中，可据以直接或计算抵扣进项税额的有(　)。

A. 外购免税农产品的收购发票

B. 进口大型设备取得的海关专用缴款书

C. 外购原材料取得的普通发票

D. 外购小汽车取得的税控机动车销售统一发票

11. 下列项目所包含的进项税额(取得合法税收凭证)，不得从销项税额中抵扣的有(　)。

A. 会计师事务所员工出差的住宿费

B. 文传公司招待客户的就餐费

C. 电信企业用于经营管理的办公用品

D. 商业企业贷款用于进货而支付的利息

12. 纳税人现场制作食品并直接销售给消费者，增值税的正确处理有(　)。

A. 按销售货物缴纳增值税

B. 按生活服务缴纳增值税

C. 适用11%税率

D. 适用6%税率

13. 一般纳税人发生的下列行为，可选择简易计税方法的有(　)。

A. 经认定的动漫企业境内转让动漫版权

B. 仓储服务

C. 装卸搬运服务

D. 寄售商店代销寄售物品

14. 下列项目中，可以从增值税计税销售额中扣除的有(　)。

A. 折扣额与销售额同开在一张发票(金额栏)情形下的折扣额

B. 销售折扣额

C. 销售折让额

D. 销售退货额

15. 经批准从事融资租赁业务的试点纳税人提供融资租赁服务，以取得的全部价款和价外费用，扣除(　)的余额为销售额。

A. 支付的借款利息

B. 租赁货物本金

C. 发行债券利息

D. 车辆购置税

16. 增值税一般纳税人销售自产的下列货物，可选择简易计税办法缴纳增值税的有(　)。

A. 用购买的石料生产的石灰

B. 用动物毒素制成的生物制品

C. 以水泥为原料生产的水泥混凝土

D. 药品经营企业销售生物制品

17. 下列费用计入增值税销售额的有(　)。

A. 包装物租金

B. 违约金

C. 装卸费

D. 赔偿金

18. 根据现行增值税的规定，下列项目属于混合销售行为依经营主业缴纳增值税的有(　)。

A. KTV在提供唱歌服务的同时销售酒水

B. 汽车销售公司销售汽车并提供汽车租赁服务

C. 商场销售货物并提供就餐服务

D. 建筑公司包工包料(外购材料)提供建筑施工服务

19. 某航空公司为增值税一般纳税人，2019年7月取得的含税收入包括航空培训收入57.2万元、航空摄影收入222.6万元、湿租业务收入198万元、干租业务收入243.6万元。该公司计算的下列增值税销项税额，正确的有(　)。

A. 航空培训收入的销项税额 5.2 万元

B. 航空摄影收入的销项税额 12.6 万元

C. 湿租业务收入的销项税额 16.35 万元

D. 干租业务收入的销项税额 28.02 万元

20. 下列出口业务中，适用增值税免税政策的有(　)。

A. 国家计划外出口的卷烟

B. 非出口企业委托出口的货物

C. 来料加工复出口的货物

D. 以旅游购物贸易方式报关出口的货物

21. 下列各项中，除另有规定外，可以享受增值税出口免税并退税优惠政策的有(　)。

A. 来料加工复出口的货物

B. 小规模纳税人委托外贸企业出口的自产货物

C. 企业在国内采购并运往境外作为国外投资的货物

D. 对外承包工程公司运出境外用于对外承包项目的货物

22. 下列各项中符合房地产开发企业销售自行开发的房地产项目增值税征收管理规定的有(　)。

A. 一般纳税人销售自行开发的房地产老项目，可以选择适用简易计税方法计税

B. 一般纳税人销售自行开发的房地产项目，兼有一般计税方法计税、简易计税方法计税、免征增值税的房地产项目而无法划分不得抵扣的进项税额的，应以《建筑工程施工许可证》注明的“建设规模”为依据进行划分

C. 一般纳税人向其他个人销售自行开发的房地产项目，不得开具增值税专用发票

D. 一般纳税人销售自行开发的房地产老项目适用简易计税方法计税的，以取得的全部价款和价外费用扣除对应的土地价款后的余额为销售额

23. 一般纳税人，一般计税方法计算增值税，在建筑服务发生地或不动产所在地预缴增值税时，下列适用 3% 预征率的有(　)。

A. 转让不动产

B. 不动产经营租赁

C. 跨县(市、区)提供建筑服务

D. 房地产开发企业销售自行开发的房地产项目

24. 某企业 2019 年 8 月 10 日进口一批工业品，海关于当日填发了专用缴款书，关税完税价格 40 万元，关税税率为 10%，进口增值税税额和最迟纳税期限分别为(　)。

A. 进口增值税为 6.8 万元

B. 进口增值税为 5.72 万元

C. 最迟期限为 8 月 18 日

D. 最迟期限为 8 月 24 日

25. 个人发生的下列项目，免征增值税的有(　)。

A. 个人转让著作权

B. 个人转让金融商品

C. 个人出租住房

D. 个人出售住房

26. 下列单位提供的增值税服务，免征增值税的有(　)。

A. 社区养老托育家政服务收入

B. 书店销售图书

C. 科技公司提供的技术开发、技术转让服务

D. 会计师事务所提供管理咨询服务

27. 下列纳税人按照一般计税办法缴纳增值税后，对增值税实际税负超过 3% 的部分实行即征即退政策的有(　)。

A. 一般纳税人提供管道运输服务

B. 增值税一般纳税人销售其自行开发生产的软件产品

C. 增值税一般纳税人将进口软件产品进行本地化改造后对外销售

D. 动漫企业增值税一般纳税人销售其自主开发生产的动漫软件

28. 增值税一般纳税人购进的下列服务中，

不得抵扣进项税额的有(　)。

A 娱乐服务

B. 客运服务

C. 餐饮服务

D. 居民日常服务

29. 下列各项中，属于增值税租赁服务的有(　)。

A. 融资租赁业务

B. 航空运输干租业务

C. 融资性售后回租业务

D. 房屋出租

30. 增值税进项税额核定扣除，仅限于以购进农产品为原料生产销售(　)。

A. 卷烟

B. 酒及酒精

C. 植物油

D. 液体乳及乳制品

31. 下列行为中，属于我国增值税相关法规规定的境内征税范围的有(　)。

A. 法国甲公司向中国企业转让其在我国境内的特许经营权

B. 加拿大乙公司将其拥有的我国境内一处办公楼出租给英国公司

C. 美国丙租赁公司将小汽车出租给在美国自驾游的中国居民

D. 德国丁公司向境内企业转让一项专利技术，该技术同时用于境内企业在境内和境外的生产线

32. 下列一般纳税人不得开具增值税专用发票的有(　)。

A. 转让金融商品

B. 向其他个人转让其取得的不动产

C. 商业企业向供货方收取的平销返利收入

D. 商业企业一般纳税人零售的烟、酒、食品

33. 纳税人采取预收款方式销售货物或提供服务，以收到预收款的当天为纳税义务发生时间的有(　)。

A. 生产销售生产工期超过12个月的船舶

B. 房地产企业销售房屋

C. 生产销售家具

D. 提供租赁服务

34. 外国旅客购物离境退税的退税率有(　)。

A. 13%

B. 11%

C. 9%

D. 8%

35. 下列关于销项税额确认时间的说法中，错误的有(　)。

A. 发出代销商品超过180天仍未收到代销清单及货款的，为发出代销商品满180天的当天

B. 直接收款方式销售的，为发货当天

C. 预收货款方式销售的，为收到预收款的当天

D. 赊销方式销售的，为将提货单交给卖方的当天

36. 下列各项中，适用增值税出口“免抵退税”办法的有(　)。

A. 收购货物出口的外贸企业

B. 生产企业委托外贸企业代理出口货物

C. 自营出口自产货物的生产企业

D. 委托出口自产货物的生产企业

37. 下列各项利息收入中，免征增值税的有(　)。

A. 存款利息收入

B. 金融机构向个体工商户发放小额贷款取得的利息收入

C. 人民银行对金融机构的贷款

D. 金融同业往来利息收入

38. 增值税一般纳税人取得的增值税专用发票列入异常凭证范围，下列处理规定正确的有(　)。

A. 尚未申报抵扣增值税进项税额的，暂不允许抵扣

B. 已经申报抵扣增值税进项税额的，一般作进项税额转出处理

C. 尚未申报出口退税，一般暂不允许办理出口退税

D. 已申报但尚未办理出口退税的，允许办理出口退税

三、计算问答题

1. 某房地产开发公司(增值税一般纳税人)，2019年6月发生如下业务：

(1)销售2016年2月开工建设的住宅项目，取得含税收入18 000万元，从政府部门取得土地时支付土地价款5 000万元。该项目选择简易计税方法计税。

(2)支付甲建筑公司工程价款，取得甲公司开具的增值税专用发票，注明金额2 000万元，税额180万元。

(3)出租一栋写字楼，合同约定租期为3年，每年不含税租金1 800万元，每半年支付一次租金，本月收到2019年6月至11月租金，开具增值税专用发票，注明不含税金额900万元；另收办公家具押金60万元，开具收据。该业务适用一般计税方法。

(4)4月购进小轿车3辆，每辆支付不含税价款20万元、增值税2.6万元，取得机动车销售统一发票。

(5)支付高速公路通行费，取得高速公路通行费电子发票，注明合计金额1.03万元。

要求：根据上述资料回答下列问题：

(1)业务(1)应纳增值税。

(2)业务(2)准予从销项税额中抵扣的进项税额。

(3)业务(3)增值税销项税额。

(4)支付的高速公路通行费是否可以抵扣增值税？相关规定是什么？

(5)该公司6月应纳增值税。

2. 某省所属专门从事科学研究工作的研发机构为增值税一般纳税人，2019年11月发生下列业务：

(1)为境内甲企业(小规模纳税人)提供产品研发服务并提供培训业务，取得含税的研发服务收入120万元，培训收入30万元，发生业务支出38万元。

(2)为境内乙公司提供技术项目论证服务，开具增值税专用发票，注明不含税金额为90万元。

(3)向境内丙企业转让一项专利取得技术转让收入240万元，技术咨询收入60万元，已履行相关认定和备案手续；另转让与专利技术配套使用的设备一台，并收取了后续的服务费，开具增值税专用发票上注明不含税设备金额40万元、服务费10万元。

(4)购进用于研发的国产设备，取得增值税专用发票上注明销售额300万元；购进研发用耗材，取得增值税专用发票上注明不含税销售额100万元，税率13%；支付运输费，取得运输公司开具的增值税专用发票上注明不含税销售额1万元，税率9%。

要求：根据上述资料，回答下列问题：

(1)计算本月销项税额。

(2)说明对技术转让收入、技术咨询收入增值税处理的依据。

(3)确定本月准予抵扣的进项税额。

(4)说明购进用于研发的国产设备增值税处理规定。

(5)简要说明购进的用于研发的国产设备今后所有权转移或移作他用，增值税的处理规定。

3. 某金融机构为增值税一般纳税人，以1个季度为纳税期限，2019年第四季度发生下列业务：

(1)提供贷款服务取得不含税贷款利息收入1 200万元，提供货币兑换服务取得不含税收入25万元。发生人员工资支出65万元。

(2)转让金融商品，卖出价10 557.60万元，另发生手续费支出，取得增值税专用发票，注明金额9万元，税额0.54万元。该批金融商品买入价4 536.80万元。上述卖出价与买入价均为含税价格。

(3)以自有资金对外投资，按合同约定每

季度收取固定利润 3 000 万元(含增值税)。由于被投资方资金紧张,本季度未收到应收的固定利润。

(4)购进办公设备取得增值税专用发票,注明税额 68 万元,为扩大服务 2019 年 12 月购买营业用房,取得增值税专用发票,注明税额 270 万元。

假设本期取得的相关票据均符合税法规定,并在当期按照规定认证抵扣进项税额。

要求:根据上述资料,按下列序号计算回答问题,每问需计算出合计数。

(1)计算业务(1)的销项税额。

(2)计算业务(2)的销项税额。

(3)计算业务(3)的销项税额。

(4)计算 2019 年第四季度该金融机构进项税额。

(5)计算 2019 年第四季度该金融机构应纳增值税额。

4. 某食品加工企业为增值税一般纳税人,2019 年 10 月发生以下业务:

(1)将成本为 600 万元的自产产品的 80% 对外销售,取得含税价款 1 000 万元;将另外 20%的产品作为股利发放给股东。

(2)购入生产原料一批,取得增值税专用发票,发票上注明税额 51 万元。

(3)购进一辆小汽车作为销售部门公用车,取得机动车销售统一发票,发票上注明税额 3.4 万元。

(4)租入 3 间房屋作为市内办事处工作用房,一次性支付全年租金,取得增值税专用发票,发票上注明金额为 6 万元。

(5)支付某广告公司广告设计费,取得该广告公司开具的增值税专用发票,发票上注明金额为 5 万元。

(6)上月购进的原料(13%税率的货物)因保管不善发生损失,已知产品的账面成本为 11.5 万元(含运输费 1.5 万元),该批原料及运输费上月已申报抵扣进项税额。

要求:根据上述资料,按照下列序号计算回答问题,每问需计算出合计数。

(1)该企业当月的销项税额。

(2)该企业业务(4)可抵扣的进项税额。

(3)该企业业务(6)进项税额转出额。

(4)该企业当月应缴纳增值税。

5. 某旅游公司为增值税一般纳税人,2019 年 12 月发生以下业务:

(1)取得旅游费收入共计 680 万元,其中向境外旅游公司支付境外旅游费 63.6 万元,向境内其他单位支付旅游交通费 60 万元,住宿费 24 万元,门票费 21 万元,签证费 1.8 万元。支付本单位导游餐饮住宿费共计 2.2 万元,旅游公司选择按照扣除支付给其他单位相关费用后的余额为计税销售额,并开具普通发票(以上金额均含税)。

(2)委托装修公司(一般纳税人)对自用房屋进行装修,取得该装修公司开具的增值税专用发票,注明不含税装修费 50 万元;支付物业费,取得物业公司开具的增值税专用发票注明不含税金额 3 万元;支付车辆汽油费、通信费等取得增值税专用发票上注明增值税 4.5 万元。

(3)将公司一台旅游车转为专门的职工通勤班车,该车购进时已抵扣进项税额(通勤班车为 2019 年 4 月购入),入账原值 36 万元,已提折旧 4 万元,该车评估价格 20 万元。

要求:根据上述资料,按照下列序号计算回答问题,每问需计算出合计数。

(1)该公司当月销项税额。

(2)该公司业务(3)应转出进项税额。

(3)该公司当月实际抵扣的增值税进项税额。

(4)该公司当月应缴纳增值税。

6. 某自营出口的生产企业为增值税一般纳税人,适用的增值税税率为 13%,退税率假定为 11%。2019 年 12 月的生产经营情况如下:

(1)外购原材料、燃料取得增值税专用发

票，注明支付价款600万元、税额78万元，材料、燃料已验收入库。

(2)外购动力取得增值税专用发票，注明支付价款150万元、税额19.5万元，其中20%用于企业新建职工活动中心工程。

(3)以外购原材料80万元委托某公司加工货物，支付加工费取得增值税专用发票，注明价款30万元、增值税税额3.9万元，支付加工货物的运输费用不含税金额1万元并取得运输公司开具的增值税专用发票。

(4)内销货物取得不含税销售额400万元，支付销售货物运输费用不含税金额18万元并取得运输公司开具的增值税专用发票。

(5)出口销售货物取得销售额600万元。

要求：根据上述资料，采用"免、抵、退"法计算该企业2019年12月：

(1)免抵退税额；

(2)应退增值税；

(3)免抵税额；

(4)留抵增值税税额。

7. 某药品生产企业为增值税小规模纳税人，选择按月缴纳增值税，2019年6月发生下列业务：

(1)外购一批材料用于生产电器，取得增值税专用发票，注明价款80 000元，增值税10 400元；外购一台生产设备，取得增值税普通发票，价税合计113 000元。

(2)销售自产的A种药品100箱，取得含税收入130 000元。

(3)将自产的A种药品5箱无偿赠送给客户。

(4)将使用过的一批包装物销售，取得含税收入2 400元。

(5)将使用过的一台设备出售，原值30 000元，取得含税售价15 000元。

(6)委托一家外贸企业进口一批原材料，关税完税价格为10 000元，关税税率为5%，支付了相关税费后将材料运回本企业仓库，海关填发了进口增值税专用缴款书。

要求：根据上述资料，按下列序号计算回答问题，每问需计算出合计数，不考虑小规模纳税人免税优惠政策。

(1)计算该企业进口材料应缴纳的进口增值税。

(2)计算该企业销售包装物应缴纳的增值税。

(3)计算该企业出售设备应缴纳的增值税(未放弃减税)。

(4)计算该企业当月应向主管税务机关缴纳的增值税税额。

(5)该纳税人是否可以自行开具增值税专用发票？说明理由。

四、综合题

1. 某市一家进出口公司为增值税一般纳税人，2019年7月发生以下业务：

(1)进口一批货物，关税完税价格180万元，关税税率10%；支付从海关地运往本公司不含税运费8万元(取得运输公司开具的增值税专用发票)、不含税装卸费用2万元(取得增值税专用发票)和保险费用3万元(取得保险公司开具的普通发票)。

(2)从境内某服装公司采购服装一批，增值税专用发票上注明的价款和税金分别为100万元和13万元。当月将该批服装全部出口，离岸价格为150万元人民币。

(3)将2017年购置的一处位于外省一城市的房产出租，取得含增值税租金收入50万元。

(4)在公司所在地购置房产一处，会计上按固定资产核算，取得的增值税专用发票上注明的价款和税金分别为800万元和72万元。

(5)从某境外公司承租仪器一台，支付租金(含增值税)70万元人民币。该境外公司所属国未与我国签订税收协定，且未在我国设有经营机构，也未派人前来我国。

(6)当月将业务(1)购进的货物95%销售，取得不含增值税的销售收入500万元，3%

作为本公司职工的福利并发放。

(7)销售代销货物一批，开具的普通发票上注明销售额 350 万元，另外向委托方收取代销含税手续费 5 万元。

(其他相关资料：货物税率 13%，出口货物的退税率为 13%，进口货物的关税税率为 10%，期初留抵税额为 0)

要求：根据上述资料，按照下列顺序计算回答问题，如有计算需计算出合计数。

(1)计算业务(1)应缴纳的进口环节增值税。

(2)计算业务(1)准予抵扣的增值税。

(3)计算业务(2)的出口退税额。

(4)计算业务(3)在不动产所在地应预缴的增值税。

(5)计算业务(4)当月允许抵扣的进项税额。

(6)计算业务(5)应扣缴的增值税。

(7)计算业务(6)的增值税销项税额。

(8)计算当月允许抵扣的进项税额。

(9)计算业务(7)的增值税销项税额。

(10)计算当月在机构所在地应缴纳的增值税(不含代扣代缴的增值税)。

2. 位于甲省某市区的一家建筑企业为增值税一般纳税人，在乙省某市区提供写字楼和桥梁建造业务，2019 年 6 月具体经营业务如下：

(1)该建筑企业对写字楼建造业务选择一般计税方法。按照工程进度及合同约定，本月取得含税金额 3 000 万元并给业主开具了增值税专用发票。由于该建筑企业将部分业务进行了分包，本月支付分包含税金额 1 200 万元，取得分包商(采用一般计税方法)开具的增值税专用发票。

(2)桥梁建造业务为甲供工程，该建筑企业对此项目选择了简易计税方法。本月收到含税金额 4 000 万元并开具了增值税普通发票。该建筑企业将部分业务进行了分包，本月支付分包含税金额 1 500 万元，取得分包商开具的增值税普通发票。

(3)从国外进口一台机器设备，国外买价折合人民币 80 万元，运抵我国入关前支付的运费折合人民币 4.2 万元、保险费折合人民币 3.8 万元；入关后运抵企业所在地，取得运输公司开具的增值税专用发票注明运费 1 万元、税额 0.09 万元。该进口设备既用于一般计税项目也用于简易计税项目，该企业未分开核算。

(4)将购进的一批瓷砖用于新建的自建综合办公大楼在建工程。该批瓷砖为 2019 年 6 月购进，取得经税务机关认证的增值税专用发票注明增值税税额为 40 万元，已计入 2019 年 6 月的进项税额进行抵扣。

(5)为一般计税项目发生外地出差住宿费支出价税合计 6.36 万元，取得增值税一般纳税人开具的增值税专用发票。发生餐饮费支出价税合计 3 万元，取得增值税普通发票。

(其他相关资料：假定关税税率为 10%，上述业务涉及的相关票据均已通过主管税务机关比对认证。)

要求：根据上述资料，按照下列顺序计算回答问题，如有计算需计算出合计数。

(1)计算业务(1)企业在乙省应预缴的增值税。

(2)计算业务(1)的销项税额。

(3)计算业务(2)企业在乙省预缴的增值税。

(4)分别计算业务(3)企业应缴纳的关税、增值税。

(5)计算业务(4)企业进项税额。

(6)计算业务(5)可抵扣的增值税进项税额。

(7)计算企业当月增值税进项税额合计。

(8)计算企业当月增值税应纳税额。

(9)计算企业应向机构所在地主管税务机关缴纳的增值税。

3. 某运输公司为增值税一般纳税人，具备国际运输资质，2019 年 6 月经营业务如下：

(1)国内运送旅客，按售票统计取得价税

合计金额 176 万元；运送旅客至境外，按售票统计取得价税合计金额 52.8 万元。

(2)运送货物，开具增值税专用发票注明运输收入金额 260 万元、装卸收入金额 18 万元。

(3)提供仓储服务，开具增值税专用发票注明仓储收入金额 70 万元、装卸收入金额 6 万元。

(4)修理、修配各类车辆，开具普通发票注明价税合计金额 31.32 万元。

(5)销售使用过的未抵扣进项税额的货运汽车 6 辆，开具普通发票注明价税合计金额 24.72 万元。

(6)进口轻型商用客车 3 辆自用，经海关核定的成交价共计 57 万元、运抵我国境内输入地点起卸前的运费 6 万元、保险费 3 万元。

(7)购进小汽车 4 辆自用，每辆单价 16 万元，取得销售公司开具的增值税专用发票，注明金额 64 万元、税额 8.32 万元；另支付销售公司运输费用，取得增值税专用发票注明运费金额 4 万元、税额 0.36 万元。

(8)购进汽油用于公司运送旅客，取得增值税专用发票注明金额 10 万元、税额 1.3 万元；购进矿泉水一批，取得增值税专用发票注明金额 2 万元、税额 0.26 万元，70%赠送给公司运送的旅客，30%用于公司集体福利。

(其他相关资料：假定进口轻型商用客车的关税税率为 20%，消费税税率为 5%)

要求：根据以上资料，按下列顺序回答问题。如有计算需计算合计数。

(1)计算业务(1)的销项税额。

(2)计算业务(2)的销项税额。

(3)计算业务(3)的销项税额。

(4)计算业务(4)的销项税额。

(5)计算业务(5)应缴纳的增值税。

(6)计算业务(6)进口轻型商用客车应缴纳的增值税。

(7)计算业务(7)购进小汽车可抵扣的进项税额。

(8)计算业务(8)购进汽油、矿泉水可抵扣进项税额。

(9)计算 6 月该运输公司进项税额合计。

(10)计算 6 月该运输公司销项税额合计。

(11)计算该运输公司 6 月应向主管税务机关缴纳的增值税。

本章综合练习参考答案及详细解析

一、单项选择题

1. C 【解析】该纳税人 2018 年 4 月至 2019 年 3 月期间生活服务销售额占全部销售额的比重 = 2 000÷(2 000+400)×100% = 83%，超过 50%，适用进项税额的加计扣减政策。

   (1)抵减前的应纳增值税 = 200×6% + 30×13% - 10 = 5.9(万元)

   (2)当期可抵减加计抵减额 = 10×10% = 1(万元)

   (3)6 月份抵减后的应纳增值税 = 5.9 - 1 = 4.9(万元)

2. C 【解析】选项 A、B，按照“现代服务——其他现代服务”缴纳增值税；选项 D，按照“现代服务——商务辅助服务”缴纳增值税。

3. D 【解析】存款利息不征收增值税，选项 A、B、C 均征收增值税。

4. B 【解析】选项 A、C、D 不征收增值税。选项 A，纳税人取得的财政补贴收入，与其销售货物、劳务、服务、无形资产、不动产的收入或者数量直接挂钩的，应按规定计算缴纳增值税。纳税人取得的其他情形的财政补贴收入，不属于增值税应税收入，不征收增值税。选项C，被保险人获得的保险赔付不征收增值税。选项D，房地产主管部门或者其指定机构、公积金管理中心、开发企业以及物业管理单位代收的住宅专项维修资金，满足征税条件但不需要缴纳增值税

5. B 【解析】无偿提供服务，用于公益事业的，不属于增值税视同销售。

6. A 【解析】增值电信服务，税率为6%；基础电信服务，税率为9%。

7. B 【解析】应缴纳增值税=(40-20)÷1.05×5%=0.95(万元)

8. D 【解析】一般纳税人转让营改增前购入的不动产选择简易方法计税，该商贸公司应当在乙地预缴增值税=(5 600-3 200)÷(1+5%)×5%=114.29(万元)。

9. A 【解析】跨境电子商务零售进口商品按照货物征收关税和进口环节增值税、消费税，购买跨境电子商务零售进口商品的个人作为纳税义务人，电子商务企业、电子商务交易平台企业或物流企业可作为代收代缴义务人。

10. C 【解析】年应税销售额超过规定标准的其他个人不办理一般纳税人登记。

11. C 【解析】购进的贷款服务、餐饮服务、居民日常服务和娱乐服务的进项税额不得从销项税额中抵扣。

12. A 【解析】纳税人购进用于生产销售或委托加工13%税率货物的农产品，按照10%的扣除率计算进项税额。

13. B 【解析】金融商品转让，按照卖出价扣除买入价后的余额为销售额。

应缴纳增值税=50 000×(13-8)÷(1+6%)×6%+6 000 000÷(1+6%)×6%=353 773.58(元)

14. A 【解析】计税销售额=(793.26+1.3)÷(1+13%)=703.15(万元)

15. B 【解析】提供货物运输服务，按交通运输服务缴纳增值税，税率是9%；出租闲置车辆，按有形动产租赁服务缴纳增值税，税率是13%；提供车辆停放服务，按不动产租赁服务缴纳增值税，税率是9%。

该企业当月销项税额=480 000×9%+68 000÷(1+13%)×13%+26 000÷(1+9%)×9%=53 169.79(元)

16. B 【解析】选项A，以旧换新方式销售彩电，应以新彩电的市场售价作为计税依据；选项C，企业逾期未收回的包装物不再退还押金，以押金换算为不含增值税价格作为计税依据；选项D，以物易物销售方式，以物易物双方都应做购销处理，以各自发出的货物核算销售额并计算销项税额，以各自收到的货物按规定核算购货额并计算进项税额。

17. C 【解析】纳税人购进用于生产销售或委托加工13%税率货物的农产品，按照10%的扣除率计算进项税额。收购烟叶可以抵扣的进项税=(收购烟叶实际支付的价款总额+烟叶税)×10%=(550+110)×10%=66(万元)，当月准予抵扣的进项税额=66+6×9%=66.54(万元)。

18. C 【解析】纳税人购进农产品用于生产销售或委托受托加工13%税率货物，以增值税专用发票上注明的金额和10%的扣除率计算进项税额。可以抵扣的进项税=100 000×10%+3 000×9%=10 270(元)。

19. D 【解析】自2019年4月1日起，停止执行纳税人取得不动产或者不动产在建工程的进项税额分2年抵扣的规定。乙公司购进不动产一次性抵扣进项税额。

20. B 【解析】一般纳税人出租其2016年4月30日前取得的不动产，可以选择适用简易计税方法，按照5%的征收率计算应纳税额。该企业应纳增值税=60÷(1+5%)×5%=2.86(万元)。

21. A 【解析】企业销售单用途卡和取得充值预收资金，不缴纳增值税。

收取手续费应纳增值税=1÷(1+6%)×6%

=0.06(万元)

22. A 【解析】个人将购买不足2年的住房对外销售的，按照5%的征收率全额缴纳增值税。

应纳增值税=460÷(1+5%)×5%=21.90(万元)

23. C 【解析】一般纳税人转让其2016年5月1日后取得(不含自建)的不动产，适用一般计税方法，以取得的全部价款和价外费用为销售额计算应纳税额。纳税人应以取得的全部价款和价外费用扣除不动产购置原价或者取得不动产时的作价后的余额，按照5%的预征率向不动产所在地主管税务机关预缴税款。

24. B 【解析】选项B，非生产性企业委托外贸企业出口的货物不享受免税并退税的政策；选项A、C、D免税并退税。

25. B 【解析】当期"免抵退"不得免征和抵扣税额=200×(13%-13%)=0(万元)，应纳税额=150×13%-65-10=-55.5(万元)，免抵退税额=200×13%=26(万元)，应退税额=26(万元)。

26. B 【解析】不得抵扣且未抵扣进项税额的固定资产、无形资产、不动产，发生用途改变，用于允许抵扣进项税额的应税项目，可在用途改变的次月抵扣进项。可以抵扣的进项=固定资产、无形资产、不动产净值÷(1+适用税率)×适用税率=(120-24)÷(1+13%)×13%=11.04(万元)。

27. C 【解析】应当扣缴的增值税=120÷(1+6%)×6%=6.79(万元)

28. B 【解析】房地产开发企业的一般纳税人采取预收款方式销售自行开发的房地产项目，应在收到预收款时按照3%的预征率预缴增值税。适用一般计税方法的，按照9%的适用税率计算；适用简易计税方法的，按照5%的征收率计算。

应预缴增值税=12 000÷(1+5%)×3%=342.86(万元)

29. B 【解析】金融商品转让，按照卖出价扣除买入价后的余额为销售额，是按照差额确定销售额的。销售取得的不动产，需要区分不动产的取得时间，销售营改增之前取得的不动产，可选择简易办法差额计税。

30. C 【解析】个人转让著作权免征增值税。

31. D 【解析】选项D，免征增值税。

32. C 【解析】不得抵扣的进项税额=当月无法划分的全部进项税额×(当期简易计税方法计税项目销售额+免征增值税项目销售额)÷当期全部销售额=6.4×50÷[113÷(1+13%)+50]=2.13(万元)，应纳税额=113÷(1+13%)×13%-(6.4-2.13)=8.73(万元)

33. C 【解析】人民银行对金融机构的贷款、国债和地方政府债券利息收入免税；金融机构工商企业存款利息收入为不征增值税收入。

34. B 【解析】可抵扣的进项税=3 600÷(1+5%)×5%+5 000÷(1+3%)×3%=317.06(元)

35. B 【解析】应纳增值税=400 000×13%-(25 000-2 600)=29 600(元)

增值税税负=29 600÷400 000×100%=7.4%，软件企业销售软件的税负超过3%部分，可以即征即退。实际负担增值税=400 000×3%=12 000(元)。

36. B 【解析】一项销售行为如果既涉及货物又涉及服务，为混合销售。选项B，销售货物的同时、提供运输服务，因此属于混合销售行为。

37. A 【解析】应缴纳的增值税=160 000÷(1+3%)×3%+5 000÷(1+3%)×2%=4 757.28(元)。

38. C 【解析】2019年1月1日起，小规模纳税人月销售额未超过10万元(季度销售额未超过30万元)，免征增值税。

39. A 【解析】自2019年4月1日至2021年12月31日，允许生产、生活性服务业纳税人按照当期可抵扣进项税额加计抵减应纳税额(以下称加计抵减政策)。生产性服务业的加计抵扣比例为10%，生活性服务业的加计抵扣的比例为15%。

二、多项选择题

1. AB 【解析】选项C，广告代理，属于"现代服务——文化创意服务"；选项D，经营游览场所，属于"生活服务——文化体育服务"。
2. ABC 【解析】选项D，拍卖行受托拍卖取得的手续费或佣金收入，属于"服务业——商务辅助——经纪代理服务"，不属于贷款服务。
3. ABC 【解析】运输服务中，公共交通运输服务属于客运服务，一般纳税人可以选择简易计税方法计税；不包括提供货物运输服务。
4. CD 【解析】将购买的货物用于集体福利、个人消费，属于不得抵扣进项税额项目；将自产的货物用于集体福利、个人消费、投资、分配、赠送，属于视同销售项目。为本单位职工上下班无偿提供运输服务，不属于增值税征税范围。
5. AD 【解析】纳税人在资产重组过程中，通过合并、分立、出售、置换等方式，将全部或部分实物资产以及与其相关联的债权、负债和劳动力一并转让给其他单位和个人，并按程序办理注销税务登记的，其在办理注销登记前尚未抵扣的进项税额可结转至新纳税人处继续抵扣。涉及的货物、不动产、无形资产转让，不缴纳增值税。
6. AB 【解析】淀粉、调制乳，均不属于初级农业产品，应按照13%税率征收增值税。
7. BCD 【解析】向境外单位提供完全在境外消费的研发服务适用零税率，不包括在境内提供的不动产设计服务。
8. CD 【解析】支付机构销售多用途卡取得的等值人民币资金，或者接受多用途卡持卡人充值取得的充值资金，不缴纳增值税。
9. BD 【解析】选项A，纳税人代有关行政管理部门收取的费用，符合规定条件的，不属于价外费用，不征收增值税；选项C，对销售除啤酒、黄酒外的其他酒类产品收取的包装物押金，在收取时并入当期销售额计算增值税，逾期时不再并入当期销售额计算增值税。
10. ABD 【解析】外购货物取得的普通发票，不属于增值税法定扣税凭证。
11. BD 【解析】一般纳税人购进的贷款服务、餐饮服务、居民日常服务、娱乐服务，进项税额不得抵扣。
12. BD 【解析】纳税人现场制作食品并直接销售给消费者，按照"生活服务-餐饮服务"、依6%税率缴纳增值税。
13. ABCD 【解析】所有选项均属于可选择适用简易计税方法计税的情形。
14. ACD 【解析】销售折扣发生在销售之后，是融资性质的理财费用，其折扣额不得从销售额中扣减；其他选项可以从销售额中扣减。
15. ACD 【解析】选项B，经中国人民银行、银保监会或者商务部批准从事融资租赁业务的试点纳税人提供融资租赁服务，购入租赁货物取得增值税专用发票可以抵扣进项税额，不得在销售额中扣减租赁货物本金。
16. BCD 【解析】以自己采掘的石料生产的石灰可选择简易计税办法按3%征收率计算缴纳增值税。
17. ABCD 【解析】所有选项均属于价外费用，要计入销售额征税。
18. AD 【解析】选项B、C均属于兼营行为。
19. BCD 【解析】航空摄影、航空培训，属于物流辅助服务，税率为6%；湿租业务属于交通运输服务，税率为9%；干租业务属于有形动产租赁服务，税率为13%。

选项 A，航空培训收入的销项税额 = 57.2 ÷(1+6%)×6% = 3.24(万元)

选项 B，航空摄影收入的销项税额 = 222.6÷(1+6%)×6% = 12.6(万元)

选项 C，湿租业务收入的销项税额 = 198÷(1+9%)×9% = 16.35(万元)

选项 D，干租业务收入的销项税额 = 243.6÷(1+13%)×13% = 28.02(万元)

20. BCD 【解析】国家计划内出口的卷烟免征增值税。

21. CD 【解析】选项 A、B 均为给予免税，但不予退税。

22. ABC 【解析】选项 D，一般纳税人销售自行开发的房地产老项目适用简易计税方法计税的，以取得的全部价款和价外费用为销售额，不得扣除对应的土地价款。

23. BD 【解析】转让不动产预征率为 5%；跨县（市、区）提供建筑服务预征率为 2%。

24. BD 【解析】应纳进口增值税 = (40+40×10%)×13 % = 5.72(万元)，进口增值税于海关填发专用缴款书之日起 15 日内完税，最迟缴纳期限为 8 月 24 日。

25. AB 【解析】个人出租住房，应按照 5% 的征收率减按 1.5% 计算应纳税额，不是免税，但是月租金不足 10 万元达不到起征点的，可以免税；个人出售住房，要根据已居住时间、地点等分析，符合条件可以免税。

26. ABC 【解析】会计师事务所提供管理咨询服务按照“鉴证咨询服务”缴纳增值税。

27. ABCD 【解析】上述四项均适用增值税实际税负超过 3% 的部分实行即征即退政策。

28. ACD 【解析】一般纳税人购进的贷款服务、餐饮服务、居民日常服务、娱乐服务，不得抵扣进项税额。2019 年 4 月 1 日起，旅客运输服务准予抵扣进项税额。

29. ABD 【解析】租赁服务包括融资租赁业务和经营租赁业务，涉及动产和不动产租赁。选项 C，属于贷款服务。

30. BCD 【解析】进项税额核定扣除，仅限于以购进农产品为原料生产销售液体乳及乳制品、酒及酒精、植物油，不包括卷烟。

31. ABD 【解析】选项 C，境外单位或者个人向境内单位或者个人出租完全在境外使用的有形动产，不属于在境内销售服务，不缴纳增值税；选项 D，境外单位向境内单位销售的未完全在境外使用的无形资产，属于在境内销售无形资产。

32. ABCD 【解析】所有选项均属于不得开具增值税专用发票的情形。

33. AD 【解析】纳税人提供租赁服务采取预收款方式的，其纳税义务发生时间为收到预收款的当天；采取预收货款方式销售货物，为货物发出的当天，但生产销售生产工期超过 12 个月的大型机械设备、船舶、飞机等货物，为收到预收款或者书面合同约定的收款日期的当天。

34. BD 【解析】自 2019 年 4 月 1 日起，适用 13%税率的境外旅客购物离境退税物品，退税率为 11%；适用 9%税率的境外旅客购物离境退税物品，退税率为 8%。

35. BCD 【解析】直接收款方式销售的，为收到销售额或取得索取销售款凭证的当天；预收货款方式销售的，为发货当天；赊销方式销售的，为合同约定的收款日期当天。

36. BCD 【解析】选项 A 适用增值税“免退税”办法。

37. BCD 【解析】对于存款利息收入而言，属于不征增值税项目，而非免税项目。

38. ABC 【解析】尚未申报出口退税或者已申报但尚未办理出口退税的，除另有规定外，暂不允许办理出口退税。选项 D，应该是暂不允许办理出口退税。

三、计算问答题

1.【答案】

(1)业务(1)应纳增值税=18 000÷(1+5%)×5%=857.14(万元)

(2)业务(2)准予抵扣的进项税额=180(万元)

(3)业务(3)增值税的销项税额=900×9%=81(万元)

(4)支付的高速公路通行费可以抵扣增值税，电子普通发票上增值税额=注明的金额÷(1+3%)×3%=1.03÷(1+3%)×3%=0.03(万元)。

(5)该公司当月应纳增值税=857.14+81-180-2.6×3-0.03=750.31(万元)

2.【答案】

(1)本月销项税额=(120+30)÷(1+6%)×6%+90×6%+40×13%+10×6%=19.69(万元)

(2)纳税人提供技术转让、技术开发和与之相关的技术咨询、技术服务收入，已履行相关认定和备案手续，免征增值税。

(3)本月准予抵扣的进项税额=100×13%+1×9%=13.09(万元)

(4)对符合规定的研发机构采购的国产设备，按规定实行全额退还增值税。

(5)研发机构已退税的国产设备，自增值税发票开具之日起3年内，设备所有权转移或移作他用的，研发机构须按照下列计算公式，向主管税务机关补缴已退税款。

应补税款=增值税发票上注明的金额×(设备折余价值÷设备原值)×增值税适用税率。

其中，设备折余价值=设备原值-累计已提折旧，设备原值和已提折旧按照企业所得税法的有关规定计算。

3.【答案】

(1)提供货币兑换服务，属于直接收费金融服务。贷款服务和直接收费金融服务，税率均为6%。业务(1)的销项税额=(1 200+25)×6%=73.5(万元)。

(2)金融商品转让，按照卖出价扣除买入价后的余额为销售额。发生的手续费支出，不能从销售额中扣除。

业务(2)的销项税额=(10 557.60-4 536.80)÷(1+6%)×6%=340.80(万元)

(3)以货币资金投资收取的固定利润或者保底利润，按照贷款服务缴纳增值税。

业务(3)的销项税额=3 000÷(1+6%)×6%=169.81(万元)

(4)2019年第四季度该金融机构进项税额

转让金融商品发生手续费支出，取得增值税专用发票，可以抵扣进项税。业务(2)的进项税额=0.54(万元)。

购进办公设备取得增值税专用发票，可以抵扣进项税；自2019年4月1日起，购进不动产的进项税额取消分期抵扣，购买营业用房取得增值税专用发票，可以一次性抵扣进项税，业务(4)的进项税额=68+270=338(万元)。

2019年第四季度该金融机构进项税额=0.54+338=338.54(万元)

(5)2019年第四季度该金融机构应纳增值税额=(73.5+340.8+169.81)-338.54=245.57(万元)

4.【答案】

(1)当月销项税额=1 000÷(1+13%)×13%+1 000÷80%×20%÷(1+13%)×13%=143.8(万元)

『提示』将自产产品作为股利发给股东要视同销售。

(2)业务(4)可以抵扣的进项税额=6×9%=0.54(万元)

(3)业务(6)进项税额转出=(11.5-1.5)×13%+1.5×9%=1.44(万元)

(4)企业当月应缴纳增值税：

允许抵扣的进项税额=51+3.4+0.54+5×6%-1.44=53.8(万元)

当月应纳增值税=143.8-53.8=90(万元)

5.【答案】

(1)该公司当月销项税额=(680-63.6-60-24-21-1.8)÷(1+6%)×6%=28.85(万元)

【解析】旅游服务差额征收增值税。

(2)已经抵扣进项税额的固定资产、无形

资产、不动产，改变用途专用于职工福利，进项税额不得抵扣。

业务(3)进项额税转出额=净值×适用税率=(36-4)×13%=4.16(万元)

(3)实际抵扣的增值税进项税额=50×9%+3×6%+4.5-4.16=5.02(万元)

(4)应纳增值税额=28.85-5.02=23.83(万元)

6.【答案】

(1)免抵退税不得免征和抵扣税额=600×(13%-11%)=12(万元)

进项税额=78+19.5×(1-20%)+(3.9+1×9%)+18×9%=99.21(万元)

应纳税额=400×13%-(99.21-12)=-35.21(万元)

出口货物"免、抵、退"税额=600×11%=66(万元)

(2)应退税额=35.21(万元)

(3)免抵税额=66-35.21=30.79(万元)

(4)留抵下月抵扣税额=0

【思路点拨】免抵退税的计算是增值税计算性题目中的一个难点，做这类题目时按照教材中例题的步骤进行计算。

7.【答案】

(1)该企业进口材料应缴纳的进口增值税=10 000×(1+5%)×13%=1 365(元)

【解析】小规模纳税人进口环节不适用3%的征收率。

(2)小规模纳税人(除其他个人外)销售自己使用过的除固定资产以外的物品，应按3%的征收率征收增值税。

该企业销售包装物应缴纳的增值税=2 400÷(1+3%)×3%=69.90(元)

(3)小规模纳税人销售自己使用过的固定资产，减按2%的征收率征收增值税。

该企业出售设备应缴纳的增值税=15 000÷(1+3%)×2%=291.26(元)

(4)该企业当月应向主管税务机关缴纳的增值税税额=130 000÷(1+3%)×3%+130 000÷100×5÷(1+3%)×3%+69.90+291.26=4 336.89(元)

【解析】小规模纳税人按照简易计税方法计算增值税，不能抵扣进项税额。所以本题中外购材料的进项税额不能抵扣。

(5)可以。理由：增值税小规模纳税人(其他个人除外)发生增值税应税行为，需要开具增值税专用发票的，可以自愿使用增值税发票管理系统自行开具。选择自行开具增值税专用发票的小规模纳税人，税务机关不再为其代开增值税专用发票。

四、综合题

1.【答案】

(1)业务(1)进口环节增值税=(180+180×10%)×13%=25.74(万元)

(2)业务(1)可以抵扣的进项税额=25.74+8×9%+2×6%=26.58(万元)

(3)业务(2)的出口应退税额=100×13%=13(万元)

(4)业务(3)在不动产所在地预缴的增值税=50÷(1+9%)×3%=1.38(万元)

(5)业务(4)当月允许抵扣的进项税额=72(万元)

(6)业务(5)应扣缴增值税=70÷(1+13%)×13%=8.05(万元)

(7)业务(6)的增值税销项税额=500×13%=65(万元)

(8)业务(6)的进项税额转出额=26.58×3%=0.8(万元)

(9)业务(7)的增值税销项税额=350÷(1+13%)×13%=40.27(万元)

向委托方收取手续费销项税额=5÷(1+6%)×6%=0.28(万元)

『提示』销售代销货物，属于视同销售行为；另行收取的手续费属于销售服务收入，均应缴纳增值税。

(10)在机构所在地应缴纳的增值税(不含代扣代缴的增值税)：

允许抵扣的进项税额=26.58+72-0.8+8.05=105.83(万元)

当月销项税额=50÷(1+9%)×9%+65+

40.27+0.28=109.68(万元)

当月在机构所在地应缴纳的增值税=109.68-105.83-1.38(预缴增值税)=2.47(万元)

2.【答案】

(1)一般纳税人跨县(市)提供建筑服务,适用一般计税方法计税的,以取得的全部价款和价外费用扣除支付的分包款后的余额,按照2%的预征率计算应预缴税款。应预缴税款=(全部价款和价外费用-支付的分包款)÷(1+9%)×2%。

业务(1)企业在乙省应预缴的增值税=(3 000-1 200)÷(1+9%)×2%=33.03(万元)

(2)一般纳税人跨县(市)提供建筑服务,适用一般计税方法计税的,应以取得的全部价款和价外费用为销售额计算应纳税额。

业务(1)的销项税额=3 000÷(1+9%)×9%=247.71(万元)

(3)一般纳税人跨县(市)提供建筑服务,选择适用简易计税方法计税的,以取得的全部价款和价外费用扣除支付的分包款后的余额,按照3%的征收率计算应预缴税款。应预缴税款=(全部价款和价外费用-支付的分包款)÷(1+3%)×3%。

业务(2)企业在乙省预缴的增值税=(4 000-1 500)÷(1+3%)×3%=72.82(万元)

(4)业务(3)应缴纳关税=(80+4.2+3.8)×10%=8.8(万元)

应缴纳增值税=(80+4.2+3.8+8.8)×13%=12.58(万元)

(5)业务(4)企业进项税额=40(万元)

(6)购进的餐饮服务,不得抵扣进项税。

业务(5)可抵扣的增值税进项税额=6.36÷(1+6%)×6%=0.36(万元)

(7)本月进项税额:

业务(1)可抵扣的进项税额=1 200÷(1+9%)×9%=99.08(万元)

业务(3)可抵扣的进项税=12.58+0.09=12.67(万元)

因为只有专用于简易计税项目的固定资产不得抵扣进项税额,该设备既用于一般计税项目,又用于简易计税项目,其进项税额可以全额抵扣。

业务(4)进项税额=40(万元)

业务(5)可抵扣的增值税进项税额=0.36(万元)

企业当月增值税进项税额合计=99.08+12.67+40+0.36=152.11(万元)

(8)一般纳税人跨县(市)提供建筑服务,选择适用简易计税方法计税的,应以取得的全部价款和价外费用扣除支付的分包款后的余额为销售额,按照3%的征收率计算应纳税额。

业务(2)应纳增值税税额=(4 000-1 500)÷(1+3%)×3%=72.82(万元)

企业当月增值税应纳税额=247.71-152.11+72.82=168.42(万元)

(9)企业应向机构所在地主管税务机关缴纳的增值税=168.42-33.03-72.82=62.57(万元)

3.【答案】

(1)业务(1)销项税额=176÷(1+9%)×9%+52.8÷(1+9%)×0=14.53(万元)

『提示』国际运输服务适用零税率。

(2)业务(2)销项税额=260×9%+18×6%=24.48(万元)

(3)业务(3)销项税额=70×6%+6×6%=4.56(万元)

(4)业务(4)销项税额=31.32÷(1+13%)×13%=3.60(万元)

(5)业务(5)应缴纳的增值税=24.72÷(1+3%)×2%=0.48(万元)

(6)业务(6)进口轻型商用客车应缴纳的增值税=(57+6+3)×(1+20%)÷(1-5%)×13%=10.84(万元)

(7)业务(7)购进小汽车可抵扣的进项税额=8.32+0.36=8.68(万元)

(8)业务(8)购进汽油、矿泉水可抵扣进项

税额＝1.3+0.26×70%＝1.48(万元)
(9)6月该运输公司进项税额合计＝10.84+8.68+1.48＝21(万元)
(10)6月该运输公司销项税额合计＝14.53+24.48+4.56+3.6+2×70%×13%(赠送矿泉水视同销售)＝47.35(万元)
(11)该运输公司6月应向主管税务机关缴纳增值税＝47.35−21+0.48＝26.83(万元)

第3章 消费税法

JINGDIAN TIJIE

考情分析

历年考情分析

本章是注会税法考试中较为重要的一章。从近三年考题分析来看，除单选题、多选题之外，分数主要集中在计算问答题。在学习时重点内容比较突出，历年考试平均分值在9分左右。在学习时应重点掌握消费税税目、计税依据及应纳税额的计算。

本章2020年考试主要变化

本章内容基本没有变化，只是补充“成品油”税目中“关于纳税人利用废矿物油为原料生产的润滑油基础油、汽油、柴油等工业油料免征消费税”的税收优惠及相关条件。

核心考点及经典例题详解

考点一　纳税义务人与纳税环节★

扫我解疑难

经典例题

【例题1·单选题】(2019年)下列商品属于消费税征收范围的是(　)

A. 高尔夫车　　B. 酒精

C. 溶剂油原料　　D. 鞭炮药引线

【答案】C

【解析】溶剂油属于成品油，是消费税的征税范围。

【例题2·单选题】下列关于消费税的说法中正确的是(　)。

A. 消费税实行一次课征制，一律在生产销售环节征税

B. 委托加工应税消费品的业务中，纳税义务人是受托方

C. 某单位将外购的消费税非应税产品以消费税应税产品名义对外销售的，应当缴纳消费税

D. 对进口应税消费品的单位不征消费税，因为消费税进口不征，出口不退

【答案】C

【解析】选项A，消费税虽然实行一次课征制，但其纳税环节可以是生产销售、移送使用、委托加工、进口、零售和批发(加征)等环节，并非一律在生产销售环节征税；选项B，委托加工业务中，消费税的纳税义务人是委托方，受托方负责代收代缴消费税；选项D，进口应税消费品是要缴纳消费税的。

考点精析

(一)纳税义务人

消费税纳税义务人是在中华人民共和国境内**生产、委托加工和进口**《消费税暂行条

例》规定的消费品的单位和个人，以及国务院确定的销售《消费税暂行条例》规定的消费品的其他单位和个人。

（二）纳税环节（见表3-1）

消费税一般实行**一次课征制**，对个别应税消费品实行双环节征收。其纳税环节为：

1. **生产应税消费品**

工业企业以外的单位和个人的下列行为视为应税消费品的生产行为，**按规定征收**消费税：

（1）**将外购的消费税非应税产品以消费税应税产品对外销售的。**

（2）**将外购的消费税低税率应税产品以高税率应税产品对外销售的。**

2. **委托加工应税消费品**

3. **进口应税消费品**

4. **批发应税消费品（卷烟）**

5. **零售应税消费品（金银首饰、超豪华小汽车）**

表3-1 纳税环节

缴纳消费税	应税消费品		生产环节	委托加工环节	进口环节	批发环节	零售环节
单一环节	（1）生产环节	直接销售	纳消费税	——	——	×	×
		馈赠、赞助、集资、广告、样品、职工福利、奖励等方面	纳消费税	——	——	×	×
	（2）委托加工环节		——	纳消费税	——	×	×
	（3）进口环节		——	——	纳消费税	×	×
	（4）零售环节——金银首饰		×	×	×	×	纳消费税
两个环节	批发环节——卷烟加征消费税		纳消费税			纳消费税	×
	零售环节——超豪华小汽车加征消费税		纳消费税			×	纳消费税

注：——代表不涉及，×代表不交税。

考点二 消费税与增值税的关系★

扫我解疑难

经典例题

【例题·多选题】下列环节同时征收消费税和增值税的有（ ）。

A. 高尔夫球及球具的生产环节

B. 金银首饰的生产环节

C. 高档手表的零售环节

D. 卷烟的批发环节

【答案】AD

【解析】选项B，金银首饰的生产环节不征收消费税，在零售环节征收消费税；选项C，高档手表在零售环节不缴纳消费税。

考点精析

（一）消费税特点

（1）征税范围具有选择性：目前**15**个税目；

（2）征税环节一般具有**单一性**：主要在生产销售环节、委托加工环节、进口环节；

（3）平均税率水平比较高且税负差异大：1%～56%；

（4）计税方法具有灵活性：**从价计征、从量计征、复合计征**。

（二）**消费税与增值税的区别**

（1）两税的纳税环节不同。消费税的应税消费品一般只在货物生产环节、委托加工、进口环节**一次性征收**，以后的批发零售环节不再征收（卷烟、超豪华小汽车、金银首饰、钻石饰品除外）。增值税是在货物生产、流通各环节道道征收。

(2)两税的计税方法不同。消费税按照应税消费品的品种不同，分别采用从价计征、从量计征、复合计征三种计税方法；增值税按照纳税人不同，划分一般纳税人和小规模纳税人，分别采用扣税法、简易方法计税。

(3)两税与价格的关系不同。消费税是价内税(计税依据中含消费税税额)，增值税是价外税(计税依据中不含增值税税额)。

(三)消费税与增值税的联系

从价计征消费税的应税消费品，计算消费税的销售额和计算增值税销项税额的销售额是相同的，均为含消费税而不含增值税的销售额。

考点三　征税范围及税目★★

扫我解疑难

经典例题

【例题1·多选题】(2018年)下列目前属于消费税征税范围的有(　)。

A. 铅蓄电池　　B. 高尔夫车

C. 变压器油　　D. 翡翠首饰

【答案】AD

【解析】高尔夫车、变压器油不属于消费税征税范围。

【例题2·单选题】(2017年)下列消费品中，暂缓征收消费税的是(　)。

A. 润滑油　　B. 石脑油

C. 燃料油　　D. 航空煤油

【答案】D

【解析】航空煤油的消费税暂缓征收。

【例题3·单选题】(2016年)企业生产销售的下列产品中，属于消费税征税范围的是(　)。

A. 铅蓄电池

B. 电动汽车

C. 体育用鞭炮药引线

D. 销售价格为9 000元的手表

【答案】A

【解析】电动汽车、体育用鞭炮药引线和不含税价格低于10 000元的手表不属于消费税征税范围。

【例题4·单选题】下列应税消费品中，除了在生产销售环节征收消费税外，还应在零售环节征收消费税的是(　)。

A. 电动汽车　　B. 高尔夫车

C. 货车　　D. 超豪华小汽车

【答案】D

【解析】超豪华小汽车在零售环节加征一道消费税。

考点精析

消费税征税范围可以概括为：生产、委托加工和进口应税消费品。应税消费品为15类货物，即消费税有15个税目，如表3-2所示。

表3-2　消费税的征税范围及税目

税目	子目	注释
一、烟	1. 卷烟 2. 雪茄烟 3. 烟丝	(1)只有卷烟复合计税；雪茄烟、烟丝从价征收消费税 (2)卷烟批发环节加征消费税(也要复合计税) (3)批发企业在计算纳税时不得扣除已含的生产环节的消费税税款
二、酒	1. 白酒 2. 黄酒 3. 啤酒 4. 其他酒	(1)酒精、调味料酒不征消费税 (2)符合条件的配制酒按其他酒适用税率(10%)征收消费税 (3)其他配制酒按白酒税率(20%+0.5元/斤)征收消费税 (4)饮食业、商业、娱乐业举办的啤酒屋利用啤酒生产设备生产的啤酒应当征收消费税

续表

税目	子目	注释
三、高档化妆品	1. 高档美容、修饰类化妆品 2. 高档护肤类化妆品 3. 成套化妆品	(1)高档化妆品指不含增值税价格在10元/毫升或15元/片及以上 (2)不包括舞台、戏剧、影视演员化妆用的上妆油、卸妆油、油彩
四、贵重首饰及珠宝玉石	宝石、珍珠、翡翠、金银、钻石等	(1)金银首饰、铂金首饰和钻石及钻石饰品，在零售环节征收消费税 (2)出国人员免税商店销售的金银首饰征收消费税 (3)其他贵重首饰在生产、委托加工、进口环节征收消费税
五、鞭炮、焰火	—	体育上用的发令纸、鞭炮药引线，不按本税目征收
六、成品油	汽油、柴油、石脑油、溶剂油、航空煤油、润滑油、燃料油7个子目	(1)航空煤油暂缓征收消费税 (2)变压器油、导热类油等绝缘油类产品不征收消费税 (3)纳税人利用废矿物油为原料生产的润滑油基础油、汽油、柴油等工业油料免征消费税
七、小汽车	1. 乘用车 2. 中轻型商用客车 3. 超豪华小汽车(不含增值税130万元及以上)	(1)电动汽车不属于本税目征收范围 (2)沙滩车、雪地车、卡丁车、高尔夫车不属于消费税征收范围，不征收消费税 (3)车身长度大于7米(含)、座位10-23座的商用客车，不征收消费税 (4)**超豪华小汽车零售环节加征消费税**
八、摩托车	1. 轻便摩托车 2. 摩托车	不包括：(1)气缸容量250毫升以下的小排量摩托车 (2)设计时速不超过50千米/小时，气缸容量不超过50毫升的三轮摩托车
九、高尔夫球及球具	—	包括高尔夫球、球杆(握把、杆头、杆身)、球包(袋)
十、高档手表	—	销售价格(不含增值税)每只10 000元(含)以上
十一、游艇	—	艇身长度8米~90米，主要用于水上运动和休闲娱乐等非营利活动的各类机动艇
十二、木制一次性筷子	—	木材为原料，一次性使用包括未经打磨、倒角的木制一次性筷子
十三、实木地板	—	包括未经涂饰的素板、实木复合地板、实木装饰板
十四、电池	—	包括原电池、蓄电池、燃料电池、太阳能电池和其他电池 免征消费税的电池：锂原电池、锂离子蓄电池、镍氢蓄电池、太阳能电池、燃料电池等
十五、涂料	—	施工状态下挥发性有机物含量低于420克/升(含)，免征消费税

考点四　税率★

扫我解疑难

经典例题

【例题1·多选题】(2012年)下列货物中，采用从量定额方法计征消费税的有(　)。

A. 黄酒　　B. 游艇

C. 润滑油　　D. 雪茄烟

【答案】AC

【解析】游艇和雪茄烟从价计征消费税。

【例题2·多选题】下列关于消费税税率的表述中，错误的有(　)。

A. 消费税采用比例税率和定额税率两种形式

B. 卷烟在批发环节加征一道消费税，从价税税率为11%，并按0.005元/支加征从量税

C. 高档化妆品在零售环节加征10%的消费税

D. 金银首饰在零售环节征收消费税，税率为10%

【答案】CD

【解析】选项C，高档化妆品在生产销售环节按15%税率纳税；选项D，金银首饰在零售环节征收消费税，税率为5%。

考点精析

(一)消费税有两种税率形式

(1)比例税率：适用于大多数应税消费品，税率从1%至56%。

(2)定额税率：只适用于列举的液体应税消费品，包括啤酒、黄酒、成品油。

【知识点拨1】啤酒消费税2档：甲类啤酒(250元/吨)、乙类啤酒(220元/吨)。划分标准为不含增值税出厂价3 000元/吨，3 000元以上为定额税250元/吨。3 000元的标准价中含包装物及包装物押金，不含重复使用的塑料周转箱押金。

【知识点拨2】娱乐业、商业、饮食业自制啤酒，消费税单位税额250元/吨。

(3)只对白酒、卷烟两种应税消费品，实行复合计税方法，现行税率如表3-3所示。

表3-3　卷烟、白酒消费税税率

应税消费品	定额税率		比例税率
卷烟	生产、委托加工、进口	每标准箱150元，每条0.6元，每支0.003元	56%(每条价格≥70元)
			36%(每条价格<70元)
	批发	每标准箱250元，每条1元	11%
白酒	生产、委托加工、进口	每斤0.5元	20%

(二)从高适用税率征收消费税

(1)纳税人兼营不同税率的应税消费品，应当分别核算不同税率应税消费品的销售额、销售数量。未分别核算销售额、销售数量，或者将不同税率的应税消费品组成成套消费品销售的，从高适用税率。

(2)将不同税率应税消费品组成成套消费品销售的(即使分别核算也从高适用税率)。

【知识点拨】对于消费税税率，考试时一般会给出，无须特别记忆，但对于练习中常用的卷烟、白酒、高档化妆品等消费税税率可以尝试记一下，有利于提高答题速度。

考点五　计税依据★★★

扫我解疑难

经典例题

【例题1·单选题】下列关于消费税的计税依据，表述正确的是(　)。

A. 委托加工啤酒从量定额的计税依据为委托方收回数量

B. 通过非独立核算门市部销售自产应税消费品时，应按移送给非独立核算门市部时的销售额或数量计征消费税

C. 纳税人销售白酒收取的包装物押金，单独核算又未逾期的，则不应并入应税消费品的销售额中征税

D. 纳税人将不同税率的应税消费品组成成套消费品销售的，按照各自税率征收消费税

【答案】A

【解析】选项 B，通过非独立核算门市部销售自产应税消费品时，应按门市部对外销售的销售额或销售数量计征消费税；选项 C，对酒类产品生产企业销售酒类产品（黄酒、啤酒除外）而收取的包装物押金，无论押金是否返还与会计上如何核算，均需并入酒类产品销售额中，依酒类产品的适用税率征收消费税；选项 D，纳税人将不同税率的应税消费品组成成套消费品销售的，应从高适用税率。

【例题 2 · 多选题】（2016 年）下列关于缴纳消费税适用计税依据的表述中，正确的有（　）。

A. 委托加工应税消费品应当首先以受托人同类消费品销售价格作为计税依据

B. 换取生产资料的自产应税消费品应以纳税人同类消费品平均价格作为计税依据

C. 作为福利发放的自产应税消费品应以纳税人同类消费品最高价格作为计税依据

D. 投资入股的自产应税消费品应以纳税人同类应税消费品最高售价作为计税依据

【答案】AD

【解析】选项 B，应该以纳税人同类应税消费品最高售价作为计税依据；选项 C，应该以纳税人同类消费品销售价格作为计税依据。纳税人用于换取生产资料和消费资料、投资入股和抵偿债务等方面的应税消费品，应当以纳税人同类应税消费品的最高销售价格作为计税依据计算消费税。其他情况以平均价格作为计税依据计算消费税。

考点精析

消费税的计税依据如表 3-4 所示。

表 3-4　消费税的计税依据

三种计税方法	计税依据	适用范围
从价定率计税	销售额	除列举项目之外的应税消费品
从量定额计税	销售数量	列举 3 种：啤酒、黄酒、成品油
复合计税	销售额、销售数量	列举 2 种：白酒、卷烟

1. 从价计征

（1）计税销售额：

纳税人销售应税消费品向购买方收取的全部价款和价外费用。

全部价款中包含消费税税额，但不包括增值税税额；价外费用的内容与增值税规定相同。

【知识点拨 1】对从价定率征收消费税的消费品，计算消费税的销售额与计算增值税的销售额是一致的。

【知识点拨 2】消费税的计税销售额也是计算企业所得税的计税收入。

【知识点拨 3】白酒生产企业向商业销售单位收取的“品牌使用费”是随着应税白酒的销售而向购货方收取的，属于应税白酒销售价款的组成部分，因此，不论企业采取何种方式或以何种名义收取价款，均应并入白酒的销售额中缴纳消费税。

（2）包装物押金：

①应税消费品连同包装物销售，无论包装物是否单独计价，也不论在会计上如何核算，均应并入应税消费品的销售额中征收消费税。如果包装物不作价随同产品销售，而是收取押金（收取酒类产品的包装物押金除外），且单独核算又未逾期的，此项押金则不应并入应税消费品的销售额中征税。

②对因逾期未收回的包装物不再退还的和已收取的时间超过 12 个月的押金，应并入

应税消费品的销售额，按照应税消费品的适用税率征收消费税。

③对酒类产品生产企业销售酒类产品（黄酒、啤酒除外）而收取的包装物押金，无论押金是否返还与会计上如何核算，均需并入酒类产品销售额中，依酒类产品的适用税率征收消费税。

【知识点拨】这一规定与增值税一致，只是黄酒、啤酒征收消费税实行从量方法，计税依据与价格无关，因而黄酒、啤酒包装物押金无论是否逾期，均不缴纳消费税（见表3-5）。

表3-5　包装物押金的税务处理

押金种类	收取时，未逾期	逾期时
一般货物包装物押金	不缴纳增值税、消费税	缴纳增值税、消费税
酒类包装物押金（黄酒、啤酒除外）	缴纳增值税、消费税	不再缴纳增值税、消费税
黄酒、啤酒	不缴纳增值税、消费税	缴纳增值税，不缴纳消费税

（3）含增值税销售额的换算：

应税消费品的销售额＝含增值税的销售额÷（1+增值税税率或征收率）

2. 从量计征

（1）销售应税消费品的，为应税消费品的销售数量。

（2）自产自用应税消费品的，为应税消费品的移送使用数量。

（3）委托加工应税消费品的，为纳税人收回的应税消费品数量。

（4）进口应税消费品的，为海关核定的应税消费品的进口数量。

3. 从价从量复合计征

只有卷烟、白酒采用复合计征方法，计税依据为销售额和销售数量。

4. 计税销售额的特殊规定

（1）纳税人通过自设非独立核算门市部销售的自产应税消费品，应当按照门市部对外销售额或销售数量征收消费税。

（2）纳税人用于换取生产资料和消费资料、投资入股、抵偿债务等方面的应税消费品，应当以纳税人同类应税消费品的最高销售价格为依据计算消费税。

（3）卷烟计税价格的核定。自2012年1月1日起，卷烟消费税最低计税价格核定范围为卷烟生产企业在生产环节销售的所有牌号、规格的卷烟。

计税价格的核定公式为：

某牌号、规格卷烟计税价格＝批发环节销售价格×（1－适用批发毛利率）

（4）白酒最低计税价格的核定。

①核定范围（两种适用情况）。

一是，白酒生产企业销售给销售单位的白酒，生产企业消费税计税价格低于销售单位对外销售价格（不含增值税，下同）70%以下的，税务机关应核定消费税最低计税价格。二是，纳税人将委托加工收回的白酒销售给销售单位，消费税计税价格低于销售单位对外销售价格（不含增值税）70%以下的，也应核定消费税最低计税价格。

②核定标准。

白酒生产企业销售给销售单位的白酒，生产企业消费税计税价格高于销售单位对外销售价格70%（含70%）以上的，税务机关暂不核定消费税最低计税价格。

③重新核定。

已核定最低计税价格的白酒，销售单位对外销售价格持续上涨或下降时间达到3个月以上、累计上涨或下降幅度在20%（含）以上的白酒，税务机关重新核定最低计税价格。

④计税价格的适用。

已核定最低计税价格的白酒，生产企业实际销售价格高于消费税最低计税价格的，按实际销售价格申报纳税；实际销售价格低于消费税最低计税价格的，按最低计税价格申报纳税。

考点六　生产销售环节应纳消费税的计算★★★

扫我解疑难

经典例题

【例题1·单选题】(2014年)某地板企业为增值税一般纳税人，2014年1月销售自产实木地板两批：第一批800箱取得不含税收入160万元，第二批500箱取得不含税收入113万元；另将同型号地板200箱赠送福利院，300箱发给职工作为福利。实木地板消费税税率为5%。该企业当月应缴纳的消费税为(　)万元。

A. 16.8　　B. 18.9

C. 18.98　　D. 19.3

【答案】B

【解析】将自产地板赠送给福利院和发给职工作为福利，均属于自产应税消费品用于其他方面，要视同销售，于移送使用时按照纳税人生产的同类消费品的销售价格计算纳税。注意：这里不是"换、抵、投"业务，不用最高售价，而是用平均价。

应纳消费税=[(160+113)÷(800+500)×(200+300)+160+113]×5%=18.9(万元)。

【例题2·多选题】(2017年)纳税人发生的下列行为中，应征收消费税的有(　)。

A. 白酒厂将自产的白酒赠送给客户

B. 葡萄酒厂将自产的葡萄酒用于连续生产酒心巧克力

C. 化妆品厂将自产的高档化妆品作为福利发给职工

D. 汽车制造厂将自产的小汽车用于工厂内部的行政部门

【答案】ABCD

【解析】纳税人自产自用的应税消费品，除用于连续生产应税消费品外，凡用于其他方面的，于移送使用时纳税。用于其他方面是指纳税人用于生产非应税消费品、在建工程、管理部门、非生产机构、提供劳务，以及用于馈赠、赞助、集资、广告、样品、职工福利、奖励等方面。

考点精析

(一)直接对外销售应纳消费税的计算

直接对外销售应纳消费税的计算如表3-6所示。

表3-6　直接对外销售应纳消费税的计算

三种计税方法	计税依据	适用范围	计税公式
从价定率计税	销售额	除列举项目之外的应税消费品	应纳税额=销售额×比例税率
从量定额计税	销售数量	列举3种：啤酒、黄酒、成品油	应纳税额=销售数量×单位税额
复合计税	销售额、销售数量	列举2种：白酒、卷烟	应纳税额=销售额×比例税率+销售数量×单位税额

(二)自产自用税务处理

所谓自产自用，是指纳税人生产应税消费品后，不是用于直接对外销售，而是用于自己连续生产应税消费品或用于其他方面(见表3-7)。

表3-7　自产自用应税消费品税务处理

自产应税消费品用途	消费税税务处理	增值税税务处理
用于本企业连续生产应税消费品	不缴纳消费税	不缴纳增值税

续表

自产应税消费品用途	消费税税务处理	增值税税务处理
用于**其他方面**： (1)本企业连续生产非应税消费品 (2)在建工程 (3)管理部门、非生产机构 (4)馈赠、赞助、集资、广告、样品、职工福利、奖励等方面	(1)**于移送使用时缴纳消费税** (2)按纳税人生产的**同类**消费品的**售价**计税；无同类消费品售价的，按**组成计税价格**计税 组价公式为：组价=[成本×(1+成本利润率)]÷(1-消费税税率)	(1)用于连续生产非应税消费品、管理部门、非生产机构等增值税的应税项目的，增值税不用视同销售，不缴纳增值税 (2)在建工程要根据用途区分，属于增值税应税项目的，不缴纳增值税 (3)其他几项按视同销售缴纳增值税

(三)自产自用应纳消费税的计算

自产自用用于其他方面时，没有同类售价需要组成计税价格。正确计算组价非常重要，它不仅关系到消费税的计算，还关系到增值税的计算、企业所得税的计算。组价公式中的成本利润率应选择消费税法规定的成本利润率，具体适用情况如表 3-8 所示。

表 3-8 自产自用应纳消费税的计算

<table>
<tr><th>征税方式</th><th>消费税</th><th>增值税</th><th>举例</th></tr>
<tr><td>从价定率</td><td colspan="2">(成本+利润)÷(1-消费税比例税率)</td><td>某制表公司为一般纳税人，2019 年 8 月赠送某协作单位 10 只自产手表，已知每只手表成本为 8 600 元，成本利润率为 20%，高档手表的消费税率为 20%，无同类售价
每只组成计税价格 = 8 600×(1+20%)÷(1-20%) = 12 900(元)，大于 1 万元，该手表属于高档手表，应征收消费税
①应缴纳消费税 = 12 900×20%×10 = 25 800(元)
②应缴纳增值税 = 12 900×13%×10 = 16 770(元)</td></tr>
<tr><td>从量定额(啤酒、黄酒、成品油)</td><td>按销售数量征消费税</td><td>成本+利润+消费税税额</td><td>某啤酒厂自产啤酒 10 吨，无偿提供给某啤酒节，已知每吨成本 1 000 元，成本利润率 10%，消费税税率为 220 元/吨，无同类产品售价
①应纳消费税 = 10×220 = 2 200(元)
②应纳增值税 = [10×1 000×(1+10%)+2 200]×13% = 1 716(元)</td></tr>
<tr><td>复合计税</td><td colspan="2">(成本+利润+自产自用数量×消费税定额税率)÷(1-消费税比例税率)
【知识点拨】增值税的计税依据与消费税从价定率部分的计税依据一致；消费税在复合计税中还有一道从量税：
自产自用数量×消费税定额税率</td><td>某酒厂 2019 年 11 月以自产特制白酒 2 000 斤用于厂庆活动，每斤白酒成本 12 元，成本利润率 10%，消费税比例税率为 20%，定额税率为 0.5 元/斤，无同类产品售价。
①应纳消费税：
从量征收的消费税 = 2 000×0.5 = 1 000(元)
从价征收的消费税 = [12×2 000×(1+10%)+1 000]÷(1-20%)×20% = 6 850(元)(注：组价中包含从量征收的消费税)
应纳消费税 = 1 000+6 850 = 7 850(元)
②应纳增值税 = [12×2 000×(1+10%)+1 000]÷(1-20%)×13% = 4 452.5(元)</td></tr>
</table>

阶段性测试

1.【单选题】下列关于消费税征税环节的描述正确的是(　)。

A. 镀金首饰在零售环节征收消费税

B. 超豪华小汽车仅在零售环节征收消费税

C. 每项应税消费品都只有一个征税环节

D. 卷烟批发商将卷烟销售给零售商，复合计征消费税

2.【多选题】某卷烟生产商2019年10月销售自产卷烟100标准箱，不含税金额170万元，收取包装物押金10万元。已知甲类卷烟的消费税税率为56%，乙类卷烟的消费税税率为36%，定额税率都为0.003元/支。下列说法正确的有(　)。

A. 包装物押金收取时不征收增值税

B. 包装物押金收取时不征收消费税

C. 销售卷烟应纳消费税96.7万元

D. 销售卷烟应纳增值税22.1万元

3.【多选题】2019年12月某啤酒厂家销售自制啤酒50吨，收取的不含税销售金额为14万元，收取包装物押金3万元。(已知啤酒每吨出厂价≥3 000元，消费税税率250元/吨；每吨出厂价<3 000元，消费税税率220元/吨。)啤酒厂当月应缴纳的增值税和消费税分别为(　)。

A. 增值税1.82万元

B. 增值税2.17万元

C. 消费税1.1万元

D. 消费税1.25万元

阶段性测试答案精析

1. D 【解析】选项A，镀金首饰在生产销售环节征收消费税；选项B，超豪华小汽车在零售环节加征一道消费税；选项C，卷烟批发环节和超豪华小汽车零售环节加征一道消费税。

2. ABD 【解析】卷烟在收取包装物押金时，不征收消费税和增值税，选项A、B正确；选项C，每条卷烟价格＝170×10 000÷(100×250)＝68(元)，小于70元，属于乙类卷烟，适用36%的比例税率。消费税＝170×36%＋100×150÷10 000＝62.7(万元)。选项D，增值税＝170×13%＝22.1(万元)。

3. AD 【解析】啤酒收取包装物押金时，不征收消费税和增值税。啤酒增值税＝14×13%＝1.82(万元)；啤酒出厂价包含包装物及包装物押金但不包含重复使用的塑料周转箱的押金，所以该啤酒每吨出厂价＝(14＋3÷1.13)÷50×10 000＝3 330.97(元)，属于甲类啤酒适用消费税税率250元/吨，应纳消费税＝50×250÷10 000＝1.25(万元)。

考点七　委托加工应税消费品的税务处理★★★

扫我解疑难

经典例题

【例题·单选题】下列属于委托加工应税消费品的是(　)。

A. 委托方提供原材料，受托方代垫辅助材料加工的应税消费品

B. 受托方以委托方名义购进原材料加工的应税消费品

C. 受托方提供原材料加工的应税消费品

D. 委托方向受托方购买原材料，并要求受托方加工的应税消费品

【答案】A

【解析】委托加工应税消费品必须是委托方提供原料和主要材料，受托方只收取加工费和代垫辅料加工应税消费品。

考点精析

(一)委托加工应税消费品的概念

委托加工应税消费品如表3-9所示。

表 3-9 委托加工应税消费品

委托加工应税消费品	不属于委托加工应税消费品
委托方提供原料、主料委托受托方加工应税消费品	如果出现下列情形，无论纳税人在财务上如何处理，都不得作为委托加工应税消费品，而应按销售自制应税消费品缴纳消费税： (1)受托方提供原材料生产的应税消费品 (2)受托方先将原材料卖给委托方，然后再接受加工的应税消费品 (3)受托方以委托方名义购进原材料生产的应税消费品

(二)委托加工应税消费品消费税的缴纳

(1)受托方加工完毕向委托方交货时，由受托方代收代缴消费税。如果受托方是个体经营者或个人，委托方须在收回加工应税消费品后向所在地主管税务机关缴纳消费税。

(2)如果受托方没有代收代缴消费税，委托方应补交税款，补税的计税依据为：

①已直接销售的：按销售额计税。

②未销售或不能直接销售的：需要按组成计税价格计算。

(3)如果受托方(个人除外)没有代收代缴税款，则应对受托方处以应代收代缴税款50%以上3倍以下的罚款。

(三)对委托加工应税消费品，受托方、委托方各自税务处理归纳

委托加工的税务处理如表3-10所示。

表 3-10 委托加工的税务处理

纳税人	消费税处理	增值税处理
受托方	交货时代收代缴 应代收代缴消费税=组价×消费税税率 【知识点拨】委托加工的应税消费品，按照受托方的同类消费品的销售价格计算纳税，如果没有同类消费品销售价格的，按照组成计税价格计算纳税	交货时收取应纳增值税=加工费×13%
委托方	收回后： (1)直接出售(不加价)或视同销售：以不高于受托方的计税价格出售的，为直接出售，不再缴纳消费税； (2)委托方以高于受托方的计税价格出售的，需按照规定申报缴纳消费税，在计税时准予扣除受托方已代收代缴的消费税 (3)连续生产应税消费品并销售：交消费税，但可扣除委托加工已纳消费税	收回后： (1)取得受托方开具的专用发票，准予抵扣加工费的进项税额 (2)销售应税消费品，一律交增值税

考点八 受委托方代收代缴消费税的税额计算★★★

扫我解疑难

经典例题

【例题1·单选题】(2014年改)甲企业为增值税一般纳税人，2018年11月外购一批木材，取得增值税专用发票注明价款50万元、税额6.5万元；将该批木材运往乙企业委托其加工木制一次性筷子，取得税务局代开的小规模纳税人增值税专用发票注明运费1万元、税额0.03万元，支付不含税委托加工费5万元。假定乙企业无同类产品对外销售，木制一次性筷子消费税税率为5%。乙企业当月应

代收代缴的消费税为(　)万元。

A. 2.62　　B. 2.67

C. 2.89　　D. 2.95

【答案】D

【解析】木制一次性筷子从价计征消费税，委托加工环节，应代收代缴的消费税=组成计税价格×消费税税率，其中，组价=(材料成本+加工费)÷(1−消费税税率)。甲企业支付的运费1万元应计入材料成本中。乙企业当月应代收代缴的消费税=(50+1+5)÷(1−5%)×5%=2.95(万元)。

【例题2·单选题】(2013年)甲企业委托乙企业生产木制一次性筷子。甲企业提供的主要原材料实际成本为12万元，支付的不含税加工费为1万元。乙企业代垫辅料的不含税金额为0.87万元。木制一次性筷子的消费税税率为5%，乙企业代收代缴消费税的组成计税价格为(　)万元。

A. 12.63　　B. 13.55

C. 13.68　　D. 14.6

【答案】D

【解析】税法规定，实行从价定率办法计算纳税的组成计税价格计算公式为：组成计税价格=(材料成本+加工费)÷(1−比例税率)。

乙企业代收代缴消费税的组成计税价格=(12+1+0.87)÷(1−5%)=14.6(万元)。

考点精析

受托方代收代缴消费税时，应按受托方同类消费品的售价计算纳税；没有同类价格的，按照组成计税价格计算纳税。其组价公式为：

受托方应代收代缴的消费税=组成计税价格×消费税税率

受托方应纳增值税的销项税=加工费×13%

【知识点拨】实行复合计税办法计算消费税的组成计税价格中，包括从量定额征收的消费税，即：

受托方应代收代缴的消费税=从量消费税+从价消费税

从量消费税=委托加工应税消费品数量×定额税率

从价消费税=组成计税价格×消费税税率

组成计税价格=(材料成本+加工费+委托加工数量×定额税率)÷(1−比例税率)

考点九　进口环节应纳消费税的计算★★

扫我解疑难

经典例题

【例题·单选题】某贸易公司2019年6月以邮运方式从国外进口一批高档化妆品，经海关审定的货物价格为30万元、邮费1万元。当月将该批高档化妆品销售取得不含税收入55万元。该批高档化妆品关税税率为15%，消费税税率为15%。该公司当月进口环节应缴纳的消费税为(　)万元。

A. 9　　B. 12.86

C. 14.79　　D. 6.29

【答案】D

【解析】应纳消费税=组成计税价格×消费税税率，其中，组价=(关税完税价格+关税)÷(1−消费税税率)。应缴纳消费税=(30+1)×(1+15%)÷(1−15%)×15%=6.29(万元)。

考点精析

进口应税消费品于报关进口时由海关代征消费税。除国务院另有规定外，**进口环节消费税一律不得减免**。进口消费税的纳税期限为海关填发海关进口消费税专用缴款书之日起**15日内**。

进口环节应纳消费税的计算如表3−11所示。

表 3-11　进口环节应纳消费税的计算

计税方法	计税依据	计算公式
从价定率	组成计税价格(组价中应包含进口消费税税额)	应纳消费税=组成计税价格×消费税税率 其中，组价=(关税完税价格+关税)÷(1-消费税税率) 【知识点拨】进口增值税的组价同消费税组价
从量定额(啤酒、黄酒、成品油)	进口数量	应纳消费税=进口应税消费品数量×定额税率 【知识点拨】进口增值税不实行从量征收，组成计税价格=关税完税价格+关税+进口从量税
复合计税(卷烟、白酒)	组价和进口数量	应纳消费税=组价×消费税税率+从量税 其中，组价=(关税完税价格+关税+从量税)÷(1-消费税税率) 【知识点拨】进口增值税的组价同消费税从价税的组价

考点十　批发环节应纳消费税的计算★★

扫我解疑难

经典例题

【例题·多选题】甲企业为从事烟草批发业务的增值税一般纳税人，2019 年 9 月从烟厂购买甲类卷烟 1 000 箱，当月将购进的卷烟 500 箱销售给本省的 A、B 两家烟草批发商；剩余的 500 箱销售给多家零售单位。下列说法正确的有(　)。

A. 甲企业销售给 A、B 两家的卷烟不征消费税

B. 甲企业销售给 A、B 两家的卷烟按照 11% 的比例税率和 0.005 元/支定额税率征收消费税

C. 甲企业销售给零售单位的卷烟按照 5% 的比例税率和 0.005 元/支定额税率征收消费税

D. 甲企业销售给零售单位的卷烟按照 11% 的比例税率和 0.005 元/支定额税率征收消费税

【答案】AD

【解析】选项 B，烟草批发企业将卷烟销售给零售单位，属于卷烟批发环节，要加征一道消费税；烟草批发企业销售给批发企业不属于批发环节，不征消费税；选项 C，自 2015 年 5 月 10 日起，将卷烟批发环节从价税税率由 5% 提高至 11%，并按 0.005 元/支加征从量税。

考点精析

应税消费品中，只有卷烟在生产环节、或委托加工环节、或进口环节缴纳消费税后，在批发环节再加征一道消费税，且卷烟批发环节消费税复合计征：从价税税率 11%，并按 0.005 元/支加征从量税(见表 3-12)。

表 3-12　批发环节的消费税

要素	规定
纳税人	在中华人民共和国境内从事卷烟批发业务的单位和个人 【知识点拨】(1)纳税人销售给**纳税人以外**的单位和个人的卷烟于销售时纳税 (2)**纳税人之间**销售的卷烟不缴纳消费税
计税依据	批发销售的所有牌号规格的卷烟，按其销售额(不含增值税)和销售数量征收消费税

续表

要素	规定
税额计算	应纳消费税＝销售额（不含增值税）×11%＋销售数量×250 元/箱 【知识点拨】（1）卷烟消费税在生产和批发两个环节征收后，批发企业在计算纳税时不得扣除已含的生产环节的消费税税款 （2）纳税人应将卷烟销售额与其他商品销售额分开核算，未分开核算的，一并征收消费税 （3）纳税人兼营卷烟批发和零售业务的，应当分别核算批发和零售环节的销售额、销售数量；未分别核算批发和零售环节销售额、销售数量的，按照全部销售额、销售数量计征批发环节消费税
纳税地点	卷烟批发企业的机构所在地；总机构与分支机构不在同一地区的，由总机构申报纳税

考点十一　零售环节应纳消费税的计算★★

扫我解疑难

经典例题

【例题 1 · 多选题】（2019 年）某商场 2019 年 5 月零售的下列首饰中，应缴纳消费税的有（　）。

A. 翡翠项链　　B. 金银首饰

C. 玉石手镯　　D. 钻石戒指

【答案】BD

【解析】金银首饰、铂金首饰、钻石及钻石饰品在零售环节征消费税。

【例题 2 · 单选题】某商业企业为增值税一般纳税人，2019 年 9 月向消费者个人销售金银首饰取得收入 58 950 元，零售金银镶嵌首饰取得收入 35 780 元，销售镀金首饰取得收入 85 000 元，销售镀金镶嵌首饰取得收入12 378 元，取得金银首饰的修理清洗收入 780 元。该企业上述业务应缴纳的消费税为（　）元。

A. 4 083. 19　　B. 5 983. 16

C. 4 081. 62　　D. 4 191. 59

【答案】D

【解析】镀金、包金首饰在生产环节纳消费税。应纳消费税＝（58 950＋35 780）÷（1＋13%）×5%＝4 191. 59（元）。

考点精析

1. 金银首饰、钻石及钻石饰品、铂金首饰

金银首饰（含镶嵌首饰）、钻石及钻石饰品，只在零售环节征税，其他环节不征收消费税，零售环节适用税率为 5%。

其中，金银首饰消费税的具体规定如 表 3-13 所示。

表 3-13　金银首饰的消费税

要素	规定	注释
征税范围	仅限于金基、银基合金首饰以及金、银和金基、银基合金的镶嵌首饰，钻石及钻石饰品，铂金首饰（简称“金银铂钻”）	不符合条件的，仍在生产环节交纳消费税
税率	5%	对既销售金银首饰，又销售非金银首饰的生产经营单位，应将两类商品划分清楚，分别核算销售额。凡划分不清楚或不能分别核算的，在生产环节销售的，一律从高适用税率征收消费税；在零售环节销售的，一律按金银首饰征收消费税
计税依据	不含增值税的销售额	不含税销售额＝含税销售额÷（1＋13%）

续表

要素	规定	注释
税额计算	金银首饰与其他产品组成成套消费品销售	按销售额全额征收消费税
	金银首饰连同包装物销售	无论包装物是否单独计价，也无论会计上如何核算，均应并入金银首饰的销售额，计征消费税
	带料加工的金银首饰	按受托方销售同类金银首饰的销售价格确定计税依据征收消费税；没有同类金银首饰销售价格的，按照组成计税价格计算纳税
	以旧换新（含翻新改制）方式销售金银首饰	按实际收取的不含增值税的全部价款确定计税依据征收消费税

2. 超豪华小汽车

为了引导合理消费，促进节能减排，经国务院批准，对超豪华小汽车加征消费税。

（1）纳税人。将超豪华小汽车（不含税销售额130万元及以上）销售给消费者的单位和个人为超豪华小汽车零售环节纳税人。

（2）纳税环节及税率。对超豪华小汽车，在生产（进口）环节按现行税率征收消费税基础上，在零售环节加征消费税，税率为10%。

（3）超豪华小汽车零售环节消费税应纳税额计算公式为：

应纳税额＝零售环节销售额（不含增值税，下同）×零售环节税率

国内汽车生产企业直接销售给消费者的超豪华小汽车，消费税税率按照生产环节税率和零售环节税率加总计算。消费税应纳税额计算公式为：

应纳税额＝销售额×（生产环节税率＋零售环节税率）

考点十二 已纳消费税扣除的计算★★★

扫我解疑难

经典例题

【例题1·单选题】下列关于以外购已税杆头连续生产高尔夫球及球具的消费税处理，正确的是（ ）。

A. 外购已税杆头的消费税可以按购进入库数量在应纳消费税税款中扣除

B. 外购已税杆头的消费税可以按生产领用数量在应纳消费税税款中扣除

C. 外购已税杆头的消费税可以按出厂销售数量在应纳消费税税款中扣除

D. 外购已税杆身的消费税不可以在应纳消费税税款中扣除

【答案】B

【解析】消费税是按照生产领用数量抵扣已纳消费税的。

【例题2·多选题】下列情形中，可以扣除外购应税消费品已纳消费税的有（ ）。

A. 以已税烟丝生产的卷烟

B. 以已税白酒为原料生产的白酒

C. 以已税杆头为原料生产的高尔夫球杆

D. 以已税珠宝玉石生产的贵重珠宝首饰

【答案】ACD

【解析】用已税消费品连续生产应税消费品的，允许抵扣税额的税目从大类上看，原则上不包括酒（葡萄酒除外）、小汽车、高档手表、游艇、电池、涂料。从允许抵扣项目的子目上看不包括雪茄烟、溶剂油、航空煤油。

【例题3·计算问答题】（2019年）甲卷烟厂为增值税一般纳税人，2019年5月发生的业务如下：

（1）采用分期收款的方式销售A类卷烟180箱，销售额为650万元，合同规定当月收取价款的70%，实际收到40%。采用直接收款的方式销售B类卷烟80箱，销售额为380万元。

(2)进口一批烟丝，价款为300万元，甲卷烟厂另行承担并支付运抵我国口岸前的运输和保险费用8万元。

(3)将200箱B类卷烟转移给下设的非独立核算门市部，门市部当月将其销售，取得销售额900万元。

(4)外购一批烟丝，增值税专用发票上注明价款165万元，税额21.45万元，当月领用80%用于继续生产卷烟。

(5)税务机关发现，2019年3月甲厂接受乙厂委托加工一批烟丝，甲厂未代收代缴消费税。已知乙厂提供烟叶的成本为95万元，甲厂收取加工费20万元，乙厂尚未销售收回的烟丝。

(其他相关资料：A类、B类卷烟均为甲类卷烟，甲类卷烟增值税税率为13%，消费税税率为56%加每箱150元，烟丝消费税为30%，进口烟丝关税税率为10%。以上销售额和费用均不含增值税。)

要求：根据上述资料，按照下列序号回答问题，如有计算需计算出合计数。

问题：

(1)计算业务(1)当月应缴纳的消费税税额。

(2)计算业务(2)应缴纳的增值税、消费税额。

(3)计算业务(3)应缴纳的消费税额。

(4)计算甲厂国内销售卷烟应缴纳的消费税额。

(5)计算乙厂应补缴的消费税额，并说明甲厂未代收代缴消费税应承担的法律责任。

【答案】

(1)纳税人采用赊销和分期收款结算方式的，消费税纳税义务的发生时间为书面合同约定的收款日期的当天。

业务(1)应缴纳的消费税额=(650×56%+180×150÷10 000)×70%+380×56%+80×150÷10 000=470.69(万元)

(2)业务(2)进口烟丝的组成计税价格=(300+8)×(1+10%)÷(1-30%)=484(万元)

进口环节应缴纳的增值税=484×13%=62.92(万元)

业务(2)进口环节应缴纳的消费税=484×30%=145.2(万元)

业务(2)合计应缴纳的增值税、消费税额=62.92+145.2=208.12(万元)

(3)纳税人通过自设非独立核算门市部销售的资产应税消费品，应按门市部对外销售额或者销售数量征收消费税。

业务(3)应缴纳的消费税额=900×56%+200×150÷10 000=507(万元)

(4)将外购烟丝用于连续生产卷烟的，可以按照生产领用量抵扣外购烟丝已纳的消费税。

甲厂国内销售卷烟应缴纳的消费税=470.69+507-165×30%×80%=938.09(万元)

(5)委托加工的应税消费品提货时受托方没有按照规定代收代缴消费税，委托方要补缴税款，收回的应税消费品尚未销售或不能直接销售的，按照组成计税价格计税补缴。

乙厂应补缴的消费税额=(95+20)÷(1-30%)×30%=49.29(万元)

甲厂未代收代缴消费税，主管税务机关应处以甲厂应代收代缴的消费税50%以上3倍以下的罚款。

考点精析

由于消费税实行单一课税制(征收环节只有一次)，如果用外购或委托加工收回的已税消费品连续生产应税消费品，销售时再以销售额全额征税，就会出现重复征税问题。为平衡税负，税法规定对外购或委托加工收回的已税消费品连续生产应税消费品销售时，可按当期生产领用数量计算准予扣除外购、或委托加工收回的应税消费品已纳的消费税税款。

(一)外购应税消费品已纳消费税的扣除

外购应税消费品已纳消费税的扣除可从以下三个层次理解掌握(见表3-14)：

表 3-14　外购应税消费品已纳消费税的扣除

内容	要点	其他
扣税范围	(1)外购已税烟丝生产的卷烟 (2)外购已税化妆品生产的化妆品 (3)外购已税珠宝玉石生产的贵重首饰及珠宝玉石 (4)外购已税鞭炮焰火生产的鞭炮焰火 (5)外购已税杆头、杆身和握把为原料生产的高尔夫球杆 (6)外购已税木制一次性筷子为原料生产的木制一次性筷子 (7)外购已税实木地板为原料生产的实木地板 (8)外购已税汽油、柴油、石脑油、燃料油、润滑油用于连续生产应税成品油	对自己不生产应税消费品，而只是购进后再销售应税消费品的工业企业，其销售的化妆品、护肤护发品、鞭炮焰火和珠宝玉石，凡不能构成最终消费品直接进入消费品市场，而需进一步生产加工的(如需进一步深加工、包装、贴标、组合的珠宝玉石，化妆品，鞭炮焰火等)，应当征收消费税，同时允许扣除上述外购应税消费品的已纳税款
扣税计算	计算公式如下： (1)当期准予扣除的外购应税消费品已纳税款=当期准予扣除的外购应税消费品的买价×外购消费品的税率 (2)当期准予扣除的外购应税消费品的买价=期初库存买价+当期购进买价-期末库存买价	(1)按当期生产领用数量扣除外购应税消费品已纳消费税，不同于增值税的以票扣税 (2)公式中的买价是指含消费税但不含增值税的买价
扣税环节	对于在零售环节缴纳消费税的**金银首饰**(含镶嵌首饰)、钻石及钻石饰品已纳消费税**不得扣除**	委托加工收回的应税消费品，在收回后继续加工应税消费品时也可扣除委托加工环节已纳消费税

另外根据《葡萄酒消费税管理办法(试行)》的规定，自2015年5月1日起，从葡萄酒生产企业购进、进口葡萄酒连续生产应税葡萄酒的，准予从葡萄酒消费税应纳税额中扣除所耗用应税葡萄酒已纳消费税税款。如本期消费税应纳税额不足抵扣的，余额留待下期抵扣。

(二)用委托加工收回的应税消费品连续生产应税消费品的税款抵扣

税法规定：对委托加工收回消费品已纳的消费税，可按当期生产领用数量从当期应纳消费税税额中扣除。

(1)扣税范围：8项应税消费品。

(2)扣税方法：生产领用部分扣税。

(3)扣税环节：生产环节扣除委托加工收回消费品已纳的消费税。

考点十三　消费税出口退税的计算★

扫我解疑难

经典例题

【例题1·单选题】(2019年)下列出口应纳税消费品的行为中，适用消费税免税不退税政策的是(　)。

A. 商业批发企业委托外贸企业代理出口卷烟

B. 有出口经营权的酒厂出口自产白酒

C. 有出口经营权的外贸企业购进高档化妆品直接出口

D. 外贸企业受其他外贸企业委托代理出口实木地板

【答案】B

【解析】选项A，不免税也不退税；选项CD，出口免税并退税。

【例题2·单选题】企业出口的下列应税消费品中，属于消费税出口免税并退税范围的是(　)。

A. 生产企业委托外贸企业代理出口的应税消费品

B. 有出口经营权的生产企业自营出口的应税消费品

C. 有出口经营权的外贸企业购进用于直接出口的应税消费品

D. 有出口经营权的外贸企业受一般商贸企业委托代理出口的应税消费品

【答案】C

【解析】有出口经营权的生产性企业自营出口或生产企业委托外贸企业代理出口的应税消费品出口免税但不退税，因此选项A、B不符合题意。选项D，不免税也不退税。

考点精析

对纳税人**出口应税消费品，免征消费税**；国务院另有规定的除外。

（一）**出口免税并退税**

有出口经营权的外贸企业购进应税消费品直接出口，以及外贸企业受其他外贸企业委托代理出口应税消费品。外贸企业只有受其他外贸企业委托，代理出口应税消费品才可办理退税，外贸企业受其他企业（主要是非生产性的商贸企业）委托，代理出口应税消费品是不予退（免）税的。

出口货物的消费税应退税额的计税依据，按购进出口货物的消费税专用缴款书和海关进口消费税专用缴款书确定。

（二）**出口免税但不退税**

有出口经营权的生产性企业自营出口或生产企业委托外贸企业代理出口自产的应税消费品，依据其实际出口数量免征消费税，不予办理退还消费税。

（三）**出口不免税也不退税**

除生产企业、外贸企业外的其他企业，具体是指一般商贸企业，这类企业委托外贸企业代理出口应税消费品一律不予退（免）税。

考点十四　征收管理★★

扫我解疑难

经典例题

【例题1·单选题】（2016年改）某市高尔夫球具生产企业2019年9月1日以分期收款方式销售一批球杆，价税合计为135.6万元，合同约定于9月5日、11月5日各支付50%价款，9月5日按照约定收到50%的价款，但并未给客户开具发票，已知高尔夫球具的消费税税率为10%，该企业9月就该项业务应缴纳的消费税为（　）万元。

A. 6　　B. 12

C. 14.04　　D. 0

【答案】A

【解析】分期收款方式销售货物，以合同约定的收款日期为纳税义务发生时间，9月5日收到50%价款，所以确认50%的收入。

应纳税额 = 135.6÷(1+13%)×50%×10% = 6（万元）

【例题2·单选题】（2016年改）下列关于消费税征收管理的说法中正确的是（　）。

A. 消费税收入分别入中央库和地方库

B. 委托个体工商户加工应税消费品应纳的消费税由受托方代扣向其所在地主管税务机关申报缴纳

C. 消费税纳税人总分支机构在同一地级市但不同县的，由市级税务机关审批同意后，可汇总缴纳消费税

D. 纳税人进口应税消费品，应当自海关填发海关进口消费税专用缴款书之日起15日内缴纳税款

【答案】D

【解析】选项A，消费税属于中央政府收入，入中央库不入地方库；选项B，委托个体工商户进行加工，消费税由委托方回机构所在地缴纳，不是由受托方代扣代缴；选项C，消费税总分机构在同一地级市，但是不在同一县市的，由省级税务机关批准同意，可以由总机构汇总向总机构所在地的主管税务机关申报缴纳消费税。

考点精析

（1）消费税的纳税义务发生时间、纳税期限与增值税规定基本相同，此处不再重复。只是注意委托加工的应税消费品，纳税义务发生时间为委托方提货当天。

（2）消费税纳税地点如表3-15所示。

表 3-15　消费税纳税地点

应税行为	纳税地点
纳税人销售、自产自用的应税消费品	机构所在地或者居住地纳税
纳税人到外县(市)销售或者委托外县(市)**代销**自产应税消费品	销售后，向**机构所在地或居住地**主管税务机关纳税
委托加工的应税消费品	由**受托方**向**所在地**主管税务机关解缴税款(**除**受托方为个体经营者或个人外)
进口的应税消费品	向**报关地海关**申报纳税
纳税人总、分机构不在同一县(市)	但在同一省(自治区、直辖市)的，经审批后可以在总机构所在地纳税

(3)纳税人销售的应税消费品，如因质量等原因发生退货的，其已缴纳的消费税税款可予以退还。

(4)纳税人直接出口的应税消费品办理免税后，发生退关或者国外退货，复进口时已予以免税的，可暂不办理补税，待其转为国内销售的当月申报缴纳消费税。

阶段性测试

1.【单选题】某烟草批发企业为增值税一般纳税人，从烟厂购买卷烟500箱，支付不含税金额500万元，2019年1月将购进的卷烟200箱销售给位于A地的烟草批发商，取得不含税销售收入250万元；其余的销售给位于B地的零售单位，取得不含税销售收入400万元。则该烟草批发企业应缴纳消费税(　)万元。

A. 48.5　　B. 51.5

C. 20.00　　D. 0

2.【单选题】某百货商场为增值税一般纳税人，2019年5月其黄金饰品销售部直接零售黄金首饰2 000克，每克300元；采取以旧换新方式销售新金银首饰，收回旧金银首饰300克，换出新金银首饰700克，收取含税差价90 000元，并收取加工费30元/克。当月零售镀金首饰一批，收取零售收入20 000元。金银首饰消费税税率为5%。该百货商场的黄金饰品销售部当月应缴纳消费税(　)元。

A. 29 487.18　　B. 30 129.31

C. 30 929.20　　D. 30 530.97

3.【单选题】2019年1月，某酒厂将自产的一种新型薯类白酒5吨用于赠送客户，薯类白酒的成本共计9 000元，该薯类白酒无同类产品市场销售价格，但已知其成本利润率为10%。白酒消费税比例税率20%，0.5元/斤。则该批薯类白酒应缴纳的消费税是(　)元。

A. 7 200　　B. 8 725

C. 9 000　　D. 3 450

4.【单选题】税务机关在税务检查中发现，张某委托本地个体户李某加工实木地板。张某已将实木地板收回并销售，但未入账，也不能出示消费税完税证明。下列关于税务机关征管行为的表述中，正确的是(　)。

A. 要求李某补缴税款

B. 要求张某补缴税款

C. 应对张某处以未缴消费税税额0.5倍至3倍的罚款

D. 应对李某处以未代收代缴消费税税额0.5倍至3倍的罚款

5.【单选题】某外贸公司2019年4月从生产企业购入实木地板一批，取得增值税专用发票注明价款25万元、增值税3.25万元，支付购买实木地板的运输费用3万元，当月将该批实木地板全部出口取得销售收入35万元，实木地板适用的消费税税率为5%。该外贸公司出口实木地板应退的消费税为(　)万元。

A. 1.25　　B. 8.40

C. 9.70　　D. 10.50

阶段性测试答案精析

1. B 【解析】烟草批发企业将从烟厂购买的卷烟销售给零售单位，需要缴纳一道批发环节的消费税，适用的税率为 11% 加 0.005 元/支。销售给批发商不征税。应缴纳的消费税 = 400×11% + 300×0.025 = 51.5(万元)。

2. C 【解析】镀金首饰不在零售环节缴纳消费税。采取以旧换新方式销售金银首饰，应按实际收取的不含增值税的全部价款确定计税依据征收消费税。

当月应缴纳消费税 = (2 000×300+90 000+300×30)÷(1+13%)×5% = 30 929.20(元)

3. B 【解析】应纳消费税税额 = [成本×(1+成本利润率)+从量消费税]÷(1-消费税税率)×消费税税率+从量消费税 = [9 000×(1+10%)+5×2 000×0.5]÷(1-20%)×20%+5×2 000×0.5 = 8 725(元)

4. B 【解析】委托个体户加工应税消费品的，由委托方收回后缴纳消费税。

5. A 【解析】外贸企业从生产企业购进从价定率计征消费税的消费品直接出口，应该依照外贸企业从工厂购进货物时不含增值税的价格计算应退的消费税税款，应退消费税 = 25×5% = 1.25(万元)。

本章综合练习 限时120分钟

一、单项选择题

1. 下列产品中，属于消费税征税范围的是(　)。

A. 轮胎　　B. 原电池

C. 卡丁车　　D. 酒精

2. 下列应税消费品中，除了在生产销售环节征收消费税外，还应在批发环节征收消费税的是(　)。

A. 超豪华小汽车　　B. 高档白酒

C. 卷烟　　D. 高档化妆品

3. 下列单位中属于消费税纳税义务人的是(　)。

A. 销售一次性木筷的商店

B. 受托加工白酒的企业

C. 委托加工实木地板的单位

D. 销售售价 20 万元小汽车的贸易公司

4. 某手表生产企业 10 月销售 H 牌-1 型手表 800 只，取得不含税销售额 400 万元；销售 H 牌-2 型手表 200 只，取得不含税销售额 300 万元。该手表厂当月应纳消费税(　)万元。(高档手表消费税税率 20%)

A. 52.80　　B. 60.00

C. 132.80　　D. 140.00

5. 下列单位经营的应税消费品中，不需要缴纳消费税的是(　)。

A. 啤酒屋利用啤酒生产设备生产的啤酒

B. 商场销售高档手表

C. 出国人员免税商店销售金银首饰

D. 汽车制造厂公益性捐赠的自产小轿车

6. 下列应税消费品中，适用从量定额方法征收消费税的为(　)。

A. 白酒　　B. 其他酒

C. 葡萄酒　　D. 啤酒

7. 某卷烟批发企业 2019 年 11 月从卷烟生产企业购进卷烟 60 箱后批发销售给烟草专卖店，开具的增值税普通发票注明价款 90.4 万元。销售时缴纳的增值税和消费税合计为(　)万元。

A. 17.60　　B. 23.10

C. 20.7　　D. 20.59

8. 某汽车厂为增值税一般纳税人，本月销售自产小客车(消费税税率为 5%)576 辆，每辆不含税出厂价为 6.8 万元。又将本厂生产的 10 辆同类小客车赠送给非营利性组织。该企业应纳消费税(　)万元。

A. 192.44　　B. 195.84

C. 199.24　　D. 677.42

9. 某外贸进出口公司2019年12月从日本进口10辆小轿车，每辆车的关税完税价格为15万元人民币，则该外贸公司进口小轿车应缴纳消费税(　)万元。(该小轿车进口关税税率25%，消费税税率5%。)

A. 9.00　　B. 9.57

C. 9.87　　D. 9.97

10. 某市甲企业专门从事实木地板的生产和销售，2019年12月5日甲企业以分期收款方式销售一批实木地板给乙企业，价税合计为372.9万元，合同约定乙企业于2019年12月31日、2020年3月31日和2020年6月30日分三期支付货款，每次支付1/3。12月31日乙企业以资金紧张为由仅支付了58万元，甲企业未向其开具发票，已知实木地板的消费税税率为5%，甲企业12月就该项业务应缴纳的消费税为(　)万元。

A. 2.5　　B. 5.5

C. 8.25　　D. 16.5

11. 下列关于包装物押金的说法，错误的是(　)。

A. 酒类产品包装物押金(啤酒、黄酒除外)不管是否逾期，收取时征收增值税和消费税

B. 啤酒、黄酒包装物押金逾期，征收增值税，不征收消费税

C. 啤酒、黄酒包装物押金逾期，不征收增值税，也不征收消费税

D. 一般应税消费品的包装物押金，没有逾期，不征收增值税和消费税

12. 某日化企业既生产高档化妆品又生产普通护发品，为了达到企业既定的销量，该企业将高档化妆品和普通护发品组成礼品盒销售，2020年2月销售高档化妆品和护发品组成的礼品盒取得不含税收入20万元，直接销售普通护发品取得不含税收入8万元。该企业当月应缴纳的消费税为(　)万元。(高档化妆品消费税税率为15%。)

A. 0　　B. 8.4

C. 3　　D. 5.6

13. 2019年4月，某金店采取以旧换新方式销售24K纯金项链1条，新项链对外销售价格8 000元，旧项链作价3 000元，从消费者手中收取新旧差价款5 000元。此业务应纳消费税税额为(　)元。

A. 215.52　　B. 250.00

C. 344.83　　D. 221.24

14. 某汽车厂为增值税一般纳税人，下设一非独立核算的门市部，2019年8月该厂将生产的一批汽车移送门市部供销售，计价60万元。门市部将其零售，取得含税销售额74.58万元。汽车的消费税税率为9%。该项业务应缴纳的消费税为(　)万元。

A. 5.94　　B. 6.00

C. 6.60　　D. 7.72

15. 某摩托车生产企业为增值税一般纳税人，2019年11月销售摩托车两批：第一批80辆取得不含税收入90万元，第二批50辆取得不含税收入45万元；另将同型号摩托车2辆赠送某赛事活动，3辆留下自用。摩托车消费税税率为10%。该企业当月应缴纳的消费税为(　)万元。

A. 13.5　　B. 13.6

C. 14.02　　D. 14.06

16. 某酒厂2020年春节前夕将自产无同类售价的粮食白酒4 800斤赠送客户，其成本共计96 000元。则该厂应当缴纳的消费税为(　)元。(成本利润率10%。)

A. 27 000　　B. 21 600

C. 28 800　　D. 29 400

17. 位于我国A市的汽车生产企业，2019年12月份生产汽车一批，将其中一辆含税价180万元的超豪华小汽车作为年终奖，奖励给了当年销售业绩好的员工甲，其

余次年销售，则汽车生产企业12月份应纳的消费税为(　)万元。(汽车消费税税率9%。)

A. 0　　B. 30.27

C. 15.52　　D. 29.48

18. 根据消费税的有关规定，下列纳税人自产自用应税消费品不缴纳消费税的是(　)。

A. 日化厂用于交易会样品的自产高档化妆品

B. 汽车厂用于管理部门的自产汽车

C. 卷烟厂用于生产卷烟的自制烟丝

D. 炼油厂用于本企业基建部门车辆的自产汽油

19. 下列消费品中不予扣除已纳消费税的是(　)。

A. 以委托加工收回的已税烟丝为原料生产的卷烟

B. 以委托加工的高档化妆品为原料生产的护肤护发品

C. 以委托加工的已税实木地板为原料生产的实木地板

D. 以委托加工收回的已税木制一次性筷子为原料生产的木制一次性筷子

20. 某烟厂2020年4月外购烟丝，取得增值税专用发票上注明税款为6.5万元，本月生产领用80%，烟丝的消费税税率为30%，该烟厂本月应纳消费税中可扣除的消费税是(　)万元。

A. 6.80　　B. 9.60

C. 12.00　　D. 40.00

21. 汽车制造厂生产的小轿车不需要缴纳消费税的是(　)。

A. 移送至改装分厂、改装加长型豪华小轿车的

B. 用于奖励给优秀员工的车辆

C. 提供给上级主管部门使用的

D. 用于公益性活动赠车

22. 下列各项中，属于委托加工应税消费品的是(　)。

A. 由受托方提供原材料生产的应税消费品

B. 由委托方提供原材料生产的应税消费品

C. 受托方先将原材料卖给委托方，再接受加工的应税消费品

D. 由受托方以委托方名义购进原材料生产的应税消费品

23. 某企业委托酒厂加工药酒10箱，该药酒无同类产品销售价格，已知委托方提供的原料成本2万元，受托方垫付辅料成本0.15万元，另收取的不含增值税加工费0.4万元。则该酒厂代收代缴的消费税为(　)元。(消费税税率为10%。)

A. 2 550　　B. 2 833

C. 4 817　　D. 8 500

24. 某外贸公司2019年11月从生产企业购入高档化妆品一批，取得增值税专用发票注明价款30万元，支付购买高档化妆品的运输费用3万元，当月将该批化妆品全部出口取得销售收入45万元。该外贸公司出口化妆品应退的消费税为(　)万元。(高档化妆品消费税税率为15%。)

A. 4.70　　B. 3.20

C. 4.50　　D. 5.60

25. 下列各项中，符合消费税征收管理有关规定的是(　)。

A. 纳税人的总分机构不在同一县(市)的，一律在总机构所在地缴纳消费税

B. 纳税人销售的应税消费品，除另有规定外，应向纳税人机构所在地或居住地的主管税务机关申报纳税

C. 纳税人委托加工应税消费品，其纳税义务发生时间为纳税人支付加工费的当天

D. 因质量原因由购买者退回的消费品，其已缴消费税不予退还

26. 甲市某汽车企业为增值税一般纳税人，2019年12月在甲市销售自产小汽车300辆，不含税售价18万元/辆，另收取优质

费2万元/辆；将200辆小汽车发往乙市一经贸公司代销，取得的代销清单显示当月销售120辆、不含税售价18.5万元/辆。小汽车消费税税率为5%，则该汽车企业当月应向甲市税务机关申报缴纳的消费税为(　)万元。

A. 295.86　　B. 407.55

C. 406.86　　D. 411

二、多项选择题

1. 下列关于缴纳消费税适用计税依据的表述中，正确的有(　)。

A. 委托加工应税消费品应当首先以受托人同类消费品销售价格作为计税依据

B. 换取生产资料的自产应税消费品应以纳税人同类消费品平均价格作为计税依据

C. 作为福利发放的自产应税消费品应以纳税人同类消费品最高价格作为计税依据

D. 投资入股的自产应税消费品应以纳税人同类应税消费品最高售价作为计税依据

2. 下列在零售环节征收消费税的有(　)。

A. 铂金首饰　　B. 钻石饰品

C. 珠宝玉石　　D. 超豪华小汽车

3. 下列环节既征消费税又征增值税的有(　)。

A. 高尔夫球及球具的生产环节

B. 金银首饰的生产环节

C. 高档手表的零售环节

D. 卷烟的批发环节

4. 企业生产销售白酒取得的下列款项中，应并入销售额计征消费税的有(　)。

A. 优质费　　B. 包装物租金

C. 品牌使用费　　D. 包装物押金

5. 下列情形中，以最高销售价格作为计税依据计算消费税的有(　)。

A. 用于抵债的应税消费品

B. 用于馈赠的应税消费品

C. 用于换取生产资料的应税消费品

D. 对外投资入股的应税消费品

6. 根据现行消费税的规定，下列说法正确的有(　)。

A. 纳税人销售金银首饰，计税依据为含增值税的销售额

B. 金银首饰连同包装物销售，计税依据为含包装物金额的销售额

C. 带料加工金银首饰，计税依据为受托方收取的加工费

D. 以旧换新销售金银首饰，计税依据为实际收取的不含增值税销售额

7. 下列各项中，应当征收消费税的有(　)。

A. 用于本企业连续生产应税消费品的应税消费品

B. 用于奖励代理商销售业绩的应税消费品

C. 用于本企业生产性基建工程的自产应税消费品

D. 用于捐助国家指定的慈善机构的应税消费品

8. 从价定率计征消费税时，计税销售额中应包括(　)。

A. 代收代缴消费税税金

B. 价外费用(不含税收入)

C. 应纳消费税税金

D. 增值税税金

9. 下列各项中，符合应税消费品销售数量规定的有(　)。

A. 生产销售应税消费品的，为应税消费品的销售数量

B. 自产自用应税消费品的，为应税消费品的生产数量

C. 委托加工应税消费品的，为纳税人收回的应税消费品数量

D. 进口应税消费品的，为海关核定的应税消费品进口征税数量

10. 2019年4月，某啤酒厂自产特制啤酒5吨用于某地啤酒节，已知其成本为20万元，成本利润率10%，消费税单位税额为每吨220元，则其应纳税额正确的有(　)。

A. 消费税220元

B. 消费税1 100元

C. 增值税28 743元

D. 增值税 35 376 元

11. 某一般纳税人为生产酒类产品的企业，该企业销售自产粮食白酒收取的包装物押金正确处理的有(　)。

A. 逾期 1 年以上的并入销售额缴纳增值税

B. 逾期 1 年以上的并入销售额缴纳消费税

C. 无论是否返还均于收取时并入销售额缴纳增值税

D. 无论是否返还均于收取时并入销售额缴纳消费税

12. 某一般纳税人的白酒生产企业，2020 年 2 月将自产粮食白酒与某生产企业的材料进行交换，用 10 吨粮食白酒换进生产材料一批，并取得对方开具的增值税专用发票，已知同期白酒的最高售价是每吨 4 万元，平均售价是每吨 3.8 万元。(以上售价均为不含税价，白酒适用比例税率 20%，定额税率每斤 0.5 元。)则下列说法正确的有(　)。

A. 该企业可以作进项税额抵扣

B. 该企业增值税的计税销售额是 40 万元

C. 该企业就上述业务应缴纳消费税 9 万元

D. 不需要缴纳消费税

13. 下列关于批发环节消费税的规定中正确的有(　)。

A. 从事卷烟批发业务的单位和个人，批发销售给零售商的所有牌号规格的卷烟，均按统一税率计算消费税

B. 纳税人应将卷烟销售额与其他商品销售额分开核算，未分开核算的，一并征收消费税

C. 从事卷烟批发业务的单位和个人之间销售卷烟，不缴纳消费税

D. 批发企业在计算纳税时，可以扣除已含的生产环节的消费税税款

14. 某汽车制造厂生产的小汽车应按自产自用缴纳消费税的有(　)。

A. 留作办公部门自用

B. 用于本厂安全技术研发部作碰撞试验

C. 移送改装分场改装加长型豪华小轿车

D. 供上级单位长期使用

15. 纳税人自产自用的下列应税消费品中，需缴纳消费税的有(　)。

A. 生产企业将石脑油用于本企业连续生产汽油

B. 日化厂自产高档化妆品用于促销赠品

C. 汽车制造厂自产小汽车用于后勤服务

D. 木筷厂将自产高档木筷用于本企业职工食堂

16. 2019 年 4 月，某木材公司将一批自产实木地板用于本公司宾馆，没有同类售价，其成本为 8 万元，消费税税率和成本利润率均为 5%，则其计税销售额(组价)表述正确的有(　)。

A. 消费税组价为 8.84 万元

B. 消费税组价为 9.26 万元

C. 增值税组价为 7.18 万元

D. 增值税组价为 8.84 万元

17. 下列外购已税消费品连续生产应税消费品销售时，不准予扣除外购时已纳消费税的有(　)。

A. 外购已税珠宝玉石生产的金银首饰

B. 外购已税实木地板为原料生产的实木地板

C. 外购已税酒生产的勾兑酒

D. 外购已税柴油生产的生物柴油

18. 下列关于兼营不同税率应税消费品的税务处理中，说法正确的有(　)。

A. 纳税人兼营不同税率的应当缴纳消费税的应税消费品未分别核算销售额、销售数量的，从高适用税率

B. 纳税人将不同税率的应税消费品组成成套消费品销售的，从高适用税率

C. 纳税人将不同税率的应税消费品组成成套消费品销售的，分别核算销售额、销售数量的，分别适用各自税率

D. 某酒厂将生产的白酒与其他酒组成成

套销售，应按全部销售额按白酒的 20% 税率计算应纳消费税

19. 甲企业为增值税一般纳税人，2020 年 4 月接受某烟厂委托加工烟丝，甲企业自行提供烟叶的成本为 35 000 元，代垫辅助材料 2 000 元，发生加工费支出 4 000 元；甲企业当月允许抵扣的进项税额为 340 元。甲企业无同类消费品售价，烟丝的消费税税率为 30%，成本利润率为 5%，下列表述正确的有(　)。

A. 甲企业应纳增值税 7 655 元

B. 甲企业应纳增值税 9 500 元

C. 甲企业应代收代缴消费税 17 571 元

D. 甲企业应纳消费税 18 450 元

20. 委托加工应税消费品消费税的组成计税价格中应包括的项目有(　)。

A. 加工费用

B. 委托方提供加工材料的实际成本

C. 受托方代垫辅助材料的价格

D. 受托方代收代缴的消费税金

21. 企业出口的下列应税消费品中，属于消费税出口免税并退税的有(　)。

A. 商贸企业委托外贸企业代理出口的应税消费品

B. 有出口经营权的外贸企业购进应税消费品后直接用于出口的应税消费品

C. 外贸企业受其他外贸企业委托，代理出口应纳税消费品

D. 生产企业委托外贸企业代理出口自产的应税消费品

22. 对于委托加工应税消费品，受托方没有按规定代收代缴税款的，下列处理正确的有(　)。

A. 受托方代委托方补缴税款

B. 委托方补缴税款

C. 补缴税款时加工应税消费品已销售，以售价作为计税依据

D. 补缴税款时加工应税消费品未销售，以自产自用组价作为计税依据

23. 某体育用品公司进口一批高尔夫球具，海关应征进口关税 15 万元(关税税率假定为 30%)，则进口环节还需缴纳(　)。(消费税税率为 10%。)

A. 消费税 6.5 万元

B. 消费税 7.22 万元

C. 增值税 9.39 万元

D. 增值税 11.56 万元

24. 下列各项中，符合消费税纳税地点规定的有(　)。

A. 进口应税消费品的，由进口人或其代理人向报关地海关申报纳税

B. 卷烟批发企业的机构所在地，总机构与分支机构不在同一地区的，由总机构申报纳税

C. 委托加工应税消费品的，一律由委托方向受托方所在地主管税务机关申报纳税

D. 纳税人到外县销售自产应税消费品的，应向机构所在地或者居住地主管税务机关申报纳税

25. 下列各项中，不符合消费税纳税义务发生时间规定的有(　)。

A. 赊销的应税消费品，为发出货物的当天

B. 自产自用的应税消费品，为移送使用的当天

C. 采取预收货款结算方式的，为发出应税消费品当天

D. 委托加工的应税消费品，为支付加工费的当天

三、计算问答题

1. 甲礼花厂 2019 年 6 月发生如下业务：

(1)委托乙厂加工一批焰火，甲厂提供原料成本 37.5 万元，当月乙厂将加工完毕的焰火交付甲厂，开具增值税专用发票，注明收取加工费 5 万元。

(2)将委托加工收回的焰火 60% 用于销售，取得不含税销售额 38 万元，将其余的 40% 用于连续生产 A 型组合焰火。

(3)将生产的 A 型组合焰火的 80% 以分期

收款方式对外销售，合同约定不含税销售额36万元，6月28日收取货款的70%，7月28日收取货款的30%，当月货款尚未收到，另将剩余的20%赠送给客户。

（其他相关资料：焰火消费税税率为15%）

要求：根据上述资料，按照下列序号回答问题。如有计算需计算出合计数。

（1）计算业务（1）中乙厂代收代缴的消费税。

（2）列出业务（2）中用于销售的焰火是否应缴纳消费税，并说明理由，如果需要缴纳，计算应缴纳的消费税。

（3）计算业务（3）中赠送客户焰火的消费税计税依据。

（4）计算业务（3）中准予扣除的已纳消费税税款。

（5）计算业务（3）中应缴纳的消费税。

2. 甲白酒生产厂2019年8月发生如下业务：

（1）销售薯类白酒20吨，取得不含税销售额60万元，同时向购买方收取品牌使用费4.6万元，包装物押金1.05万元。

（2）生产粮食白酒80吨，8月10日销售给A商贸公司30吨，取得不含税销售额180万元，8月20日销售给B商贸公司20吨，取得不含税销售额130万元，余下30吨用于抵偿所欠乙企业的债务。

（3）委托丙厂加工10吨粮食白酒，甲厂提供粮食等原材料成本共计22万元，当月丙厂将加工好的白酒交付给甲厂，开具的增值税专用发票注明收取加工费5万元，丙厂无同类产品售价。

（4）向白酒销售公司（关联公司）销售白酒6吨，不含税价每吨28万元，白酒销售公司继续销售的价格每吨42万元。

（其他相关资料：白酒消费税税率为20%加0.5元/500克。税务机关核定的消费税最低计税价格每吨32万元。）

要求：根据上述资料，回答问题。如有计算，需计算出合计数。

（1）业务（1）应缴纳的消费税。

（2）业务（2）中甲酒厂以白酒抵偿债务应缴纳的消费税。

（3）业务（3）丙厂应代收代缴的消费税。

（4）业务（4）消费税计税依据如何确定？

（5）计算业务（4）应纳消费税。

3. 某市一日化公司为增值税一般纳税人，主要生产高档化妆品，2019年12月发生以下业务：

（1）从国外进口一批散装化妆品，关税完税价格为250 000元，关税税率为40%。

（2）将进口化妆品的70%生产加工为成套化妆品，本月销售4 000套，每套不含税价格为500元。

（3）将上月购进的价值60 000元的原材料委托一县城日化厂（小规模纳税人）加工化妆品，支付不含税加工费6 000元，取得普通发票。加工产品已收回，日化厂无同类产品售价。

（4）以自产不含税价格20 000元的化妆品，与自产不含税价格5 000元的护肤品（分别核算销售额）组成精美礼品盒销售，开具的专用发票上注明销售额30 000元。

（注：以上化妆品均为高档化妆品，消费税税率为15%。）

要求：根据上述资料，按下列序号计算回答问题，每问需计算出合计数。

（1）计算该日化公司12月份应纳进口环节税金。

（2）计算该日化公司12月份应纳国内消费税。

（3）计算该日化公司12月份应纳国内增值税。

（4）计算受托方代收代缴的消费税。

4. 某卷烟厂为增值税一般纳税人，主要生产A牌卷烟（不含税调拨价100元/标准条）及雪茄烟，2019年10月发生如下业务：

（1）将成本为124.16万元的收购烟叶委托甲企业加工烟叶，支付加工费取得增值税专用发票上注明加工费12万元、增值税1.56万元，该批烟丝已收回入库，但本月未领用，甲企业无同类产品售价。

(2)从乙企业购进烟丝，取得增值税专用发票，注明价款400万元、增值税52万元；从小规模纳税人购进烟丝，取得税务机关代开的增值税专用发票，注明价款300万元。

(3)进口一批烟丝，支付货价300万元、经纪费12万元，该批烟丝运抵我国输入地点起卸之前发生运费及保险费共计38万元。

(4)以成本为350万元的特制自产烟丝生产雪茄烟。

(5)本月销售雪茄烟取得不含税收入600万元，并收取品牌专卖费9.28万元；领用外购烟丝生产A牌卷烟，销售A牌卷烟400标准箱。

(6)本月外购烟丝发生霉烂，成本20万元。

(7)月初库存外购烟丝买价30万元，月末库存外购烟丝买价50万元。

(其他相关资料：本月取得的相关凭证符合规定，并在本月认证抵扣，烟丝消费税税率为30%，烟丝关税税率10%。卷烟生产环节从价消费税率为56%、定额税150元/箱，雪茄烟消费税税率36%。)

要求：根据上述资料，回答问题。如有计算，需计算出合计数。

(1)计算当月甲企业应代收代缴消费税。

(2)当月该卷烟厂进口烟丝应缴纳进口环节税金合计。

(3)当月该卷烟厂领用特制自产烟丝应纳消费税。

(4)当月准予扣除外购烟丝已纳消费税。

(5)当月该卷烟厂国内销售环节应缴纳消费税(不含代收代缴的消费税)。

5. 甲企业为高尔夫球及球具生产厂家，是增值税一般纳税人，2019年10月发生以下业务：

(1)购进一批PU材料，增值税专用发票注明价款10万元、增值税款1.3万元，委托乙企业将其加工成100个高尔夫球包，支付加工费2万元、增值税税款0.26万元；乙企业当月销售同类球包不含税销售价格为0.25万元/个。

(2)将委托加工收回的球包批发给代理商，收到不含税价款28万元。

(3)购进一批碳素材料、钛合金，增值税专用发票注明价款150万元、增值税税款19.5万元，委托丙企业将其加工成高尔夫球杆，支付加工费用30万元、增值税税款3.9万元，取得增值税专用发票。

(4)委托加工收回的高尔夫球杆的80%当月已经销售，收到不含税款300万元，尚有20%留存仓库。

(5)主管税务机关在11月初对甲企业进行税务检查时发现，乙企业已经履行了代收代缴消费税义务，丙企业未履行代收代缴消费税义务。

(其他相关资料：高尔夫球及球具的消费税税率为10%，以上取得的增值税专用发票均已通过主管税务机关认证。)

要求：根据上述资料，按序号回答下列问题。如有计算，每问需要计算出合计数。

(1)计算乙企业应代收代缴的消费税。

(2)计算甲企业批发球包应缴纳的消费税。

(3)计算甲企业销售高尔夫球杆应缴纳的消费税。

(4)计算甲企业留存仓库的高尔夫球杆应缴纳的消费税。

(5)计算甲企业当月应缴纳的增值税。

(6)主管税务机关对丙企业未代收代缴消费税的行为应如何处理?

6. 甲厂为增值税一般纳税人，主要从事实木地板的生产和销售，2019年11月发生下列业务：

(1)委托乙厂加工一批白坯板，甲厂提供的原木成本为1 000万元，取得的增值税专用发票上注明的加工费400万元，增值税52万元。甲厂收回白坯板后全部直接对外销售，取得不含增值税销售额2 500万元。乙厂未代收代缴消费税。

(2)采取分期收款方式销售一批自产实木地板，合同约定不含税销售额合计 1 500 万元，本月按合同约定收取40%货款，其余货款下月20日收取。

(3)外购一批实木素板，取得的增值税专用发票上注明的价款 1 000 万元，增值税 130 万元。本月期初库存外购素板金额为 500 万元，期末库存外购素板金额为 200 万元，当期领用素板用于加工装饰地板。

(实木地板消费税税率5%)

要求：

(1)说明委托加工应税消费品的含义。

(2)业务(1)中乙厂未履行代收代缴消费税义务应承担的法律责任。

(3)业务(1)中甲厂应补缴的消费税税额。

(4)业务(2)中甲厂应缴纳的消费税税额。

(5)业务(3)计算甲厂当月可抵扣的消费税税额。

本章综合练习参考答案及详细解析

一、单项选择题

1. B 【解析】汽车轮胎、酒精不再征收消费税，卡丁车不属于消费税的应税范围。

2. C 【解析】只有卷烟在批发环节加征一道消费税。选项A，超豪华小汽车在零售环节加征一道消费税。

3. C 【解析】销售一次性木筷的商店、销售20万元小汽车的贸易公司不属于生产销售环节，不缴纳消费税；受托方是代收代缴消费税，并非是纳税义务人。

4. B 【解析】销售价格(不含增值税)每只在10 000元(含)以上的各类手表为高档手表，征收消费税。H牌-1型手表不含税单价=400×10 000÷800=5 000(元)<10 000元，不征收消费税；H牌-2型手表不含税单价=300×10 000÷200=15 000(元)>10 000元，征收消费税。则该手表厂当月应纳消费税=300×20%=60(万元)。

5. B 【解析】消费税是在应税消费品生产、进口、委托加工环节一次性课征；只有金银首饰、钻石及钻石饰品在零售环节缴纳消费税，因而出国人员免税商店销售金银首饰要缴纳消费税；商业企业销售其他应税消费品均不缴纳消费税。

6. D 【解析】选项A，白酒实行从量定额与从价定率相结合的复合计税方法；选项B，其他酒是从价征收消费税的应税消费品；选项C，葡萄酒适用从价定率征收消费税。

7. C 【解析】卷烟在批发环节加征一道消费税。该烟草批发企业应缴纳的增值税和消费税=90.4÷(1+13%)×13%+90.4÷(1+13%)×11%+60×250÷10 000=20.7(万元)。

8. C 【解析】该企业应纳消费税=(576+10)×6.8×5%=199.24(万元)

9. C 【解析】进口环节消费税=(关税完税价格+关税)÷(1-消费税税率)×消费税税率=10×15×(1+25%)÷(1-5%)×5%=9.87(万元)

10. B 【解析】分期收款方式销售货物，以合同约定的收款日期为纳税义务发生时间，合同约定12月31日支付1/3货款，所以确认1/3的收入。应纳税额=372.9÷(1+13%)÷3×5%=5.5(万元)。

11. C 【解析】选项C，啤酒、黄酒、成品油从量征收消费税，不考虑包装物押金；包装物押金逾期，征收增值税，但不征收消费税。

12. C 【解析】普通护发品不属于消费税征税范围，不缴纳消费税。但纳税人将应税消费品与非应税消费品组成成套消费品销售的，应根据组合产品的销售全额征收消费税。应缴纳消费税 = 20×15% = 3(万元)。

13. D 【解析】纳税人采用以旧换新(含翻新改制)方式销售的金银首饰，应按实际收取的不含增值税的全部价款确定计税依据征收消费税。应纳消费税税额 = 5 000÷(1+13%)×5% = 221.24(元)。

14. A 【解析】汽车厂通过自设非独立核算门市部销售自产应税消费品，应按门市部对外销售额计算消费税，由于门市部零售价是含增值税的价格，需要先换算再计税，应纳税额 = 74.58÷(1+13%)×9% = 5.94(万元)。

15. C 【解析】将自产摩托车赠送赛事活动和留作自用，均属于自产应税消费品用于其他方面，要视同销售，于移送使用时按照纳税人生产的同类消费品的销售价格计算纳税。这里不是“换、抵、投”业务，不用最高售价计税，而用平均价计税。

应纳消费税 = [(90+45)÷(80+50)×(2+3)+90+45]×10% = 14.02(万元)

16. D 【解析】粮食白酒消费税实行复合计税，从量消费税 = 4 800×0.5 = 2 400(元)，从价消费税 = [96 000×(1+10%)+2 400]÷(1−20%)×20% = 27 000(元)，应纳消费税 = 2 400+27 000 = 29 400(元)。

17. B 【解析】自产产品用于其他方面，消费税视同销售。国内汽车生产企业直接销售给消费者的超豪华小汽车，消费税税率按照生产环节税率和零售环节税率加总计算。

应纳消费税 = 180÷1.13×(9%+10%) = 30.27(万元)

18. C 【解析】自产应税消费品用于本企业连续生产应税消费品，不缴纳消费税。

19. B 【解析】选项 B，护肤护发品不属于消费税征税范围，不计算消费税，当然也不能抵扣消费税。

20. C 【解析】消费税的扣税按外购应税消费品当月生产领用部分确定。本月外购烟丝的买价 = 6.5÷13% = 50(万元)，生产领用部分的买价 = 50×80% = 40(万元)，准予扣除的消费税 = 40×30% = 12(万元)。

21. A 【解析】选项 A 属于自产自用，用于自己连续生产应税消费品的情况。

22. B 【解析】委托加工应税消费品是指委托方提供原料和主要材料，受托方只收取加工费和代垫部分辅助材料加工的应税消费品。选项 ACD 不属于委托加工应税消费品。

23. B 【解析】酒厂代收消费税 = (2+0.15+0.4)÷(1−10%)×10%×10 000 = 2 833(元)

24. C 【解析】外贸企业从生产企业购进从价定率计征消费税的消费品直接出口，应该依照外贸企业从工厂购进货物时不含增值税的价格计算应退的消费税税款。应退消费税 = 30×15% = 4.5(万元)

25. B 【解析】总分机构不在同一县(市)，应当分别向各自机构所在地的主管税务机关申报纳税，但经国家税务总局及所属省级税务局批准，纳税人分支机构应纳消费税税款也可由总机构汇总向总机构所在地主管税务机关缴纳；纳税人委托加工应税消费品，纳税义务发生时间为纳税人提货的当天，不是支付加工费的当天；因质量原因发生退货的，其已纳消费税可予退还。

26. B 【解析】纳税人到外县(市)销售或者委托外县(市)代销自产应税消费品的，于应税消费品销售后，向机构所在地或者居住地主管税务机关申报纳税，本题委托代销的应在甲市税务机关申报缴纳消费税。向甲市税务机关缴纳消费税 = [300×(18+2÷1.13)+120×18.5]×5% = 407.55(万元)。

二、多项选择题

1. AD 【解析】选项 B，应该以纳税人同类应税消费品最高售价作为计税依据；选项

C，应该以纳税人同类消费品平均销售价格作为计税依据。

2. ABD 【解析】珠宝玉石在生产环节缴纳消费税。

3. AD 【解析】选项B，金银首饰的生产环节不征消费税，在零售环节征收消费税；选项C，高档手表在零售环节不缴纳消费税。

4. ABCD 【解析】优质费、包装物租金及品牌使用费属于价外费用，要并入销售额征收消费税；白酒的包装物押金在收取时就要征税，不考虑是否逾期。

5. ACD 【解析】纳税人用于换取消费资料、生产资料、投资入股、抵偿债务等方面的应税消费品，应当以纳税人同类应税消费品的最高销售价格为计税依据计算消费税；用于馈赠的应税消费品不适用最高销售价格计税。

6. BD 【解析】选项A，纳税人销售金银首饰，计税依据为不含增值税的销售额；选项C，带料加工金银首饰，计税依据为受托方同类产品的销售价格，没有同类销售价格的，按组价计税。

7. BCD 【解析】选项A，将自产应税消费品用于本企业连续生产应税消费品，税法规定不交消费税，为的是避免重复征税。

8. ABC 【解析】计算消费税的销售额应含消费税，但不含增值税。

9. ACD 【解析】选项B，实行从量定额征收消费税的应税消费品，如果纳税人自产自用，以应税消费品的移送使用数量为计税依据。

10. BC 【解析】啤酒消费税实行从量定额征收，税额＝220×5＝1 100（元）；增值税一律从价定率征收，组价中应含消费税税额，增值税＝[200 000×（1+10%）+1 100]×13%＝28 743（元）。

11. CD 【解析】对销售除啤酒、黄酒以外的其他酒类产品收取的包装物押金，无论是否返还，以及会计上如何核算，均应并入当期销售额征收增值税和消费税。

12. AC 【解析】纳税人用于换取生产材料的应税消费品，应以纳税人同类应税消费品的最高销售价格作为计税依据计算消费税。应交消费税＝40 000×10×20%+10×2 000×0.5＝90 000（元）；本企业取得了专用发票，可以作进项税额抵扣；增值税的计税销售额为平均售价，所以增值税的计税价格＝10×38 000＝380 000（元）。

13. ABC 【解析】卷烟消费税在生产和批发两个环节征收后，批发企业在计算纳税时不得扣除已含的生产环节的消费税税款。

14. AD 【解析】选项B，不属于进入消费领域使用的应税消费品，不纳消费税；选项C，用于连续生产应税消费品不纳消费税；选项A、D为消费税的视同销售行为，应缴纳消费税。

15. BC 【解析】选项A，自产石脑油用于本企业连续生产汽油的应税消费品，不缴消费税；应税消费品用于其他方面，如管理部门或非生产机构，以及用于馈赠、赞助、集资、广告、样品、职工福利、奖励等，移送使用时缴消费税。选项D，只有一次性木筷才属于消费税征收范围。

16. AD 【解析】从价定率征收消费税的组价中，成本利润率按消费税规定执行，即组价＝8×（1+5%）÷（1−5%）＝8.84（万元），这一价格也是计算增值税的依据。

17. AC 【解析】消费税扣税范围必须是税法列举的应税消费品，选项A、C均不在列举范围之内。

18. AB 【解析】选项C，纳税人将不同税率的应税消费品组成成套消费品销售的，从高适用税率。选项D，组成成套消费品的，从高适用税率，全部销售额按照20%比例税率，选项D还需要考虑从量部分消费税。全部销售数量按0.5元/斤的定额税率复合计征应纳消费税。

19. AD 【解析】由受托方提供原料主料，不属于委托加工业务，而属于甲企业自制应税消费品销售，其应税消费品的组价=(35 000+2 000+4 000)×(1+5%)÷(1-30%)=61 500(元)；甲企业应纳增值税=61 500×13%-340=7 655(元)；应纳消费税=61 500×30%=18 450(元)。

20. ABCD 【解析】委托加工应税消费品计征消费税的组价=(材料成本+加工费)÷(1-消费税税率)，公式中材料成本为选项B，加工费为选项A、C，消费税为选项D。

21. BC 【解析】选项A，商贸企业委托外贸企业代理出口的应税消费品不予免税也不予退税；选项D，生产企业委托外贸企业代理出口自产的应税消费品免征消费税，不予办理退还消费税。

22. BC 【解析】税法规定：如果受托方没有代收代缴消费税，委托方应补缴税款。补税的计税依据为：(1)已直接销售的，按销售额计税；(2)未销售或不能直接销售的，需要按委托加工的组成计税价格计税。

23. BC 【解析】关税完税价格=15÷30%=50(万元)；进口消费税=(50+15)÷(1-10%)×10%=7.22(万元)；进口增值税=(50+15+7.22)×13%=9.39(万元)。

24. ABD 【解析】委托加工的应税消费品，除受托方为个体经营者外，其余都由受托方向机构所在地主管税务机关代收代缴消费税税款。

25. AD 【解析】选项A，赊销的应税消费品，为书面合同规定的收款日期的当天，书面合同没有约定收款日期或者无收款合同的，为发出应税消费品的当天；选项D，委托加工应税消费品，为纳税人提货当天。

三、计算问答题

1. **【答案】**

(1)乙厂应代收代缴的消费税=(37.5+5)÷(1-15%)×15%=7.5(万元)

(2)需要缴纳消费税。委托加工业务中，受托方的计税价格=(37.5+5)÷(1-15%)=50(万元)

50×60%=30(万元)，低于直接销售价格38万元。此处属于将委托加工收回的应税消费品以高于受托方的计税价格出售，需要缴纳消费税。

应缴纳的消费税=38×15%-7.5×60%=5.7-4.5=1.2(万元)

(3)赠送客户焰火的消费税计税依据=36÷80%×20%=9(万元)

(4)根据规定，应按生产领用数量抵扣已纳消费税。

准予扣除的已纳消费税=(37.5+5)÷(1-15%)×15%×40%=3(万元)

(5)纳税人采取分期收款结算方式的，消费税纳税义务发生时间为书面合同约定的收款日期的当天。

6月份应纳消费税=36×70%×15%+36÷80%×20%×15%-3=2.13(万元)

7月份应纳消费税=36×30%×15%=1.62(万元)

业务(3)应缴纳消费税合计=2.13+1.62=3.75(万元)

2. **【答案】**

(1)应缴纳的消费税=(600 000×20%+46 000÷1.13×20%+10 500÷1.13×20%+20×2 000×0.5)÷10 000=15(万元)

(2)以白酒抵债按照最高售价作为计税依据。

应缴纳的消费税=(1 300 000÷20×30×20%+30×2 000×0.5)÷10 000=42(万元)

(3)组成计税价格=(材料成本+加工费+委托加工数量×定额税率)÷(1-比例税率)=(220 000+50 000+10×2 000×0.5)÷(1-20%)÷10 000=35(万元)

丙厂应代收代缴的消费税=组成计税价格×比例税率+委托加工数量×定额税率=(350 000×20%+10×2 000×0.5)÷10 000=8(万元)

(4)甲企业与白酒销售公司为关联企业，白酒生产企业售价低于关联方对外售价70%，由税务机关核定消费税最低计税价格。

白酒生产企业售价28万元，低于42万元/吨×70%＝29.4万元，白酒生产企业消费税计税依据由税务机关核定消费税最低计税价格(每吨32万元)。

(5)业务(4)甲企业应缴消费税＝6×32×20%+6×2 000×0.5÷10 000＝39(万元)

3.【答案】

(1)进口化妆品应纳关税＝250 000×40%＝100 000(元)

进口化妆品应纳消费税＝(250 000＋100 000)÷(1－15%)×15%＝61 764.71(元)

进口化妆品应纳增值税＝(250 000＋100 000)÷(1－15%)×13%＝53 529.41(元)

进口环节税金＝100 000＋61 764.71＋53 529.41＝215 294.12(元)

(2)国内应纳消费税＝4 000×500×15%－61 764.71×70%+30 000×15%＝261 264.70(元)

(3)委托加工支付的加工费，取得普通发票，不能抵扣进项税。

国内应纳增值税＝4 000×500×13%+30 000×13%－53 529.41＝210 370.59(元)

(4)委托加工化妆品受托方代收代缴消费税＝(60 000＋6 000)÷(1－15%)×15%＝11 647.06(元)

4.【答案】

(1)受托方代收代缴的消费税＝(124.16+12)÷(1－30%)×30%＝58.35(万元)

(2)进口烟丝的关税完税价格＝300+12+38＝350(万元)

关税＝350×10%＝35(万元)

组成计税价格＝(350+35)÷(1－30%)＝550(万元)

进口烟丝缴纳的增值税＝550×13%＝71.5(万元)

进口烟丝缴纳的消费税＝550×30%＝165(万元)

进口环节应纳税金合计＝35＋71.5＋165＝271.5(万元)

(3)当月该卷烟厂领用特制自产烟丝应纳消费税＝0。

【思路点拨】纳税人领用自产烟丝生产雪茄烟，属于自产应税消费品用于连续生产应税消费品，不征收消费税。

(4)当月准予扣除外购烟丝已纳消费税＝(30+400+300+550－50－20)×30%＝363(万元)

【思路点拨】纳税人外购已税烟丝生产卷烟，准予按照生产领用数量计算抵扣已纳消费税。生产领用金额＝期初库存金额+本期入库金额－期末库存金额－非正常损失(霉烂变质)金额。

(5)当月该卷烟厂销售卷烟和雪茄烟消费税＝(600＋9.28÷1.13)×36%＋400×250×100÷10 000×56%＋150×400÷10 000＝784.96(万元)

当月该卷烟厂国内销售环节应纳消费税＝784.96－363＝421.96(万元)

5.【答案】

(1)乙企业应代收代缴的消费税＝0.25×100×10%＝2.5(万元)

(2)甲企业批发球包需要缴纳消费税＝28×10%－2.5＝0.3(万元)

(3)甲企业销售高尔夫球杆应缴纳消费税＝300×10%＝30(万元)

(4)甲企业留存仓库的高尔夫球杆应缴纳的消费税＝(150＋30)÷(1－10%)×10%×20%＝4(万元)

(5)进项税额＝1.3＋0.26＋19.5＋3.9＝24.96(万元)

销项税额＝28×13%＋300×13%＝42.64(万元)

应纳增值税＝42.64－24.96＝17.68(万元)

(6)丙企业未代收代缴消费税，主管税务机关应处以丙企业应代收代缴的消费税50%以上3倍以下的罚款。

【思路点拨】 委托方将委托加工收回的应税消费品，以高于受托方的计税价格出售的，不属于直接出售，需按规定申报缴纳消费税，在计税时准予扣除受托方已代收代缴的消费税。如果受托方未代收代缴税款，委托加工收回的应税消费品已经直接销售的，按销售额计税，如本题第(3)小问；收回的应税消费品尚未销售或不能直接销售的，按委托加工的组成计税价格计税，如本题第(4)小问。

6. **【答案】**

(1)委托加工应税消费品是指委托方提供原料和主要材料，受托方只收取加工费和代垫部分辅助材料加工的应税消费品。

(2)乙厂未履行代收代缴消费税义务，应按照《税收征收管理法》规定，对其处以应代收代缴税款50%以上3倍以下的罚款。

(3)甲厂应补缴的消费税税额＝2 500×5%＝125(万元)

(4)甲厂应缴的消费税税额＝1 500×40%×5%＝30(万元)

(5)甲厂当月可抵扣的消费税税额＝(500+1 000−200)×5%＝65(万元)

第3章 消费税法

第4章 企业所得税法

JINGDIAN TIJIE

考情分析

历年考情分析

本章是注会税法考试中的非常重要的一章，在考试中地位与增值税相同。本章内容比较多，考生学习时要做好准备，在复习时尤其要对收入总额、不征税收入、免税收入、扣除项目及其标准、不得扣除项目做到全面掌握。本章历年考试多以单选题、多选题和综合题的题型进行考核，特别是作为综合题，每年必有一题，有的时候还会与增值税、财产行为税结合，跨章节出题。预计 2020 年本章分值 20 分以内。

本章 2020 年考试主要变化

1. 增加了永续债的所得税处理规定。

发行方和投资方均为居民企业的，投资方的永续债利息收入可以适用企业所得税法规定的居民企业之间的股息、红利等权益性投资收益免征企业所得税规定；同时发行方支付的永续债利息支出不得在企业所得税税前扣除。

2. 企业投资者持有 2019~2023 年发行的铁路债券取得的利息收入，减半征收企业所得税。

3. 公益捐赠中，2019 年 1 月 1 日至 2022 年 12 月 31 日，用于目标脱贫地区的扶贫公益捐赠支出，准予在计算企业所得税应纳税所得额时据实扣除。

4. 税收优惠中，为支持制造业企业加快技术改造和设备更新，自 2019 年 1 月 1 日起，适用固定资产加速折旧优惠的行业范围，扩大至全部制造业领域。

5. 从事污染防治的第三方企业减按 15%的税率征收企业所得税的税收优惠。

6. 跨境电子商务综合试验区核定征收企业所得税的规定。

核心考点及经典例题详解

考点一　纳税义务人与征税对象★★

扫我解疑难

经典例题

【例题 1 · 多选题】（2019 年）下列关于所得来源地表述中，符合企业所得税法规定的有（　）。

A. 股权转让所得按转出方所在地确定

B. 不动产转让所得按不动产所在地确定

C. 特许权使用费所得按收取特许权使用费所得的企业所在地确定

D. 销售货物所得按交易活动发生地确定

【答案】BD

【解析】选项A，权益性投资资产转让所得按照被投资企业所在地确定；选项C，利息所得、租金所得、特许权使用费所得，按照负担、支付所得的企业或者机构、场所所在地确定，或者按照负担、支付所得的个人的住所地确定。

【例题2·单选题】依据企业所得税法的规定，下列各项中按被投资企业所在地确定所得来源地的是(　)。

A. 租金所得

B. 权益性投资资产转让所得

C. 利息所得

D. 特许权使用费所得

【答案】B

【解析】权益性投资资产转让所得按照被投资企业所在地确定所得来源地。

考点精析

(一)纳税义务人

企业所得税的纳税义务人是指在中华人民共和国境内的企业和其他取得收入的组织。企业所得税的纳税人分为居民企业和非居民企业。

(二)征税对象

企业所得税的征税对象是指企业的生产经营所得、其他所得和清算所得。

1. 居民企业的征税对象

居民企业的征税对象为来源于中国境内、境外的所得。所得，包括销售货物所得、提供劳务所得、转让财产所得、股息红利等权益性投资所得、利息所得、租金所得、特许权使用费所得、接受捐赠所得和其他所得。

2. 非居民企业的征税对象

非居民企业在中国境内设立机构、场所的，应当就其所设机构、场所取得的来源于中国境内的所得，以及发生在中国境外但与其所设机构、场所有实际联系的所得，缴纳企业所得税。非居民企业在中国境内未设立机构、场所的，或者虽设立机构、场所但取得的所得与其所设机构、场所没有实际联系的，应当就其来源于中国境内的所得缴纳企业所得税。居民企业与非居民企业判断标准如表4-1所示。

表4-1　居民企业与非居民企业判断标准

纳税人	判定标准	纳税人范围	征税对象
居民企业	(1)依照中国法律、法规在中国境内成立的企业 (2)依照外国(地区)法律成立但实际管理机构在中国境内的企业	包括：国有、集体、私营、联营、股份制等各类企业；外商投资企业和外国企业；有生产经营所得和其他所得的其他组织 不包括：个人独资企业和合伙企业(适用个人所得税)	来源于中国境内、境外的所得
非居民企业	依照外国(地区)法律、法规成立且实际管理机构不在中国境内，但在中国境内设立机构、场所的企业	在中国境内从事生产经营活动的机构、场所，包括： (1)管理机构、营业机构、办事机构 (2)工厂、农场、开采自然资源的场所 (3)提供劳务的场所 (4)从事建筑、安装、装配、修理、勘探等工程作业的场所 (5)其他从事生产经营活动的机构、场所	来源于中国境内的所得，以及发生在中国境外但与其所设机构、场所有实际联系的所得
	在中国境内未设立机构、场所，但有来源于中国境内所得的企业		来源于中国境内的所得

3. 所得来源地的确定

(1)销售货物所得，按照交易活动发生地确定。

(2)提供劳务所得，按照劳务发生地

确定。

(3)转让财产所得：

①不动产转让所得按照不动产所在地确定。

②动产转让所得按照转让动产的企业或者机构、场所所在地确定。

③权益性投资资产转让所得按照被投资企业所在地确定。

(4)股息、红利等权益性投资所得，按照分配所得的企业所在地确定。

(5)利息所得、租金所得、特许权使用费所得，按照负担、支付所得的企业或者机构、场所所在地确定，或者按照负担、支付所得的个人的住所地确定。

(6)其他所得，由国务院财政、税务主管部门确定。

考点二　企业所得税税率★★

扫我解疑难

经典例题

【例题1·单选题】根据企业所得税法的规定，下列适用15%税率的是(　)。

A. 国家重点扶持的高新技术企业

B. 在中国境内设有机构、场所且所得与机构、场所有关联的非居民企业

C. 在中国境内未设立机构、场所但有来源于中国境内所得的非居民企业

D. 在中国境内虽设立机构、场所但取得所得与境内机构、场所没有实际联系的非居民企业

【答案】A

【解析】选项B适用25%税率；选项C、D适用20%的税率(实际征税时按10%)。

【例题2·多选题】下列关于企业所得税税率的表述，正确的有(　)。

A. 在中国境内设有机构、场所且所得与机构、场所有关的非居民企业，适用25%的企业所得税税率

B. 在中国境内未设有机构、场所的，但有来源于中国境内所得的非居民企业，适用20%的企业所得税税率

C. 在中国境内设立机构、场所，但取得的所得与其机构、场所没有实际联系的非居民企业，适用25%的企业所得税税率

D. 国家重点扶持的高新技术企业，适用15%的企业所得税税率

【答案】ABD

【解析】在中国境内设立机构、场所，但取得的所得与其机构、场所没有实际联系的非居民企业，适用20%的企业所得税税率。

考点精析

企业所得税税率如表4-2所示。

表4-2　企业所得税税率

种类	税率	适用范围
基本税率	25%	(1)居民企业 (2)在中国境内设有机构、场所且所得与机构、场所有关联的非居民企业
预提所得税税率(源泉扣缴)	20%(实际征税时适用10%税率)	(1)在中国境内未设立机构、场所的非居民企业 (2)在中国境内虽设立机构、场所但取得的所得与其所设机构、场所没有实际联系的非居民企业
优惠税率	减按20%	符合条件的小型微利企业
	减按15%	(1)国家重点扶持的高新技术企业 (2)技术先进型服务企业 (3)符合条件的从事污染防治的第三方企业

考点三　收入总额★★★

扫我解疑难

经典例题

【例题1·单选题】(2018年)某居民企业以其持有的一处房产投资设立一家公司，如不考虑特殊性税务处理，下列关于该投资行为涉及企业所得税处理的表述中，正确的是(　)。

A. 以签订投资协议的当天为纳税申报时间

B. 以房产的账面价值作为被投资方的计税基础

C. 以房产对外投资确认的转让所得，按6年分期均匀计入相应年度的应纳税所得额

D. 对房产进行评估，并按评估后的公允价值扣除计税基础后的余额确认房产的转让所得

【答案】D

【解析】选项A，企业以非货币性资产对外投资，应于投资协议生效并办理股权登记手续时，确认非货币性资产转让收入的实现；选项B，以房产的评估的公允价值作为被投资方的计税基础；选项C，以房产对外投资确认的转让所得，按5年分期均匀计入相应年度的应纳税所得额。

【例题2·单选题】(2016年)企业在境内处置资产的下列情形中，应视同销售确认企业所得税应税收入的是(　)。

A. 将资产用于职工奖励或福利

B. 将资产用于加工另一种产品

C. 将资产用于在总分支机构之间转移

D. 将资产用于结构或性能改变

【答案】A

【解析】企业在境内处置资产时，当资产所有权属发生改变而不属于内部处置资产时，才应按照规定视同销售确认收入，只有选项A的所有权发生了改变。

【例题3·单选题】(2016年)某企业转让代个人持有的限售股，取得转让收入68万元，但不能提供真实的限售股原值凭证。该企业就限售股转让应缴纳的企业所得税是(　)万元。

A. 13.6　　B. 14.45

C. 15.3　　D. 12.75

【答案】B

【解析】限售股转让收入扣除限售股原值和合理税费后的余额为限售股转让所得。企业未能提供完整、真实的限售股原值凭证，不能准确计算该限售股原值的，主管税务机关一律按该限售股转让收入的15%，核定为该限售股原值和合理税费。

应纳所得税额 = 68×(1－15%)×25% = 14.45(万元)。

考点精析

本知识点虽然内容比较多，但考试重点比较突出，一般收入为综合题考点，其他为单选题、多选题考点。

(一)一般收入及处置资产

一般收入及处置资产收入如表4-3所示。

表4-3　一般收入及处置资产收入

内容	具体项目	特别关注内容
一般收入	(1)销售货物收入 (2)劳务收入 (3)转让财产收入	(1)企业投资者持有铁路债券取得的利息收入，减半征收企业所得税 (2)投资方的永续债利息收入，属于居民企业之间的股息、红利等权益性投资收益(免征企业所得税) (3)在股息、红利等权益性投资收益中，被投资企业将股权(票)溢价所形成的资本公积转为股本的，不作为投资方企业的股息、红利收入，投资方企业也不得增加该项长期投资的计税基础

续表

内容	具体项目	特别关注内容
一般收入	(4)股息、红利等权益性投资收益 (5)利息收入 (6)租金收入 (7)特许权使用费收入 (8)接受捐赠收入 (9)其他收入	(4)内地居民企业连续持有H股**满12个月**取得的股息、红利所得，依法免征企业所得税 (5)其他收入包括：企业资产溢余收入、逾期未退包装物押金收入、确实无法偿付的应付款项、已作坏账损失处理后又收回的应收款项、债务重组收入、补贴收入、违约金收入、汇兑收益等
处置资产收入的确认	内部处置资产，**不视同销售**确认收入	(1)将资产用于生产、制造、加工另一产品 (2)改变资产形状、结构或性能 (3)改变资产用途(如自建商品房转为自用或经营) (4)将资产在总机构及其分支机构之间转移 (5)上述两种或两种以上情形的混合 (6)其他不改变资产所有权属的用途
	资产移送他人，应按**视同销售**确定收入： (1)属于企业**自制**的资产，应按企业**同类资产同期对外销售价格**确定销售收入 (2)属于**外购**的资产，可按被移送资产的公允价值确定销售收入	(1)用于市场推广或销售 (2)用于交际应酬 (3)用于职工奖励或福利 (4)用于股息分配 (5)用于对外捐赠 (6)其他改变资产所有权的用途

(二)非货币性资产对外投资企业所得税处理(见表4-4)

非货币性资产，是指现金、银行存款、应收账款、应收票据以及准备持有至到期的债券投资等货币性资产以外的资产。

非货币性资产投资，限于以非货币性资产出资设立新的居民企业，或将非货币性资产注入现存的居民企业。

表4-4　非货币性资产对外投资企业所得税处理

企业	税务处理	收入确认时间
1. 投资企业(居民企业)	以非货币性资产对外投资确认的非货币性资产转让所得，可在不超过**5年期限**内，**分期均匀**计入相应年度的应纳税所得额，按规定计算缴纳企业所得税。 (1)非货币性资产**转让所得**：对非货币性资产进行评估并按评估后的公允价值扣除计税基础后的余额。 (2)**股权成本**：应以非货币性资产的**原计税成本**为计税基础，**加上每年确认**的非货币性资产转让所得，逐年进行调整	**投资协议生效并办理股权登记手续**时
2. 被投资企业	取得非货币性资产的计税基础，应按非货币性资产的**公允价值**确定	接受投资不缴纳企业所得税

(三)企业接收政府和股东划入资产所得税处理(见表4-5)

表4-5　企业接收政府和股东划入资产所得税处理

接收划入资产	接收项目	企业所得税处理
1. 企业接收政府划入资产	(1)接收**政府投资**资产	不属于收入范畴，按**国家资本金**处理 资产计税基础按**实际接收价**确定
	(2)接收政府**指定用途**资产	财政性资金性质的，作为**不征税收入**
	(3)接收政府**无偿划入**资产	并入当期应税收入。如果政府没有确定接收价值的，应按资产的**公允价值**确定应税收入

续表

接收划入资产	接收项目	企业所得税处理
2. 企业接收股东划入资产	(1)凡作为资本金(包括资本公积)处理	属于正常接收投资行为，不作为收入进行所得税处理
	(2)凡作为收入处理	属于接受捐赠行为，计入收入总额

(四)其他收入的确认(见表4-6)

表4-6　其他收入的确认

内容	具体项目	特别关注内容
相关收入实现的确认	采用售后回购方式销售商品的	销售的商品按售价确认收入，回购的商品作为购进商品处理。有证据表明不符合销售收入确认条件的，如以销售商品方式进行融资，收到的款项应确认为负债，回购价格大于原售价的，差额应在回购期间确认为利息费用
	销售商品以旧换新的	销售商品应当按照销售商品收入确认条件确认收入，回收的商品作为购进商品处理
	折扣折让	(1)商业折扣，应当按照扣除商业折扣后的金额确定销售商品收入金额 (2)现金折扣，应当按照扣除现金折扣前的金额确定销售商品收入金额，现金折扣在实际发生时作为财务费用扣除 (3)销售折让，应当在发生当期冲减当期销售商品收入
	企业以买一赠一等方式组合销售本企业商品	不属于捐赠，应将总的销售金额按各项商品的公允价值的比例来分摊确认各项的销售收入
企业转让上市公司限售股	可以准确计算限售股原值	限售股转让收入扣除限售股原值和合理税费后的余额为该限售股转让所得
	企业未能提供完整、真实的限售股原值凭证，不能准确计算该限售股原值	主管税务机关一律按该限售股转让收入的15%，核定为该限售股原值和合理税费，限售股转让所得=收入×(1-15%)

考点四　计税收入确认时间★

扫我解疑难

经典例题

【例题1·单选题】2018年年初A居民企业以实物资产500万元直接投资于B居民企业，取得B企业30%的股权。2019年11月，A企业将持有B企业的股权全部转让，取得收入600万元，转让时B企业在A企业投资期间形成的未分配利润为400万元。关于A企业该项投资业务的说法，正确的是(　)。

A. A企业取得投资转让所得100万元

B. A企业应确认投资的股息所得400万元

C. A企业应确认的应纳税所得额为-20万元

D. A企业投资转让所得应缴纳企业所得税15万元

【答案】A

【解析】转让股权收入扣除为取得该股权所发生的成本后，为股权转让所得。企业在计算股权转让所得时，不得扣除被投资企业未分配利润等股东留存收益中按该项股权所可能分配的金额。投资转让所得=600-500=100(万元)。

【例题2·单选题】根据企业所得税法的规

定，以下对于收入确认时间的表述中不正确的是(　)。

A. 特许权使用费收入，按照特许权使用人实际支付特许权使用费的日期确认收入的实现

B. 接受捐赠收入，按照实际收到捐赠资产的日期确认收入的实现

C. 利息收入，按照合同约定的债务人应付利息的日期确认收入的实现

D. 股息、红利等权益性投资收益，除国务院财政、税务主管部门另有规定外，按照被投资方作出利润分配决定的日期确认收入的实现

【答案】A

【解析】特许权使用费收入，按照合同约定的特许权使用人应付特许权使用费的日期确认收入的实现。

考点精析

计税收入确认时间如表 4-7 所示。

表 4-7　计税收入确认时间

收入项目	收入确认时间
商品销售收入	(1)销售商品采用托收承付方式的，在办妥托收手续时确认收入 (2)销售商品采取预收款方式的，在发出商品时确认收入 (3)销售商品需要安装和检验的，在购买方接受商品以及安装和检验完毕时确认收入。如果安装程序比较简单，可在发出商品时确认收入 (4)销售商品采用支付手续费方式委托代销的，在收到代销清单时确认收入
劳务收入 (详细内容见教材，在此处只是列举)	(1)安装费。应根据安装完工进度确认收入。安装工作是商品销售附带条件的，安装费在确认商品销售实现时确认收入 (2)宣传媒介的收费。应在相关的广告或商业行为出现于公众面前时确认收入。广告的制作费，应根据制作广告的完工进度确认收入 (3)软件费。为特定客户开发软件的收费，应根据开发的完工进度确认收入 (4)服务费。包含在商品售价内可区分的服务费，在提供服务的期间分期确认收入 (5)特许权费。属于提供设备和其他有形资产的特许权费，在交付资产或转移资产所有权时确认收入；属于提供初始及后续服务的特许权费，在提供服务时确认收入
企业转让股权收入	转让协议生效且完成股权变更手续时，确认收入的实现
国债转让收入	(1)企业转让国债应在转让国债合同、协议生效的日期，或者国债移交时确认转让收入的实现 (2)企业投资购买国债，到期兑付的，应在国债发行时约定的应付利息的日期，确认国债转让收入的实现
股息、红利等权益性投资收益	除国务院财政、税务主管部门另有规定外，按照被投资方作出利润分配决定的日期确认收入的实现
利息收入	按照合同约定的债务人应付利息的日期确认收入的实现
租金收入	按照合同约定的承租人应付租金的日期确认收入的实现
接受捐赠收入	按照实际收到捐赠资产的日期确认收入的实现
特许权使用费收入	按照合同约定的特许权使用人应付特许权使用费的日期确认收入的实现

续表

收入项目	收入确认时间
企业取得财产(包括各类资产、股权、债权等)转让收入、债务重组收入、接受捐赠收入、无法偿付的应付款收入等	不论是以货币形式还是非货币形式体现，除另有规定外，均应一次性计入确认收入的年度计算缴纳企业所得税

考点五 不征税收入和免税收入★★★

扫我解疑难

经典例题

【例题1·单选题】某企业购入政府发行的年利率为4.3%的一年期国债1 000万元，持有300天时以1 050万元的价格转让，该企业此笔交易的应纳税所得额为(　)万元。

A. 14.66　　B. 16.44

C. 35.34　　D. 53.34

【答案】A

【解析】国债利息收入=国债金额×(适用年利率÷365)×持有天数=1 000×(4.3%÷365)×300=35.34(万元)。国债利息收入免税，国债转让收入应计入应纳税所得额。该笔交易的应纳税所得额=1 050-35.34-1 000=14.66(万元)。

【例题2·多选题】根据企业所得税的优惠政策，下列收入中，属于免税收入的有(　)。

A. 企业购买国债取得的利息收入

B. 非营利组织从事营利性活动取得的收入

C. 在境内设立机构的非居民企业从居民企业取得的与该机构有实际联系的红利收入

D. 在中国境内设立机构的非居民企业连续持有上市公司股票不足12个月取得的投资收益

【答案】AC

【解析】选项B，非营利组织从事营利业务取得收入要征税，不能免税；选项D，投资上市公司股票不足12个月的收益，不能免税。

考点精析

不征税收入不同于免税收入，前者是专门从事特定目的的收入，理论上不应列为征收范围的收入范畴；后者是纳税人的应税收入总额的组成部分，只是体现国家某些经济政策和社会目标，在一定条件下给予的税收优惠。不征税收入与免税收入的具体内容如表4-8所示。

表4-8　不征税收入与免税收入

分类	具体项目	特别关注内容
不征税收入	(1)财政拨款 (2)依法收取并纳入财政管理的行政事业性收费、政府性基金 (3)其他不征税收入	企业取得的来源于政府及其有关部门的财政补助、补贴、贷款贴息，以及其他各类财政专项资金，包括直接减免的增值税和即征即退、先征后退、先征后返的各种税收，但不包括企业按规定取得的出口退税款

续表

分类	具体项目	特别关注内容
免税收入	**国债利息收入**	(1)企业从发行者直接投资购买的国债持有至到期，其从发行者取得的国债利息收入，全额免征企业所得税 (2)企业到期前转让国债，或者从非发行者投资购买的国债，其持有期间尚未兑付的国债利息收入，免征企业所得税 尚未兑付的国债利息收入 = 国债金额×(适用年利率÷365)×持有天数 (3)企业转让或到期兑付国债取得的价款，减除其购买国债成本，并扣除其持有期间尚未兑付的国债利息收入、交易过程中相关税费后的余额，为企业转让国债收益(损失)，应按规定纳税
	符合条件的居民企业之间的**股息、红利等权益性收益**，是指居民企业直接投资于其他居民企业取得的投资收益	(1)这两项都不包括连续持有居民企业公开发行并上市流通的股票不足**12个月**取得的投资收益 (2)投资方(居民企业)取得的永续债利息收入，适用于居民企业之间的股息、红利等权益性投资收益，免征企业所得税
	在中国境内设立机构、场所的非居民企业从居民企业取得与该机构、场所有实际联系的**股息、红利等权益性投资收益**	
	符合条件的非营利组织的收入(免税的非营利组织的收入，不包括非营利组织从事营利性活动取得的收入)	非营利组织的下列收入为免税收入： (1)接受其他单位或者个人捐赠的收入 (2)除《中华人民共和国企业所得税法》第七条规定的财政拨款以外的其他政府补助收入，但不包括因政府购买服务取得的收入 (3)按照省级以上民政、财政部门规定收取的会费 (4)不征税收入和免税收入孳生的银行存款利息收入 (5)财政部、国家税务总局规定的其他收入
专项用途财政性资金企业所得税处理的具体规定	(1)企业从县级以上各级人民政府财政部门及其他部门取得的应计入收入总额的财政性资金，凡同时符合以下条件的，可以作为不征税收入，在计算应纳税所得额时从收入总额中减除： ①企业能够提供规定资金专项用途的资金拨付文件 ②财政部门或其他拨付资金的政府部门对该资金有专门的资金管理办法或具体管理要求 ③企业对该资金以及以该资金发生的支出单独进行核算 (2)上述不征税收入用于支出所形成的费用，不得在计算应纳税所得额时扣除；用于支出所形成的资产，其计算的折旧、摊销不得在计算应纳税所得额时扣除	企业将符合本条规定条件的财政性资金作不征税收入处理后，在5年(60个月)内未发生支出且未缴回财政部门或其他拨付资金的政府部门的部分，应计入取得该资金第六年的应税收入总额；计入应税收入总额的财政性资金发生的支出，允许在计算应纳税所得额时扣除

阶段性测试

1.【单选题】以下适用20%企业所得税税率的企业是(　)。

A. 高新技术企业

B. 在中国境内的居民企业

C. 小型微利企业

D. 在我国设有机构且所得与机构有关联的非居民企业

2.【单选题】2019年12月甲食品厂给职工发放自产食品和当月外购的大米作为福利，其中食品的成本为10万元，同期对外不含税销售价格为20万元；大米购进价格为5万元。该厂发放上述福利应确认的收入是(　)万元。

A. 10　　　　B. 25

C. 30　　　　D. 35

3.【单选题】下列属于企业取得收入的货币形式的是(　)。

A. 债务的豁免

B. 股权投资

C. 不准备持有到期的债券投资

D. 无形资产

4.【单选题】下列各项收入中，应全额并入纳税人当年企业所得税应纳税所得额的是(　)。

A. 非货币资产对外投资形成的转让所得

B. 接收政府划入的非指定用途款项

C. 将资产用于加工生产另一产品

D. 从境内居民企业分回的权益性投资收益

阶段性测试答案精析

1. C　【解析】高新技术企业减按15%的税率征收企业所得税；在中国境内的居民企业适用25%的税率；在中国境内设有机构、场所且所得与机构、场所有关联的非居民企业，适用25%的税率。

2. B　【解析】企业发生视同销售情形时，属于企业自制的资产，应按企业同类资产对外销售价格确定销售收入；属于外购的资产，可按购入时的价格确定销售收入。

应确认的收入=20+5=25(万元)

3. A　【解析】选项B、C、D属于非货币形式取得的收入。

4. B　【解析】选项A，非货币资产对外投资形成的转让所得，可在5年内均匀纳税，而不是当年一次性纳税；选项C，将资产用于加工生产另一产品，属于内部移送；选项D，从境内居民企业分回的权益性投资收益为免税收入。

考点六　扣除项目一般规定★

扫我解疑难

经典例题

【例题·多选题】下列各项中属于可以在计算企业所得税应纳税所得额时扣除的税金有(　)。

A. 车船税　　　　B. 增值税

C. 消费税　　　　D. 房产税

【答案】ACD

【解析】增值税是价外税，不得税前扣除。

考点精析

(一)税前扣除项目的原则

1. 权责发生制原则

权责发生制原则指纳税人应在费用发生时而不是实际支付时确认扣除。

2. 配比原则

配比原则指企业发生的费用应当与收入配比扣除。纳税人某一纳税年度应申报的可扣除费用不得提前或滞后申报扣除。

3. 相关性原则

相关性原则指纳税人可扣除的费用从性质和根源上必须与取得应税收入直接相关。

4. 确定性原则

确定性原则指纳税人可扣除的费用不论何时支付，其金额必须是确定的。

5. 合理性原则

合理性原则指纳税人可扣除费用的计算和分配方法应符合一般的经营常规和会计惯例。

(二)准予扣除的基本项目——共5项

这是指与计税收入有关的成本、费用、税金、损失、扣除的其他支出，具体内容如表4-9所示。

表4-9 扣除项目

基本扣除项目	具体内容
成本	指生产经营成本
费用	指三项期间费用，包括销售(经营)费用、管理费用、财务费用，已经计入成本的有关费用除外 (1)销售费用：特别关注其中的广告费、运输费、销售佣金等费用 (2)管理费用：特别关注其中的业务招待费、职工福利费、工会经费、职工教育经费、为管理组织经营活动提供各项支援性服务而发生的费用等 (3)财务费用：特别关注其中的利息支出、借款费用等
税金	指销售税金及附加 (1)税金：已缴纳的消费税、城建税、资源税、土地增值税、出口关税、教育费附加、房产税、城镇土地使用税、印花税等各项税金及附加 (2)增值税为价外税，不包含在计税依据中，计算应纳税所得额时不得扣除
损失	指企业在生产经营活动中的损失和其他损失 (1)包括：固定资产和存货的盘亏、毁损、报废损失，转让财产损失，呆账损失，坏账损失，自然灾害等不可抗力因素造成的损失以及其他损失 (2)税前可以扣除的损失为净损失，即企业的损失减除责任人赔偿和保险赔款后的余额 (3)企业已经作为损失处理的资产，在以后纳税年度又全部收回或者部分收回时，应当计入当期收入
扣除的其他支出	指除成本、费用、税金、损失外，企业在生产经营活动中发生的与生产经营活动有关的、合理的支出

考点七 扣除项目及其标准与税前扣除凭证管理办法★★★

扫我解疑难

经典例题

【例题1·单选题】(2019年)企业发生的下列支出中，在计算企业所得税应纳税所得额时准予扣除的是(　)。

A. 向投资者分配的红利

B. 缴纳的增值税税款

C. 按规定缴纳的财产保险费

D. 违反消防规定被处以的行政罚款

【答案】C

【解析】选项A，向投资者支付的股息、红利等权益性投资收益款项不得在税前扣除；选项B，缴纳的增值税税款，不影响损益，不得在税前扣除。选项D，纳税人违反国家有关法律、法规规定，被有关部门处以的罚款不得在税前扣除。

【例题2·单选题】某商贸企业(增值税一般纳税人)成立于2019年6月，销售情况如下：开具增值税专用发票的不含税收入2 000万元，开具普通发票的含税收入904万元。企业发生管理费用110万元(其中：业务招待费20万元)，发生的销售费用600万元(其中广告费300万元，业务宣传费180万元)，发生的财务费用200万元，准予在企业所得税前扣除的期间费用为(　)万元。

A. 842　　B. 844

C. 850　　D. 902

【答案】A

【解析】企业发生的与生产经营活动有关的业

务招待费支出，按照发生额的60%扣除，但最高不得超过当年销售(营业)收入的5‰，销售收入×5‰=[2 000+904÷(1+13%)]×5‰=14(万元)，实际发生数×60%=20×60%=12(万元)，业务招待费扣除限额为两者中较少者，即12万元。企业发生的广告费和业务宣传费，不超过当年销售(营业)收入15%的部分，准予扣除。广告费和业务宣传费扣除限额=[2 000+904÷(1+13%)]×15%=420(万元)，超过扣除限额=(300+180)-420=60(万元)；企业所得税前扣除的期间费用=(110-20+12)+(600-60)+200=842(万元)。

【例题3·单选题】某电子公司(企业所得税税率15%)2019年1月1日向母公司(企业所得税税率25%)借入2年期借款5 000万元用于购置原材料，约定年利率为10%，银行同期同类贷款利率为7%。2019年电子公司企业所得税前可扣除的该笔借款的利息费用为(　)万元。

A. 0　　B. 350

C. 500　　D. 1 000

【答案】B

【解析】电子公司的实际税负不高于境内关联方，不需要考虑债资比的限制，该笔借款税前可以扣除的金额为不超过金融机构同期同类贷款利率计算的数额。电子公司企业所得税前可扣除的该笔借款的利息费用=5 000×7%=350(万元)。

考点精析

(一)工资、薪金支出

(1)企业发生的合理的工资、薪金支出准予据实扣除。工资、薪金支出是企业每一纳税年度支付给本企业任职或与其有雇佣关系的员工的所有现金或非现金形式的劳动报酬，包括基本工资、奖金、津贴、补贴、年终加薪、加班工资，以及与任职或者是受雇有关的其他支出。

(2)企业因雇用季节工、临时工、实习生以及返聘离退休人员所实际发生的费用，应区分为工资薪金支出和职工福利费支出，按规定在企业所得税前扣除。其中属于工资薪金支出的，准予计入企业工资薪金总额的基数，作为计算其他各项相关费用扣除的依据。

(3)企业接受外部劳务派遣用工所实际发生的费用，应分两种情况按规定在税前扣除：

①按照协议(合同)约定直接支付给劳务派遣公司的费用，应作为劳务费支出；

②直接支付给员工个人的费用，应作为工资薪金支出和职工福利费支出。其中属于工资薪金支出的费用，准予计入企业工资薪金总额的基数，作为计算其他各项相关费用扣除的依据。

(4)股权激励计划有关企业所得税处理。

①对股权激励计划实行后立即可以行权的，上市公司可以根据实际行权时该股票的公允价格与激励对象实际行权支付价格的差额和数量，计算确定作为当年上市公司工资薪金支出，依照税法规定进行税前扣除。

②对股权激励计划实行后，需待一定服务年限或者达到规定业绩条件(以下简称等待期)方可行权的。上市公司等待期内会计上计算确认的相关成本费用，不得在对应年度计算缴纳企业所得税时扣除。在股权激励计划可行权后，上市公司方可根据该股票实际行权时的公允价格与当年激励对象实际行权支付价格的差额及数量，计算确定作为当年上市公司工资薪金支出，依照税法规定进行税前扣除。

(二)职工福利费、工会经费、职工教育经费

规定标准以内按实际数扣除，超过标准的只能按标准扣除。标准为：

(1)企业发生的职工福利费支出，不超过工资薪金总额14%的部分准予扣除。

(2)企业拨缴的工会经费，不超过工资薪金总额2%的部分准予扣除。

(3)除国务院财政、税务主管部门另有规定外，企业发生的职工教育经费支出，不超过工资薪金总额8%(2018年起)的部分准予

扣除，超过部分准予结转以后纳税年度扣除。

软件生产企业发生的职工教育经费中的职工培训费用(准确划分)，根据规定，可以全额在企业所得税前扣除。

核力发电企业为培养核电厂操作员发生的培养费用(严格区分，单独核算)，依据规定，可作为企业的发电成本(全额)在税前扣除。

【知识点拨】“工资薪金总额”，不包括企业的职工福利费、职工教育经费、工会经费以及企业为职工缴纳的养老保险费、医疗保险费、失业保险费、工伤保险费、生育保险费等社会保险费和住房公积金。

(三)社会保险费

(1)按照政府规定的范围和标准缴纳的“五险一金”，即基本养老保险费、基本医疗保险费、失业保险费、工伤保险费、生育保险费等基本社会保险费和住房公积金，准予扣除。

(2)企业为投资者或者职工支付的补充养老保险费、补充医疗保险费，在国务院财政、税务主管部门规定的范围和标准内，准予扣除。

(3)企业参加财产保险，按规定缴纳的保险费，准予扣除；企业依照国家有关规定为特殊工种职工支付的人身安全保险费和符合国务院财政、税务主管部门规定可以扣除的商业保险费准予扣除。

『提示』企业为投资者或者职工支付的商业保险费，不得扣除。

(四)利息费用

根据融资主体、融资对象和融资方式的不同，利息费用的税务处理适用不同的规定。利息费用具体的所得税税务处理如表4-10所示。

表4-10　利息费用税务处理

利息的产生	税务处理
向金融企业借款的利息支出、金融企业的各项存款利息支出和同业拆借利息支出、企业经批准发行债券的利息支出	可据实扣除 【知识点拨】永续债发行方支付的永续债利息支出，不得在企业所得税前扣除
向非金融企业借款的利息支出	不超过按照金融企业同期同类贷款利率计算的数额的部分可据实扣除，超过部分不许扣除
关联企业利息费用的扣除	实际支付给关联方的利息支出，不超过以下规定比例和税法及其实施条例有关规定计算的部分，准予扣除，超过的部分不得在发生当期和以后年度扣除 接受关联方债权性投资与其权益性投资比例为：金融企业，为5∶1；其他企业，为2∶1
企业向自然人借款的利息支出	(1)企业向股东或其他与企业有关联关系的自然人借款的利息支出，符合条件的，计算企业所得税扣除额 (2)企业向内部职工或其他人员借款的利息支出，符合条件的，其利息支出在不超过按照金融企业同期同类贷款利率计算的数额的部分，准予扣除

(五)借款费用

(1)企业在生产经营活动中发生的合理的不需要资本化的借款费用，准予扣除。

(2)企业为购置、建造固定资产、无形资产和经过12个月以上的建造才能达到预定可销售状态的存货发生借款的，在有关资产购置、建造期间发生的合理的借款费用，应予以资本化，作为资本性支出计入有关资产的成本；有关资产交付使用后发生的借款利息，可在发生当期扣除，借款费用税务处理如表4-11所示。

表 4-11　借款费用税务处理

扣除标准	金融机构同期同类贷款利率计算的利息
准予扣除的借款费用（费用化利息，且在标准之内）	（1）向金融机构借款的费用支出，按实际发生数扣除 （2）向非金融机构借款的费用支出，在不高于按金融机构同期同类贷款利率计算的数额以内部分，准予扣除 （3）企业为购置、建造固定资产、无形资产和经过 12 个月以上的建造才能达到预定可销售状态的存货发生借款的，在有关资产交付使用后发生的借款利息，可在发生当期扣除
不准予扣除的借款费用（资本化的利息）	（1）企业为购置、建造固定资产、无形资产和经过 12 个月以上的建造才能达到预定可销售状态的存货发生借款的，在有关资产购置、建造期间发生的合理的借款费用，应计入有关资产的成本 （2）向非金融机构借款的费用支出，高于按金融机构同期同类贷款利率计算的数额以上部分，不准予扣除

（3）企业通过发行债券、取得贷款、吸收保户储金等方式融资而发生的合理的费用支出，符合资本化条件的，应计入相关资产成本；不符合资本化条件的，应作为财务费用，准予在企业所得税前据实扣除。

（六）汇兑损失

汇率折算形成的汇兑损失，除已经计入有关资产成本以及与向所有者分配相关的部分外，准予扣除。

（七）业务招待费

企业发生的与生产经营活动有关的业务招待费支出，按照**发生额的 60% 扣除，但最高不得超过当年销售（营业）收入的 5‰**，业务招待费税务处理如表 4-12 所示。

表 4-12　业务招待费税务处理

扣除额	公式及举例
扣除最高限额	销售（营业）收入×5‰
实际扣除数额	扣除最高限额与实际发生数额的 60% 孰低原则 例如，纳税人销售收入 2 000 万元，业务招待费扣除最高限额 2 000×5‰ = 10（万元）。分两种情况： （1）实际发生业务招待费 40 万元：40×60% = 24（万元）；税前可扣除 10 万元 （2）实际发生业务招待费 15 万元：15×60% = 9（万元）；税前可扣除 9 万元

【知识点拨 1】 业务招待费的税前扣除必须同时计算两个标准，选其中的**较小者**为税前扣除额。

【知识点拨 2】 当年销售（营业）收入包括**销售货物收入、劳务收入、出租财产收入、转让无形资产使用权收入、视同销售收入**等。

【知识点拨 3】 特殊行业的特殊规定：对从事股权投资业务的企业（包括集团公司总部、创业投资企业等），其从被投资企业所分配的股息、红利以及股权转让收入，可以按规定的比例计算业务招待费扣除限额。

【知识点拨 4】 企业在**筹建期间**，发生的与筹办活动有关的业务招待费支出，可**按实际发生额的 60% 计入企业筹办费，并按有关规定在税前扣除。**

（八）广告费和业务宣传费

（1）企业发生的符合条件的广告费和业务宣传费支出，除国务院财政、税务主管部门另有规定外，**不超过当年销售（营业）收入 15% 的部分，准予扣除；超过部分，准予结转以后纳税年度扣除。**

（2）自 2016 年 1 月 1 日起至 2020 年 12 月 31 日止，对**化妆品制造或销售、医药制造和饮料制造（不含酒类制造）**企业发生的广告费和业务宣传费支出，不超过当年销售(营业)收入30%的部分，准予扣除；超过部分，准予在以后纳税年度结转扣除。

(3)对签订广告费和业务宣传费分摊协议(以下简称分摊协议)的关联企业，其中一方发生的不超过当年销售(营业)收入税前扣除限额比例内的广告费和业务宣传费支出可以在本企业扣除，也可以将其中的部分或全部按照分摊协议归集至另一方扣除。

(4)烟草企业的烟草广告费和业务宣传费支出，一律不得在计算应纳税所得额时扣除。

(5)广告费、业务宣传费税务处理如表4-13所示。

表 4-13 广告费、业务宣传费税务处理

扣除额	公式及举例
扣除最高限额	销售(营业)收入×15%(三个特殊行业扣30%)
实际扣除数额	例如，纳税人销售收入2 000万元，扣除最高限额2 000×15%=300(万元)。分两种情况： (1)广告费发生200万元：税前可扣除200万元 (2)广告费发生350万元：税前可扣除300万元
超标准处理	结转以后纳税年度扣除

【知识点拨1】广告费和业务宣传费、业务招待费计算税前扣除限额的基数是相同的。

销售(营业)收入包括销售货物收入、劳务收入、出租财产收入、转让无形资产使用权收入、视同销售收入等，即会计核算中的"主营业务收入""其他业务收入"及所得税法规定的"视同销售收入"。

【知识点拨2】企业在筹建期间，发生的广告费和业务宣传费，可按实际发生额计入企业筹办费，并按有关规定在税前扣除。

(九)环境保护专项资金

企业依照法律、行政法规有关规定提取的用于环境保护、生态恢复等方面的专项资金准予扣除；上述专项资金提取后改变用途的，不得扣除。

(十)保险费

1. 企业参加财产保险，按照规定缴纳的保险费，准予扣除。

2. 企业参加雇主责任险、公众责任险等责任保险，按照规定缴纳的保险费，准予在企业所得税税前扣除。

(十一)租赁费

租入固定资产的方式分为两种：

经营性租赁是指所有权不转移的租赁；融资性租赁是指在实质上转移与一项资产所有权有关的全部风险和报酬的一种租赁。租入固定资产支付的租赁费，按照以下方法扣除：

(1)属于经营性租赁发生的租入固定资产租赁费，根据租赁期限均匀扣除。

(2)属于融资性租赁发生的租入固定资产租赁费，构成融资租入固定资产价值的部分应当提取折旧费用，分期扣除。

(十二)劳动保护费

企业发生的合理的劳动保护支出，准予扣除。例如企业根据其工作性质和特点，由企业统一制作并要求员工工作时统一着装所发生的工作服饰费用，可以作为企业合理的支出给予税前扣除。

(十三)公益性捐赠支出

(1)公益性捐赠，是指企业通过公益性社会团体或者县级以上人民政府及其部门，用于《中华人民共和国公益事业捐赠法》规定的公益事业的捐赠。

(2)企业发生的公益性捐赠支出，在年度利润总额12%以内的部分，准予在计算应纳税所得额时扣除；超过年度利润总额12%的部分，准予结转以后三年内在计算应纳税所得额时扣除。年度利润总额即会计利润。

(3)公益捐赠税务处理如表4-14所示。

表 4-14 公益捐赠税务处理

捐赠类型	项目税前扣除方法	要点
公益性捐赠	限额比例扣除	(1)限额比例：12% (2)限额标准：年度利润总额×12% (3)扣除方法：扣除限额与实际发生额中的较小者 (4)超标准捐赠，准予结转以后3年内税前扣除
非公益性捐赠	不得扣除	纳税人直接向受赠人的捐赠，应作纳税调整

【知识点拨1】计算公益性捐赠扣除限额的依据是年度会计利润总额，不是应纳税所得额。

【知识点拨2】企业将自产货物、外购的原材料等用于捐赠，应分解为按公允价值视同对外销售和捐赠两项业务进行所得税处理。

【新增政策】2019年1月1日至2022年12月31日，企业通过公益性社会组织或者县级（含县级）以上人民政府及其组成部门和直属机构，用于目标脱贫地区的扶贫捐赠支出，准予在计算企业所得税应纳税所得额时据实扣除。

企业同时发生扶贫捐赠支出和其他公益性捐赠支出，在计算公益性捐赠支出年度扣除限额时，符合条件的扶贫捐赠支出不计算在内。

（十四）有关资产的费用

企业转让各类固定资产发生的费用，允许扣除。

（十五）总机构分摊的费用

非居民企业在中国境内设立的机构、场所，就其中国境外总机构发生的与该机构、场所生产经营有关的费用，能够提供总机构出具的费用汇集范围、定额、分配依据和方法等证明文件，并合理分摊的，准予扣除。

（十六）资产损失

企业当期发生的固定资产和流动资产盘亏、毁损净损失，由其提供清查盘存资料经申报后，准予扣除。

（十七）其他项目

如会员费、合理的会议费、差旅费、违约金、诉讼费用等，准予扣除。

（十八）手续费及佣金支出

（1）企业发生与生产经营有关的手续费及佣金支出，不超过以下规定计算限额以内的部分，准予扣除；超过部分，不得扣除：

①保险企业：保险企业发生与其经营活动有关的手续费及佣金支出，不超过当年全部保费收入扣除退保金等后余额的18%（含本数）的部分在计算应纳所得额时准予扣除；超过部分，准予结转以后年度扣除。

上述政策依据财政部 税务总局公告2019年第72号关于保险企业手续费及佣金支出税前扣除政策的公告，教材内容未更新，题解按照新政策进行了调整。

②电信企业在发展客户、拓展业务等过程中（如委托销售电话入网卡、电话充值卡等），需向经纪人、代办商支付手续费及佣金的，其实际发生的相关手续费及佣金支出，不超过企业当年收入总额5%的部分，准予在企业所得税前据实扣除。

③从事代理服务、主营业务收入为手续费、佣金的企业（如证券、期货、保险代理等企业），其为取得该类收入而实际发生的营业成本（包括手续费及佣金支出），准予在企业所得税前据实扣除。

④其他企业：按与具有合法经营资格中介服务机构或个人（不含交易双方及其雇员、代理人和代表人等）所签订服务协议或合同确认的收入金额的5%计算限额。

（2）企业应与具有合法经营资格中介服务企业或个人签订代办协议或合同，并按国家有关规定支付手续费及佣金。除委托个人代理外，企业以现金等非转账方式支付的手续费及佣金不得在税前扣除。企业为发行权益性证券支付给有关证券承销机构的手续费及佣金不得在税前扣除。

(3)企业不得将手续费及佣金支出计入回扣、业务提成、返利、进场费等费用。

(4)企业已计入固定资产、无形资产等相关资产的手续费及佣金支出，应当通过折旧、摊销等方式分期扣除，不得在发生当期直接扣除。

(5)企业支付的手续费及佣金不得直接冲减服务协议或合同金额，并如实入账。

(十九)企业维简费支出

属于收益性支出的，可作为当期费用税前扣除；属于资本性支出的，应计入有关资产成本，按规定计提折旧或摊销费用在税前扣除。

(二十)金融企业贷款损失准备金企业所得税税前扣除

1. 金融企业发生的符合条件的涉农贷款和中小企业贷款损失，**应先冲减已在税前扣除的贷款损失准备金，不足冲减部分可据实在计算应纳税所得额时扣除。**

2. 金融企业的委托贷款、代理贷款、国债投资、应收股利、上交央行准备金以及金融企业剥离的债权和股权、应收财政贴息、央行款项等不承担风险和损失的资产，不得提取贷款损失准备金在税前扣除。

(二十一)小结

本知识点内容比较多，表4-15选择了一些比较重要的扣除项目给大家汇总。

表4-15　扣除项目及其标准

项目	扣除标准	超标准处理
职工福利费	不超过工资薪金总额**14%**的部分准予扣除	不得扣除
工会经费	不超过工资薪金总额**2%**的部分准予扣除	不得扣除
职工教育经费	不超过工资薪金总额**8%**的部分准予扣除	**当年不得扣除；但超过部分准予结转以后纳税年度扣除**
利息费用	不超过金融企业同期同类贷款利率计算的利息	不得扣除
业务招待费	按照发生额的**60%**扣除，但最高不得超过当年销售(营业)收入的**5‰**	不得扣除
广告费和业务宣传费	一般企业：不超过当年销售(营业)收入**15%**以内的部分，准予扣除 特殊行业：对化妆品制造或销售、医药制造和饮料制造(不含酒类制造)企业，不超过当年销售(营业)收入30%的部分，准予扣除	**当年不得扣除；但超过部分准予结转以后纳税年度扣除**
公益性捐赠支出	不超过年度利润总额**12%**的部分，准予扣除	**当年不得扣除；超过部分准予结转以后3年内扣除**
手续费及佣金支出	保险企业：不超过当年全部保费收入扣除退保金等后余额的18%(含本数)的部分，在计算应纳税所得额时准予扣除；超过部分，允许结转以后年度扣除	当年不得扣除，但超过部分准予结转以后纳税年度扣除
手续费及佣金支出	其他企业：按与具有合法经营资格中介服务机构或个人所签订服务协议或合同确认的收入金额的**5%**计算限额	不得扣除

考点八　不得扣除的项目★★★

扫我解疑难

经典例题

【例题1·单选题】(2017年)下列支出在计算企业所得税应纳税所得额时，准予按规定扣除的是(　)。

A. 企业内营业机构之间发生的租金支出

B. 企业之间发生的管理费支出

C. 企业发生的与生产有关的手续费支出

D. 企业内营业机构之间发生的特许权使用费支出

【答案】C

【解析】企业之间支付的管理费、企业内营业机构之间支付的租金和特许权使用费，以及非银行企业内营业机构之间支付的利息，不得在企业所得税前扣除。

【例题2·单选题】(2014年)下列各项支出中，可以在计算企业所得税应纳税所得额时扣除的是(　)。

A. 向投资者支付的股息

B. 合理的劳动保护支出

C. 为投资者支付的商业保险费

D. 内设营业机构之间支付的租金

【答案】B

【解析】选项A，向投资者支付的股息、红利等权益性投资收益款项，不得扣除；选项B，企业发生的合理的劳动保护支出，准予扣除；选项C，企业为投资者或者职工支付的商业保险费，不得扣除；选项D，企业内营业机构之间支付的租金，不得扣除。

【例题3·多选题】(2015年)居民企业发生的下列支出中，可在企业所得税税前扣除的有(　)。

A. 逾期归还银行贷款的罚息

B. 企业内营业机构之间支付的租金

C. 未能形成无形资产的研究开发费用

D. 以经营租赁方式租入固定资产的租金

【答案】ACD

【解析】企业内营业机构之间支付的租金不得税前扣除。

考点精析

在计算应纳税所得额时，下列支出不得扣除：

(1)向投资者支付的股息、红利等权益性投资收益款项。

(2)企业所得税税款。

(3)税收滞纳金。

(4)罚金、罚款和被没收财物的损失，是指纳税人违反国家有关法律、法规规定，被有关部门处以的罚款，以及被司法机关处以的罚金和被没收财物，也称作行政性罚款。

【知识点拨】行政性罚款不得扣除，经营性罚款可以税前扣除。经营性罚款是指发生在纳税人之间，违约方向对方支付的赔偿款。

(5)非公益性捐赠支出及超过规定标准和结转年限的公益性捐赠支出。

【规定】《企业所得税法》第九条规定以外的捐赠支出，第九条为：企业发生的公益性捐赠支出，在年度利润总额12%以内的部分，准予在计算应纳税所得额时扣除；超过年度利润总额12%的部分，准予结转以后三年内在计算应纳税所得额时扣除。

(6)赞助支出，是指企业发生的与生产经营活动无关的各种非广告性质支出。

(7)未经核定的准备金支出，是指不符合国务院财政、税务主管部门规定的各项资产减值准备、风险准备等准备金支出。

(8)企业之间支付的管理费、企业内营业机构之间支付的租金和特许权使用费，以及非银行企业内营业机构之间支付的利息。

(9)与取得收入无关的其他支出。

阶段性测试

1.【单选题】2019年某公司给自有员工实际发放合理工资总额为1 000万元；公司生产部门接受外部劳务派遣员工6人，每人每月支付劳务费 3 000 元。假设公司当年发生的职工福利费为 200 万元，职工福利费应调增应纳税所得额(　)万元。

A. 54.96　　B. 55.97

C. 56.98　　D. 60.00

2.【单选题】企业支付的下列保险费，不得在企业所得税税前扣除的是(　)。

A. 企业为投资者购买的商业保险

B. 企业按规定为职工购买的工伤保险

C. 企业为特殊工种职工购买的法定人身安全保险

D. 企业职工因公出差乘坐交通工具发生的人身意外保险费支出

阶段性测试答案精析

1. C 【解析】企业接受外部劳务派遣用工所实际发生的费用，应分两种情况按规定在税前扣除：按照协议(合同)约定直接支付给劳务派遣公司的费用，应作为劳务费支出；直接支付给员工个人的费用，应作为工资薪金支出和职工福利费支出。其中属于工资薪金支出的费用，准予计入企业工资薪金总额的基数，作为计算其他各项相关费用扣除的依据。

工资、薪金总额 = 1 000 + 6 × 3 000 × 12 ÷ 10 000 = 1 021.6(万元)

职工福利费扣除限额 = 1 021.6 × 14% = 143.02(万元)

职工福利费应调增应纳税所得额 = 200 − 143.02 = 56.98(万元)

2. A 【解析】企业为投资者或者职工支付的商业保险费，不得扣除。

考点九　亏损弥补★

扫我解疑难

经典例题

【例题·多选题】下列关于企业所得税税前亏损弥补的表述中，不正确的有(　)。

A. 企业在汇总计算缴纳企业所得税时，其境外营业机构的亏损可以抵减境内营业机构的盈利

B. 企业某一纳税年度发生的亏损，可以逐年延续弥补，但最长不得超过 10 年

C. 企业因以前年度资产损失未在税前扣除而多缴纳的企业所得税税款，可在追补确认年度企业所得税应纳税款中予以抵缴，抵缴不足的，可以在以后年度递延抵缴

D. 企业从事生产经营之前进行筹办活动期间发生筹办费用支出，应当计算当期的亏损

【答案】ABD

【解析】选项 A，企业在汇总计算缴纳企业所得税时，其境外营业机构的亏损不得抵减境内营业机构的盈利；选项 B，企业(高新技术和科技型中小企业除外)某一纳税年度发生的亏损，可以逐年延续弥补，但最长不得超过 5 年；选项 D，企业从事生产经营之前进行筹办活动期间发生筹办费用支出，不得计算为当期的亏损。

考点精析

(1)税法中亏损的确定。亏损是指企业依照企业所得税法和实施条例的规定，将每一纳税年度的收入总额减除不征税收入、免税收入和各项扣除后小于零的数额。

(2)亏损弥补的基本规定。税法规定，企业某一纳税年度发生的亏损可以用下一年度的所得弥补，下一年度的所得不足以弥补的，可以逐年延续弥补，但**最长不得超过 5 年**。

自 2018 年 1 月 1 日起，当年具备高新技术企业或科技型中小企业资格的企业，其具备资格年度之前 5 个年度发生的尚未弥补完的亏损，准予结转以后年度弥补，最长结转年限由 5 年延长至 10 年。

(3)亏损弥补的特殊规定。企业在汇总计算缴纳企业所得税时，其境外营业机构的亏损不得抵减境内营业机构盈利。

【知识点拨】境内被投资方企业的亏损，

也不得抵减投资方企业的盈利。

(4)企业筹办期间不计算为亏损年度，企业自开始生产经营的年度，为开始计算企业损益的年度。企业从事生产经营之前进行筹办活动期间发生筹办费用支出，不得计算为当期的亏损，企业可以在开始经营之日的当年一次性扣除，也可以按照新税法有关长期待摊费用的处理规定处理，但一经选定，不得改变。

(5)税务机关对企业以前年度纳税情况进行检查时调增的应纳税所得额，凡企业以前年度发生亏损、且该亏损属于企业所得税法规定允许弥补的，应允许调增的应纳税所得额弥补该亏损。弥补该亏损后仍有余额的，按照企业所得税法规定计算缴纳企业所得税。

考点十　资产的税务处理★★

扫我解疑难

经典例题

【例题1·单选题】(2015年)企业发生的下列支出中，可在发生当期直接在企业所得税税前扣除的是(　)。

A. 固定资产改良支出

B. 租入固定资产的改建支出

C. 固定资产的日常修理支出

D. 已足额提取折旧的固定资产的改建支出

【答案】C

【解析】企业的固定资产改良支出，如果有关固定资产尚未提足折旧，可增加固定资产价值；如有关固定资产已提足折旧，可作为长期待摊费用，在规定的期间内平均摊销；租入固定资产的改建支出和已足额提取折旧的固定资产的改建支出作为长期待摊费用，按照规定摊销的，准予扣除。

【例题2·单选题】甲投资公司2016年10月将2 400万元投资于未公开上市的乙公司，取得乙公司40%的股权。2019年5月，甲公司撤回其在乙公司的全部投资，共计从乙公司收回4 000万元。撤资时乙公司的累计未分配利润为600万元，累计盈余公积为400万元。则甲公司撤资应确认的投资资产转让所得为(　)万元。

A. 0　　B. 400

C. 1 200　　D. 1 600

【答案】C

【解析】投资企业从被投资企业撤回或减少投资，其取得的资产中，相当于初始出资的部分，应确认为投资收回；相当于被投资企业累计未分配利润和累计盈余公积按减少实收资本比例计算的部分，应确认为股息所得；其余部分确认为投资资产转让所得。撤资应确认的投资资产转让所得=4 000-2 400-(600+400)×40%=1 200(万元)。

【例题3·多选题】(2017年)下列支出作为长期待摊费用核算的有(　)。

A. 租入固定资产的改建支出

B. 固定资产的大修理支出

C. 已足额提取折旧的固定资产的改建支出

D. 接受捐赠固定资产改建支出

【答案】ABC

【解析】作为长期待摊费用的有：①已足额提取折旧的固定资产的改建支出；②租入固定资产的改建支出；③固定资产的大修理支出。

【例题4·多选题】下列关于无形资产的企业所得税处理中，正确的有(　)。

A. 无形资产的摊销，采取直线法计算

B. 无形资产的摊销年限不得低于10年

C. 自创的商誉不得计算摊销费用扣除

D. 外购商誉的支出，不得税前扣除

【答案】ABC

【解析】选项D，在企业整体转让或清算时，外购商誉的支出，准予扣除。

考点精析

(一)固定资产的税务处理

1. 固定资产计税基础

固定资产计税基础为历史成本(指企业取

得该项固定资产时实际发生的支出）。

2. 固定资产折旧的范围

在计算应纳税所得额时，企业按照规定计算的固定资产折旧，准予扣除。下列固定资产不得计算折旧扣除：

（1）房屋、建筑物以外未投入使用的固定资产。

（2）以经营租赁方式租入的固定资产。

（3）以融资租赁方式租出的固定资产。

（4）已足额提取折旧仍继续使用的固定资产。

（5）与经营活动无关的固定资产。

（6）单独估价作为固定资产入账的土地。

（7）其他不得计算折旧扣除的固定资产。

3. 固定资产折旧的计提方法

（1）新增加的固定资产，自投入使用月份的次月起计算折旧。

（2）固定资产的预计净残值一经确定，不得变更。

（3）固定资产按照直线法计算的折旧，准予扣除。

4. 固定资产折旧的计提年限

最长为20年（房屋、建筑物）；最短为3年（电子设备）。

【知识点拨1】准予加速折旧的企业，可以采取缩短折旧年限方法，最低折旧年限不得低于规定折旧年限的60%。

【知识点拨2】企业在2018年1月1日至2020年12月31日期间新购进的设备、器具，单位价值不超过500万元的，允许一次性计入当期成本费用，在计算应纳税所得额时扣除，不再分年度计算折旧。

5. 固定资产折旧的企业所得税处理

（1）企业固定资产会计折旧年限如果短于税法规定的最低折旧年限，其按会计折旧年限计提的折旧高于按税法规定的最低折旧年限计提的折旧部分，应调增当期应纳税所得额；企业固定资产会计折旧年限已期满且会计折旧已提足，但税法规定的最低折旧年限尚未到期且税收折旧尚未足额扣除，其未足额扣除的部分准予在剩余的税收折旧年限继续按规定扣除。

（2）企业固定资产会计折旧年限如果长于税法规定的最低折旧年限，其折旧应按会计折旧年限计算扣除，税法另有规定除外。

（3）企业按税法规定实行加速折旧的，其按加速折旧办法计算的折旧额可全额在税前扣除。

6. 固定资产改扩建的税务处理

企业对房屋、建筑物固定资产在未足额提取折旧前进行改扩建的，按如下规定处理：

（1）属于推倒重置的，该资产原值减除提取折旧后的净值，应并入重置后的固定资产计税成本，并在该固定资产投入使用后的次月起，按照税法规定的折旧年限，一并计提折旧。

（2）属于提升功能、增加面积的，该固定资产的改扩建支出，并入该固定资产计税基础，并从改扩建完工投入使用后的次月起，重新按税法规定的该固定资产折旧年限计提折旧，如该改扩建后的固定资产尚可使用的年限低于税法规定的最低年限的，可以按尚可使用的年限计提折旧。

（二）生物资产的税务处理

生物资产是指有生命的动物和植物。生物资产分为消耗性生物资产、生产性生物资产和公益性生物资产。

【知识点拨1】只有生产性生物资产可以计提折旧。

【知识点拨2】生产性生物资产包括经济林、薪炭林、产畜和役畜等。

（三）无形资产的税务处理

（1）无形资产的计税基础（见表4-16）。

表 4-16　无形资产的计税基础

项目	计税基础
外购的无形资产	以购买价款和支付的相关税费以及直接归属于使该资产达到预定用途发生的其他支出
自行开发的无形资产	以开发过程中该资产符合资本化条件后至达到预定用途前发生的支出
通过捐赠、投资、非货币性资产交换、债务重组等方式取得的无形资产	以该资产的公允价值和支付的相关税费

(2)下列无形资产不得计算摊销费用扣除：

①自行开发的支出已在计算应纳税所得额时扣除的无形资产。

②自创商誉。

③与经营活动无关的无形资产。

④其他不得计算摊销费用扣除的无形资产。

(3)无形资产的摊销方法及年限。

①采取直线法计算，摊销年限不得低于10年。

②外购商誉的支出，在企业整体转让或清算时，准予扣除。

(四)长期待摊费用的税务处理

(1)企业发生的下列支出作为长期待摊费用，按照规定摊销，准予扣除：

①已足额提取折旧的固定资产的改建支出。

②租入固定资产的改建支出。

③固定资产的大修理支出。

④其他应当作为长期待摊费用的支出。

(2)固定资产的大修理支出，是指同时符合下列条件的支出：

①修理支出达到取得固定资产时的计税基础50%以上。

②修理后固定资产的使用年限延长2年以上。

(3)固定资产改建支出。如果有关固定资产尚未提足折旧，可增加固定资产价值；已足额提取折旧的固定资产的改建支出，按照固定资产预计尚可使用年限分期摊销；租入固定资产的改建支出，按照合同约定的剩余租赁期限分期摊销；改建的固定资产延长使用年限的，除已足额提取折旧的固定资产、租入固定资产的改建支出外，其他的固定资产发生改建支出，应当适当延长折旧年限。

(4)其他应当作为长期待摊费用的支出。自支出发生月份的次月起，分期摊销，摊销年限不得低于3年。

(五)存货的税务处理

(1)存货的成本计算方法：在先进先出法、加权平均法、个别计价法中选用一种。

【知识点拨】不得采用后进先出法。

(2)除国务院财政、税务主管部门另有规定外，企业在重组过程中，应当在交易发生时确认有关资产的转让所得或者损失，相关资产应当按照交易价格重新确定计税基础。

(六)投资资产的税务处理

(1)企业对外投资期间，投资资产的成本在计算应纳税所得额时不得扣除，企业在转让或者处置投资资产时，投资资产的成本准予扣除。

(2)投资企业撤回或减少投资的税务处理。

①投资企业从被投资企业撤回或减少投资，其取得的资产中，相当于初始出资的部分，应确认为投资收回；相当于被投资企业累计未分配利润和累计盈余公积按减少实收资本比例计算的部分，应确认为股息所得；其余部分确认为投资资产转让所得。

②被投资企业发生的经营亏损，由被投资企业按规定结转弥补；投资企业不得调整减低其投资成本，也不得将其确认为投资损失。

考点十一　资产损失税前扣除的所得税处理★

扫我解疑难

经典例题

【例题·多选题】下列关于资产损失税前扣除的规定中，表述正确的有（　）。

A. 固定资产和存货的盘亏、毁损、被盗损失属于企业所得税中规定的资产损失，但是自然灾害等不可抗力因素造成的损失不属于企业所得税中规定的资产损失

B. 企业因存货盘亏、毁损、报废、被盗等原因不得从增值税销项税额中抵扣的进项税额，可以与存货损失一起在计算应纳税所得额时扣除

C. 企业清查出的现金短缺减除责任人赔偿后的余额，作为现金损失在计算应纳税所得额时扣除

D. 对企业报废的固定资产，以该固定资产的账面净值减除残值、保险赔款和责任人赔偿后的余额，作为固定资产报废损失在计算应纳税所得额时扣除

【答案】BCD

【解析】自然灾害等不可抗力因素造成的损失属于企业所得税中规定的资产损失的范畴。

考点精析

（一）资产损失的含义

资产损失，是指企业在生产经营活动中实际发生的、与取得应税收入有关的资产损失，包括现金损失，存款损失，坏账损失，贷款损失，股权投资损失，固定资产和存货的盘亏、毁损、被盗损失，自然灾害等不可抗力因素造成的损失以及其他损失。

（二）资产损失扣除政策

（1）企业清查出的现金短缺减除责任人赔偿后的余额，作为现金损失在计算应纳税所得额时扣除。

（2）对企业盘亏的固定资产或存货，以该固定资产的账面净值或存货的成本减除责任人赔偿后的余额，作为固定资产或存货盘亏损失在计算应纳税所得额时扣除。

（3）对企业毁损、报废的固定资产或存货，以该固定资产的账面净值或存货的成本减除残值、保险赔款和责任人赔偿后的余额，作为固定资产或存货毁损、报废损失在计算应纳税所得额时扣除。

（4）对企业被盗的固定资产或存货，以该固定资产的账面净值或存货的成本减除保险赔款和责任人赔偿后的余额，作为固定资产或存货被盗损失在计算应纳税所得额时扣除。

（5）企业因存货盘亏、毁损、报废、被盗等原因不得从增值税销项税额中抵扣的进项税额，可以与存货损失一起在计算应纳税所得额时扣除。

（三）资产损失税前扣除管理

准予在企业所得税前扣除的资产损失，包括实际资产损失和法定资产损失。

（1）企业实际资产损失，应当在其实际发生且会计上已做损失处理的年度申报扣除；企业向税务机关申报扣除资产损失，仅需填报《企业所得税年度纳税申报表资产损失税前扣除及纳税调整明细表》，不再报送资产损失相关资料，相关资料由企业留存备查。

（2）法定资产损失，指企业虽未实际处置、转让上述资产，但符合规定条件计算确认的损失——应在申报年度扣除。

【知识点拨】以前年度未扣除损失：

（1）应向税务机关说明并进行专项申报扣除。

（2）属于实际资产损失，追补至损失发生年度扣除，追补期不超过5年。

实际资产损失发生年度扣除追补确认损失后出现亏损的，先调发生年度亏损额，再按弥补亏损的原则计算以后年度多缴的企业所得税税款，在追补年度的应纳税款中扣除。

（3）属于法定资产损失，在申报年度扣除。

考点十二　企业重组的所得税处理★★★

扫我解疑难

经典例题

【例题 1 · 单选题】甲企业持有乙企业 93% 的股权，共计 3 000 万股。2019 年 8 月丙企业决定收购甲企业所持有的乙企业全部股权，该股权每股计税基础为 10 元、收购日每股公允价值为 12 元。在收购中丙企业以公允价值为 32 400 万元的股权以及 3 600 万元银行存款作为支付对价，假定该收购行为符合且企业选择特殊性税务处理，则甲企业股权转让的应纳税所得额为(　)万元。

A. 300　　　B. 600

C. 5 400　　　D. 6 000

【答案】B

【解析】对于被收购企业的股东取得的收购企业股权的计税基础，以被收购股权的原有计税基础确定。所以股权支付的部分不确认所得和损失，对于非股权支付的部分，要按照规定确认所得和损失，依法计算缴纳企业所得税。

甲企业转让股权的应纳税所得额＝(3 000×12－3 000×10)×3 600÷(32 400＋3 600)＝600(万元)。

【例题 2 · 多选题】(2017 年)下列关于企业资产收购重组的一般性税务处理的表述中，正确的有(　)。

A. 被收购方应确认资产的转让所得或损失

B. 收购方取得资产的计税基础应以公允价值为基础确定

C. 被收购企业的相关所得税事项原则上保持不变

D. 受让方取得转让企业资产的计税基础以被转让资产的原有计税基础确定

【答案】ABC

【解析】企业股权收购、资产收购重组交易，相关交易的处理：(1)被收购方应确认股权、资产转让所得或损失；(2)收购方取得股权或资产的计税基础应以公允价值为基础确定；(3)被收购企业的相关所得税事项原则上保持不变。

【例题 3 · 多选题】对 100% 直接控制的居民企业之间按照账面净值划转资产，符合特殊性税务处理条件的下列税务处理，正确的有(　)。

A. 划入方企业取得的被划转资产，应按其账面原值计算折旧扣除

B. 划入方企业取得被划转资产的计税基础以账面原值确定

C. 划入方企业取得的被划转资产，应按其账面净值计算折旧扣除

D. 划入方企业不确认所得

【答案】CD

【解析】划入方企业取得被划转资产的计税基础以账面净值确定。

考点精析

(一)企业重组的一般性税务处理

(1)企业由法人转变为个人独资企业、合伙企业等非法人组织，或将登记注册地转移至中华人民共和国境外(包括港澳台地区)，应视同企业进行清算、分配，股东重新投资成立新企业。企业的全部资产以及股东投资的计税基础均应以公允价值为基础确定。

企业发生其他法律形式简单改变的，可直接变更税务登记，除另有规定外，有关企业所得税纳税事项(包括亏损结转、税收优惠等权益和义务)由变更后企业承继，但因住所发生变化而不符合税收优惠条件的除外。

(2)企业债务重组，相关交易应按以下规定处理：

①以非货币性资产清偿债务，应当分解为转让相关非货币性资产、按非货币性资产公允价值清偿债务两项业务，确认相关资产的所得或损失。

②发生债权转股权的，应当分解为债务清偿和股权投资两项业务，确认有关债务清

偿所得或损失。

③债务人应当按照支付的债务清偿额低于债务计税基础的差额，确认债务重组所得；债权人应当按照收到的债务清偿额低于债权计税基础的差额，确认债务重组损失。

(3)企业股权收购、资产收购重组交易；企业合并；企业分立(了解一般规定)。

(二)企业重组的特殊性税务处理

(1)企业重组同时符合下列条件的，适用特殊性税务处理规定：

①具有合理的商业目的，且不以减少、免除或者推迟缴纳税款为主要目的。

②被收购、合并或分立部分的资产或股权比例符合规定的比例(不低于50%)。

③企业重组后的连续12个月内不改变重组资产原来的实质性经营活动。

④重组交易对价中涉及股权支付金额符合规定比例(不低于85%)。

⑤企业重组中取得股权支付的原主要股东，在重组后连续12个月内，不得转让所取得的股权。

(2)企业债务重组。

①企业债务重组确认的应纳税所得额占该企业当年应纳税所得额50%以上，可以在5个纳税年度的期间内，均匀计入各年度的应纳税所得额。

②企业发生债权转股权业务，对债务清偿和股权投资两项业务暂不确认有关债务清偿所得或损失，股权投资的计税基础以原债权的计税基础确定。企业的其他相关所得税事项保持不变。

③股权收购、资产收购、企业合并、企业分立(了解一般规定)。

【知识点拨】重组交易各方：

a. 对交易中股权支付，暂不确认有关资产的转让所得或损失。

b. 对交易中非股权支付仍应在交易当期确认相应的资产转让所得或损失，并调整相应资产的计税基础。

非股权支付对应的资产转让所得或损失=(被转让资产的公允价值-被转让资产的计税基础)×(非股权支付金额÷被转让资产的公允价值)

(3)合并、分立中原有优惠处理。

①在企业吸收合并中，合并后的存续企业性质及适用税收优惠的条件未发生改变的，可以继续享受合并前该企业剩余期限的税收优惠，其优惠金额按存续企业合并前一年的应纳税所得额(亏损计为零)计算。

②在企业存续分立中，分立后的存续企业性质及适用税收优惠的条件未发生改变的，可以继续享受分立前该企业剩余期限的税收优惠，其优惠金额按该企业分立前一年的应纳税所得额(亏损计为零)乘以分立后存续企业资产占分立前该企业全部资产的比例计算。

(4)对100%直接控制的居民企业之间，以及受同一或相同多家居民企业100%直接控制的居民企业之间按账面净值划转股权或资产，凡具有合理商业目的，不以减少、免除或者推迟缴纳税款为主要目的，股权或资产划转后连续12个月内不改变被划转股权或资产原来实质性经营活动，且划出方企业和划入方企业均未在会计上确认损益的，可以选择按以下规定进行特殊性税务处理：

①划出方企业和划入方企业均不确认所得。

②划入方企业取得被划转股权或资产的计税基础，以被划转股权或资产的原账面净值确定。

③划入方企业取得的被划转资产，应按其原账面净值计算折旧扣除。

阶段性测试

1.【单选题】根据企业所得税法的规定，下列固定资产可以计提折旧在税前扣除的是(　)。

A. 以融资租赁方式租出的固定资产

B. 以融资租赁方式租入的固定资产

C. 单独估价作为固定资产入账的土地

D. 以经营租赁方式租入的固定资产

2.【单选题】下列各项中，符合企业所得税亏损弥补规定的是(　)。

A. 被投资企业发生经营亏损，可用投资方所得弥补

B. 投资方企业发生亏损，可用被投资企业分回的所得弥补

C. 企业境内总机构发生的亏损，只能用总机构以后年度的所得弥补

D. 企业境外分支机构的亏损，可用境内总机构的所得弥补

3.【单选题】摩托车生产企业合并一家小型股份公司，股份公司全部资产公允价值为5 700万元、全部负债公允价值为3 200万元、未超过弥补年限的亏损额为620万元。合并时摩托车生产企业给股份公司的股权支付额为2 300万元、银行存款200万元。该合并业务符合企业重组特殊性税务处理的条件且选择此方法执行。截止到当年年末国家发行的最长期限的国债利率为6%。则合并企业可弥补的被合并企业亏损限额为(　)万元。

A. 620　　　　B. 120

C. 150　　　　D. 200

4.【多选题】企业所得税税前可扣除的损失有(　)。

A. 坏账损失

B. 存货盘亏损失

C. 报废损失

D. 损失有保险赔偿部分

阶段性测试答案精析

1. B 【解析】选项B，以融资租赁方式租入的固定资产可以计提折旧；选项A、C、D不得计提折旧。

2. B 【解析】被投资企业的亏损应由被投资企业按规定结转弥补，不得用投资方所得弥补；企业境内总机构发生的亏损可用分支机构的所得弥补；企业境外分支机构的亏损，不可以用境内总机构的所得弥补。

3. C 【解析】根据税法规定，特殊性税务处理条件下，被合并企业可由合并企业弥补的亏损限额=被合并企业净资产公允价值×截至合并业务发生当年年末国家发行的最长期限的国债利率。

合并企业可弥补的被合并企业亏损限额=(5 700−3 200)×6%=150(万元)。

4. ABC 【解析】资产损失，是指企业在生产经营活动中实际发生的、与取得应税收入有关的资产损失，包括现金损失，存款损失，坏账损失，贷款损失，股权投资损失，固定资产和存货的盘亏、毁损、报废、被盗损失，自然灾害等不可抗力因素造成的损失及其他损失。

考点十三　税收优惠★★★

扫我解疑难

经典例题

【例题1·单选题】(2018年)非居民企业取得的下列所得中，应当计算缴纳企业所得税的是(　)。

A. 国际金融组织向中国政府提供优惠贷款取得的利息所得

B. 国际金融组织向中国居民企业提供优惠贷款取得的利息所得

C. 外国政府向中国政府提供贷款取得的利息所得

D. 外国金融机构向中国居民企业提供商业贷款取得的利息所得

【答案】D

【解析】非居民企业取得的下列所得免征企业所得税：(1)外国政府向中国政府提供贷款取得的利息所得；(2)国际金融组织向中国政府和居民企业提供优惠贷款取得的利息所得；(3)经国务院批准的其他所得。

【例题2·单选题】企业从事下列项目取得的所得中，减半征收企业所得税的是(　)。

A. 饲养家禽　　　　B. 远洋捕捞

C. 海水养殖　　　　D. 种植中药材

【答案】C

【解析】企业从事下列项目的所得，减半征收企业所得税：(1)花卉、茶以及其他饮料作物和香料作物的种植；(2)海水养殖、内陆养殖。

【例题3·单选题】某企业2019年6月购置并投入使用环境保护专用设备(属于企业所得税优惠目录的范围)，取得增值税专用发票注明的金额300万元、税额48万元，2019年该企业应纳税所得额168万元。该企业当年应缴纳的企业所得税是(　)万元。

A. 6.9　　B. 12.0

C. 26.0　　D. 42.0

【答案】B

【解析】企业购置并实际使用《环境保护专用设备企业所得税优惠目录》规定的专用设备的，该专用设备的投资额的10%可以从企业当年的应纳税额中抵免。应纳企业所得税 = $168 \times 25\% - 300 \times 10\% = 12$(万元)。

【例题4·多选题】(2015年改)下列企业于2019年1月1日后购进的固定资产，在计算企业所得税应纳税所得额时，可以一次性计入成本费用扣除的有(　)。

A. 商场购进价值为4 500元的二维码打码器

B. 小型微利饮料厂购进价值为20万元生产用的榨汁机

C. 集成电路生产企业购进价值为120万元专用于研发的分析仪

D. 小型微利信息技术服务公司购进价值为80万元研发用的服务器群组

【答案】ABCD

【解析】对所有行业企业在2018年1月1日至2020年12月31日期间新购进的设备、器具，单位价值不超过500万元的，允许一次性计入当期成本费用在计算应纳税所得额时扣除，不再分年度计算折旧。

考点精析

(一)免征与减征优惠

1. 从事农、林、牧、渔业项目的所得

企业从事农、林、牧、渔业项目所得，包括免征和减征两部分。企业从事下列项目的所得，减半征收企业所得税：

(1)花卉、茶以及其他饮料作物和香料作物的种植。

(2)海水养殖、内陆养殖。

2. 从事国家重点扶持的公共基础设施项目投资经营的所得

自项目取得第一笔生产经营收入所属纳税年度起，第一至三年免征企业所得税，第四至六年减半征收企业所得税。

3. 从事符合条件的环境保护、节能节水项目的所得

自项目取得第一笔生产经营收入所属纳税年度起，第一至三年免征企业所得税，第四至六年减半征收企业所得税。

4. 符合条件的技术转让所得

『提示』此项优惠为考试中综合题的高频考点。

企业所得税法所称符合条件的技术转让所得免征、减征企业所得税，是指一个纳税年度内，居民企业转让技术所有权所得不超过500万元的部分，免征企业所得税；超过500万元的部分，减半征收企业所得税。

【知识点拨1】技术转让的范围，包括居民企业转让专利技术、计算机软件著作权、集成电路布图设计权、植物新品种、生物医药新品种、5年(含)以上非独占许可使用权，以及财政部和国家税务总局确定的其他技术。

【知识点拨2】符合条件的技术转让所得的计算方法：

技术转让所得=技术转让收入-技术转让成本-相关税费

或技术转让所得=技术转让收入-无形资产摊销费用-相关税费-应分摊期间费用

(二)适用15%优惠税率企业：

1. 国家需要重点扶持的高新技术企业：减按15%的所得税税率征收企业所得税。

【知识点拨】以境内、境外全部生产经营活动有关的研究开发费用总额、总收入、销

售收入总额、高新技术产品（服务）收入等指标申请并经认定的高新技术企业，对其来源于境外所得可以按照15%的优惠税率缴纳企业所得税，在计算境外抵免限额时，可按照15%的优惠税率计算境内外应纳税总额。

2. 经认定的技术先进型服务企业：减按15%的税率征收企业所得税。

3. 符合条件的从事污染防治的第三方企业（第三方防治企业）：减按15%的税率征收企业所得税

（三）小型微利企业

1. 小型微利企业减按20%的所得税税率征收企业所得税。

2. 自2019年1月1日至2021年12月31日优惠政策对小型微利企业年应纳税所得额不超过100万元的部分，减按25%计入应纳税所得额；对年应纳税所得额超过100万元但不超过300万元的部分，减按50%计入应纳税所得额。

『提示』0－100万元，101万元－300万元，分段计算，各段相加。

3. 对小型微利企业条件有所调整：

2019.1.1至2021.12.31“小型微利企业”是指：（1）从事国家非限制和禁止行业；（2）同时符合年度应纳税所得额不超过300万元、从业人数不超过300人、资产总额不超过5 000万元三个条件的企业。

（四）加计扣除优惠

1. 研发费用：

（1）企业开展研发活动发生的研究开发费用，未形成无形资产计入当期损益的，在按照规定据实扣除的基础上，按照研究开发费用的75%加计扣除；形成无形资产的，按照无形资产成本的175%摊销。

（2）企业委托外部机构或个人进行研发活动所发生的费用，按照费用实际发生额的80%计入委托方研发费用并计算加计扣除，受托方不得再进行加计扣除。

委托境外（不含个人）进行研发活动所发生的费用，按照费用实际发生额的80%计入委托方的委托境外研发费用。委托境外研发费用不超过境内符合条件的研发费用三分之二的部分，可以按规定在企业所得税前加计扣除。

2. 安置残疾人员所支付的工资：

企业安置残疾人员的，在按照支付给残疾职工工资据实扣除的基础上，按照支付给残疾职工工资的100%加计扣除。

『提示』两项加计扣除均属于纳税调整项目，为考试中综合题的高频考点。

（五）创投企业优惠

创业投资企业优惠是指创业投资企业采取股权投资方式投资于初创科技型企业满2年的，可以按照其投资额的70%在股权持有满2年的当年抵扣该创业投资企业的应纳税所得额；当年不足抵扣的，可以在以后纳税年度结转抵扣。

『举例』甲企业2018年1月1日向乙企业（初创科技型企业）投资100万元，股权持有到2019年12月31日。则甲企业2019年度可抵扣的应纳税所得额为70万元。

【知识点拨1】自2018年1月1日起，公司制创业投资企业采取股权投资方式直接投资于种子期、初创期科技型企业（简称初创科技型企业）满2年（24个月）的，可以按照投资额的70%在股权持有满2年的当年抵扣该公司制创业投资企业的应纳税所得额；当年不足抵扣的，可以在以后纳税年度结转抵扣。

【知识点拨2】有限合伙制创业投资企业采取股权投资方式直接投资于初创科技型企业满2年的，该合伙创投企业的法人合伙人可以按照对初创科技型企业投资额的70%抵扣法人合伙人从合伙创投企业分得的所得；当年不足抵扣的，可以在以后纳税年度结转抵扣。

有限合伙制创业投资企业采取股权投资方式直接投资于初创科技型企业满2年的，该合伙创投企业的个人合伙人可以按照对初创科技型企业投资额的70%抵扣个人合伙人从合伙创投企业分得的经营所得；当年不足抵扣的，可以在以后纳税年度结转抵扣。

（六）加速折旧优惠

1. 可采用加速折旧方法的固定资产

可采用加速折旧方法的固定资产是指：由于技术进步，产品更新换代较快的固定资产；常年处于强震动、高腐蚀状态的固定资产；采取缩短折旧年限方法的，最低折旧年限不得低于规定折旧年限的60%。

2. 加速折旧方法

加速折旧方法包括双倍余额递减法、年数总和法。

3. 加速折旧特殊规定

（1）对生物药品制造业，专用设备制造业，铁路、船舶、航空航天和其他运输设备制造业，计算机、通信和其他电子设备制造业，仪器仪表制造业，信息传输、软件和信息技术服务业等六个行业（简称“六大行业”）的企业2014年1月1日后新购进的固定资产，可缩短折旧年限或采取加速折旧的方法。

（2）自2015年1月1日起，对轻工、纺织、机械、汽车四个领域重点行业（简称“四大领域”）的企业2015年1月1日后新购进的固定资产，可由企业选择缩短折旧年限或采取加速折旧的方法。

（3）上述六大行业（2014年1月1日后）和四大领域（2015年1月1日后）的小型微利企业新购进的研发和生产经营共用的仪器、设备，单位价值不超过100万元的，允许一次性计入当期成本费用在计算应纳税所得额时扣除，不再分年度计算折旧；单位价值超过100万元的，可由企业选择缩短折旧年限或采取加速折旧的方法。

（4）对所有行业企业2014年1月1日后新购进的专门用于研发的仪器、设备，单位价值不超过100万元的，允许一次性计入当期成本费用在计算应纳税所得额时扣除，不再分年度计算折旧；单位价值超过100万元的，可缩短折旧年限或采取加速折旧的方法。

（5）企业在2018年1月1日至2020年12月31日期间新购进的设备、器具，单位价值不超过500万元的，允许一次性计入当期成本费用在计算应纳税所得额时扣除，不再分年度计算折旧；单位价值超过500万元的，仍按相关规定执行。

（6）为支持制造业企业加快技术改造和设备更新，自2019年1月1日起，适用固定资产加速折旧优惠的行业范围，扩大至全部制造业领域。

【知识点拨】对企业按规定缩短折旧年限的，最低折旧年限不得低于规定折旧年限的60%；采取加速折旧方法的，可采取双倍余额递减法或者年数总和法。

（七）减计收入优惠

企业综合利用资源，生产符合国家产业政策规定的产品所取得的收入，可以在计算应纳税所得额时减按90%计入收入。

（八）税额抵免优惠

『提示』此项优惠为考试中综合题的高频考点。

税额抵免优惠见表4-17。

表4-17　税额抵免优惠

项目	规定
基本政策	企业购置并实际使用规定的环境保护、节能节水、安全生产等专用设备的，该专用设备投资额的10%可以从企业当年的应纳税额中抵免；当年不足抵免的，可以在以后5个纳税年度结转抵免

续表

项目	规定
抵免基数——投资额	自2009年1月1日起，增值税一般纳税人购进固定资产 (1)取得增值税专用发票：进项税额可从其销项税额中抵扣，则专用设备投资额不再包括增值税进项税额；如进项税额不允许抵扣，其专用设备投资额应为增值税专用发票上注明的价税合计金额 (2)取得普通发票：专用设备投资额为普通发票上注明的金额
抵免方法	从企业当年的应纳税额中直接抵免
抵免期限	当年不足抵免的，可以在以后5个纳税年度结转抵免
特别限定	企业购置上述专用设备在5年内转让、出租的，应当停止享受企业所得税优惠，并补缴已经抵免的企业所得税税款

(九)非居民企业优惠

(1)非居民企业减按10%的税率征收企业所得税。这里的非居民企业是指在中国境内未设立机构、场所的，或者虽设立机构、场所但取得的所得与其所设机构、场所没有实际联系的企业。

(2)非居民企业取得下列所得免征企业所得税：①外国政府向中国政府提供贷款取得的利息所得。②国际金融组织向中国政府和居民企业提供优惠贷款取得的利息所得。③经国务院批准的其他所得。

(十)节能服务公司的优惠政策

自2011年1月1日起，对符合条件的节能服务公司实施合同能源管理项目，符合企业所得税税法有关规定的，自项目取得第一笔生产经营收入所属纳税年度起，第一年至第三年免征企业所得税，第四年至第六年按照25%的法定税率减半征收企业所得税，即“三免三减半”。

(十一)关于鼓励软件产业和集成电路产业发展的优惠政策

(1)集成电路线宽小于0.8微米(含)的集成电路生产企业，经认定后，在2017年12月31日前自获利年度起计算优惠期，第一年至第二年免征企业所得税，第三年至第五年按照25%的法定税率减半征收企业所得税，并享受至期满为止。

(2)集成电路线宽小于0.25微米或投资额超过80亿元的集成电路生产企业，经认定后，减按15%的税率征收企业所得税，其中经营期在15年以上的，在2017年12月31日前自获利年度起计算优惠期，第一年至第五年免征企业所得税，第六年至第十年按照25%的法定税率减半征收企业所得税，并享受至期满为止。

(3)我国境内新办的集成电路设计企业和符合条件的软件企业，经认定后，在2018年12月31日前自获利年度起计算优惠期，第一年至第二年免征企业所得税，第三年至第五年按照25%的法定税率减半征收企业所得税，并享受至期满为止。

(4)国家规划布局内的重点软件企业和集成电路设计企业，如当年未享受免税优惠的，可减按10%的税率征收企业所得税。

(5)2018年1月1日后投资新设的集成电路线宽小于130纳米，且经营期在10年以上的集成电路生产企业或项目，第一年至第二年免征企业所得税，第三年至第五年按照25%的法定税率减半征收企业所得税，并享受至期满为止。

(6)2018年1月1日后投资新设的集成电路线宽小于65纳米或投资额超过150亿元，且经营期在15年以上的集成电路生产企业或项目，第一年至第五年免征企业所得税，第六年至第十年按照25%的法定税率减半征收企业所得税，并享受至期满为止。

【知识点拨】对于按照集成电路生产企业享受上述(5)(6)税收优惠政策的，优惠期自企业获利年度起计算；对于按照集成电路生产项目享受上述(5)(6)优惠的，优惠期自项目取得第一笔生产经营收入所属纳税年度起计算。

(十二)关于鼓励证券投资基金发展的优惠政策

(1)对证券投资基金从证券市场中取得的收入，包括买卖股票、债券的差价收入，股权的股息、红利收入，债券的利息收入及其他收入，暂不征收企业所得税。

(2)对投资者从证券投资基金分配中取得的收入，暂不征收企业所得税。

(3)对证券投资基金管理人运用基金买卖股票、债券的差价收入，暂不征收企业所得税。

(十三)西部大开发税收优惠

(1)对设在西部地区国家鼓励类产业企业，在2011年1月1日至2020年12月31日年期间，减按15%的税率征收企业所得税。

(2)对在西部地区新办交通、电力、水利、邮政、广播电视企业，上述项目业务收入占企业总收入70%以上的，可以自开始生产经营之日起，第一至第二年免征企业所得税，第三至第五年减半征收企业所得税(两免三减半)。

考点十四　居民企业应纳税额的计算★★★

扫我解疑难

经典例题

【例题1·单选题】某居民纳税人，2019年收入合计60万元，成本费用合计30万元，经税务机关核实，企业未能正确核算成本费用，收入核算正确，税务机关对企业核定征收企业所得税，应税所得率为15%，2019年应纳企业所得税(　)万元。

A. 1.98　　B. 2

C. 2.25　　D. 2.26

【答案】C

【解析】应纳税所得额=应税收入总额×应税所得率×税率=60×15%×25%=2.25(万元)。

【例题2·计算问答题】位于市区的某居民企业为增值税一般纳税人。主要生产销售同一型号的热水器。热水器单台销售成本0.1万元，市场不含税销售价格0.18万元。2019年度企业财务核算反映信息为：销售热水器共计3万台，取得不含税销售收入5 400万元，取得直接投资居民企业的股息收入40万元，准予扣除的成本3 000万元。缴纳增值税450万元，城市维护建设税、教育费附加和地方教育附加54万元，发生销售费用1 300万元，管理费用450万元(其中业务招待费80万元)；发生营业外支出300万元，其中通过市民政局向非目标脱贫地区进行捐款60万元，取得合法票据。企业自行计算全年实现会计利润为336万元。2020年1月，经委托的税务师事务所审核，发现以下两个问题：

(1)12月10日将100台热水器销售给关联企业，未作账务处理。

(2)12月20日接受某公司捐赠机器设备一台，取得增值税专用发票，注明金额10万元、增值税1.3万元，未作账务处理。

要求：根据上述资料，回答问题。如有计算，需计算出合计数。

(1)计算该企业12月份应补缴的增值税、城市维护建设税、教育费附加和地方教育附加。

(2)计算该企业经审核后的全年会计利润总额。

(3)计算该企业对非目标脱贫地区进行的捐赠应调整的应纳税所得额。

(4)计算该企业发生的业务招待费应调整的应纳税所得额。

(5)计算该企业2019年度应缴纳的企业所得税。

【答案】

(1)应补缴的增值税=100×0.18×13%-1.3=1.04(万元)，应补缴的城建税及附加费=

1.04×(7%+3%+2%)=0.12(万元)，所以应补缴的增值税、城市维护建设税、教育费附加和地方教育附加=1.04+0.12=1.16(万元)。

(2)企业审核后正确的会计利润=336+100×0.18−100×0.1+11.3−0.12=355.18(万元)。

(3)捐赠的限额=355.18×12%=42.62(万元)，实际发生60万元，需要纳税调增17.38万元。

(4)销售(营业)收入的5‰=(5 400+100×0.18)×5‰=27.09(万元)，实际发生额的60%=80×60%=48(万元)，需要纳税调增=80−27.09=52.91(万元)。

(5)取得直接投资居民企业的股息收入属于免税收入，不缴纳企业所得税。

应缴纳的企业所得税额=(355.18+17.38+52.91−40)×25%=96.37(万元)。

【例题3·综合题】(2018年改)某制造企业为增值税一般纳税人，自2018年起被认定为高新技术企业。其2019年度的生产经营情况如下：

(1)当年销售货物实现销售收入8 000万元，对应成本为5 100万元。

(2)12月购入专门用于研发的新设备，取得增值税普通发票上注明的金额为600万元，当月投入使用。会计上作为固定资产核算并按照5年计提折旧。

(3)通过其他业务收入核算转让5年以上非独占许可使用权收入700万元，与之相应的成本及税费为100万元。

(4)当年发生管理费用800万元，其中含新产品研究开发费用400万元(已独立核算管理)、业务招待费80万元。

(5)当年发生销售费用1 800万元，其中含广告费1 500万元。

(6)当年发生财务费用200万元。

(7)取得国债利息收入150万元，企业债券利息收入180万元。

(8)全年计入成本、费用的实发合理工资总额400万元(含残疾职工工资50万元)，实际发生职工福利费120万元，职工教育经费33万元，拨缴工会经费18万元。

(9)当年发生营业外支出共计130万元，其中违约金5万元，税收滞纳金7万元，补缴高管个人所得税15万元。

(10)当年税金及附加科目共列支200万元。

(其他资料：各扣除项目均已取有效凭证，相关优惠已办理必要手续)

要求：根据上述资料，按照下列顺序计算回答问题，如有计算需计算出合计数。

(1)判断12月份购进新设备的成本能否一次性税前列支并说明理由。

(2)计算当年的会计利润。

(3)计算业务(3)中转让非独占许可使用权应纳税所得额调整金额。

(4)计算业务(4)中研究开发费及业务招待费应纳税所得额调整金额。

(5)计算业务(5)中广告费应纳税所得额调整金额。

(6)计算业务(7)涉及的应纳税所得额调整金额。

(7)计算业务(8)中工资、职工福利费、工会经费、职工教育经费应纳税所得额调整金额。

(8)计算业务(9)涉及的应纳税所得额调整金额。

(9)计算当年该企业的企业所得税应纳税所得额。

(10)计算当年该企业应缴纳的企业所得税。

【答案】

(1)不可以一次性列支。企业购进专门用于研发的生产设备，单位价值不超过500万元的，按照规定可以一次性在成本中列支，超过500万元的不可以一次性在成本中列支。

(2)当年的会计利润=8 000−5 100+700−100−800−1 800−200+150+180−130−200=700(万元)

(3)转让非独占许可使用权应调减应纳税所得额=500+(700−100−500)×50%=550(万元)

(4)研究开发费应调减应纳税所得额=400×75%=300(万元)

第4章 企业所得税法

提示：2018 年起研发费加计扣除比例上调至 75%。

业务招待费扣除限额 80×60% = 48(万元) > 8 700×5‰=43.5(万元)，业务招待费调增应纳税所得额=80-43.5=36.5(万元)

(5)广告费扣除限额 8 700×15% = 1 305(万元)，应调增应纳税所得额 1 500-1 305=195(万元)。

(6)取得的国债利息收入免征企业所得税.，应调减应纳税所得额 150(万元)

(7)支付给残疾人的工资可以加计扣除 100%，工资调减应纳税所得额 50(万元)；职工福利费扣除限额 400×14% = 56(万元)，应调增应纳税所得额 120-56=64(万元)职工教育经费扣除限额 400×8% = 32(万元)，应调增应纳税所得额 33-32=1(万元)工会经费扣除限额 400×2% = 8(万元)，应调增应纳税所得额 18-8=10(万元)。

(8)企业缴纳的税收滞纳金 7 万元和补缴高管的个人所得税 15 万元不得在企业所得税前列支，业务(9)调增应纳税所得额 22 万元。

(9)企业所得税应纳税所得额=700-550-300+36.5+195-50+64+1+10-150(国债利息)+22=-21.5(万元)

(10)企业所得税应纳税所得额为-21.5 万元，处于亏损状态，不用缴纳企业所得税

考点精析

(一)居民企业应纳税额的计算

应纳税额=(年)应纳税所得额×适用税率-减免税额-抵免税额

应纳税所得额是所得税税额计算的依据，它是指纳税人每一纳税年度的收入总额减去准予扣除项目金额后的余额，它包括来源于中国境内、境外的全部生产经营所得和其他所得。居民企业应纳税所得额的计算如表 4-18所示。

表 4-18　居民企业应纳税所得额的计算

方法	公式	说明
直接计算法	应纳税所得额 =收入总额-不征税收入-免税收入-各项扣除金额-弥补亏损	公式中收入总额为税法规定的收入总额，准予扣除项目金额为按税法规定范围和限额标准计算的扣除金额
间接计算法	应纳税所得额 =会计利润+纳税调整增加额-纳税调整减少额	纳税调整包括两方面的内容： ①是企业的财务会计处理和税收规定不一致的应予以调整的金额；②是企业按税法规定准予扣除的税收金额 具体来说，公式中“纳税调整增加额”包括： ①会计利润计算中已扣除，但超过税法规定扣除标准部分； ②会计利润计算中已扣除，但税法规定不得扣除的项目金额； ③未计或少计的应税收益。 公式中“纳税调整减少额”包括： ①弥补以前年度(5 年内)未弥补亏损额；②减税或免税收益

【知识点拨 1】企业不能提供完整、准确的收入及成本、费用凭证，不能正确计算应纳税所得额的，由税务机关核定其应纳税所得额。

【知识点拨 2】对企业按照有关财务会计规定计算的利润总额，要按照税法的规定进行必要调整后才能作为应纳税所得额计算缴纳所得税。

(二)居民企业核定征收应纳税额的计算

(1)**核定征收企业所得税的居民企业纳税人范围**：①依照法律、行政法规的规定可以不设置账簿的。②依照法律、行政法规的规定应当设置但未设置账簿的。③擅自销毁

账簿或者拒不提供纳税资料的。④虽设置账簿，但账目混乱或者成本资料、收入凭证、费用凭证残缺不全，难以查账的。⑤发生纳税义务，未按照规定的期限办理纳税申报，经税务机关责令限期申报，逾期仍不申报的。⑥申报的计税依据明显偏低，又无正当理由的。

(2)核定其应税所得率适用范围：①能正确核算(查实)收入总额，但不能正确核算(查实)成本费用总额的。②能正确核算(查实)成本费用总额，但不能正确核算(查实)收入总额的。③通过合理方法，能计算和推定纳税人收入总额或成本费用总额的。

纳税人不属于以上情形的，核定其应纳所得税额。

(3)核定应税所得率征收计算：

①应纳税所得额 = 应税收入额×应税所得率

或 = 成本(费用)支出额÷(1－应税所得率)×应税所得率

②应纳所得税额 = 应纳税所得额×适用税率

【知识点拨】专门从事股权(股票)投资业务的企业，不得核定征收企业所得税。

考点十五　非居民企业应纳税额的计算★★

扫我解疑难

经典例题

【例题1·单选题】(2019年)在中国境内未设立机构、场所的非居民企业，计算企业所得税应纳税所得额，所用的下列方法中，符合税法规定的是(　)。

A. 租金所得以租金收入减去房屋折旧为应纳税所得额

B. 股息所得以收入全额为应纳税所得额

C. 特许权使用费所得以收入减去特许权摊销费用为应纳税所得额

D. 财产转让所得以转让收入减去财产原值为应纳税所得额

【答案】B

【解析】选项ABC，股息、红利等权益性投资收益和利息、租金、特许权使用费所得，以收入全额为应纳税所得额。选项D，转让财产所得，以收入全额减除财产净值后的余额为应纳税所得额。

【例题2·单选题】企业所得税中关于非居民纳税人的应纳税所得额的确定，说法不正确的是(　)。

A. 转让财产所得，以收入全额减除财产净值后的余额为应纳税所得额

B. 股息、红利等权益性投资收益，以收入全额为应纳税所得额

C. 特许权使用费所得，以收入减去转让过程发生的合理费用后的余额为应纳税所得额

D. 利息所得，以收入全额为应纳税所得额

【答案】C

【解析】股息、红利等权益性投资收益和利息、租金、特许权使用费所得，以收入全额为应纳税所得额。

【例题3·单选题】韩国某企业未在中国设立机构场所，2019年年初为境内企业提供一项专利权使用权，合同约定使用期限为两年，境内企业需要支付费用1 200万元，企业每年年初支付600万元，上述金额均为不含税金额，则境内企业2019年应扣缴的企业所得税是(　)万元。

A. 20　　B. 59.5

C. 60　　D. 120

【答案】C

【解析】在中国境内未设立机构、场所的非居民企业从中国境内取得的股息、红利等权益性投资收益和利息、租金、特许权使用费所得，以收入全额为应纳税所得额；转让财产所得以收入全额减除财产净值后的余额为应纳税所得额。非居民企业特许权使用费所得，以收入全额为应纳税所得额。应扣缴的所得税 = 600×10% = 60(万元)。

【例题4·单选题】某外国公司实际管理机构

不在中国境内，也未在中国境内设立机构场所，2019 年从中国境内某企业取得其专利技术使用权转让收入 21.2 万元(含增值税)，发生成本 10 万元。该外国公司在中国境内应缴纳企业所得税(　)万元。

A. 2.5　　B. 2.0

C. 5.0　　D. 1.0

【答案】B

【解析】非居民企业未在中国境内设立机构场所的，实际所得税税率 10%，应缴纳企业所得税=21.2÷(1+6%)×10%=2(万元)。

考点精析

(一)源泉扣缴

对非居民企业在中国境内未设立机构、场所的，或者虽设立机构、场所但取得的所得与其所设机构、场所没有实际联系的所得应缴纳的所得税，实行源泉扣缴，以支付人为扣缴义务人。

(二)计税依据与应纳税额计算

扣缴企业所得税应纳税额=应纳税所得额×实际征收率(10%)

(1)股息、红利等权益性投资收益和利息、租金、特许权使用费所得，以收入全额为应纳税所得额，不得扣除税法规定之外的税费支出。

非居民企业，应以不含增值税的收入全额作为应纳税所得额。

(2)转让财产所得，以收入全额减除财产净值后的余额为应纳税所得额。

(3)其他所得，参照前两项规定的方法计算应纳税所得额。

(三)扣缴义务人每次代扣税款的处理

应当自代扣之日起**7 日内**缴入国库，并向所在地的税务机关报送扣缴企业所得税报告表。

(四)非居民企业所得税核定征收办法

非居民企业因会计账簿不健全，资料残缺难以查账，或者其他原因不能准确计算并据实申报其应纳税所得额的，税务机关有权采取以下方法核定其应纳税所得额。

(1)按收入总额核定应纳税所得额：

应纳税所得额=收入总额×经税务机关核定的利润率

(2)按成本费用核定应纳税所得额：

应纳税所得额=成本费用总额÷(1-经税务机关核定的利润率)×经税务机关核定的利润率

(3)按经费支出换算收入核定应纳税所得额：

应纳税所得额=经费支出总额÷(1-经税务机关核定的利润率)×经税务机关核定的利润率

考点十六　境外所得抵扣税额的计算★★

扫我解疑难

经典例题

【例题 1·单选题】企业境外所得已在境外实际缴纳的所得税税款，在汇总纳税并按规定计算的扣除限额扣除时，如果境外实际缴纳的税款超过扣除限额，对超过的部分的处理方法是(　)。

A. 列为当年费用支出

B. 从本年度的应纳所得税额中扣除

C. 从以后年度税额扣除的余额中补扣，补扣期限最长不得超过 5 年

D. 从以后年度境外所得中扣除

【答案】C

【解析】境外纳税额超过扣除限额部分，不得作为当年费用支出，但可以在以后 5 年税额扣除的余额中补扣。

【例题 2·单选题】境内甲企业 2019 年度境内所得应纳税所得额为 400 万元，在全年已预缴所得税款 25 万元，来源于境外 A 国税前所得 100 万元，境外实际缴纳税款 20 万元，该企业当年汇算清缴应补(退)的税款为(　)万元。

A. 50　　B. 60

C. 70　　　　　　D. 80

【答案】D

【解析】甲企业汇总纳税应纳税额 = (400 + 100)×25% = 125(万元)。

境外已纳税款扣除限额 = 125×100÷(400 + 100) = 25(万元)，境外实纳税额 20 万元，可全额扣除。境内已预缴 25 万元，则汇总纳税应纳所得税额 = 125−20−25 = 80(万元)。

【知识点拨】境外已纳税款扣除限额可以直接用简便算法，100×25% = 25(万元)计算。

考点精析

企业取得的境外所得已在境外缴纳的所得税税额，可以从其当期应纳税额中抵免，抵免限额为该项所得依照企业所得税法规定计算的应纳税额，如表 4-19 所示。

表 4-19　境外所得抵扣税额的计算

要点	内容
可抵免税额	居民企业从其直接或者间接控制的外国企业分得的来源于中国境外的股息、红利等权益性投资收益，外国企业在境外实际缴纳的所得税税额中属于该项所得负担的部分，可以作为该居民企业的可抵免境外所得税税额，在企业所得税法规定的抵免限额内抵免
抵免方法——限额抵免	纳税人来源于境外的所得，在并入当年应纳税所得额计征所得税时，允许从汇总纳税的应纳税额中扣除纳税人已在境外缴纳的所得税税款，但扣除数额不得超过其境外所得依我国税法规定计算的所得税税额
抵免限额计算——采用分国不分项方法或不分国不分项方法	企业可以选择按国别(地区)分别计算[即“分国(地区)不分项”]，或者不按国别(地区)汇总计算[即“不分国(地区)不分项”]其来源于境外的应纳税所得额，并按照规定的税率，分别计算其可抵免境外所得税税额和抵免限额。上述方式一经选择，5 年内不得改变
抵免应用	如果纳税人来源于境外的所得在境外实际缴纳的税款低于扣除限额，可从应纳税额中据实扣除；如果超过扣除限额，其超过部分不得从本年度应纳税额中扣除，也不得列为本年度费用支出，但可以用以后年度税额扣除的余额补扣，补扣期限最长不能超过 5 年

考点十七　征收管理★

扫我解疑难

经典例题

【例题 1·单选题】根据企业所得税法的规定，下列说法不正确的是(　)。

A. 对在中国境内未设立机构、场所的居民企业应缴纳的所得税，由纳税人自行申报缴纳

B. 对非居民企业在中国境内取得劳务所得应缴纳的所得税，税务机关可以指定劳务费的支付人为扣缴义务人

C. 扣缴义务人每次代扣的税款，应当自代扣之日起 7 日内缴入国库

D. 应当扣缴的所得税，扣缴义务人未依法扣缴或者无法履行扣缴义务的，由企业在所得发生地缴纳

【答案】A

【解析】选项 A，对非居民企业在中国境内未设立机构、场所的，或者虽设立机构、场所但取得的所得与其所设机构、场所没有实际联系的所得应缴纳的所得税，实行源泉扣缴，以支付人为扣缴义务人。

【例题 2·单选题】某法人企业总机构在北京，在沈阳、大连分设两个二级分支机构，2019 年沈阳分支机构收入、工资、资产三项分别是 80 万元、30 万元、40 万元；大连分支机构收入、工资、资产三项分别是 60 万元、40 万元、60 万元。2018 年一季度总机构汇总计算应纳税额 160 万元，则沈阳分支机构一季度预缴税款为(　)万元。

A. 37.6　　　　　　B. 67.2

C. 75.2　　　　　　D. 82.3

【答案】 A

【解析】 分支机构分摊比例 =（该分支机构营业收入÷各分支机构营业收入之和）×0.35+（该分支机构职工薪酬÷各分支机构职工薪酬之和）×0.35+（该分支机构资产总额÷各分支机构资产总额之和）×0.30。

沈阳分支机构分摊比例 = 0.35×[80÷(80+60)]+0.35×[30÷(30+40)]+0.30×[40÷(40+60)]×100% = 47%。

沈阳分支机构应预缴企业所得税 = 160×47%×50% = 37.6（万元）。

考点精析

（一）纳税地点

1. 居民企业

（1）企业登记注册地为纳税地点。

（2）登记注册地在境外的，以实际管理机构所在地为纳税地点。

（3）居民企业在中国境内设立不具有法人资格的营业机构的，应当汇总计算并缴纳企业所得税。

2. 非居民企业

（1）在中国境内设立机构、场所的，应当就其所设机构、场所取得的来源于中国境内的所得，以机构、场所所在地为纳税地点。

（2）非居民企业在中国境内设立两个或者两个以上机构、场所的，经税务机关审核批准，可以选择由其主要机构、场所汇总缴纳企业所得税。

（3）非居民企业在中国境内未设立机构、场所的，或者虽设立机构、场所但取得的所得与其所设机构、场所没有实际联系的所得，以扣缴义务人所在地为纳税地点。

（二）纳税期限

（1）企业所得税按年计征，分月或者分季预缴，年终汇算清缴，多退少补。

（2）自年度终了之日起5个月内，向税务机关报送年度企业所得税纳税申报表，并汇算清缴，结清应缴应退税款。

（3）企业在年度中间终止经营活动的，应当自实际经营终止之日起60日内，向税务机关办理当期企业所得税汇算清缴。

（三）纳税申报

（1）按月或按季预缴的，应当自月份或者季度终了之日起15日内，向税务机关报送预缴企业所得税纳税申报表，预缴税款。

企业在报送企业所得税纳税申报表时，应当按照规定附送财务会计报告和其他有关资料。

（2）企业在纳税年度内无论盈利或者亏损，都应当依照规定的期限，向税务机关报送预缴企业所得税纳税申报表、年度企业所得税纳税申报表、财务会计报告和税务机关规定应当报送的其他有关资料。

（四）合伙企业所得税的征收管理

（1）合伙企业以每一个合伙人为纳税义务人。合伙企业合伙人是自然人的，缴纳个人所得税；合伙人是法人和其他组织的，缴纳企业所得税。

（2）合伙企业生产经营所得和其他所得采取"先分后税"的原则。

（五）跨地区经营汇总纳税企业所得税征收管理

（1）适用范围：跨省市总分机构企业是指跨省（自治区、直辖市和计划单列市，下同）设立不具有法人资格分支机构的居民企业。

总机构和具有主体生产经营职能的二级分支机构就地预缴企业所得税。

（2）税款预缴：由总机构统一计算企业应纳税所得额和应纳所得税额，并分别由总机构、分支机构按月或按季就地预缴（见表4-20）。

表 4-20　跨地区经营汇总纳税企业所得税征收管理

机构	预缴规定	说明
分支机构分摊预缴税款	某分支机构分摊税款=所有分支机构分摊税款总额×该分支机构分摊比例 其中： 所有分支机构分摊税款总额=汇总纳税企业当期应纳所得税额×50% 该分支机构分摊比例=(该分支机构营业收入/各分支机构营业收入之和)×0.35+(该分支机构职工薪酬/各分支机构职工薪酬之和)×0.35+(该分支机构资产总额/各分支机构资产总额之和)×0.30	总机构在每月或每季终了之日起十日内，按照上年度各省市分支机构的营业收入、职工薪酬和资产总额三个因素进行分摊，当年新设立的分支机构第二年起参与分摊；当年撤销的分支机构自办理注销税务登记之日起不参与分摊
总机构就地预缴税款	总机构应将统一计算的企业当期应纳税额的 25%，就地办理缴库	所缴纳税款收入由中央与总机构所在地按 60∶40 分享

(六)跨境电子商务综合试验区核定征收企业所得税

自 2020 年 1 月 1 日起，对综试区内的跨境电商企业核定征收企业所得税。

1. 综试区内的跨境电商企业，同时符合下列条件的，试行核定征收企业所得税：

(1)在综试区注册，并在注册地跨境电子商务线上综合服务平台登记出口货物日期、名称、计量单位、数量、单价、金额的；

(2)出口货物通过综试区所在地海关办理电子商务出口申报手续的；

(3)出口货物未取得有效进货凭证，其增值税、消费税享受免税政策的。

2. 应税所得率统一按照 4%确定。

3. 综试区内实行核定征收的跨境电商企业符合小型微利企业优惠政策条件的，可享受小型微利企业所得税优惠政策；其取得的收入属于免税收入的，可享受免税收入优惠政策。

4. 综试区：经国务院批准的跨境电子商务综合试验区；跨境电商企业：自建跨境电子商务销售平台或利用第三方跨境电子商务平台开展电子商务出口的企业。

阶段性测试

1. **【单选题】** 下列利息所得中，不适用免征企业所得税优惠的是(　　)。

A. 外国政府向中国政府提供贷款取得的利息所得

B. 国际金融组织向中国政府提供优惠贷款取得的利息所得

C. 国际金融组织向中国居民企业提供优惠贷款取得的利息所得

D. 外国银行的中国分行向中国居民企业提供贷款取得的利息所得

2. **【单选题】** 某企业 2019 年将自行开发的一项专利技术所有权进行转让，当年取得转让收入 800 万元，与专利技术所有权转让有关的成本和费用 200 万元，该项财产转让应纳企业所得税(　　)元。

A. 8 910　　B. 49 500

C. 125 000　　D. 148 500

3. **【单选题】** 根据《企业所得税法》的规定，企业所得税的征收办法是(　　)。

A. 按月征收

B. 按季计征，分月预缴

C. 按季征收

D. 按年计征，分月或分季预缴

4. **【单选题】** 下列关于跨省市总分机构企业所得税预缴的表述中正确的是(　　)。

A. 总机构和分支机构应分期预缴的企业所得税，75%在各分支机构间分摊预缴，25%由总机构预缴

B. 由总机构统一计算企业应纳税所得额和

应纳所得税额，并分别由总机构、分支机构按月或按季就地预缴

C. 跨省市总分机构企业缴纳的所得税查补税款、滞纳金、罚款收入，按中央与地方40∶60分成比例就地缴库

D. 总机构应将统一计算的企业当期应纳税额的50%，就地办理缴库，所缴纳税款收入由中央与总机构所在地按60∶40分享

5.【单选题】对于企业所得税的扣缴，下列表述正确的是（　）。

A. 扣缴义务人每次代扣的税款，应当自代扣之日起10日内缴入国库

B. 对非居民企业在中国境内取得工程作业和劳务所得应缴纳的所得税，税务机关可以指定工程价款或者劳务费的支付人为扣缴义务人

C. 扣缴义务人对非居民企业未依法扣缴税款的，由扣缴义务人缴纳税款

D. 居民企业在中国境内设立不具有法人资格的营业机构，可在设立地缴纳企业所得税

阶段性测试答案精析

1. D 【解析】非居民企业取得下列所得免征企业所得税：

（1）外国政府向中国政府提供贷款取得的利息所得；

（2）国际金融组织向中国政府和居民企业提供优惠贷款取得的利息所得；

（3）经国务院批准的其他所得。

2. C 【解析】居民企业转让技术所有权所得不超过500万元的部分，免征企业所得税；超过500万元的部分，减半征收企业所得税。该企业技术转让所得为600（800－200）万元，超过500万元的部分为100万元。该项财产转让所得应纳企业所得税＝100×50%×25%＝12.5（万元）＝125 000（元）。

3. D 【解析】现行企业所得税法规定，企业所得税按年计征，分月或者分季预缴，年终汇算清缴，多退少补。

4. B 【解析】选项A，总机构和分支机构应分期预缴的企业所得税，50%在各分支机构间分摊预缴，50%由总机构预缴；选项C，跨省市总分机构企业缴纳的所得税查补税款、滞纳金、罚款收入，按中央与地方60∶40分成比例就地缴库；选项D，总机构应将统一计算的企业当期应纳税额的25%，就地办理缴库，所缴纳税款收入由中央与总机构所在地按60∶40分享。

5. B 【解析】选项A，扣缴义务人每次代扣的税款，应当自代扣之日起7日内缴入国库。选项C，应当扣缴的所得税，扣缴义务人未依法扣缴或者无法履行扣缴义务的，由企业在所得发生地缴纳。企业未依法缴纳的，税务机关可以从该企业在中国境内其他收入项目的支付人应付款项中，追缴该企业的应纳税款。选项D，居民企业在中国境内设立不具有法人资格的营业机构应当汇总计算并缴纳企业所得税。

本章综合练习 限时180分钟

一、单项选择题

1. 甲企业2019年符合小型微利企业条件，2019年应纳税所得额120万元，2019年应纳企业所得税额为（　）。

A. 6万元　　B. 7万元

C. 120万元　　D. 20万元

2. 下列各项中，不属于企业所得税纳税人的是（　）。

A. 在外国成立但实际管理机构在中国境内的企业

B. 在中国境内成立的外商独资企业

C. 在中国境内成立的个人独资企业

D. 在中国境内未设立机构、场所，但有来源于中国境内所得的企业

3. 下列关于收入确认时间的说法中，正确的是(　)。
A. 接受非货币形式捐赠，在计算缴纳企业所得税时应分期确认收入
B. 企业转让股权收入，应于转让协议生效且完成股权变更手续时，确认收入的实现
C. 股息等权益性投资收益以投资方收到所得的日期确认收入的实现
D. 特许权使用费收入以实际取得收入的日期确认收入的实现

4. 下列关于股权投资的所得税处理，说法不正确的是(　)。
A. 非货币资产对外投资的转让所得5年内均匀计入相应年度的应纳税所得额，按规定计算缴纳企业所得税
B. 对外投资期间的投资成本，在计算应纳税所得额时可以扣除
C. 符合条件的居民企业之间的股息红利等权益性收益，为免税收入
D. 向投资者支付的股息，在计算应纳税所得额时不得扣除

5. 某企业2017年3月1日从银行购买5年期、到期还本付息国债20万元，年利率为5.8%。2019年3月1日在证券市场转让，取得转让收入24.9万元，支付交易费用0.4万元。适用所得税税率为25%。转让国债应缴纳的企业所得税为(　)万元。
A. 0.55　　B. 0.84
C. 1.12　　D. 1.22

6. 下列支出项目超过税法规定标准的部分，在当年所得额中不得扣除，但可以结转以后3年内的纳税年度扣除的是(　)。
A. 职工福利费
B. 职工教育经费
C. 公益性捐赠
D. 广告宣传费

7. 纳税人的下列项目，需要缴纳企业所得税的是(　)。
A. 财政部门规定专项用途的来源于政府及其有关部门的贷款贴息
B. 企业按规定取得的出口退税款
C. 税务主管部门规定专项用途的即征即退、先征后退、先征后返的各种税收
D. 企业转让国债取得的收入

8. 下列属于企业所得税视同销售的是(　)。
A. 房地产企业将开发房产转作办公用途
B. 房地产企业将开发房产用于经营酒店
C. 某酒厂将产品用于捐赠
D. 某工业企业将产品用于管理部门使用

9. 下列项目中，可以免征企业所得税的是(　)。
A. 非营利组织从事营利性活动取得的收入
B. 社会团体按照省级民政、财政部门规定收取的会费
C. 学校与外单位联合创办企业的收入
D. 非货币性资产抵债的收入

10. 甲投资公司2017年10月将2 400万元投资于初创科技型企业乙公司，取得乙公司40%的股权。2019年5月，甲公司撤回其在乙公司的全部投资，共计从乙公司收回4 000万元。撤资时乙公司的累计未分配利润为600万元，累计盈余公积为400万元。则甲公司撤资应确认的投资资产转让所得为(　)万元。
A. 0　　B. 400
C. 1 200　　D. 1 600

11. 某居民企业(非金融企业)2019年12月31日归还境内关联企业一年期借款本金1 000万元，另支付1年期利息费用80万元，关联企业对该居民企业的权益性投资额为400万元，该居民企业的实际税负高于境内关联企业，同期同类银行贷款年利率为6%。该居民企业2019年在计算应纳税所得额的时候可以扣除的利息费用为(　)万元。
A. 32　　B. 48
C. 60　　D. 80

12. 根据现行政策，纳税人开展研发活动发生的研究开发费用，未形成无形资产计入当期损益的，在按照规定据实扣除的基础上，按照研究开发费用的(　)加计扣除。

A. 50%　　B. 75%

C. 80%　　D. 100%

13. 依据企业所得税的规定，下列收入中属于不征税收入的是(　)。

A. 企业转让金融债券获得的收益

B. 依法收取并纳入财政管理的行政事业性收费

C. 非营利组织因政府购买服务取得的收入

D. 转让债权取得的收入

14. 某机械制造企业 2018 年产品销售收入 4 000万元，销售材料收入 200 万元，处置旧厂房取得收入 50 万元，转让某项专利技术所有权取得收入 300 万元。业务招待费支出 50 万元，企业所得税前准予扣除的业务招待费为(　)万元。

A. 21　　B. 21.25

C. 30　　D. 50

15. 下列项目中不得从企业所得税收入总额中扣除的是(　)。

A. 逾期归还银行贷款，银行按规定加收的罚息

B. 聘请中介机构费

C. 未经核定的准备金支出

D. 转让资产时该项资产的净值

16. 下列有关固定资产的税务处理不正确的是(　)。

A. 固定资产日常修理支出，增加固定资产价值，计提折旧

B. 固定资产改良支出，有关固定资产已提足折旧，可作为长期待摊费用，在规定的期间平均摊销

C. 固定资产大修理支出，按照固定资产尚可使用年限分期摊销

D. 已足额提取折旧的固定资产的改建支出，按照固定资产预计尚可使用年限分期摊销

17. 某生产企业 2019 年 10 月新购进一套大型生产设备，单位价值不超过(　)，允许一次性计入当期成本费用在计算应纳税所得额时扣除。

A. 50 万元　　B. 100 万元

C. 300 万元　　D. 500 万元

18. 下列项目免征企业所得税的是(　)。

A. 牲畜、家禽的饲养

B. 花卉作物的种植

C. 内陆养殖

D. 香料作物的种植

19. 某企业 2019 年将自行开发的一项专利技术所有权进行转让，当年取得的转让收入为 1 000 万元，与技术所有权转让有关的成本和费用为 300 万元，该项财产转让应纳企业所得税是(　)万元。

A. 12　　B. 15

C. 20　　D. 25

20. 某贸易公司 2019 年 3 月 1 日，以经营租赁方式租入固定资产使用，租期 1 年，按独立纳税人交易原则支付全部租金 1.2 万元；6 月 1 日以融资租赁方式租入机器设备一台，租期 5 年，当年支付租金 1.5 万元。公司计算当年应纳税所得额时应扣除的租赁费用为(　)万元。

A. 1　　B. 1.2

C. 1.5　　D. 2.7

21. 张先生 2013 年将 200 万元交付给 A 公司(居民企业)用以购买非流通股，A 公司属于代持股公司。后通过股权分置改革，成为限售股。2019 年 2 月，A 公司将限售股转让，取得转让收入 2 000 万元，但是不能准确计算限售股原值，则 A 公司就此项业务而言，当月应缴纳企业所得税(　)万元。

A. 382.5　　B. 425

C. 450　　D. 500

22. 某高新技术企业因扩大生产规模新建厂

房，由于自有资金不足，2019 年 1 月 1 日向银行借入长期贷款 1 笔，金额 3 000 万元，贷款年利率是 4.5%，2019 年 4 月 1 日该厂房开始建设，12 月 31 日房屋竣工结算并交付使用，则 2019 年度该企业可以在税前直接扣除的该项借款费用是(　)万元。

A. 32.75　　B. 33.75

C. 35.45　　D. 36.65

23. 某外商投资企业 2019 年度利润总额为 40 万元，未调整捐赠前的所得额为 50 万元。当年“营业外支出”账户中列支了通过当地教育部门向希望小学捐赠 5 万元。该企业 2019 年应缴纳的企业所得税为(　)万元。

A. 12.5　　B. 12.55

C. 13.45　　D. 16.25

24. 某商贸公司 2019 年开始筹建，当年未取得收入，筹办期间发生业务招待费 200 万元、广告费和业务宣传费共 240 万元。根据企业所得税相关规定，上述支出可计入企业筹办费并在税前扣除的金额为(　)万元。

A. 220　　B. 280

C. 360　　D. 400

25. 某居民企业以其持有的一处房产投资设立一家公司，如不考虑特殊性税务处理，下列关于该投资行为涉及企业所得税处理正确的是(　)。

A. 以房产的账面价值作为被投资方的计税基础

B. 以房产对外投资确认的转让所得，按 6 年分期均匀计入相应年度的应纳税所得额

C. 以签订投资协议的当天为纳税申报时间

D. 对房产进行评估，并按评估后的公允价值扣除计税基础后的余额确认房产的转让所得

26. 某高新技术企业适用企业所得税税率 15%，2019 年 8 月依照法院裁定将其代持有的面值 200 万元的限售股，通过证券经纪公司变更到实际持有人名下，应缴纳企业所得税(　)万元。

A. 0　　B. 25.5

C. 30　　D. 50

27. 某生产企业，2019 年全年销售额 1 600 万元，成本 600 万元，税金及附加 460 万元，各种费用 400 万元。已知上述成本费用中包括新产品开发费 40 万元、广告费支出 250 万元。该企业 2019 年应纳企业所得税(　)万元。

A. 22.5　　B. 32.5

C. 30　　D. 92.5

28. 某企业 2017 年度亏损 25 万元，2018 年度亏损 50 万元，2019 年度盈利 425 万元，根据企业所得税法的规定，企业 2019 年应纳企业所得税(　)万元。

A. 70　　B. 87.5

C. 93.75　　D. 106.25

29. 某企业 2019 年向其主管税务机关申报收入 150 万元，成本、费用共计 160 万元，全年亏损 10 万元。经审核，成本、费用真实，收入无法核准。当地税务机关确定的应税所得率为 20%，该企业 2019 年应缴纳的企业所得税为(　)万元。

A. 8　　B. 10

C. 37.5　　D. 40

30. 下列各项中，最低折旧年限为 5 年的固定资产是(　)。

A. 房屋

B. 飞机

C. 与生产经营活动有关的器具

D. 电子设备

31. 非营利组织取得的下列收入中，需要缴纳企业所得税的是(　)。

A. 接受其他单位捐赠的收入孳生的银行存款利息收入

B. 接受个人捐赠的收入

C. 出租房屋的收入

D. 按照财政部门规定收取的会费

32. 2019年某居民企业主营业务收入5 000万元、营业外收入80万元，与收入配比的成本4 100万元，全年发生管理费用、销售费用和财务费用共计700万元，营业外支出60万元(其中符合规定的公益性捐赠支出50万元)，2018年度经核定结转的亏损额30万元。2019年度该企业应缴纳企业所得税(　)万元。

A. 47.5　　B. 53.4

C. 53.6　　D. 54.3

33. 下列利息支出，可以在当期企业所得税税前全额扣除的是(　)。

A. 企业实际支付给关联方的利息支出

B. 逾期偿还贷款的银行罚息

C. 非银行企业内营业机构之间支付的利息

D. 经过12个月以上的建造才能达到预定可销售状态的存货建造发生借款的利息支出

34. 某工业企业为我国居民企业，会计核算健全，从业人员60人，资产总额1 200万元。该企业2019年收入总额590万元，成本费用支出额485万元，因管理不善导致存货发生净损失为18.2万元，其当年应纳企业所得税是(　)万元。

A. 10.85　　B. 4.34

C. 17.36　　D. 21.7

35. 企业取得的下列所得中，减按15%的税率征收企业所得税的是(　)。

A. 企业取得铁路债券利息

B. 企业购买的国债到期取得的国债利息

C. 企业到期前转让的持有期间尚未兑付的国债利息

D. 符合条件的从事污染防治的第三方企业

36. 某居民企业2019年计入成本、费用的实发工资总额为300万元，拨缴职工工会经费5万元，发生职工福利费45万元、职工教育经费15万元，该企业2019年计算应纳税所得额时准予在税前扣除的三项经费合计为(　)万元。

A. 62　　B. 65

C. 72　　D. 362

37. 下列向银行的借款费用中，在计算企业所得税应纳税所得额时，不允许直接全额扣除的是(　)。

A. 企业为建造固定资产期间发生的合理的借款费用

B. 已经交付使用后的固定资产发生的借款费用

C. 企业在生产经营活动中为订购原材料发生的借款费用

D. 经过8个月的建造才能达到预定可销售状态的存货发生的借款费用

38. 跨地区经营汇总缴纳企业所得税时，分机构预缴分摊比例要考虑营业收入、职工薪酬和资产总额三个因素，其分摊比例正确的是(　)。

A. 30%、35%、35%

B. 35%、30%、35%

C. 35%、35%、30%

D. 30%、40%、30%

39. 下列公益捐赠项目中，准予在计算企业所得税应纳税所得额时据实扣除的是(　)。

A. 用于教育事业的公益捐赠支出

B. 用于目标脱贫地区的扶贫捐赠支出

C. 用于医疗卫生事业的公益捐赠支出

D. 用于环境治理的公益捐赠支出

40. 对于当年具备高新技术企业或科技型中小企业资格的企业，其具备资格年度之前5个年度发生的尚未弥补完的亏损，准予结转以后年度弥补，最长结转年限由5年延长至(　)。

A. 6年　　B. 8年

C. 10年　　D. 15年

二、多项选择题

1. 注册地与实际管理机构所在地均在甲国的某银行，取得的下列各项所得中，应按规定在我国缴纳企业所得税的有( )。

A. 转让位于我国的一处不动产取得的财产转让所得

B. 在乙国证券交易所购入我国某公司股票后取得的分红所得

C. 在我国设立的分行为我国某公司提供理财咨询服务取得的服务费收入

D. 在我国设立的分行为位于丙国的某电站提供流动资金贷款取得的利息收入

2. 依据企业所得税法的规定，下列各项中按负担所得的所在地确定所得来源地的有( )。

A. 利息所得

B. 劳务所得

C. 特许权使用费所得

D. 租金所得

3. 下列关于股权投资的企业所得税处理，说法正确的有( )。

A. 向投资者支付的股息，在计算应纳税所得额时不得扣除

B. 对外投资期间的投资成本，在计算应纳税所得额时可以扣除

C. 符合条件的居民企业之间的股息红利等权益性收益，为免税收入

D. 连续持有居民企业公开发行并上市流通的股票不足12个月取得的投资收益，为应税收入

4. 下列关于固定资产折旧企业所得税处理的表述中，正确的有( )。

A. 企业固定资产会计折旧年限如果短于税法规定的最低折旧年限，其按会计折旧年限计提的折旧高于按税法规定的最低折旧年限计提的折旧部分，应调增当期应纳税所得额

B. 企业固定资产会计折旧年限如果长于税法规定的最低折旧年限，其折旧一律应按会计折旧年限计算扣除

C. 企业按会计规定提取的固定资产减值准备，不得税前扣除

D. 企业按税法规定实行加速折旧的，其按加速折旧方法计算的折旧额可全额在税前扣除

5. 下列关于企业接收政府划入资产的企业所得税处理政策的相关表述，正确的有( )。

A. 县级以上人民政府将国有资产明确以股权投资方式投入企业，企业应作为国家资本金(包括资本公积)处理

B. 县级以上人民政府将国有资产无偿划入企业，凡指定专门用途并按相关规定进行管理的，企业可作为不征税收入进行企业所得税处理

C. 以股权投资方式投入企业，企业作为国家资本金(包括资本公积)处理的资产如为非货币性资产，应按政府确定的接收价值确定计税基础

D. 政府没有确定接收价值的，按资产的公允价值计算确定应税收入

6. 根据企业所得税法规定，下列保险费可以税前扣除的有( )。

A. 企业财产参加商业保险，按规定缴纳的保险费

B. 企业为投资者支付的商业保险费

C. 企业为职工支付的商业保险费

D. 企业依照有关规定为特殊工种职工支付的人身安全商业保险费

7. 下列各项应税收入中，按照合同约定支付日期确认收入的实现的有( )。

A. 股息、红利等权益性投资收益

B. 利息收入

C. 租金收入

D. 特许权使用费收入

8. 根据企业所得税法的规定，下列收入能够作为广告费、业务宣传费扣除限额计算基数的有( )。

A. 提供劳务收入

B. 转让固定资产收入

C. 特许权使用费收入

D. 租金收入

9. 下列各项中，在计算企业所得税应纳税所

得额时不得扣除的有(　)。

A. 企业内营业机构之间支付的租金

B. 企业内营业机构之间支付的管理费

C. 企业内营业机构之间支付的特许权使用费

D. 银行企业内营业机构之间支付的利息

10. 下列各项中，在计算企业所得税应纳税所得额时不得扣除的有(　)。

A. 企业之间支付的管理费

B. 企业内营业机构之间支付的租金

C. 企业向投资者支付的股息

D. 银行企业内营业机构之间支付的利息

11. 纳税人计算应纳税所得额时，不得作为税金及附加项目从收入总额中扣除的税金有(　)。

A. 增值税　　B. 消费税

C. 房产税　　D. 车辆购置税

12. 下列关于企业所得税收入确认的表述正确的有(　)。

A. 只允许取得会籍而收取的会员费，于取得时确认收入

B. 长期为客户提供重复的劳务收取的劳务费，在相关劳务活动发生时确认收入

C. 属于提供初始及后续服务的特许权费，在提供服务时确认收入

D. 企业以买一赠一等方式组合销售本企业商品的，赠品不缴纳所得税

13. 在中国境内未设立机构、场所的非居民企业从中国境内取得的下列各项所得中，应按收入全额计算征收企业所得税的有(　)。

A. 股息

B. 转让财产所得

C. 租金

D. 特许权使用费

14. 下列各项中，在计算应纳税所得额时有加计扣除规定的包括(　)。

A. 企业开展研发活动发生的研究开发费用

B. 创业投资企业从事国家需要重点扶持和鼓励的创业投资项目

C. 企业综合利用资源，生产符合国家产业政策规定的产品

D. 企业安置残疾人员及国家鼓励安置的其他就业人员所支付的工资

15. 在计算企业所得税应纳税所得额时，准予从收入总额中扣除的项目有(　)。

A. 纳税人向职工支付的工资薪金

B. 纳税人为股东向保险公司购买人寿保险

C. 纳税人支付的银行罚息

D. 纳税人支付的交通罚款

16. 外购商誉的支出，在(　)时，准予在企业所得税前扣除。

A. 企业整体转让

B. 企业清算

C. 企业年终决算

D. 无形资产摊销

17. 对同时符合下列(　)条件的修理支出，应视为固定资产的大修理支出，按规定摊销扣除。

A. 发生的修理支出达到固定资产原值10%

B. 修理支出达到取得固定资产时的计税基础50%以上

C. 修理后固定资产的使用年限延长2年以上

D. 修理后的有关资产被用于新的或不同的用途

18. 根据企业所得税的有关规定，企业发生的下列支出中，应作为长期待摊费用的有(　)。

A. 租入固定资产的改建支出

B. 长期借款的利息支出

C. 固定资产的大修理支出

D. 已提足折旧的固定资产的改建支出

19. 下列生物资产中，需要计提折旧的有(　)。

A. 消耗性生物资产

B. 公益性生物资产

C. 畜类生产性生物资产

D. 林木类生产性生物资产

20. 下列各项中，不得在企业所得税税前扣除的有(　)。

A. 自创商誉

B. 外购商誉的支出

C. 单独估价作为固定资产入账的土地计提的折旧

D. 房屋、建筑物以外的未投入使用的固定资产计提的折旧

21. 下列各项中，超过税法规定的扣除限额部分，可以结转到以后年度扣除的有(　)。

A. 职工教育经费支出超过工资薪金总额8%的部分

B. 公益性捐赠支出超过年度利润总额12%的部分

C. 一般企业支付的佣金，超过合同确认收入金额的5%部分

D. 广告费和业务宣传费支出超过当年销售(营业)收入15%的部分

22. 某生产企业2019年10月(一般纳税人)因管理不善造成8月份外购的原料意外损失30万元(8月份购入时已抵扣增值税进项税额)，保险公司调查后同意赔付4万元，其余损失已留存相关资料备查。则该企业确定应纳税所得额时正确的有(　)。

A. 税前准予扣除的损失为26万元

B. 税前准予扣除的损失为29.9万元

C. 保险公司赔付4万元不得在税前扣除

D. 损失原材料而转出的进项税准予在所得税前扣除

23. 下列收入不征收企业所得税的有(　)。

A. 对证券投资基金从证券市场中取得的收入

B. 对投资者从证券投资基金分配中取得的收入

C. 对证券投资基金管理人运用基金买卖股票、债券的差价收入

D. 出口退税款

24. 企业从事下列项目取得的所得中，减半征收企业所得税的有(　)。

A. 饲养家禽　　B. 花卉种植

C. 海水养殖　　D. 茶种植

25. 下列关于资产的摊销处理中，正确的做法有(　)。

A. 租入固定资产的改建支出，准予摊销

B. 消耗性生物资产的支出，准予摊销

C. 自行开发的无形资产支出，已在计算所得额时扣除的不得再计算摊销费用扣除

D. 在企业整体转让或清算时，外购商誉的支出，准予扣除

26. 依据企业所得税的相关规定，企业发生的广告费和业务宣传费可按当年销售(营业)收入的30%的比例扣除的有(　)。

A. 白酒制造企业

B. 饮料销售企业

C. 医药制造企业

D. 化妆品制造企业

27. 下列各项中，自取得项目第一笔生产经营收入年度起，享受企业所得税“三免三减半”优惠政策的有(　)。

A. 综合利用资源取得的所得

B. 从事符合条件的环境保护、节能节水项目的所得

C. 企业承包建设符合条件的公共基础设施项目的所得

D. 从事国家重点扶持的公共基础设施项目投资经营的所得

28. 根据现行企业所得税法规定，减按10%的税率征收企业所得税的有(　)。

A. 当年未享受免税优惠的国家规划布局内的重点软件生产企业

B. 外国政府向中国政府提供贷款取得的利息所得

C. 国际金融组织向中国政府提供优惠贷款取得的利息所得

D. 在中国境内未设立机构、场所，但来

源于中国境内的股息所得

29. 下列各项中，适用资产收购特殊性税务处理条件的有(　)。

A. 受让企业收购的资产不低于转让企业全部资产的 85%

B. 资产收购后的连续 12 个月内不改变收购资产原来的实质性经营活动

C. 具有合理的商业目的，且不以减少、免除或者推迟缴纳税款为主要目的

D. 受让企业在资产收购发生时的股权支付金额不低于其交易支付总额的 50%

30. 企业实施合并重组，适用企业所得税一般性税务处理方法时，下列处理正确的有(　)。

A. 被合并企业的亏损不得在合并企业结转弥补

B. 合并企业应按账面价值确定接受被合并企业负债的计税基础

C. 被合并企业及其股东都应按清算进行所得税处理

D. 合并企业应按公允价值确定接受被合并企业各项资产的计税基础

31. 按照企业所得税关于补亏的相关规定，下列各项表述中正确的有(　)。

A. 境内投资方企业发生亏损，可用境外被投资企业分回的所得弥补

B. 被投资企业亏损可由投资企业盈利弥补

C. 被投资企业发生的经营亏损，投资企业不得调整减低其投资成本

D. 被投资企业发生的经营亏损，投资企业不得将其确认为投资损失

32. 下列关于企业所得税的优惠政策中，说法错误的有(　)。

A. 企业购置并实际使用规定的环境保护、节能节水、安全生产等专用设备的，该专用设备的投资额的 40% 可以从企业当年的应纳税额中抵免

B. 创投企业从事国家需要重点扶持和鼓励的创业投资，可以按投资额的 70% 在投资当年抵扣应纳税所得额

C. 企业综合利用资源，生产符合国家产业政策规定的产品所取得的收入，可以在计算应纳税所得额时减计收入 10%

D. 企业安置残疾人员所支付的工资，按支付给残疾职工工资的 50% 加计扣除

33. 纳税人筹办期间发生的筹办费用支出，企业所得税处理方法有(　)。

A. 可以在开始经营之日的当年一次性扣除

B. 可以按照长期待摊费用在不低于 5 年内分期摊销

C. 筹办期间不计算为亏损年度

D. 筹办活动期间的筹办费用，不得计算为当期的亏损

34. 某民办学校计划按照非营利组织的免税收入认定条件，申请学费收入免征企业所得税。下列各项中，属于非营利组织免税收入认定条件的有(　)。

A. 工作人员工资福利开支控制在规定的比例内

B. 投入人对投入该学校的财产不保留或者享有任何财产权利

C. 依法履行非营利组织登记手续

D. 财产及孳生息可以在合理范围内根据确定的标准用于分配

35. 下列行业中，新购进固定资产可采取加速折旧方法的有(　)。

A. 生物药品制造业

B. 汽车制造业

C. 货物运输企业

D. 信息技术服务业

36. 混合性投资业务按照债权性投资业务进行企业所得税处理时需要满足的条件包括(　)。

A. 被投资企业接受投资后，需要按投资合同或协议约定的利率定期支付利息

B. 投资企业对被投资企业净资产不拥有所有权

C. 投资企业不具有选举权和被选举权

D. 投资企业不参与被投资企业日常生产经营活动

37. 根据企业所得税法的规定，下列说法不正确的有(　)。

A. 企业自年度终了之日起5个月内，向税务机关报送年度企业所得税纳税申报表，并汇算清缴，结清应缴应退税款

B. 企业在年度中间终止经营活动的，应当自实际经营终止之日起30日内，向税务机关办理当期企业所得税汇算清缴

C. 按月或按季预缴的，应当自月份或者季度终了之日起7日内，向税务机关报送预缴企业所得税纳税申报表，预缴税款

D. 企业所得税按年计征，分月或者分季预缴，年终汇算清缴，多退少补

38. 下列利息所得中，免征企业所得税的有(　)。

A. 外国政府向中国政府提供贷款取得的利息所得

B. 国际金融组织向中国政府提供优惠贷款取得的利息所得

C. 国际金融组织向中国居民企业提供优惠贷款取得的利息所得

D. 外国银行的中国分行向中国居民企业提供贷款取得的利息所得

三、计算问答题

1. 某食品生产企业于2015年1月注册成立进行生产经营，2018年应纳税所得额为-100万元。2019年度生产经营情况如下：

(1)销售产品取得不含税收入20 000万元；国债持有期间的利息收入100万元。

(2)产品销售成本10 000万元。

(3)销售税金及附加500万元。

(4)销售费用4 000万元(其中广告费2 200万元)；财务费用400万元。

(5)管理费用2 400万元(其中业务招待费170万元，新产品研究开发费60万元)。

(6)营业外支出1 600万元(其中通过省教育厅捐赠给某高校200万元，非广告性赞助支出100万元，存货盘亏损失100万元)。

(7)全年计入成本费用的实际支付工资薪金共计2 000万元。拨缴职工工会经费150万元，发生职工福利费900万元、职工教育经费490万元。已知当年8月5日，中层以上员工对公司2年前授予的股票期权500万股实施行权，行权价每股8元，当日该公司股票收盘价每股10元。

要求：根据上述资料，回答问题：

(1)计算该企业2019年利润总额。

(2)计算业务(4)应调整的应纳税所得额。

(3)计算业务(5)应调整的应纳税所得额。

(4)计算业务(6)应调整的应纳税所得额。

(5)计算业务(7)应调整的应纳税所得额。

(6)计算该企业全年应缴纳的企业所得税。

2. 乙公司属于以境内外全部生产经营所得认定为高新技术企业的公司，在2020年年初汇算清缴2019年度企业所得税时，对有关收支项目进行纳税调整后，自行将全年会计利润500万元调整为全年应纳税所得额600万元，已缴纳所得税税额为90万元。会计师事务所检查时，发现乙公司以下几项业务事项：

(1)8月份为解决职工子女上学问题，直接向某小学捐款40万元，在营业外支出中列支。在计算应纳税所得额时未作纳税调整。

(2)12月份将在建工程应负担的贷款利息10万元计入当年财务费用。在计算应纳税所得额时未作纳税调整。

(3)12月份与具有合法经营资格的中介服务机构签订服务合同，合同上注明对方介绍给本企业120万元收入的劳务项目，本企业支付中介服务机构佣金18万元。在计算应纳税所得额时未作纳税调整。

(4)将持有的甲公司10万股股权的80%股权让给丙公司。假定收购日甲公司每股资产的计税基础为7元，每股资产的公允价值为9元。取得丙公司股权支付66万元、银行存款6万元。乙公司自行处理上述属

于免税重组，未作纳税处理。

(5)从境外分支机构取得税后利润 70 万元（境外缴纳所得税时适用的税率为 10%，未包含在境内所得中），未补缴企业所得税。

要求：根据上述资料，按下列序号计算回答问题，每问需计算出合计数。

(1)计算乙公司当年捐赠税前扣除额和纳税调整额。

(2)计算乙公司当年在建工程贷款利息税前扣除额。

(3)计算乙公司当年佣金支出税前扣除额和纳税调整额。

(4)计算乙公司股权重组中的应纳税所得额和纳税调整额。

(5)计算乙公司境内所得当年应补缴企业所得税税额。

(6)计算乙公司境外所得当年应补缴企业所得税税额。

3. 某白酒酿造公司，2019 年度实现白酒销售收入 7 400 万元、投资收益 180 万元，应扣除的成本、费用及税金等共计 6 330 万元，营业外支出 80 万元，全年实现会计利润 1 170 万元，已按 25% 的企业所得税税率缴纳了企业所得税 220 万元。后经聘请的会计师事务所审核，发现以下问题，公司据此按税法规定予以补税。

(1)"投资收益"账户记载的 180 万元分别为：①取得境内从被投资企业的撤回投资，分配支付额超过投资成本部分的金额 116 万元(其中含累计未分配利润和累计盈余 86 万元)；②取得境外分支机构税后收益 49 万元，已在国外缴纳了 15% 的企业所得税；③取得国债利息收入为 15 万元。

(2)12 月 10 日接受某单位捐赠小汽车一辆，取得增值税专用发票，注明价款 50 万元，增值税 6.5 万元，企业未列入会计核算。

(3)"营业外支出"账户中列支的通过非营利社会团体向非目标脱贫地区捐款 80 万元，已全额扣除。

要求：按下列顺序回答公司予以补税所涉及的内容。

(1)计算投资收益中属于财产转让的应纳税所得额。

(2)计算接受捐赠应调整的应纳税所得额。

(3)计算对外捐赠应调整的应纳税所得额。

(4)计算该公司应补缴的企业所得税。

四、综合题

1. 某电器生产企业为增值税一般纳税人，2019 年度会计自行核算取得营业收入 25 000万元、营业外收入 3 000 万元、投资收益 1 000 万元，扣除营业成本 12 000 万元、营业外支出 1 000 万元、税金及附加 300 万元、管理费用 6 000 万元、销售费用 5 000万元、财务费用 2 000 万元，企业自行核算实现年度利润总额 2 700 万元。2020 年初聘请某会计师事务所进行审计，发现如下问题：

(1)2 月 28 日企业签订租赁合同将一处价值 600 万元的仓库对外出租，取得不含税租金收入 30 万元。

(2)与境内关联企业签订资产交换协议，以成本 300 万元，不含税售价 400 万元的中央空调换入等值设备一台，会计上未做收入核算。

(3)管理费用和销售费用中含业务招待费 500 万元，广告费 3 000 万元。

(4)上年结转未抵扣的广告费 850 万元。

(5)管理费用中含新产品研究开发费用 2 000万元。

(6)计入成本、费用的实发工资 8 000 万元。拨缴职工工会经费 150 万元，发生职工福利费 1 200 万元、职工教育经费 250 万元。

(7)该企业接受境内关联企业甲公司权益性投资金额 2 000 万元。2019 年 1 月以年利率 6% 向甲公司借款 5 000 万元，支付利息 300 万元计入财务费用，金融机构同期同类贷款利率为 5%。该企业实际税负高于甲公司，并无法提供资料证明其借款活动符合独立交易原则。

(8)营业外支出中含通过中国青少年发展基金会援建希望小学捐款400万元，并取得合法票据。

(9)购进属于《安全生产专用设备企业所得税优惠目录》规定的安全生产专用设备，取得增值税专用发票，注明价款500万元，进项税额65万元。

(提示：不考虑其他税费。)

要求：根据上述资料，按照下列顺序计算回答问题，如有计算需计算出合计数。

(1)计算该企业2019年度的会计利润总额。

(2)计算广告费支出应调整的应纳税所得额。

(3)计算业务招待费支出应调整的应纳税所得额。

(4)计算研发费应调整的应纳税所得额。

(5)计算工会经费，职工福利费和职工教育经费应调整的应纳税所得额。

(6)计算利息支出应调整的应纳税所得额。

(7)计算公益捐赠应调整的应纳税所得额。

(8)计算该企业2019年度的应纳税所得额。

(9)计算该企业2019年度的应缴纳的企业所得税税额。

2. 位于市区的某制药公司由外商持股75%且为增值税一般纳税人，该公司2019年主营业务收入5 500万元，其他业务收入400万元，营业外收入300万元，主营业务成本2 800万元，其他业务成本300万元，营业外支出210万元，税金及附加420万元，管理费用550万元，销售费用900万元，财务费用180万元，投资收益120万元。

当年发生的部分业务如下：

(1)向境外股东企业支付全年技术咨询指导费120万元。境外股东企业常年派遣指导专员驻本公司并对其工作成果承担全部责任和风险，对其业绩进行考核评估。

(2)实际发放职工工资1 200万元(其中残疾人员工资40万元)，发生职工福利费支出180万元，拨缴工会经费25万元并取得专用收据，发生职工教育经费支出20万元，以前年度累计结转至本年的职工教育经费未扣除额为5万元。另为投资者支付商业保险费10万元。

(3)发生广告费支出800万元，非广告性质的赞助支出50万元。发生业务招待费支出60万元。

(4)从事《国家重点支持的高新技术领域》规定项目的研究开发活动，对研发费用实行专账管理，发生研发费用支出100万元且未形成无形资产。

(5)对外捐赠货币资金140万元(通过市级政府向用于目标脱贫地区的扶贫捐赠支出120万元，直接向某学校捐赠20万元)。

(6)为治理污水排放，当年9月购置污水处理设备并投入使用，设备购置价为300万元(含增值税且已作进项税额抵扣)。处理公共污水，当年取得收入20万元，相应的成本费用支出为12万元。

(7)撤回对境内某公司的股权投资取得100万元，其中含原投资成本60万元，相当于被投资公司累计未分配利润和累计盈余公积按减少实收资本比例计算的部分10万元。

(其他相关资料：除非特别说明，各扣除项目均已取得有效凭证，相关优惠已办理必要手续；因境外股东企业在中国境内会计账簿不健全，主管税务机关核定技术咨询指导劳务的利润率为20%且指定该制药公司为其税款扣缴义务人；购进的污水处理设备为《环境保护专用设备企业所得税优惠目录》所列设备。)

要求：根据上述资料，按照下列顺序计算回答问题。

(1)分别计算在业务(1)中该制药公司应当扣缴的企业所得税、增值税、城市维护建设税、教育费附加及地方教育附加金额。

(2)计算业务(2)应调整的应纳税所得额。

(3)计算业务(3)应调整的应纳税所得额。

(4)计算业务(4)应调整的应纳税所得额。

(5)计算业务(5)应调整的应纳税所得额。

(6)计算业务(6)应调整的应纳税所得额和应调整的应纳税额。

(7)计算业务(7)应调整的应纳税所得额。

(8)计算该制药公司2019年应纳企业所得税税额。

3. 某生产化工产品的公司，2019年全年主营业务收入2 500万元，其他业务收入1 300万元，营业外收入240万元，主营业务成本600万元，其他业务成本460万元，营业外支出210万元，税金及附加240万元，销售费用120万元，管理费用130万元，财务费用105万元；取得投资收益282万元，其中来自境内非上市居民企业分得的股息收入100万元。2019年发生的部分业务如下：

(1)签订一份委托贷款合同，合同约定两年后合同到期时一次收取利息。2019年已将其中40万元利息收入计入其他业务收入。年初签订一项商标使用权合同，合同约定商标使用期限为4年，使用费总额为240万元，每两年收费一次，2019年第一次收取使用费，实际收取120万元，已将60万元计入其他业务收入。

(2)将自发行时购进的一笔三年期国债售出，取得收入117万元。售出时持有该国债恰满两年，该笔国债的买入价为100万元，年利率5%，利息到期一次支付。该公司已将17万元计入投资收益。

(3)将100%持股的某子公司股权全部转让，取得股权对价238.5万元，取得现金对价26.5万元。该笔股权的历史成本为180万元，转让时的公允价值为265万元。该子公司的留存收益为50万元。此项重组业务已办理了特殊重组备案手续。

(4)撤回对某公司的股权投资取得收入85万元，其中含原投资成本50万元，另含相当于被投资公司累计未分配利润和累计盈余公积按减少实收资本比例计算的部分15万元。

(5)当年发生广告费支出480万元，以前年度累计结转广告费扣除额65万元。当年发生业务招待费30万元，其中20万元未取得合法票据。当年实际发放职工工资300万元，其中含福利部门人员工资20万元；除福利部门人员工资外的职工福利费总额为44.7万元，拨缴工会经费5万元，职工教育经费支出9万元。

(6)当年1月1日，自境内关联企业借款1 500万元，年利率7%(金融企业同期同类贷款利率为5%)，支付全年利息105万元。关联企业在该公司的权益性投资金额为500万元。该公司不能证明此笔交易符合独立交易原则，也不能证明实际税负不高于关联企业。

(7)当年转让一项账面价值为300万元的专利技术，转让收入为1 200万元，该项转让已经省科技部门认定登记。

(8)该企业是当地污水排放大户，为治理排放，当年购置不含税600万元的污水处理设备投入使用，同时为其他排污企业处理污水，当年取得收入30万元，相应的成本为13万元。该设备属于《环境保护专用设备企业所得税优惠目录》所列设备，为其他企业处理污水属于公共污水处理。

(其他相关资料：该公司注册资本为800万元。除非特别说明，各扣除项目均已取得有效凭证，相关优惠已办理必要手续。)

要求：根据上述资料，按下列序号计算回答问题，每问需计算出合计数。

(1)计算业务(1)应调整的应纳税所得额并简要说明理由。

(2)计算业务(2)应调整的应纳税所得额。

(3)计算业务(3)应调整的应纳税所得额。

(4)计算业务(4)应调整的应纳税所得额。

(5)计算业务(5)应调整的应纳税所得额。

(6)计算业务(6)应调整的应纳税所得额。

(7)计算业务(7)应调整的应纳税所得额。

(8)计算业务(8)应调整的应纳税所得额和应纳税额。

(9)计算该公司2019年应纳企业所得税额。

本章综合练习参考答案及详细解析

一、单项选择题

1. B 【解析】自2019年1月1日至2021年12月31日优惠政策对小型微利企业年应纳税所得额不超过100万元的部分，减按25%计入应纳税所得额；对年应纳税所得额超过100万元但不超过300万元的部分，减按50%计入应纳税所得额。2019年应纳企业所得税额=100×25%×20%+20×50%×20%=7(万元)。

2. C 【解析】企业所得税的纳税人不包括个人独资企业、合伙企业，它们是个人所得税的纳税人。

3. B 【解析】选项A，接受捐赠收入、无法偿付的应付款收入等，不论是以货币形式还是非货币形式体现，除另有规定外，均应一次性计入确认收入的年度计算缴纳企业所得税；选项C，股息等权益性投资收益以被投资方作出利润分配决定的日期确认收入的实现；选项D，特许权使用费收入以合同约定的特许权使用人应付特许权使用费的日期确认收入的实现。

4. B 【解析】对外投资期间的投资成本，在计算应纳税所得额时不得扣除。

5. A 【解析】企业到期前转让国债，其持有期间尚未兑付的国债利息收入免税。免税的国债利息=国债金额×(适用年利率÷365)×持有天数=20×5.8%×2(年)=2.32(万元)，转让国债所得=24.9-20-2.32-0.4=2.18(万元)，转让国债应缴纳的企业所得税=2.18×25%=0.55(万元)。

6. C 【解析】纳税人发生的公益性捐赠支出，在年度利润总额12%以内的部分，准予在计算应纳税所得额时扣除；超过年度利润总额12%的部分，准予结转以后三年内在计算应纳税所得额时扣除。

7. D 【解析】企业取得的财政性资金，除国务院财政、税务主管部门规定专项用途的以外，应当作为征税收入。财政性资金包括来源于政府及其有关部门的财政补助、补贴、贷款贴息，以及其他各类财政专项资金，包括直接减免的增值税和即征即退、先征后退、先征后返的各种税收，但不包括企业按规定取得的出口退税款。选项A、C属于符合条件的财政性资金，不征收所得税。选项B，不论是采用免抵退税办法还是免退税办法，企业收到的出口退税款，属于收回前一环节的进项税额。出口退税不属于企业的收入总额，不需缴纳企业所得税。

8. C 【解析】选项A、B、D属于内部处置资产，不作收入处理。

9. B 【解析】社会团体按照省级以上民政、财政部门规定收取的会费，属于符合条件的非营利组织的收入，可以免税。但非营利组织从事营利性活动取得的收入，除国务院财政、税务主管部门另有规定的除外，应当缴纳企业所得税。

10. C 【解析】投资企业从被投资企业撤回或减少投资，其取得的资产中，相当于初始出资的部分，应确认为投资收回；相当于被投资企业累计未分配利润和累计盈余公积按减少实收资本比例计算的部分，应确认为股息所得；其余部分确认为投资资产转让所得。撤资应确认的投资资产转让所得=4 000-2 400-(600+400)×40%=1 200(万元)。

11. B 【解析】第一个标准：债权性投资：权益性投资=2：1，则债权性投资=权益性投资×2=400×2=800(万元)(属于税法规定的合理借款的最高金额)。

第二个标准：利息费用不得超过同期同类银行贷款年利率计算的数额。

可以扣除的利息费用=800×6%=48(万元)

12. B 【解析】企业开展研发活动发生的研究开发费用，未形成无形资产计入当期损益的，在按照规定据实扣除的基础上，按照研究开发费用的75%加计扣除；企业委托外部机构或个人进行研发活动所发生的费用，按照费用实际发生额的80%计入委托方研发费用并计算加计扣除；企业安置残疾人员所支付的工资，在据实扣除的基础上，按照支付给残疾职工工资的100%加计扣除。

13. B 【解析】选项A、C、D均为企业所得税的应税收入，要按规定征收企业所得税；选项B依法收取并纳入财政管理的行政事业性收费属于不征税收入。

14. A 【解析】业务招待费支出，按照发生额的60%扣除，但最高不得超过当年销售(营业)收入的5‰。业务招待费扣除额=50×60%=30(万元)，扣除限额=(4 000+200)×5‰=21(万元)，按照孰低原则，所得税前准予扣除的业务招待费为21万元，处置旧厂房取得的收入及转让技术所有权取得的收入，不属于销售(营业)收入，不作为计算基数。

15. C 【解析】不得从企业所得税收入总额中扣除的支出项目有9项，包括税收滞纳金；违反国家法律、法规和规章，被有关部门处以的罚金、罚款；未经核定的准备金支出等。不包括纳税人逾期归还银行贷款，银行按规定加收的罚息。

16. A 【解析】企业的固定资产日常修理支出可在发生当期直接扣除。

17. D 【解析】企业在2018年1月1日至2020年12月31日期间新购进的设备、器具(除房屋、建筑物以外的固定资产)，单位价值不超过500万元的，允许一次性计入当期成本费用在计算应纳税所得额时扣除，不再分年度计算折旧。

18. A 【解析】选项B、C、D享受的是减半征收企业所得税的优惠。

19. D 【解析】居民企业转让技术所有权所得不超过500万元的部分，免征企业所得税；超过500万元的部分，减半征收企业所得税。该企业财产转让应纳企业所得税=(1 000-300-500)×50%×25%=25(万元)。

20. A 【解析】以经营租赁方式租入固定资产发生的租赁费支出，按照租赁期限均匀扣除；以融资租赁方式租入固定资产发生的租赁费支出，按照规定构成融资租入固定资产价值的部分应当提取折旧费用，分期扣除。当年计算企业应纳税所得额时应扣除的租赁费用=1.2÷12×10=1(万元)。

21. B 【解析】根据规定，企业未能提供完整、真实的限售股原值凭证，不能准确计算该限售股原值的，主管税务机关一律按该限售股转让收入的15%，核定为该限售股原值和合理税费。A公司应缴纳企业所得税=2 000×(1-15%)×25%=425(万元)。

22. B 【解析】企业为购置、建造固定资产发生借款的，在有关资产购置、建造期间发生的合理的借款费用，应予以资本化，作为资本性支出计入有关资产的成本。厂房建造前发生的借款利息可以在税前直接扣除，可以扣除的借款费用=3 000×4.5%÷12×3=33.75(万元)。

23. B 【解析】公益捐赠的扣除限额=利润总额×12%=40×12%=4.8(万元)，实际公益捐赠为5万元，税前准予扣除的公益捐赠为4.8万元，应纳税所得额调增=5-4.8=0.2(万元)。应纳税额=(50+0.2)×

25% = 12.55(万元)。

24. C 【解析】企业在筹办期间，发生的与筹办活动有关的业务招待费，可按实际发生额的60%计入企业筹办费，发生的广告费和业务宣传费，可按实际发生额计入企业筹办费，按有关规定税前扣除。可计入企业筹办费并税前扣除的金额 = 200×60%+240 = 360(万元)。

25. D 【解析】选项A，以房产的公允价值作为被投资方的计税基础；选项B，以非货币性资产对外投资确认的非货币性资产转让所得，可在不超过5年期限内，分期均匀计入相应年度的应纳税所得额，按规定计算缴纳企业所得税；选项C，企业以非货币性资产对外投资，应于投资协议生效并办理股权登记手续时，确认非货币性资产转让收入的实现。

26. A 【解析】税法规定，依法院判决、裁定等原因，通过证券登记结算公司，企业将其代持的个人限售股直接变更到实际所有人名下的，不视同转让限售股。

27. C 【解析】广告费扣除限额 = 1 600×15% = 240(万元)；新产品开发费可实行加计扣除。应纳税所得额 = 1 600-600-460-400-40×75%+(250-240) = 120(万元)，应纳所得税 = 120×25% = 30(万元)。

28. B 【解析】企业上一年度发生亏损，可用当年所得进行弥补，一年弥补不完的，可连续弥补5年，按弥补亏损后的应纳税所得额和适用税率计算税额。所以2017年、2018年的亏损都可以用2019年的所得弥补，2019年应纳企业所得税 = (425-25-50)×25% = 87.5(万元)。

29. B 【解析】应纳税额 = 160÷(1-20%)×20%×25% = 10(万元)。

30. C 【解析】房屋的最低折旧年限为20年；飞机的最低折旧年限为10年；电子设备的最低折旧年限为3年。

31. C 【解析】选项C，出租房屋的收入，不属于免税收入。

32. B 【解析】会计利润 = 5 000+80-4 100-700-60 = 220(万元)，公益性捐赠扣除限额 = 220×12% = 26.4(万元)，税前准予扣除的捐赠支出是26.4万元。应纳企业所得税 = (220+50-26.4-30)×25% = 53.4(万元)。

33. B 【解析】根据规定，逾期偿还贷款的银行罚息可以在企业所得税税前扣除。企业实际支付给关联方的利息支出，受债资比和利率两个标准限制，超过标准部分，不得税前扣除。

34. B 【解析】2019年1月1日至2021年12月31日，对年应纳税所得额低于100万元(含100万元)的小型微利企业，其所得减按25%计入应纳税所得额，按20%的税率缴纳企业所得税。当年该企业应纳企业所得税 = (590-485-18.2)×25%×20% = 4.34(万元)。

35. D 【解析】选项A，减半征收企业所得税；选项B、C均为免征所得税的利息。

36. A 【解析】企业发生的合理的工资、薪金支出准予据实扣除。

福利费扣除限额 = 300×14% = 42(万元)，实际发生45万元，准予扣除42万元。

工会经费扣除限额 = 300×2% = 6(万元)，实际发生5万元，可以据实扣除。

职工教育经费扣除限额 = 300×8% = 24(万元)，实际发生15万元，可以据实扣除。

税前准予扣除的三项经费合计 = 42+5+15 = 62(万元)。

37. A 【解析】企业购置、建造固定资产发生的借款费用，在交付使用前的借款费用应予资本化，交付使用后的借款费用允许扣除。

38. C 【解析】跨地区经营汇总缴纳企业所得税时，分机构预缴分摊比例要考虑营业收入、职工薪酬和资产总额三个因素，其分摊比例正确的是35%、35%、30%。分支机构分摊比例 = (该分支机构营业收入/各分支机构营业收入之和)×35%+(该分支机构职工薪酬/各分支机构职工薪酬之和)×35%+(该分支机构资产总额/各分支机构资产总额之和)×30%。

39. B 【解析】自2019年1月1日至2022年12月31日，纳税人通过公益性社会组织或者县级(含县级)以上人民政府及其组成部门和直属机构，用于目标脱贫地区的扶贫捐赠支出，准予在计算企业所得税应纳税所得额时据实扣除。

40. C 【解析】对于当年具备高新技术企业或科技型中小企业资格的企业，其具备资格年度之前5个年度发生的尚未弥补完的亏损，准予结转以后年度弥补，最长结转年限由5年延长至10年。

二、多项选择题

1. ABCD 【解析】选项A，不动产转让按照不动产所在地确定，因为转让的不动产在我国，所以要在我国缴纳企业所得税；选项B，股息、红利等权益性投资所得，按照分配所得的企业所在地确定，因为是我国某公司分配所得，所以要在我国缴纳企业所得税；选项C、D属于在我国境内设立机构的分行取得的收入，要在我国缴纳企业所得税。

2. ACD 【解析】利息所得、租金所得、特许权使用费所得，按照负担、支付所得的企业或者机构、场所所在地确定。

3. ACD 【解析】对外投资期间的投资成本，在计算应纳税所得额时不得扣除。

4. ACD 【解析】企业固定资产会计折旧年限如果长于税法规定的最低折旧年限，其折旧应按会计折旧年限计算扣除，税法另有规定除外。

5. ABCD 【解析】以上各选项均正确。

6. AD 【解析】企业为投资者或者职工支付的商业保险费不得扣除。

7. BCD 【解析】股息、红利等权益性投资收益，按照被投资方作出利润分配决定的日期确认收入的实现。

8. ACD 【解析】广告费、业务宣传费扣除限额计算基数是销售(营业)收入。具体包括销售货物收入、劳务收入、租金收入、特许权使用费收入、视同销售收入等，即会计核算中的“主营业务收入”“其他业务收入”及所得税中的“视同销售收入”。

9. ABC 【解析】非银行企业内营业机构之间支付的利息不得扣除，银行企业内营业机构之间支付的利息可以扣除。

10. ABC 【解析】企业之间支付的管理费、企业内营业机构之间支付的租金和特许权使用费，以及非银行企业内营业机构之间支付的利息，不得扣除。选项C，企业向投资者支付的股息属于税后分配，不得税前扣除。

11. AD 【解析】增值税为价外税，不在收入总额之中；车辆购置税计入车辆的成本，不作为税金列支。

12. ABC 【解析】企业以买一赠一方式销售商品的，不属于捐赠，应将总的销售金额按各项商品的公允价值的比例来分摊确认各项的销售收入。

13. ACD 【解析】非居民企业从中国境内取得的股息、红利等权益性投资收益和利息、租金、特许权使用费所得，以收入全额为应纳税所得额。

14. AD 【解析】可以在计算应纳税所得额时加计扣除的有：(1)企业为开发新技术、新产品、新工艺发生的研究开发费用；(2)安置残疾人员所支付的工资。创业投资企业从事国家需要重点扶持和鼓励的创业投资，可以按投资额的一定比例抵扣应纳税所得额，不是加计扣除；企业综合利用资源，生产符合国家产业政策规定的产品所取得的收入，可以在计算应纳税所得额时减计收入，也不是加计扣除。

15. AC 【解析】纳税人为其投资者或雇员个人向商业保险机构投保的人寿保险，不得在税前扣除；纳税人支付的行政性罚款，不得在税前扣除。

16. AB 【解析】外购商誉的支出，在企业整体转让或者清算时，准予在企业所得税前扣除。

17. BC 【解析】注意这两个条件是同时符合，而不是具备其一。

18. ACD 【解析】企业发生的下列支出作为长期待摊费用，按照规定摊销的，准予扣除：

(1)已足额提取折旧的固定资产的改建支出。

(2)租入固定资产的改建支出。

(3)固定资产的大修理支出。

(4)其他应当作为长期待摊费用的支出。

19. CD 【解析】生物资产中只有生产性生物资产需要按照直线法计提折旧，其中林木类生产性生物资产，计算折旧的最低年限为 10 年；畜类生产性生物资产为 3 年。

20. ACD 【解析】选项 B，外购商誉的支出，在企业整体转让或者清算时，准予扣除。

21. ABD 【解析】职工教育经费支出，不超过工资薪金总额 8%的部分准予扣除，超过部分准予结转以后纳税年度扣除；企业发生的公益性捐赠支出，在年度利润总额 12%以内的部分，准予在计算应纳税所得额时扣除；超过年度利润总额 12%的部分，准予结转以后三年内在计算应纳税所得额时扣除；广告费和业务宣传费支出，除国务院财政、税务主管部门另有规定外，不超过当年销售(营业)收入 15%的部分，准予扣除，超过部分准予结转以后纳税年度扣除。

22. BCD 【解析】存货毁损净损失准予所得税前扣除，净损失包括不得从销项税中抵扣的进项税额。该企业资产净损失 $=30+30\times13\%-4=29.9$(万元)。

23. ABCD 【解析】以上选项均不征收企业所得税。

24. BCD 【解析】企业从事下列项目的所得，减半征收企业所得税：(1)花卉、茶以及其他饮料作物和香料作物的种植；(2)海水养殖、内陆养殖。

25. ACD 【解析】生产性生物资产的支出，准予摊销；消耗性生物资产的支出，按成本、费用一次性扣除。

26. CD 【解析】对化妆品制造或销售、医药制造和饮料制造(不含酒类制造)企业发生的广告费和业务宣传费支出，不超过当年销售(营业)收入 30%的部分，准予扣除；超过部分，准予在以后纳税年度结转扣除。

27. BD 【解析】综合利用资源产品所取得的收入，可以在计算应纳税所得额时，减按 90%计入收入总额；企业承包经营、承包建设和内部自建自用国家重点扶持的公共基础设施项目投资经营的所得项目，不得享受企业所得税优惠。

28. AD 【解析】外国政府、国际金融组织向中国政府提供贷款取得的利息所得，免征企业所得税。

29. BC 【解析】选项 A，受让企业收购的资产不低于转让企业全部资产的 50%而非 85%；选项 D，应该是在资产收购发生时的股权支付金额不低于其交易支付总额的 85%而非 50%。

30. ACD 【解析】企业重组一般性税务处理方法下的企业合并，当事各方应按下列规定处理：(1)合并企业应按公允价值确定接受被合并企业各项资产和负债的计税基础；(2)被合并企业及其股东都应按清算进行所得税处理；(3)被合并企业的亏损不得在合并企业结转弥补。

31. ACD 【解析】被投资企业发生的经营亏损，由被投资企业按规定结转弥补；投资企业不得调整减低其投资成本，也不得将其确认为投资损失。

32. ABD 【解析】专用设备的投资额的 10%可以从企业当年的应纳税额中抵免；创业投资企业按投资额的 70%在股权持有满 2 年的当年抵扣该创业投资企业的应纳

税所得额；企业安置残疾人员所支付的工资，按支付给残疾职工工资的 100% 加计扣除。

33. ACD 【解析】作为长期待摊费用的支出，自支出发生月份的次月起，分期摊销，摊销年限不得低于 3 年。

34. ABC 【解析】符合条件的非营利组织的收入属于企业所得税中的免税收入。其中符合条件的非营利组织是指：

(1) 依法履行非营利组织登记手续。

(2) 从事公益性或者非营利性活动。

(3) 取得的收入除用于与该组织有关的、合理的支出外，全部用于登记核定或者章程规定的公益性或者非营利性事业。

(4) 财产及其孳生息不用于分配。

(5) 按照登记核定或者章程规定，该组织注销后的剩余财产用于公益性或者非营利目的，或者由登记管理机关转赠给与该组织性质、宗旨相同的组织，并向社会公告。

(6) 投入人对投入该组织的财产不保留或者享有任何财产权利。

(7) 工作人员工资福利开支控制在规定的比例内，不变相分配该组织的财产。

(8) 国务院财政、税务主管部门规定的其他条件。

35. ABD 【解析】对指定 6 个行业的企业 2014 年 1 月 1 日后新购进的固定资产、2015 年 1 月 1 日后对四个领域（轻、纺、机、汽）重点行业，可采取加速折旧的方法。6 个行业中包括信息传输、软件和信息技术服务业等。自 2019 年 1 月 1 日起，适用固定资产加速折旧优惠的行业范围，扩大至全部制造业领域。

36. ABCD 【解析】同时符合以下 5 个条件的混合性投资业务，按照债权性投资业务进行企业所得税处理，这 5 个条件是：

(1) 被投资企业接受投资后，需要按投资合同或协议约定的利率定期支付利息（或定期支付保底利息、固定利润、固定股息）。

(2) 有明确的投资期限或特定的投资条件，并在投资期满或者满足特定投资条件后，被投资企业需要赎回投资或偿还本金。

(3) 投资企业对被投资企业净资产不拥有所有权。

(4) 投资企业不具有选举权和被选举权。

(5) 投资企业不参与被投资企业日常生产经营活动。

37. BC 【解析】企业在年度中间终止经营活动的，应当自实际经营终止之日起 60 日内，向税务机关办理当期企业所得税汇算清缴；按月或按季预缴的，应当自月份或者季度终了之日起 15 日内，向税务机关报送预缴企业所得税纳税申报表，预缴税款。

38. ABC 【解析】非居民企业取得下列所得免征企业所得税：(1) 外国政府向中国政府提供贷款取得的利息所得；(2) 国际金融组织向中国政府和居民企业提供优惠贷款取得的利息所得；(3) 经国务院批准的其他所得。

三、计算问答题

1. 【答案】

(1) 利润总额 = 20 000 − 10 000 − 500 + 100 − (4 000 + 400 + 2 400) − 1 600 = 1 200（万元）

(2) 广告费在销售（营业）收入的 15% 内据实扣除，20 000 × 15% = 3 000（万元）> 2 200（万元），广告费可据实扣除，无须纳税调整。

(3) 业务招待费准扣限额 = 20 000 × 5‰ = 100（万元）

业务招待费实际发生额的 60% = 170 × 60% = 102（万元）

准予扣除的业务招待费为 100 万元。

业务招待费应调增应纳税所得额 = 170 − 100 = 70（万元）

研究开发费用按照 75% 加计扣除，所以应调减应纳税所得额 = 60 × 75% = 45（万元）

业务(5)合计调增应纳税所得额=70-45=25(万元)

(4)公益性捐赠支出扣除限额=1 200×12%=144(万元)，实际发生额为200万元。

公益性捐赠应调增应纳税所得额=200-144=56(万元)

赞助支出不允许税前扣除，应调增应纳税所得额100万元。

业务(6)合计调增应纳税所得额=56+100=156(万元)

(5)实际发生的2 000万元工资薪金税前据实扣除。

员工行权时的股票期权应调减应纳税所得额=(10-8)×500=1 000(万元)

计算三项经费的工资薪金基数=2 000+1 000=3 000(万元)

职工福利费扣除限额=3 000×14%=420(万元)，实际发生额900万元，应调增应纳税所得额=900-420=480(万元)

工会经费扣除限额=3 000×2%=60(万元)，实际发生额150万元，应调增应纳税所得额=150-60=90(万元)

职工教育经费扣除限额=3 000×8%=240(万元)，实际发生额490万元，应调增应纳税所得额=490-240=250(万元)

工资、薪金和三项经费应调减应纳税所得额=1 000-480-90-250=180(万元)

(6)应纳税所得额=1 200-100+25+156-180-100=1 001(万元)

应纳所得税额=1 001×25%=250.25(万元)

2.【答案】

(1)乙公司当年捐赠税前扣除额为0，纳税调增40万元。

『提示』直接向某小学捐款40万元，不属于公益性捐赠支出，在计算应纳税所得额时不得扣除。

(2)乙公司当年在建工程贷款利息税前扣除额为0，纳税调整额10万元。

『提示』在建工程应负担的贷款利息10万元，应予以资本化在计算应纳税所得额时不得扣除。

(3)乙公司当年佣金支出税前扣除额=120×5%=6(万元)，纳税调增18-6=12万元

『提示』非保险企业，佣金支出的税前扣除限额为服务协议或合同确认的收入金额的5%。

(4)乙公司股权重组中取得非股权支付额对应的资产转让所得=(9-7)×10×80%×(6÷72)=1.33(万元)，应做纳税调增。

『提示』乙企业适用特殊性税务处理规定，股权支付对应的股权转让所得免税，非股权支付对应的股权转让部分应确认所得或损失。非股权支付对应的资产转让所得=(被转让资产的公允价值-被转让资产的计税基础)×(非股权支付金额÷被转让资产的公允价值)

(5)乙公司当年境内所得应补税的所得额=40+10+12+1.33=63.33(万元)

乙公司当年度应补缴企业所得税税额=63.33×15%=9.5(万元)

『提示』乙公司为高新技术企业的公司，其企业所得税税率为15%。

(6)境外所得应补缴所得税税额=70÷(1-10%)×(15%-10%)=3.89(万元)

【思路】70万元境外所得属于税后分回收入，应先换算为税前所得，再根据税率差(15%-10%)补交我国的企业所得税。

3.**【答案】**

(1)投资收益中属于应纳税的财产转让所得=116-86=30(万元)

【思路点拨】自2011年7月1日起，投资企业从被投资企业撤回或减少投资，其取得的资产中，相当于初始出资的部分，应确认为投资收回；分配支付额超过投资成本部分的金额属于会计上的投资收益，其中相当于被投资企业累计未分配利润和累计盈余公积按减少实收资本比例计算的部分，应确认为股息所得(税法规定为所得税的免税项目)；其余部分确认为投资资

产转让所得。

(2)接受捐赠应调增会计利润 = 50+6.5 = 56.5(万元)

(3)公益捐赠税前扣除限额 = 会计利润×12% = (1 170+56.5)×12% = 147.18(万元)

实际捐赠额 = 80(万元)

实际捐赠超未过税法规定的扣除限额，无需纳税调整。

(4)该公司应补缴的企业所得税 = (1 170-86-49-15+56.5)×25%-220(已纳)+[49÷(1-15%)×(25%-15%)](境外补税) = 1 076.5×25%-220+5.76 = 54.89(万元)

四、综合题

1.【答案】

(1)会计利润总额 = 2 700+(400-300) = 2 800(万元)

『提示』易货交易应做营业收入处理。

(2)当期销售(营业)收入 = 25 000+400 = 25 400(万元)

广告费扣除限额 = 25 400×15% = 3 810(万元)

实际发生 3 000 万元，准予全额扣除，同时上年超限额广告费可结转扣除 810 万元，所以应调减应纳税所得额 810 万元。

(3)业务招待费扣除限额 = (25 000+400)×0.5% = 127(万元)小于 500×60% = 300(万元)，只能扣除 127 万元。所以应调增应纳税所得额 = 500-127 = 373(万元)

(4)新产品研究开发费用 2 000 万元可以加计扣除 75%，应调减应纳税所得额 = 2 000×75% = 1 500(万元)

(5)职工福利费扣除限额 = 8 000×14% = 1 120(万元)，实际发生 1 200 万元，纳税调增 80 万元。

职工工会经费扣除限额 = 8 000×2% = 160(万元)，实际发生 150 万元，不作调整。

职工教育经费扣除限额 = 8 000×8% = 640(万元)，实际发生额 250 万元，不作调整。

“三项经费”应调增应纳税所得额 = 80(万元)

(6)本题中债资比例为 5 000÷2 000 = 2.5，大于标准比例 2，准予税前扣除的借款利息 = 2 000×2×5% = 200(万元)，应调增应纳税所得额 = 300-200 = 100(万元)。

(7)公益性捐赠扣除限额 = 2 800×12% = 336(万元)，实际捐赠额 400 万元，应调增应纳税所得额 = 400-336 = 64(万元)。

(8)该企业 2019 年度的应纳税所得额 = 2 800-810+373-1 500+80+100+64 = 1 107(万元)

(9)该企业 2019 年度的应缴纳的企业所得税税额 = 1 107×25%-500×10% = 226.75(万元)

2.【答案】

(1)该制药企业应扣缴企业所得税 = 120÷(1+6%)×20%×25% = 5.66(万元)

应扣缴增值税 = 120÷(1+6%)×6% = 6.79(万元)

应扣缴城市维护建设税 = 6.79×7% = 0.48(万元)

应扣缴教育费附加 = 6.79×3% = 0.20(万元)

应扣缴地方教育附加 = 6.79×2% = 0.14(万元)

(2)残疾人员工资 40 万元按 100% 加计扣除，应调减应纳税所得额 40 万元。

福利费扣除限额 = 1 200×14% = 168(万元)

应调增应纳税所得额 = 180-168 = 12(万元)

工会经费扣除限额 = 1 200×2% = 24(万元)

应调增应纳税所得额 = 25-24 = 1(万元)

教育经费扣除限额 = 1 200×8% = 96(万元)

职工教育经费支出可全额扣除，并可扣除上年结转的扣除额 5 万元，应调减应纳税所得额 5 万元。

为投资者支付的商业保险费不能税前扣除，应调增应纳税所得额 10 万元。

(3)广告费和业务宣传费的扣除基数 = 5 500+400 = 5 900(万元)

广告费扣除限额 = 5 900×30% = 1 770(万

元)

当年发生的800万元广告费无需作纳税调增，但非广告性质的赞助支出不能在税前扣除。应调增应纳税所得额50万元。

业务招待费扣除限额1=5 900×5‰=29.5(万元)

业务招待费扣除限额2=60×60%=36(万元)

扣除限额29.5万元。

应调增应纳税所得额=60-29.5=30.5(万元)

(4)研发费用按75%加计扣除。

应调减应纳税所得额=100×75%=75(万元)

(5)捐赠调整额：

2019年1月1日至2022年12月31日，企业通过公益性社会组织或者县级(含县级)以上人民政府及其组成部门和直属机构，用于目标脱贫地区的扶贫捐赠支出，准予在计算企业所得税应纳税所得额时据实扣除。

公益性捐赠的扣除额=120(万元)

直接向某学校捐赠的20万元不能税前扣除，应调增应纳税所得额20万元。

(6)可以抵免的应纳所得税额=(300÷1.13)×10%=26.55(万元)

可以免税的所得额=20-12=8(万元)

应调减应纳税所得额8万元。

(7)应调减应纳税所得额10万元。

(8)会计利润=5 500+400+300-2 800-300-210-420-550-900-180+120=960(万元)

应纳税所得额=960-40+12+1-5+10+50+30.5-75+20-8-10=945.5(万元)

应纳所得税额=945.5×25%-26.55=209.83(万元)

3.【答案】

(1)利息收入应调减应纳税所得额40万元。

对利息收入，应按照合同约定的债务人应付利息的日期确认收入的实现。

商标使用权收入应调增应纳税所得额60万元。

对特许权使用费收入，应按照合同约定的特许权使用人应付特许权使用费的日期确认收入的实现。

(2)国债利息收入免税，应予调减。

调减的应纳税所得额=100×5%×2=10(万元)

(3)非股权支付对应的资产转让所得=(265-180)×(26.5÷265)=8.5(万元)

应调减应纳税所得额=(265-180)-8.5=76.5(万元)

(4)应调减应纳税所得额=15(万元)

(5)计算广告费和业务宣传费扣除的基数=2 500+1 300=3 800(万元)

可以扣除的广告费限额=3 800×15%=570(万元)

当年发生480万元的广告费可全额扣除，并可扣除上年结转的广告费65万元，应调减应纳税所得额65万元。

可以扣除的招待费限额=3 800×5‰=19(万元)

实际可以扣除的招待费=(30-20)×60%=6(万元)

应调增应纳税所得额=30-6=24(万元)

可以扣除的福利费限额=(300-20)×14%=39.2(万元)

应调增应纳税所得额=(20+44.7)-39.2=25.5(万元)

可以扣除的工会经费限额=(300-20)×2%=5.6(万元)

工会经费可全额扣除。

可以扣除的职工教育经费限额=(300-20)×8%=22.4(万元)

职工教育经费可全额扣除。

(6)可扣除的借款利息=500×2×5%=50(万元)

应调增应纳税所得额=105-50=55(万元)

(7)技术转让所得=1 200-300=900(万元)

应调减应纳税所得额=500+(900-500)×

50% = 500+200 = 700(万元)

(8)可以抵减的应纳所得税额 = 600×10% = 60(万元)

可以免税的所得额 = 30−13 = 17(万元)

应调减应纳税所得额 17 万元。

(9)会计利润 = 2 500+1 300+240−600−460 −210−240−120−130−105+282 = 2 457(万元)

应纳税所得额 = 2 457−40+60−10−76.5−15 −65+24+25.5+55−700−17−100 = 1 598(万元)

应纳所得税税额 = 1 598×25%−60 = 339.5(万元)

第5章 个人所得税法

考情分析

历年考情分析

本章是注会税法考试历年的重点章节。2019 年 1 月 1 日起起，我国个人所得税法重大修订，由原来的分类征收制改为综合征收与分类征收的混合征收制。由此本章内容变化很大，考生学习必须以教材的现行政策进行习题演练。本章虽然内容比较多，但各知识点比较独立，相互之间联系不大。本章考试命题为单选题、多选题、计算问答题题型(每年 1 题)，考试平均分值一般在 10 分左右。

本章 2020 年考试主要变化

1. 细化无住所个人一个纳税年度内在中国境内累计居住天数；
2. 明确一些个人所得的所属税目；
3. 补充税收优惠：全国中小企业股份转让系统挂牌公司取得的股息红利，实行差别化政策；个人投资者持有铁路债券取得的利息收入，减按 50%计入应纳税所得额等；
4. 计算含税全年一次性奖金公式修订；
5. 关于公益慈善事业捐赠个人所得税政策；
6. 个人捐赠住房作为廉租住房、公租房，按公益捐赠的要求税前扣除；
7. 非居民个人和无住所居民个人有关个人所得税的政策；
8. 需要办理和无需办理个人所得税综合所得汇算清缴的项目；
9. 建立个人所得税纳税信用管理机制；
10. 增加三个申报表及填表说明。

核心考点及经典例题详解

考点一 纳税义务人★

扫我解疑难

经典例题

【例题 1 · 单选题】根据个人所得税法的规定，下列选项中属于我国居民个人的是(　)。

A. 在我国有住所，因学习在法国居住半年的刘某

B. 具有中国国籍，但在韩国定居的朴某

C. 侨居在海外的华侨

D. 2019 年 1 月 15 日来华学习，7 月 1 日后回国的约翰

【答案】A

【解析】选项A，在中国境内有住所的个人为居民个人；选项B、C，属于在中国境内无住所又不居住的个人，属于非居民个人；选项D，在中国境内无住所而一个纳税年度内在中国境内居住累计不满183天的个人，属于非居民个人。

【例题2·多选题】根据个人所得税法的规定，区分居民个人和非居民个人的判断标准包括(　)。

A. 住所　　B. 国籍

C. 常驻地　　D. 居住时间

【答案】AD

【解析】个人所得税纳税义务人依据住所和居住时间两个标准，区分为居民个人和非居民个人，分别承担不同的纳税义务。

考点精析

个人所得税是以自然人取得的各类应税所得为征税对象而征收的一种所得税。依据住所和居住时间两个标准，个人所得税的纳税人可以分为居民个人和非居民个人。

纳税义务人的判定标准如表5-1所示。

表5-1　纳税义务人的判定标准

个人类型	具体标准
居民个人	在中国境内有住所的个人
	在中国境内无住所而一个纳税年度内在中国境内居住累计满183天的个人
非居民个人	在中国境内无住所又不居住的个人
	在中国境内无住所而一个纳税年度内在中国境内居住累计不满183天的个人

【知识点拨】(1)住所和居住时间两个标准，只要符合其中之一即可判断为居民个人。

(2)纳税年度，自公历1月1日起至12月31日止。

(3)所称在中国境内有住所，是指因户籍、家庭、经济利益关系而在中国境内习惯性居住。

(4)自2019年1月1日起，无住所个人一个纳税年度内在中国境内累计居住天数，按照个人在中国境内累计停留的天数计算。在中国境内停留的当天满24小时的，计入中国境内居住天数，在中国境内停留的当天不足24小时的，不计入中国境内居住天数。

(5)居民个人负无限纳税义务，应就来源于中国境内的所得和来源于中国境外的所得在我国缴纳个人所得税；非居民个人负有限纳税义务，仅就来源于中国境内的所得在我国缴纳个人所得税。

考点二　征税范围及所得来源地的确定★

扫我解疑难

经典例题

【例题1·多选题】(2019年)居民个人取得的下列收入中，按照劳务报酬项目预扣预缴个人所得税的有(　)。

A. 保险营销人员取得的佣金收入

B. 企业对非雇员以免费旅游形式给予的营销业绩奖励

C. 仅担任董事而不在该公司任职的个人取得的董事费

D. 公司职工取得的用于购买企业国有股权的劳动分红

【答案】ABC

【解析】公司职工取得的用于购买企业国有股权的劳动分红，按"工资、薪金所得"缴纳个人所得税

【例题2·单选题】(2018年)个人取得的下列

所得中，应确定为来源于中国境内所得的是(　)。

A. 从境外上市公司取得的股息所得

B. 在境外开办教育培训取得的所得

C. 拥有的专利在境外使用而取得的所得

D. 将境内房产转让给外国人取得的所得

【答案】 D

【解析】 从中国境内的企业、事业单位、其他组织以及居民个人取得的利息、股息、红利所得，为境内所得，选项A错误；因任职、受雇、履约等而在中国境内提供劳务取得的所得，为境内所得，选项B错误；许可各种特许权在中国境内使用而取得的所得，为境内所得，选项C错误。

【例题3·多选题】(2014年)某外籍个人受某外国公司委派于2013年8月开始赴中国担任其驻华代表处首席代表，截至2013年12月31日未离开中国。该外籍个人2013年取得的下列所得中，属于来源于中国境内所得的有(　)。

A. 9月出席境内某经济论坛做主题发言取得的收入

B. 因在中国任职而取得的由境外总公司发放的工资收入

C. 10月将其拥有的境外房产出租给中国一公司驻该国常设机构取得的租金收入

D. 11月将其拥有的专利技术许可一境外公司在大陆的分支机构使用取得的收入

【答案】 ABD

【解析】 下列所得，不论支付地点是否在中国境内，均为来源于中国境内的所得：

(1)因任职、受雇、履约等在中国境内提供劳务取得的所得；

(2)将财产出租给承租人在中国境内使用而取得的所得；

(3)许可各种特许权在中国境内使用而取得的所得；

(4)转让中国境内的不动产等财产或者在中国境内转让其他财产取得的所得；

(5)从中国境内企业、事业单位、其他组织以及居民个人取得的利息、股息、红利所得。

选项C，所出租的房产在境外，不属于来源于中国境内的所得。

考点精析

(一)个人所得税的征税范围

个人所得税的征税对象是个人取得的应税所得，按所得项目不同，主要包括以下9类所得。其中**工资、薪金所得、劳务报酬所得、稿酬所得、特许权使用费所得统称为综合所得。**

个人所得税的征税对象如表5-2所示。

表5-2　个人所得税的征税范围

应税所得项目	具体内容
1. 工资、薪金所得	(1)个人因任职或者受雇取得的工资、薪金、奖金、年终加薪、劳动分红、津贴、补贴以及与任职或者受雇有关的其他所得 (2)下列项目**不作为**工资、薪金所得征税：如：差旅费津贴、误餐补助；托儿补助费；外国来华留学生领取的生活津贴费、奖学金等 (3)出租汽车经营单位对出租车驾驶员采取单车承包或承租方式运营，出租车驾驶员从事客货营运取得的收入，按“工资、薪金所得”征税 (4)个人因解除劳动合同取得的经济补偿金、个人提前退休取得的补偿收入 (5)依法批准设立的非营利性研究开发机构和高等学校(以下简称非营利性科研机构和高校)根据《中华人民共和国促进科技成果转化法》规定，从职务科技成果转化收入中给予科技人员的**现金奖励**，可**减按50%**计入科技人员当月“工资、薪金所得”，依法缴纳个人所得税

续表

应税所得项目	具体内容
2. 劳务报酬所得	(1)个人独立从事劳务取得的所得，包括从事设计、装潢、安装、制图、化验、测试、医疗、法律、会计、咨询、讲学、翻译、审稿、书画、雕刻、影视、录音、录像、演出、表演、广告、展览、技术服务、介绍服务、经纪服务、代办服务以及其他劳务取得的所得 (2)个人兼职取得收入
3. 稿酬所得	指个人因其作品以图书、报刊等形式出版、发表而取得的所得
4. 特许权使用费所得	(1)指个人提供专利权、商标权、著作权、非专利技术以及其他特许权的使用权取得的所得；提供著作权的使用权取得的所得，不包括稿酬所得 (2)作者将自己的文字作品手稿原件或复印件拍卖取得的所得，按照“特许权使用费所得”项目征收个人所得税 **【知识点拨】** 个人拍卖除文字作品原稿及复印件外的其他财产，按照“财产转让所得”项目征收个人所得税
5. 经营所得	(1)个体工商户从事生产、经营活动取得的所得，个人独资企业投资人、合伙企业的个人合伙人来源于境内注册的个人独资企业、合伙企业生产、经营的所得 (2)个人依法从事办学、医疗、咨询以及其他有偿服务活动取得的所得 (3)个人对企业、事业单位承包经营、承租经营以及转包、转租取得的所得 (4)个人从事其他生产、经营活动取得的所得 **【知识点拨】**(1)个人独资企业、合伙企业的个人投资者以企业资金为本人、家庭成员及其相关人员支付与企业生产经营无关的消费性支出及购买汽车、住房等财产性支出，视为企业对个人投资者利润分配，并入投资者个人的生产经营所得，依照“经营所得”项目计征个人所得税 其他(法人)企业的个人投资者，取得上述所得依照“利息、股息、红利所得”项目计征个人所得税 (2)个人因从事彩票代销业务而取得的所得，按照“经营所得”项目计征个人所得税 (3)从事个体出租车运营的出租车驾驶员取得的收入，按“经营所得”项目缴纳个人所得税
6. 利息、股息、红利所得	(1)个人拥有债权、股权等而取得的利息、股息、红利所得 (2)纳税年度内个人投资者从其投资企业(个人独资企业、合伙企业除外)**借款**，在该纳税年度终了后既不归还又未用于企业生产经营的，其未归还的借款可视为企业对个人投资者的红利分配，依照“利息、股息、红利所得”项目计征个人所得税
7. 财产租赁所得	(1)个人出租不动产、机器设备、车船以及其他财产取得的所得 (2)个人取得的**财产转租收入**，属于“财产租赁所得”的征税范围
8. 财产转让所得	指个人转让有价证券、股权、合伙企业中的**财产份额**、不动产、机器设备、车船以及其他财产取得的所得 主要包括：(1)个人转让不动产所得 (2)个人转让股权、有价证券所得(特别提示：个人转让股票所得暂不征收个人所得税) (3)个人拍卖除文字作品原稿及复印件以外的其他财产所得 (4)个人因购买和处置债权所得 (5)个人以非货币资产投资而形成的转让非货币性资产的所得

续表

应税所得项目	具体内容
9. 偶然所得	(1)个人得奖、中奖、中彩以及其他偶然性质的所得 【知识点拨】个人取得单张有奖发票奖金所得不超过800元(含800元)的，暂免征收个人所得税；个人取得单张有奖发票奖金所得超过800元的，应全额按照规定的“偶然所得”项目征收个人所得税 (2)企业向个人支付的不竞争款项所得 (3)个人为单位或他人提供担保获得的收入 (4)企业在业务宣传、广告等活动中，随机向本单位以外的个人赠送礼品(包括网络红包)，以及企业在年会、座谈会、庆典以及其他活动中向本单位以外的个人赠送礼品，对个人取得的礼品所得 (5)除规定的3种情形以外，房屋产权所有人将房屋产权无偿赠与他人的，受赠人因无偿受赠房屋取得的受赠所得

【知识点拨】分类征收制，就是将纳税人不同来源、性质的所得项目，分别规定不同的税率征税；综合征收制，是对纳税人全年的各项所得加以汇总，就其总额进行征税。

【特别强调】自2019年1月1日起，我国个人所得税实行分类与综合相结合征收模式。上述1-4项所得采用综合征收方式计算缴纳个人所得税；5-9所得项仍采用原来的分类征收方式计算缴纳个人所得税。

(二)所得来源地的确定

除国务院财政、税务主管部门另有规定外，下列所得，**不论支付地点是否在中国境内，均为来源于中国境内的所得：**

(1)因任职、受雇、履约等在中国境内提供劳务取得的所得；

(2)将财产出租给承租人在中国境内使用而取得的所得；

(3)许可各种特许权在中国境内使用而取得的所得；

(4)转让中国境内的不动产等财产或者在中国境内转让其他财产取得的所得；

(5)从中国境内企业、事业单位、其他组织以及居民个人取得的利息、股息、红利所得。

【知识点拨】

(1)在中国境内**无住所的个人**，在中国境内居住**累计满183天**的年度**连续不满六年**的，经向主管税务机关备案，**其来源于中国境外且由境外单位或者个人支付的所得，免予缴纳个人所得税。**在中国境内居住**累计满183天的任一年度中有一次离境超过30天的，其在中国境内居住累计满183天的年度的连续年限重新起算。**

(2)在中国境内无住所的个人，在一个纳税年度内在中国境内居住累计不超过90天的，来源于中国境内的所得，由境外雇主支付并且不由该雇主在中国境内的机构、场所负担的部分，免予缴纳个人所得税。

考点三　税率和预缴率★

扫我解疑难

经典例题

【例题·多选题】以下各项所得适用超额累进税率形式的有(　　)。

A. 工资薪金所得　　B. 股息所得

C. 财产转让所得　　D. 经营所得

【答案】AD

【解析】股息所得、财产转让所得适用20%的比例税率，其余两项采用的是超额累进税率。

考点精析

个人所得税按照不同的所得项目，分别采用比例税率和超额累进税率两种税率形式。

（一）综合所得

自2019年1月1日起，工资薪金所得、劳务报酬所得、稿酬所得、特许权使用费所得共四项所得采用综合征收制。年度中间，工资薪金所得采用七级超额累进税率按月预扣预缴个人所得税（见表5-3），其余三项采用20%比例税率按次预扣预缴个人所得税，其中劳务报酬所得预缴时有特殊（见表5-4）；年度终了，综合四项所得采用七级超额累进税率（见表5-6）计算全年应纳税额。

（1）个人所得税预扣率表一（见表5-3）。

表5-3　个人所得税预扣率表一

（居民个人工资、薪金所得按月预扣预缴适用）

级数	累计预扣预缴应纳税所得额（全年）	预扣率（%）	速算扣除数
1	不超过36 000元	3	0
2	超过36 000元至144 000元的部分	10	2 520
3	超过144 000元至300 000元的部分	20	16 920
4	超过300 000元至420 000元的部分	25	31 920
5	超过420 000元至660 000元的部分	30	52 920
6	超过660 000元至960 000元的部分	35	85 920
7	超过960 000元的部分	45	181 920

（2）个人所得税预扣率表二（见表5-4）。

表5-4　个人所得税预扣率表二

（居民个人劳务报酬所得按次预扣预缴适用）

级数	预扣预缴应纳税所得额（按次）	预扣率（%）	速算扣除数
1	不超过20 000元	20	0
2	超过20 000元至50 000元的部分	30	2 000
3	超过50 000元的部分	40	7 000

（3）个人所得税税率表三（见表5-5）。

表5-5　个人所得税税率表三

（非居民个人工资、薪金所得，劳务报酬所得，稿酬所得，特许权使用费所得适用）

级数	应纳税所得额（按月）	税率（%）	速算扣除数
1	不超过3 000元	3	0
2	超过3 000元至12 000元的部分	10	210
3	超过12 000元至25 000元的部分	20	1 410
4	超过25 000元至35 000元的部分	25	2 660
5	超过35 000元至55 000元的部分	30	4 410
6	超过55 000元至80 000元的部分	35	7 160
7	超过80 000元的部分	45	15 160

（4）综合所得年度汇算清缴，适用3%至45%的超额累进税率。综合所得个人所得税税率表（见表5-6）。

表 5-6　综合所得个人所得税税率表

级数	全年应纳税所得额	税率(%)	速算扣除数
1	不超过 36 000 元的	3	0
2	超过 36 000 元至 144 000 元的部分	10	2 520
3	超过 144 000 元至 300 000 元的部分	20	16 920
4	超过 300 000 元至 420 000 元的部分	25	31 920
5	超过 420 000 元至 660 000 元的部分	30	52 920
6	超过 660 000 元至 960 000 元的部分	35	85 920
7	超过 960 000 元的部分	45	181 920

注：本表所称全年应纳税所得额是指依照本法第六条的规定，居民个人取得综合所得以每一纳税年度收入额减除费用六万元以及专项扣除、专项附加扣除和依法确定的其他扣除后的余额。

（二）经营所得

经营所得，按年适用 5% 至 35% 的超额累进税率（见表 5-7）。

表 5-7　经营所得个人所得税税率表

级数	全年应纳税所得额	税率(%)	速算扣除数
1	不超过 30 000 元的	5	0
2	超过 30 000 元至 90 000 元的部分	10	1 500
3	超过 90 000 元至 300 000 元的部分	20	10 500
4	超过 300 000 元至 500 000 元的部分	30	40 500
5	超过 500 000 元的部分	35	65 500

注：本表所称全年应纳税所得额是指依照本法第六条的规定，以每一纳税年度的收入总额减除成本、费用以及损失后的余额。

（三）利息、股息、红利所得，财产租赁所得，财产转让所得和偶然所得

利息、股息、红利所得，财产租赁所得，财产转让所得和偶然所得，适用比例税率，税率为 20%。

考点四　应纳税所得额的规定★★★

扫我解疑难

经典例题

【例题 1·单选题】（2019 年）居民个人取得的下列所得，应纳入综合所得计征个人所得税的是（　）。

A. 偶然所得

B. 特许权使用费

C. 股息红利所得

D. 财产转让所得

【答案】 B

【解析】 居民个人取得工资、薪金、劳务报酬、稿酬、特许权使用费四项所得为综合所得。

【例题 2·单选题】（2019 年）下列关于个人所得税专项附加扣除时限的表述中，符合税法规定的是（　）。

A. 同一学历继续教育，扣除时限最长不得超过 48 个月

B. 住房贷款利息，扣除时限最长不得超过 180 个月

C. 子女教育，扣除时间为子女满 3 周岁当月至全日制学历教育结束的次月

D. 专业技术人员职业资格继续教育，扣除时

间为取得相关证书的次年

【答案】A

【解析】选项B，住房贷款利息，扣除期限最长不超过240个月；选项C，子女教育：学前教育阶段，为子女年满3周岁当月至小学入学前一月。学历教育，为子女接受全日制学历教育入学的当月至全日制学历教育结束的当月。选项D，纳税人接受技能人员职业资格继续教育、专业技术人员职业资格继续教育支出，在取得相关证书的当年定额扣除。

【例题3·多选题】下列属于个人所得税专项附加扣除的有(　)。

A. 住房公积金

B. 住房租金支出

C. 符合规定的商业健康保险

D. 大病医疗支出

【答案】BD

【解析】专项附加扣除包括子女教育、继续教育、大病医疗、住房贷款利息或者住房租金、赡养老人等支出。

【例题4·多选题】下列各项中对“次”表述正确的有(　)。

A. 财产租赁所得，以1个月内取得的收入为一次

B. 稿酬所得，属于同一项目连续性收入的，以一个月内取得的收入为一次

C. 劳务报酬所得，属于一次性收入的，以取得该项收入为一次

D. 利息、股息、红利所得，以全年取得的利息、股息、红利合计为一次

【答案】ABC

【解析】利息、股息、红利所得，以支付利息、股息、红利时取得的收入为一次。

考点精析

个人所得税根据各应税项目分别计算应税所得额，以某项应税收入减去税法规定的该项费用减除标准后的余额为该项所得的计税依据。

(一)应纳税所得额的计算

(1)应纳税所得额计算的基本规定如表5-8所示。

表5-8　应纳税所得额计算的基本规定

<table>
<tr><th>征税对象</th><th colspan="2">应纳税所得额</th></tr>
<tr><td rowspan="3">居民个人
(综合所得)</td><td colspan="2">纳税人以每一纳税年度的收入额减除费用6万元以及专项扣除、专项附加扣除和依法确定的其他扣除后的余额，为应纳税所得额</td></tr>
<tr><td colspan="2">(1)收入额：劳务报酬所得、稿酬所得、特许权使用费所得以收入减除20%的费用后的余额为收入额。稿酬所得的收入额减按70%计算</td></tr>
<tr><td colspan="2">(2)扣除额：
①固定减除费用：每年6万元(即每月5 000元)
②专项扣除：包括居民个人按照国家规定的范围和标准缴纳的基本养老保险、基本医疗保险、失业保险等社会保险费和住房公积金等
③专项附加扣除：包括子女教育、继续教育、大病医疗、住房贷款利息或者住房租金、赡养老人等支出
④其他扣除：包括个人缴付符合国家规定的企业年金、职业年金，个人购买符合国家规定的商业健康保险、税收递延型商业养老保险的支出，以及国务院规定可以扣除的其他项目</td></tr>
<tr><td rowspan="4">非居民个人</td><td>工资、薪金所得</td><td>以每月收入额减除费用5 000元后的余额为应纳税所得额</td></tr>
<tr><td>劳务报酬所得</td><td rowspan="3">(1)以每次收入额为应纳税所得额
(2)收入额：劳务报酬所得、稿酬所得、特许权使用费所得以收入减除20%的费用后的余额为收入额。稿酬所得的收入额减按70%计算</td></tr>
<tr><td>稿酬所得</td></tr>
<tr><td>特许权使用费所得</td></tr>
</table>

续表

征税对象	应纳税所得额
经营所得	以每一纳税年度的收入总额减除成本、费用以及损失后的余额，为应纳税所得额
财产租赁所得	每次收入不超过 4 000 元的，减除费用 800 元；4 000 元以上的，减除 20% 的费用，其余额为应纳税所得额
财产转让所得	（1）以转让财产的收入额减除财产原值和合理费用后的余额，为应纳税所得额 （2）财产原值的确定方法： ①有价证券，为买入价以及买入时按照规定交纳的有关费用 ②建筑物，为建造费或者购进价格以及其他有关费用 ③土地使用权，为取得土地使用权所支付的金额、开发土地的费用以及其他有关费用 ④机器设备、车船，为购进价格、运输费、安装费以及其他有关费用 其他财产，参照前款规定的方法确定财产原值
利息、股息、红利所得	以每次收入额为应纳税所得额
偶然所得	

【知识点拨】居民个人取得综合所得，按纳税年度合并计算个人所得税；非居民个人取得综合所得，按月或者按次分项计算个人所得税。

（2）六项专项附加扣除的具体规定如表 5-9 所示。

表 5-9　专项附加扣除的具体规定

扣除项目		扣除标准	具体事项	说明
子女教育（包括学前教育和全日制学历教育）		1 000 元/月/人的标准定额扣除	学前教育：子女年满 3 周岁的当月至小学入学前一月 学历教育：子女接受义务教育、高中教育、高等教育的入学当月至教育结束当月	父母可以选择由其中一方按扣除标准的 100% 扣除，也可以选择由双方分别按扣除标准的 50% 扣除，具体扣除方式在一个纳税年度内不得变更 【知识点拨】多个符合扣除条件的子女，每个子女均可享受扣除
继续教育	学历（学位）继续教育	每月 400 元定额扣除	入学的当月至教育结束的当月；同一学历（学位）继续教育的扣除期限最长不能超过 48 个月	个人接受本科及以下学历（学位）继续教育，符合规定扣除条件的，可以选择由其父母扣除，也可以选择由本人扣除
	职业资格继续教育	取得相关证书的年度，定额扣除 3 600 元/年	包括技能人员职业资格继续教育、专业技术人员职业资格继续教育等	应当留存相关证书等资料备查

续表

扣除项目	扣除标准	具体事项	说明
大病医疗	可以按照每年80 000元标准限额据实扣除	纳税人发生的与基本医保相关的医药费用，扣除医保报销后个人负担(指医保目录范围内的自付部分)累计超过15 000元的部分，在80 000元限额内据实扣除	(1)可以选择由本人或者配偶扣除；未成年子女发生的医药费用支出可以选择由其父母一方扣除 (2)纳税人应当留存医药服务收费及医保报销相关票据原件(或者复印件)等资料备查
住房贷款利息	偿还贷款期间，每月1 000元标准定额扣除，扣除期限最长不超过240个月	纳税人本人或配偶，单独或者共同使用商业银行或住房公积金个人住房贷款，为本人或其配偶购买中国境内住房，发生的首套住房贷款利息支出 【知识点拨】首套住房贷款是指购买住房享受首套住房贷款利率的住房贷款	(1)纳税人只能享受一套首套住房贷款利息扣除 (2)经夫妻双方约定，可以选择由其中一方扣除，具体扣除方式在一个纳税年度内不得变更 (3)夫妻双方婚前分别购买住房发生的首套住房贷款，其贷款利息支出，婚后可以选择其中一套购买的住房，由购买方按扣除标准的100%扣除，也可以由夫妻双方对各自购买的住房分别按扣除标准的50%扣除，具体扣除方式在一个纳税年度内不得变更
住房租金(根据承租住房所在地)	直辖市、省会(首府)城市、计划单列市以及国务院确定的其他城市：每月1 500元 除第一项所列城市以外，市辖区户籍人口超过100万的城市：每月1 100元 除上述城市以外的，市辖区户籍人口不超过100万(含)的城市：每月800元	主要工作城市没有自有住房，而发生的租金支出	(1)夫妻双方主要工作城市相同的，只能由一方扣除住房租金支出。夫妻双方主要工作城市不相同的，且各自在其主要工作城市都没有住房的，可以分别扣除住房租金支出 (2)住房租金支出由签订租赁住房合同的承租人扣除 (3)纳税人及其配偶在一个纳税年度内不得同时分别享受住房贷款利息和住房租金专项附加扣除 (4)纳税人应当留存住房租赁合同、协议等有关资料备查
赡养老人	独生子女：每月2 000元的标准定额扣除 非独生子女：与其兄弟姐妹分摊每月2 000元的扣除额度，每人分摊的额度不能超过每月1 000元	赡养60岁(含)以上父母(包括生父母、继父母、养父母)以及子女均已去世的年满60岁的祖父母、外祖父母	(1)纳税人赡养2个及以上老人的，不按老人人数加倍扣除 (2)非独生子女分摊扣除时，分摊方式包括平均分摊、被赡养人指定分摊或者赡养人约定分摊，具体分摊方式在一个纳税年度内不得变更

（二）每次收入的确定

（1）非居民个人取得劳务报酬所得、稿酬所得、特许权使用费所得，属于一次性收入的，以取得该项收入为一次；属于同一项目连续性收入的，以一个月内取得的收入为一次。

（2）财产租赁所得，以一个月内取得的收入为一次。

（3）利息、股息、红利所得，以支付利息、股息、红利时取得的收入为一次。

（4）偶然所得，以每次取得该项收入为一次。

（三）个人公益捐赠的税前扣除

1. 基本规定——限额扣除

个人将其所得通过中国境内的公益性社会组织、国家机关对教育、扶贫、济困等公益慈善事业进行捐赠，捐赠额未超过纳税人申报的应纳税所得额30%的部分，可以从其应纳税所得额中扣除；国务院规定对公益慈善事业捐赠实行全额税前扣除的，从其规定。

【知识点拨】应纳税所得额，是指计算扣除捐赠额之前的应纳税所得额。

2. 特殊规定——全额扣除

个人捐赠北京2022年冬奥会、冬残奥会、测试赛的资金和物资支出可在计算个人应纳税所得额时予以全额扣除。

3. 个人捐赠住房作为廉租住房、公租房，捐赠额未超过其申报的应纳税所得额30%的部分，准予从其应纳税所得额中扣除。

4. 个人公益捐赠的具体扣除规定

（1）居民个人发生的公益捐赠支出可以在分类所得（财产租赁所得、财产转让所得、利息股息红利所得、偶然所得）、综合所得或经营所得中扣除。在当期一个所得项目扣除不完的公益捐赠支出，可以按规定在其他所得项目中继续扣除；

（2）居民个人发生的公益捐赠支出，在综合所得、经营所得中扣除的，扣除限额分别为当年综合所得、当年经营所得应纳税所得额的30%；在分类所得中扣除的，扣除限额为当月分类所得应纳税所得额的30%；

（3）居民个人根据各项所得的收入、公益捐赠支出、适用税率等情况，自行决定在综合所得、分类所得、经营所得中扣除的公益捐赠支出的顺序；

（4）在综合所得中扣除公益捐赠支出的，应按照以下规定处理：

①居民个人取得工资薪金所得的，可以选择在预扣预缴时扣除，也可以选择在年度汇算清缴时扣除。

②居民个人取得劳务报酬所得、稿酬所得、特许权使用费所得的，预扣预缴时不扣除公益捐赠支出，统一在汇算清缴时扣除。

③居民个人取得全年一次性奖金、股权激励等所得，且按规定采取不并入综合所得而单独计税方式处理的，公益捐赠支出扣除比照本公告分类所得的扣除规定处理。

（5）居民个人发生的公益捐赠支出，可在捐赠当月取得的分类所得中扣除。当月分类所得应扣除未扣除的公益捐赠支出，可以按规定追补扣除。

（6）关于捐赠票据：

①公益性社会组织、国家机关在接受个人捐赠时，应当按照规定开具捐赠票据；个人索取捐赠票据的，应予以开具。

②个人发生公益捐赠时不能及时取得捐赠票据的，可以暂时凭公益捐赠银行支付凭证扣除，并向扣缴义务人提供公益捐赠银行支付凭证复印件。

③机关、企事业单位统一组织员工开展公益捐赠的，纳税人可以凭汇总开具的捐赠票据和员工明细单扣除。

阶段性测试

1.【单选题】下列各项中，属于个人所得税居民个人的是（　）。

A. 在中国境内无住所

B. 在中国境内无住所且不居住的个人

C. 在中国境内无住所，而在境内居住未超

过6个月的个人

D. 在中国境内有住所的个人

2.【单选题】下列各项中，应按“经营所得”项目征税的是(　)。

A. 个人转让专利权的使用权取得的所得

B. 一人有限公司的个人投资者以企业资金为本人购买的汽车

C. 个人独资企业的个人投资者以企业资金为本人购买的住房

D. 出租汽车经营单位对出租车驾驶员采取单车承包或承租方式运营，出租车驾驶员从事客货营运取得的所得

3.【多选题】下列各项应税所得中，属于经营所得征税范围的有(　)。

A. 个人承包、承租、转包、转租取得的所得

B. 合伙企业的税务师事务所的合伙人，从事税务咨询服务取得的所得

C. 个人从法人企业取得的借款，纳税年度终了未归还的部分

D. 从事个体出租车运营的出租车驾驶员取得的收入

4.【多选题】下列支出中，属于计算个人所得税时的其他扣除的有(　)。

A. 住房贷款利息

B. 符合规定的商业健康保险

C. 税收递延型商业养老保险

D. 住房公积金

5.【多选题】下列关于专项附加扣除的表述，正确的有(　)。

A. 赡养老人支出，夫妻双方可以分摊扣除

B. 符合条件的重庆市的住房租金可以在计算个人所得税时扣除1 200元

C. 职业资格继续教育支出，在取得相关证书的当年，按照3 600元定额扣除

D. 某家庭有符合条件的两位子女，专项附加扣除可以扣除2 000元

阶段性测试答案精析

1. D 【解析】在中国境内有住所，或者无住所而一个纳税年度内在中国境内居住累计满183天的个人，为居民个人。选项D属于居民纳税人。

居民纳税人的判定标准有两个：一是在中国境内有住所；二是无住所，但在中国境内居住满183天的个人。两个标准只要符合其中之一，即为居民纳税人。选项A没有考虑居住时间标准，无法判定。

2. C 【解析】选项A，个人转让专利权的使用权取得的所得，按“特许权使用费所得”征收个人所得税；选项B，除个人独资企业、合伙企业以外的其他企业的个人投资者以企业资金为本人购买的汽车，按“利息、股息、红利所得”征收个人所得税；选项D，出租汽车经营单位对出租车驾驶员采取单车承包或承租方式运营，出租车驾驶员从事客货营运取得的所得，按“工资、薪金所得”征收个人所得税。

3. ABD 【解析】选项C属于利息、股息、红利所得征税范围。

4. BC 【解析】其他扣除，包括个人缴付符合国家规定的企业年金、职业年金，个人购买符合国家规定的商业健康保险、税收递延型商业养老保险的支出，以及国务院规定可以扣除的其他项目。选项A属于专项附加扣除；选项D属于专项扣除。

5. CD 【解析】选项A，纳税人自己只能扣除自己亲生父母、养父母或者继父母的赡养老人支出，夫妻双方不能分摊扣除；选项B，直辖市、省会(首府)城市、计划单列市以及国务院确定的其他城市，住房租金每月扣除1 500元。

考点五　综合所得应纳税额的一般计算★★★

扫我解疑难

经典例题

【例题1·单选题】高校教师王某2019年1月的工资单由如下项目构成：基本工资8 000

元，加班费 200 元，本月奖金 500 元，由财政经费开支的差旅费津贴 300 元，按规定扣缴的“三险一金”为 360 元，无其他扣除项目。王某当月工资、薪金所得应预扣预缴个人所得税（ ）元。

A. 105.2　　B. 109.2

C. 124　　D. 110.2

【答案】C

【解析】差旅费津贴不属于工资、薪金所得，不征收个人所得税；按规定扣缴的“三险一金”准予从工资总额中扣除。

王某 1 月应预扣预缴的个人所得税＝(8 000+200+500−360−5 000)×10%−210＝124(元)。

【例题 2 · 单选题】某非居民个人杰森 2019 年 2 月在中国境内取得某专利权使用权的所得 120 000 元，则杰森就该笔收入应缴纳的个人所得税为（ ）元。

A. 28 040　　B. 7 080

C. 15 060　　D. 26 080

【答案】A

【解析】非居民个人取得的特许权使用费所得，适用个人所得税税率表三。应缴纳的个人所得税＝120 000×(1−20%)×45%−15 160＝28 040(元)。

【例题 3 · 计算分析题】(2019 年)居民个人王某及其配偶名下均无住房，在某省会工作并租房居住，2018 年 9 月开始攻读工商管理硕士。2019 年王某收入及部分支出如下：

(1)王某每月从单位领取扣除社会保险费用及住房公积金后的收入为 8 000 元，截止 11 月第累计已经预扣预缴个人所得税税款 363 元。

(2)取得年终奖 48 000 元，选择单独计税。

(3)利用业余时间出版一部摄影集，取得稿费收入 20 000 元。

(4)每月支付房租 3 500 元。

(其他相关资料：以上专项附加扣除均由王某 100%扣除)

附：综合所得个人所得税税率表暨居民个人工资薪金所得预扣预缴税率表(部分)

级数	全年应纳税所得额(累计预扣预缴应纳税所得额)	预扣率(%)	速算扣除数
1	不超过 36 000 元的部分	3	0
2	超过 36 000 元~144 000 元的部分	10	2 520
3	超过 144 000 元~300 000 元的部分	20	16 920

按月换算后的综合所得税率表(部分)

级数	全月应纳税所得额	税率	速算扣除数
1	不超过 3 000 元的	3%	0
2	超过 3 000 元~12 000 元的部分	10%	210
3	超过 12 000 元~25 000 元的部分	20%	1 410

要求：

(1)计算 2019 年 12 月王某应预扣预缴的个人所得税。

(2)计算王某取得年终奖应纳的个人所得税。

(3)计算王某取得稿酬应预扣预缴的个人所得税。

(4)计算王某取得 2019 年综合所得应缴纳的个人所得税税额。

(5)计算王某就 2019 年综合所得向主管税务机关办理汇算清缴时应补缴的税款或申请的应退税额。

【答案】

(1)12 月王某应预扣预缴个人所得税 = (8 000×12−5 000×12−1 500×12−400×12)×3%−363 = 33(元)

『提示』2018 年 9 月开始攻读工商管理硕士，2019 年的继续教育支出按 12 个月计算扣除。

(2)48 000÷12 = 4 000(元)，税率为 10%，速算扣除数为 210 元。

年终奖应纳个人所得税 = 48 000×10%−210 = 4 590(元)

(3)稿酬预扣预缴个人所得税 = 20 000×(1−20%)×70%×20% = 2 240(元)

(4)综合所得应纳税额 = [8 000×12+20 000×(1−20%)×70%−5 000×12−1 500×12−400×12]×3% = 732(元)

(5)王某应申请的退税额 = 363+33+2 240−732 = 1 904(元)

考点精析

(一)居民个人综合所得预扣预缴税款(见表 5-10)

1. 工资薪金所得税款计算方法：

扣缴义务人向纳税人支付工薪时，按“累计预扣法”计算预扣税款，并按月办理全员全额扣缴申报。

(1)累计预扣法。

累计预扣预缴应纳税所得额 = 累计收入−累计免税收入−累计减除费用−累计专项扣除−累计专项附加扣除−累计依法确定的其他扣除

(2)计算本期应预扣预缴税款(预扣率见表 5-3)。

本期应预扣预缴税额 = (累计预扣预缴应纳税所得额×预扣率−速算扣除数)−累计减免税额−累计已预扣预缴税额

【知识点拨】如果计算本月应预扣预缴税额为负值时，暂不退税。纳税年度终了后余额仍为负值时，由纳税人通过办理综合所得年度汇算清缴，税款多退少补。

2. 劳务报酬所得、稿酬所得、特许权使用费所得税款的计算方法

(1)扣缴义务人支付上述三项所得时，分别按次或按月预扣预缴税款。

(2)预扣预缴应纳税所得额计算：

三项所得分别以每次收入减除费用后的余额为收入额；稿酬所得的收入额减按 70% 计算。

每次收入不超过 4 000 元的，减除费用按 800 元计算；

每次收入 4 000 元以上的，减除费用按 20% 计算。

(3)预扣预缴应纳税额计算。根据预扣预缴应纳税所得额乘以适用预扣率计算应预扣预缴税额。劳务报酬：3 档预扣率(见表 5-4)；稿酬、特许权使用费：预扣率 20%。

(二)居民个人综合所得全年应纳税额的计算(见表 5-10)

1. 居民个人办理年度综合所得汇算清缴时，应当依法计算劳务报酬所得、稿酬所得、特许权使用费所得的收入额，并入年度综合所得计算应纳税款，税款多退少补。

2. 综合所得汇算清缴税额计算：

(1)全年收入额：

综合所得全年收入额 = 工薪全年收入额×100%+劳务全年收入额×80%+特许权使用费全年收入额×80%+稿酬全年收入额×80%×70%

(2)全年扣除额：共四类，依次全年固定费用(6 万元)、全年专项扣除、全年专项附加扣除、全年依法确定的其他扣除。

(3)全年应纳税额 = 全年应纳税所得额×适用税率−速算扣除数

= (全年收入额−60 000 元−全年社保、住房公积金费用−全年专项附加扣除−全年其他扣除)×适用税率−速算扣除数

表 5-10 纳税人应纳税额计算

纳税人	征税对象	预扣预缴税额计算	汇算清缴税额计算
居民纳税人	工资、薪金所得	累计预扣预缴应纳税所得额=(累计收入-累计免税收入-累计减除费用-累计专项扣除-累计专项附加扣除-累计依法确定的其他扣除)×适用税率-速算扣除数 【知识点拨】适用个人所得税预扣率表一计算应纳税额(见表 5-3)	应纳税额=(每年收入额-60 000 元-专项扣除-专项附加扣除-其他扣除)×适用税率-速算扣除数
	劳务报酬所得	预扣预缴税额=[(每次收入额-800)或者每次收入额×(1-20%)]×适用税率-速算扣除数 【知识点拨】适用个人所得税预扣率表二计算应纳税额(见表 5-4)	
	稿酬所得	预扣预缴税额=[(每次收入额-800)或者每次收入额×(1-20%)]×70%×20%	
	特许权使用费所得	预扣预缴税额=[(每次收入额-800)或者每次收入额×(1-20%)]×20%	
非居民纳税人、无住所纳税人	工资、薪金所得	应纳税额=(每月收入额-5 000 元)×适用税率-速算扣除数 【知识点拨】适用个人所得税税率表三计算应纳税额(见表 5-5)	
	劳务报酬所得	应纳税额=[每次收入额×(1-20%)]×适用税率-速算扣除数 【知识点拨】适用个人所得税税率表三计算应纳税额(见表 5-5)	
	稿酬所得	应纳税额=[每次收入额×(1-20%)]×70%×适用税率-速算扣除数	
	特许权使用费所得	应纳税额=[每次收入额×(1-20%)]×适用税率-速算扣除数	

(三)非居民个人工资薪金所得、劳务报酬所得、稿酬所得、特许权使用费所得税额计算

非居民个人上述 4 项所得，不适用综合征收。有扣缴义务人的，由扣缴义务人按月或者按次代扣代缴税款，不办理汇算清缴。

非居民个人工资薪金所得、劳务报酬所得、稿酬所得、特许权使用费所得税额计算(见表 5-5)

考点六 综合所得应纳税额计算中的特殊问题★★★

扫我解疑难

经典例题

【例题 1·单选题】李先生在甲公司工作了 8 年，2019 年 1 月与该单位解除聘用关系，取得一次性补偿收入 100 000 元。甲公司所在地上年平均工资为 8 000 元。李先生的补偿收入应缴纳个人所得税(　)元。

A. 5 250　　B. 5 080

C. 5 160　　D. 5 520

【答案】B

【解析】个人与用人单位解除劳动关系取得一次性补偿收入(包括用人单位发放的经济补偿金、生活补助费和其他补助费)，在当地上年职工平均工资3倍数额以内的部分，免征个人所得税；超过3倍数额的部分，不并入当年综合所得，单独适用综合所得税率表，计算纳税。

找税率：100 000-8 000×3=76 000(元)，适用税率为10%，速算扣除数为2 520元。应纳税额=76 000×10%-2 520=5 080(元)。

【例题2·单选题】2020年度1月份张某取得全年一次性奖金50 000元，已知张某选择适用全年一次性奖金政策，则张某1月份应纳的个人所得税为(　)元。

A. 4 790　　B. 4 580

C. 4 320　　D. 8 625

【答案】A

【解析】居民个人取得全年一次性奖金，符合规定的，在2021年12月31日前，不并入当年综合所得，以全年一次性奖金收入除以12个月得到的数额，按照月度税率表，确定适用税率和速算扣除数，单独计算纳税。

找税率：50 000÷12=4 166.67(元)，适用税率为10%，速算扣除数为210元。

应纳税额=全年一次性奖金收入×适用税率-速算扣除数=50 000×10%-210=4 790(元)。

【例题3·单选题】严某受聘于一家财务投资公司，2019年2月4日将拥有的48 000股股票期权行权，每股行权价10元(当日市场收盘价14元)，该股票期权于2016年6月4日授予，严某实施股票期权行权应纳个人所得税额为(　)元。

A. 0　　B. 35 940

C. 20 520　　D. 21 480

【答案】D

【解析】居民个人取得股票期权、股票增值权、限制性股票、股权奖励等股权激励，符合规定的，在2021年12月31日前，不并入当年综合所得，全额单独适用综合所得税率表，计算纳税。

应纳税额=股权激励收入×适用税率-速算扣除数=(14-10)×48 000×20%-16 920=21 480(元)。

考点精析

(一)对在中国境内有住所的个人(居民纳税人)

应纳税额计算中的特殊问题如表5-11所示。

表5-11　应纳税额计算中的特殊问题

项目	处理原则
全年一次性奖金、中央企业负责人年度绩效薪金延期兑现收入和任期奖励的政策	(1)居民个人取得全年一次性奖金，符合规定的，在2021年12月31日前，不并入当年综合所得，以**全年一次性奖金收入除以12个月得到的数额**，按照**按月换算后的综合所得税率表**(以下简称月度税率表)，确定适用税率和速算扣除数，单独计算纳税。应纳税额=全年一次性奖金收入×适用税率-速算扣除数 (2)居民个人取得全年一次性奖金，**也可以选择**并入当年综合所得计算纳税 (3)自2022年1月1日起，居民个人取得全年一次性奖金，应并入当年综合所得计算缴纳个人所得税 (4)中央企业负责人取得年度绩效薪金延期兑现收入和任期奖励，符合规定的，在2021年12月31日前，参照全年一次性奖金计算方法执行；2022年1月1日之后的政策另行明确 (5)在一个纳税年度内，对每一个纳税人，该计税办法只允许采用一次 (6)雇员取得除全年一次性奖金以外的其他各种名目奖金，如半年奖、季度奖、加班奖、先进奖、考勤奖等，一律与当月工资、薪金收入合并，按税法规定缴纳个人所得税

续表

项目	处理原则
雇主为雇员承担全年一次性奖金部分税款有关个人所得税的计算方法	雇主为雇员负担全年一次性奖金部分个人所得税款，属于雇员又额外增加了收入，应将雇主负担的这部分税款并入雇员的全年一次性奖金，换算为应纳税所得额后，按照规定方法计征个人所得税 (1)雇主为雇员定额负担税款的计算公式： 应纳税所得额=雇员取得的全年一次性奖金+雇主替雇员定额负担的税款 (2)雇主为雇员按一定比例负担税款的计算公式： 第一步：找税率 未含雇主负担税款的全年一次性奖金收入÷12，根据其商数找出不含税级距对应的适用税率 A 和速算扣除数 A 第二步：计算应纳税所得额 应纳税所得额=(未含雇主负担税款的全年一次性奖金收入-不含税级距的速算扣除数 A×雇主负担比例)÷(1-不含税级距的适用税率 A×雇主负担比例) 第三步：再找税率 将应纳税所得额÷12，根据其商数找出对应的适用税率 B 和速算扣除数 B，据以计算税款 第四步：算税额 应纳税额=应纳税所得额×适用税率 B-速算扣除数 B 实际缴纳税额=应纳税额-雇主为雇员负担的税额 【知识点拨】雇主为雇员负担的个人所得税款，应属于个人工资薪金的一部分。凡单独作为企业管理费列支的，在计算企业所得税时不得税前扣除
商业健康保险和税收递延型商业养老保险的个人所得税政策(在综合所得、经营所得中作为其他扣除项目扣除)	(1)自 2017 年 7 月 1 日起，对个人购买符合规定的商业健康保险产品的支出，允许在当年(月)计算应纳税所得额时予以税前扣除，扣除限额为 2 400 元/年(200 元/月)。单位统一为员工购买符合规定的商业健康保险产品的支出，应分别计入员工个人工资薪金，视同个人购买，按上述限额予以扣除 (2)对试点地区个人通过个人商业养老资金账户购买符合规定的商业养老保险产品的支出，允许在一定标准内税前扣除(扣除限额按照当月工资薪金、连续性劳务报酬收入的 6% 和 1 000 元孰低办法确定)；计入个人商业养老资金账户的投资收益，暂不征收个人所得税；个人领取商业养老金时再征收个人所得税
上市公司股权激励政策	(1)居民个人取得股票期权、股票增值权、限制性股票、股权奖励等股权激励，符合规定的，在 2021 年 12 月 31 日前，不并入当年综合所得，全额单独适用综合所得税率表，计算纳税。应纳税额=股权激励收入×适用税率-速算扣除数 (2)居民个人一个纳税年度内取得两次以上(含两次)股权激励的，应合并按第(1)项规定计算纳税；2022 年 1 月 1 日之后的股权激励政策另行明确 【知识点拨 1】(1)员工接受股票期权时：一般不作为应税所得征税(另有规定除外) (2)员工在行权日之前股票期权一般不得转让；因特殊情况转让，以股票期权的转让净收入，作为“工资、薪金所得”缴纳个人所得税 (3)员工行权时：从企业取得股票的实际购买价(施权价)低于购买日公平市场价(指该股票当日的收盘价，下同)的差额，按照上述公式进行计算

续表

项目	处理原则
上市公司股权激励政策	(4)员工将行权之后的股票再转让：获得的高于购买日公平市场价的差额，应按照"财产转让所得"缴纳个人所得税 (5)个人将行权后的境内上市公司股票再行转让而取得的所得，暂不征收个人所得税；个人转让境外上市公司的股票而取得的所得，应按税法的规定计算应纳税所得额和应纳税额，依法缴纳税款 (6)员工因拥有股权而参与企业税后利润分配取得的所得，应按照"利息、股息、红利所得"缴纳个人所得税 (7)个人股权转让收入应当依法缴纳个人所得税。转让行为结束后，当事人双方签订并执行解除原股权转让合同、退回股权的协议，是另一次股权转让行为，对前次转让行为征收的个人所得税款不予退回 【知识点拨2】股票增值权应纳税所得额的确定：(行权日股票价格-授权日股票价格)×行权股票份数 【知识点拨3】限制性股票应纳税所得额的确定：(股票登记日股票市价+本批次解禁股票当日市价)/2×本批次解禁股票份数-被激励对象实际支付的资金总额×(本批次解禁股票份数/被激励对象获取的限制性股票总份数)
保险营销员、证券经纪人佣金收入的政策	(1)保险营销员、证券经纪人取得的佣金收入，属于劳务报酬所得，以不含增值税的收入减除20%的费用后的余额为收入额，收入额减去展业成本以及附加税费后，并入当年综合所得，计算缴纳个人所得税。保险营销员、证券经纪人展业成本按照收入额的25%计算 (2)扣缴义务人向保险营销员、证券经纪人支付佣金收入时，应按照规定的累计预扣法计算预扣税款
领取企业年金、职业年金的政策	(1)个人达到国家规定的退休年龄，领取的企业年金、职业年金，符合规定的，不并入综合所得，全额单独计算应纳税款。其中按月领取的，适用月度税率表计算纳税；按季领取的，平均分摊计入各月，按每月领取额适用月度税率表计算纳税；按年领取的，适用综合所得税率表计算纳税 (2)个人因出境定居而一次性领取的年金个人账户资金，或个人死亡后，其指定的受益人或法定继承人一次性领取的年金个人账户余额，适用综合所得税率表计算纳税。对个人除上述特殊原因外一次性领取年金个人账户资金或余额的，适用月度税率表计算纳税 【知识点拨】年金缴费的政策： (1)企业和事业单位(以下统称单位)根据国家有关政策规定的办法和标准，为在本单位任职或者受雇的全体职工缴付的企业年金或职业年金(以下统称年金)单位缴费部分，在计入个人账户时，个人暂不缴纳个人所得税 (2)个人根据国家有关政策规定缴付的年金个人缴费部分，在不超过本人缴费工资计税基数的4%标准内的部分，暂从个人当期的应纳税所得额中扣除 (3)企业年金个人缴费工资计税基数为本人上一年度月平均工资。月平均工资超过职工工作地所在设区城市上一年度职工月平均工资300%以上的部分，不计入个人缴费工资计税基数

项目	处理原则
解除劳动关系、提前退休、内部退养的一次性补偿收入的政策	(1)个人与用人单位解除劳动关系取得一次性补偿收入(包括用人单位发放的经济补偿金、生活补助费和其他补助费),在当地上年职工平均工资3倍数额以内的部分,免征个人所得税;超过3倍数额的部分,不并入当年综合所得,单独适用综合所得税率表,计算纳税 (2)个人办理提前退休手续而取得的一次性补贴收入,应按照办理提前退休手续至法定离退休年龄之间实际年度数平均分摊,确定适用税率和速算扣除数,单独适用综合所得税率表,计算纳税。计算公式:应纳税额={[(一次性补贴收入÷办理提前退休手续至法定退休年龄的实际年度数)-费用扣除标准]×适用税率-速算扣除数}×办理提前退休手续至法定退休年龄的实际年度数 (3)个人办理内部退养手续而取得的一次性补贴收入,应按办理内部退养手续后至法定离退休年龄之间的所属月份进行平均,并与领取当月的"工资、薪金"所得合并后减除当月费用扣除标准,以余额为基数确定适用税率,再将当月工资、薪金加上取得的一次性收入,减去费用扣除标准,按适用税率计征个人所得税
单位低价向职工售房的政策	单位按低于购置或建造成本价格出售住房给职工,职工因此而少支出的差价部分,符合规定的,不并入当年综合所得,以差价收入除以12个月得到的数额,按照月度税率表确定适用税率和速算扣除数,单独计算纳税。计算公式为:应纳税额=职工实际支付的购房价款低于该房屋的购置或建造成本价格的差额×适用税率-速算扣除数
外籍个人有关津补贴的政策	(1)2019年1月1日至2021年12月31日期间,外籍个人符合居民个人条件的,可以选择享受个人所得税专项附加扣除,也可以选择按照规定享受住房补贴、语言训练费、子女教育费等津补贴免税优惠政策,但不得同时享受。外籍个人一经选择,在一个纳税年度内不得变更 (2)自2022年1月1日起,外籍个人不再享受住房补贴、语言训练费、子女教育费津补贴免税优惠政策,应按规定享受专项附加扣除
在外企工作的中方人员工薪所得计税方法	凡是由雇用单位和派遣单位分别支付的,只由雇用单位在支付工资、薪金时,按税法规定减除费用,计算扣缴个人所得税;派遣单位支付的工资、薪金不再减除费用,以支付金额直接确定适用税率,计算扣缴个人所得税 【知识点拨】对可以提供有效合同或有关凭证,能够证明其工资、薪金所得的一部分按照有关法规上交派遣(介绍)单位的,可扣除其实际上交的部分,按其余额计征个人所得税

(二)非居民个人和无住所居民个人

1. 关于工资薪金所得收入的纳税义务,如表5-12所示。

表5-12　非居民个人和无住所个人工资薪金所得收入的纳税义务

居住时间	境内所得		境外所得		
	境内支付	境外支付	境内支付		境外支付
			普通	高管	
①90天之内	√	免税	×	√	×
②累计居住满90~183天	√	√	×	√	×
③累计居住满183天的年度不满6年	√	√	√	√	免税(改为备案)
④累计居住满183天的年度满6年(不符合免税条件)	√	√	√	√	√

2. 关于非居民个人和无住所居民个人个人所得税其他关注问题

【知识点拨1】此部分内容依据财政部税务总局公告2019年第35号《关于非居民个人和无住所居民个人有关个人所得税政策的公告》。

【知识点拨2】无住所个人依据其境内居住时间，区分为：非居民个人、居民个人，实行不同的税收管辖权。

【知识点拨3】这部分内容不是考试重点，学习中一般了解。除上面的表5-12之外，还可关注：

(1)所得来源地：个人取得归属于中国境内工作期间的工资薪金所得为来源于境内的工资薪金所得。

(2)无住所个人一个纳税年度在中国境内累计居住满183天的，如果此前六年在中国境内 每年累计居住天数都满183天而且没有任何一年单次离境超过30天，该纳税年度来源于中国境内、境外所得应当缴纳个人所得税；如果此前六年的任一年在中国境内累计居住天数不满183天或单次离境超过30天，该纳税年度来源于中国境外且由境外单位或个人支付的所得免予缴纳个人所得税。

(3)无住所居民个人税款计算：取得综合所得，年度终了后，应按年计算个人所得税；有扣缴义务人的，由扣缴义务人按月或者按次预扣预缴税款；需要办理汇算清缴的，按照规定办理汇算清缴，年度综合所得应纳税额计算。

(4)无住所非居民个人税款计算：当月取得工资薪金所得，以当月收入额，减去税法规定的减除费用后的余额，为应纳税所得额，适用按月换算后的综合所得税率表计算应纳税额。

考点七 经营所得应纳税额的计算★★★

扫我解疑难

经典例题

【例题1·单选题】(2017年)某个体工商户发生的下列支出中，允许在个人所得税税前扣除的是(　)。

A. 家庭生活用电支出

B. 直接向某灾区小学的捐赠

C. 已缴纳的城市维护建设税及教育费附加

D. 代公司员工负担的个人所得税税款

【答案】C

【解析】选项A，个体工商户生产经营活动中，应当分别核算生产经营费用和个人、家庭费用。对于生产经营与个人、家庭生活混用难以分清的费用，其40%视为与生产经营有关费用，准予扣除；选项B，个体工商户直接对受益人的捐赠不得扣除；选项D，个体工商户代其从业人员或者他人负担的税款，不得税前扣除。

【例题2·单选题】(2017年)某个体工商户发生的下列支出中，允许在个人所得税税前扣除的是(　)。

A. 家庭生活用水支出

B. 生产经营过程中实际发生的财产转让损失

C. 已预缴的个人所得税税款

D. 向某单位运动会的赞助款

【答案】B

【解析】选项A，个体工商户生产经营过程中，应当分别核算生产经营费用和个人、家庭费用。对于生产经营与个人、家庭生活混用难以分清的费用，其40%视为与生产经营有关费用，准予扣除，单纯的家庭生活支出，不得税前扣除；选项C、D，不允许税前扣除。

【例题3·单选题】(2017年改)对个人代销彩票取得的所得计征个人所得税时，适用的所得项目是(　)。

A. 劳务报酬所得
B. 工资、薪金所得
C. 偶然所得
D. 经营所得

【答案】D

【解析】个人因从事彩票代销业务而取得的所得，应按照“经营所得”项目计征个人所得税。

【例题4·多选题】(2017年改)对经营所得在计算个人所得税时，允许对一些支出项目按一定标准予以税前扣除。下列关于税前扣除项目和标准的表述中，正确的有( )。

A. 个体工商户业主的工资薪金可以据实扣除
B. 实际支付给从业人员合理的工资薪金和缴纳的“五险一金”可以税前扣除
C. 在经营过程中发生的业务招待费可据实扣除
D. 以经营租赁方式租入固定资产发生的租赁费支出，按照租赁期限均匀扣除

【答案】BD

【解析】选项A，个体工商户业主的工资薪金所得税前不可以扣除。对生产经营所得依法计征个人所得税时，费用扣除标准统一确定为60 000元/年(5 000元/月)；选项C，业务招待费按照实际发生额的60%和收入的5‰孰低原则扣除。

考点精析

经营所得应纳税额的计算如表5-13所示。

表5-13 经营所得应纳税额的计算

应税所得项目	应纳税所得额	税率	计税方法		税额计算
经营所得	年度收入总额扣除成本、费用、损失	五级超额累进税率	按年	(1)查账征收	应纳税额=(全年收入总额-成本、费用及损失)×适用税率-速算扣除数
				(2)核定征收	应纳税额=应纳税所得额×适用税率 应纳税所得额=收入总额×应税所得率或应纳税所得额=成本费用支出额÷(1-应税所得率)×应税所得率

(一)个体工商户应纳税额的计算

个体工商户应纳税所得额的计算，以权责发生制为原则，其应纳税额计算的基本规定如表5-14所示。

表5-14 个体工商户应纳税额计算的基本规定

项目	内容
收入总额	从事生产经营以及与生产经营有关的活动取得的货币形式和非货币形式的各项收入
成本、费用	生产、经营活动中发生的各项直接支出和分配计入成本的间接费用以及销售费用、管理费用、财务费用 【知识点拨】个体工商户生产经营活动中，应当分别核算生产经营费用和个人、家庭费用。对于生产经营与个人、家庭生活混用难以分清的费用，其40%视为与生产经营有关费用，准予扣除
损失	生产、经营活动中发生的固定资产和存货的盘亏、毁损、报废损失，转让财产损失，坏账损失，自然灾害等不可抗力因素造成的损失以及其他损失
税金	生产、经营活动中发生的除个人所得税和允许抵扣的增值税以外的各项税金及其附加

续表

项目	内容
其他支出	个体工商户发生的支出应当区分收益性支出和资本性支出。收益性支出在发生当期直接扣除；资本性支出应当分期扣除或者计入有关资产成本，不得在发生当期直接扣除
亏损	准予向以后年度结转，用以后年度的生产经营所得弥补，但结转年限最长不得超过5年
不得扣除项目	个人所得税税款；税收滞纳金；罚金、罚款和被没收财物的损失；不符合扣除规定的捐赠支出；赞助支出；用于个人和家庭的支出；与取得生产经营收入无关的其他支出；国家税务总局规定不准扣除的支出
扣除项目及标准	(1)实际支付给从业人员的、合理的工资薪金支出，准予扣除(业主的费用扣除标准为60 000元/年) (2)按相关标准缴纳的五险一金；为从业人员缴纳的补充保险不超过从业人员工资总额5%标准内的部分；为业主本人缴纳的补充保险不超过计算基数(当地上年度社会平均工资的3倍)5%内的部分 (3)为特殊工种从业人员支付的人身安全保险费和按规定可以扣除的其他商业保险费 (4)在生产经营活动中发生的合理的不需要资本化的借款费用 (5)向金融企业借款的利息支出；向非金融企业和个人借款的利息支出，不超过按照金融企业同期同类贷款利率计算的数额的部分 (6)向当地工会组织拨缴的工会经费、实际发生的职工福利费支出、职工教育经费支出分别在工资薪金总额的2%、14%、2.5%的标准内的部分；业主本人向当地工会组织缴纳的工会经费、实际发生的职工福利费支出、职工教育经费支出，以当地(地级市)上年度社会平均工资的3倍为计算基数，按上述比例内据实扣除 (7)业务招待费，按照实际发生额的60%扣除，但最高不得超过当年销售(营业)收入的5‰ (8)广告费和业务宣传费不超过当年销售(营业)收入15%的部分，可以据实扣除；超过部分，准予在以后纳税年度结转扣除 (9)财产保险，按照规定缴纳的保险费，准予扣除 (10)合理的劳动保护支出，准予扣除 (11)通过公益性社会团体或者县级以上人民政府及其部门，用于规定的公益事业的捐赠，捐赠额不超过其应纳税所得额30%的部分可以据实扣除 (12)个体工商户研究开发新产品、新技术、新工艺所发生的开发费用，以及研究开发新产品、新技术而购置单台价值在10万元以下的测试仪器和试验性装置的购置费准予直接扣除；单台价值在10万元以上(含10万元)的测试仪器和试验性装置，按固定资产管理，不得在当期直接扣除

(二)个人独资企业和合伙企业应纳税额的计算

1. 查账征税

(1)个人独资企业和合伙企业投资者本人的费用扣除标准统一确定为60 000元/年。

(2)投资者及其家庭发生的生活费用(包括与企业的生产经营费用混合在一起，难以划分的)，不允许在税前扣除。

(3)投资者及其家庭生活与企业生产经营共用的固定资产，如难以划分的，由主管税务机关核定准予在税前扣除的折旧费用的数额或比例。

(4)个人独资企业和合伙企业向其从业人员实际支付的合理的工资、薪金支出，允许在税前据实扣除。

(5)个人独资企业和合伙企业拨缴的工会经费、发生的职工福利费、职工教育经费支出分别在工资薪金总额2%、14%、2.5%的标准内据实扣除。

(6)个人独资企业和合伙企业每一纳税年度发生的广告费和业务宣传费用不超过当年销售(营业)收入15%的部分，可据实扣除；超过部分，准予在以后纳税年度结转扣除。

(7)个人独资企业和合伙企业每一纳税年

度发生的与其生产经营业务直接相关的业务招待费支出，按照发生额的60%扣除，但最高不得超过当年销售(营业)收入的5‰。

(8)企业计提的各种准备金不得扣除。

(9)投资者兴办两个或两个以上企业的，根据前述规定准予扣除的个人费用，由投资者选择在其中一个企业的生产经营所得中扣除。

(10)企业的年度亏损，允许用本企业下一年度的生产经营所得弥补，下一年度所得不足弥补的，允许逐年延续弥补，但最长不得超过5年。

【知识点拨】投资者兴办两个或两个以上企业的，企业的年度经营亏损不能跨企业弥补。

(11)投资者来源于中国境外的生产经营所得，已在境外缴纳所得税的，可以按照个人所得税法的有关规定计算扣除已在境外缴纳的所得税。

2. 核定征收

(1)有下列情形之一的，主管税务机关应采取核定征收方式征收个人所得税：

①企业依照国家有关规定应当设置但未设置账簿的。

②企业虽设置账簿，但账目混乱或者成本资料、收入凭证、费用凭证残缺不全，难以查账的。

③纳税人发生纳税义务，未按照规定的期限办理纳税申报，经税务机关责令限期申报，逾期仍不申报的。

(2)实行核定应税所得率征收方式的，应纳所得税额的计算公式如下：

应纳所得税额=应纳税所得额×适用税率-速算扣除数

应纳税所得额=收入总额×应税所得率=成本费用支出额÷(1-应税所得率)×应税所得率

【知识点拨】企业经营多业的，无论其经营项目是否单独核算，均应根据其主营项目确定其适用的应税所得率。

(3)实行核定征税的投资者，不能享受个人所得税的优惠政策。

【知识点拨】无论是查账征收的，还是核定征税的个人独资企业和合伙企业，个人独资企业和合伙企业对外投资分回的利息或者股息、红利，不并入企业的收入而应单独作为投资者个人取得的利息、股息、红利所得，按“利息、股息、红利所得”应税项目计算缴纳个人所得税。

(三)关于创业投资企业个人合伙人和天使投资个人有关个人所得税的规定

(1)合伙创投企业采取股权投资方式直接投资于初创科技型企业满2年(24个月，下同)的，合伙创投企业的个人合伙人可以按照对初创科技型企业投资额的70%抵扣个人合伙人从合伙创投企业分得的经营所得；当年不足抵扣的，可以在以后纳税年度结转抵扣。

(2)天使投资个人采取股权投资方式直接投资于初创科技型企业满2年的，可以按照投资额的70%抵扣转让该初创科技型企业股权取得的应纳税所得额；当期不足抵扣的，可以在以后取得转让该初创科技型企业股权的应纳税所得额时结转抵扣。

天使投资个人投资多个初创科技型企业的，对其中办理注销清算的初创科技型企业，天使投资个人对其投资额的70%尚未抵扣完的，可自注销清算之日起36个月内抵扣天使投资个人转让其他初创科技型企业股权取得的应纳税所得额。

考点八　租赁所得的应纳税额计算★★

扫我解疑难

经典例题

【例题·单选题】2019年8月甲某将闲置的一处市区住房出租，双方约定月租金为5 000元，从8月1日开始租期一年，不考虑其他税费，则甲某当年出租业务应缴纳的个人所得税为(　)元。

A. 400　　B. 800

C. 2 000　　D. 9 600

【答案】C

【解析】财产租赁所得，按月计算应纳的个人所得税。租金收入应缴纳的个人所得税 = 5 000×(1-20%)×10%×5 = 2 000(元)。

考点精析

财产租赁所得应纳税额计算如表 5-15 所示。

表 5-15 财产租赁所得应纳税额计算

应税所得项目	应纳税所得额	税率	计税方法	税额计算
财产租赁所得	出租方扣除合理税费、固定费用(具体项目见表下说明)	20%(个人出租住房 10%)	按月	应纳税额 = 应纳税所得额×适用税率(20%) (1)每次收入不超过 4 000 元的：应纳税额 = [每次收入额-准予扣除项目-修缮费用(800 元为限)-800 元]×20% (2)每次收入 4 000 元以上的：应纳税额 = [每次收入额-准予扣除项目-修缮费用(800 元为限)]×(1-20%)×20% 个人按市场价格出租的居民住房取得的所得暂减按 10%的税率征收个人所得税

(一)对个人出租住房的税额计算，确定所得额时扣除项目的顺序

(1)财产租赁过程中缴纳的税金和国家能源交通重点建设基金、国家预算调节基金、教育费附加。

(2)向出租方支付的租金(无转租收入不扣此项)。

(3)由纳税人负担的该出租财产实际开支的修缮费用(每次 800 元为限，一次扣不完的下次继续扣除，直到扣完为止)。

(4)税法规定的费用扣除标准(800 元或 20%)。

(二)对个人出租房屋的税率

(1)个人出租住房：税率有优惠，减按 10%。

(2)个人出租商业用房：税率按照正常的 20%。

阶段性测试

1.【单选题】(2015 年)个体工商户发生的下列支出中，允许在个人所得税税前扣除的是(　)。

A. 用于家庭的支出

B. 非广告性质赞助支出

C. 已缴纳的增值税税款

D. 生产经营过程中发生的财产转让损失

2.【单选题】某个人独资企业，2019 年全年销售收入 20 万元，销售成本和期间费用 8 万元，其中包括业务招待费 1 万元和个人投资者每月领取 4 000 元工资。投资人无其他收入且不考虑其他事项。该个人独资企业 2019 年应纳的个人所得税为(　)元。

A. 12 900　　B. 13 200

C. 15 000　　D. 10 200

3.【单选题】在甲市居住的丁某于 2019 年 7 月 1 日将自己的居住用房对外出租，每月收取的租金为 8 000 元，租期为半年，当期未发生修缮费用，则丁某应就住房出租住房 2019 年应缴纳的个人所得税为(　)元。(增值税符合免税，房产税按 4%)

A. 3 621.89　　B. 3 679.5

C. 3 686.4　　D. 3 840

4.【单选题】下列关于个人股票期权的说法正确的是(　)。

A. 员工取得股票期权时不征个人所得税，实际行权时按照“股权激励收入”缴纳个人所得税

B. 员工取得上市公司不可公开交易的股票期权，在行权日之前转让的，以转让净收入按照“财产转让所得”缴纳个人所得税

C. 股权转让行为结束后，当事人双方重新签订合同并执行，解除原股权转让合同、退回股权的，可以申请退还前次转让行为征收的个人所得税款

D. 员工取得上市公司可公开交易的股票期权，在授予日按照“股权激励收入”缴纳个人所得税

5.【单选题】王某的一篇论文被编入某论文集出版，按照约定分两次支付稿酬，2019年1月取得稿酬6 000元，2019年2月取得稿酬5 000元，则王某所获稿酬应预扣预缴的个人所得税为(　)元。

A. 1 232　　B. 1 760

C. 672　　D. 560

阶段性测试答案精析

1. D 【解析】选项A、B、C不得税前扣除。

2. A 【解析】业务招待费扣除限额：10 000×60% = 6 000(元)>200 000×5‰ = 1 000(元)。

应纳个人所得税=(200 000−80 000+10 000−1 000+4 000×12−5 000×12)×20%−10 500=12 900(元)。

3. C 【解析】每月应纳房产税=8 000×4%=320(元)。每月租金收入应纳个人所得税=(8 000−320)×(1−20%)×10% = 614.4(元)。丁某全年应就住房出租缴纳个人所得税=614.4×6=3 686.4(元)。

4. D 【解析】选项A，员工取得上市公司不可公开交易的股票期权时，一般在实际行权时缴纳个人所得税；取得上市公司可公开交易的股票期权时，在授予日缴纳个税。选项B，在行权日之前转让的，以转让净收入按照“工资、薪金所得”缴纳个人所得税；选项C，收回转让的股权，是另一次股权转让行为，对前次转让行为征收的个人所得税款不予退回。

5. A 【解析】稿酬所得，属于一次性收入的，以取得该项收入为一次；属于同一项目连续性收入的，以一个月内取得的收入为一次。王某所获稿酬应纳个人所得税=(6 000+5 000)×(1−20%)×70%×20% = 1 232(元)。

考点九　财产转让所得的应纳税额计算★★★

扫我解疑难

经典例题

【例题1·单选题】张某为熟食加工个体户，2019年取得生产经营收入20万元，生产经营成本为18万元(含购买一辆非经营用小汽车支出8万元)；另取得个人文物拍卖收入30万元，不能提供原值凭证，该文物经文物部门认定为海外回流文物。张某无其他收入且不考虑其他事项。下列关于张某2019年个人所得税纳税事项的表述中，正确的是(　)。

A. 小汽车支出可以在税前扣除

B. 生产经营所得应纳个人所得税的计税依据为4万元

C. 文物拍卖所得按文物拍卖收入额的3%缴纳个人所得税

D. 文物拍卖所得应并入经营所得一并缴纳个人所得税

【答案】B

【解析】选项A，非经营用小汽车支出不得在税前扣除；选项B，应纳税所得额=20−(18−8)−6=4(万元)；选项C，按转让收入额的2%计算缴纳个人所得税；选项D，文物拍卖属于财产转让所得，不属于经营所得，不能一并征收个人所得税。

【例题2·多选题】某国有企业职工王某，在企业改制为股份制企业过程中以23 000元的成本取得了价值30 000元拥有所有权的量化股份。3个月后，获得了企业分配的股息3 000元。此后，王某以40 000元的价格将股份转让。假如不考虑转让过程中的税费，以下有关王某个人所得税计征的表述中，正确的有(　)。

A. 王某取得量化股份时暂缓计征个人所得税

B. 对王某取得的3 000元股息，应按“利息、股息、红利所得”计征个人所得税

C. 对王某转让量化股份取得的收入应以17 000元为计税依据，按“财产转让所得”计征个人所得税

D. 对王某取得的量化股份价值与支付成本的差额7 000元，应在取得当月与当月工资薪金合并，按“工资、薪金所得”计征个人所得税

【答案】ABC

【解析】选项D，王某取得量化股份时暂缓计征个人所得税。

考点精析

财产转让所得应纳税额计算如表5-16所示。

表5-16　财产转让所得应纳税额计算

应税所得项目	应纳税所得额	税率	计税方法	税额计算
财产转让所得	收入扣除财产原值，合理税费	20%	按次	应纳税额=(收入总额-财产原值-合理税费)×20%

【知识点拨1】财产原值，按照下列方法确定：

(1)有价证券，为买入价以及买入时按照规定交纳的有关费用；

(2)建筑物，为建造费或者购进价格以及其他有关费用；

(3)土地使用权，为取得土地使用权所支付的金额、开发土地的费用以及其他有关费用；

(4)机器设备、车船，为购进价格、运输费、安装费以及其他有关费用。

其他财产，参照前款规定的方法确定财产原值

【知识点拨2】合理税费中应考虑转让财产缴纳的城市维护建设税、教育费附加、地方教育附加等。

(一)企业改组改制过程中个人取得量化资产征税问题

(1)对职工个人以股份形式取得的仅作为分红依据，不拥有所有权的企业量化资产，不征收个人所得税；对职工个人以股份形式取得的拥有所有权的企业量化资产，暂缓征收个人所得税。

(2)将量化资产转让时，按“财产转让所得”征税。

(3)以量化资产参与分配而获得的股息、红利，按“利息、股息、红利所得”缴纳个人所得税。

(二)个人因购买和处置债权取得所得征收个人所得税方法

(1)个人通过招标、竞拍或其他方式购置债权以后，通过相关司法或行政程序主张债权而取得的所得，应按照“财产转让所得”项目缴纳个人所得税。

(2)个人通过上述方式取得“打包”债权，只处置部分债权的，其应纳税所得额按以下方式确定：

①以每次处置部分债权的所得，作为一次财产转让所得征税。

②其应税收入按照个人取得的货币资产和非货币资产的评估价值或市场价值的合计数确定。

③所处置债权成本费用(即财产原值)，按下列公式计算：

当次处置债权成本费用=个人购置“打包”债权实际支出×当次处置债权账面价值(或拍卖机构公布价值)÷“打包”债权账面价值(或拍卖机构公布价值)

④个人购买和处置债权过程中发生的拍卖招标手续费、诉讼费、审计评估费以及税金等合理税费，在计算个人所得税时允许扣除。

【知识点拨】个人转让债券类债权时原值的确定

转让债券类债权，采用“加权平均法”确定其应予减除的财产原值和合理费用。即以纳税人购进的同一种类债券买入价和买进过程中缴纳的税费总和，除以纳税人购进的该种类债券数量之和，乘以纳税人卖出的该种类债券数量，再加上卖出的该种类债券过程中缴纳的税费。

（三）个人住房转让所得征税问题

（1）以实际成交价格为转让收入。纳税人申报的住房成交价格明显低于市场价格且无正当理由的，征收机关依法有权根据有关信息核定其转让收入，但必须保证各税种计税价格一致。

（2）纳税人可凭原购房合同、发票等有效凭证，经税务机关审核后，允许从其转让收入中减除房屋原值、转让住房过程中缴纳的税金及有关合理费用。

其中：转让住房过程中缴纳的税金是指纳税人在转让住房时实际缴纳的城市维护建设税、教育费附加、地方教育附加、土地增值税、印花税等税金。

其中，合理费用是指纳税人按照规定实际支付的住房装修费用、住房贷款利息、手续费、公证费等费用。

（3）纳税人未提供完整、准确的房屋原值凭证，不能正确计算房屋原值和应纳税额的，税务机关可按纳税人住房转让收入的一定比例核定应纳个人所得税额。一般在住房转让收入1%~3%的幅度内确定。

【知识点拨1】个人将购买不足2年的住房对外销售的，按照5%的征收率全额缴纳增值税；个人将购买2年以上（含2年）的住房对外销售的，免征增值税。该政策适用于北京市、上海市、广州市和深圳市之外的地区。

个人将购买不足2年的住房对外销售的，按照5%的征收率全额缴纳增值税；个人将购买2年以上（含2年）的非普通住房对外销售的，以销售收入减去购买住房价款后的差额按照5%的征收率缴纳增值税；个人将购买2年以上（含2年）的普通住房对外销售的，免征增值税。该政策仅适用于北京市、上海市、广州市和深圳市。

【知识点拨2】关于个人转让离婚析产房屋的征税问题

（1）个人因离婚办理房屋产权过户手续，不征收个人所得税；

（2）个人转让离婚析产房屋所取得的收入，允许扣除其相应的财产原值和合理费用后，余额按照规定的税率缴纳个人所得税，其相应的财产原值，为房屋初次购置全部原值和相关税费之和乘以转让者占房屋所有权的比例；

（3）个人转让离婚析产房屋所取得的收入，符合家庭生活自用五年以上唯一住房的，可以申请免征个人所得税。按照房屋产权证上注明时间和契税完税证明上注明时间“孰先”的原则确定购买房屋的时间。

（四）房屋赠与个人所得税计算方法

（1）以下情形的房屋产权无偿赠与，对当事人双方不征收个人所得税：

①房屋产权所有人将房屋产权无偿赠与配偶、父母、子女、祖父母、外祖父母、孙子女、外孙子女、兄弟姐妹；

②房屋产权所有人将房屋产权无偿赠与对其承担直接抚养或者赡养义务的抚养人或者赡养人；

③房屋产权所有人死亡，依法取得房屋产权的法定继承人、遗嘱继承人或者受遗赠人。

除上述情形外，房屋产权所有人将房屋产权无偿赠与他人的，受赠人因无偿受赠房屋取得的受赠收入，按照“偶然所得”项目计算缴纳个人所得税：

应纳税所得额＝房地产赠与合同上标明的赠与房屋价值－赠与过程中受赠人支付的相关税费

（2）受赠人转让受赠房屋，按照“财产转让所得”计征个人所得税：

应纳税所得额＝转让受赠房屋的收入－原捐赠人取得该房屋的实际购置成本－赠与和转

让过程中受赠人支付的相关税费

(五)个人拍卖除文字作品原稿及复印件外的其他财产

个人拍卖除文字作品原稿及复印件外的其他财产，按照"财产转让所得"项目计算缴纳个人所得税。

应纳税额=(转让收入额-财产原值和合理费用)×20%

(1)财产原值，是指售出方个人取得该**拍卖品的价格**(以合法有效凭证为准)。不同取得途径下的财产原值如表5-17所示。

表5-17　不同取得途径下的财产原值

取得方式	财产原值
通过商店、画廊等途径购买的	为购买该拍卖品时实际支付的价款
通过拍卖行拍得的	为拍得该拍卖品实际支付的价款及交纳的相关税费
通过祖传收藏的	为其收藏该拍卖品而发生的费用
通过赠送取得的	为其受赠该拍卖品时发生的相关税费
通过其他方式取得的	参照以上原则确定财产原值

(2)纳税人如不能提供合法、完整、准确的财产原值凭证，不能正确计算财产原值的，按转让收入额的**3%**征收率计算缴纳个人所得税；拍卖品为经文物部门认定是**海外回流文物**的，按转让收入额的**2%**征收率计算缴纳个人所得税。

(六)转让上市公司限售股所得征收个人所得税

(1)个人转让限售股取得的所得，按照**"财产转让所得"**，适用20%的比例税率征收个人所得税。

(2)个人转让限售股，以每次限售股转让收入，**减除股票原值和合理税费后的余额**，为应纳税所得额。即：

应纳税所得额=限售股转让收入-(限售股原值+合理税费)

应纳税额=应纳税所得额×20%

如果纳税人未能提供完整、真实的限售股原值凭证的，不能准确计算限售股原值的，主管税务机关一律按限售股转让收入的**15%**核定限售股原值及合理税费。

(七)个人转让股权应纳税额的计算

(1)**个人转让股权**，以股权转让收入减除股权原值和合理费用后的余额为应纳税所得额，按**"财产转让所得"**缴纳个人所得税。

(2)主管税务机关**可以核定**股权转让收入的情形

①申报的股权转让收入明显偏低且无正当理由的；

②未按照规定期限办理纳税申报，经税务机关责令限期申报，逾期仍不申报的；

③转让方无法提供或拒不提供股权转让收入的有关资料；

④其他应核定股权转让收入的情形。

(3)核定股权转让收入的方法。

①净资产核定法；

②类比法；

③其他合理方法。

(八)个人终止投资经营收回款项征收个人所得税规定

个人因各种原因**终止投资、联营、经营合作**等行为，从被投资企业或者合作项目、被投资企业的其他投资者以及合作项目的经营合作人**取得股权转让收入、违约金、补偿金、赔偿金以及其他名目收回的款项**等，均属于个人所得税应税收入，按照**"财产转让所得"**项目缴纳个人所得税。

(九)个人非货币性资产投资征收个人所得税的规定

(1)个人以非货币性资产投资，属于个人

转让非货币性资产和投资同时发生。对个人转让非货币性资产的所得，应按照“财产转让所得”项目，依法计算缴纳个人所得税。

(2)个人以非货币性资产投资，应按评估后的公允价值确认非货币性资产转让收入。非货币性资产转让收入减除该资产原值及合理税费后的余额为应纳税所得额。

(3)个人应在发生应税行为的次月15日内向主管税务机关申报纳税。纳税人一次性缴税有困难的，可合理确定分期缴纳计划并报主管税务机关备案后，自发生上述应税行为之日起不超过5个公历年度内(含)分期缴纳个人所得税。

(4)个人以非货币性资产投资交易过程中取得现金补价的，现金部分应优先用于缴税；现金不足以缴纳的部分，可分期缴纳。

个人在分期缴税期间转让其持有的上述全部或部分股权，并取得现金收入的，该现金收入应优先用于缴纳尚未缴清的税款。

(5)上述所称非货币性资产，是指现金、银行存款等货币性资产以外的资产，包括股权、不动产、技术发明成果以及其他形式的非货币性资产。所称非货币性资产投资，包括以非货币性资产出资设立新的企业，以及以非货币性资产出资参与企业增资扩股、定向增发股票、股权置换、重组改制等投资行为。

考点十　利息、股息、红利所得和偶然所得税额计算★★

扫我解疑难

经典例题

【例题·单选题】王某于2019年年初购买某上市公司的股票10 000股(持有时间不足1年)，该上市公司2019年度上半年的利润分配方案为每10股送3股，并于2019年9月份实施，该股票的面值为每股1元。上市公司应扣缴王某的个人所得税(　)元。

A. 300　　B. 600

C. 1 500　　D. 3 000

【答案】A

【解析】个人从公开发行和转让市场取得的上市公司股票，持股期限超过1年的，股息红利所得暂免征收个人所得税；持股期限在1个月以内(含1个月)的，其股息红利所得全额计入应纳税所得额；持股期限在1个月以上至1年(含1年)的，暂减按50%计入应纳税所得额；上述所得统一适用20%的税率计征个人所得税。个人所得税=10 000÷10×3×1×50%×20%=300(元)。

考点精析

无费用扣除所得应纳税额计算如表5-18所示。

表5-18　无费用扣除所得应纳税额计算

应税所得项目	应纳税所得额	税率	计税方法	税额计算
利息、股息、红利所得	收入额(无费用扣除)	20%	按次	应纳税额=应纳税所得额(即收入额)×20%
偶然所得	收入额(无费用扣除)	20%	按次	应纳税额=应纳税所得额(即收入额)×20%

(一)利息、股息、红利所得

1. 上市公司股息红利差别化个人所得税规定

(1)自2015年9月8日起，个人从公开发行和转让市场取得的上市公司股票，持股期限超过1年的，股息红利所得暂免征收个人所得税；持股期限在1个月以内(含1个月)的，其股息红利所得全额计入应纳税所得额；持股期限在1个月以上至1年(含1年)的，暂减按50%计入应纳税所得额；上述所得统一适用20%的税率计征个人所得税。

(2)上市公司派发股息红利时，对个人持

股1年以内(含1年)的，上市公司暂不扣缴个人所得税；待个人转让股票时，证券登记结算公司根据其持股期限计算应纳税额，由证券公司等股份托管机构从个人资金账户中扣收并划付证券登记结算公司，证券登记结算公司应于次月5个工作日内划付上市公司，上市公司在收到税款当月的法定申报期内向主管税务机关申报缴纳。

2. 企业利用资金为股东个人购买汽车征收个人所得税问题

企业购买车辆并将车辆所有权办到股东个人名下，其实质为企业对股东进行了红利性质的实物分配，应按照“利息、股息、红利所得”项目征收个人所得税，但允许合理减除部分所得。

3. 个人投资者收购企业股权后将原盈余积累转增股本征收个人所得税的规定

(1)1名或多名个人投资者以股权收购方式取得被收购企业100%股权，股权收购前，被收购企业原账面金额中的“资本公积、盈余公积、未分配利润”等盈余积累未转增股本，而在股权交易时将其一并计入股权转让价格并履行了所得税纳税义务。股权收购后，企业将原账面金额中的盈余积累向个人投资者(新股东，下同)转增股本，有关个人所得税问题区分以下情形处理：

①新股东以不低于净资产价格收购股权的，企业原盈余积累已全部计入股权交易价格，新股东取得盈余积累转增股本的部分，不征收个人所得税。

②新股东以低于净资产价格收购股权的，企业原盈余积累中，对于股权收购价格减去原股本的差额部分已经计入股权交易价格，新股东取得盈余积累转增股本的部分，不征收个人所得税；对于股权收购价格低于原所有者权益的差额部分未计入股权交易价格，新股东取得盈余积累转增股本的部分，应按照“利息、股息、红利所得”项目征收个人所得税。

新股东以低于净资产价格收购企业股权后转增股本，应按照下列顺序进行，即：先转增应税的盈余积累部分，然后再转增免税的盈余积累部分。

(2)新股东将所持股权转让时，其财产原值为其收购企业股权实际支付的对价及相关税费。

(3)企业发生股权交易及转增股本等事项后，应在次月15日内，将股东及其股权变化情况、股权交易前原账面记载的盈余积累数额、转增股本数额及扣缴税款情况报告主管税务机关。

(二)偶然所得

(1)个人中奖、中彩以及其他偶然性质的所得。

(2)企业向个人支付不竞争款项，个人按“偶然所得”项目计算缴纳个人所得税；税款由资产购买方企业在向资产出售方企业自然人股东支付不竞争款项时代扣代缴。

(3)企业对累积消费达到一定额度的顾客，给予额外抽奖机会，个人的获奖所得，按照“偶然所得”项目征税。

(4)个人为单位或他人提供担保获得收入，按照“偶然所得”项目征税。

(5)房屋产权所有人将房屋产权无偿赠与他人的，受赠人因无偿受赠房屋取得的受赠收入，按照“偶然所得”项目征税。

考点十一　税收优惠★★

扫我解疑难

经典例题

【例题1·单选题】(2019年)下列收入免征个人所得税的是(　)

A. 提前退休人员取得的一次性补贴收入

B. 退休人员再任职取得的收入

C. “长江学者奖励计划”特聘教授取得的岗位津贴

D. 员工从破产企业取得的一次性安置费

【答案】D

【解析】企业依照国家有关法律规定宣告破产，企业职工从该破产企业取得的一次性安置费收入，免征个人所得税。

【例题2·单选题】（2017年）国内某大学教授取得的下列所得中，免予征收个人所得税的是（　）。

A. 因任某高校兼职教授取得的课酬

B. 按规定取得原提存的住房公积金

C. 因拥有持有期不足1年的某上市公司股票取得的股息

D. 被学校评为校级优秀教师获得的奖金

【答案】B

【解析】选项A，需要按"劳务报酬所得"缴纳个人所得税。选项C，个人从公开发行和转让市场取得的上市公司股票，持股期限超过1年的，股息红利所得暂免征收个人所得税。个人从公开发行和转让市场取得的上市公司股票，持股期限在1个月以内（含1个月）的，其股息红利所得全额计入应纳税所得额；持股期限在1个月以上至1年（含1年）的，暂减按50%计入应纳税所得额。上述所得统一适用20%的税率计征个人所得税。本规定自2015年9月8日起施行。选项D，省级人民政府、国务院部委和中国人民解放军军以上单位，以及外国组织颁发的科学、教育、技术、文化、卫生、体育、环境保护等方面的奖金，免征个人所得税。因此，被学校评为校级优秀教师获得的奖金不属于免税范围，需要缴纳个人所得税。

【例题3·单选题】（2016年）某内地个人投资者于2015年6月通过沪港通投资在香港联交所上市的H股股票，取得股票转让差价所得和股息、红利所得。下列有关对该投资者股票投资所得计征个人所得税的表述中，正确的是（　）。

A. 股票转让差价所得按照10%的税率征收个人所得税

B. 股息红利所得由H股公司按照10%的税率代扣代缴个人所得税

C. 取得的股息红利由中国证券登记结算有限责任公司按照20%的税率代扣代缴个人所得税

D. 股票转让差价所得免予征收个人所得税

【答案】D

【解析】股票转让差价暂免征收个人所得税；对内地个人投资者通过沪港通交易市场投资H股取得的股息红利，H股公司向中国证券登记结算公司申请，按照20%的税率代扣个人所得税。

考点精析

个人所得税的优惠规定较多，考生应掌握主要优惠政策的基本精神，并结合税额计算加以运用。

（一）免征个人所得税的项目

（1）省级人民政府、国务院部委和中国人民解放军军以上单位，以及外国组织、国际组织颁发的科学、教育、技术、文化、卫生、体育、环境保护等方面的奖金。

（2）国债和国家发行的金融债券利息。

（3）按照国家统一规定发给的补贴、津贴。

（4）福利费、抚恤金、救济金。

（5）保险赔款。

（6）军人的转业费、复员费。

（7）按照国家统一规定发给干部、职工的安家费、退职费、基本养老金或者退休费、离休费、离休生活补助费。

【知识点拨】对延长离休、退休年龄的高级专家从其劳动人事关系所在单位取得的，单位按国家有关规定向职工统一发放的工资、薪金、奖金、津贴、补贴等收入，视同离休、退休工资，免征个人所得税。

（8）依照我国有关法律规定应予免税的各国驻华使馆、领事馆的外交代表、领事官员和其他人员的所得。

（9）中国政府参加的国际公约、签订的协议中规定免税的所得。

（10）符合规定的见义勇为奖金或奖品。

（11）企业和个人按省级以上人民政府规

定比例提取并缴付的住房公积金、医疗保险金、基本养老保险金、失业保险金、生育保险金，不计入个人当期的工资、薪金收入，免征个人所得税；但超过规定比例缴付的部分不予免税。

(12)对工伤职工及其近亲属按照《工伤保险条例》规定取得的工伤保险待遇，免征个人所得税。

(13)外籍个人从外商投资企业取得的股息、红利所得。

(14)个人举报、协查各种违法、犯罪行为而获得的奖金。

(15)个人办理代扣代缴税款手续，按规定取得的扣缴手续费。

(16)个人转让自用达5年以上并且是唯一的家庭生活用房取得的所得。

(17)股权分置改革中非流通股股东通过对价方式向流通股股东支付的股份、现金等收入，暂免征收流通股股东应缴纳的个人所得税。

(18)个人按规定标准取得的拆迁补偿款，免征个人所得税。

(19)对个体工商户或个人，以及个人独资企业和合伙企业从事种植业、养殖业、饲养业和捕捞业(以下简称“四业”)，取得的“四业”所得暂不征收个人所得税。

(20)对个人投资者从投保基金公司取得的行政和解金，暂免征收个人所得税。

(21)对个人转让上市公司股票取得的所得暂免征收个人所得税。

(22)个人从公开发行和转让市场取得的上市公司股票，持股期限超过1年的，股息红利所得暂免征收个人所得税。持股期限在1个月以内(含1个月)的，其股息红利所得全额计入应纳税所得额；持股期限在1个月以上至1年(含1年)的，暂减按50%计入应纳税所得额；上述所得统一适用20%的税率计征个人所得税。

『提示』自2019年7月1日起至2024年6月30日止，全国中小企业股份转让系统挂牌公司股息红利，差别化个人所得税政策也按上述政策执行。

(23)个人取得的下列中奖所得，暂免征收个人所得税：

①单张有奖发票奖金所得不超过800元(含800元)的，暂免征收个人所得税；个人取得单张有奖发票奖金所得超过800元的，应税金额按照个人所得税法规定的“偶然所得”目征收个人所得税。

②购买社会福利有奖募捐奖券、体育彩票一次中奖收入不超过10 000元的暂免征收个人所得税，对一次中奖收入超过10 000元的，应按税法规定全额征税。

(24)乡镇企业的职工和农民取得的青苗补偿费，属种植业的收益范围，同时，也属经济损失的补偿性收入，暂不征收个人所得税。

(25)自2018年1月1日至2020年12月31日，对易地扶贫搬迁贫困人口按规定取得的住房建设补助资金、拆旧复垦奖励资金等与易地扶贫搬迁相关的货币化补偿和易地扶贫搬迁安置住房(以下简称安置住房)，免征个人所得税。

(26)关于外籍个人有关津贴的政策：

①2019年1月1日至2021年12月31日期间，外籍个人符合居民个人条件的，可以选择享受个人所得税专项附加扣除，也可以选择享受住房补贴、语言训练费、子女教育费等津补贴免税优惠政策，但不得同时享受。外籍个人一经选择，在一个纳税年度内不得变更。

②自2022年1月1日起，外籍个人不再享受住房补贴、语言训练费、子女教育费津补贴免税优惠政策，应按规定享受专项附加扣除。

③上述可以享受免税优惠的外籍个人津贴主要是指：外籍个人以非现金形式或实报实销形式取得的住房补贴、伙食补贴、搬迁费、洗衣费。外籍个人按合理标准取得的境内、外出差补贴。外籍个人取得的探亲费、

语言训练费、子女教育费等，经当地税务机关审核批准为合理的部分。

（二）减征个人所得税的情形

1. 个人投资者持有铁路债券取得的利息收入，减按50%计入应纳税所得额。

2. 一个纳税年度内在船航行时间累计满183天的远洋船员，其取得的工资薪金收入减按50%计入应纳税所得额。

3. 有下列情形之一的，可以减征个人所得税，具体幅度和期限，由省、自治区、直辖市人民政府规定，并报同级人民代表大会常务委员会备案：

（1）残疾、孤老人员和烈属的所得；

（2）因自然灾害遭受重大损失的。

（3）国务院可以规定其他减税情形，报全国人民代表大会常务委员会备案。

考点十二　境外所得的税额扣除★★

扫我解疑难

经典例题

【例题·单选题】某中国公民2019年在A国取得劳务报酬26 000元，在A国已纳税款1 000元，已知该中国公民2019年境内取得工资薪金所得为150 000元，无其他收入项目和扣除项目。则该公民就境外所得在我国应补缴的税款是（　）元。

A. 42.44　　B. 1 042.44

C. 6 640　　D. 0

【答案】A

【解析】来源于一国（地区）综合所得的抵免限额=中国境内、境外综合所得依照规定计算的综合所得应纳税总额×来源于该国（地区）的综合所得收入额÷中国境内、境外综合所得收入总额。

中国境内、境外综合所得收入总额=150 000+26 000×（1-20%）= 170 800（元）

中国境内、境外综合所得依照规定计算的综合所得应纳税总额=（170 800-60 000）×10%-2 520=8 560（元）

来源于一国（地区）综合所得的抵免限额=8 560×26 000×（1-20%）÷170 800=1 042.44（元）

已知该公民已在A国缴纳1 000元，所以应该补缴税款=1 042.44-1 000=42.44（元）。

考点精析

居民个人从中国境外取得的所得，可以从其应纳税额中抵免已在境外缴纳的个人所得税税额，但抵免额不得超过该纳税人境外所得依照本法规定计算的应纳税额。

（1）已在境外缴纳的个人所得税税额，是指居民个人来源于中国境外的所得，依照该所得来源国家（地区）的法律应当缴纳并且实际已经缴纳的所得税税额。

（2）纳税人境外所得依照本法规定计算的应纳税额，是居民个人抵免已在境外缴纳的综合所得、经营所得以及其他所得的所得税税额的限额（以下简称抵免限额）。除国务院财政、税务主管部门另有规定外，来源于中国境外一个国家（地区）的综合所得抵免限额、经营所得抵免限额以及其他所得抵免限额之和，为来源于该国家（地区）所得的抵免限额，其中：

①来源于一国（地区）综合所得的抵免限额=中国境内、境外综合所得依照个人所得税法和本条例的规定计算的综合所得应纳税总额×来源于该国（地区）的综合所得收入额÷中国境内、境外综合所得收入总额；

②来源于一国（地区）经营所得的抵免限额=中国境内、境外经营所得依照个人所得税法和本条例的规定计算的经营所得应纳税总额×来源于该国（地区）的经营所得的应纳税所得额÷中国境内、境外经营所得的应纳税所得额；

③来源于一国（地区）的其他所得项目抵免限额，为来源于该国（地区）的其他所得项目依照个人所得税法和本条例的规定计算的应纳税额。

(3)居民个人在中国境外一个国家(地区)实际已经缴纳的个人所得税税额，低于依照前款规定计算出的来源于该国家(地区)所得的抵免限额的，应当在中国缴纳差额部分的税款；超过来源于该国家(地区)所得的抵免限额的，其超过部分不得在本纳税年度的应纳税额中抵免，但是可以在以后纳税年度来源于该国家(地区)所得的抵免限额的余额中补扣。补扣期限最长不得超过五年。

考点十三　征收管理★★

扫我解疑难

经典例题

【例题1·单选题】下列关于个人所得税纳税期限的表述，不正确的是(　)。

A. 居民个人取得综合所得，需要办理汇算清缴的，应当在取得所得的次年3月1日至6月30日内办理汇算清缴

B. 纳税人取得经营所得，按年计算个人所得税，在取得所得的次年3月31日前办理汇算清缴

C. 纳税人取得利息、股息、红利所得，财产租赁所得，财产转让所得和偶然所得，按月或者按次计算个人所得税

D. 非居民个人取得工资、薪金所得，劳务报酬所得，稿酬所得和特许权使用费所得，在取得所得的次年3月31日前办理汇算清缴

【答案】D

【解析】非居民个人取得工资、薪金所得，劳务报酬所得，稿酬所得和特许权使用费所得，有扣缴义务人的，由扣缴义务人按月或者按次代扣代缴税款，不办理汇算清缴。

【例题2·多选题】(2015年改)以下需要办理个人所得税纳税申报的有(　)。

A. 年股票交易转让所得16万元

B. 从境外取得收入

C. 每月从我国境内两家企业分别取得工资所得，且综合所得年收入额减去专项扣除后的余额为8万元

D. 个体经营者年经营所得12万元

【答案】BCD

【解析】有下列情形之一的，纳税人应当依法办理纳税申报：

(1)取得综合所得需要办理汇算清缴；(选项C)

(2)取得应税所得没有扣缴义务人；(选项D)

(3)取得应税所得，扣缴义务人未扣缴税款；

(4)取得境外所得；(选项B)

(5)因移居境外注销中国户籍；

(6)非居民个人在中国境内从两处以上取得工资、薪金所得；

(7)国务院规定的其他情形。

考点精析

(一)自行纳税申报

1. 需要办理自行纳税申报的情形

有下列情形之一的，纳税人应当依法办理纳税申报：

(1)取得综合所得需要办理汇算清缴。

(2)取得应税所得没有扣缴义务人。

(3)取得应税所得，扣缴义务人未扣缴税款。

(4)取得境外所得。

(5)因移居境外注销中国户籍。

(6)非居民个人在中国境内从两处以上取得工资、薪金所得。

(7)国务院规定的其他情形。

2. 自行纳税申报的具体规定

(1)取得综合所得需要办理汇算清缴的纳税申报。

取得综合所得且符合下列情形之一的纳税人，应当依法办理汇算清缴：

①从两处以上取得综合所得，且综合所得年收入额减除专项扣除后的余额超过6万元；

②取得劳务报酬所得、稿酬所得、特许权使用费所得中一项或者多项所得，且综合所得年收入额减除专项扣除的余额超过6万元；

③纳税年度内预缴税额低于应纳税额；

④纳税人申请退税。

【知识点拨】（1）需要办理汇算清缴的纳税人，应当在取得所得的次年3月1日至6月30日内，向任职、受雇单位所在地主管税务机关办理纳税申报。

（2）纳税人有两处以上任职、受雇单位的，选择向其中一处任职、受雇单位所在地主管税务机关办理纳税申报；纳税人没有任职、受雇单位的，向户籍所在地或经常居住地主管税务机关办理纳税申报。

（2）取得经营所得的纳税申报。

个体工商户业主、个人独资企业投资者、合伙企业个人合伙人、承包承租经营者个人以及其他从事生产、经营活动的个人取得经营所得，包括以下情形：

①个体工商户从事生产、经营活动取得的所得，个人独资企业投资人、合伙企业的个人合伙人来源于境内注册的个人独资企业、合伙企业生产、经营的所得；

②个人依法从事办学、医疗、咨询以及其他有偿服务活动取得的所得；

③个人对企业、事业单位承包经营、承租经营以及转包、转租取得的所得；

④个人从事其他生产、经营活动取得的所得。

【知识点拨】纳税人取得经营所得，按年计算个人所得税，由纳税人在月度或季度终了后15日内，向经营管理所在地主管税务机关办理预缴纳税申报。在取得所得的次年3月31日前，向经营管理所在地主管税务机关办理汇算清缴。

从两处以上取得经营所得的，选择向其中一处经营管理所在地主管税务机关办理年度汇总申报。

3. 无需办理年度汇算的纳税人

纳税人在2019年度已依法预缴个人所得税且符合下列情形之一的，无需办理年度汇算：

（1）纳税人年度汇算需补税但年度综合所得收入不超过12万元的；

（2）纳税人年度汇算需补税金额不超过400元的；

（3）纳税人已预缴税额与年度应纳税额一致或者不申请年度汇算退税的。

4. 需要办理年度汇算的纳税人

符合下列情形之一的，纳税人需要办理年度汇算：

（1）2019年度已预缴税额大于年度应纳税额且申请退税的。

（2）2019年度综合所得收入超过12万元且需要补税金额超过400元的，包括取得两处及以上综合所得，合并后适用税率提高导致已预缴税额小于年度应纳税额等情形。

5. 在办理2019年度及以后年度的综合所得年度汇算清缴时，残疾、孤老人员和烈属取得综合所得办理汇算清缴且汇算清缴地与预扣预缴地规定不一致的，用预扣预缴地规定计算的减免税额与用汇算清缴地规定计算的减免税额相比较，按照孰高值确定减免税额。

6. 纳税申报方式

纳税人可以采用远程办税端、邮寄等方式申报，也可以直接到主管税务机关申报。

（二）全员全额扣缴申报纳税

个人所得税以所得人为纳税人，以支付所得的单位或者个人为扣缴义务人。扣缴义务人应当依法办理全员全额扣缴申报。

全员全额扣缴申报，是指扣缴义务人应当在代扣税款的次月十五日内，向主管税务机关报送其支付所得的所有个人的有关信息、支付所得数额、扣除事项和数额、扣缴税款的具体数额和总额以及其他相关涉税信息资料。

1. 扣缴义务人和代扣预扣税款的范围

实行个人所得税全员全额扣缴申报的应税所得包括：

（1）工资、薪金所得；

（2）劳务报酬所得；

（3）稿酬所得；

(4)特许权使用费所得；
(5)利息、股息、红利所得；
(6)财产租赁所得；
(7)财产转让所得；
(8)偶然所得。

2. 不同项目所得扣缴方法

(1)扣缴义务人向居民个人支付工资、薪金所得时，应当按照累计预扣法计算预扣税款，并按月办理扣缴申报。

(2)扣缴义务人向居民个人支付劳务报酬所得、稿酬所得、特许权使用费所得时，应当按次或者按月预扣预缴税款。

(3)非居民个人取得工资、薪金所得，劳务报酬所得，稿酬所得和特许权使用费所得，有扣缴义务人的，由扣缴义务人按月或者按次代扣代缴税款，不办理汇算清缴。

(4)扣缴义务人支付利息、股息、红利所得，财产租赁所得，财产转让所得或者偶然所得时，应当依法按次或者按月代扣代缴税款。

3. 扣缴义务人责任与义务

(1)扣缴义务人首次向纳税人支付所得时，应当按照纳税人提供的纳税人识别号等基础信息，填写《个人所得税基础信息表(A表)》，并于次月扣缴申报时向税务机关报送。

(2)支付工资、薪金所得的扣缴义务人应当于年度终了后两个月内，向纳税人提供其个人所得和已扣缴税款等信息。纳税人年度中间需要提供上述信息的，扣缴义务人应当提供。

(3)对扣缴义务人按照规定扣缴的税款，按年付给百分之二的手续费。不包括税务机关、司法机关等查补或者责令补扣的税款。

扣缴义务人领取的扣缴手续费可用于提升办税能力、奖励办税人员。

(三)反避税措施

有下列情形之一的，税务机关有权按照合理方法进行纳税调整：

(1)个人与其关联方之间的业务往来不符合独立交易原则而减少本人或者其关联方应纳税额，且无正当理由；

(2)居民个人控制的，或者居民个人和居民企业共同控制的设立在实际税负明显偏低的国家(地区)的企业，无合理经营需要，对应当归属于居民个人的利润不作分配或者减少分配；

(3)个人实施其他不具有合理商业目的的安排而获取不当税收利益。

税务机关依照前款规定作出纳税调整，需要补征税款的，应当补征税款，并依法加收利息。

(四)建立个人所得税纳税信用管理机制

1. 全面实施个人所得税申报信用承诺制；
2. 建立健全个人所得税纳税信用记录；
3. 建立自然人失信行为认定机制；
4. 对个人所得税守信纳税人提供更多便利和机会；
5. 对个人所得税严重失信当事人实施联合惩戒；
6. 强化信息安全和隐私保护；
7. 建立异议解决和失信修复机制。

阶段性测试

1.【单选题】个人取得的下列所得，免征个人所得税的是(　)。

A. 县级人民政府颁发的教育方面奖金
B. 按国家统一规定发放的补贴、津贴
C. 提前退休发放的一次性补贴
D. 转让国债的所得

2.【单选题】王某2019年从美国取得稿酬所得50 000元，已在境外缴纳个人所得税1 200元，2019年取得境内工资、薪金所得200 000元，无其他收入项目和扣除项目。则王某就境外稿酬所得在境内补缴税款为(　)。

A. 0　　B. 2 048.42
C. 1 980　　D. 848.42

3.【单选题】中国居民转让限售股，不能提供完整真实的限售股原值凭证，下列说法正确的是(　)。

A. 由主管税务机关在转让收入的15%～30%范围内核定原值

B. 不允许扣除，全额征收个人所得税

C. 由评估机构评估原值

D. 主管税务机关一律按限售股转让收入的15%核定限售股原值及合理税费

4.【多选题】下列所得中，应按“偶然所得”征收个人所得税的有(　)。

A. 个人中奖所得

B. 个人处置打包债权取得的收入

C. 个人取得的不竞争款项

D. 企业改制重组中转让量化资产

5.【计算问答题】(2017年改)国内某高校张教授2019年取得部分收入项目如下：

(1)5月份出版了一本书稿，获得稿酬15 000元，后因出版社添加印数，获得追加稿酬5 000元。

(2)9月份，教师节期间获得全国教学名师奖，获得教育部颁发的资金50 000元。

(3)10月份取得5年期国债利息收入8 700元，一年期储蓄存款利息收入500元，某上市公司发行的企业债券利息收入1 500元。

(4)11月份因持有两年前购买的某上市公司股票10 000股，取得该公司年中股票分红所得2 000元，随后将该股票卖出，获得股票转让所得50 000元。

(5)12月份应A公司邀请给公司财务人员培训，取得收入30 000元，A公司未履行代扣代缴个人所得税义务。

要求：根据上述资料，按照下列序号回答问题，如有计算需计算出合计数。

(1)计算张教授5月份稿酬所得应预扣预缴的个人所得税。

(2)9月份张教授获得全国教学名师奖奖金是否需要纳税？说明理由。如需要，计算其应纳税额。

(3)10月份张教授取得的利息收入是否需要纳税，如需要，计算其应纳税额。

(4)11月份张教授所得股息和股票转让所得是否需要纳税？说明理由。如需要，计算其应纳税额。

(5)回答A公司未履行代扣代缴个人所得税义务应承担的法律责任，税务机关应对该项纳税事项如何处理？

阶段性测试答案精析

1. B 【解析】选项A，省级人民政府颁发的教育方面的奖金，免征个人所得税，县级人民政府颁发的奖金不免个人所得税；选项C，提前退休发放的一次性补贴，不属于免税的离退休工资收入，应征收个人所得税；选项D，国债利息免征个人所得税，转让国债的所得不免税，要交个人所得税。

2. D 【解析】来源于一国(地区)综合所得的抵免限额=中国境内、境外综合所得依照规定计算的综合所得应纳税总额×来源于该国(地区)的综合所得收入额÷中国境内、境外综合所得收入总额

中国境内、境外综合所得收入总额=200 000+50 000×(1-20%)×70%=228 000(元)

中国境内、境外综合所得依照规定计算的综合所得应纳税总额=(228 000-60 000)×20%-16 920=16 680(元)

来源于一国(地区)综合所得的抵免限额=16 680×50 000×(1-20%)×70%÷228 000=2 048.42(元)

已知王某在美国已缴纳个人所得税为1 200元，所以应补缴税款=2 048.42-1 200=848.42(元)。

3. D 【解析】如果纳税人未能提供完整、真实的限售股原值凭证，不能准确计算限售股原值的，主管税务机关一律按限售股转让收入的15%核定限售股原值及合理税费。

4. AC 【解析】选项B、D，按“财产转让所得”项目缴纳个人所得税。

5.【答案】

(1) 劳务报酬所得、稿酬所得、特许权使用费所得，属于一次性收入的，以取得该项收入为一次；属于同一项目连续性收入的，以一个月内取得的收入为一次。

5 月份应预扣预缴的个人所得税 =（15 000+5 000）×（1-20%）×20%×（1-30%）= 2 240（元）。

(2) 不需要纳税。因为税法规定，省级人民政府、国务院部委和中国人民解放军军以上单位，以及外国组织、国际组织颁发的科学、教育、技术、文化、卫生、体育、环境保护等方面的奖金，免征个人所得税。所以对教育部颁发的全国教学名师奖奖金免予征收个人所得税。应缴纳个人所得税 = 0。

(3) 需要纳税。

10 月取得的企业债券利息收入应缴纳的个人所得税 = 1 500×20% = 300（元）。

税法规定，对个人取得的国债利息，免征个人所得税。对居民储蓄存款利息暂免征收个人所得税。

(4) 不需要纳税。因为税法规定，个人转让境内上市公司的股票所得，暂免征收个人所得税。个人从公开发行和转让市场取得的上市公司股票，持股期限超过 1 年的，股息红利所得暂免征收个人所得税。

(5) 根据税法规定，扣缴义务人对纳税人的应扣未扣的税款，其应纳税款仍然由纳税人缴纳，扣缴义务人应承担应扣未扣税款 50% 以上至 3 倍的罚款。

税务机关应要求纳税人缴纳税款。

应预扣预缴个人所得税 = 30 000×（1-20%）×30%-2 000 = 5 200（元）。

对 A 公司的罚款在 2 600 元到 15 600 元。

本章综合练习 限时140分钟

一、单项选择题

1. 自 2019 年 1 月 1 日起，个人所得税对部分应税所得项目实行综合征收制。下列不属于综合征收应税项目的是（　）。
A. 个人劳务报酬所得
B. 个人特许权使用费所得
C. 个人经营所得
D. 个人工薪所得

2. 张先生使用商业银行贷款为本人购买中国境内首套住房，其实际发生贷款利息缴纳个人所得税时按照每月 1 000 元的标准定额扣除，扣除期限最长不超过（　）个月。
A. 120　　B. 240
C. 360　　D. 480

3. 自 2019 年 1 月 1 日起，对在中国境内无住所而一个纳税年度内在中国境内居住累计满（　）天的个人，确定为税收居民个人。
A. 90　　B. 180
C. 183　　D. 365

4. 下列选项中，不属于我国个人所得税法规定的居民个人的是（　）。
A. 在我国有住所，因学习在美国居住半年的中国公民李某
B. 在我国工作 2 年的外籍专家
C. 在我国居住满 3 年，第 4 年满 183 天的外籍专家
D. 2019 年 8 月 28 日来华学习，2020 年 6 月 1 日后回国的外籍留学生

5. 个人取得的下列所得中，应确定为来源于中国境内所得的是（　）。
A. 在境外开办教育培训取得的所得
B. 拥有的专利在境外使用而取得的所得
C. 从境外上市公司取得的股息所得
D. 将境内房产转让给外国人取得的所得

6. 个人取得的下列报酬，应按“稿酬所得”缴纳个人所得税的是（　）。

A. 杂志社记者在本社刊物发表文章取得的报酬

B. 演员在企业的广告制作过程中提供形象取得的报酬

C. 高校教授为某杂志社审稿取得的报酬

D. 出版社的专业作者翻译的小说由该出版社出版取得的报酬

7. 作者某一次性取得稿酬收入 20 000 元，按现行个人所得税的相关规定，其预扣预缴个人所得税的应纳税所得额是(　)元。

A. 10 000　　B. 11 200

C. 16 000　　D. 20 000

8. 个人下列所得，应按“工资、薪金所得”缴纳个人所得税的是(　)。

A. 取得年终加薪

B. 出租车属个人所有，但挂靠出租汽车经营单位或企事业单位，驾驶员向挂靠单位缴纳管理费的

C. 个人从事彩票代销业务而取得的所得

D. 个人从企业取得的不竞争款项

9. 某演员 2019 年 2 月参加一次商业演出，合同规定含税演出费 20 000 元，个人所得税由演出公司代扣，则就该商业演出应预扣预缴的个人所得税为(　)元。

A. 0　　B. 3 000

C. 3 200　　D. 2 800

10. 公民张某向其投资的企业(非个人独资企业、合伙企业)借款，年度终了后，张某既不归还借款，也没有将此款用于本企业生产经营。对于该借款的税务处理正确的是(　)。

A. 不用缴纳个人所得税

B. 按照“工资、薪金所得”项目缴纳个人所得税

C. 按照“经营所得”项目缴纳个人所得税

D. 按照“利息、股息、红利所得”项目缴纳个人所得税

11. 退休人员韩某取得的下列收入中，不需要缴纳个人所得税的是(　)。

A. 养老保险　　B. 企业年金

C. 房屋租金　　D. 兼职收入

12. 在对个体工商户的生产经营所得查账征收个人所得税时，准予在个人所得税前扣除的项目是(　)。

A. 各种赞助支出

B. 个体户业主的工资支出

C. 与生产经营有关的修理费用

D. 缴纳的个人所得税

13. 某设计师业余时间为一企业做产品设计，企业先支付其 30 000 元，第三个月设计完成又支付其 50 000 元，则设计师应就该产品设计所得预扣预缴的个人所得税为(　)元。

A. 16 000　　B. 18 600

C. 22 000　　D. 25 000

14. 某非居民个人杰克于 2019 年 3 月提供著作权的使用权，取得所得 50 000 元，则杰克就该收入应缴纳个人所得税为(　)元。

A. 7 590　　B. 1 480

C. 10 000　　D. 5 620

15. 个人以非货币资产投资所得，应当属于个人所得税税目的是(　)。

A. 偶然所得

B. 利息股息红利所得

C. 财产转让所得

D. 其他所得

16. 根据规定，保险营销员、证券经纪人展业成本按照(　)计算。

A. 收入额的 25%

B. 收入额的 30%

C. 不含增值税收入的 25%

D. 不含增值税收入的 30%

17. 赵某转让自己收藏的一幅字画，该字画经文物部门认定是海外回流文物，取得的转让收入为 20 万元，但是赵某无法提供准确的财产原值凭证，赵某应缴纳的个人所得税是(　)万元。

A. 0　　B. 0.4

C. 0.6　　D. 4

18. 非居民个人约翰，2019 年从我国取得收入构成：受雇 A 公司，月薪 14 500 元；同时在 B 公司兼职讲课，每次获得报酬 850 元，每月讲课 4 次。此外，约翰 5 岁的女儿在中国某语言学校学习汉语，不考虑其他事项，以下说法正确的是(　)。

A. 约翰每月可扣除的费用为 6 000 元，其中子女教育专项附加扣除 1 000 元

B. 约翰 2019 年综合所得为 206 640 元

C. B 公司每月应扣缴约翰个人所得税额为 81.6 元

D. 如果 A 公司和 B 公司均未扣缴个人所得税，则约翰应在次年 3 月 1 日至 6 月 30 日期间，向扣缴义务人所在地主管税务机关办理纳税申报

19. 劳务报酬所得列入综合所得汇算清缴时，按收入的(　)并入年度应税收入额。

A. 56%　　B. 70%

C. 80%　　D. 100%

20. 下列各项支出中，不得与住房租金同时进行个人所得税专项附加扣除的是(　)。

A. 住房公积金　　B. 住房贷款利息

C. 子女教育　　D. 继续教育

21. 中国居民张某转让限售股取得收入 20 000 元，不能提供完整真实的限售股原值凭证，则张某应纳个人所得税(　)元。

A. 3 400　　B. 3 800

C. 4 000　　D. 5 400

22. 在某公司工作的小王为家中独生子，每月工资 9 000 元，父母年龄均超 60 岁。小王每月在缴纳个人所得税时可以扣除的赡养老人支出为(　)元。

A. 2 000　　B. 1 500

C. 1 200　　D. 1 000

23. 下列各项所得中，应当征收个人所得税的是(　)。

A. 个人限售股转让所得

B. 个人取得的教育储蓄存款的利息收入

C. 军人的退役金

D. 个人举报违法行为而获得的奖金

24. 某外籍个人大卫为我国税收居民个人，2019 年度取得工资薪金所得 350 000 元，另外取得住房补贴、子女教育费等 26 000 元，符合规定的专项扣除为 30 000 元，已知大卫的女儿正在上小学二年级，大卫已在年初报送了子女教育的相关信息，大卫选择享受个人所得税专项附加扣除，且已与其妻商量由大卫全额扣除。则大卫 2019 年应缴纳的个人所得税为(　)元。

A. 33 250　　B. 36 560

C. 37 880　　D. 38 130

25. 张某 2019 年 1 月以拍卖方式支付 100 万元购入大华公司“打包”债权 200 万元，其中甲欠大华公司 120 万元，乙欠大华公司 80 万元。2019 年 3 月张某从乙债务人处追回款项 50 万元。张某处置债权取得所得应纳个人所得税为(　)万元。

A. 0.2　　B. 2

C. 4　　D. 10

26. 甲企业为中小高新技术企业，位于某市科技城。该企业以其去年未分配利润 400 万元向最大股东的张先生转增相应数额的股本，则张先生应该缴纳个人所得税(　)万元。

A. 0　　B. 40

C. 64　　D. 80

27. 王先生所在的公司 2018 年实行雇员股票期权计划。2019 年 1 月 18 日，该公司授予王先生股票期权 60 000 股，授予价 2 元/股；该期权无公开市场价格，并约定 2019 年 9 月 18 日起可以行权，行权前不得转让。2019 年 9 月 18 日王先生以授予价购买股票 60 000 股，当日该股票的公开市场价格 5 元/股。王先生股票期权行权所得应缴纳个人所得税(　)元。

A. 0　　B. 37 965

C. 15 000　　D. 19 080

28. 选择享受津补贴免税优惠政策的外籍个人获得的下列各项收入中，不得享受个

人所得税免税优惠的是(　　)。

A. 探亲费收入

B. 实报实销的住房补贴收入

C. 从外商投资企业取得的红利收入

D. 探亲期间境内工资收入

29. 个人取得的下列所得中，免予征收个人所得税的是(　　)。

A. 企业职工李某领取原提存的住房公积金

B. 王某在单位任职表现突出获得 5 万元总裁特别奖金

C. 徐某因持有某上市公司股票取得该上市公司年度分红

D. 退休教授张某受聘任另一高校兼职教授每月取得 6 000 元工资

30. 王某为我国居民，2019 年 6 月，王某因病入院治疗，2019 年全年实际发生医疗费用 250 000 元，其中，医保报销金额为 120 000 元，在医保目录范围内的自付部分金额为 100 000 元，医疗目录范围外的个人自费部分为 30 000 元。对于王某发生的大病医疗项目，下列说法正确的是(　　)。

A. 仅王某能享受个人所得税前大病医疗专项附加扣除

B. 王某可以享受个人所得税前扣除 130 000元

C. 王某可以享受个人所得税前扣除 100 000元

D. 王某配偶可以享受个人所得税前扣除 80 000元

31. 陈某于 2019 年 1 月从甲出版社取得图书出版所得 3 800 元，已知从乙公司取得本月工资薪金所得为 9 600 元，当月提交了正在上幼儿园的 4 岁女儿的相关信息(与其妻约定由陈某扣除)，“三险一金”为 1 100元，无其他扣除项目，则当月陈某应预扣预缴的个人所得税合计为(　　)元。

A. 683　　B. 495

C. 650　　D. 660

32. 孙先生投资股市多年，下列关于投资纳税的说法正确的是(　　)。

A. 买卖股票的交易应缴纳增值税

B. 买卖股票的差价应缴纳个人所得税

C. 买卖股票的差价免纳个人所得税

D. 持有股票的分红免纳个人所得税

33. 下列各项中，应当在取得所得的次年 3 月 1 日至 6 月 30 日内办理汇算清缴的是(　　)。

A. 非居民个人取得工资、薪金所得

B. 居民个人取得综合所得需要办理汇算清缴的

C. 居民个人取得财产转让所得

D. 居民个人取得的股权投资所得

34. 下列关于居民个人公益捐赠支出的税务处理，错误说法是(　　)。

A. 在综合所得中扣除的，扣除限额为当年综合所得应纳税所得额的 30%

B. 在分类所得中扣除的，扣除限额为当年分类所得应纳税所得额的 30%

C. 取得工资薪金所得的，可以在预扣预缴时扣除

D. 取得工资薪金所得的，可以在年度汇算清缴时扣除

二、多项选择题

1. 根据个人所得税法的规定，区分居民纳税人和非居民纳税人的判断标准包括(　　)。

A. 住所　　B. 居住时间

C. 国籍　　D. 个人身份

2. 下列支出中，属于个人所得税综合所得专项附加扣除的有(　　)。

A. 子女教育支出　　B. 企业年金支出

C. 大病医疗支出　　D. 住房租金支出

3. 居民个人取得的下列所得，采用分类征收方式计征个人所得税的有(　　)。

A. 财产租赁所得　　B. 特许权使用费

C. 稿酬所得　　D. 财产转让所得

4. 下列专项附加扣除的项目中，可以商定选择夫妻一方税前扣除的有(　　)。

A. 子女教育

B. 赡养老人

C. 首套房购房贷款

D. 同在一地居住的租房租金

5. 下列关于个人所得税的表述中，正确的有(　)。

A. 在中国境内无住所的外籍个人，为非居民个人

B. 在中国境内无住所而一个纳税年度内在中国境内居住累计满 183 天的个人，为居民个人

C. 在中国境内无住所而一个纳税年度内在中国境内居住累计不满 183 天的个人，为非居民个人

D. 连续或累计在中国境内居住不超过 90 天的非居民个人，其所取得的中国境内所得并由境内支付的部分免税

6. 某城市公民王先生为自由职业者，2019 年 1 月取得以下四项收入中，属于劳务报酬所得的有(　)。

A. 作为某影视剧拍摄群众演员的收入

B. 自己开的一间咖啡屋取得的收入

C. 为出版社审稿取得的收入

D. 在杂志上发表摄影作品取得的收入

7. 下列应按"特许权使用费所得"项目征收个人所得税的有(　)。

A. 编剧从电视剧的制作单位取得的剧本使用费

B. 作者将自己的文字作品手稿原件公开拍卖的所得

C. 某杂志的编辑在该杂志上发表文章取得的所得

D. 个人取得特许权的经济赔偿收入

8. 下列各项中，应按"利息、股息、红利所得"项目征收个人所得税的有(　)。

A. 法人企业为其股东购买小汽车将汽车办理在股东名下

B. 个人取得的国债转让所得

C. 个人独资企业业主用企业资金进行个人消费部分

D. 职工因拥有股票期权且在行权后取得企业税后利润分配收益

9. 下列各项所得应按"经营所得"项目征税的有(　)。

A. 个人因从事彩票代销业务取得的所得

B. 个体工商户对外投资取得的股利

C. 从事个体出租车运营的出租车驾驶员取得的收入

D. 个人开设诊所的所得

10. 下列关于个人所得税专项附加扣除，表述正确的有(　)。

A. 子女教育支出从符合条件的当月起开始起算，每人每月 1 000 元定额扣除

B. 纳税人发生的与基本医保相关的医药费用，扣除医保报销后个人负担(指医保目录范围内的自付部分)累计超过 15 000 元的部分，在 80 000 元限额内据实扣除

C. 学历继续教育为取得相关证书的年度，定额扣除 3 600 元/年

D. 非独生子女赡养老人支出，每人分摊额度不超过每月 1 000 元

11. 下列工资、薪金所得免征个人所得税的有(　)。

A. 退休金

B. 退休人员再任职收入

C. 单位先进奖金

D. 外籍人员取得任职单位的非现金住房补贴

12. 下列各项所得中，应计算缴纳个人所得税的有(　)。

A. 职工个人以股份形式取得的不拥有所有权的企业量化资产

B. 职工个人以股份形式取得的拥有所有权的企业量化资产

C. 职工个人以股份形式取得的拥有所有权的企业量化资产，转让时所获得的收入

D. 职工个人以股份形式取得的以量化资产参与企业分配而获得的股息

13. 下列各项中，应按照"财产转让所得"项目计征个人所得税的有(　)。

A. 个人转让限售股取得的所得

B. 个人销售无偿受赠不动产的所得

C. 员工将行权后的股票再转让时获得的高于购买日公平市场价的差额

D. 股份制企业为个人股东购买住房而支出的款项

14. 下列应税项目中适用全员代扣代缴纳税方式的有(　)。

A. 稿酬所得

B. 利息、股息、红利所得

C. 偶然所得

D. 经营所得

15. 下列关于专项附加扣除的表述，正确的有(　)。

A. 子女教育支出扣除标准为每个子女每月 1 000 元，多个子女均可扣除

B. 职业资格继续教育支出扣除标准为每年 4 800 元

C. 住房贷款利息扣除标准为每月 1 000 元，扣除期限最长不超过 240 个月

D. 赡养老人支出独生子女扣除标准为每月 2 000 元，多位老人均可扣除

16. 计算个人所得税综合所得应纳税所得额时，下列支出准予扣除的有(　)。

A. 个人购买的互助型医疗保险支出

B. 个人购买的税收递延型商业养老保险支出

C. 个人缴付符合国家规定的企业年金支出

D. 个人购买符合国家规定的商业健康保险支出

17. 2019 年 5 月，在 B 企业从事 IT 工作的张某，工作之余为另一 A 公司修理电脑取得 3 600 元收入，以下说法 正确的有(　)。

A. 3 600 元收入以 2 880 元计入年综合所得

B. 3 600 元收入以 2 800 元计入年综合所得

C. A 公司应预扣张某个人所得税额为 560 元

D. A 公司应预扣张某个人所得税额为 576 元

18. 下列关于“次”的规定，说法正确的有(　)。

A. 同一事项连续取得收入的，以全部取得的收入为一次

B. 特许权使用费所得，属于一次性收入的，以取得该项收入为一次

C. 偶然所得，以每次取得该项收入为一次

D. 出租房屋所得，以一个月内取得的收入为一次

19. 个人终止投资收回的下列款项中，应缴纳个人所得税的有(　)。

A. 转让收入　　B. 违约金

C. 投资成本　　D. 赔偿金

20. 2019 年 2 月某学校 4 位老师共写一本书，共得稿费 35 000 元，其中 1 人得主编费 5 000元，其余稿费 4 人平分，其个人所得税纳税情况包括(　)。

A. 此笔稿酬共应预扣预缴税额 3 920 元

B. 4 人各自应预扣预缴税额 980 元

C. 主编 1 人应预扣预缴税额 1 400 元

D. 除主编以外的 3 人各自应预扣预缴税额 840 元

21. 李某为我国税收居民，2019 年所得构成：全年工资 150 000 元，通过兼职平台为某出版社审稿每月取得收入 5 000 元，投资非上市公司取得股息 24 000 元，持有某上市公司 1 年期以上股票，取得股息 6 000元，向某杂志社投稿一次取得稿酬 15 000元。下列说法正确的有(　)。

A. 李某 2019 年综合所得收入额为 225 000元

B. 李某 2019 年综合所得收入额为 206 400元

C. 股息收入缴纳个人所得税额为6 000元

D. 出版社每月应预扣李某个人所得税额 800 元

22. 下列关于个人投资者收购企业股权后将盈余积累转增股本个人所得税的规定正确的有(　)。

A. 新股东以不低于净资产价格收购股权的，企业原盈余积累已全部计入股权交易价格，新股东取得盈余积累转增股本的部分，按“利息、股息红利所”得征收个人所得税

B. 新股东以低于净资产价格收购股权的，企业原盈余积累中，对于股权收购价格减去原股本的差额部分已经计入股权交易价格，新股东取得盈余积累转增股本的部分，不征收个人所得税

C. 对于股权收购价格低于原所有者权益的差额部分未计入股权交易价格，新股东取得盈余积累转增股本的部分，应按照“利息、股息、红利所得”项目征收个人所得税

D. 新股东将所持股权转让时，其财产原值为其收购企业股权实际支付的对价及相关税费

23. 关于计算个人所得税时可扣除的财产原值，下列表述正确的有(　)。

A. 拍卖受赠获得的物品，原值为该拍卖品的市场价值

B. 拍卖通过拍卖行拍得的物品，原值为拍得该拍卖品实际支付的价款及缴纳的相关税费

C. 拍卖祖传的藏品，原值为该拍卖品的评估价值

D. 拍卖从画廊购买的油画，原值为购买拍卖品时实际支付的价款

24. 下列各项中，应当按“偶然所得”项目征收个人所得税的有(　)。

A. 个人从任职单位取得可公开交易的股票期权

B. 个人将珍藏的古董拍卖所得

C. 个人参加有奖活动中奖所得

D. 个人股东从资产购买方企业取得的不竞争款项

25. 下列关于个人所得税的表述中，正确的有(　)。

A. 个人取得兼职收入应并入当月“工资、薪金所得”应税项目计征个人所得税

B. 外籍个人从外商投资企业取得的股息、红利所得免纳个人所得税

C. 在判断个人所得来源地时对不动产转让所得以不动产坐落地为所得来源地

D. 扣缴义务人对纳税人的应扣未扣税款应由扣缴义务人予以补缴

26. 香港黄先生沪港通机制购买上交所 A 股股票，持有和转让时个人所得税处理正确的有(　)。

A. 股票转让差价免税

B. 股票转让差价按“财产转让所得”缴纳个人所得税

C. 取得的股息红利，按照 10% 的税率缴纳个人所得税

D. 取得的股息红利，实行差别化待遇缴纳个人所得税

27. 非居民个人史密斯先生，2019 年 4 月 12 日从中国境内甲公司取得特许权使用费 8 000元，取得乙上市公司股息 5 000 元(已知该股票于 2019 年 3 月 25 日购入)，关于以上事项下列说法正确的有(　)

A. 史密斯先生特许权使用费应纳税所得额为 6 400 元

B. 甲公司应扣缴个人所得税额 430 元

C. 甲公司应扣缴个人所得税额 1 280 元

D. 乙上市公司应扣缴个人所得税额 1 000元

28. 下列个人应按税法规定的期限依法办理纳税申报的有(　)。

A. 从境内两处取得工资所得，且年收入额减除专项扣除的余额为 10 万元的中国公民

B. 在境内取得一处工资薪金所得的非居民个人

C. 从法国获得特许权使用费收入的中国公民

D. 从事汽车修理、修配业务取得经营所得的个体工商户

29. 个人取得的下列应税所得，可以在不超过5个公历年度内分期缴纳个人所得税的有(　)。

A. 中小高新企业以未分配利润、盈余公积、资本公积向个人股东转增股本，个人股东一次纳税确有困难的

B. 高新企业转化科技成果，给予本企业相关技术人员的股权奖励，个人一次缴纳税款有困难的

C. 非货币性资产投资的转让所得，个人一次性缴税有困难的

D. 股票期权行权时，个人一次性缴税有困难的

30. 非居民个人取得工资薪金所得的征收管理，下列说法不正确的有(　)。

A. 依据综合所得税率表，按月代扣代缴税款

B. 向扣缴义务人提供专项附加扣除信息的，可按扣除专项附加后的余额代扣税款

C. 扣缴义务人可将同期的工资薪金和股息红利所得合并代扣代缴税款

D. 由扣缴义务人按月代扣代缴税款，不办理汇算清缴

31. 根据个人所得税法律制度的规定，下列各项中，免征个人所得税的有(　)。

A. 离退休人员从社保部门领取的养老金

B. 个人银行储蓄存款利息

C. 个人取得的保险赔款

D. 个人提取由单位和个人共同缴付的住房公积金

32. 在2021年12月31日前，居民个人取得全年一次性奖金的个人所得税处理正确的有(　)。

A. 并入当年综合所得计算纳税

B. 不作为应税所得征收个人所得税

C. 不并入当年所得，全额适用综合所得税率计算纳税

D. 不并入当年所得，单独适用综合所得税率按月份数分摊计算纳税

33. 纳税人取得下列(　)综合所得，需要办理汇算清缴的纳税申报。

A. 从两处以上取得综合所得，且综合所得年收入额超过6万元

B. 取得劳务报酬所得、稿酬所得、特许权使用费所得中一项或多项所得，且综合所得年收入额超过6万元

C. 纳税年度内预缴税额低于应纳税额

D. 纳税人申请退税

34. 已在2019年度依法预缴个人所得税的纳税人，符合下列(　)情形无需办理年度汇算。

A. 年度汇算需补税但年度综合所得收入不超过12万元

B. 年度汇算需补税金额不超过400元

C. 年度汇算需补税金额不超过800元

D. 已预缴税额与年度应纳税额一致或者不申请年度汇算退税

三、计算问答题

1. 黄先生为A公司员工，与其妻张女士均为家中独生子女(父母均年满60岁)。2019年全年发生以下事项：

(1)黄先生每月工资为18 000元；每月缴纳“三险一金”共计3 500元；每月还购买具有“税优识别码”的商业健康险支出400元；

(2)从年初开始，黄先生与房产中介签订住房租赁合同，租赁期为2年，月租金为3 000元，与妻女共同租住在此房子；

(3)夫妻有一女儿，在幼儿园学习；

(4)4月黄先生获得向某出版社投稿的稿酬收入6 000元。

(其他相关资料：黄先生在A公司申报专项附加扣除，相关资料均按期按规定提供给A公司；黄先生与其妻协商确定，涉及可分摊专项附加扣除项目的，均由黄先生按100%扣除；所住地区房租月扣除标准为1 500元；黄先生与张女士名下均无房

产；不考虑其他事项。假定黄先生全年工资预缴个税 2 800 元）

附：居民个人工薪所得预扣预缴率表（部分表）

居民个人工薪所得预扣预缴率表（部分表）

级数	累计预扣预缴应纳税所得额	税率（%）	速算扣除数
1	不超过 36 000 元	3%	0
2	超过 36 000 元至 144 000 元的部分	10%	2 520
3	超过 144 000 元至 300 000 元的部分	20%	16 920

附：年度综合所得税率表（部分表）

年度综合所得税率表（部分表）

级数	年度应纳税所得额	税率	速算扣除数
1	不超过 36 000 元	3%	0
2	超过 36 000 元至 144 000 元的部分	10%	2 520
3	超过 144 000 元至 300 000 元的部分	20%	16 920

要求：根据上述资料，按照下列序号计算回答问题，每问需计算出合计数。

（1）说明居民个人计算综合所得时专项附加扣除项目有哪些？

（2）黄先生购买商业保险的支出是否可以税前扣除？说明理由。

（3）计算黄先生 2019 年 1 月工资薪金预缴个人所得税的各项扣除合计。

（4）计算黄先生 2019 年 1 月工资薪金预缴个人所得税税额。

（5）计算 4 月黄先生获得稿酬预缴个人所得税税额。

（6）计算黄先生 2019 年全年汇算清缴，应补或应退的个人所得税税额。

2. 中国公民张先生是某民营非上市公司的个人大股东，同时是一位作家。2019 年 2 月取得的实物或现金收入如下：

（1）公司为其购买了一辆轿车并将车辆所有权办到其名下，该车购买价为 35 万元。经当地主管税务机关核定，公司在代扣个人所得税税款时允许税前减除的数额为 7 万元。

（2）将本人一部长篇小说手稿的原件拍卖取得收入 5 万元，同时拍卖一幅名人书法作品取得收入 35 万元。经税务机关确认，所拍卖的书法作品原值及相关费用为 20 万元。

（3）受邀为某企业家培训班讲课两天，取得讲课费 3 万元。

（4）当月转让上月购入的境内某上市公司股票，扣除印花税和交易手续费等，净盈利金额 5 320.56 元。

要求：根据上述资料，按序号回答下列问题。如有计算，每问需计算出合计数。

（1）公司为张先生购买轿车属于什么应税项目？计算应代扣代缴的个人所得税。

（2）长篇小说手稿原件拍卖属于什么应税项目？计算应预扣预缴的个人所得税。

（3）书法作品拍卖所得属于什么应税项目？计算应缴纳的个人所得税。

（4）讲课费收入属于什么应税项目？计算应预扣预缴的个人所得税。

（5）计算销售股票净盈利应缴纳的个人所得税。

3. 我国公民张先生为国内某企业高级技术人员，2019 年收入情况如下：

（1）每月取得工薪收入 14 000 元，实际负担的“三险一金”为 2 000 元，无其他扣除项目。

（2）3 月转让 2013 年购买的三居室精装修

房屋一套(非唯一住房)，售价 230 万元，转让过程中支付的相关税费 13.8 万元。该套房屋的购进价为 100 万元，购房过程中支付的相关税费为 3 万元。所有税费支出均取得合法凭证。

(3)5 月因提供重要线索，协助公安部门侦破某重大经济案件，获得公安部门奖金 2 万元，已取得公安部门提供的获奖证明材料。

(4)7 月在参加某公司组织的有奖销售活动中，中奖所得共计价值 30 000 元。将其中的 10 000 元通过相关政府部门用于公益性捐赠。

(5)8 月将自有的一项非职务专利技术提供给境外某公司使用，一次性取得特许权使用费收入 60 000 元，该项收入已在境外缴纳个人所得税 6 000 元。

要求：根据上述资料，按照下列序号计算回答问题，每问需计算出合计数。

(1)计算转让房屋所得应缴纳的个人所得税。

(2)计算从公安部门获得的奖金应缴纳的个人所得税。

(3)计算中奖所得应缴纳的个人所得税。

(4)计算 2019 年境内、外综合所得应缴纳的个人所得税。

(5)计算从境外取得的特许权使用费在我国应补缴的个人所得税。

4. 国内自由职业者刘某，2019 年发生以下事项：

(1)刘某与其妻王某共赡养 4 位老人，分别是刘某父母、王某父母，刘某为独生子女，王某有一妹，夫妻二人每月向均已年过 60 周岁的刘某父母和王某父母分别支付 3 000 元赡养费。王某与其妹协商，按照平均分摊的方式享受赡养老人专项附加扣除；

(2)二人育有一女小刘，正在某高校读硕士研究生；

(3)刘某与房产中介签订房屋租赁合同，与其妻租住在天津市河西区，月租金 2 500 元，夫妻二人名下均无房产；

(4)2019 年 4 月，刘某因小说发表取得出版社报酬 105 000 元；

(5)2019 年 8 月开始，刘某通过网上兼职平台讲课，每月讲课 4 次，每次报酬 800 元，连续讲课 2 个月；

(6)2019 年 12 月，获得 A 公司支付给刘某的特许权使用费 120 000 元。

(其他相关资料：刘某与其妻王某协商确定，涉及可分摊专项附加扣除的，均按 50% 比例分别扣除；不考虑其他事项。)

要求：根据上述资料，按照下列序号计算回答问题，每问需计算出合计数。

(1)赡养老人的专项扣除，在个人所得税中是如何规定的?

(2)刘某和王某因赡养老人，全年可在个人所得税前扣除的金额分别为多少?

(3)小刘读硕士研究生，刘某与王某是否可因此享受个人所得税前子女教育专项附加扣除?计算出每人可扣除的金额；

(4)计算业务(3)刘某与王某全年税前可分别扣除的金额；

(5)计算 2019 年刘某应纳税所得额和应纳个人所得税额；

(6)刘某是否需要办理汇算清缴?理由是什么?

5. 中国公民孙某 2019 年度取得下列所得：

(1)每月工资 9 600 元，12 月份取得全年一次奖金 30 000 元。

(2)首套住房贷款利息支出为每月 3 200 元，自己负担的"三险一金"为 1 800 元。

(3)5 月份孙某出售自己持有的限售股，取得转让收入 100 000 元，无法准确计算全部限售股成本原值。

(4)2019 年 3 月张某将位于某市一套商铺出租，月租金收入 18 000 元。(不考虑地方教育附加和印花税)。

(5)2017 年 1 月，任职企业授予孙某 10 000股股票期权(该期权不可公开交易)，该股票期权的施权价每股5元。2019年10月5日，孙某按照规定行权，行权日该股票市场平均价格每股10元。

(其他相关资料：全年一次性奖金选择并入当年综合所得计算纳税；孙某与其妻约定，专项附加扣除由孙某扣除，无其他扣除项目。)

要求：根据上述资料，按照下列序号回答问题，如有计算需计算出合计数。

(1)说明全年一次性奖金的两种处理方法。

(2)计算孙某2019年综合所得应缴纳的个人所得税。

(3)计算业务(2)2019年5月转让限售股应缴纳的个人所得税。

(4)计算业务(3)2019年3月财产租赁所得应缴纳的个人所得税。

(5)计算业务(4)2019年10月股票期权所得应缴纳的个人所得税。

6. 国内某高校李教授2019年取得除工资外的收入项目如下：

(1)1月份出版了一本书稿，获得稿酬15 000元，后因出版社添加印数，获得追加稿酬5 000元。

(2)2月份被评为全国教学名师，获得教育部颁发的资金50 000元。

(3)3月份取得5年期国债利息收入8 700元，一年期储蓄存款利息收入500元，某上市公司发行的企业债券利息收入1 500元。

(4)4月份因持有两年前购买的某上市公司股票10 000股，取得该公司年中股票分红所得2 000元，随后将该股票卖出，获得股票转让所得50 000元。

(5)5月份应A公司邀请给公司财务人员培训，取得收入30 000元，A公司未履行代扣代缴个人所得税义务。

要求：根据上述资料，按照下列序号回答问题，如有计算需计算出合计数。

(1)计算李教授1月份稿酬所得应预缴的个人所得税。

(2)2月份李教授获得全国教学名师奖金是否需要纳税，说明理由。如需要，计算其应纳税额。

(3)3月份李教授取得的利息收入是否需要纳税，如需要，计算其应纳税额。

(4)4月份李教授所得股息和股票转让所得是否需要纳税，说明理由，计算其应纳税额。

(5)回答A公司未履行代扣代缴个人所得税义务应承担的法律责任，税务机关应对该项纳税事项如何进行处理?

本章综合练习参考答案及详细解析

一、单项选择题

1. C 【解析】自2019年1月1日起，个人所得税对4个应税所得项目实行综合征收，包括工资薪金所得、劳务报酬所得、稿酬所得、特许权使用费所得。

2. B 【解析】纳税人本人或者配偶单独或者共同使用商业银行或者住房公积金个人住房贷款为本人或者其配偶购买中国境内住房，发生的首套住房贷款利息支出，在实际发生贷款利息的年度，按照每月1 000元的标准定额扣除，扣除期限最长不超过240个月。

3. C 【解析】自2019年1月1日起，对在中国境内无住所而一个纳税年度内在中国境内居住累计满183天的个人，确定为税收居民纳税人。

4. D 【解析】在中国境内无住所而一个纳税年度内在中国境内居住累计满183天的个人为居民纳税人，居住满183天是指在一个纳税年度内，即公历1月1日起至12月

31日止，在中国境内居住满183日，而不是住满任意183日。

5. D 【解析】下列所得，不论支付地点是否在中国境内，均为来源于中国境内的所得：(1)因任职、受雇、履约等而在中国境内提供劳务取得的所得；(2)将财产出租给承租人在中国境内使用而取得的所得；(3)转让中国境内的建筑物、土地使用权等财产或者在中国境内转让其他财产取得的所得；(4)许可各种特许权在中国境内使用而取得的所得；(5)从中国境内的公司、企业以及其他经济组织或者个人取得的利息、股息、红利所得。

6. D 【解析】选项A，应按“工资、薪金所得”项目缴纳个人所得税；选项B、C，均应按“劳务报酬所得”项目缴纳个人所得税。

7. B 【解析】预扣预缴的应纳税所得额 $= 20\ 000 \times (1-20\%) \times 70\% = 11\ 200$(元)

8. A 【解析】选项B、C，按“经营所得”项目缴纳个人所得税；选项D，个人从企业取得的不竞争款项，按“偶然所得”缴纳个人所得税。

9. C 【解析】应预扣预缴的个人所得税 $= 20\ 000 \times (1-20\%) \times 20\% = 3\ 200$(元)

10. D 【解析】纳税年度内个人投资者从其投资企业(个人独资企业、合伙企业除外)借款，在该纳税年度终了后既不归还，又未用于企业生产经营的，其未归还的借款可视为企业对个人投资者的红利分配，依照“利息、股息、红利所得”项目计征个人所得税。

11. A 【解析】养老保险(退休金)无须缴纳个税。个人达到国家规定的退休年龄，领取的企业年金、职业年金，符合规定的，不并入综合所得，全额单独计算应纳税款。其中按月领取的，适用月度税率表计算纳税；按季领取的，平均分摊计入各月，按每月领取额适用月度税率表计算纳税；按年领取的，适用综合所得税率表计算纳税。

12. C 【解析】各种赞助支出和缴纳的个税不得税前扣除；个体户业主的工资支出不得扣除，但个体户业主的生计费(每月5 000元)可以扣除(个体户有工资、薪金所得除外)。

13. B 【解析】该设计师业余时间进行产品设计所得为劳务报酬所得。属于一次性收入的，以取得该项收入为一次；属于同一项目连续性收入的，以一个月内取得的收入为一次。即预付的30 000元和后来取得的50 000元，属于一次性报酬。应预扣预缴的个人所得税 $= (30\ 000 + 50\ 000) \times (1-20\%) \times 40\% - 7\ 000 = 18\ 600$(元)

14. A 【解析】应缴纳个人所得税 $= 50\ 000 \times (1-20\%) \times 30\% - 4\ 410 = 7\ 590$(元)

15. C 【解析】个人以非货币资产投资所得，按照“财产转让所得”项目计算缴纳个人所得税。

16. A 【解析】保险营销员、证券经纪人取得的佣金收入，属于劳务报酬所得，以不含增值税的收入减除20%的费用后的余额为收入额，收入额减去展业成本以及附加税费后，并入当年综合所得，计算缴纳个人所得税。保险营销员、证券经纪人展业成本按照收入额的25%计算。

17. B 【解析】纳税人如不能提供合法、完整、准确的财产原值凭证，不能正确计算财产原值的，按转让收入额的3%征收率计算缴纳个人所得税；拍卖品为经文物部门认定是海外回流文物的，按转让收入额的2%征收率计算缴纳个人所得税。

应纳的个人所得税 $= 20 \times 2\% = 0.4$(万元)

18. C 【解析】选项A，非居民个人，工资、薪金所得仅可扣除5 000元基本费用，不可享受专项附加扣除；选项B，非居民个人取得工资、薪金所得，劳务报酬所得，稿酬所得，特许权使用费所得，按月或者按次分项计算个人所得税，不合并计算综合所得；选项C，B公司每月应扣缴个人所得税额=850×4×(1-20%)×3%=81.6(元)；选项D，取得应税所得，扣缴义务人未扣缴税款时，非居民个人应在取得所得的次年6月30日前，向扣缴义务人所在地主管税务机关办理纳税申报。

19. C 【答案】综合所得汇算清缴时，劳务、特许权使用费按收入的80%并入；稿酬按收入的80%再减按70%(即56%)并入，工资薪金按100%并入。

20. B 【解析】6个专项附加扣除中的住房贷款利息或者住房租金，不能同时扣除，只能二选一。首套住房贷款利息支出在偿还贷款期间，每月1 000元标准定额扣除，扣除期限最长不超过240个月。

21. A 【解析】纳税人未能提供完整、真实的限售股原值凭证，不能准确计算限售股原值的，主管税务机关一律按限售股转让收入的15%核定限售股原值及合理税费。

张某应缴纳个人所得税=20 000×(1-15%)×20%=3 400(元)

22. A 【解析】6项专项附加扣除包括：子女教育、继续教育、大病医疗、住房贷款利息或者住房租金、赡养老人支出。其中赡养老人支出：本人为独生子女每月扣2 000元；本人为非独生子女每人每月最多扣1 000元。

23. A 【解析】选项A，个人限售股转让所得，按照财产转让所得缴纳个人所得税。其他三个选项，均免征个人所得税。

24. C 【解析】2019年1月1日至2021年12月31日期间，外籍个人符合居民个人条件的，可以选择享受个人所得税专项附加扣除，也可以选择按照规定享受住房补贴、语言训练费、子女教育费等津补贴免税优惠政策，但不得同时享受。外籍个人一经选择，在一个纳税年度内不得变更。

应缴纳的个人所得税=(350 000+26 000-30 000-60 000-1 000×12)×20%-16 920=37 880(元)

25. B 【解析】处置债权成本费用=个人购置"打包"债权实际支出×当次处置债权账面价值÷"打包"债权账面价值=100×80÷200=40(万元)

处置债权取得50-40=10(万元)

应纳个人所得税税额=10×20%=2(万元)

26. D 【解析】全国范围内的中小高新技术企业以未分配利润、盈余公积、资本公积向个人股东转增股本时，个人股东应按照"利息、股息、红利所得"项目，适用20%税率征收个人所得税。应缴纳个人所得税=400×20%=80(万元)。

27. D 【解析】居民个人取得股票期权等股权激励，符合规定的，在2021年12月31日前，不并入当年综合所得，全额单独适用综合所得税率表，计算纳税。应纳税额=股权激励收入×适用税率-速算扣除数=60 000×(5-2)×20%-16 920=19 080(元)。

28. D 【解析】探亲期间境内工资收入，无免税规定。

29. A 【解析】选项B，按"工资薪金所得"缴纳个人所得税；选项C，按"利息、股息、红利所得"缴纳个人所得税；选项D，退休再任职按"劳务报酬所得"缴纳个人所得税。

30. D 【解析】选项A，纳税人发生的医药费用支出可以选择由本人或者其配偶扣除，未成年子女发生的医药费用支出可以选择由其父母一方扣除。选项B、C，在一个纳税年度内，纳税人发生的与基本医保相关的医药费用支出，扣除医保报销后个人负担(指医保目录范围内的自付部分)累计超过15 000元的部分，由纳税人在办理年度汇算清缴时，在80 000元限额内据实扣除。

31. B 【解析】稿酬所得应预扣预缴个人所得税 = (3 800 - 800) × 70% × 20% = 420(元)；工资薪金所得应预扣预缴个人所得税 = (9 600-5 000-1 000-1 100) ×3% = 75(元)。

陈某 1 月份应预扣预缴个人所得税合计 = 420+75 = 495(元)

32. C 【解析】选项 A，个人转让金融商品免征增值税；选项 B，个人转让股票的所得暂免征收个人所得税；选项 D，但持有期的分红根据持有期限实行差别化待遇。

33. B 【解析】选项 A，非居民个人取得工资、薪金所得，劳务报酬所得，稿酬所得和特许权使用费所得，有扣缴义务人的，由扣缴义务人按月或者按次代扣代缴税款，不办理汇算清缴。选项 B，居民个人取得综合所得，按年计算缴纳；由扣缴义务人按月或者按次预扣预缴税款，需要办理汇算清缴的，应当在取得所得的次年 3 月 1 日至 6 月 30 日内办理汇算清缴。选项 C、D，纳税人取得利息、股息、红利所得，财产租赁所得，财产转让所得和偶然所得，按月或者按次计算个人所得税，有扣缴义务人的，由扣缴义务人按月或者按次代扣代缴税款。

34. B 【解析】在分类所得中扣除的，扣除限额为当月分类所得应纳税所得额的 30%。

二、多项选择题

1. AB 【解析】个人所得税纳税义务人依据住所和居住时间两个标准，区分为居民个人和非居民个人，分别承担不同的纳税义务。

2. ACD 【解析】专项附加扣除，包括子女教育、继续教育、大病医疗、住房贷款利息或者住房租金、赡养老人等支出。选项 B，属于其他扣除。

3. AD 【解析】居民个人取得工资、薪金、劳务报酬、稿酬、特许权使用费四项所得为综合所得。

4. AC 【解析】子女教育，可以选择夫妻 1 人扣或 2 人各扣 50%；首套购房贷款，可以选择 1 人扣或双方约定扣除。住房租金支出由签订租赁住房合同的承租人扣除；夫妻双方主要工作城市相同的，租房租金只能由一方扣除。

5. BC 【解析】判定是否属于税收居民的标准有两个，无住所的外籍个人一个纳税年度内在中国境内居住累计满 183 天，为居民纳税人，选项 A 表述不正确；连续或累计在中国境内居住不超过 90 天的非居民纳税人，其所取得的中国境内所得并由境外支付的部分免税，选项 D 表述不正确。

6. AC 【解析】选项 B 为经营所得；选项 D 为稿酬所得。

7. ABD 【解析】某杂志的编辑在该杂志上发表文章取得的所得按“工资、薪金所得”项目征收个人所得税。

8. AD 【解析】选项 B，属于资产转让所得，按照“财产转让所得”项目征收个人所得税；选项 C，按照“经营所得”项目征收个人所得税。

9. ACD 【解析】选项 B，属于个体工商户取得的与生产经营无关的应税所得，应按“利息、股息、红利所得”计征个人所得税。

10. ABD 【解析】学历继续教育的扣除标准为每月 400 元，4 800 元/年。

11. AD 【解析】选项 B 属于劳务报酬所得，选项 C 为应税的工资、薪金所得，选项 D 属于免税所得。对外籍个人的下列所得，暂免征个人所得税：(1) 外籍个人以非现金形式或实报实销形式取得的住房补贴、伙食补贴、搬迁费、洗衣费；(2) 外籍个人按合理标准取得的境内、外出差补贴；(3) 外籍个人取得的探亲费、语言培训费、子女教育费等，经审核批准为合理的部分。

12. CD 【解析】选项 A，为不征收个人所得税项目；选项 B，为暂缓征收个人所得税项目；选项C，按“财产转让所得”项目征收；选项D，按“利息、股息、红利所得”项目征收。

13. ABC 【解析】选项D，应按照“利息、股息、红利所得”项目征收个人所得税。

14. ABC 【解析】经营所得应依法办理纳税申报。

15. AC 【解析】选项B，职业资格继续教育支出扣除标准为每年3 600元；选项D，赡养老人支出独生子女扣除标准为每月2 000元，不按老人人数加倍扣除。

16. BCD 【解析】选项BCD，属于依法确定的其他扣除，可以在计算个人所得税综合所得应纳税所得 额时扣除。其他扣除，包括个人缴付符合国家规定的企业年金、职业年金，个人购买符合国家规定的商业健康保险、税收递延型商业养老保险的支出，以及国务院规定可以扣除的其他项目。

17. AC 【解析】选项A，劳务报酬所得以收入减除20%的费用后的余额为收入额。故兼职收入应计入年综合所得=3 600×(1-20%)=2 880(元)。选项C，扣缴义务人向居民个人支付劳务报酬所得，按次或者按月预缴个人所得税，劳务报酬所得每次收入不超过4 000元的，减除费用按800元计算；每次收入超过4 000元以上的，减除费用按20%计算。故A公司应预扣张某个人所得税额=(3 600-800)×20%=560(元)。

18. BCD 【解析】同一事项连续取得收入的，以一个月内取得的收入为一次。

19. ABD 【解析】个人因各种原因终止投资、联营、经营合作等行为，从被投资企业或合作项目、被投资企业的其他投资者以及合作项目的经营合作人取得股权转让收入、违约金、补偿金、赔偿金及以其他名目收回的款项等，均属于个人所得税应税收入，应按照“财产转让所得”项目适用的规定计算缴纳个人所得税。

20. ACD 【解析】主编应预扣预缴税额=[5 000+(30 000÷4)]×(1-20%)×20%×70%=1 400(元)。

其余三人各自应预扣预缴税额=(30 000÷4)×(1-20%)×20%×70%=840(元)

此笔稿酬共应预扣预缴税额=1 400+840×3=3 920(元)

21. BD 【解析】选项A，2019年综合所得收入额=150 000+5 000×(1-20%)×12+15 000×(1-20%)×70%=206 400(元)；选项C，投资上市公司1年期以上股票获得的股息免征个人所得税，投资非上市公司股票取得的股息所得全额缴纳个人所得税，故股息所得应纳个人所得税额=24 000×20%=4 800(元)；选项D，出版社每月应预扣李某个人所得税额=5 000×(1-20%)×20%=800(元)。

22. BCD 【解析】选项A，新股东以不低于净资产价格收购股权的，企业原盈余积累已全部计入股权交易价格，新股东取得盈余积累转增股本的部分，不征收个人所得税。

23. BD 【解析】选项A，通过受赠取得的，为其受赠该拍卖品时发生的相关税费；选项C，通过祖传收藏的，为其收藏该拍卖品而发生的费用。

24. CD 【解析】选项A，员工取得可公开交易的股票期权，属于员工已实际取得有确定价值的财产，应按授权日股票期权的市场价格，作为员工授权日所在月份的“工资、薪金所得”，计算缴纳个人所得税；选项B，个人拍卖除文字作品原稿及复印件外的其他财产，按照“财产转让所得”项目计算缴纳个人所得税。

25. BC 【解析】选项A，个人取得兼职收入应按照“劳务报酬所得”项目计征个人所得税；选项D，扣缴义务人对纳税人的应扣未扣税款应由纳税人予以补缴，不过需要对扣缴义务人予以处罚。

26. AC 【解析】选项B，香港投资者(公司、个人)通过沪港通投资购买A股，股票转让差价暂免征收个人所得税；选项D，股息红利所得由上市公司按照10%税率代扣所得税，不实行差别化待遇。

27. ABD 【解析】选项A，非居民个人获得特许权使用费所得，按照特许权使用费所得扣除20%费用后为收入额。选项B，甲公司应扣缴个人所得税=8 000×(1-20%)×10%-210=430(元)。选项D，利息、股息、红利所得，以支付利息、股息、红利时取得的收入为一次，故上市公司应扣缴个人所得税=5 000×20%=1 000(元)。

28. ACD 【解析】有下列情形之一的，纳税人应当依法办理纳税申报：

(1)取得综合所得需要办理汇算清缴：

①从两处以上取得综合所得，且综合所得年收入额减除专项扣除的余额超过6万元；

②取得劳务报酬所得、稿酬所得、特许权使用费所得中一项或者多项所得，且综合所得年收入额减除专项扣除的余额超过6万元；

③纳税年度内预缴税额低于应纳税额；

④纳税人申请退税。

(2)取得应税所得没有扣缴义务人。

(3)取得应税所得，扣缴义务人未扣缴税款。

(4)取得境外所得。

(5)因移居境外注销中国户籍。

(6)非居民个人在中国境内从两处以上取得工资、薪金所得。

(7)国务院规定的其他情形。

29. ABC 【解析】选项D，按照"工资、薪金所得"项目缴纳个人所得税，没有在不超过5个公历年度内分期缴纳的规定。

30. ABC 【解析】非居民个人取得工资、薪金所得，不与其他所得综合征收。有扣缴义务人的，由扣缴义务人按月代扣代缴税款，不办理汇算清缴。

31. ABCD 【解析】上述四项均属于免征个人所得税项目。

32. AD 【解析】2021年12月31日前，居民个人可以选择不并入当年综合所得，将全年一次性奖金，除以12个月，按其商数依照按月换算后的综合所得税率表确定适用税率和速算扣除数计算纳税；也可选择并入当年综合所得计算纳税。自2022年1月1日起，居民个人取得全年一次性奖金，应并入当年综合所得计算缴纳个人所得税。

33. CD 【解析】选项A、B，正确说法都是"且综合所得年收入额减除专项扣除后的余额超过6万元"

34. ABD 【解析】纳税人在2019年度已依法预缴个人所得税且符合下列情形之一的，无需办理年度汇算：(1)纳税人年度汇算需补税但年度综合所得收入不超过12万元的；(2)纳税人年度汇算需补税金额不超过400元的；(3)纳税人已预缴税额与年度应纳税额一致或者不申请年度汇算退税的。

三、计算问答题

1. 【答案】

(1)专项附加扣除包括6项：子女教育、赡养老人、继续教育、住房贷款利息或者住房租金、大病医疗支出。

(2)可以在规定标准内扣除。对个人购买符合规定的商业健康保险产品的支出，允许在计算应纳税所得额时予以税前扣除，扣除限额为2 400元/年(200元/月)。

(3)专项附加扣除：1 000(子女教育)+2 000(赡养老人)+1 500(房租)=4 500(元)；

各项扣除合计=5 000+3 500+4 500+200=13 200(元)

(4)1月份工资薪金预缴个人所得税=(18 000-13 200)×3%-0=144(元)

(5)黄先生稿酬所得应预扣预缴的个人所

得税 = 6 000×(1-20%)×70%×20% = 672(元)

(6)综合所得年度各项扣除包括：减除固定费用6万元；

专项扣除；专项附加扣除(6项)；依法确定的其他扣除。

2019年综合所得收入总额 = 18 000×12+6 000×(1-20%)×70% = 219 360(元)

计算综合所得扣除额 = 60 000+3 500×12(社保)+1 000×12(子女教育)+2 000×12(赡养老人)+1 500×12(房租)+200×12(商业健康保险) = 158 400(元)

综合所得年度应纳税所得额 = 219 360-158 400 = 60 960(元)

黄先生全年综合所得应纳个人所得税额 = 60 960×10%-2 520 = 3 576(元)

黄先生汇算清缴时应补税额 = 3 576-2 800-672 = 104(元)

2.【答案】

(1)公司为张先生购买轿车属于个人股息红利所得，应代扣代缴的个人所得税 = (350 000-70 000)×20% = 56 000(元)

【思路点拨】依据《中华人民共和国个人所得税法》以及有关规定，企业购买车辆并将车辆所有权办到股东个人名下，其实质为企业对股东进行了红利性质的实物分配，应按照"利息、股息、红利所得"项目征收个人所得税。

考虑到该股东个人名下的车辆同时也为企业经营使用的实际情况，允许合理减除部分所得，减除的具体数额由主管税务机关根据车辆的实际使用情况合理确定。

(2)手稿原件拍卖收入属于特许权使用费所得，应预扣预缴的个人所得税 = 50 000×(1-20%)×20% = 8 000(元)。

(3)书法作品拍卖属于财产转让所得，应缴纳的个人所得税 = (350 000-200 000)×20% = 30 000(元)。

(4)讲课费收入属于劳务报酬所得，应预扣预缴的个人所得税 = 30 000×(1-20%)×30%-2 000 = 5 200(元)。

(5)销售股票净盈利应缴纳的个人所得税 = 0

【思路点拨】个人转让境内上市公司股票，暂不征收个人所得税。

3.【答案】

(1)转让房屋所得应缴纳的个人所得税 = (230-100-13.8-3)×20% = 22.64(万元) = 226 400(元)

(2)从公安部门获得的奖金免征个人所得税。

(3)公益捐赠扣除限额 = 30 000×30% = 9 000(元)

中奖所得应缴纳的个人所得税 = (30 000-9 000)×20% = 4 200(元)

(4)综合所得收入总额 = 14 000×12+60 000×(1-20%) = 216 000(元)

综合所得应纳税额 = (216 000-5 000×12-2 000×12)×10%-2 520 = 10 680(元)

(5)综合所得抵免限额 = 10 680×60 000×(1-20%)÷216 000 = 2 373.33(元)

张先生已在境外缴纳个人所得税6 000元，高于抵免限额，所以在境内无须补缴个人所得税。

4.【答案】

(1)赡养老人支出，如果为独生子女，每月定额扣除2 000元。

(2)刘某为独生子女，因赡养老人全年可个人所得税前扣除金额 = 2 000×12 = 24 000(元)；王某与其妹平均分摊赡养老人支出，其全年可在个人所得税前扣除金额 = 1 000×12 = 12 000(元)。

(3)刘某与王某可以享受子女教育专项附加扣除。

全年可分别扣除 = 1 000×50%×12 = 6 000(元)

(4)刘某全年税前可扣除 = 1 500×12 = 18 000(元)，王某全年税前可扣除金额为0元。

【思路点拨】住房租金支出由签订租赁住

房合同的承租人扣除。

(5)稿酬所得＝105 000×(1−20%)×70%＝58 800(元)，劳务报酬所得＝4×800×(1−20%)×2＝5 120(元)，特许权使用费所得＝120 000×(1−20%)＝96 000(元)；则应纳税所得额＝58 800+5 120+96 000−5 000×12−24 000−6 000−18 000＝51 920(元)，应缴纳个人所得税额＝51 920×10%−2 520＝2 672(元)。

(6)需要办理汇算清缴。理由是：取得劳务报酬所得、稿酬所得、特许权使用费所得中一项或者多项所得，且综合所得年收入额减除专项扣除的余额超过6万元，应当依法办理汇算清缴的纳税申报。

【思路点拨】 本题无专项扣除项目，综合所得年收入额＝58 800＋5 120＋96 000＝159 920(元)，超过6万元，所以应当办理汇算清缴。

5. **【答案】**

(1)居民个人取得全年一次性奖金的税务处理有两种方法：

方法一：居民个人取得全年一次性奖金，符合规定的，在2021年12月31日前，不并入当年综合所得，以全年一次性奖金收入除以12个月得到的数额，按照按月换算后的综合所得税率表，确定适用税率和速算扣除数，单独计算纳税。

方法二：居民个人取得全年一次性奖金，也可以选择并入当年综合所得计算纳税。

(2)专项扣除："三险一金"扣除＝1 800×12＝21 600(元)。

专项附加扣除：住房贷款利息支出＝1 000×12＝12 000(元)。

综合所得的专项扣除和专项附加扣除合计额＝21 600+12 000＝33 600(元)

综合所得收入额＝9 600×12＋30 000＝145 200(元)

综合所得应纳税额＝(145 200−60 000−33 600)×10%−2 520＝2 640(元)

(3)对于因个人持有限售股中存在部分限售股成本原值不明确，导致无法准确计算全部限售股成本原值的，一律以实际转让收入的15%作为限售股成本原值和合理税费。

应缴纳个人所得税＝(100 000−100 000×15%)×20%＝17 000(元)

(4)其他个人采取一次性收取租金的形式出租不动产，取得的租金收入可在租金对应的租赁期内平均分摊，分摊后的月租金收入不超过10万元的，可享受小微企业免征增值税优惠政策。

出租商铺应缴纳的房产税＝18 000×12%＝2 160(元)

出租商铺应缴纳个人所得税＝(18 000−2 160)×(1−20%)×20%＝2 534.4(元)

(5)居民个人取得股票期权、股票增值权、限制性股票、股权奖励等股权激励，符合规定的，在2021年12月31日前，不并入当年综合所得，全额单独适用综合所得税率表，计算纳税。

应纳税所得额＝(10−5)×10 000＝50 000(元)

应纳税额＝50 000×10%−2 520＝2 480(元)

6. **【答案】**

(1)同一作品出版、发表后，因添加印数而追加稿酬的，应与以前出版、发表时取得的稿酬合并计算为一次。

应预扣预缴个人所得税＝(15 000+5 000)×(1−20%)×70%×20%＝2 240(元)

(2)不需要纳税。

税法规定，省级人民政府、国务院部委和中国人民解放军军以上单位，以及外国组织、国际组织颁发的科学、教育、技术、文化、卫生、体育、环境保护等方面的奖金，免征个人所得税。对教育部颁发的全国教学名师奖奖金免予征收个人所得税。

(3)企业债券利息收入需要纳税。

3月取得的企业债券利息收入应缴纳的个人所得税＝1 500×20%＝300(元)

对个人取得的国债利息，免征个人所得

税。对居民储蓄存款利息暂免征收个人所得税。

(4)不需要纳税。

税法规定，个人转让境内上市公司的股票所得，暂免征收个人所得税。个人从公开发行和转让市场取得的上市公司股票，持股期限超过1年的，股息红利所得暂免征收个人所得税。

(5)税法规定，扣缴义务人对纳税人的应扣未扣的税款，其应纳税款仍然由纳税人缴纳，扣缴义务人应承担应扣未扣税款50%以上至3倍的罚款。

读书是一件容易的事情，能够带着思考去读书，并且把所学的知识得以运用却是一件难事情，让这本书陪伴你，在学海中以苦为乐，在书山中以勤为径，梦想成真！

叶青

中华会计网校
www.chinaacc.com
正保远程教育旗下品牌网站
美国纽交所上市公司(代码:DL)

梦想成真®
系列辅导丛书

2020年注册会计师全国统一考试

税 法

经典题解 下册

■叶 青 主编 ■中华会计网校 编

感恩20年相伴 助你梦想成真

人民出版社

目　录

下　册

第6章 城市维护建设税法和烟叶税法

考情分析

历年考情分析

本章作为注会税法考试的非重点章，难度不大，分数也不多。考题注重考查计税依据及税收优惠。

本章2020年考试主要变化

本章内容无变动。

核心考点及经典例题详解

考点一 城市维护建设税的计税依据及应纳税额的计算★

扫我解疑难

经典例题

【例题1·单选题】(2019年)位于某县城的甲企业2019年7月缴纳增值税80万元，其中含进口环节增值税20万元；缴纳消费税40万元，其中含进口环节消费税20万元。甲企业当月应缴纳的城市维护建设税为(　　)万元。

A. 2　　B. 4

C. 6　　D. 8

【答案】B

【解析】应缴纳的城市维护建设税=[(80-20)+(40-20)]×5%=4(万元)。

【例题2·单选题】(2016年)企业缴纳的下列税额中，应作为城市维护建设税计税依据的是(　　)。

A. 关税税额

B. 消费税税额

C. 房产税税额

D. 城镇土地使用税税额

【答案】B

【解析】城建税的计税依据是增值税、消费税实际缴纳的税额。

【例题3·单选题】(2015年)位于市区的甲企业2015年7月销售产品缴纳增值税和消费税共计50万元，被税务机关查补增值税15万元并处罚款5万元。甲企业7月应缴纳的城市维护建设税为(　　)万元。

A. 3.25　　B. 3.5

C. 4.55　　D. 4.9

【答案】C

【解析】罚款不作为城市维护建设税的计税依据，应缴纳城市维护建设税=(50+15)×7%=4.55(万元)。

考点精析

(一)城市维护建设税的计税依据

城市维护建设税(以下简称城建税)的计

税依据是纳税人实际缴纳的增值税、消费税之和。作为“两税”附加的城建税，当“两税”得到减免时，必然会影响城建税的计税依据（见表6-1）。

表6-1 城建税的计税依据

计税依据	要求
一般规定	城建税计税依据只是纳税人实际缴纳的“两税”税额，即增值税和消费税
特殊规定	(1)纳税人违反“两税”有关规定，被查补“两税”和被处以罚款时，也要对其未缴的城建税进行补税和罚款 (2)纳税人违反“两税”有关规定而加收的滞纳金和罚款，不作为城建税的计税依据 (3)“两税”得到减征或免征优惠，城建税也要同时减免(城建税原则上不单独减免) (4)出口产品退还增值税、消费税，不退还已缴纳的城建税；进口产品需征收增值税、消费税，但不征收城建税，即城建税“进口不征，出口不退” (5)免抵退税法下，当期免抵的增值税税额应纳入城建税和教育费附加计征范围 (6)对实行增值税期末留抵退税的纳税人，允许其从城市维护建设税、教育费附加和地方教育附加的计税(征)依据中扣除退还的增值税税额

(二)城建税的税额计算

1. 纳税人自行缴纳城建税时

应纳城建税=(实纳增值税税额+实纳消费税税额)×适用税率

2. 扣缴义务人扣缴城建税时

应扣缴城建税=(实际扣缴的增值税额+实际扣缴的消费税额)×扣缴义务人所在地税率

【知识点拨】城建税的税率考试时不给出，需要记忆，即7%(市区)、5%(县城、镇)、1%[不在市区、县城、镇，开采海洋石油资源的中外合作油(气)田所在地在海上的]。

根据《财政部 税务总局关于实施小微企业普惠性税收减免政策的通知》(财税〔2019〕13号)规定，2019年1月1日至2021年12月31日，由省、自治区、直辖市人民政府根据本地区实际情况，以及宏观调控需要确定，对增值税小规模纳税人可以在50%的税额幅度内减征资源税、城市维护建设税、房产税、城镇土地使用税、印花税(不含证券交易印花税)、耕地占用税和教育费附加、地方教育附加(“六税两费”)。该政策的减征幅度制定权限下放到各省、自治区、直辖市人民政府，计算性的题目中若无特别提示，无需考虑小规模纳税人的税额减征。

考点二 烟叶税法★

扫我解疑难

经典例题

【例题1·单选题】(2017年)某烟草公司2017年8月8日到邻县收购烟草支付收购价款88万元，另向烟农支付了价外补贴10万元。下列纳税事项的表述中，正确的是(　)。

A. 烟草公司8月收购烟叶应缴纳烟叶税19.6万元

B. 烟草公司8月收购烟叶应缴纳烟叶税17.6万元

C. 烟草公司收购烟叶的纳税义务发生时间是8月8日

D. 烟草公司应向公司所在地主管税务机关申报缴纳烟叶税

【答案】C

【解析】应该缴纳的烟叶税=88×(1+10%)×20%=19.36(万元)；烟叶税的纳税义务发生时间为纳税人收购烟叶的当天，即8月8日。

【例题2·单选题】(2015年改)甲县某烟草公司去相邻的乙县收购烟叶，2018年8月9日支付烟叶收购价款80万元，另对烟农支付了价外补贴。下列纳税事项的表述中，正确的是(　)。

A. 烟草公司应在 9 月 24 日申报缴纳烟叶税

B. 烟草公司 8 月收购烟叶应缴纳烟叶税 17.6 万元

C. 烟草公司应向甲县主管税务机关申报缴纳烟叶税

D. 烟草公司收购烟叶的纳税义务发生时间是 8 月 10 日

【答案】 B

【解析】 纳税人应当自纳税义务发生月终了之日起 15 日内申报并缴纳纳税。应缴纳烟叶税 $=80\times(1+10\%)\times20\%=17.6$(万元)，烟草公司应向乙县主管税务机关申报缴纳烟叶税；烟叶税的纳税义务发生时间为纳税人收购烟叶的当天，即 8 月 9 日。

【例题 3 · 多选题】(2019 年)2019 年 7 月，甲市某烟草公司向乙县某烟叶种植户收购了一批烟叶，收购价款 90 万元，价外补贴 9 万元。下列关于烟叶税征收处理表述中，符合税务规定的有(　)。

A. 纳税人为烟叶种植户

B. 应在次月 15 日内申报纳税

C. 应在乙县主管税务机关申报纳税

D. 应纳税额为 19.8 万元

【答案】 BCD

【解析】 选项 A，在中华人民共和国境内收购烟叶的单位为烟叶税的纳税人。选项 B，烟叶税按月计征，纳税人应当于纳税义务发生月终了之日起十五日内申报并缴纳税款。选项 C，纳税人收购烟叶，应当向烟叶收购地的主管税务机关申报缴纳烟叶税纳税。选项 D，纳税人收购烟叶实际支付的价款总额包括纳税人支付给烟叶生产销售单位和个人的烟叶收购价款和价外补贴。其中，价外补贴统一按烟叶收购价款的 10% 计算。应纳税额 $=90\times(1+10\%)\times20\%=19.8$(万元)。

考点精析

烟叶税是以纳税人收购烟叶实际支付的价款总额为计税依据征收的一种税。

(一)纳税义务人、征税范围与税率

(1)纳税义务人：收购烟叶的单位。

(2)征税范围：晾晒烟叶、烤烟叶。

(3)税率：20%。

(二)应纳税额的计算与征收管理

1. 应纳税额的计算

应纳税额 = 收购烟叶实际支付的价款总额×税率(20%)

其中，实际支付的价款总额 = 收购价款×(1+价外补贴 10%)

2. 征收管理

(1)烟叶税的纳税义务发生时间为纳税人收购烟叶的当天。收购烟叶的当天是指纳税人向烟叶销售者收购付讫收购烟叶款项或者开具收购烟叶凭据的当天。

(2)纳税人收购烟叶，应当向烟叶收购地的主管税务机关申报纳税。

(3)纳税人应当于纳税义务发生月终了之日起 15 日内申报并缴纳税款。

阶段性测试

1. **【单选题】** 设在县城的 B 企业按税法规定代收代缴设在市区的 A 企业的消费税，则下列处理正确的是(　)。

A. 由 B 企业按 5% 的税率代收代缴城建税

B. 由 A 企业按 5% 的税率回所在地缴纳城建税

C. 由 B 企业按 7% 的税率代收代缴城建税

D. 由 A 企业按 7% 的税率自行缴纳城建税

2. **【多选题】** 下列关于城市维护建设税减免税规定的表述中，正确的有(　)。

A. 城市维护建设税随“两税”的减免而减免

B. 对国家重大水利工程建设基金免征城市维护建设税

C. 对由海关代征的进口产品增值税和消费税应减半征收城市维护建设税

D. 因减免税而对“两税”进行退库的，可同时对已征收的城市维护建设税实施退库

3. **【多选题】** 下列关于烟叶税的说法中，正

确的有(　)。

A. 烟叶税是以纳税人收购烟叶实际支付的价款总额为计税依据征收的一种税

B. 烟叶税按年计征，按月预缴

C. 烟叶税的纳税人是种植烟叶的单位和个人

D. 烟叶税实行比例税率，税率为20%

阶段性测试答案精析

1. A 【解析】由受托方代收代缴消费税的单位和个人，其代收代缴的城建税按受托方所在地适用税率，所以由B企业按5%税率代收代缴城建税。

2. ABD 【解析】选项C，海关对进口产品代征的增值税、消费税，不征收城市维护建设税。

3. AD 【解析】选项B，烟叶税按月计征；选项C，烟叶税的纳税人是收购烟叶的单位。

本章综合练习 限时20分钟

一、单项选择题

1. 下列不属于城市维护建设税纳税义务人的是(　)。

A. 缴纳增值税的事业单位

B. 缴纳消费税的国有企业

C. 缴纳消费税的外商投资企业

D. 只缴纳个人所得税的公司职员

2. 某流动经营无固定纳税地点的单位，在经营地缴纳增值税和消费税的，其城市维护建设税的缴纳(　)执行。

A. 按经营地适用税率

B. 由税务机关认定税率

C. 按7%固定税率

D. 按5%固定税率

3. 下列可以作为城市维护建设税计税依据的是(　)。

A. 补缴的消费税税款

B. 滞纳金

C. 因漏缴增值税而缴纳的罚款

D. 进口货物缴纳的增值税税款

4. 北京市甲建筑企业为一般纳税人，2019年8月在石家庄市(某县)提供建筑服务，合同注明的开工日期为2019年8月20日，合同总金额1 090 000元(含税)，给对方开具了增值税专用发票。甲建筑企业将部分业务分包给乙建筑企业，支付分包款545 000元，取得的增值税专用发票上注明税额45 000元。甲建筑企业8月在石家庄应缴纳的城市维护建设税、教育费附加及地方教育附加合计为(　)元。

A. 300　　B. 500

C. 1 000　　D. 1 200

5. 位于市区的某内资生产企业为增值税一般纳税人，经营内销与出口业务。2019年9月份实际缴纳增值税40万元，出口货物免抵税额5万元。另外，进口货物缴纳增值税17万元、消费税30万元。该企业9月份应缴纳的城市维护建设税为(　)万元。

A. 2.8　　B. 3.15

C. 4.6　　D. 6.09

6. 位于市区的甲汽车厂，2019年5月实际缴纳增值税和消费税362万元，其中包括由位于县城的乙企业代收代缴的消费税30万元、进口环节增值税和消费税50万元、被税务机关查补的增值税12万元。补交增值税同时缴纳的滞纳金和罚款共计8万元。则甲厂本月应向所在市区税务机关缴纳的城市维护建设税为(　)万元。

A. 18.9　　B. 19.74

C. 20.3　　D. 25.34

7. 某市税务分局对辖区内一家企业进行税务检查时，发现该企业故意少缴消费税58万元，遂按相关执法程序对该企业作出补缴消费税、城建税并加收滞纳金(滞纳时间

50天)和罚款(与税款等额)的处罚决定。该企业于当日接受了税务机关的处罚，补缴的消费税、城建税及对应的滞纳金、罚款合计为(　)元。

A. 1 215 100　　B. 1 216 115

C. 1 241 200　　D. 1 256 715

8. 位于市区的某公司2019年12月应缴纳增值税170万元，实际缴纳增值税210万元(包括缴纳以前年度欠缴的增值税40万元)。当月因享受增值税先征后退政策，获得增值税退税60万元。则该公司当月应缴纳的城市维护建设税和教育费附加合计为(　)万元。

A. 15　　B. 17

C. 21　　D. 53

9. 下列关于烟叶税的说法中，错误的是(　)。

A. 烟叶税应纳税额=收购价款×税率

B. 纳税人应当于纳税义务发生月终了之日起15日内申报并缴纳税款

C. 烟叶税的纳税义务发生时间为收购烟叶的当天

D. 烟叶税的征税范围是指晾晒烟叶和烤烟叶

二、多项选择题

1. 下列关于城建税税率表述正确的有(　)。

A. 某公司在北京市东城区城建税税率为7%

B. 某公司在某县城城建税税率为5%

C. 某公司在某镇城建税税率为1%

D. 某公司在农村的某农场城建税税率为1%

2. 某市建筑安装公司为增值税一般纳税人，2019年7月承包本市的一项建筑劳务，该建筑安装公司收取不含税工程价款5 400万元。另外，该建筑安装公司购入建筑劳务所需的材料、设备支付不含税价款2 000万元，取得对方开具的增值税专用发票。则该建筑安装公司当月应缴纳的税费分别为(　)万元。

A. 增值税226

B. 城建税15.82

C. 教育费附加8.62

D. 地方教育附加4.52

3. 下列关于城市维护建设税纳税地点的表述中，正确的有(　)。

A. 纳税人应在增值税和消费税的纳税地缴纳

B. 纳税人跨地区提供建筑服务的，在建筑服务发生地缴纳

C. 跨省开采的油田，下属单位与核算单位不在一个省内的，在核算单位所在地纳税

D. 无固定纳税地点的流动经营者应随同增值税和消费税在经营地缴纳

4. 下列对于城市维护建设税税收优惠政策规定的描述，正确的有(　)。

A. 城市维护建设税具有附加税的性质，当主税发生减免时，城建税相应发生税收减免

B. 对国家重大水利工程建设基金免征城市维护建设税

C. 即征即退的增值税，可以退还已征的城建税

D. 出口产品退还的增值税、消费税，不退还已缴纳的城建税

5. 下列各项中，不符合城市维护建设税征收管理有关规定的有(　)。

A. 海关对进口产品代征的增值税、消费税，征收城市维护建设税

B. 海关对进口产品代征的增值税、消费税，不征收城市维护建设税

C. 出口产品退还增值税、消费税的，不退还已缴纳的城市维护建设税

D. 出口产品退还增值税、消费税的，按50%退还已缴纳的城市维护建设税

6. 下列各项中，关于教育费附加的表述正确的有(　)。

A. 教育费附加征收比率按照地区差别设定

B. 对海关进口的产品征收增值税、消费

税，但不征收教育费附加

C. 出口产品退还增值税、消费税的，同时退还已征收的教育费附加

D. 按月纳税的月销售额不超过 10 万元的免征教育费附加

7. 下列关于烟叶税的说法，正确的有(　)。

A. 烟叶税的征收范围是种植的烟叶

B. 烟叶税的纳税人为收购烟叶的单位

C. 烟叶税的纳税地点是烟叶的收购地

D. 烟叶税的纳税义务发生时间为纳税人收购烟叶的当天

本章综合练习参考答案及详细解析

一、单项选择题

1. D 【解析】城市维护建设税的纳税义务人，是指负有缴纳增值税、消费税义务的单位和个人，所以选项 D 不是城市维护建设税的纳税义务人。

2. A 【解析】流动经营等无固定纳税地点的单位和个人，在经营地缴纳增值税和消费税的，其城建税的缴纳按经营地适用税率执行。

3. A 【解析】罚款、滞纳金不作为城建税的计税依据；城建税进口不征。

4. C 【解析】在石家庄市(某县)应预缴增值税=(1 090 000-545 000)÷(1+9%)×2%=10 000(元)
缴纳的城市维护建设税、教育费附加和地方教育附加=10 000×(5%+3%+2%)=1 000(元)

5. B 【解析】城建税是进口不征、出口不退的。免抵退税法下，当期免抵的增值税税额应作为缴纳城建税和教育费附加的依据。应纳城建税=(40+5)×7%=3.15(万元)。

6. B 【解析】纳税人的滞纳金和罚款，不作为城建税的计税依据，但纳税人在被查补“两税”和被处以罚款时，应同时对其偷漏的城建税进行补税、征收滞纳金和罚款。代收代缴的消费税在县城缴纳城建税，进口环节不征收城建税，所以甲厂本月应向所在市区税务机关缴纳的城市维护建设税=(362-30-50)×7%=19.74(万元)。

7. D 【解析】本题补缴的城建税以纳税人实际缴纳的消费税为计税依据，罚款与补缴税款等额，补缴的消费税、城建税及其罚款=(58+58×7%)×2=124.12(万元)，滞纳金按滞纳天数的0.5‰征收，两税滞纳金=(58+58×7%)×50×0.5‰=1.551 5(万元)。故补缴的消费税、城建税及滞纳金、罚款合计=124.12+1.551 5=125.671 5(万元)=1 256 715(元)。

8. C 【解析】应缴纳的城市维护建设税和教育费附加=210×(7%+3%)=21(万元)

9. A 【解析】应纳税额=收购烟叶实际支付的价款总额×税率(20%)，其中，实际支付的价款总额=收购价款×(1+价外补贴10%)。

二、多项选择题

1. ABD 【解析】选项 C，某公司在某镇城建税税率为 5%。

2. ABD 【解析】建筑服务适用 9%的增值税税率，该建筑安装公司当月应缴纳的增值税=5 400×9%-2 000×13%=226(万元)；城建税=226×7%=15.82(万元)；教育费附加=226×3%=6.78(万元)；地方教育附加=226×2%=4.52(万元)。

3. ABD 【解析】选项 C，跨省开采的油田，下属单位与核算单位不在一个省内的，在油井所在地缴纳增值税、城建税。

4. ABD 【解析】增值税、消费税实行先征后退、先征后返、即征即退办法的，除另有规定外，对随增值税、消费税附征的城

市维护建设税，一律不予退(返)还。

5. AD 【解析】城建税在进口环节不存在征收问题，在出口环节不存在退税问题。

6. BD 【解析】教育费附加与城建税在征收范围、计税依据、征收管理的规定上是一致的，其征收比率统一为3%；出口产品退还增值税、消费税的，不退还已征收的教育费附加。

7. BCD 【解析】烟叶税的征收范围是指晾晒烟叶和烤烟叶，不包括新鲜的采摘烟叶。

第7章 关税法和船舶吨税法

JINGDIAN TIJIE

考情分析

历年考情分析

本章的学习重点是关税完税价格的确定及关税计算，这也是本章考试的重点。尤其是进口完税价格的确定，它可以单独考查，也可以在计算问答题及综合题中与增值税、消费税结合进行考查，虽然占的分值比较少，但影响后续增值税、消费税的计算是否正确，所以要特别重视。

船舶吨税法常考点一般是计税依据、税收优惠、征收管理，考试简单，记忆为主。

本章2020年考试主要变化

本章内容无变动。

核心考点及经典例题详解

考点一 关税税率★★

扫我解疑难

经典例题

【例题1·单选题】(2019年)按照随进口货物的价格由高至低而由低至高设置的关税税率计征的关税是(　　)。

A. 复合税　　B. 滑准税

C. 选择税　　D. 从量税

【答案】B

【解析】滑准税是根据货物的不同价格适用不同税率的一类特殊的从价关税。它是一种关税税率随进口货物价格由高至低而由低至高设置计征关税的方法。简单地讲，就是进口货物的价格越高，其进口关税税率越低，进口商品的价格越低，其进口关税税率越高。

【例题2·单选题】(2016年)下列机构中，有权决定征收特别关税的货物适用国别、税率、期限和征收办法的是(　　)。

A. 财政部

B. 海关总署

C. 国务院关税税则委员会

D. 商务部

【答案】C

【解析】特别关税包括报复性关税、反倾销税与反补贴税、保障性关税。征收特别关税的货物、适用国别、税率、期限和征收办法，由国务院关税税则委员会决定，海关总署负责实施。

【例题3·单选题】下列进口货物中，实行复合计征关税的是(　　)。

A. 新闻纸　　B. 摄录一体机

C. 小汽车　　D. 啤酒

【答案】B

【解析】目前，我国仅对录像机、放像机、摄像机、数字照相机和摄录一体机等进口商品实行复合税。

【例题4·多选题】下列属于特别关税的有(　)。

A. 报复性关税　　B. 反倾销税

C. 滑准税　　D. 保障性关税

【答案】ABD

【解析】特别关税包括报复性关税、反倾销税与反补贴税、保障性关税。

【例题5·多选题】下列关于关税税率的表述中，正确的有(　)。

A. 经海关批准，实行集中申报的进出口货物，应当适用每次货物进出口时海关接受该货物申报之日实施的税率

B. 因超过规定期限未申报而由海关依法变卖的进口货物，其税款计征应当适用装载该货物的运输工具申报进境之日实施的税率

C. 货物运抵指运地前，经海关核准先行申报的，应当适用装载该货物的运输工具抵达指运地之日实施的税率

D. 进出口货物，应当适用海关接受该货物申报进口或者出口之日实施的税率

【答案】ABCD

【解析】上述四项都是正确的。

考点精析

(一)进口关税税率

进口关税税率分为最惠国税率、协定税率、特惠税率、普通税率、关税配额税率，一定时期内可实行暂定税率。按征收关税的标准，税率可以分为从价税、从量税、复合税、选择税、滑准税。

(二)出口关税税率

一栏比例税率。

国家仅对少数资源性产品及易于竞相杀价、盲目进口、需要规范出口秩序的半制成品征收出口关税。

(三)特别关税

包括报复性关税、反倾销税与反补贴税、保障性关税。

征收特别关税的货物、适用国别、税率、期限和征收办法，由国务院关税税则委员会决定，海关总署负责实施。

(四)税率的运用

(1)进出口货物，应当适用海关接受该货物申报进口或者出口之日实施的税率。

(2)进口货物到达前，经海关核准先行申报的，应当适用装载该货物的运输工具申报进境之日实施的税率。

(3)进口转关运输货物，应当适用指运地海关接受该货物申报进口之日实施的税率；货物运抵指运地前，经海关核准先行申报的，应当适用装载该货物的运输工具抵达指运地之日实施的税率。

(4)出口转关运输货物，应当适用启运地海关接受该货物申报出口之日实施的税率。

(5)经海关批准，实行集中申报的进出口货物，应当适用每次货物进出口时海关接受该货物申报之日实施的税率。

(6)因超过规定期限未申报而由海关依法变卖的进口货物，其税款计征应当适用装载该货物的运输工具申报进境之日实施的税率。

(7)因纳税义务人违反规定需要追征税款的进出口货物，应当适用违反规定的行为发生之日实施的税率；行为发生之日不能确定的，适用海关发现该行为之日实施的税率。

(8)已申报进境并放行的保税货物、减免税货物、租赁货物或者已申报出进境并放行的暂时进出境货物，有下列情形之一需缴纳税款的，应当适用海关接受纳税义务人再次填写报关单申报办理纳税及有关手续之日实施的税率：

①保税货物经批准不复运出境的；

②保税仓储货物转入国内市场销售的；

③减免税货物经批准转让或者移作他用的；

④可暂不缴纳税款的暂时进出境货物，经批准不复运出境或者进境的；

⑤租赁进口货物，分期缴纳税款的。

考点二　关税完税价格★★★

扫我解疑难

经典例题

【例题1·单选题】(2017年)下列出口货物成交价格包含的税费中应计入出口货物关税完税价格的是(　)。

A. 单独列明支付给境外的佣金

B. 出口关税税额

C. 我国离境口岸至境外口岸之间的保险费

D. 运至我国境内输出地点装载前的运输费用

【答案】D

【解析】选项A、B、C不计入出口货物关税完税价格。

【例题2·单选题】(2015年)下列税费中，应计入进口货物关税完税价格的是(　)。

A. 单独核算的境外技术培训费用

B. 报关时海关代征的增值税和消费税

C. 进口货物运抵我国境内输入地点起卸前的保险费

D. 由买方单独支付的入关后的运输费用

【答案】C

【解析】根据《海关法》的规定，进口货物的完税价格包括货物的货价、货物运抵我国境内输入地点起卸前的运输及其相关费用、保险费。

【例题3·多选题】(2018年)下列各项税费中，应计入出口货物完税价格的有(　)。

A. 货物运至我国境内输出地点装载前的保险费

B. 货物运至我国境内输出地点装载前的运输费用

C. 货物出口关税

D. 货价中单独列明的货物运至我国境内输出地点装载后的运输费用

【答案】AB

【解析】出口货物的完税价格，由海关以该货物向境外销售的成交价格为基础审查确定，并应当包括货物运至中华人民共和国境内输出地点装载前的运输及其相关费用、保险费。但其中包含的出口关税税额，应当扣除。

【例题4·多选题】(2015年)采用倒扣价格方法估定进口货物关税完税价格时，下列各项应当予以扣除的有(　)。

A. 进口关税

B. 货物运抵境内输入地点之后的运费

C. 境外生产该货物所使用的原材料价值

D. 该货物的同种类货物在境内第一销售环节销售时的利润和一般费用

【答案】ABD

【解析】采用倒扣价格方法估定完税价格时，下列各项应当扣除：(1)同等级或者同种类货物在境内第一销售环节销售时，通常的利润和一般费用(包括直接费用和间接费用)以及通常支付的佣金；(2)货物运抵境内输入地点起卸后的运输及其相关费用、保险费；(3)进口关税、进口环节海关代征税及其他国内税。

考点精析

(一)一般进口货物完税价格

进口货物的完税价格包括货物的货价、货物运抵我国境内输入地点起**卸前的运输及其相关费用、保险费**。进口货物完税价格的确定方法大致分为**成交价格估价方法和海关估价方法**。

1. 成交价格估价方法

进口货物的成交价格，是指卖方向我国境内销售该货物时买方为进口该货物向卖方**实付、应付**的，并且按照规定调整后的价款总额，**包括直接支付的价款和间接支付的价款**。

采用成交价格估价方法时，需要考虑完税价格的调整项目，具体如表7-1所示。

表 7-1　进口货物完税价格

分类	规定	具体要求
完税价格确定	实际成交价格为基础	进口货物完税价格＝货价＋采购费用（包括货物运抵中国境内输入地起卸前的运输、保险和其他劳务等费用）
实付或应付价格调整	需要计入完税价格的项目（6项）	下列费用或者价值未包括在进口货物的实付或者应付价格中，应当计入完税价格： （1）由买方负担的除购货佣金以外的佣金和经纪费 “购货佣金”指买方为购买进口货物向自己的采购代理人支付的劳务费用，“经纪费”指买方为购买进口货物向代表买卖双方利益的经纪人支付的劳务费用 （2）由买方负担的与该货物视为一体的容器费用 （3）由买方负担的包装材料和包装劳务费用 （4）与该货物的生产和向我国境内销售有关的、由买方以免费或者以低于成本的方式提供并可以按适当比例分摊的料件、工具、模具、消耗材料及类似货物的价款，以及在境外开发、设计等相关服务的费用 （5）与该货物有关并作为卖方向我国销售该货物的一项条件，应当由买方直接或间接支付的特许权使用费 （6）卖方直接或间接从买方对该货物进口后转售、处置或使用所得中获得的收益
	不需要计入完税价格的项目（6项）	下列费用，如能与该货物实付或者应付价格区分，不得计入完税价格： （1）厂房、机械、设备等货物进口后的基建、安装、装配、维修或者技术援助费用，但是保修费用除外 （2）货物运抵境内输入地点起卸后发生的运输及相关费用、保险费 （3）进口关税、进口环节海关代征税及其他国内税 （4）为在境内复制进口货物而支付的费用 （5）境内外技术培训及境外考察费用 （6）符合条件的利息费用

【知识点拨】进口关税完税价格是进口消费税组价、进口增值税组价的组成部分，其计算正确与否关系到进口消费税、进口增值税的计算。这个问题是几乎每年考题里都会涉及的内容。

2. 海关估价方法

进口货物的成交价格不符合规定条件或者成交价格不能确定的，海关应当依下列顺序估定完税价格：

（1）相同货物成交价格估价方法。

（2）类似货物成交价格估价方法。

（3）倒扣价格估价方法。

（4）计算价格估价方法。

（5）合理方法。海关在采用合理方法确定进口货物的完税价格时，不得使用以下价格：

①境内生产的货物在境内的销售价格；

②可供选择的价格中较高的价格；

③货物在出口地市场的销售价格；

④以计算价格估价方法规定之外的价值或者费用计算的相同或者类似货物的价格；

⑤出口到第三国或者地区的货物的销售价格；

⑥最低限价或者武断、虚构的价格。

（二）进口货物完税价格中的运输及相关费用、保险费的计算

（1）进口货物的运输及相关费用，应当按照由买方实际支付或者应当支付的费用计算。如果进口货物的运输及其相关费用无法确定，海关应当按照该货物进口同期的正常运输成本审查确定。

（2）运输工具作为进口货物，利用自身动力进境的，海关在审查确定完税价格时，不再另行计入运输及其相关费用。

（3）进口货物的保险费，应当按照实际支

付的费用计算。如果进口货物的保险费**无法确定或未实际发生**，海关应当按照**“货价加运费”两者总额的3‰计算保险费**。计算公式为：

保险费=(货价+运费)×3‰

(4)邮运进口的货物，应当以邮费作为运输及其相关费用、保险费。

(三)出口货物的完税价格

出口货物的完税价格由海关以该货物的成交价格为基础审查确定，并且应当包括货物运至我国境内输出地点装载前的运输及其相关费用、保险费。

下列税收、费用**不计入**出口货物的完税价格：

(1)出口关税；

(2)在货物价款中单独列明的货物运至我国境内输出地点装载后的运输及其相关费用、保险费。

考点三　关税应纳税额的计算★★★

扫我解疑难

经典例题

【例题1·单选题】(2019年)某进出口公司2019年8月进口摩托车20辆，成交价共计27万元，该公司另支付入关前的运费4万元，保险费无法确定，摩托车关税税率25%，该公司应缴纳的关税为(　)。

A. 6.78万元　　B. 6.75万元

C. 7.77万元　　D. 7.75万元

【答案】C

【解析】关税完税价格=货价+运费+保险费

进口货物的保险费无法确定或者未实际发生，海关应当按照“货价加运费”两者总额的3‰计算保险费

关税完税价格=27+4+(27+4)×3‰=31.09(万元)

关税=31.09×25%=7.77(万元)

【例题2·单选题】我国某公司2019年3月从国内甲港口出口一批锌锭到国外，货物成交价格170万元(不含出口关税)，其中包括货物运抵甲港口装载前的运输费10万元、单独列明支付给境外的佣金12万元。甲港口到国外目的地港口之间的运输保险费20万元。锌锭出口关税税率为20%。该公司出口锌锭应缴纳的出口关税为(　)万元。

A. 25.6　　B. 29.6

C. 31.6　　D. 34

【答案】C

【解析】运输保险费20万元不在货物成交价格170万元内，不用扣除。应纳关税=(170-12)×20%=31.6(万元)。

【例题3·单选题】某演出公司进口舞台设备一套，实付金额折合人民币185万元，其中包含单独列出的进口后设备安装费10万元、中介经纪费5万元；运输保险费无法确定，海关按同类货物同期同程运输费计算的运费为25万元。假定关税税率为20%，该公司进口舞台设备应缴纳的关税为(　)万元。

A. 34　　B. 35

C. 40　　D. 40.12

【答案】D

【解析】由买方负担的除购货佣金以外的佣金和经纪费计入完税价格。货物进口后的基建、安装、装配、维修和技术服务的费用，不得计入完税价格。如果进口货物的保险费无法确定或未实际发生，海关应当按照该货物进口同期的正常运输成本审查确定；按照“货价加运费”两者总额的3‰计算保险费。

该公司进口舞台设备应缴纳的关税=(185-10+25)×(1+3‰)×20%=40.12(万元)。

考点精析

(一)从价税应纳税额

关税税额=应税进(出)口货物数量×单位完税价格×税率

【知识点拨】关税税额是计算进口消费税组价、进口增值税组价的组成部分。

进口增值税和进口消费税组成计税价格=

(关税完税价格+关税)÷(1-消费税税率)

(二)从量税应纳税额

关税税额=应税进(出)口货物数量×单位货物税额

(三)复合税应纳税额

关税税额=应税进(出)口货物数量×单位货物税额+应税进(出)口货物数量×单位完税价格×税率

(四)滑准税应纳税额

关税税额=应税进(出)口货物数量×单位完税价格×滑准税税率

考点四 关税减免规定★★

扫我解疑难

经典例题

【例题1·单选题】下列进口货物中，免征进口关税的是( )。

A. 外国政府无偿赠送的物资

B. 具有一定商业价值的货样

C. 在海关放行前遭受损坏的货物

D. 关税税额为人民币80元的一票货物

【答案】A

【解析】选项B，无商业价值的广告品和货样，可免征关税；选项C，在海关放行前遭受损坏的货物，可以根据海关认定的受损程度减征关税；选项D，关税税额为人民币50元以下的一票货物，可免征关税。

【例题2·多选题】(2019年)下列进口的货物中，免征关税的有( )。

A. 无商业价值的广告品

B. 在海关放行前损失的货物

C. 外国政府无偿援助的物资

D. 国际组织无偿赠送的货物

【答案】ABCD

【解析】上述货物、物品予以减免关税，详情见下文考点精析的法定减免税内容。

考点精析

(一)法定减免税

我国《海关法》和《进出口关税条例》明确规定，下列货物、物品予以减免关税：

(1)关税税额在人民币50元以下的一票货物，可免征关税。

(2)无商业价值的广告品和货样，可免征关税。

(3)外国政府、国际组织无偿赠送的物资，可免征关税。

(4)进出境运输工具装载的途中必需的燃料、物料和饮食用品，可予免税。

(5)在海关放行前损失的货物，可免征关税。

(6)在海关放行前遭受损坏的货物，可以根据海关认定的受损程度减征关税。

(7)我国缔结或者参加的国际条约规定减征、免征关税的货物、物品，按照规定予以减免关税。

(8)法律规定减征、免征关税的其他货物、物品。

(二)特定减免税

(1)科教用品。

(2)残疾人专用品。

(3)慈善捐赠物资等。

(三)暂时免税

暂时进境或者暂时出境的下列货物，在进境或者出境时纳税义务人向海关缴纳相当于应纳税款的保证金或者提供其他担保的，可以暂不缴纳关税，并应当自进境或者出境之日起6个月内复运出境或者复运进境；需要延长复运出境或者复运进境期限的，纳税义务人应当根据海关总署的规定向海关办理延期手续：

(1)在展览会、交易会、会议及类似活动中展示或者使用的货物。

(2)文化、体育交流活动中使用的表演、比赛用品。

(3)进行新闻报道或者摄制电影、电视节

目使用的仪器、设备及用品。

(4)开展科研、教学、医疗活动使用的仪器、设备及用品。

(5)在上述第(1)项至第(4)项所列活动中使用的交通工具及特种车辆。

(6)货样。

(7)供安装、调试、检测设备时使用的仪器、工具。

(8)盛装货物的容器。

(9)其他用于非商业目的的货物。

第一款所列暂时进境货物在规定的期限内未复运出境的，或者暂时出境货物在规定的期限内未复运进境的，海关应当依法征收关税。

第一款所列可以暂时免征关税范围以外的其他暂时进境货物，应当按照该货物的完税价格和其在境内滞留时间与折旧时间的比例计算征收进口关税。具体办法由海关总署规定。

(四)临时减免税

由国务院根据《海关法》对某个单位、某类商品、某个项目或某批进出口货物的特殊情况，给予特别照顾，一案一批，专文下达的减免税。

考点五　关税征收管理★

扫我解疑难

经典例题

【例题1·单选题】关于关税的征收管理规定，下列说法正确的是(　)。

A. 纳税义务人应当自海关填发税款缴款书之日起15日内，向指定银行缴纳税款

B. 纳税义务人自缴纳税款期限届满之日起1个月仍未缴纳税款，经海关关长批准，海关可以采取强制扣缴、变价抵缴等强制措施

C. 滞纳金自关税缴纳期限届满滞纳之日起，至纳税义务人缴纳关税之日止，按滞纳税款万分之三的比例按日征收

D. 纳税义务人发现多缴税款的，自缴纳税款之日起3年内，可以以书面形式要求海关退还多缴的税款并加算银行同期活期存款利息

【答案】A

【解析】选项B，关税纳税义务人自缴纳税款期限届满之日起3个月仍未缴纳税款，经海关关长批准，海关可以采取强制扣缴、变价抵缴等强制措施；选项C，关税的滞纳金自关税缴纳期限届满滞纳之日起，至纳税义务人缴纳关税之日止，按滞纳税款万分之五的比例按日征收；选项D，纳税义务人发现多缴税款的，自缴纳税款之日起1年内，可以以书面形式要求海关退还多缴的税款并加算银行同期活期存款利息。

【例题2·多选题】(2016年)下列措施中，属于《海关法》赋予海关可以采取的强制措施有(　)。

A. 变价抵缴　　B. 强制扣缴

C. 补征税额　　D. 征收关税滞纳金

【答案】ABD

【解析】《海关法》赋予海关对滞纳关税的纳税义务人强制执行的权利。强制措施主要有两类：(1)征收关税滞纳金；(2)强制征收。海关可以采取强制扣缴、变价抵缴等强制措施。

考点精析

关税征收管理如表7-2所示。

表7-2　关税征收管理

征收管理项目	内容
关税缴纳	(1)申报时间：进口货物自运输工具申报进境之日起14日内；出口货物在运抵海关监管区后装货的24小时以前 (2)纳税期限：纳税义务人应在海关填发税款缴款书之日起15日内，向指定银行缴纳税款 (3)不能按期缴纳税款的，经依法提供税款担保后，可延期缴纳，但最长不得超过6个月

续表

征收管理项目	内容
关税强制执行	两种形式： (1)征收关税滞纳金 关税滞纳金金额=滞纳关税税额×滞纳金征收比率(万分之五)×滞纳天数 (2)强制征收 如纳税义务人自缴纳税款期限届满之日起3个月仍未缴纳税款，经海关关长批准，海关可以采取强制扣缴、变价抵缴等强制措施
关税退还	(1)海关多征的税款，海关发现后应当立即退还；纳税义务人发现多缴税款的，自缴纳税款之日起1年内，可以以书面形式要求海关退还多缴的税款并加算银行同期活期存款利息 (2)有下列情形之一的，纳税义务人自缴纳税款之日起1年内，可以申请退还关税： ①已征进口关税的货物，因品质或者规格原因，原状退货复运出境的 ②已征出口关税的货物，因品质或者规格原因，原状退货复运进境，并已重新缴纳因出口而退还的国内环节有关税收的 ③已征出口关税的货物，因故未装运出口，申报退关的
关税补征和追征	(1)关税补征，自缴纳税款或者货物、物品放行之日起1年内补征税款 (2)关税追征，自纳税义务人缴纳税款或者货物、物品放行之日起3年内追征税款，并按日加收少征或者漏征税款万分之五的滞纳金
关税纳税争议	关税纳税争议的处理： (1)复议机关：海关 (2)申诉程序：纳税义务人自海关填发税款缴款书之日起60日内，向原征税海关的上一级海关提出复议申请。海关行政复议机关应当自受理复议申请之日起60日内做出复议决定，并以复议决定书的形式正式答复纳税义务人；纳税义务人对海关复议决定仍然不服的，可以自收到复议决定书之日起15日内，向人民法院提起诉讼

考点六　船舶吨税法

扫我解疑难

经典例题

【例题1·单选题】(2018年)下列从境外进入我国港口，免征船舶吨税的船舶是(　　)。

A. 拖船

B. 非机动驳船

C. 养殖渔船

D. 执照期满24小时内上下的客货船

【答案】C

【解析】捕捞、养殖渔船，免征船舶吨税。

【例题2·多选题】下列关于船舶吨税的说法，正确的有(　　)。

A. 吨税的纳税义务发生时间为应税船舶进入港口的当日

B. 吨税由海关负责征收

C. 海关发现多征税款的，应当在1年内通知应税船舶办理退还手续，并加算银行同期活期存款利息

D. 应税船舶未按照规定申报纳税、领取吨税执照的，由海关责令限期改正，处2 000元以上3万元以下罚款；不缴或者少缴应纳税款的，处不缴或者少缴税款50%以上5倍以下的罚款，但罚款不得低于2 000元

【答案】ABD

【解析】海关发现多征税款的，应当在24小时内通知应税船舶办理退还手续，并加算银行同期活期存款利息。

考点精析

船舶吨税法的具体规定如表7-3所示。

表 7-3 船舶吨税法的具体规定

税收要素	具体规定
纳税义务人	自中国境外港口进入中国境内港口船舶的负责人
征税范围	自中华人民共和国境外港口进入境内港口的船舶
税率	定额税率，设置优惠税率和普通税率
计税依据	船舶净吨位 【知识点拨】(1)拖船按照发动机功率每千瓦折合净吨位 0.67 吨 (2)无法提供净吨位证明文件的游艇，按照发动机功率每千瓦折合净吨位 0.05 吨 (3)拖船和非机动驳船分别按相同净吨位船舶税率的 50%计征税款
应纳税额的计算	应纳税额=船舶净吨位×定额税率(元)
税收优惠	直接优惠：下列船舶免征吨税。 (1)应纳税额在人民币 50 元以下的船舶 (2)自境外以购买、受赠、继承等方式取得船舶所有权的初次进口到港的空载船舶 (3)吨税执照期满后 24 小时内不上下客货的船舶 (4)非机动船舶(不包括非机动驳船) (5)捕捞、养殖渔船 (6)避难、防疫隔离、修理、终止运营或者拆解，并不上下客货的船舶 (7)军队、武装警察部队专用或者征用的船舶 (8)警用船舶 (9)依照法律规定应当予以免税的外国驻华使领馆、国际组织驻华代表机构及其有关人员的船舶
	延期优惠：执照期限内，应税船舶发生下列情形之一的，海关按照实际发生的天数批注延长吨税执照期限。 (1)避难、防疫隔离、修理、改造，并不上下客货 (2)军队、武装警察部队征用
征收管理	(1)船舶吨税由海关负责征收 (2)船舶吨税纳税义务发生时间为应税船舶进入港口的当日 (3)应税船舶负责人应当自海关填发吨税缴款凭证之日起15 日内缴清税款。未按期缴清税款的，自滞纳税款之日起至缴清税款之日止，按日加收滞纳税款 0.5‰的滞纳金
	(1)吨税补征，自缴纳税款之日起 1 年内，补征税款(与关税一样) (2)吨税追征，自应当缴纳税款之日起 3 年内追征税款，并自应当缴纳税款之日起按日加征少征或者漏征税款万分之五的税款滞纳金(与关税一样) (3)吨税退还，海关发现多征税款的，应当在24 小时内通知应税船舶办理退还手续，并加算银行同期活期存款利息；应税船舶发现多缴税款的，可以自缴纳税款之日起3 年内以书面形式要求海关退还多缴的税款并加算银行同期活期存款利息(与关税不一样)
	法律责任：应税船舶有下列行为之一的，由海关责令限期改正，处 2 000 元以上 3 万元以下罚款；不缴或者少缴应纳税款的，处不缴或者少缴税款 50%以上 5 倍以下的罚款，但罚款不得低于 2 000 元。 (1)未按照规定申报纳税、领取吨税执照的 (2)未按照规定交验吨税执照及其他证明文件的

阶段性测试

1.【单选题】下列不属于关税纳税义务人的是(　)。

A. 进口货物的收货人

B. 出口货物的发货人

C. 邮递出口物品的寄件人

D. 邮递进境物品的发货人

2.【单选题】原产于我国参加的含有关税优惠条款的区域性贸易协定有关缔约方的进口货物适用的税率是(　)。

A. 最惠国税率

B. 协定税率

C. 特惠税率

D. 普通税率

3.【单选题】2019年3月，某贸易公司进口一批货物，合同中约定成交价格为人民币600万元，支付境内特许销售权费用人民币10万元，卖方佣金人民币5万元。该批货物运抵境内输入地点起卸前发生的运费和保险费共计人民币8万元，该货物的关税完税价格为(　)万元。

A. 615　　B. 613

C. 623　　D. 610

4.【多选题】下列有关进口货物原产地的确定，符合我国关税相关规定的有(　)。

A. 从俄罗斯船只上卸下的海洋捕捞物，其原产地为俄罗斯

B. 在澳大利亚开采并经新西兰转运的铁矿石，其原产地为澳大利亚

C. 由中国台湾提供棉纱，在越南加工成衣，经中国澳门包装转运的西服，其原产地为越南

D. 在南非开采并经中国香港加工的钻石，加工增值部分占该钻石总值比例为20%，其原产地为中国香港

5.【多选题】下列关于船舶吨税的说法，正确的有(　)。

A. 无法提供净吨位证明文件的游艇，按照发动机功率每千瓦折合净吨位0.05吨

B. 应税船舶发现多缴税款的，可以自缴纳税款之日起3年内以书面形式要求海关退还多缴的税款并加算银行同期活期存款利息

C. 海关发现少征或者漏征税款的，应当自应税船舶应当缴纳税款之日起3年内，补征税款

D. 应税船舶未按照规定交验吨税执照的，由海关责令限期改正，处2 000元以上3万元以下罚款

阶段性测试答案精析

1. D 【解析】邮递进境物品的收件人为关税的纳税义务人。

2. B 【解析】协定税率适用原产于我国参加的含有关税优惠条款的区域性贸易协定有关缔约方的进口货物。

3. C 【解析】进口货物的完税价格由海关以该货物的成交价格为基础审查确定，并应当包括该货物运抵中华人民共和国境内输入地点起卸前的运输及其相关费用、保险费。支付境内特许销售权费用和卖方佣金要计入完税价格中。该货物关税完税价格=600+10+5+8=623(万元)。

4. ABC 【解析】我国原产地规定基本上采用了“全部产地生产标准”和“实质性加工标准”两种国际上通用的原产地标准。“实质性加工”是指产品加工后，在进出口税则中四位数税号一级的税则归类已经有了改变，或者加工增值部分所占新产品总值的比例已超过30%及以上的。

5. ABD 【解析】海关发现少征或者漏征税款的，应当自应税船舶应当缴纳税款之日起1年内，补征税款。

本章综合练习 限时40分钟

一、单项选择题

1. 下列不属于关税征税对象的是(　)。
   A. 准许出境的贸易性商品
   B. 入境旅客随身携带的准许进境行李物品
   C. 准许出境的个人邮递物品
   D. 境内个人之间转让的位于境外的不动产
2. 在关税税则归类中，对进口地海关无法解决的归类问题，应报(　)明确。
   A. 国务院　　B. 国家税务总局
   C. 海关总署　　D. 财政部
3. 在进行税则归类时，对于制成品，应首先考虑按其(　)归类。
   A. 用途　　B. 材料属性
   C. 主要材质　　D. 成分组成
4. 适用最惠国税率、协定税率、特惠税率的国家或者地区名单，由(　)决定，报国务院批准后执行。
   A. 海关总署
   B. 国家税务总局
   C. 全国人民代表大会
   D. 国务院关税税则委员会
5. 下列各项中，可以计入出口货物关税完税价格的是(　)。
   A. 出口关税
   B. 包含在成交价格中的支付给境外的佣金
   C. 售价中包含的离境口岸至境外口岸之间的运输费用
   D. 出口货物运至我国境内输出地点装载前的运输及其相关费用、保险费
6. 采用成交价格估价方法确定完税价格时，下列各项中不应计入完税价格的是(　)。
   A. 为进口货物而支付的包装劳务费
   B. 为进口货物而支付的商标权费用
   C. 为进口货物而发生的境外考察费
   D. 为进口货物而支付的境外开发、设计等相关费用
7. 某进出口公司2019年8月进口一批货物，关税税率为10%，成交价格35万元，该货物运抵我国输入地点起卸前发生的运费5万元，保险费无法确定，起卸后发生运费0.4万元。该公司进口环节缴纳的关税为(　)万元。
   A. 4.05　　B. 4.12
   C. 4.01　　D. 4
8. 对机器、仪器、器材或车辆所用零件、部件、配件、备件及工具，如与主件同时进口且数量合理的，其原产地确定的标准是(　)。
   A. 按主件的原产地确定
   B. 按各自的原产地确定
   C. 按进口国确定
   D. 按最终制造完成国确定
9. 下列各项中，属于关税法定免税的是(　)。
   A. 残疾人专用品
   B. 边境贸易进出口的基建物资和生产用车辆
   C. 关税税额在人民币100元以下的一票货物
   D. 经海关核准进口的无商业价值的广告品和货样
10. 某进出口公司2019年3月8日进口一批货物，海关于当日填发缴款书，该纳税人一直没有纳税。海关从(　)起可对其实施强制扣缴措施。
    A. 3月16日　　B. 3月23日
    C. 6月9日　　D. 6月23日
11. 某公司进口一批货物，海关于2019年3月1日填发税款缴款书，但公司迟至3月27日才缴纳500万元的关税。海关应征收关税滞纳金(　)万元。
    A. 2.75　　B. 3
    C. 6.5　　D. 6.75

12. 下列关于船舶吨税的说法，不正确的是(　)。

A. 拖船和非机动驳船按相同净吨位船舶税率的50%计征税款

B. 吨税设置一栏税率

C. 吨税按照船舶净吨位和执照期限征收

D. 吨税由海关负责征收

13. A国和我国签订了相互给予船舶税费最惠国待遇条款的协议，2019年2月，自A国港口进入我国港口船舶两艘，一艘净吨位为10 000吨的货轮，一艘为发动机功率为4 000千瓦的拖船，这两艘船舶的执照期限均为1年。根据船舶吨税的相关规定，应缴纳船舶吨税为(　)元。(超过2 000净吨位，但不超过10 000净吨位的，税率为17.4元/净吨位。)

A. 197 316　　B. 112 587

C. 168 422　　D. 189 625

14. 下列属于船舶吨税的延期优惠的是(　)。

A. 应纳税额在人民币50元以下的船舶

B. 吨税执照期满后24小时内不上下客货的船舶

C. 捕捞、养殖渔船

D. 军队、武装警察部队征用的船舶

15. 应税船舶未按照规定申报纳税、领取吨税执照的，由海关责令限期改正，并处(　)罚款。

A. 2 000元以上3万元以下

B. 2 000元以上1万元以下

C. 2 000元以上5 000元以下

D. 5 000元以上2万元以下

二、多项选择题

1. 在我国加入世界贸易组织之后，关税减征以(　)为基准。

A. 特惠税率　　B. 最惠国税率

C. 协定税率　　D. 普通税率

2. 采用成交价格估价方法时，进口货物的成交价格应当符合的条件包括(　)。

A. 对买方处置或者使用进口货物不予限制，但是法律、行政法规规定实施的限制、对货物销售地域的限制和对货物价格无实质性影响的限制除外

B. 进口货物的价格不得受到使该货物成交价格无法确定的条件或者因素的影响

C. 卖方不得直接或者间接获得因买方销售、处置或者使用进口货物而产生的任何收益或者虽然有收益但是能够按照规定作出调整

D. 买卖双方之间没有特殊关系，或者虽然有特殊关系但是按照规定未对成交价格产生影响

3. 根据《中华人民共和国海关审定进出口货物完税价格办法》规定的估价原则，海关可以在境内获得的数据为基础估定完税价格，但以下不得使用的价格有(　)。

A. 出口到第三国的货物销售价格

B. 货物在出口地市场的销售价格

C. 境内生产的货物在境内的销售价格

D. 可供选择的价格中较高的价格

4. 下列关于跨境电子商务零售进口税收政策的表述中，正确的有(　)。

A. 跨境电子商务零售进口商品的单次交易限值为人民币5 000元，个人年度交易限值为人民币26 000元

B. 在限值内进口的跨境电子商务零售进口商品，关税税率暂设为0%

C. 进口环节增值税、消费税取消免征税额，暂按法定应纳税额的50%征收

D. 跨境电子商务零售进口商品自海关放行之日起30日内退货的，可申请退税，并相应调整个人年度交易总额

5. 根据规定应该认定为买卖双方有特殊关系的情形有(　)。

A. 一方直接或间接地拥有、控制或持有对方3%或以上公开发行的有表决权的股票或股份

B. 买卖双方共同直接或间接地控制第三方

C. 一方是另一方的雇员

D. 买卖双方是同一合伙的成员

6. 下列货物属于关税特定减免税的有(　)。

A. 残疾人专用品
B. 慈善捐赠物资
C. 加工贸易产品
D. 无商业价值的广告品和货样

7. 关税征收管理规定中，关于补征和追征的期限有(　)。
A. 补征期 1 年内　　B. 追征期 1 年内
C. 补征期 3 年内　　D. 追征期 3 年内

8. 下列选项中，属于纳税人自缴纳税款之日起 1 年内可以申请退还关税的情形有(　)。
A. 已征进口关税的货物，因品质原因，原状退货复运出境的
B. 已征出口关税的货物，因品质原因，原状退货复运进境，并已重新缴纳因出口而退还的国内环节有关税收的
C. 已征出口关税的货物，因规格原因，原状退货复运进境，并已重新缴纳因出口而退还的国内环节有关税收的
D. 已征出口关税的货物，因故未装运出口，申报退关的

9. 下列关于关税征收管理规定中，说法正确的有(　)。
A. 进口货物自运输工具申报进境之日起 14 日内，向货物进境地海关申报
B. 出口货物在货物运抵海关监管区后装货的 24 小时以前，向货物出境地海关申报
C. 纳税人应当自海关填发缴款书之日起 7 日内，向指定银行缴纳税款
D. 纳税人应当自海关填发缴款书之日起 15 日内，向指定银行缴纳税款

10. 下列选项中，属于关税的强制执行措施的有(　)。
A. 处以应纳关税的 1~5 倍罚款
B. 征收滞纳金
C. 变价拍卖抵税
D. 强制扣缴

11. 下列船舶中，免征船舶吨税的有(　)。
A. 养殖渔船
B. 非机动驳船
C. 军队征用的船舶
D. 警用船舶

本章综合练习参考答案及详细解析

一、单项选择题

1. D 【解析】关税的征税对象是准许进出境的货物和物品，位于境外的不动产不属于关税的征税对象。

2. C 【解析】进口地海关无法解决的税则归类问题，应报海关总署明确。

3. A 【解析】在进行税则归类时，对于制成品，应首先考虑按其用途归类。

4. D 【解析】适用最惠国税率、协定税率、特惠税率的国家或者地区名单，由国务院关税税则委员会决定，报国务院批准后执行。

5. D 【解析】出口货物离岸后的运输、保险费不计入出口货物完税价格，而运至境内输出地点装载前的国内段运费应计入完税价格。

6. C 【解析】为进口货物而发生的境外考察费，不属于进口货物的直接费用，不应计入完税价格。

7. C 【解析】关税完税价格 $=35+5+(35+5)\times3‰=40.12$(万元)。
应纳进口环节关税 $=40.12\times10\%=4.01$(万元)。

8. A 【解析】对机器、仪器、器材或车辆所用零件、部件、配件、备件及工具，如与主件同时进口且数量合理的，其原产地按主件的原产地确定，分别进口的则按各自的原产地确定。

9. D 【解析】选项 A 属于特定减免的货物；选项 B 不属于免税货物；选项 C 如果是关

税税额在人民币 50 元以下的一票货物，免税。

10. D 【解析】纳税人应当自海关填发税款缴款书之日起 15 日内，向指定银行缴纳税款。自缴纳税款期限届满之日起 3 个月仍未缴纳税款，经海关关长批准，海关可以采取强制扣缴、变价抵缴等强制措施。

11. B 【解析】关税纳税期限是海关填发税款缴款书之日起 15 日内，未在期限内缴纳税额构成关税滞纳。本题从 3 月 16 日开始关税滞纳，滞纳天数为 16 日至 27 日，共 12 天。滞纳金＝滞纳关税税额×滞纳金征收比率（0.5‰）×滞纳天数＝500×0.5‰×12＝3（万元）。

12. B 【解析】吨税设置普通税率和优惠税率。

13. A 【解析】拖船按照发动机功率每 1 千瓦折合净吨位 0.67 吨。应缴纳船舶吨税＝17.4×10 000+4 000×0.67×17.4×50%＝197 316（元）。

14. D 【解析】选项 A、B、C 属于直接优惠。

15. A 【解析】应税船舶未按照规定申报纳税、领取吨税执照的，由海关责令限期改正，处 2 000 元以上 3 万元以下罚款；不缴或者少缴应纳税额的，处不缴或少缴税款 50%以上 5 倍以下的罚款，但罚款不得低于 2 000 元。

二、多项选择题

1. BD 【解析】在我国加入世界贸易组织之后，关税减征以最惠国税率和普通税率为基准。

2. ABCD 【解析】四个选项均符合条件。

3. ABCD 【解析】海关估定完税价格时，不得使用的价格有 6 种，除上述 A、B、C、D 之外，还包括：（1）以计算价格估价方法规定之外的价值或者费用计算的相同或者类似货物的价格；（2）最低限价或武断、虚构的价格。

4. ABD 【解析】进口环节增值税、消费税取消免征税额，暂按法定应纳税额的 70%征收。

5. BCD 【解析】有下列情形之一的，应当认定买卖双方有特殊关系：
（1）买卖双方为同一家族成员；
（2）买卖双方互为商业上的高级职员或董事；
（3）一方直接或间接地受另一方控制；
（4）买卖双方都直接或间接地受第三方控制；
（5）买卖双方共同直接或间接地控制第三方；
（6）一方直接或间接地拥有、控制或持有对方 5%或以上公开发行的有表决权的股票或股份；
（7）一方是另一方的雇员、高级职员或董事；
（8）买卖双方是同一合伙的成员；
（9）买卖双方在经营上相互有联系，一方是另一方的独家代理、经销或受让人，如果有上述关系的，也应当视为有特殊关系。

6. ABC 【解析】特定减免税包括：科教用品、残疾人专用品、慈善捐赠物资、加工贸易产品、边境贸易进口物资等的减免关税规定。

7. AD 【解析】关税补征期为 1 年，追征期为 3 年。

8. ABCD 【解析】有下列情形之一的，纳税人自缴纳税款之日起 1 年内，可以申请退还关税，并应当以书面形式向海关说明理由，提供原缴款凭证及相关资料：
（1）已征进口关税的货物，因品质或规格原因，原状退货复运出境的；
（2）已征出口关税的货物，因品质或规格原因，原状退货复运进境，并已重新缴纳因出口而退还的国内环节有关税收的；
（3）已征出口关税的货物，因故未装运出口，申报退关的。

9. ABD 【解析】纳税人应当自海关填发缴款书之日起 15 日内，向指定银行缴纳税款。

10. BCD 【解析】关税强制执行措施有两类：征收关税滞纳金和强制征收，其中强制征收包括强制扣缴、变价抵缴等强制措施。

11. ACD 【解析】选项 B，非机动驳船按相同净吨位船舶税率的 50%计征船舶吨税。

第8章 资源税法和环境保护税法

JINGDIAN TIJIE

考情分析

历年考情分析

本章属于重点章节，其中，环境保护税的计税依据和应纳税额的计算、资源税的计税依据和应纳税额的计算在考试大纲中的等级要求是3星，考生需要掌握。客观题和计算问答题都可能会涉及，尤其是资源税的计算，可以与增值税结合例题，要引起重视。本章分值预计10分左右。2020年9月1日起，《中华人民共和国资源税法》开始施行。

本章2020年考试主要变化

根据《中华人民共和国资源税法》对教材内容进行修改。

核心考点及经典例题详解

考点一 资源税纳税义务人★

扫我解疑难

经典例题

【例题·单选题】下列各项中，不属于资源税纳税人的是（ ）。

A. 开采原煤的国有企业

B. 进口铁矿石的私营企业

C. 开采石灰石的个体经营者

D. 开采天然原油的外商投资企业

【答案】B

【解析】资源税的纳税义务人是指在中华人民共和国领域和中华人民共和国管辖的其他海域开发应税资源的单位和个人。进口的矿产品不缴纳资源税，选项B不是资源税的纳税人。

考点精析

资源税的纳税义务人是指在中华人民共和国领域和中华人民共和国管辖的其他海域开发应税资源的单位和个人。

学习时需注意以下几点：

（1）资源税仅对在中国境内开发应税资源的单位和个人征收，因此，进口应税资源不征收资源税，相应的，对出口应税资源也不免征或退还已纳资源税。

（2）资源税是对开发应税资源进行销售或自用的单位和个人，在销售或移作自用时的一次性征收，而对批发、零售已税资源产品的单位和个人不征资源税。

（3）资源税纳税人不仅包括中国企业和个人，还包括外商投资企业和外国企业（国务院另有规定除外）。

（4）单位和个人以应税资源投资、分配、抵债、赠与、以物易物等视同销售，应按规定计算缴纳资源税。

(5)开采海洋或陆上油气资源的中外合作油气田，在2011年11月1日前已签订的合同继续缴纳矿区使用费，不缴纳资源税；合同期满后，依法缴纳资源税。

考点二 资源税税目与税率★★

扫我解疑难

经典例题

【例题1·单选题】下列生产或开采的资源产品中，不征收资源税的是(　)。

A. 自来水　　B. 地热

C. 矿泉水　　D. 海蓝

【答案】A

【解析】在试点地区开征水资源税，将地表水和地下水纳入征税范围，但不是自来水。

【例题2·多选题】(2016年)企业生产或开采的下列资源产品中，应当征收资源税的有(　)。

A. 人造石油

B. 深水油气田开采的天然气

C. 煤炭开采企业因安全生产需要抽采的煤层气

D. 充填开采置换出来的煤炭

【答案】BD

【解析】选项A，不属于资源税征税范围；选项C，免征收资源税。

【例题3·多选题】下列各项中，属于资源税应税产品的有(　)。

A. 含钾砂页岩　　B. 钾盐

C. 铝土矿　　D. 海盐

【答案】ABCD

【解析】以上全部缴纳资源税。

考点精析

资源税税目包括5大类，在5个税目下面又设有若干个子目，具体见表8-1。

表8-1　资源税税目

税目			税率形式
能源矿产	原油、天然气、页岩气、天然气水合物、煤、煤成(层)气等		比例税率
	地热		比例税率或定额税率
金属矿产	黑色金属	铁、锰、铬等	比例税率
	有色金属	金、银、铜等	
非金属矿产	矿物类	石灰岩、其他粘土	比例税率或定额税率
		其他	比例税率
	岩石类	砂石	比例税率或定额税率
		其他	比例税率
	宝玉石类		比例税率
水气矿产	二氧化碳气、硫化氢气、氦气、氡气		比例税率
	矿泉水		比例税率或定额税率
盐	钠盐、钾盐、镁盐、锂盐、海盐		比例税率
	天然卤水		比例税率或定额税率

(1)《税目税率表》中规定实行幅度税率的，其具体适用税率由省、自治区、直辖市人民政府统筹考虑该应税资源的品位、开采条件以及对生态环境的影响等情况，在《税目税率表》规定的税率幅度内提出，报同级人民代表大会常务委员会决定，并报全国人民代表大会常务委员会和国务院备案。《税目税率表》中规定征税对象为原矿或者选矿的，应当分别确定具体适用税率。

(2)资源税的计税依据为应税产品的销售额或销售量，根据《资源税税目税率表》的规定，地热、石灰岩、其他粘土、砂石、矿泉水和天然卤水可采用从价计征或从量计征的方式，其他应税产品统一适用从价定率征收的方式。

(3)纳税人开采或者生产不同税目应税产品的，应当分别核算不同税目应税产品的销售额或者销售数量；未分别核算或者不能准确提供不同税目应税产品的销售额或者销售数量的，从高适用税率。

(4)纳税人在开采主矿产品的过程中伴采的其他应税矿产品，凡未单独规定适用税额的，一律按主矿产品或视同主矿产品税目征收资源税。

考点三　资源税计税依据★★★

扫我解疑难

经典例题

【例题·单选题】下列关于资源税计税依据的说法正确的是(　)。

A. 从价定率征收的计税依据是销售额，该销售额包含运杂费用

B. 销售额是纳税人销售应税产品向购买方收取的全部价款和运杂费用

C. 纳税人开采应税矿产品由其关联单位对外销售的，按关联单位的销售额征收资源税

D. 纳税人将其开采的应税产品直接出口的，按其含增值税的离岸价格计算销售额征收资源税

【答案】C

【解析】从价定率征收的计税依据是销售额，它是指纳税人销售应税产品向购买方收取的全部价款和价外费用，不包括增值税销项税额和符合规定的运杂费用。选项 B，销售额是指纳税人销售应税产品向购买方收取的全部价款和价外费用，不包括增值税销项税额和运杂费用；选项 D，纳税人将其开采的应税产品直接出口的，按其离岸价格(不含增值税)计算销售额征收资源税。

考点精析

(一)从价定率征收的计税依据

1. 销售额的基本规定

从价定率征收的计税依据为销售额，它是指纳税人销售应税产品向购买方收取的全部价款和价外费用，不包括增值税销项税额。

价外费用，包括价外向购买方收取的手续费、补贴、基金、集资费、返还利润、奖励费、违约金、滞纳金、延期付款利息、赔偿金、代收款项、代垫款项、包装费、包装物租金、储备费、优质费以及其他各种性质的价外收费。

【知识点拨】纳税人以人民币以外的货币结算销售额的，应当折合成人民币计算。其销售额的人民币折合率可以选择销售额发生的当天或者当月1日的人民币汇率中间价。纳税人应在事先确定采用何种折合率计算方法，确定后1年内不得变更。

2. 运杂费用的扣减

对同时符合以下条件的运杂费用，纳税人在计算应税产品计税销售额时，可予以扣减：

(1)包含在应税产品销售收入中；

(2)属于纳税人销售应税产品环节发生的运杂费用，具体是指运送应税产品从坑口或者洗选(加工)地到车站、码头或者购买方指定地点的运杂费用；

(3)取得相关运杂费用发票或者其他合法

有效凭据；

(4)将运杂费用与计税销售额分别进行核算。

纳税人扣减的运杂费用明显偏高导致应税产品价格偏低且无正当理由的，主管税务机关可以合理调整计税价格。

3. 原矿销售额与精矿销售额的换算或折算

对同一种应税产品，征税对象为精矿的，纳税人销售原矿时，应将原矿销售额换算为精矿销售额缴纳资源税；征税对象为原矿的，纳税人销售自采原矿加工的精矿，应将精矿销售额折算为原矿销售额缴纳资源税。

4. 特殊情形下销售额的确定

(1)纳税人开采应税矿产品由其关联单位对外销售的，按其关联单位的销售额征收资源税。

(2)纳税人既有对外销售应税产品，又有将应税产品用于除连续生产应税产品以外的其他方面的(包括用于非生产项目和生产非应税产品)，则自用的这部分应税产品按纳税人对外销售应税产品的平均价格计算销售额征收资源税。

(3)纳税人将其开采的应税产品直接出口的，按其离岸价格(不含增值税)计算销售额征收资源税。

(4)纳税人有视同销售应税产品行为而无销售价格的，或者申报的应税产品销售价格明显偏低且无正当理由的，税务机关应按下列顺序确定其应税产品计税价格：

①按纳税人最近时期同类产品的平均销售价格确定。

②按其他纳税人最近时期同类产品的平均销售价格确定。

③按组成计税价格确定。组成计税价格为：

组成计税价格＝成本×(1+成本利润率)÷(1-税率)

公式中的成本是指应税产品的实际生产成本。公式中的成本利润率由省、自治区、直辖市税务机关确定。

④按后续加工非应税产品销售价格，减去后续加工环节的成本利润后确定。

⑤按其他合理方法确定。

(5)纳税人与其关联企业之间的业务往来，应当按照独立企业之间的业务往来收取或者支付价款、费用。不按照独立企业之间的业务往来收取或者支付价款、费用，而减少其计税销售额的，税务机关可以按照《中华人民共和国税收征收管理法》及其实施细则的有关规定进行合理调整。

(二)从量定额征收的计税依据

实行从量定额征收的以销售数量为计税依据。

销售数量的具体规定为：

(1)包括纳税人开采或者生产应税产品的实际销售数量和视同销售的自用数量。

(2)纳税人不能准确提供应税产品销售数量的，以应税产品的产量或者主管税务机关确定的折算比换算成的数量为计征资源税的销售数量。

(3)纳税人以自产的液体盐加工固体盐，按固体盐税额征税，以加工的固体盐数量为课税数量。纳税人以外购的液体盐加工固体盐，其加工固体盐所耗用液体盐的已纳税额准予抵扣。

(三)视同销售的情形

计税销售额或者销售数量，包括应税产品实际销售和视同销售两部分。应当征收资源税的视同销售的自产自用产品，包括用于非生产项目和生产非应税产品两类。视同销售具体包括以下情形：

(1)纳税人以自采原矿直接加工为非应税产品的，视同原矿销售；

(2)纳税人以自采原矿洗选(加工)后连续生产非应税产品的，视同选矿销售；

(3)以应税产品投资、分配、抵债、赠与、以物易物等，视同应税产品销售。

考点四　资源税应纳税额的计算★★★

扫我解疑难

经典例题

【例题1·单选题】（2016年改）某油田开采企业2019年11月销售天然气90万立方米，取得不含增值税收入1 350 000元，另向购买方收取手续费1 650元，延期付款利息2 200元。假设天然气的资源税税率为10%，该企业2019年11月销售天然气应缴纳的资源税为（　）元。

A. 135 150　　B. 135 353.21

C. 135 350　　D. 135 000

【答案】B

【解析】手续费和延期付款利息应该作为价外费用计算纳税，并且是含税收入，要换算成不含税收入。应纳资源税=[1 350 000+(1 650+2 200)÷(1+9%)]×10%=135 353.21(元)。

【例题2·单选题】（2015年）某煤炭开采企业2015年4月销售洗选煤5万吨，开具增值税专用发票注明金额5 000万元，另取得从洗选煤厂到码头不含增值税的运费收入50万元。假设洗选煤的折算率为80%，资源税税率为10%，该企业销售洗选煤应缴纳的资源税为（　）万元。

A. 400　　B. 404

C. 505　　D. 625

【答案】A

【解析】洗选煤应纳税额=洗选煤销售额×折算率×适用税率，洗选煤销售额包括洗选副产品的销售额，不包括从洗选煤厂到车站、码头或购买方指定地点的运输费用。该企业销售洗选煤应缴纳的资源税=5 000×80%×10%=400(万元)。

【例题3·计算问答题】（2017年改）某煤炭开采企业，为增值税一般纳税人，2019年8月发生如下业务：

(1)开采原煤50万吨，其中20万吨销售给电力公司，不含税售价为0.07万元/吨(该售价为该企业销售原煤的平均售价)；

(2)向某能源公司销售甲型选煤8万吨，含税售价为0.113万元/吨(该售价为该企业销售选煤的平均售价)，另收取选煤厂到购买方指定地点的运输费117万元，选煤的综合回收率为80%；

(3)将乙型选煤10万吨用于连续生产焦炭，乙型选煤无市场同类可比售价，其成本为0.08万元/吨，成本利润率为10%。

(其他相关资料：原煤的资源税率为8%)。

要求：根据上述资料，按照下列序号回答问题，如有计算需计算出合计数。

(1)计算业务(1)应缴纳资源税；

(2)计算业务(2)中洗选煤的折算率；

(3)计算业务(2)应缴纳的资源税；

(4)计算业务(3)应缴纳的资源税。

【答案】

(1)业务(1)应缴纳的资源税=200 000×0.07×8%=1 120(万元)。

(2)洗选煤折算率=原煤平均销售额÷(洗选煤平均销售额×综合回收率)×100%=0.07÷[0.113÷(1+13%)×80%]×100%=87.5%。

(3)选煤销售额是指纳税人销售洗选煤向购买方收取的全部价款和价外费用，包括洗选副产品的销售额，不包括收取的增值税销项税额以及从选煤厂到车站、码头或购买方指定地点的运输费用。

业务(2)应缴纳的资源税=80 000×0.113÷(1+13%)×87.5%×8%=560(万元)。

(4)纳税人以自采原煤直接或者经洗选加工后连续生产焦炭、煤气、煤化工、电力及其他煤炭深加工产品的，视同销售，在原煤或者洗选煤移送环节缴纳资源税。

应缴纳资源税=100 000×0.08×(1+10%)÷(1-8%)×87.5%×8%=669.57(万元)

考点精析

(一)从价定率方式应纳税额的计算

实行从价定率征收的，根据应税产品的

销售额和规定的适用税率计算应纳税额，具体计算公式为：

应纳税额=销售额×适用税率

（二）从量定额方式应纳税额的计算

实行从量定额征收的，根据应税产品的课税数量和规定的单位税额计算应纳税额，具体计算公式为：

应纳税额=课税数量×单位税额

代扣代缴应纳税额=收购未税矿产品的数量×适用的单位税额

（三）煤炭资源税计算方法

（1）应税煤炭包括原煤和以未税原煤加工的洗选煤。

纳税人开采原煤直接对外销售的，以原煤销售额作为应税煤炭销售额计算缴纳资源税。计算公式为：

原煤应纳税额=原煤销售额×适用税率

纳税人将其开采的原煤加工为洗选煤销售的，以洗选煤销售额乘以折算率作为应税煤炭销售额计算缴纳资源税。计算公式为：

洗选煤应纳税额=选煤销售额×折算率×适用税率

【知识点拨1】原煤计税销售额是指纳税人销售原煤向购买方收取的全部价款和价外费用，不包括收取的增值税销项税额以及从坑口到车站、码头或购买方指定地点的运输费用。

选煤销售额是指纳税人销售洗选煤向购买方收取的全部价款和价外费用，包括洗选副产品的销售额，不包括收取的增值税销项税额以及从选煤厂到车站、码头或购买方指定地点的运输费用。

【知识点拨2】纳税人同时销售（包括视同销售）应税原煤和洗选煤的，应当分别核算原煤和洗选煤的销售额；未分别核算或者不能准确提供原煤和洗选煤销售额的，一并视同销售原煤计算缴纳资源税。

纳税人同时以自采未税原煤和外购已税原煤加工洗选煤的，应当分别核算；未分别核算的，按选煤销售额缴纳资源税。

（2）纳税人将其开采的原煤，自用于连续生产洗选煤的，在原煤移送使用环节不缴纳资源税；自用于其他方面的，视同销售原煤。

纳税人将其开采的原煤加工为洗选煤自用的，视同销售洗选煤。

（3）销售额的扣减。纳税人将自采原煤与外购原煤（包括煤矸石）进行混合后销售的，应当准确核算外购原煤的数量、单价及运费，在确认计税依据时可以扣减外购相应原煤的购进金额。

纳税人将自采原煤连续加工的洗选煤与外购洗选煤进行混合后销售的，比照上述有关规定计算缴纳资源税。

纳税人以自采原煤和外购原煤混合加工洗选煤的，应当准确核算外购原煤的数量、单价及运费，在确认计税依据时可以扣减外购相应原煤的购进金额。

（4）征收管理。

①纳税环节。纳税人销售应税煤炭的，在销售环节缴纳资源税。纳税人以自采原煤直接或者经洗选加工后连续生产焦炭、煤气、煤化工、电力及其他煤炭深加工产品的，视同销售，在原煤或者选煤移送环节缴纳资源税。

②纳税地点。纳税人煤炭开采地与洗选、核算地不在同一行政区域（县级以上）的，煤炭资源税在煤炭开采地缴纳。纳税人在本省、自治区、直辖市范围开采应税煤炭，其纳税地点需要调整的，由省、自治区、直辖市税务机关决定。

考点五　资源税税收优惠★★

扫我解疑难

经典例题

【例题·多选题】下列各项关于资源税减免规定的表述中，正确的有（　）。

A. 从衰竭期矿山开采的矿产品，减征30%资源税

B. 稠油、高凝油减按40%资源税

C. 高含硫天然气，减征30%资源税

D. 出口资源税应税产品退还已纳资源税

【答案】AC

【解析】选项B，稠油、高凝油减征40%资源税。选项D，对出口应税产品不免征或退还已纳资源税。

考点精析

（一）有下列情形之一的，免征资源税：

（1）开采原油以及在油田范围内运输原油过程中用于加热的原油、天然气；

（2）煤炭开采企业因安全生产需要抽采的煤成（层）气。

（二）有下列情形之一的，减征资源税：

（1）从低丰度油气田开采的原油、天然气，减征百分之二十资源税；

（2）高含硫天然气、三次采油和从深水油气田开采的原油、天然气，减征百分之三十资源税；

（3）稠油、高凝油减征百分之四十资源税；

（4）从衰竭期矿山开采的矿产品，减征百分之三十资源税。

为便于征管，对开采稠油、高凝油、高含硫天然气、低丰度油气资源及三次采油的陆上油气田企业，根据以前年度符合上述减税规定的原油、天然气销售额占其原油、天然气总销售额的比例，确定资源税综合减征率和实际征收率，计算资源税应纳税额。计算公式为：

综合减征率＝Σ（减税项目销售额×减征幅度×6%）÷总销售额

实际征收率＝6%－综合减征率

应纳税额＝总销售额×实际征收率

（三）有下列情形之一的，省、自治区、直辖市可以决定免征或者减征资源税：

（1）纳税人开采或者生产应税产品过程中，因意外事故或者自然灾害等原因遭受重大损失；

（2）纳税人开采共伴生矿、低品位矿、尾矿。

前款规定的免征或者减征资源税的具体办法，由省、自治区、直辖市人民政府提出，报同级人民代表大会常务委员会决定，并报全国人民代表大会常务委员会和国务院备案。

（四）其他减税、免税项目

自2018年4月1日至2021年3月31日，对页岩气资源税（按6%的规定税率）减征30%。

纳税人的免征、减征项目，应当单独核算销售额或者销售数量；未单独核算或者不能准确提供销售额和销售数量的，不予免税或者减税。

考点六　资源税征收管理★

扫我解疑难

经典例题

【例题·多选题】下列关于资源税纳税义务发生时间的表述中，正确的有（　）。

A. 纳税人自产自用应税产品的纳税义务发生时间为移送使用应税产品的当天

B. 纳税人采取分期收款结算方式的，其纳税义务发生时间为销售合同规定的收款日期的当天

C. 纳税人采取预收货款结算方式的，其纳税义务发生时间为收到预收款的当天

D. 扣缴义务人代扣代缴税款的纳税义务发生时间为扣缴义务人开具销售发票的当天

【答案】AB

【解析】选项C，纳税人采取预收货款结算方式的，其纳税义务发生时间为发出应税产品的当天；选项D，扣缴义务人代扣代缴税款的纳税义务发生时间为支付首笔货款或首次开具支付货款凭据的当天。

考点精析

（一）纳税义务发生时间

（1）纳税人销售应税产品，纳税义务发生时间依据结算方式而定：①纳税人采取分期

收款结算方式的，其纳税义务发生时间为销售合同规定的收款日期的当天。②纳税人采取预收货款结算方式的，其纳税义务发生时间为发出应税产品的当天。③纳税人采取除分期收款和预收货款以外的其他结算方式的，其纳税义务发生时间为收讫销售款或取得索取销售款凭据的当天。

（2）纳税人自产自用应税产品的纳税义务发生时间为移送使用应税产品的当天。

（3）扣缴义务人代扣代缴税款的纳税义务发生时间为支付首笔货款或首次开具支付货款凭据的当天。

（二）纳税期限

（1）资源税按月或者按季申报缴纳；不能按固定期限计算缴纳的，可以按次申报缴纳。

（2）纳税人按月或者按季申报缴纳的，应当自月度或者季度终了之日起15日内，向税务机关办理纳税申报并缴纳税款；按次申报缴纳的，应当自纳税义务发生之日起15日内，向税务机关办理纳税申报并缴纳税款。

（三）纳税环节和纳税地点

1. 纳税环节

（1）资源税在应税产品的销售或自用环节计算缴纳。

（2）纳税人以自采原矿直接加工为非应税产品或者以自采原矿加工的选矿连续生产非应税产品的，在原矿或者选矿移送环节计算缴纳资源税。

（3）以应税产品投资、分配、抵债、赠与、以物易物等，在应税产品所有权转移时计算缴纳资源税。

2. 纳税地点

纳税人应当向应税产品开采地或者生产地税务机关申报缴纳资源税。

阶段性测试

1. 【单选题】下列各项中，属于资源税纳税人的是（ ）。
   A. 生产人造石油的股份制企业
   B. 生产海盐的国有企业
   C. 生产煤炭制品的集体企业
   D. 进口有色金属矿产品的私营企业
2. 【单选题】某油田2019年10月共计开采原油8 000吨，当月销售原油6 000吨，取得销售收入（不含增值税）18 000 000元，同时还向购买方收取违约金22 600元、优质费5 650元；另支付代垫运输费用20 000元。已知销售原油的资源税税率为5%，则该油田10月缴纳的资源税为（ ）元。
   A. 900 000　　B. 900 250
   C. 901 000　　D. 901 250
3. 【单选题】下列有关资源税的表述中错误的是（ ）。
   A. 纳税人应当向应税产品开采地或者生产地税务机关申报缴纳资源税
   B. 以应税产品投资的在应税产品所有权转移时计算缴纳资源税
   C. 高凝油减征30%资源税
   D. 资源税不能按固定期限计算缴纳的，可以按次申报缴纳
4. 【单选题】某煤矿企业为增值税一般纳税人，2019年6月开采原煤500万吨，销售原煤60万吨，取得不含税销售额12 000万元，另外收取含税装卸费、仓储费5.8万元。将自产原煤400万吨移送生产洗选煤150万吨，本月销售洗选煤120万吨，取得不含税销售额36 000万元。该企业2019年6月应缴纳资源税（ ）万元。（洗选煤折算率80%，资源税税率10%）
   A. 4 080.00　　B. 4 080.50
   C. 4 800.00　　D. 4 800.50

阶段性测试答案精析

1. B 【解析】资源税的纳税人，是指在中华人民共和国领域和中华人民共和国管辖的其他海域开发应税资源的单位和个人，人造石油、煤炭制品不属于资源税的征税范围；对进口应税产品不征收资源税，相应的，对出口应税产品也不免征或退还已纳资源税。

2. D 【解析】取得的违约金和优质费属于价外费用，价外费用一般都是含税的，这里要换算成不含税的。应缴纳的资源税＝[18 000 000+(22 600+5 650)÷(1+13%)]×5%＝901 250(元)。

3. C 【解析】高凝油减征40%资源税。

4. A 【解析】装卸费和仓储费不计税。原煤加工洗选煤后销售的，以洗选煤销售额为计税依据计税。当月应纳资源税＝12 000×10%+36 000×80%×10%＝4 080(万元)。

考点七 水资源税改革试点实施办法★★★

扫我解疑难

经典例题

【例题·单选题】下列关于水资源税的说法，正确的是( )。

A. 直接取用地下水的单位是水资源税的纳税人

B. 水利工程管理单位为调度水资源取水的应纳水资源税

C. 对采矿和工程建设疏干排水按照实际取用水量征税

D. 抽水蓄能发电取用水，按规定缴纳水资源税

【答案】A

【解析】选项B，水利工程管理单位为配置或者调度水资源取水的不缴纳水资源税；选项C，对采矿和工程建设疏干排水按照排水量征税；选项D，抽水蓄能发电取用水，免征水资源税。

考点精析

(一)纳税义务人

除规定情形外，水资源税的纳税人为直接取用地表水、地下水的单位和个人，包括直接从江、河、湖泊(含水库)和地下取用水资源的单位和个人。

水资源税是对试点省份(河北省、北京市、天津市、山西省、内蒙古自治区、河南省、山东省、四川省、陕西省、宁夏回族自治区)直接取用地表水、地下水的单位和个人课征的一种资源税。

下列情形，不缴纳水资源税：

(1)农村集体经济组织及其成员从本集体经济组织的水塘、水库中取用水的；

(2)家庭生活和零星散养、圈养畜禽饮用等少量取用水的；

(3)水利工程管理单位为配置或者调度水资源取水的；

(4)为保障矿井等地下工程施工安全和生产安全必须进行临时应急取用(排)水的；

(5)为消除对公共安全或者公共利益的危害临时应急取水的；

(6)为农业抗旱和维护生态与环境必须临时应急取水的。

(二)税率

按不同取用水性质实行差别税额，地下水税额要高于地表水，超采区地下水税额要高于非超采区，严重超采地区的地下水税额要大幅高于非超采地区。对超计划或超定额用水加征1~3倍，对特种行业从高征税，对超过规定限额的农业生产取用水、农村生活集中式饮水工程取用水从低征税。具体适用税额，授权省级人民政府统筹考虑本地区水资源状况、经济社会发展水平和水资源节约保护的要求确定。

(三)应纳税额的计算

水资源税实行从量计征。对一般取用水按照实际取用水量征税，对采矿和工程建设疏干排水按照排水量征税；对水力发电和火力发电贯流式(不含循环式)冷却取用水按照实际发电量征税。计算公式如下：

(1)一般取用水应纳税额＝实际取用水量×适用税额

(2)疏干排水应纳税额＝实际取用水量×适用税额

【知识点拨】疏干排水的实际取用水量按照排水量确定。

(3)水力发电和火力发电贯流式(不含循环式)冷却取用水应纳税额＝实际发电量×适

用税额

（四）税收减免

下列情形，予以免征或者减征水资源税：

（1）规定限额内的农业生产取用水免征水资源税。

（2）取用污水处理再生水，免征水资源税。

（3）除接入城镇公共供水管网以外，军队、武警部队通过其他方式取用水的，免征水资源税。

（4）抽水蓄能发电取用水，免征水资源税。

（5）采油排水经分离净化后在封闭管道回注的，免征水资源税。

（6）财政部、税务总局规定的其他免征或者减征水资源税情形。

（五）征收管理

水资源税的纳税义务发生时间为纳税人取用水资源的当日。

除农业生产取用水外，水资源税按季或者按月征收，由主管税务机关根据实际情况确定。对超过规定限额的农业生产取用水水资源税可按年征收。不能按固定期限计算纳税的，可以按次申报纳税。纳税人应当自纳税期满或者纳税义务发生之日起15日内申报纳税。

水资源税由生产经营所在地的税务机关征收管理，跨省（区、市）调度的水资源，由调入区域所在地的税务机关征收水资源税。在试点省份内取用水，其纳税地点需要调整的，由省级财政、税务部门决定。

考点八　环境保护税的纳税义务人★★

扫我解疑难

经典例题

【例题1·单选题】（2018年）下列情形中，属于直接向环境排放污染物从而应缴纳环境保护税的是（　）。

A. 企业在符合国家和地方环境保护标准的场所处置固体废物的

B. 事业单位向依法设立的生活垃圾集中处理场所排放应税污染物的

C. 企业向依法设立的污水集中处理场所排放应税污染物的

D. 依法设立的城乡污水集中处理场所超过国家和地方规定的排放标准排放应税污染物的

【答案】D

【解析】依法设立的城乡污水集中处理、生活垃圾集中处理场所排放相应应税污染物，不超过国家和地方规定的排放标准的，暂免征收环境保护税。超过国家和地方排放标准的，应按照相关规定征收税款。

【例题2·多选题】（2018年）下列各项中，属于环境保护税征税范围的有（　）。

A. 煤矸石　　B. 氮氧化物

C. 二氧化硫　　D. 建筑噪声

【答案】ABC

【解析】环境保护税应税污染物，是指《环境保护税法》所附《环境保护税税目税额表》《应税污染物和当量值表》所规定的大气污染物、水污染物、固体废物和噪声。其中，噪声主要是对工业噪声征税，目前未将建筑施工噪声纳入征收范围。

【例题3·单选题】下列属于环境保护税纳税人的是（　）。

A. 向公海海域排放油污超标的中国籍船舶的经营者

B. 达到省级人民政府确定的规模标准并且有污染物排放口的畜禽养殖场

C. 某建筑玻璃幕墙反射光线造成光污染，该建筑的经营单位

D. 对畜禽养殖废弃物进行无害化处理的经营者

【答案】B

【解析】选项A，不属于中国领域或者海域，不是中国环境保护税的纳税人；选项C，光污染目前不属于环境保护税的应税污染物，所以造成光污染的经营单位不是环境保护税的纳税人；选项D，不属于直接向环境排放，不征环境保护税。

考点精析

环境保护税的纳税义务人是在中华人民共和国领域和中华人民共和国管辖的其他海域，直接向环境排放应税污染物的企业事业单位和其他生产经营者。

应税污染物，包括《环境保护税法》规定的大气污染物、水污染物、固体废物和噪声。

有下列情形之一的，不属于直接向环境排放污染物，不缴纳相应污染物的环境保护税：

(1)企业事业单位和其他生产经营者向依法设立的污水集中处理、生活垃圾集中处理场所排放应税污染物的。

(2)企业事业单位和其他生产经营者在符合国家和地方环境保护标准的设施、场所贮存或者处置固体废物的。

(3)达到省级人民政府确定的规模标准并且有污染物排放口的畜禽养殖场，应当依法缴纳环境保护税，但依法对畜禽养殖废弃物进行综合利用和无害化处理的。

【知识点拨】环境保护税特点：

(1)属于调节型税种。

(2)其渊源是排污收费制度。

(3)属于综合型环境税。

(4)属于直接排放税。

(5)对大气污染物、水污染物规定了幅度定额税率。

(6)采用税务、环保部门紧密配合的征收方式。

(7)收入纳入一般预算收入，全部划归地方。

考点九　环境保护税的税目与税率★★

扫我解疑难

经典例题

【例题·单选题】关于环境保护税的征税对象和税目税额表述错误的是(　)。

A. 环境保护税实行的都是从量计征，定额税率

B. 应税污染物包括大气污染物、水污染物、固体废物和噪声四大类

C. 工业噪声实行的是超额累进的税额

D. 大气污染物和水污染物的计税单位是每污染当量

【答案】C

【解析】工业噪声实行的是定额税率，按照超过国家规定标准的分贝数直接查表确定，不属于超额累进税额。

考点精析

环境保护税税目包括大气污染物、水污染物、固体废物和噪声4大类，采用定额税率，其中，对应税大气污染物和水污染物规定了幅度定额税率，具体适用税额的确定和调整由省、自治区、直辖市人民政府在规定的税额幅度内提出，报同级人民代表大会常务委员会决定，并报全国人民代表大会常务委员会和国务院备案。具体的税目和税额如表8-2所示。

表8-2　环境保护税税目税额表

税目		计税单位	税额
大气污染物		每污染当量	1.2元至12元
水污染物		每污染当量	1.4元至14元
固体废物	煤矸石	每吨	5元
	尾矿	每吨	15元
	危险废物	每吨	1 000元
	冶炼渣、粉煤灰、炉渣、其他固体废物(含半固态、液态废物)	每吨	25元

续表

税目		计税单位	税额
噪声	工业噪声	超标1~3分贝	每月350元
		超标4~6分贝	每月700元
		超标7~9分贝	每月1 400元
		超标10~12分贝	每月2 800元
		超标13~15分贝	每月5 600元
		超标16分贝以上	每月11 200元

【知识点拨】关于工业噪声应该注意以下几点：

（1）一个单位边界上有多处噪声超标，根据最高一处超标声级计算应纳税额；当沿边界长度超过100米有两处以上噪声超标，按照两个单位计算应纳税额。（2）一个单位有不同地点作业场所的，应当分别计算应纳税额，合并计征。（3）昼、夜均超标的环境噪声，昼、夜分别计算应纳税额，累计计征。（4）声源一个月内超标不足15天的，减半计算应纳税额。（5）夜间频繁突发和夜间偶然突发厂界超标噪声，按等效声级和峰值噪声两种指标中超标分贝值高的一项计算应纳税额。

考点十 环境保护税的计税依据★★★

扫我解疑难

经典例题

【例题1·单选题】（2019年）下列应税污染物中，在确定计税依据时只对超过规定标准的部分征收环境保护税的是（ ）。

A. 工业噪音　　B. 固体废物

C. 水污染物　　D. 大气污染物

【答案】A

【解析】应税污染物的计税依据，按照下列方法确定：（1）应税大气污染物按照污染物排放量折合的污染当量数确定；（2）应税水污染物按照污染物排放量折合的污染当量数确定；（3）应税固体废物按照固体废物的排放量确定；（4）应税噪声按照超过国家规定标准的分贝数确定。

【例题2·多选题】（2019年）下列应税污染物中，按污染物排放量折合的污染当量数作为环境保护税计税依据的有（ ）。

A. 噪声　　B. 水污染物

C. 大气污染物　　D. 煤矸石

【答案】BC

【解析】应税污染物的计税依据，按照下列方法确定：

（1）应税大气污染物按照污染物排放量折合的污染当量数确定；

（2）应税水污染物按照污染物排放量折合的污染当量数确定；

（3）应税固体废物按照固体废物的排放量确定；

（4）应税噪声按照超过国家规定标准的分贝数确定。

考点精析

（一）计税依据确定的基本方法

1. 应税污染物的计税依据

应税污染物的计税依据，按照下列方法确定：（1）应税大气污染物按照污染物排放量折合的污染当量数确定；（2）应税水污染物按照污染物排放量折合的污染当量数确定；（3）应税固体废物按照固体废物的排放量确定；（4）应税噪声按照超过国家规定标准的分贝数确定。

2. 应税大气污染物、水污染物按照污染物排放量折合的污染当量数确定计税依据

计算公式为：

应税大气污染物、水污染物的污染当量数=该污染物的排放量÷该污染物的污染当量值

【知识点拨】每一排放口或者没有排放口的应税大气污染物，按照污染当量数从大到小排序，对前三项污染物征收环境保护税。每一排放口的应税水污染物，按照《环境保护税法》所附《应税污染物和当量值表》，区分第一类水污染物和其他类水污染物，按照污染当量数从大到小排序，对第一类水污染物按照前五项征收环境保护税，对其他类水污染物按照前三项征收环境保护税。

纳税人有下列情形之一的，以其当期应税大气污染物、水污染物的产生量作为污染物的排放量：

（1）未依法安装使用污染物自动监测设备或者未将污染物自动监测设备与环境保护主管部门的监控设备联网。

（2）损毁或者擅自移动、改变污染物自动监测设备。

（3）篡改、伪造污染物监测数据。

（4）通过暗管、渗井、渗坑、灌注或者稀释排放以及不正常运行防治污染设施等方式违法排放应税污染物。

（5）进行虚假纳税申报。

3. 应税固体废物按照固体废物的排放量确定计税依据

固体废物的排放量为当期应税固体废物的产生量减去当期应税固体废物的贮存量、处置量、综合利用量的余额。计算公式为：

固体废物的排放量=当期固体废物的产生量-当期固体废物的综合利用量-当期固体废物的贮存量-当期固体废物的处置量

纳税人有下列情形之一的，以其当期应税固体废物的产生量作为固体废物的排放量：

（1）非法倾倒应税固体废物。

（2）进行虚假纳税申报。

4. 应税噪声按照超过国家规定标准的分贝数确定计税依据

工业噪声按超过国家规定标准的分贝数确定每月税额，超过国家规定标准的分贝数是指实际产生的工业噪声与国家规定的工业噪声排放标准限值之间的差值。

【知识点拨】应税大气污染物、水污染物、固体废物的排放量和噪声的分贝数，按照下列方法和顺序计算：

（1）纳税人安装使用符合国家规定和监测规范的污染物自动监测设备的，按照污染物自动监测数据计算。

（2）纳税人未安装使用污染物自动监测设备的，按照监测机构出具的符合国家有关规定和监测规范的监测数据计算。

（3）因排放污染物种类多等原因不具备监测条件的，按照国务院环境保护主管部门规定的排污系数、物料衡算方法计算。

（4）不能按照上述第一项至第三项规定的方法计算的，按照省、自治区、直辖市人民政府环境保护主管部门规定的抽样测算的方法核定计算。

考点十一　环境保护税应纳税额的计算★★★

扫我解疑难

经典例题

【例题1·单选题】A化工厂未安装环保设备，2019年2月生产时直接向环境排放多种大气污染物，经测量二氧化硫排放量12千克，氮氧化物10千克，氯化氢80千克，一氧化碳150千克，该化工厂只有一个大气污染物的排放口。（已知大气污染物每污染当量税额为1.4元。二氧化硫的污染当量值为每千克0.95，氮氧化物的污染当量值为每千克0.95，氯化氢的污染当量值为每千克10.75，一氧化碳的污染当量值为每千克16.7。）该化工厂2019年2月大气污染物应缴纳的环境保护税为（　）元。

A. 40.67　　B. 42.84

C. 45　　D. 55.41

【答案】C

【解析】步骤(1)，计算四种大气污染物的污染当量数：二氧化硫的污染当量数＝12÷0.95＝12.63；氮氧化物的污染当量数＝10÷0.95＝10.53；氯化氢的污染当量数＝80÷10.75＝7.44；一氧化碳的污染当量数＝150÷16.7＝8.98。

步骤(2)，将各污染物的污染当量数从大到小排序：二氧化硫>氮氧化物>一氧化碳>氯化氢。

步骤(3)，选取前三项污染物征税计算环境保护税：应税大气污染物的环境保护税＝(12.63+10.53+8.98)×1.4＝45(元)。

【例题2·单选题】甲钢铁企业2019年3月冶炼钢铁过程中，产生冶炼渣500吨，其中按照国家和地方环境保护标准综合利用300吨。已知冶炼渣的税额为每吨25元，则该钢铁企业2019年3月应税固体废物的环境保护税为(　)元。

A. 5 000　　B. 6 250

C. 7 500　　D. 12 500

【答案】A

【解析】固体废物的排放量为当期应税固体废物的产生量减去当期应税固体废物的贮存量、处置量、综合利用量的余额。应纳的环境保护税＝(500－300)×25＝5 000(元)。

【例题3·单选题】A化工厂位于甲省工业区，按照厂界外声环境功能区类别划分，其噪声排放限值昼间为65分贝，夜间为55分贝。经测量A化工厂2019年3月昼间产生噪声80分贝，夜间产生噪声65分贝，超标天数为23天，则该厂2019年3月应税噪声应缴纳的环境保护税为(　)元。(已知：工业噪声超标10~12分贝，月收费标准为2 800元；超标13~15分贝，月收费标准为5 600元；超标16分贝以上，月收费标准为11 200元。)

A. 2 800　　B. 5 600

C. 8 400　　D. 11 200

【答案】C

【解析】昼、夜均超标的环境噪声，昼夜分别计算应纳税额，累计计征。昼间噪声超标分贝数＝80－65＝15(分贝)；夜间噪声超标分贝数＝65－55＝10(分贝)。根据超标的分贝数，分别适用5 600元和2 800元的收费标准，2019年3月应税噪声应缴纳的环境保护税＝5 600+2 800＝8 400(元)。

考点精析

(一)应税大气污染物应纳税额的计算

应税大气污染物的应纳税额＝污染当量数×适用税额

(二)应税水污染物应纳税额的计算

应税水污染物的应纳税额为污染当量数乘以具体适用税额。

1. 适用监测数据法的水污染物应纳税额的计算

应税水污染物的应纳税额＝污染当量数×适用税额

2. 适用抽样测算法的水污染物应纳税额的计算

(1)规模化禽畜养殖业的水污染物应纳税额。

禽畜养殖业的水污染物应纳税额为污染当量数乘以具体适用税额。其污染当量数以禽畜养殖数量除以污染当量值计算。

(2)小型企业和第三产业排放的水污染物应纳税额。

应纳税额＝污水排放量(吨)÷污染当量值(吨)×适用税额

(3)医院排放的水污染物应纳税额。

①应纳税额＝医院床位数÷污染当量值×适用税额

②应纳税额＝污水排放量÷污染当量值×适用税额

(三)应税固体废物应纳税额的计算

应税固体废物的应纳税额＝(当期固体废物的产生量－当期固体废物的综合利用量－当期固体废物的贮存量－当期固体废物的处置量)×适用税额

(四)应税噪声应纳税额的计算

应税噪声的应纳税额为超过国家规定标准的分贝数对应的具体适用税额。

考点十二　环境保护税的税收减免★★

扫我解疑难

经典例题

【例题·单选题】关于环境保护税的税收优惠表述正确的是(　)。

A. 依法设立的城乡污水集中处理、生活垃圾集中处理场所排放相应应税污染物一律免征环境保护税

B. 规模化养殖排放应税污染物免征环境保护税

C. 纳税人排放应税大气污染物或者水污染物的浓度值低于国家和地方规定的污染物排放标准30%的，减按70%征收环境保护税

D. 纳税人排放应税大气污染物或者水污染物的浓度值低于国家和地方规定的污染物排放标准50%的，减按50%征收环境保护税

【答案】D

【解析】选项A，依法设立的城乡污水集中处理、生活垃圾集中处理场所排放相应应税污染物，不超过国家和地方规定的排放标准的免税；超过标准的不免税。选项B，农业生产(不包括规模化养殖)排放应税污染物免税，规模化养殖不免税。选项C，纳税人排放应税大气污染物或者水污染物的浓度值低于国家和地方规定的污染物排放标准30%的，减按75%征收环境保护税。

考点精析

(一)免征环境保护税

下列情形，暂予免征环境保护税：

(1)农业生产(不包括规模化养殖)排放应税污染物的；

(2)机动车、铁路机车、非道路移动机械、船舶和航空器等流动污染源排放应税污染物的；

(3)依法设立的城乡污水集中处理、生活垃圾集中处理场所排放相应应税污染物，不超过国家和地方规定的排放标准的；

(4)纳税人综合利用的固体废物，符合国家和地方环境保护标准的；

(5)国务院批准免税的其他情形。

【知识点拨】上述5项免税规定，由国务院报全国人民代表大会常务委员会备案。

(二)减征环境保护税

(1)纳税人排放应税大气污染物或者水污染物的浓度值低于国家和地方规定的污染物排放标准30%的，减按75%征收环境保护税；

(2)纳税人排放应税大气污染物或者水污染物的浓度值低于国家和地方规定的污染物排放标准50%的，减按50%征收环境保护税。

考点十三　环境保护税的征收管理★★

扫我解疑难

经典例题

【例题·单选题】关于环境保护税的征收管理表述错误的是(　)。

A. 税务机关发现纳税人的纳税申报数据资料异常的，按照纳税人上一年同期数据进行调整

B. 纳税义务发生时间为纳税人排放应税污染物的当日

C. 纳税人跨区域排放应税污染物，税务机关对税收征收管辖有争议的，由争议各方按照有利于征收管理的原则协商解决

D. 环境保护税按月计算，按季申报缴纳，不能按固定期限计算缴纳的，可以按次申报缴纳

【答案】A

【解析】选项A，税务机关发现纳税人的纳税申报数据资料异常或者纳税人未按照规定期限办理纳税申报的，可以提请环境保护主管部门进行复核，不能直接按照上一年的同期数据进行调整。

考点精析

（一）征管方式

环境保护税采用“**企业申报、税务征收、环保协同、信息共享**”的征管方式。环境保护主管部门和税务机关应当建立涉税信息共享平台和工作配合机制，定期交换有关纳税信息资料。

（二）数据传递和比对

税务机关应当将纳税人的纳税申报数据资料与环境保护主管部门交送的相关数据资料进行比对。**纳税人申报的污染物排放数据与环境保护主管部门交送的相关数据不一致的，按照环境保护主管部门交送的数据确定应税污染物的计税依据。**

（三）复核

税务机关发现纳税人的纳税**申报数据资料异常或者纳税人未按照规定期限办理纳税申报的，可以提请环境保护主管部门进行复核**，环境保护主管部门应当自收到税务机关的数据资料之日起**十五日内**向税务机关出具复核意见。

纳税人的纳税申报数据资料异常，包括但不限于下列情形：

（1）纳税人当期申报的应税污染物排放量与上一年同期相比明显偏低，且无正当理由。

（2）纳税人单位产品污染物排放量与同类型纳税人相比明显偏低，且无正当理由。

（四）纳税时间

纳税义务发生时间为纳税人排放应税污染物的当日。环境保护税**按月计算按季申报缴纳**。

不能按固定期限计算缴纳的，可以按次申报缴纳。

纳税人按季申报缴纳的，应当自季度终了之日起**15 日内**，向税务机关办理纳税申报并缴纳税款。纳税人按次申报缴纳的，应当自纳税义务发生之日起**15 日内**，向税务机关办理纳税申报并缴纳税款。

（五）纳税地点

纳税人应当向应税污染物排放地的税务机关申报缴纳环境保护税。应税污染物排放地是指：

（1）应税大气污染物、水污染物排放口所在地；

（2）应税固体废物产生地；

（3）应税噪声产生地。

纳税人跨区域排放应税污染物，税务机关对税收征收管辖有争议的，由争议各方按照有利于征收管理的原则协商解决。

阶段性测试

1. **【单选题】**纳税人安装使用符合国家规定和监测规范的污染物自动监测设备的，对应税大气污染物、水污染物、固体废物的排放量和噪声的分贝数确定的依据是（　）。

A. 污染物自动监测数据

B. 监测机构出具的符合国家有关规定和监测规范的监测数据

C. 按照排污系数、物料衡算方法计算

D. 按照抽样测算方法核定计算

2. **【单选题】**B 机械厂位于居住、商业、工业混杂区域，属于 2 类厂界外声环境功能区类别，其噪声排放限值昼间为 60 分贝，夜间为 50 分贝。经测量 B 机械厂 2019 年 2 月昼间产生噪声 75 分贝，夜间产生噪声 50 分贝，超标天数为 14 天，则该厂 2019 年 2 月应税噪声应缴纳的环境保护税为（　）元。（已知：工业噪声超标 10～12 分贝，月收费标准为 2 800 元；超标 13～15 分贝，月收费标准为 5 600 元；超标 16 分贝以上，月收费标准为 11 200 元。）

A. 2 800　　B. 5 600

C. 8 400　　D. 11 200

3. **【单选题】**下列情形中，不可以免征环境保护税的是（　）。

A. 规模化养殖排放应税污染物的

B. 航空器排放应税污染物的

C. 纳税人综合利用的固体废物，符合国家

和地方环境保护标准的

D. 船舶排放应税污染物的

4. 【多选题】下列关于排放污染物的表述中，不属于直接向环境排放污染物的有(　)。

A. 企业事业单位向依法设立的污水集中处理、生活垃圾集中处理场所排放应税污染物的

B. 企业事业单位在符合国家和地方环境保护标准的设施、场所贮存或者处置固体废物的

C. 其他生产经营者向依法设立的污水集中处理、生活垃圾集中处理场所排放应税污染物的

D. 其他生产经营者在符合国家和地方环境保护标准的设施、场所贮存或者处置固体废物的

5. 【多选题】下列关于应税污染物的计税依据的表述中，正确的有(　)。

A. 应税大气污染物按照污染物排放量折合的污染当量数确定

B. 应税水污染物按照污染物排放量折合的污染当量数确定

C. 应税固体废物按照固体废物的排放量确定

D. 应税噪声按照超过国家规定标准的分贝数确定

6. 【多选题】下列关于环境保护税征收管理的表述中，正确的有(　)。

A. 环境保护主管部门应当将排污单位的排污许可、污染物排放数据、环境违法和受行政处罚情况等环境保护相关信息，定期交送税务机关

B. 环境保护税纳税义务发生时间为纳税人排放应税污染物的当日

C. 纳税人应当向应税污染物排放地的税务机关申报缴纳环境保护税

D. 环境保护税按月计算，按月申报缴纳

阶段性测试答案精析

1. A 【解析】应税大气污染物、水污染物、固体废物的排放量和噪声的分贝数，按照下列方法和顺序计算：

(1)纳税人安装使用符合国家规定和监测规范的污染物自动监测设备的，按照污染物自动监测数据计算；

(2)纳税人未安装使用污染物自动监测设备的，按照监测机构出具的符合国家有关规定和监测规范的监测数据计算；

(3)因排放污染物种类多等原因不具备监测条件的，按照国务院环境保护主管部门规定的排污系数、物料衡算方法计算；

(4)不能按照上述三项规定的方法计算的，按照省、自治区、直辖市人民政府环境保护主管部门规定的抽样测算的方法核定计算。

2. A 【解析】昼间噪声超标分贝数 = 75 − 60 = 15(分贝)；夜间噪声未超标。根据超标的分贝数，适用的月收费标准为 5 600 元。声源一个月内超标不足 15 天的，减半计算应纳税额。B 机械厂 2019 年 2 月应税噪声应缴纳的环境保护税 = 5 600×50% = 2 800(元)。

3. A 【解析】下列情形，暂予免征环境保护税：

(1)农业生产(不包括规模化养殖)排放应税污染物的；

(2)机动车、铁路机车、非道路移动机械、船舶和航空器等流动污染源排放应税污染物的；

(3)依法设立的城乡污水集中处理、生活垃圾集中处理场所排放相应应税污染物，不超过国家和地方规定的排放标准的；

(4)纳税人综合利用的固体废物，符合国家和地方环境保护标准的；

(5)国务院批准免税的其他情形。

4. ABCD 【解析】有下列情形之一的，不属于直接向环境排放污染物，不缴纳相应污染物的环境保护税：(1)企业事业单位和其他生产经营者向依法设立的污水集中处理、生活垃圾集中处理场所排放应税污染

物的；(2)企业事业单位和其他生产经营者在符合国家和地方环境保护标准的设施、场所贮存或者处置固体废物的。

5. ABCD 【解析】本题选项表述均正确。

6. ABC 【解析】选项D，环境保护税按月计算，按季申报缴纳。

本章综合练习 限时60分钟

一、单项选择题

1. 下列单位和个人的生产经营行为不需要缴纳资源税的是(　)。

A. 冶炼企业进口矿石

B. 河北省的企业取用地下水

C. 军事单位开采石油

D. 盐场生产钠盐

2. 下列各项中，不属于资源税应税产品的是(　)。

A. 天然气　　B. 宝石

C. 人造石油　　D. 海盐

3. 某油田2019年8月销售原油86 000吨，收取不含税价款34 400万元；销售开采的天然气4 750万立方米，收取不含税价款2 375万元；自用原油25吨，其中18吨用于本油田在建工程，7吨用于开采原油用于加热使用。已知原油、天然气资源税税率为6%，该油田本月应纳资源税(　)万元。

A. 2 000　　B. 1 838.75

C. 2 206.93　　D. 1 926.25

4. 某铜矿开采企业为增值税一般纳税人，2020年8月生产经营情况如下：采用分期收款方式销售自采铜矿2 000吨，不含增值税单价0.08万元每吨，合同约定本月收回货款的60%，其余货款下月10日收回。销售铜矿原矿加工的铜精选矿40吨，取得不含税销售额160万元，铜矿精矿换算比为2。当地规定铜矿以选矿为征税对象，铜选矿资源税税率为5%，该企业当月应纳资源税(　)万元。

A. 12.80　　B. 17.60

C. 8　　D. 24

5. 某矿山企业开采铝土矿和铅锌矿，2020年9月该企业销售铝土矿原矿15万吨、铅锌矿精矿10万吨。铝土矿原矿不含税单价为150元/吨，铅锌矿精矿不含税单价为16 500元/吨。当地规定铝土矿以原矿为征税对象，铅锌矿以选矿为征税对象；铝土矿原矿资源税税率为6%，铅锌矿精选矿资源税税率为5%。该企业当月应纳资源税(　)万元。

A. 10 035　　B. 10 012.50

C. 8 385　　D. 8 362.50

6. 2020年10月某煤矿开采原煤400万吨，销售240万吨，不含税销售收入264 000万元；将一部分原煤移送加工生产洗选煤48万吨，销售洗选煤30万吨，不含税销售收入30 000万元，洗选煤的折算率为70%。当地规定煤以原矿为征税对象，原煤资源税税率为5%。2020年10月该煤矿应纳资源税(　)万元。

A. 14 250　　B. 18 500

C. 20 000　　D. 21 500

7. 某煤矿企业(增值税一般纳税人)，2019年11月采用分期收款方式向某供热公司销售优质原煤3 000吨，每吨不含税单价120元，价款360 000元，购销合同规定，本月收取三分之一的价款，实际取得不含税价款100 000元。已知原煤资源税税率为5%。当月应纳资源税为(　)元。

A. 6 000　　B. 3 000

C. 7 500　　D. 1 300

8. 下列关于资源税说收优惠的说法中，不正确的是(　)。

A. 开采原油以及油田范围内运输原油过

程中用于加热的原油、天然气免征资源税

B. 煤炭开采企业因安全生产需要抽采的煤成气免征资源税

C. 从深水油气田开采的原油、天然气，减征30%资源税

D. 稠油、高凝油减征30%资源税

9. 根据税法规定，水资源税的纳税义务发生时间为纳税人(　　)。

A. 取用水资源的当日

B. 销售水资源的当日

C. 移送使用水资源的当日

D. 销售合同规定的收款日期的当天

10. C发电厂位于铁路干线两侧一定距离内，属于4类厂界外声环境功能区类别，其噪声排放限值昼间为70分贝，夜间为55分贝。经测量C发电厂2020年4月昼间产生噪声75分贝，夜间频繁突发噪声的等效声级为65分贝，峰值噪声为70分贝，超标天数为17天，则该厂2020年4月应税噪声应缴纳的环境保护税为(　　)元。(已知：工业噪声超标4~6分贝，月收费标准为700元；超标7~9分贝，月收费标准为1 400元；超标10~12分贝，月收费标准为2 800元；超标13~15分贝，月收费标准为5 600元；超标16分贝以上，月收费标准为11 200元。)

A. 2 800　　B. 5 600

C. 6 300　　D. 11 200

11. 大星化工厂未安装环保设备，2020年2月生产过程中直接向环境排放多种大气污染物，经测量二氧化硫排放量50千克，一氧化碳320千克，氯乙烯20千克，甲苯24千克，该化工厂只有一个大气污染物的排放口。该化工厂2020年2月大气污染物应缴纳的环境保护税为(　　)元。(已知大气污染物每污染当量税额为6元，当月排放的氯乙烯的浓度值低于国家和地方规定的污染物排放标准40%。二氧化硫的污染当量值为每千克0.95，一氧化碳的污染当量值为每千克16.7，氯乙烯的污染当量值为每千克0.55，甲苯的污染当量值为每千克0.18。)

A. 1 448.88　　B. 1 333.92

C. 1 279.38　　D. 1 230.72

12. 某养殖场2020年3月养猪2 000头，污染当量值为1头，当地水污染物适用税额为2元，则该养殖场当月应缴纳的环境保护税是(　　)元。

A. 2 000　　B. 3 000

C. 4 000　　D. 6 000

二、多项选择题

1. 下列属于征收资源税作用的有(　　)。

A. 促进企业之间开展平等竞争

B. 促进社会的和谐安定

C. 促进对自然资源的合理开发利用

D. 为国家筹集财政资金

2. 下列关于资源税税目的表述错误的有(　　)。

A. 天然原油，不包括人造石油

B. 能源矿产包括地热

C. 水气矿产不包括矿泉水

D. 食用盐

3. 目前，资源税税目中单纯采用从价计征资源税的有(　　)。

A. 煤炭　　B. 原油

C. 海盐　　D. 石灰岩

4. 资源税纳税人销售资源税应税产品，需缴纳(　　)。

A. 资源税　　B. 增值税

C. 教育费附加　　D. 城建税

5. 从国外进口的原油，进口环节应缴纳的税费有(　　)。

A. 资源税　　B. 增值税

C. 城建税　　D. 关税

6. 下列关于煤炭资源税的表述中，正确的有(　　)。

A. 纳税人将其开采的原煤，自用于连续生产洗选煤的，在原煤移送环节不缴纳资源税

B. 将其开采的原煤加工为洗选煤销售的，

以洗选煤销售额乘以折算率作为应税煤炭销售额，计算缴纳资源税

C. 洗选煤销售额包括洗选副产品的销售额，不包括从洗煤厂到车站、码头等的运输费用

D. 纳税人以自采原煤直接或者经洗选加工后连续生产焦炭、煤气、煤化工及其他煤炭深加工产品的，视同销售，在原煤或者洗选煤移送环节缴纳资源税

7. 下列关于资源税纳税义务发生时间的表述中，正确的有(　)。

A. 自产自用应税产品，其纳税义务发生时间，为移送使用应税产品的当天

B. 分期收款销售方式，其纳税义务发生时间，为收到货款的当天

C. 代扣代缴资源税，其纳税义务发生时间，为支付首笔货款或首次开具支付货款凭据的当天

D. 预收货款销售方式，其纳税义务发生时间，为发出应税产品的当天

8. 下列有关资源税税收优惠的表述中，正确的有(　)。

A. 对低丰度油气田开采的原油，资源税减征 20%

B. 对三次采油资源税减征 50%

C. 对深水油气田资源税减征 30%

D. 对油田范围内运输原油过程中用于加热的原油、天然气免征资源税

9. 实行从价计征资源税的应税产品，其计税销售额中包括(　)。

A. 资源税　　B. 增值税

C. 赔偿金　　D. 包装费

10. 下列关于应税污染物计征环境保护税的相关表述中，错误的有(　)。

A. 每一排放口或者没有排放口的应税大气污染物，按照污染当量数从大到小排序，对前两项污染物征收环境保护税

B. 每一排放口的应税水污染物，按照《应税污染物和当量值表》，区分第一类水污染物和其他类水污染物，按照污染当量数从大到小排序，对第一类水污染物按照前三项征收环境保护税，对其他类水污染物按照前三项征收环境保护税

C. 省、自治区、直辖市人民政府根据本地区污染物减排的特殊需要，可以增加同一排放口征收环境保护税的应税污染物项目数，报全国人民代表大会常务委员会决定

D. 固体废物的排放量为当期应税固体废物的产生量减去当期应税固体废物的贮存量、处置量、综合利用量的余额

11. 下列关于环境保护税法相关政策的表述中，正确的有(　)。

A. 应税污染物，是指大气污染物、水污染物、固体废物和噪声

B. 依法设立的城乡污水集中处理、生活垃圾集中处理场所超过国家和地方规定的排放标准向环境排放应税污染物的，应当减半缴纳环境保护税

C. 企业事业单位和其他生产经营者贮存或者处置固体废物不符合国家和地方环境保护标准的，应当缴纳环境保护税

D. 超过国家规定标准的分贝数包括实际产生的建筑噪声与国家规定的噪声排放标准限值之间的差值

12. 下列关于环境保护税应纳税额计算的表述中，正确的有(　)。

A. 应税大气污染物的应纳税额为污染物排放量乘以具体适用税额

B. 应税水污染物的应纳税额为污染当量数乘以具体适用税额

C. 应税固体废物的应纳税额为固体废物排放量乘以具体适用税额

D. 应税噪声的应纳税额为超过国家规定标准的分贝数对应的具体适用税额

13. 下列关于水资源税的表述，正确的有(　)。

A. 水利工程管理单位为配置水资源取水的不缴纳资源税

B. 纳税人应当自纳税期满或者纳税义务

发生之日起 15 日内申报纳税

C. 水资源税由生产经营所在地的税务机关征收管理，跨省（区、市）调度的水资源，由调入区域所在地的税务机关征收水资源税

D. 对超过规定限额的农业生产取用水，水资源税一律按月征收

14. 下列关于环境保护税征收管理的表述中，正确的有（　）。

A. 纳税人按季申报缴纳的，应当自季度终了之日起 15 日内，向税务机关办理纳税申报并缴纳税款

B. 纳税人按次申报缴纳的，应当自纳税义务发生之日起 15 日内，向税务机关办理纳税申报并缴纳税款

C. 税务机关发现纳税人的纳税申报数据资料异常或者纳税人未按照规定期限办理纳税申报的，可以提请环境保护主管部门进行复核

D. 税务机关应当将纳税人的纳税申报数据资料与环境保护主管部门交送的相关数据资料进行比对

三、计算问答题

1. 某石化生产企业为增值税一般纳税人，该企业原油生产成本为 1 400 元/吨，最近时期同类原油的平均不含税销售单价 1 650 元/吨，2019 年 8 月生产经营业务如下（题中涉及原油均为同类同质原油）：

（1）开采原油 8 万吨，采用直接收款方式销售原油 5 万吨，取得不含税销售额 8 250 万元，另外收取含税优质费 9.04 万元。

（2）7 月份采用分期收款方式销售原油 5 万吨，合同约定分 8 个月等额收回价款，每月应收不含税销售额 2 800 万元，8 月按照合同约定收到本月应收款项并收到上月应收未收含税价款 113 万元及违约金 4.52 万元。

（3）将开采的原油 1.2 万吨对外投资，取得 10%的股份，开采原油过程中用于加热用原油 0.1 万吨；用开采的同类原油 2 万吨移送非独立炼油部门加工生产成品油。

（4）销售汽油 0.1 万吨，取得不含税销售额 400 万元。

（5）购置炼油机器设备，取得增值税专用发票，注明税额 25.5 万元，支付运输费用取得增值税专用发票，注明税额 0.27 万元。

已知：原油成本利润率 10%，资源税税率 6%，汽油 1 吨 = 1 388 升，消费税税率 1.52 元/升，本月取得的相关凭证均符合税法规定，并在当期抵扣进项税额。

要求：根据上述资料，按照下列序号回答问题，如有计算需计算出合计数。

（1）将原油移送用于生产加工成品油是否征收资源税和增值税，说明理由。

（2）计算业务（1）应纳资源税。

（3）计算业务（2）8 月应纳资源税。

（4）计算业务（3）应纳资源税。

（5）计算该企业当月应纳消费税。

（6）计算该企业当月应纳增值税。

2. 某石化企业为增值税一般纳税人，2019 年 9 月发生以下业务：

（1）从国外某石油公司进口原油 50 000 吨，支付不含税价款折合人民币 9 000 万元，其中包含包装费及保险费折合人民币 10 万元。

（2）开采原油 10 000 吨，并将开采的原油对外销售 6 000 吨，取得含税销售额2 260 万元，同时向购买方收取延期付款利息 2.26 万元、包装费 1.13 万元，另外支付运输费用 6.96 万元。

（3）将开采的原油 1 000 吨通过关联公司对外销售，关联公司的对外含税销售价为 0.339 万元/吨。

（4）用开采的原油 2 000 吨加工生产汽油 1 300吨。

（其他相关资料：原油的资源税税率为 10%）

要求：根据上述资料，按照下列序号回答问题，如有计算需计算出合计数。

（1）说明业务（1）中该石化企业是否应对从国外某石油公司进口的原油计算缴纳资源税，如需计算缴纳，计算缴纳的资源税额。

（2）计算业务（2）应缴纳的资源税额。

（3）计算业务（3）应缴纳的资源税额。

（4）计算业务（4）应缴纳的资源税额。

3. 某化工厂 2019 年 8 月直接向环境排放污水，经测量排放污水中的污染物的类别、名称和含量如表 8-3 所示：

表 8-3　污水中污染物含量

水污染物类别	水污染物名称	污染当量值（每千克）	含量（千克）
第一类	总汞	0.000 5	10
第一类	总铬	0.04	70
第一类	总铅	0.025	50
第一类	总镍	0.025	60
第二类	悬浮物（SS）	4	200
第二类	生化需氧量（BOD_5）	0.5	100
第二类	化学需氧量（COD）	1	100
第二类	硫化物	0.125	220
第二类	总磷	0.25	150

已知同一排放口中的化学需氧量（COD）、生化需氧量（BOD_5）和总有机碳（TOC），只征收一项，当地的水污染物的具体税额为每污染当量 2.5 元。不考虑其他应税污染物，请回答下列问题。

（1）分别计算各种水污染物的污染当量数并填表 8-4（不用写出计算过程）。

表 8-4　污染物当量数

水污染物类别	水污染物名称	污染当量数
第一类	总汞	
第一类	总铬	
第一类	总铅	
第一类	总镍	
第二类	悬浮物（SS）	
第二类	生化需氧量（BOD_5）	
第二类	化学需氧量（COD）	
第二类	硫化物	
第二类	总磷	

（2）将第一类水污染物和第二类水污染物的污染分别按照当量数从大到小排序。

（3）指出第一类和第二类水污染物中哪些需要征收环境保护税。

（4）分别计算第一类和第二类水污染物的环境保护税，并计算该化工厂 2019 年 8 月应纳的环境保护税合计数。

本章综合练习参考答案及详细解析

一、单项选择题

1. A 【解析】资源税纳税义务人是在中华人民共和国领域和中华人民共和国管辖的其他海域开发应税资源的单位和个人，进口应税资源产品不征资源税。

2. C 【解析】人造石油不属于资源税应税产品。

3. C 【解析】用于开采原油过程中加热使用的原油免征资源税。油田本月应纳资源税=(34 400+34 400÷86 000×18+2 375)×6%=2 206.93(万元)。

4. B 【解析】精选矿销售额=160+2 000×0.08×2×60%=352(万元)
该企业当月应纳资源税=352×5%=17.60(万元)

5. C 【解析】该企业当月应纳资源税=15×150×6%+10×16 500×5%=8 385(万元)

6. A 【解析】纳税人将其开采的原煤加工为洗选煤销售的，以洗选煤销售额乘以折算率作为应税煤炭销售额计算缴纳资源税。该煤矿应纳资源税=(264 000+30 000×70%)×5%=14 250(万元)。

7. A 【解析】纳税人采取分期收款结算方式的，其纳税义务发生时间为销售合同规定的收款日期的当天。本题当月应收取三分之一的价款，资源税按总计应纳税额的三分之一确定。当月应纳资源税为360 000×5%÷3=6 000(元)。

8. D 【解析】选项D，稠油、高凝油减征40%资源税。

9. A 【解析】水资源税的纳税义务发生时间为纳税人取用水资源的当日。

10. C 【解析】昼间噪声超标分贝数=75-70=5(分贝)；夜间频繁突发和夜间偶然突发厂界超标噪声，按等效声级和峰值噪声两种指标中超标分贝值高的一项计算应纳税额。夜间噪声超标分贝数=70-55=15(分贝)。根据超标的分贝数，适用的月收费标准分别为700元和5 600元。C发电厂2020年4月应税噪声应缴纳的环境保护税=700+5 600=6 300(元)。

11. C 【解析】步骤(1)，分别计算四种大气污染物的污染当量数：二氧化硫的污染当量数=50÷0.95=52.63；一氧化碳的污染当量数=320÷16.7=19.16；氯乙烯的污染当量数=20÷0.55=36.36；甲苯的污染当量数=24÷0.18=133.33。
步骤(2)，将各污染物的污染当量数从大到小排序：甲苯(133.33)>二氧化硫(52.63)>氯乙烯(36.36)>一氧化碳(19.16)。
步骤(3)，选取前三项污染物征税计算环境保护税，其中排放的氯乙烯的浓度值低于国家和地方规定的污染物排放标准40%(大于30%)，可以减按75%征收环境保护税。
应税大气污染物的环境保护税=133.33×6+52.63×6+36.36×6×75%=1 279.38(元)
【思路点拨】纳税人排放应税大气污染物或者水污染物的浓度值低于国家和地方规定的污染物排放标准30%的，减按75%征收环境保护税。

12. C 【解析】水污染当量数=2 000÷1=2 000，应纳税额=2 000×2=4 000(元)。

二、多项选择题

1. ACD 【解析】征收资源税的作用：促进企业之间开展平等竞争；促进对自然资源的合理开发利用；为国家筹集财政资金。

2. CD 【解析】选项C，水气矿产包括矿泉水；选项D，食用盐不征收资源税。

3. ABC 【解析】选项D，石灰岩实行从价或从量计征。

4. ABCD 【解析】矿产品缴纳资源税的同时，也应缴纳增值税，城建税和教育费附加作为增值税的附加税，也应计算缴纳。

5. BD 【解析】资源税只对境内开采和生产的应税资源产品征收。因此，资源税、城建税都是在进口环节不征收，出口环节不退税的税种。

6. ABCD 【解析】本题选项均正确。

7. ACD 【解析】分期收款销售方式，其纳税义务发生时间，为销售合同规定的收款日期的当天。

8. ACD 【解析】三次采油资源税减征30%。

9. ACD 【解析】资源税为价内税，包含在销售额中；增值税为价外税，不包括在销售额中。

10. ABC 【解析】选项A，每一排放口或者没有排放口的应税大气污染物，按照污染当量数从大到小排序，对前三项污染物征收环境保护税。选项B，每一排放口的应税水污染物，按照《应税污染物和当量值表》，区分第一类水污染物和其他类水污染物，按照污染当量数从大到小排序，对第一类水污染物按照前五项征收环境保护税，对其他类水污染物按照前三项征收环境保护税。选项C，省、自治区、直辖市人民政府根据本地区污染物减排的特殊需要，可以增加同一排放口征收环境保护税的应税污染物项目数，报同级人民代表大会常务委员会决定，并报全国人民代表大会常务委员会和国务院备案。

11. AC 【解析】选项B，依法设立的城乡污水集中处理、生活垃圾集中处理场所超过国家和地方规定的排放标准向环境排放应税污染物的，应当缴纳环境保护税；选项D，环境保护税中超标的噪声分贝数指的是实际产生的工业噪声与国家规定的工业噪声排放标准限值之间的差值，不是建筑噪声。

12. BCD 【解析】环境保护税应纳税额按照下列方法计算：

(1)应税大气污染物的应纳税额为污染当量数乘以具体适用税额；

(2)应税水污染物的应纳税额为污染当量数乘以具体适用税额；

(3)应税固体废物的应纳税额为固体废物排放量乘以具体适用税额；

(4)应税噪声的应纳税额为超过国家规定标准的分贝数对应的具体适用税额。

13. ABC 【解析】选项D，对超过规定限额的农业生产取用水，水资源税可按年征收。

14. ABCD 【解析】本题表述均正确。

三、计算问答题

1.【答案】

(1)征收资源税，不征收增值税。因为成品油不征收资源税，所以将原油移送用于生产成品油，属于自用于生产非应税产品，在移送环节征收资源税；移送环节没有销售额，不征收增值税。

(2)业务(1)应纳资源税=(8 250+9.04÷1.13)×6%=495.48(万元)

(3)业务(2)8月应纳资源税=(2 800+4.52÷1.13)×6%=168.24(万元)

(4)业务(3)应纳资源税=(1.2+2)×1 650×6%=316.8(万元)

(5)业务(4)应纳消费税=0.1×1×1 388×1.52=210.98(万元)

(6)应纳增值税=(8 250+9.04÷1.13+2 800+4.52÷1.13+1.2×1 650+400)×13%-25.5-0.27=1 721.69(万元)

2.【答案】

(1)从国外进口原油，不征资源税。因为资源税是对在我国境内从事应税矿产品开采和生产盐的单位和个人课征的一种税。在进口环节不征资源税。

(2)业务(2)应缴纳资源税=(2 260+2.26+1.13)÷(1+13%)×10%=200.3(万元)

(3)业务(3)应缴纳资源税=0.339÷1.13×1 000×10%=30(万元)

【思路点拨】税法规定，纳税人开采应税矿产品由其关联单位对外销售的，按其关

第8章 资源税法和环境保护税法

联单位的销售额征收资源税。

(4)税法规定，纳税人既有对外销售应税产品，又有将应税产品用于除连续生产应税产品以外的其他方面的，则自用的这部分应税产品按纳税人对外销售应税产品的平均价格计算销售额征收资源税。

直接对外销售的 6 000 吨原油销售额 = 2 260÷(1+13%) = 2 000(万元)

通过关联方对外销售的 1 000 吨原油销售额 = 0. 339÷1. 13×1 000 = 300(万元)

加权平均价格 = (2 000 + 300) ÷ (6 000 + 1 000) = 0. 33(万元/吨)

业务(4)应缴纳资源税 = 2 000×0. 33×10% = 66(万元)

3. **【答案】**

(1)分别计算各种水污染物的污染当量数，如表 8-5 所示：

表 8-5 污染物当量数

水污染物类别	水污染物名称	污染当量数
第一类	总汞	20 000
第一类	总铬	1 750
第一类	总铅	2 000
第一类	总镍	2 400
第二类	悬浮物(SS)	50
第二类	生化需氧量(BOD_5)	200
第二类	化学需氧量(COD)	100
第二类	硫化物	1 760
第二类	总磷	600

(2)第一类水污染物按照污染当量数的大小排序：总汞(20 000)>总镍(2 400)>总铅(2 000)>总铬(1 750)。

第二类水污染物按照污染当量数的大小排序：硫化物(1 760)>总磷(600)>生化需氧量(BOD_5)(200)>化学需氧量(COD)(100)>悬浮物(SS)(50)。

(3)对第一类水污染物按照前五项征收环境保护税，所以第一类水污染物中的四种都需要征税。

对其他类水污染物按照前三项征收环境保护税，其中化学需氧量(COD)、生化需氧量(BOD_5)只征收一项(污染当量数较大者)，所以针对硫化物、总磷、生化需氧量征税。

(4)第一类水污染物应纳环境保护税 = (20 000+2 400+2 000+1 750)×2. 5 = 65 375(元)

第二类水污染物应纳环境保护税 = (1 760+600+200)×2. 5 = 6 400(元)

应纳环境保护税合计 = 65 375 + 6 400 = 71 775(元)

第9章 城镇土地使用税法和耕地占用税法

考情分析

历年考情分析

本章属于小税种，主要是客观题的命题，比如单纯地考查税收优惠或结合税收优惠计算应纳税额。本章分值预计5分左右。

本章2020年考试主要变化

(1)城镇土地使用税的税收优惠中新增了对城市公交站场、道路客运站场、城市轨道交通系统运营用地和对向居民供热收取采暖费的供热企业，免征城镇土地使用税的税收优惠。

(2)根据《中华人民共和国耕地占用税法实施办法》和《关于耕地占用税征收管理有关事项的公告》修订耕地占用税相关内容。

核心考点及经典例题详解

考点一 城镇土地使用税的征税范围与纳税人★

扫我解疑难

经典例题

【例题·单选题】甲企业拥有一块土地的使用权，其中的40%自用，另60%出租给乙企业生产经营使用，则(　)。

A. 应当由甲缴纳全部的城镇土地使用税

B. 应当由乙缴纳全部的城镇土地使用税

C. 应当按比例计算缴纳城镇土地使用税

D. 按双方协商比例缴纳城镇土地使用税

【答案】A

【解析】土地使用权共有的，由共有各方分别纳税，即几个人或几个单位共同拥有一块土地使用权的，各方应以其实际使用的土地面积占整个土地总面积的比例，分别计算缴纳城镇土地使用税。但本题中的土地使用权是甲所有的，所以应当由甲缴纳全部的城镇土地使用税。

考点精析

(一)征税范围

城镇土地使用税的征税范围，包括在城市、县城、建制镇和工矿区内的国家所有和集体所有的土地。

(二)纳税义务人

城镇土地使用税的纳税义务人：是使用城市、县城、建制镇和工矿区土地的单位和个人，包括内资企业、外商投资企业和外国企业、事业单位、社会团体、国家机关、军队及其他单位，个体工商户及其他个人也是城镇土地使用税纳税人。具体有以下几类：

（1）拥有土地使用权的单位和个人。

（2）拥有土地使用权的单位和个人不在土地所在地的，其土地的实际使用人和代管人为纳税人。

（3）土地使用权未确定或权属纠纷未解决的，其实际使用人为纳税人。

（4）土地使用权共有的，共有各方都是纳税人，由共有各方分别纳税。

（5）在城镇土地使用税征税范围内，承租集体所有建设用地的，由直接从集体经济组织承租土地的单位和个人，缴纳城镇土地使用税。

考点二　城镇土地使用税计税依据与应纳税额的计算★★★

扫我解疑难

经典例题

【例题1·单选题】（2019年）某企业2018年初占用土地20 000平方米，其中幼儿园占地400平方米，其余为生产经营用地，6月购置一栋办公楼，占地300平方米，该企业所在地城镇土地使用税年税额6元/平方米，则该企业2018年应缴纳城镇土地使用税为（　）

A. 118 500元　　B. 118 350元

C. 119 400元　　D. 118 650元

【答案】A

【解析】$(20\ 000-400)\times6+300\times6\times6\div12=118\ 500$（元）

【例题2·单选题】（2017年）某企业2016年度拥有位于市郊的一宗地块，其地上面积为1万平方米，单独建造的地下建筑面积为4 000平方米（已取得地下土地使用权证）。该市规定的城镇土地使用税税率为2元/m^2。则该企业2016年度就此地块应缴纳的城镇土地使用税为（　）万元。

A. 0.8　　B. 2

C. 2.8　　D. 2.4

【答案】D

【解析】对在城镇土地使用税征税范围内单独建造的地下建筑用地，按规定征收城镇土地使用税。其中，已取得地下土地使用权证的，按土地使用权证确认的土地面积计算应征税款；未取得地下土地使用权或地下土地使用权证上未标明土地面积的，按地下建筑垂直投影面积计算应征税款。并且单独建造的地下建筑用地暂按应征税款的50%征收城镇土地使用税。应纳城镇土地使用税$=1\times2+0.4\times2\times50\%=2.4$（万元）。

【例题3·单选题】（2015年）某企业在市区拥有一块地，尚未由有关部门组织测量面积，但持有政府部门核发的土地使用证书。下列关于该企业履行城镇土地使用税纳税义务的表述中，正确的是（　）。

A. 暂缓履行纳税义务

B. 自行测量土地面积并履行纳税义务

C. 待将来有关部门测定完土地面积后再履行纳税义务

D. 以证书确认的土地面积作为计税依据履行纳税义务

【答案】D

【解析】尚未组织测量，但纳税人持有政府部门核发的土地使用证书的，以证书确认的土地面积为准。

考点精析

（一）计税依据

城镇土地使用税以纳税人实际占用的土地面积为计税依据，土地面积计量标准为每平方米。纳税人实际占用的土地面积按下列办法确定：

（1）由省、自治区、直辖市人民政府确定的单位组织测定土地面积的，以测定的面积为准。

（2）尚未组织测量，但纳税人持有政府部门核发的土地使用证书的，以证书确认的土地面积为准。

(3)尚未核发土地使用证书的，应由纳税人申报土地面积，据以纳税，待核发土地使用证以后再作调整。

(4)对在城镇土地使用税征税范围内单独建造的地下建筑用地，按规定征收城镇土地使用税。其中，已取得地下土地使用权证的，按土地使用权证确认的土地面积计算应征税款；未取得地下土地使用权证或地下土地使用权证上未标明土地面积的，按地下建筑垂直投影面积计算应征税款。对上述地下建筑用地暂按应征税款的50%征收城镇土地使用税。

(二)应纳税额的计算

(全年)应纳税额=实际占用应税土地面积(平方米)×适用税额

【知识点拨】经济落后地区，适用税额标准可适当降低，但降低额不得超过税率表中规定**最低税额的30%**。经济发达地区的适用税额标准可适当提高，但须报财政部批准。

考点三　城镇土地使用税的税收优惠★★

扫我解疑难

经典例题

【例题1·多选题】(2018年)下列各项中，属于法定免缴城镇土地使用税的有(　)。

A. 名胜古迹用地

B. 免税单位无偿使用纳税单位土地

C. 个人所有的居住房屋用地

D. 国家财政部门拨付事业经费的学校用地

【答案】ABD

【解析】选项C，属于省、自治区、直辖市税务局确定的土地使用税减免优惠的范围。

【例题2·单选题】(2014年改)下列土地中，免征城镇土地使用税的是(　)。

A. 政府部门对外出租的土地

B. 公园内附设照相馆使用的土地

C. 生产企业使用海关部门的免税土地

D. 公安部门无偿使用铁路企业的应税土地

【答案】D

【解析】选项A，国家机关、人民团体、军队自用的土地，免征城镇土地使用税；选项B，公园自用的土地免征城镇土地使用税，但公园内附设照相馆使用的土地，属于经营性用地，应照章征税；选项C，纳税单位无偿使用免税单位的土地，纳税单位应照章缴纳城镇土地使用税；选项D，免税单位无偿使用纳税单位的土地(如公安、海关等单位使用铁路、民航等单位的土地)，免征城镇土地使用税。

【例题3·单选题】甲企业(国有企业)生产经营用地分布于A、B、C三个地域，A的土地使用权属于甲企业，面积10 000平方米，其中幼儿园占地1 000平方米，厂区绿化占地2 000平方米；B的土地使用权属甲企业与乙企业共同拥有，面积5 000平方米，实际使用面积各半；C面积3 000平方米，甲企业一直使用但土地使用权未确定。假设A、B、C的城镇土地使用税的单位税额为5元/m^2，甲企业全年应纳城镇土地使用税(　)元。

A. 57 500　　　　B. 62 500

C. 72 500　　　　D. 85 000

【答案】C

【解析】企业办的学校、医院、托儿所、幼儿园用地免征土地使用税；几个单位共同拥有一块土地使用权的，应以各自实际使用土地面积占总面积的比例，分别计算缴纳土地使用税；土地使用权未确定，实际使用人为纳税人。应纳城镇土地使用税=(10 000-1 000+2 500+3 000)×5=72 500(元)。

考点精析

城镇土地使用税的税收优惠如表9-1所示。

表 9-1　城镇土地使用税的税收优惠

优惠分类	优惠内容
法定免税优惠	(1)国家机关、人民团体、军队自用土地 (2)由国家财政部门拨付事业经费的单位自用的土地 上述(1)、(2)项中所述单位本身的办公用地和公务用地免税，如果将办公用地、公务用地用于生产经营或出租、出借，不属于免税范围 (3)宗教寺庙、公园、名胜古迹自用的土地 上述单位的生产、经营用地和其他用地，不属于免税范围，如公园、名胜古迹中附设的影剧院、饮食部、茶社、照相馆等用地 (4)市政街道、广场、绿化地带等公共用地 (5)直接用于农、林、牧、渔业的生产用地 【知识点拨】不包括农副产品加工场地和生活办公用地 (6)经批准开山填海整治的土地和改造的废弃土地，从使用的月份起，免税 5~10 年 (7)对非营利性医疗机构、疾病控制机构和妇幼保健机构等卫生机构自用的土地，免征城镇土地使用税 (8)企业办的学校、医院、托儿所、幼儿园，其用地能与企业其他用地明确区分的，免征城镇土地使用税 (9)免税单位无偿使用纳税单位的土地(如公安、海关等单位使用铁路、民航等单位的土地)，免征城镇土地使用税。纳税单位无偿使用免税单位的土地，纳税单位应照章缴纳城镇土地使用税 【知识点拨】纳税单位与免税单位共同使用、共有使用权土地上的多层建筑，对纳税单位可按其占用的建筑面积占建筑总面积的比例计征城镇土地使用税 (10)对中国人民银行总行(含国家外汇管理局)所属分支机构自用的土地，免征城镇土地使用税 (11)为了体现国家的产业政策，支持重点产业的发展，对一些特殊用地划分了征免税界限和给予政策性减免税照顾： ①对石油天然气生产建设中用于地质勘探、钻井、井下作业、油气田地面工程等施工临时用地暂免征收城镇土地使用税 ②对企业的铁路专用线、公路等用地，在厂区以外、与社会公用地段未加隔离的，暂免征收城镇土地使用税 ③对企业厂区以外的公共绿化用地和向社会开放的公园用地，暂免征收城镇土地使用税 ④对盐场的盐滩、盐矿的矿井用地，暂免征收城镇土地使用税 (12)自 2019 年 1 月 1 日至 2021 年 12 月 31 日，对专门经营农产品的农产品批发市场、农贸市场使用(包括自有和承租，下同)的房产、土地，暂免征收房产税和城镇土地使用税 (13)到 2019 年 12 月 31 日止，对物流企业自有的(包括自用和出租)大宗商品仓储设施用地，减按所属土地等级适用税额标准的 50%计征城镇土地使用税 (14)自 2018 年 10 月 1 日至 2020 年 12 月 31 日，对按照去产能和调结构政策要求停产停业、关闭的企业，自停产停业次月起，免征城镇土地使用税。企业享受免税政策的期限累计不得超过两年 (15)自 2019 年 1 月 1 日至 2021 年 12 月 31 日，对国家级、省级科技企业孵化器、大学科技园和国家备案众创空间自用以及无偿或通过出租等方式提供给在孵对象使用的土地，免征城镇土地使用税 (16)自 2019 年 6 月 1 日起执行至 2025 年 12 月 31 日，为社区提供养老、托育、家政等服务的机构自有或其通过承租、无偿使用等方式取得并用于提供社区养老、托育、家政服务的房产、土地，免征房产税、城镇土地使用税 (17)2019 年 1 月 1 日至 2021 年 12 月 31 日，对商品储备管理公司及其直属库自用的承担商品储备业务的房产、土地，免征房产税、城镇土地使用税

续表

优惠分类	优惠内容
法定免税优惠	(18)自2019年1月1日至2021年12月31日，对城市公交站场、道路客运站场、城市轨道交通系统运营用地，免征城镇土地使用税 (19)自2019年1月1日至2020年12月31日，对向居民供热收取采暖费的供热企业，为居民供热所使用的厂房及土地免征城镇土地使用税；对供热企业其他厂房及土地，应当按照规定征收城镇土地使用税
由省、自治区、直辖市税务机关确定的减免税项目	(1)个人所有的居住房屋及院落用地 (2)房产管理部门在房租调整改革前经租的居民住房用地 (3)免税单位职工家属的宿舍用地 (4)集体和个人办的各类学校、医院、托儿所、幼儿园用地

考点四　城镇土地使用税的征收管理★★

扫我解疑难

经典例题

【例题1·多选题】(2019年)下列关于城镇土地使用税的纳税义务发生时间的表述中符合税法规定的有(　)。

A. 纳税人出租房产，自交付出租房产之次月起纳税

B. 纳税人新征用的耕地，自批准征用之次月起纳税

C. 纳税人购置新建商品房，自房屋交付使用之次月起纳税

D. 纳税人出借房产，自出借房产之次月起纳税

【答案】ACD

【解析】本题考察城镇土地使用税纳税义务发生时间

选项A、D，纳税人出租、出借房产，自交付出租、出借房产之次月起，缴纳城镇土地使用税。选项B，纳税人新征用的耕地，自批准征用之日起满1年时开始缴纳城镇土地使用税。选项C，纳税人购置新建商品房，自房屋交付使用之次月起，缴纳城镇土地使税。

【例题2·多选题】(2017年)下列关于城镇土地使用税纳税义务发生时间的表述中，正确的有(　)。

A. 纳税人新征用的非耕地，自批准征用次月起缴纳城镇土地使用税

B. 纳税人出租房产，自合同约定应付租金日期的次月起缴纳城镇土地使用税

C. 纳税人购置新建商品房，自房屋交付使用之次月起缴纳城镇土地使用税

D. 纳税人新征用的耕地，自批准征用之日起满6个月时开始缴纳城镇土地使用税

【答案】AC

【解析】本题考核城镇土地使用税的纳税义务发生时间。城镇土地使用税的纳税义务发生时间：纳税人购置新建商品房，自房屋交付使用之次月起，缴纳城镇土地使用税。纳税人出租、出借房产，自交付出租、出借房产之次月起，缴纳城镇土地使用税。纳税人新征用的耕地，自批准征用之日起满1年时开始缴纳土地使用税。纳税人新征用的非耕地，自批准征用次月起缴纳土地使用税。

【例题3·多选题】下列关于城镇土地使用税征收管理的说法，正确的有(　)。

A. 纳税人使用的土地不在同一省、自治区、直辖市管辖的，由纳税人分别向土地所在地的税务机关缴纳土地使用税

B. 纳税人使用的土地在同一省、自治区、直辖市范围内，但跨地区使用的，其纳税地点由省、自治区、直辖市人民政府确定

C. 纳税人新征用的耕地，自批准征用之日起满1年时开始计算缴纳土地使用税

D. 纳税人新征用的非耕地，自批准征用次月

起缴纳土地使用税

【答案】ACD

【解析】选项B，纳税人使用的土地在同一省、自治区、直辖市范围内，但跨地区使用的，其纳税地点由省、自治区、直辖市税务机关确定。

考点精析

（一）纳税期限

城镇土地使用税**实行按年计算，分期缴纳**的征收方法，具体纳税期限由省、自治区、直辖市人民政府确定。

（二）纳税义务发生时间

（1）纳税人**购置新建商品房，自房屋交付使用之次月起**，缴纳城镇土地使用税。

（2）纳税人购置存量房，自办理房屋权属转移、变更登记手续，房地产权属登记机关签发房屋权属证书之次月起，缴纳城镇土地使用税。

（3）纳税人**出租、出借房产，自交付出租、出借房产之次月**起，缴纳城镇土地使用税。

（4）以**出让或转让方式有偿取得土地使用权的，应由受让方从合同约定交付土地时间的次月**起缴纳城镇土地使用税；合同未约定交付时间的，由受让方从合同签订的次月起缴纳城镇土地使用税。

（5）纳税人**新征用的耕地，自批准征用之日起满1年时**开始缴纳土地使用税。

（6）纳税人**新征用的非耕地，自批准征用次月**起缴纳土地使用税。

（7）自2009年1月1日起，纳税人因土地的权利发生变化而依法终止城镇土地使用税纳税义务的，其应纳税款的计算应截止到土地权利发生变化的当月末。

（三）纳税地点

城镇土地使用税在**土地所在地缴纳**。

纳税人使用的土地不属于同一省、自治区、直辖市管辖的，由纳税人分别向土地所在地的税务机关缴纳土地使用税；在同一省、自治区、直辖市管辖范围内，纳税人跨地区使用的土地，其纳税地点由各省、自治区、直辖市税务机关确定。

阶段性测试

1.【单选题】按照城镇土地使用税的有关规定，下列表述中错误的是（　）。

A. 设立在农村的商业企业不征收城镇土地使用税

B. 土地使用权未确定或权属纠纷未解决的暂不缴纳税款

C. 土地使用权共有的，由共有各方分别按其使用面积纳税

D. 建制镇的个人经营用房按照规定缴纳城镇土地使用税

2.【单选题】某公司2019年3月通过挂牌取得一宗土地，土地出让合同约定2019年4月交付，土地使用证记载占地面积为6 000平方米。该土地年税额4元/m^2，该公司应缴纳城镇土地使用税（　）元。

A. 24 000　　B. 20 000

C. 18 000　　D. 16 000

3.【多选题】下列各项中，不符合城镇土地使用税纳税义务发生时间规定的有（　）。

A. 纳税人购置存量房，自房屋交付使用之次月起纳税

B. 纳税人购置新建商品房，自房屋交付使用之次月起纳税

C. 纳税人出借房产的，自交付出借房产之次月起纳税

D. 纳税人新征用的非耕地，自土地交付之次月起纳税

阶段性测试答案精析

1. B 【解析】城镇土地使用税的征税范围包括城市、县城、建制镇和工矿区，不包括农村，所以选项A是正确的。土地使用权未确定或权属纠纷未解决的，其实际使用人为纳税人，所以选项B错误。

2. D 【解析】税法规定，通过招标、拍卖、

挂牌方式取得的建设用地，不属于新征用的耕地，纳税人应按照规定从合同约定交付土地时间的次月起缴纳城镇土地使用税。

该公司应缴纳城镇土地使用税=6 000×4×8÷12=16 000(元)。

3. AD 【解析】选项A，纳税人购置存量房，自办理房屋权属转移、变更登记手续，房地产权属登记机关签发房屋权属证书之次月起，缴纳城镇土地使用税；选项D，纳税人新征用的非耕地，自批准征用次月起缴纳土地使用税。

考点五 耕地占用税★

扫我解疑难

经典例题

【例题1·单选题】(2019年)下列项目占用耕地，可以直接免征耕地占用税的是( )。

A. 机场跑道　　B. 军事设施

C. 铁路线路　　D. 港口码头

【答案】B

【解析】军事设施、学校、幼儿园、社会福利机构、医疗机构占用耕地，免征耕地占用税。铁路线路、公路线路、飞机场跑道、停机坪、港口、航道、水利工程占用耕地，减按每平方米二元的税额征收耕地占用税。

【例题2·单选题】(2018年)下列单位占用的耕地中，应减征耕地占用税的是( )。

A. 幼儿园

B. 养老院

C. 港口

D. 省政府批准成立的技工学校

【答案】C

【解析】铁路线路、公路线路、飞机场跑道、停机坪、港口、航道、水利工程占用耕地，减按每平方米2元的税额征收耕地占用税。

【例题3·单选题】(2017年)下列占用耕地的行为中，免征耕地占用税的是( )。

A. 公立医院占用耕地

B. 铁路线路占用耕地

C. 农村居民新建住宅占用耕地

D. 民用飞机场跑道占用耕地

【答案】A

【解析】减征耕地占用税：①铁路线路、公路线路、飞机场跑道、停机坪、港口、航道、水利工程占用耕地，减按每平方米2元的税额征收耕地占用税；②农村居民在规定用地标准内占用耕地新建住宅，按照当地适用税额减半征收耕地占用税。

【例题4·单选题】村民张某2019年起承包耕地面积3 000平方米。将其中300平方米(规定用地标准内)用于新建住宅，其余耕地仍和上年一样使用，即700平方米用于种植药材，2 000平方米用于种植水稻。当地耕地占用税税率为25元/m^2，张某应缴纳的耕地占用税为( )元。

A. 3 750　　B. 7 500

C. 12 500　　D. 25 000

【答案】A

【解析】农村居民在规定用地标准内占用耕地新建住宅，按照当地适用税额减半征收耕地占用税。张某应缴纳耕地占用税=300×25÷2=3 750(元)。

【例题5·多选题】下列用地行为，应征收耕地占用税的有( )。

A. 农田水利占用耕地

B. 企业新建厂房占用耕地

C. 修建专用公路占用耕地

D. 飞机场修建跑道占用耕地

【答案】BCD

【解析】农田水利占用耕地的，不征收耕地占用税；铁路线路、公路线路、飞机场跑道、停机坪、港口、航道、水利工程占用耕地，减按每平方米2元的税额征收耕地占用税。

考点精析

耕地占用税主要考查税收优惠，或结合税收优惠考查应纳税额的计算，详细内容如表9-2所示。

表 9-2　耕地占用税

要点	基本规定	具体规定
纳税义务人	占用耕地建设建筑物、构筑物或从事非农业建设的单位和个人	占用耕地建设农田水利设施的，不缴纳耕地占用税；经批准占用耕地的，纳税人为农用地转用审批文件中标明的建设用地人；农用地转用审批文件中未标明建设用地人的，纳税人为用地申请人
征税范围	建设建筑物、构筑物或从事其他非农业建设而占用的国家所有和集体所有的耕地	(1)耕地是指种植农作物的土地，包括菜地、园地 (2)占用鱼塘及其他农用土地建房或从事其他非农业建设，视同占用耕地，必须依法征收耕地占用税；占用已开发从事种植、养殖的滩涂、草场、水面和林地等从事非农业建设，由省、自治区、直辖市本着有利于保护土地资源和生态平衡的原则，结合具体情况确定是否征收耕地占用税
计税依据	纳税人实际占用的属于耕地占用税征税范围的土地面积	应纳税额=应税土地面积×适用税额 『提示』应税土地面积包括经批准占用面积和未经批准占用面积，以平方米为单位
税率	地区差别定额税率	在人均耕地低于零点五亩的地区，省、自治区、直辖市可以根据当地经济发展情况，适当提高耕地占用税的适用税额，但提高的部分不得超过适用税额的50%；占用基本农田的，应当按照适用税额加按150%征收，计算公式为：应纳税额=应税土地面积×适用税额×150%
税收优惠	免征耕地占用税	(1)军事设施占用耕地 (2)学校、幼儿园、社会福利机构、医疗机构占用耕地 (3)农村烈士遗属、因公牺牲军人遗属、残疾军人以及符合农村最低生活保障条件的农村居民，在规定用地标准以内新建自用住宅
	减征耕地占用税	(1)铁路线路、公路线路、飞机场跑道、停机坪、港口、航道、水利工程占用耕地，减按每平方米2元的税额征收耕地占用税 (2)农村居民在规定用地标准以内占用耕地新建自用住宅，按照当地适用税额减半征收耕地占用税；其中农村居民经批准搬迁，新建自用住宅占用耕地不超过原宅基地面积的部分，免征耕地占用税
征收机关：税务机关	纳税义务发生时间：纳税人收到自然资源主管部门办理占用耕地手续的书面通知的当日。 『提示』(1)未经批准占用耕地的，耕地占用税纳税义务发生时间为自然资源主管部门认定的纳税人实际占用耕地的当日 (2)因挖损、采矿塌陷、压占、污染等损毁耕地的纳税义务发生时间为自然资源、农业农村等相关部门认定损毁耕地的当日 (3)纳税人改变原占地用途，需要补缴耕地占用税的，其纳税义务发生时间为改变用途当日	
	纳税地点：耕地所在地	
	纳税期限：纳税人应当自纳税义务发生之日起30日内申报缴纳耕地占用税	
其他	①纳税人因建设项目施工或者地质勘查临时占用耕地，应当依照本法的规定缴纳耕地占用税。纳税人在批准临时占用耕地期满之日起一年内依法复垦，恢复种植条件的，全额退还已经缴纳的耕地占用税 ②因挖损、采矿塌陷、压占、污染等损毁耕地属于税法所称的非农业建设，应依照税法规定缴纳耕地占用税。纳税人自自然资源、农业农村等相关部门认定损毁耕地之日起3年内依法复垦或修复，恢复种植条件的，全额退还已经缴纳的耕地占用税	

本章综合练习 限时30分钟

一、单项选择题

1. 下列项目中，无需缴纳城镇土地使用税的是(　)。

A. 国家高新技术产业开发区内的土地

B. 农村承包土地

C. 农副产品加工场地

D. 公园、名胜古迹内的索道公司经营用地

2. 城镇土地使用税的计税依据是(　)。

A. 纳税人实际用于经营活动的土地面积

B. 纳税人实际有效利用的土地面积

C. 纳税人实际占用的应税土地面积

D. 税务机关认定的土地面积

3. 某人民团体有A、B两栋办公楼，A占地3 000平方米，B占地1 000平方米。2019年3月30日至12月31日该团体将B栋出租。当地城镇土地使用税的税率为每平方米15元，该团体2019年应纳城镇土地使用税(　)元。

A. 3 750　　B. 11 250

C. 12 500　　D. 15 000

4. 某国家级森林公园，2019年共占地2 000万平方米，其中行政管理部门办公用房占地0.1万平方米，所属酒店占地1万平方米，索道经营场所占地0.5万平方米。公园所在地城镇土地使用税税率为2元/m^2，该公园2019年度应缴纳的城镇土地使用税为(　)万元。

A. 1　　B. 2

C. 3　　D. 3.2

5. 甲企业生产经营用地分布于某市的三个地域，第一块土地的土地使用权属于某免税单位，甲企业无偿使用，面积6 000平方米；第二块土地的土地使用权属于甲企业，面积30 000平方米，其中企业办学校5 000平方米，医院3 000平方米；第三块土地的土地使用权属于甲企业与乙企业共同拥有，面积10 000平方米，实际使用面积各50%。假定甲企业所在地城镇土地使用税单位税额每平方米8元，则甲企业全年应缴纳的城镇土地使用税为(　)元。

A. 216 000　　B. 224 000

C. 264 000　　D. 328 000

6. 甲企业与乙企业共同使用面积为10 000平方米的土地，甲企业使用其中的60%，乙企业使用其中的40%。除此之外，经有关部门的批准，乙企业在2019年1月份新征用耕地6 000平方米。甲、乙企业共同使用土地所处地段的城镇土地使用税年税额为4元/m^2，乙企业新征用土地所处地段的城镇土地使用税年税额为2元/m^2。2019年甲、乙企业各自应纳城镇土地使用税(　)。

A. 甲企业纳税24 000元，乙企业纳税28 000元

B. 甲企业纳税24 000元，乙企业纳税16 000元

C. 甲企业纳税48 000元，乙企业纳税16 000元

D. 甲企业纳税48 000元，乙企业纳税28 000元

7. 下列用地，可以免征城镇土地使用税的是(　)。

A. 企业内道路占用的土地

B. 人民法院的办公楼用地

C. 公园的照相馆经营用地

D. 军队的家属院落用地

8. 假定城镇土地使用税每平方米税额为5元，下列各项中处理正确的是(　)。

A. 村民李某在本村开的旅社占地200平方米，应纳税额1 000元

B. 海关机关占用的土地面积为400平方米，应纳税额2 000元

C. 厂区内绿化用地800平方米，应纳税额4 000元

D. 名胜古迹自用房产占地 1 000 平方米，应纳税额 5 000 元

9. 某盐场 2019 年度占地 200 000 平方米，其中办公楼占地 20 000 平方米，盐场内部绿化占地 50 000 平方米，盐场附属幼儿园占地 10 000 平方米，盐滩占地 120 000 平方米。盐场所在地城镇土地使用税单位税额每平方米 0.7 元。该盐场 2019 年应缴纳的城镇土地使用税为(　　)元。

A. 14 000　　B. 49 000

C. 56 000　　D. 140 000

10. 某农户有一处花圃，占地 1 200 平方米，2019 年 3 月将其中的 1 100 平方米改造为果园，其余 100 平方米建造住宅(在规定用地标准内)。已知该地适用的耕地占用税的定额税率为每平方米 25 元。则该农户应缴纳的耕地占用税为(　　)元。

A. 1 250　　B. 2 500

C. 15 000　　D. 30 000

11. 某企业占用林地 40 万平方米建造生态高尔夫球场，占用林地 100 万平方米开发经济林木，所占耕地适用的定额税率为 20 元/m^2。该企业应缴纳耕地占用税(　　)万元。

A. 800　　B. 1 400

C. 2 000　　D. 2 800

12. 下列各项中，减半征收耕地占用税的是(　　)。

A. 纳税人临时占用耕地

B. 军事设施占用耕地

C. 农村居民在规定用地标准内占用耕地新建自用住宅

D. 公路线路占用耕地

13. 下列耕地占用的情形中，属于免征耕地占用税的是(　　)。

A. 医院占用耕地

B. 建厂房占用鱼塘

C. 高尔夫球场占用耕地

D. 商品房建设占用林地

14. 下列耕地占用行为，减按每平方米 2 元的税额征收耕地占用税的是(　　)。

A. 铁路线路、港口、航道占用耕地

B. 农村居民新建自用住宅占用耕地

C. 军事设施占用耕地

D. 学校占用耕地

15. 获准占用耕地的单位或者个人应当在(　　)缴纳耕地占用税。

A. 实际占用耕地之日起 10 日内

B. 实际占用耕地之日起 30 日内

C. 收到自然资源主管部门办理占用耕地手续的通知之日起 10 日内

D. 收到自然资源主管部门办理占用耕地手续的通知之日起 30 日内

二、多项选择题

1. 下列各项中，符合城镇土地使用税规定的有(　　)。

A. 城镇土地使用税实行按年计算、分期缴纳的征收方式

B. 纳税人使用土地不属于同一省的，由纳税人向注册地税务机关缴纳

C. 纳税单位无偿使用免税单位的土地，纳税单位应当缴纳城镇土地使用税

D. 纳税人实际占有土地但尚未核发土地使用证书，由税务机关核定计税依据

2. 纳税人实际占用的土地面积是城镇土地使用税的计税依据，其具体内容包括(　　)。

A. 省、自治区、直辖市人民政府确定的单位组织测定的面积

B. 政府部门核发的土地使用证书确认的面积

C. 纳税人申报的面积

D. 税务机关核定的面积

3. 按照城镇土地使用税的有关规定，下列表述正确的有(　　)。

A. 城镇土地使用税由拥有土地所有权的单位或个人缴纳

B. 土地使用权未确定或权属纠纷未解决的，暂不缴纳税款

C. 土地使用权共有的，由共有各方分别按其使用面积纳税

D. 对外商投资企业和外国企业按实际占用面积纳税

4. 下列关于城镇土地使用税的表述中，正确的有(　)。

A. 对物流企业承租用于大宗商品仓储设施的土地，减按税额标准的50%计征城镇土地使用税

B. 城镇土地使用税采用有幅度的差别税额，每个幅度税额的差距规定为20倍

C. 经济落后地区，城镇土地使用税的适用税额标准可适当降低，但降低额不得超过规定最低税额的30%

D. 经批准开山填海整治的土地和改造的废弃土地，从使用的月份起免缴城镇土地使用税10年至20年

5. 下列各项中，符合城镇土地使用税有关纳税义务发生时间规定的有(　)。

A. 纳税人新征用的耕地，自批准征用之月起缴纳城镇土地使用税

B. 纳税人出租房产，自交付出租房产之次月起缴纳城镇土地使用税

C. 纳税人新征用的非耕地，自批准征用之月起缴纳城镇土地使用税

D. 纳税人购置新建商品房，自房屋交付使用之次月起缴纳城镇土地使用税

6. 下列各项中，可由省、自治区、直辖市税务机关确定减免城镇土地使用税的有(　)。

A. 免税单位职工家属的宿舍用地

B. 集体和个人办的各类学校用地

C. 个人所有的居住房屋及院落用地

D. 免税单位无偿使用纳税单位的土地

7. 下列各项中，属于耕地占用税征税范围的有(　)。

A. 占用菜地开发花圃

B. 占用农用土地建造住宅区

C. 占用耕地开发食品加工厂

D. 占用鱼塘从事非农业建设

8. 下列各项中，属于不征或免征耕地占用税项目的有(　)。

A. 铁路线路占用耕地

B. 种植经济林木占用土地

C. 学校、幼儿园、社会福利机构、医疗机构占用耕地

D. 农村居民在规定用地标准内新建自用住宅占用耕地

9. 位于某市的甲企业2018年1月1日征用市区耕地20 000平方米；2019年4月在市郊征用耕地4 000平方米，同年8月在市郊征用非耕地6 000平方米。该企业2019年城镇土地使用税和耕地占用税的正确处理有(　)。(城镇土地使用税：市区年税额10元/m^2，市郊年税额4元/m^2；耕地占用税20元/m^2)

A. 城镇土地使用税20.8万元

B. 城镇土地使用税10.86万元

C. 耕地占用税8万元

D. 耕地占用税20万元

10. 下列关于耕地占用税的表述中，正确的有(　)。

A. 建设直接为农业生产服务的生产设施而占用农用地的，不征收耕地占用税

B. 获准占用耕地的单位或者个人，应当在收到土地管理部门的通知之日起60日内缴纳耕地占用税

C. 免征或者减征耕地占用税后，纳税人改变原占地用途，不再属于免征或者减征耕地占用税情形的，应当按照当地适用税额补缴耕地占用税

D. 纳税人临时占用耕地，应当依照规定缴纳耕地占用税，在批准临时占用耕地的期限内恢复原状的，可部分退还已经缴纳的耕地占用税

本章综合练习参考答案及详细解析

一、单项选择题

1. B 【解析】选项B，不属于土地使用税征收范围；选项D，公园、名胜古迹内的索道公司经营用地，应按规定缴纳城镇土地使用税。

2. C 【解析】税法规定以纳税人实际占用的应税土地面积为土地使用税计税依据。

3. B 【解析】人民团体自用的A办公楼免税。但出租的B办公楼属于经营使用，应从交付出租房产次月起缴纳城镇土地使用税。城镇土地使用税 = 1 000×15÷12×9 = 11 250(元)。

4. C 【解析】公园、名胜古迹自用的土地，免征城镇土地使用税。该公园应缴纳城镇土地使用税 = (1+0.5)×2 = 3(万元)。

5. C 【解析】纳税单位无偿使用免税单位土地，纳税单位照章纳税。企业办的学校、医院、托儿所、幼儿园，其用地能与企业其他用地明确区分的，免征城镇土地使用税。土地使用权共有的，共有各方都是纳税人。

   城镇土地使用税税额 = 6 000×8+(30 000−5 000−3 000)×8+10 000×50%×8 = 264 000(元)。

6. B 【解析】新征用的耕地，自批准征用之日起满1年时开始缴纳城镇土地使用税。

   甲应纳土地使用税 = 10 000×60%×4 = 24 000(元)。

   乙应纳土地使用税 = 10 000×40%×4 = 16 000(元)。

7. B 【解析】选项A，企业内道路占用的土地，要征收城镇土地使用税，没有免税规定；选项C，公园供公共参观游览的用地及其管理单位的办公用地，免征城镇土地使用税，公园中附设的营业场所，如影剧院、饮食部、茶社、照相馆等用地，应征收城镇土地使用税；选项D，军队本身的办公用地和公务用地，免征城镇土地使用税，军队的家属院落用地，不免税。

8. C 【解析】选项A，不属于城镇土地使用税的征税范围；选项B、D，均为免征城镇土地使用税的土地；选项C，厂区内绿化用地应正常交税。

9. B 【解析】企业内部的幼儿园和盐场的盐滩占地免征城镇土地使用税。

   应缴纳的城镇土地使用税 = (200 000−10 000−120 000)×0.7 = 49 000(元)。

10. A 【解析】占用花圃改造为果园，不缴纳耕地占用税，农村居民在规定用地标准内占用耕地新建自用住宅，按照当地适用税额减半征收耕地占用税。应纳耕地占用税 = 100×25×50% = 1 250(元)。

11. A 【解析】该企业建设生态高尔夫球场属于从事非农业建设，应纳耕地占用税 = 40×20 = 800(万元)。开发经济林木占地属于耕地，不缴纳耕地占用税。

12. C 【解析】选项A，纳税人临时占用耕地，应当缴纳耕地占用税；选项B，军事设施占用耕地，免征耕地占用税；选项C，农村居民在规定用地标准内占用耕地新建自用住宅，按照当地适用税额减半征收耕地占用税；选项D，公路线路占用耕地，减按每平方米2元的税额征收耕地占用税。

13. A 【解析】学校、幼儿园、社会福利机构、医疗机构占用的耕地，免征耕地占用税。选项B、C、D属于占用耕地从事非农业建设，需要缴纳耕地占用税。

14. A 【解析】选项A，铁路线路、公路线路、飞机场跑道、停机坪、港口、航道、水利工程占用耕地，减按每平方米2元的税额征收耕地占用税；选项B，农村居民在规定用地标准内占用耕地新建自用住宅，按照当地适用税额减半征收耕地占用税；选项 C、D，均免征耕地占用税。

15. D 【解析】获准占用耕地的单位或者个人应当在收到自然资源主管部门办理占用耕地手续的书面通知之日起 30 日内缴纳耕地占用税。

二、多项选择题

1. AC 【解析】选项 B，纳税人使用的土地不属于同一省、自治区、直辖市管辖的，由纳税人分别向土地所在地的税务机关缴纳土地使用税；选项 D，尚未核发土地使用证书的，应由纳税人申报土地面积，据以纳税，待核发土地使用证以后再作调整。

2. ABC 【解析】选项 A、B、C 都可以作为土地使用税计税依据，但没有以税务机关核定面积为计税依据的。

3. CD 【解析】选项 A，城镇土地使用税由拥有土地使用权的单位或个人缴纳；选项 B，土地使用权未确定或权属纠纷未解决的，实际使用人为纳税义务人；选项 D，外商投资企业和外国企业也要缴纳土地使用税。

4. ABC 【解析】经批准开山填海整治的土地和改造的废弃土地，从使用的月份起免缴土地使用税 5 年至 10 年。

5. BD 【解析】选项 A，新征用的耕地，自批准征用之日起满 1 年时开始缴纳土地使用税，选项 C，新征用的非耕地，自批准征用次月起缴纳土地使用税。

6. ABC 【解析】选项 A、B、C 均属于省、自治区、直辖市税务机关确定减免城镇土地使用税的范围，符合题目要求；选项 D 属于法定免税优惠。

7. BCD 【解析】耕地占用税的征税范围，是纳税人为建设建筑物、构筑物或从事其他非农业建设而占用的国家所有和集体所有的耕地。

8. BC 【解析】选项 A，铁路线路占用耕地，属于按每平方米 2 元的税额减征耕地占用税；选项 D，农村居民在规定用地标准内占用耕地新建自用住宅，按照当地适用税额减半征收耕地占用税；只有选项 B 为不征税项目；选项 C 为免征税项目。

9. AC 【解析】纳税人新征用的耕地，自批准征用之日起满一年时开始缴纳土地使用税，该企业 2017 年对占用的耕地不缴纳城镇土地使用税，但缴纳耕地占用税。2019 年应纳城镇土地使用税 $=20\ 000\times10+6\ 000\times4\div12\times4=208\ 000$(元)；2019 年应纳耕地占用税 $=4\ 000\times20=80\ 000$(元)。

10. AC 【解析】选项 B，获准占用耕地的单位或者个人应当在收到自然资源主管部门办理占用耕地手续的书面通知之日起 30 日内缴纳耕地占用税；选项 D，纳税人临时占用耕地，应当按规定缴纳耕地占用税。纳税人在批准临时占用耕地的期限内恢复所占用耕地原状的，全额退还已经缴纳的耕地占用税。

第10章 房产税法、契税法和土地增值税法

JINGDIAN TIJIE

考情分析

历年考情分析

本章包含房产税、契税和土地增值税三个税种。土地增值税相对比较重要，近两年主要以计算问答题的形式进行考核，在学习时要予以重视。房产税和契税一般以客观题的形式出现，也可能与其他税种结合在主观题中进行考核。本章分值预计在9分左右。

本章2020年考试主要变化

新增房产税的税收优惠政策。

核心考点及经典例题详解

考点一 房产税的纳税人、征税对象、征税范围★

扫我解疑难

经典例题

【例题1·单选题】下列房屋及建筑物中，属于房产税征税范围的是(　)。

A. 农村的居住用房

B. 建在室外的露天游泳池

C. 个人拥有的市区经营性用房

D. 尚未使用或出租而待售的商品房

【答案】C

【解析】选项A，房产税的征税范围为城市、县城、建制镇和工矿区的房屋，不包括农村的房屋。选项B，房产税以房产为征税对象。所谓房产，是指有屋面和围护结构(有墙或两边有柱)，能够遮风避雨，可供人们在其中生产、学习、工作、娱乐、居住或储藏物资的场所，对于建在室外的露天游泳池，不属于房产税的征税范围。选项D，房地产开发企业建造的商品房，在出售前，不征收房产税，但对出售前房地产开发企业已使用或出租、出借的商品房应按规定征收房产税。

【例题2·多选题】下列情形中，应由房产代管人或者使用人缴纳房产税的有(　)。

A. 房屋产权未确定的

B. 房屋租典纠纷未解决的

C. 房屋承典人不在房屋所在地的

D. 房屋产权所有人不在房屋所在地的

【答案】ABCD

【解析】产权所有人、承典人不在房屋所在地的，或者产权未确定及租典纠纷未解决的，由房产代管人或使用人缴纳房产税。

考点精析

(一)纳税义务人

房产税的纳税义务人是征税范围内的房屋的产权所有人，包括国家所有和集体、个人所有房屋的产权所有人、承典人、代管人或使用人。

房产税纳税义务人具体规定如下：

(1)产权属于国家所有的，由经营管理的单位缴纳；产权属于集体和个人的，由集体和个人缴纳。

(2)产权出典的，由承典人纳税。

(3)产权所有人、承典人不在房产所在地的，或者产权未确定及租典纠纷未解决的，由房产代管人或使用人缴纳。

(4)无租使用其他单位房产的应税单位和个人，由使用人代为缴纳房产税。

(二)征税对象

房产税的征税对象是房产，所谓房产是指有屋面和围护结构，能遮风避雨，可供人们生产、学习、工作、生活的场所。与房屋不可分割的各种附属设施或不单独计价的配套设施，也属于房屋，应一并征收房产税。但独立于房屋之外的建筑物(如水塔、围墙等)不属于房屋，不征房产税。

房地产开发企业建造的商品房，在出售前不征收房产税。但对出售前房地产开发企业已使用或出租、出借的商品房，应按规定征收房产税。

(三)征税范围

房产税的征税范围是位于城市、县城、建制镇和工矿区的房屋，不包括农村房屋，因为农村房屋除农副业生产用房外，大部分是农民居住用房。

考点二　房产税的计税依据及应纳税额的计算★★★

扫我解疑难

经典例题

【例题1·单选题】(2019年)下列情形中，应从租计征房产税的是(　)。

A. 融资租赁租出房产的

B. 以居民住宅区内业主共有的经营性房产进行自营的

C. 接受劳务抵付房租的

D. 具有房屋功能的地下建筑自用的

【答案】C

【解析】选项ABD，均属于按照房产余值从价计征房产税的情形。

【例题2·单选题】(2017年)某企业2016年3月投资1 500万元取得5万平方米的土地使用权，用于建造面积3万平方米的厂房，建筑成本和费用为2 000万元，2016年年底竣工验收并投入使用。对该厂房征收房产税时所确定的房产原值是(　)万元。

A. 2 900　　B. 3 500

C. 5 000　　D. 3 800

【答案】B

【解析】自2010年12月21日起，对按照房产原值计税的房产，无论会计上如何核算，房产原值均应包含地价，包括为取得土地使用权支付的价款、开发土地发生的成本费用等。宗地容积率(3÷5=0.6)大于0.5，按地价全额计入房产原值。

因此所确定的房产税的房产原值=1 500+2 000=3 500(万元)。

【例题3·单选题】(2016年)某工业企业2016年2月自建的厂房竣工并投入使用。该厂房的原值为8 000万元，其中用于储存物资的地下室为800万元。假设房产原值的减除比例为30%，地下室应税原值为房产原值的60%。该企业2016年应缴纳房产税(　)万元。

A. 53.76　　B. 56

C. 59.14　　D. 61.60

【答案】B

【解析】对于与地上房屋相连的地下建筑，如房屋的地下室、地下停车场、商场的地下部分等，应将地下部分与地上房屋视为一个整体，按照地上房屋建筑的有关规定计算征收房产税。只有单独建造的地下建筑，才按照房产原值的一定比例计算应税房产原值。应纳税额 = 8 000×(1-30%)×1.2%×10÷12 = 56（万元）。

【例题4·单选题】甲公司2019年年初房产原值为8 000万元，3月与乙公司签订租赁合同，约定自2019年4月起将原值500万元房产租赁给乙公司，租期3年，不含税月租金2万元，2019年4—6月为免租使用期间。甲公司所在地计算房产税余值减除比例为30%，甲公司2019年度应缴纳的房产税为（　）万元。

A. 65.49　　B. 66.21

C. 66.54　　D. 67.26

【答案】C

【解析】税法规定，对出租房产，租赁双方签订的租赁合同约定有免收租金期限的，免收租金期间由产权所有人按照房产原值缴纳房产税。从价计征房产税 = 8 000×(1-30%)×1.2%×1÷2+7 500×(1-30%)×1.2%×1÷2 = 33.6+31.5 = 65.1（万元）。

从租计征房产税 = 2×6×12% = 1.44（万元）。

甲公司应缴纳的房产税 = 65.1+1.44 = 66.54（万元）。

【例题5·多选题】（2015年）下列项目中，应以房产租金作为计税依据征收房产税的有（　）。

A. 以融资租赁方式租入的房屋

B. 以经营租赁方式租出的房屋

C. 居民住宅区内业主自营的共有经营性房屋

D. 以收取固定收入、不承担联营风险方式投资的房屋

【答案】BD

【解析】选项A、C依照房产余值缴纳房产税。

考点精析

（一）计税依据

1. 从价计征

计税依据是房产原值一次减除10%～30%的扣除比例后的余值。

对房产原值需要说明的是：

（1）房产原值是指纳税人按照会计制度规定，在账簿**“固定资产”科目中记载的房屋原价**。

自2009年1月1日起，对依照房产原值计税的房产，不论是否记载在会计账簿固定资产科目中，均按照房屋原价计算缴纳房产税。

自2010年12月21日起，对按照房产原值计税的房产，无论会计上如何核算，房产原值均应**包含地价**，包括为取得土地使用权支付的**价款、开发土地发生的成本费用**等。宗地容积率**低于0.5**的，按**房产建筑面积的2倍计算土地面积并据此确定计入房产原值的地价**。

【知识点拨】宗地容积率指项目用地范围内总建筑面积与项目总用地面积的比值，即宗地容积率 = 项目用地范围内总建筑面积÷总用地面积。

（2）房产原值应包括与房屋不可分割的各种附属设备或一般不单独计算价值的配套设施。

（3）纳税人对原有房屋进行改建、扩建的，要相应增加房屋的原值。

房产税的特殊项目如表10-1所示。

表 10-1　房产税的特殊项目

投资联营	以房产投资联营，投资者参与投资利润分红，共担风险的	从价计征：由被投资者按房产余值作为计税依据计征房产税
	以房产投资，收取固定收入，不承担联营风险的	从租计征：由出租方按租金收入计缴房产税
融资租赁	纳税人	承租人
	计税依据	房产余值
	纳税义务发生时间	自融资租赁合同约定开始日的次月起或自合同签订的次月起

(4)房屋附属设备和配套设施的计税规定：

第一，凡以房屋为载体，不可随意移动的附属设备和配套设施，无论在会计核算中是否单独记账与核算，都计入房产原值计征房产税。

第二，对更换附属设备和配套设施的，在将其价值计入房产原值时，可扣减原来相应的附属设备和配套设施的价值；对附属设备和配套设施中易损坏、需经常更换的零配件，更新后不再计入房产原值。

(5)居民住宅区内业主共有的经营性房产的计税规定：

从2007年1月1日起，对居民住宅区内业主共有的经营性房产，由实际经营(包括自营和出租)的代管人或使用人缴纳房产税。其中自营的，依照房产原值减除10%~30%后的余值计征，没有房产原值或不能将业主共有房产与其他房产的原值准确划分的，由房产所在地税务机关参照同类房产核定房产原值；出租的，依照租金收入计征房产税。

(6)凡在房产税征收范围内的具备房屋功能的地下建筑，包括与地上房屋相连的地下建筑以及完全建在地面以下的建筑、地下人防设施等，均应当依照有关规定征收房产税。

自用的地下建筑，按以下方式计税：

①工业用途房产，以房屋原价的50%~60%作为应税房产原值。

应纳房产税的税额=应税房产原值×[1-(10%~30%)]×1.2%

②商业和其他用途房产，以房屋原价的70%~80%作为应税房产原值。

应纳房产税的税额=应税房产原值×[1-(10%~30%)]×1.2%

房屋原价折算为应税房产原值的具体比例，由各省、自治区、直辖市和计划单列市财政和税务部门在上述幅度内自行确定。

③对于与地上房屋相连的地下建筑，如房屋的地下室、地下停车场、商场的地下部分等，应将地下部分与地上房屋视为一个整体，按照地上房屋建筑的有关规定计算征收房产税。

2. 从租计征

计税依据为房产租金收入。如果以劳务报酬抵付房租收入的，应根据当地同类房产的租金水平，确定一个标准租金额从租计征。

对出租房产，租赁双方签订的租赁合同约定有免收租金期限的，免收租金期间由产权所有人按照房产原值缴纳房产税。出租的地下建筑，按照出租地上房屋建筑的有关规定计算征收房产税。

(二)房产税应纳税额的计算

房产税应纳税额的计算见表10-2。

表 10-2　房产税应纳税额的计算

计税方法	税率(需要记忆)	税额计算公式
从价计征	1.2%	全年应纳税额=应税房产原值×(1-扣除比例)×1.2%
从租计征	12%(个人出租住房 4%)	全年应纳税额=年租金收入×12%或 4%

【知识点拨】房产税的税率考试时不给出，需要记忆。

考点三　房产税的税收优惠和征收管理★★

扫我解疑难

经典例题

【例题·多选题】(2018 年)下列关于房产税纳税义务发生时间的表述中，正确的有(　)。

A. 纳税人自行新建房屋用于生产经营，从建成之月起缴纳房产税

B. 纳税人将原有房产用于生产经营，从生产经营之月起缴纳房产税

C. 纳税人出租房产，自交付出租房产之次月起缴纳房产税

D. 房地产开发企业自用本企业建造的商品房，自房屋使用之次月起缴纳房产税

【答案】BCD

【解析】选项 A，纳税人自行新建房屋用于生产经营，从建成之次月起缴纳房产税。

考点精析

(一)税收优惠

(1)国家机关、人民团体、军队自用的房产免征房产税。

(2)由国家财政部门拨付事业经费的单位自用的房产免征房产税。

(3)宗教寺庙、公园、名胜古迹自用的房产免征房产税。

(4)个人所有非营业用的房产免征房产税。

(5)经财政部批准免税的其他房产。例如：

①对非营利性医疗机构、疾病控制机构和妇幼保健机构等卫生机构自用的房产，免征房产税。

②对按政府规定价格出租的公有住房和廉租住房，暂免征收房产税。

③经营公租房的租金收入，免征房产税。

(6)自 2018 年 10 月 1 日至 2020 年 12 月 31 日，对按照去产能和调结构政策要求停产停业、关闭的企业，自停产停业次月起，免征房产税、城镇土地使用税。企业享受免税政策的期限累计不得超过两年。

(7)自 2019 年 1 月 1 日至 2021 年 12 月 31 日，对国家级、省级科技企业孵化器、大学科技园和国家备案众创空间自用以及无偿或通过出租等方式提供给在孵对象使用的房产免征房产税。

(8)自 2019 年 1 月 1 日至 2021 年 12 月 31 日，对高校学生公寓免征房产税。

(9)自 2019 年 1 月 1 日至 2021 年 12 月 31 日，对农产品批发市场、农贸市场(包括自有和承租)专门用于经营农产品的房产、土地，暂免征收房产税。对同时经营其他产品的农产品批发市场和农贸市场使用的房产、土地，按其他产品与农产品交易场地面积的比例确定征免房产税。

(10)自 2019 年 1 月 1 日至 2020 年 12 月 31 日，对向居民供热收取采暖费的供热企业，为居民供热所使用的厂房及土地免征房产税；对供热企业其他厂房及土地，应当按照规定征收房产税。

(二)征收管理

1. 纳税义务发生时间

(1)纳税人将原有房产用于生产经营，从生产经营之月起缴纳房产税。

(2)纳税人自行新建房屋用于生产经营，从建成之次月起缴纳房产税。

(3)纳税人委托施工企业建设的房屋，从

办理验收手续之次月起缴纳房产税。

(4)纳税人购置新建商品房，自房屋交付使用之次月起缴纳房产税。

(5)纳税人购置存量房，自办理房屋权属转移、变更登记手续，房地产权属登记机关签发房屋权属证书之次月起，缴纳房产税。

(6)纳税人出租、出借房产，自交付出租、出借房产之次月起，缴纳房产税。

(7)房地产开发企业自用、出租、出借本企业建造的商品房，自房屋使用或交付之次月起，缴纳房产税。

(8)纳税人因房产的实物或权利状态发生变化而依法终止房产税纳税义务的，其应纳税款的计算应截止到房产的实物或权利状态发生变化的当月末。

2. 纳税期限

房产税实行**按年计算、分期缴纳**的征收方法。

3. 纳税地点

房产税在**房产所在地缴纳**。

阶段性测试

1. 【单选题】下列计算地下建筑物房产税的方法正确的是(　)。

A. 地下建筑物以应税房产原值为计税依据

B. 对于与地上房屋相连的地下建筑，应将地下部分与地上房屋视为一个整体按照地上房屋建筑的有关规定计算征收房产税

C. 地下建筑物若作工业用途，以房屋原价的10%~30%作为应税房产原值

D. 地下建筑物若作商业用途，以房屋原价的50%~60%作为应税房产原值

2. 【单选题】下列关于房产投资的房产税的说法中不正确的是(　)。

A. 以房产投资成立有限公司，投资方以房产余值为计税依据计征房产税

B. 房产投资联营，不承担经营风险，只收取固定收入，投资方以固定收入为租金收入，以租金收入为计税依据计征房产税

C. 以房产投资联营，共担经营风险的，被投资方以房产余值为计税依据计征房产税

D. 以房产投资联营，共担经营风险的，投资方不再计征房产税

3. 【单选题】下列各项中，应作为融资租赁房屋房产税计税依据的是(　)。

A. 房产售价　　B. 房产余值

C. 房产原值　　D. 房产租金

4. 【单选题】某上市公司2018年以5 000万元购得一处高档会所，然后加以改建。支出500万元在后院新建一露天泳池，支出500万元新增中央空调系统，拆除200万元的照明设施，再支付500万元安装智能照明和楼宇声控系统。会所于2018年年底改建完毕并对外营业。当地规定计算房产余值扣除比例为30%，2019年该会所应缴纳房产税(　)万元。

A. 42　　B. 48.72

C. 50.4　　D. 54.6

5. 【多选题】下列各项中应按照房产余值征收房产税的有(　)。

A. 自有用于经营的房产

B. 对外经营租赁出租的房产

C. 融资租赁租入的房产

D. 投资联营、参与利润分红、共担风险的房产

6. 【多选题】下列各项中，暂免征收房产税的有(　)。

A. 按照去产能和调结构政策要求停产停业、关闭的企业

B. 高校学生公寓免征房产税

C. 企业按政府规定价格向职工出租的本单位按照公有住房管理的自有住房

D. 个人对外出租经营的自有住房

阶段性测试答案精析

1. B 【解析】选项A，地下建筑物以应税房产余值为计税依据；选项C，地下建筑物若作工业用途，以房屋原价的50%~60%作为应税房产原值；选项D，地下建筑物若作商业用途，以房屋原价的70%~80%

作为应税房产原值。

2. A 【解析】选项 C，以房产投资联营，共担经营风险的，按房产余值为计税依据计征房产税；选项 B，以房产投资联营，不承担经营风险，只收取固定收入的，实际是以联营名义取得房产租金，因此应由投资方按租金收入计征房产税；选项 A，对于成立有限公司的，房产应当过户到新公司的名下，故投资方不再缴纳房产税。

3. B 【解析】融资租赁的房产，由承租人自融资租赁合同约定开始日的次月起依照房产余值缴纳房产税。合同未约定开始日的，由承租人自合同签订的次月起依照房产余值缴纳房产税。

4. B 【解析】房产原值应包括与房屋不可分割的各种附属设备或一般不单独计算价值的配套设施。凡以房屋为载体，不可随意移动的附属设备和配套设施，如给排水、采暖、消防、中央空调、电气及智能化楼宇设备等，无论在会计核算中是否单独记账与核算，都应计入房产原值，计征房产税。对于更换房屋附属设备和配套设施的，在将其价值计入房产原值时，可扣减原来相应设备和设施的价值。

应缴纳房产税=(5 000+500−200+500)×(1−30%)×1.2%=48.72(万元)。

5. ACD 【解析】选项 B，对外经营租赁出租的房产，按照房屋收取的租金计征房产税。

6. ABC 【解析】选项 D，个人所有非营业用的房产免征房产税，营业用房需要缴纳房产税。

考点四 契税的计税依据及应纳税额的计算★★★

扫我解疑难

经典例题

【例题 1 · 单选题】(2017 年)赠与房屋时，确定契税计税依据所参照的价格或价值是(　)。

A. 房屋原值　　B. 摊余价值

C. 协议价格　　D. 市场价格

【答案】D

【解析】土地使用权赠与、房屋赠与，契税的计税依据由征收机关参照土地使用权出售、房屋买卖的市场价格核定。

【例题 2 · 单选题】(2016 年)甲企业 2016 年 1 月因无力偿还乙企业已到期的债务 3 000 万元，经双方协商，甲企业同意以自有房产偿还债务。该房产的原值 5 000 万元，净值 2 000万元，评估现值 9 000 万元。乙企业支付差价款 6 000 万元，双方办理了产权过户手续。则乙企业计缴契税的计税依据是(　)万元。

A. 5 000　　B. 6 000

C. 9 000　　D. 2 000

【答案】C

【解析】以房产抵偿债务，按照房屋的折价款作为计税依据缴纳契税，本题中的折价款为 9 000万元。

【例题 3 · 多选题】(2016 年)甲企业 2016 年 3 月以自有房产对乙企业进行投资并取得了相应的股权，办理了产权过户手续。经有关部门评估，该房产的现值为 24 000 万元。当月丙企业以股权方式购买该房产并办理了过户手续，支付的股份价值为 30 000 万元。下列各企业计缴契税的处理中，正确的有(　)。

A. 乙企业向丙企业出售房屋不缴纳契税

B. 甲企业以房产投资的行为不缴纳契税

C. 丙企业以 30 000 万元作为计税依据计缴契税

D. 乙企业从甲企业取得房屋以房产现值 24 000万元作为计税依据计缴契税

【答案】ABCD

【解析】契税的纳税义务人是境内转移土地、房屋权属，承受的单位和个人。乙向丙出售房屋，应该由丙缴纳契税，以成交价 30 000 万元缴纳契税；以房产投资、入股，由产权承受方缴纳契税，所以甲不缴纳契税，应该由乙按 24 000 万元缴纳契税。

【例题 4 · 多选题】下列关于契税计税依据的

表述中，正确的有(　)。

A. 购买的房屋以成交价格作为计税依据

B. 接受赠与的房屋参照市场价格核定计税依据

C. 采取分期付款方式购买的房屋参照市场价格核定计税依据

D. 转让以划拨方式取得的土地使用权以补交的土地使用权出让费用作为计税依据

【答案】ABD

【解析】选项C，采取分期付款方式购买房屋附属设施土地使用权、房屋所有权的，应按合同规定的总价款计征契税。

考点精析

(一)计税依据

契税的计税依据是不动产的价格。由于不动产的转移方式、定价方法不同，契税计税依据有以下几种：

(1)国有土地使用权出让、土地使用权出售、房屋买卖，以成交价格为计税依据。

(2)土地使用权赠与、房屋赠与，由征收机关参照土地使用权出售、房屋买卖的市场价格核定。

(3)土地使用权交换、房屋交换，以所交换的土地使用权、房屋的价格差额为计税依据。

(4)以划拨方式取得土地使用权，经批准转让房地产时，由房地产转让者补交契税，计税依据为补交的土地使用权出让费用或者土地收益。

(5)房屋附属设施征收契税的依据：①不涉及土地使用权和房屋所有权转移变动的，不征收契税；②采取分期付款方式购买房屋附属设施土地使用权、房屋所有权的，应按合同规定的总价款计征契税；③承受的房屋附属设施权属为单独计价的，按照当地确定的适用税率征收契税；与房屋统一计价的，适用与房屋相同的契税税率。

(6)个人无偿赠与(不包括法定继承)不动产行为，应对受赠人全额征收契税。

(二)应纳税额

契税应纳税额=计税依据×税率

【知识点拨】契税实行3%－5%的幅度税率，税率考试时会给出，无须记忆，但契税优惠中的税率，建议记忆。

考点五　契税的税收优惠★★

扫我解疑难

经典例题

【例题1·单选题】(2019年)下列房产转让的情形中，产权承受方免于缴纳契税的是(　)。

A. 以获奖方式承受土地、房屋权属

B. 将房产赠与非法定继承人

C. 以自有房产投资入股本人独资经营的企业

D. 以预付集资建房款方式承受土地、房屋权属

【答案】C

【解析】以自有房产作股投入本人独资经营的企业，免纳契税。

【例题2·单选题】(2018年)下列行为中，应当缴纳契税的是(　)。

A. 个人以自有房产投入本人独资经营的企业

B. 企业将自有房产与另一企业的房产等价交换

C. 公租房经营企业购买住房作为公租房

D. 企业以自有房产投资于另一企业并取得相应的股权

【答案】D

【解析】选项A，以自有房产作股投入本人独资经营的企业，免纳契税；选项B，等价交换房屋、土地使用权的，免征契税；选项C，公租房经营单位购买住房作为公租房的，免征契税。

【例题3·多选题】(2019年)下列取得房产的情形中，免征契税的有(　)。

A. 个人购买家庭唯一非公有住房

B. 公租房经营单位购买住房作为公租房

C. 城镇职工首次取得公有制单位集资建成普通住房

D. 个人购买家庭第二套改善型住房

【答案】BC

【解析】选项A，对个人购买家庭唯一住房（家庭成员范围包括购房人、配偶以及未成年子女，下同），面积为90平方米及以下的，减按1%的税率征收契税；面积为90平方米以上的，减按1.5%的税率征收契税。选项D，对个人购买家庭第二套改善性住房，面积为90平方米及以下的，减按1%的税率征收契税；面积为90平方米以上的，减按2%的税率征收契税。（北上广深除外）

【例题4·多选题】（2017年）以下选项中获取的房屋权属中，可以免征契税的有（　）。

A. 因房屋拆迁取得的房屋

B. 以实物交换取得的房屋

C. 全资公司的母公司划转的房屋

D. 债权人承受破产企业抵偿债务的房屋

【答案】CD

【解析】选项C、D，同一投资主体内部所属企业之间土地、房屋权属的划转，债权人承受破产企业抵偿债务的房屋均属于契税优惠的特殊规定，免征契税。

【例题5·多选题】（2017年）下列方式获取的房屋中，可以免征契税的有（　）。

A. 居民购置的商品房

B. 运动员以获奖方式承受的房屋

C. 医院购买用于门诊部的商铺

D. 因债转股新设立的公司承受原企业的房屋

【答案】CD

【解析】选项C，国家机关、事业单位、社会团体、军事单位承受土地、房屋用于办公、教学、医疗、科研和军事设施的，免征契税；选项D，经国务院批准实施债权转股权的企业，对债权转股权后新设立的公司承受原企业的土地、房屋权属，免征契税；选项A、B无免税规定，应该正常缴纳契税。

考点精析

（一）契税优惠的一般规定

（1）国家机关、事业单位、社会团体、军事单位承受土地、房屋用于办公、教学、医疗、科研和军事设施的，免征契税。

（2）城镇职工按规定第一次购买公有住房，免征契税。

（3）对个人购买家庭唯一住房（家庭成员范围包括购房人、配偶以及未成年子女，下同），面积为90平方米及以下的，减按1%的税率征收契税；面积为90平方米以上的，减按1.5%的税率征收契税。

（4）对个人购买家庭第二套改善性住房，面积为90平方米及以下的，减按1%的税率征收契税；面积为90平方米以上的，减按2%的税率征收契税。

（5）因不可抗力灭失住房而重新购买住房的，酌情减免。

（6）土地、房屋被县级以上人民政府征用、占用后，重新承受土地、房屋权属的，由省级人民政府确定是否减免。

（7）承受荒山、荒沟、荒丘、荒滩土地使用权，并用于农、林、牧、渔业生产的，免征契税。

（8）公租房经营单位购买住房作为公租房的，免征契税。

（二）契税优惠的特殊规定

1. 企业改制

企业按照《中华人民共和国公司法》有关规定整体改制，包括非公司制企业改制为有限责任公司或股份有限公司，有限责任公司变更为股份有限公司，股份有限公司变更为有限责任公司，原企业投资主体存续并在改制（变更）后的公司中所持股权（股份）比例超过75%，且改制（变更）后公司承继原企业权利、义务的，对改制（变更）后公司承受原企业土地、房屋权属，免征契税。

2. 事业单位改制

事业单位按照国家有关规定改制为企业，原投资主体存续并在改制后企业中出资（股权、股份）比例超过50%的，对改制后企业承受原事业单位土地、房屋权属，免征契税。

3. 公司合并

两个或两个以上的公司，依照法律规定、

合同约定，合并为一个公司，且**原投资主体存续**的，对合并后公司承受原合并各方土地、房屋权属，**免征契税**。

4. 公司分立

公司依照法律规定、合同约定分立为两个或两个以上与原公司投资主体相同的公司，对分立后公司**承受原公司土地、房屋权属，免征契税**。

5. 企业破产

企业依照有关法律法规规定实施破产，债权人(包括破产企业职工)承受破产企业抵偿债务的土地、房屋权属，免征契税；对非债权人承受破产企业土地、房屋权属，凡按照《中华人民共和国劳动法》等国家有关法律法规政策妥善安置原企业全部职工，与原企业全部职工签订服务年限不少于三年的劳动用工合同的，对其承受所购企业土地、房屋权属，免征契税；**与原企业超过30%的职工**签订服务年限不少于三年的劳动用工合同的，减半征收契税。

6. 资产划转

对承受**县级以上人民政府或国有资产管理部门按规定进行行政性调整**，划转国有土地、房屋权属的单位，**免征契税**。

同一投资主体内部所属企业之间土地、房屋权属的划转，包括母公司与其全资子公司之间，同一公司所属全资子公司之间，同一自然人与其设立的个人独资企业、一人有限公司之间土地、房屋权属的划转，免征契税。

母公司以土地、房屋权属向其全资子公司增资，视同划转，免征契税。

7. 债权转股权

经国务院批准实施债权转股权的企业，对债权转股权后新设立的公司承受原企业的土地、房屋权属，免征契税。

8. 划拨用地出让或作价出资

以出让方式或国家作价出资(入股)方式承受原改制重组企业、事业单位划拨用地的，不属上述规定的免税范围，对承受方应按规定征收契税。

9. 公司股权(股份)转让

在股权(股份)转让中，单位、个人承受公司股权(股份)，公司土地、房屋权属不发生转移，不征收契税。

阶段性测试

1.【单选题】为了响应国家的二胎政策，结婚5年的小明夫妇购买了一套120平方米的住房，支付不含增值税总金额96万元。此住房属于夫妻二人的第二套改善性住房，对于此房屋应缴纳契税(　)万元。

A. 0.96　　B. 1.44

C. 1.92　　D. 2.88

2.【单选题】下列关于契税优惠政策的表述中，正确的是(　)。

A. 某居民投资购买了一宗用于建造普通住宅的土地，可以免征契税

B. 某退休林场工人到某山区购买了一片荒丘用于开荒造林，应减半缴纳契税

C. 因不可抗力灭失住房而重新购买住房的，直接免契税

D. 某居民购买一套86平方米的普通住房作为家庭唯一住房，可减按1%税率缴纳契税

3.【多选题】下列行为中，应视同买卖房屋计征契税的有(　)。

A. 以房屋权属作价投资

B. 以房屋权属抵债

C. 买房拆料

D. 翻建新房

4.【多选题】根据契税的相关规定，下列处理不正确的有(　)。

A. 因享受国家扶持政策而减免土地出让金的，可以同时减免契税

B. 契税的纳税人包括在境内转让房产的外国人

C. 契税的纳税义务发生时间是纳税人签订土地、房屋权属转移合同的当天，或者纳税人取得其他具有土地、房屋权属转移合同性质凭证的当天

D. 纳税人应当自纳税义务发生之日起10日内，向土地、房屋所在地的契税征收机

关办理纳税申报，并在契税征收机关核定的期限内缴纳税款

5.【多选题】下列关于企业事业单位改制重组的说法中，正确的有（　）。

A. 股份有限公司变更为有限责任公司，原企业投资主体存续并在变更后的公司中所持股权(股份)比例超过75%，且变更后公司承继原企业权利、义务的，对变更后公司承受原企业土地、房屋权属，免征契税

B. 事业单位按照国家有关规定改制为企业，原投资主体存续并在改制后企业中出资(股权、股份)比例超过50%的，对改制后企业承受原事业单位土地、房屋权属，减半征收契税

C. 对承受县级以上人民政府或国有资产管理部门按规定进行行政性调整、划转国有土地、房屋权属的单位，免征契税

D. 经国务院批准实施债权转股权的企业，对债权转股权后新设立的公司承受原企业的土地、房屋权属，免征契税

阶段性测试答案精析

1. C 【解析】对个人购买家庭第二套改善性住房，面积为90平方米以上的，减按2%的税率征收契税。

契税＝96×2%＝1.92(万元)。

2. D 【解析】选项A，没有免征契税的规定；选项B，承受荒山、荒沟、荒丘、荒滩土地使用权，并用于农、林、牧、渔业生产的，免征契税；选项C，因不可抗力灭失住房而重新购买住房的，酌情减免。

3. ABCD 【解析】上述选项都应视同买卖房屋计征契税。

4. AB 【解析】不得因减免土地出让金而减免契税；在中华人民共和国境内转移土地、房屋权属，承受的单位和个人为契税的纳税人。所以转让房产的外国人不属于契税的纳税人。

5. ACD 【解析】选项B，免征契税，而不是减半征收契税。

考点六　土地增值税的征税范围★

扫我解疑难

经典例题

【例题1·单选题】(2016年)下列房地产交易行为中，应当计算缴纳土地增值税的是（　）。

A. 县城居民之间互换自有居住用房屋

B. 非营利的慈善组织将合作建造的房屋转让

C. 房地产开发企业代客户进行房地产开发，开发完成后向客户收取代建收入

D. 房地产公司出租高档住宅

【答案】B

【解析】选项A属于土地增值税的征税范围，经当地税务机关核实，可以免征土地增值税。选项B，对于一方出地，一方出资金，双方合作建房，建成后按比例分房自用的，暂免征收土地增值税；建成后转让的，应征收土地增值税。选项C、D均不属于土地增值税征税范围，不征收土地增值税。

【例题2·单选题】下列行为属于土地增值税征税范围的是（　）。

A. 向国有企业出让土地使用权

B. 事业单位出租闲置房产

C. 村委会自行转让土地

D. 企业以房地产抵债

【答案】D

【解析】选项D，企业以房地产抵债，发生房地产产权转让，属于土地增值税的征税范围。选项A，向国有企业出让土地使用权，不属于土地增值税的征税范围；选项B，出租房产，没有发生房地产产权的转让，不属于土地增值税的征税范围；选项C，自行转让集体土地是一种违法行为，应由有关部门依照相关法律来处理，而不应纳入土地增值税的征税范围。

【例题3·多选题】下列情形中，应当计算缴纳土地增值税的有（　）。

A. 工业企业向房地产开发企业转让国有土地

使用权

B. 房产所有人通过希望工程基金会将房屋产权赠与西部教育事业

C. 甲企业出资金、乙企业出土地，双方合作建房，建成后按比例分房自用

D. 甲企业与乙企业互换办公用房

【答案】AD

【解析】选项 B，房产所有人通过中国境内非营利的社会团体、国家机关将房屋产权赠与教育、民政和其他社会福利、公益事业的，不属于土地增值税的征税范围，不缴纳土地增值税；选项 C，对于一方出地、一方出资金，双方合作建房，建成后按比例分房自用的，暂免征收土地增值税；选项 D，企业间的房地产交换，发生了房产产权、土地使用权的转移，应当缴纳土地增值税。

【例题 4 · 多选题】下列事项中，属于土地增值税征税范围的有( )。

A. 美国人凯文将中国境内一处房产赠送给好友

B. 企业为办理银行贷款将厂房进行抵押

C. 房地产开发公司受托对某企业闲置厂房进行改造

D. 居民个人之间交换非居住用房产

【答案】AD

【解析】选项 B，抵押期内的房地产，权属未发生转移，不征收土地增值税；选项 C，对闲置厂房进行改造，权属未发生转移，不征收土地增值税。

考点精析

1. 土地增值税征税范围

土地增值税的征税范围是：**转让国有土地使用权、地上建筑物及其附着物连同国有土地使用权一并转让**。实际工作中，土地增值税的征税范围常以三个标准来判定：

标准之一：转让的土地使用权是否属于国家所有。转让国有土地使用权，征土地增值税；转让集体所有土地，应先在有关部门办理(或补办)土地使用或出让手续，使之变为国家所有才可转让，并纳入土地增值税的征税范围。自行转让集体土地是一种违法行为。

标准之二：土地使用权、地上建筑物及其附着物是否发生产权转让。转让土地使用权征土地增值税，出让不征土地增值税；未转让土地使用权、房产产权(如出租)也不征土地增值税。

标准之三：转让房地产是否取得收入。取得收入的征税；房地产产权虽变更但未取得收入的，不征土地增值税。

上述三个标准必须同时具备，即转让国有土地使用权，或房屋产权与国有土地使用权一并转让，只要取得收入，均属于土地增值税的征税范围。土地增值税征税范围如表 10-3 所示。

表 10-3　土地增值税征税范围

有关事项	是否属于征税范围
出售	征。包括三种情况：(1)出售国有土地使用权；(2)取得国有土地使用权后进行房屋开发建造后出售；(3)存量房地产买卖
继承、赠与	继承不征(无收入)。赠与中公益性赠与、赠与直系亲属或承担直接赡养义务人不征；非公益性赠与征
出租	不征(无权属转移)
房地产抵押	抵押期不征；抵押期满偿还债务本息不征；抵押期满，不能偿还债务，而以房地产抵债征
房地产交换	单位之间换房征；个人之间互换自有住房不征
合作建房	建成后自用，不征；建成后转让，征
代建房	不征(无权属转移)
房地产重新评估	不征

2. 企业改制重组土地增值税政策

企业改制重组土地增值税政策见表10-4。

表10-4 企业改制重组土地增值税政策

特殊行为	具体情形
整体改制	按照《中华人民共和国公司法》的规定，非公司制企业整体改制为有限责任公司或者股份有限公司，有限责任公司(股份有限公司)整体改制为股份有限公司(有限责任公司)。对改制前的企业将国有土地、房屋权属转移、变更到改制后的企业，暂不征土地增值税
企业合并	按照法律规定或者合同约定，两个或两个以上企业合并为一个企业，且原企业投资主体存续的，对原企业将国有土地、房屋权属转移、变更到合并后的企业，暂不征土地增值税
企业分立	按照法律规定或者合同约定，企业分设为两个或两个以上与原企业投资主体相同的企业，对原企业将国有土地、房屋权属转移、变更到分立后的企业，暂不征土地增值税
房地产投资	单位、个人在改制重组时以房地产作价入股进行投资，对其将国有土地、房屋转移、变更到被投资的企业，暂不征土地增值税

【知识点拨】上述改制重组有关土地增值税政策不适用于房地产转移任意一方为房地产开发企业的情形。

考点七 土地增值税的扣除项目及应纳税额的计算★★★

扫我解疑难

经典例题

【例题1·单选题】某房地产开发公司开发一住宅项目，取得该土地使用权所支付的金额3 000万元，房地产开发成本4 000万元，利息支出500万元(能提供金融机构贷款证明)，所在省人民政府规定，能提供金融机构贷款证明的，其房地产开发费用扣除比例为4%，该公司计算土地增值税时允许扣除的开发费用为(　)万元。

A. 700　　　B. 780

C. 500　　　D. 850

【答案】B

【解析】税法规定，纳税人能够按转让房地产项目计算分摊利息支出，并能提供金融机构的贷款证明的，其允许扣除的房地产开发费用为：利息+(取得土地使用权所支付的金额+房地产开发成本)×5%以内。允许扣除的开发费用＝500+(3 000+4 000)×4%＝780(万元)。

【例题2·单选题】2019年4月，某一般纳税的房地产开发公司转让新建的一幢写字楼取得含税收入1 000万元，按一般计税方法计算缴纳增值税。已知该公司为取得土地使用权所支付的金额为50万元，房地产开发成本为200万元，所发生的利息支出不能提供金融机构贷款证明。所在省人民政府规定，房地产开发费用扣除比例为10%，计算土地增值税时准予扣除的税费为6万元。该公司应缴纳的土地增值税为(　)万元。

A. 180　　　B. 245.63

C. 302.5　　　D. 360

【答案】B

【解析】扣除项目金额＝50+200+(50+200)×10%+6+(50+200)×20%＝331(万元)

不含增值税收入＝1 000－(1 000－50)÷(1+9%)×9%＝921.56(万元)

增值额＝921.56－331＝590.56(万元)

增值额与扣除项目之比＝590.56÷331×100%＝178.42%，适用税率50%，速算扣除系数15%。

应纳土地增值税＝590.56×50%－331×15%＝245.63(万元)

【例题3·单选题】某公司于2019年8月转让位于市区的办公用房，签订售房合同，取得含税售房款200万元。该办公用房2014年1

月购入，购房发票上金额为80万元，且能够提供契税完税凭证。转让时不能提供评估价格，企业选择简易计税方法计算增值税，计算土地增值税时的增值额是(　)万元。(当地契税税率4%，不考虑地方教育附加。)

A. 86.42　　B. 98.7

C. 170.2　　D. 173.4

【答案】A

【解析】2014年1月—2019年8月按6年计算，评估价格=80×(1+6×5%)=104(万元)。

不含增值税收入=200-(200-80)÷(1+5%)×5%=194.29(万元)

准予扣除的税费=(200-80)÷(1+5%)×5%×(7%+3%)+200×0.05%=0.67(万元)

增值额=194.29-104-0.67-80×4%(购房时的契税)=86.42(万元)

【例题4·多选题】转让旧房需缴纳土地增值税的，可以在计算土地增值额时扣除的项目有(　)。

A. 房屋及建筑物的评估价格

B. 取得土地使用权所支付的价款

C. 转让环节缴纳的税金

D. 发生的管理费用、销售费用、财务费用

【答案】ABC

【解析】转让旧房的，计算土地增值额只允许扣除房屋及建筑物的评估价格、取得土地使用权所支付的价款或出让金、按国家规定缴纳的有关费用及在转让环节缴纳的税金；转让新建房地产项目，扣除项目中才有开发费用。

【例题5·多选题】下列情形中，应按评估价格计征土地增值税的有(　)。

A. 提供扣除项目金额不实的

B. 隐瞒、虚报房地产成交价格的

C. 房地产开发项目全部竣工完成销售需要进行清算的

D. 转让房地产的成交价格低于房地产评估价格，又无正当理由的

【答案】ABD

【解析】纳税人有下列情形之一的，按照房地产评估价格计算征收：(1)隐瞒、虚报房地产成交价格的；(2)提供扣除项目金额不实的；(3)转让房地产的成交价格低于房地产评估价格，又无正当理由的。

考点精析

(一)土地增值税的扣除项目

土地增值税的扣除项目见表10-5。

表10-5　土地增值税的扣除项目

企业类型	业务情况	扣除项目	具体内容
房地产开发企业	转让新房	取得土地使用权支付金额	(1)纳税人为取得土地使用权所支付的地价款 (2)纳税人在取得土地使用权时按国家统一规定缴纳的有关费用，如**契税**
		开发成本	土地的征用及拆迁补偿费、前期工程费、建筑安装工程费、基础设施费、公共配套设施费、开发间接费用等
		开发费用	(1)能够按转让房地产项目计算分摊利息支出，并能提供金融机构贷款证明的： 可扣除的开发费用=利息+(取得土地使用权所支付的金额+房地产开发成本)×5%以内 (2)不能按转让房地产项目计算分摊利息支出或不能提供金融机构贷款证明的： 可扣除的开发费用=(取得土地使用权所支付的金额+房地产开发成本)×10%以内
		转让环节税金	城建税、教育费附加、地方教育附加
		其他扣除项目	**加计扣除**=(取得土地使用权所支付的金额+房地产开发成本)×**20%**

续表

企业类型	业务情况	扣除项目	具体内容
非房地产开发企业	转让新房	取得土地使用权支付金额	同房地产企业的规定一样
		开发成本	同房地产企业的规定一样
		开发费用	同房地产企业的规定一样
		转让环节税金	城建税、教育费附加、地方教育附加、印花税
任何企业	转让旧房	取得土地使用权支付金额	(1)为取得土地使用权所支付的地价款 (2)纳税人在取得土地使用权时按国家统一规定缴纳的有关费用，如契税
		评估价格	(1)评估价格=重置成本价×成新度折扣率 (2)营改增后，凡不能取得评估价格，但能提供购房发票的，扣除项目的金额按照下列方法计算： ①购房凭据为营改增前取得的营业税发票的，按照发票所载金额(不扣减营业税)并从购买年度起至转让年度止每年加计5%计算 ②购房凭据为营改增后取得的增值税普通发票的，按照发票所载价税合计金额从购买年度起至转让年度止每年加计5%计算 ③购房发票为营改增后取得的增值税专用发票，按照发票所载不含增值税金额加上不允许抵扣的增值税进项税额之和，并从购买年度起至转让年度止每年加计5%计算
		转让环节税金	城建税、教育费附加、地方教育附加、印花税 【知识点拨】在不能取得评估价格时，契税也作为转让环节的税金扣除
	转让未开发的土地	取得土地使用权支付金额	(1)纳税人为取得土地使用权所支付的地价款 (2)纳税人在取得土地使用权时按国家统一规定缴纳的有关费用，如契税
		转让环节税金	城建税、教育费附加、地方教育附加、印花税

(二)土地增值税应纳税额的计算

(1)增值额=收入-扣除项目

(2)增值率=增值额÷扣除项目

(3)根据增值率确定适用税率及速算扣除系数

(4)税额=增值额×适用税率-扣除项目×速算扣除系数

【知识点拨】土地增值税的收入为不含增值税的收入。

土地增值税的税率及速算扣除系数，考试时不给出，需要记忆。

考点八　房地产开发企业土地增值税清算★★★

扫我解疑难

经典例题

【例题1·单选题】(2018年)下列情形中，纳税人应当进行土地增值税清算的是(　)。

A. 取得销售许可证满1年仍未销售完毕的

B. 转让未竣工结算房地产开发项目50%股权的

C. 直接转让土地使用权的

D. 房地产开发项目尚未竣工但已销售面积达到50%的

【答案】C

【解析】纳税人应进行土地增值税清算的情况：(1)房地产开发项目全部竣工、完成销售的；(2)整体转让未竣工决算房地产开发项目的；(3)直接转让土地使用权的。

【例题2·单选题】对房地产开发公司进行土地增值税清算时，可作为清算单位的是(　)。

A. 规划申报项目　　B. 审批备案项目

C. 商业推广项目　　D. 设计建筑项目

【答案】B

【解析】清算审核时，应审核房地产开发项目是否以国家有关部门审批、备案的项目为单位进行清算。

【例题3·单选题】对于符合应进行土地增值税清算条件的纳税人，应当在满足条件之日起(　)日内到主管税务机构办理清算手续。

A. 7　　B. 10

C. 30　　D. 90

【答案】D

【解析】对于符合清算条件应进行土地增值税清算的项目，纳税人应当在满足清算条件之日起90日内到主管税务机关办理清算手续。

【例题4·单选题】核定征收土地增值税时，核定征收率原则上不得低于(　)。

A. 5%　　B. 6%

C. 7%　　D. 8%

【答案】A

【解析】核定征收土地增值税时，核定征收率原则上不得低于5%。

【例题5·单选题】清算土地增值税时，房地产开发企业开发建造的与清算项目配套的会所等公共设施，其成本费用可以扣除的情形是(　)。

A. 建成后开发企业转为自用的

B. 建成后开发企业用于出租的

C. 建成后开发企业用于抵押且在抵押期内

D. 建成后产权属于全体业主的

【答案】D

【解析】建成后产权属于全体业主所有的，其成本、费用可以扣除。

【例题6·单选题】某房地产开发企业2019年开发一栋写字楼，当年完工并全部销售，与建筑安装施工企业签订的合同中约定，工程款共计6 000万元，房地产开发企业扣留建筑安装施工企业20%的工程款，作为开发项目的质量保证金。工程完工后，房地产开发企业支付给建筑安装施工企业工程款4 800万元。建筑安装施工企业就全部工程款6 000万元开具了发票，则房地产开发企业计算土地增值税时可以扣除的金额为(　)万元。

A. 0　　B. 1 200

C. 4 800　　D. 6 000

【答案】D

【解析】房地产企业在计算土地增值税时，建筑安装施工企业就质量保证金对房地产开发企业开具发票的，按发票所载金额予以扣除。

【例题7·多选题】房地产开发企业办理土地增值税清算所附送的(　)资料不实的，税务机关可以核定计算扣除。

A. 前期工程费

B. 建筑安装工程费

C. 基础设施费

D. 开发间接费用

【答案】ABCD

【解析】房地产开发企业办理土地增值税清算所附送的前期工程费、建筑安装工程费、基础设施费、开发间接费用的凭证或资料不符合清算要求或不实的，税务机关可参照当地建设工程造价管理部门公布的建安造价定额资料，结合房屋结构、用途、区位等因素，核定上述四项开发成本的单位面积金额标准，并据以计算扣除。

考点精析

(一)土地增值税的清算单位

土地增值税以国家有关部门审批的**房地产开发项目为单位进行清算**，对于分期开发的项目，以分期项目为单位清算。

(二)土地增值税的清算条件

土地增值税的清算条件见表10-6。

表 10-6　土地增值税的清算条件

纳税人应进行清算的情形	税务机关可要求纳税人进行清算的情形
(1)房地产开发项目全部竣工、完成销售的 (2)整体转让未竣工决算房地产开发项目的 (3)直接转让土地使用权的	(1)已竣工验收的房地产开发项目，已转让的房地产建筑面积占整个项目可售建筑面积的比例在85%以上，或该比例虽未超过85%，但剩余的可售建筑面积已经出租或自用的 (2)取得销售(预售)许可证满3年仍未销售完毕的 (3)纳税人申请注销税务登记但未办理土地增值税清算手续的 (4)省税务机关规定的其他情况

(三)非直接销售和自用房地产的收入确定

非直接销售和自用房地产的收入确定见表 10-7。

表 10-7　非直接销售和自用房地产收入确定

行为	具体内容	税收规定	收入的确认方法和顺序
非直接销售	将开发产品用于职工福利、奖励、对外投资、分配给股东或投资人、抵偿债务、换取其他单位和个人的非货币性资产等	发生所有权转移时应视同销售房地产	(1)按本企业在同一地区、同一年度销售的同类房地产的平均价格确定 (2)由主管税务机关参照当地当年、同类房地产的市场价格或评估价值确定
自用	将开发的部分房地产转为企业自用或用于出租等商业用途时	产权未发生转移，不征收土地增值税	在税款清算时不列收入，对应的成本和费用不允许扣除

土地增值税清算时，已全额开具商品房销售发票的，按照发票所载金额确认收入；未开具发票或未全额开具发票的，以交易双方签订的销售合同所载的售房金额及其他收益确认收入。销售合同所载商品房面积与有关部门实际测量面积不一致，在清算前已发生补、退房款的，应在计算土地增值税时予以调整。

(四)土地增值税的扣除项目

(1)除另有规定外，各扣除项目须提供合法有效凭证；不能提供合法有效凭证的，不予扣除。

(2)房地产开发企业办理土地增值税清算所附送的前期工程费、建筑安装工程费、基础设施费、开发间接费用的凭证或资料不符合清算要求或不实的，税务机关可参照当地建设工程造价管理部门公布的建安造价定额资料，结合房屋结构、用途、区位等因素，核定上述四项开发成本的单位面积金额标准，并据以计算扣除。具体核定方法由省税务机关确定。

(3)房地产开发企业开发建造的与清算项目配套的居委会和派出所用房、会所、停车场(库)、物业管理场所、变电站、热力站、水厂、文体场馆、学校、幼儿园、托儿所、医院、邮电通信等公共设施，按以下原则处理：

①建成后产权属于全体业主所有的，其成本、费用可以扣除。

②建成后无偿移交给政府、公用事业单位用于非营利性社会公共事业的，其成本、费用可以扣除。

③建成后有偿转让的，应计算收入，并准予扣除成本、费用。

(4)房地产开发企业销售已装修的房屋，其装修费用可以计入房地产开发成本。房地产开发企业的预提费用，除另有规定外，不得扣除。

(5)属于多个房地产项目共同的成本费用，应按清算项目可售建筑面积占多个项目可售总建筑面积的比例或其他合理的方法，计算确定清算项目的扣除金额。

(6)房地产开发企业在工程竣工验收后，根据合同约定，扣留建筑安装施工企业一定比例的工程款，作为开发项目的质量保证金，在计算土地增值税时，建筑安装施工企业就质量保证金对房地产开发企业开具发票的，按发票所载金额予以扣除；未开具发票的，扣留的质保金不得计算扣除。

(7)房地产开发企业逾期开发缴纳的土地闲置费不得扣除。

(8)房地产开发企业为取得土地使用权所支付的契税，应视同"按国家统一规定交纳的有关费用"，计入"取得土地使用权所支付的金额"中扣除。

(9)拆迁安置费的扣除，具体规定如表10-8所示。

表10-8　拆迁安置费的扣除

安置类型	税务处理
房地产企业用建造的该项目房地产安置回迁户的	安置用房视同销售处理，同时将此确认为房地产开发项目的拆迁补偿费；房地产开发企业支付给回迁户的补差价款，计入拆迁补偿费；回迁户支付给房地产开发企业的补差价款，应抵减本项目拆迁补偿费
开发企业采取异地安置	异地安置的房屋属于自行开发建造的，房屋价值按视同销售处理，计入本项目的拆迁补偿费；异地安置的房屋属于购入的，以实际支付的购房支出计入拆迁补偿费
货币安置拆迁的	房地产开发企业凭合法有效凭据计入拆迁补偿费

(五)土地增值税清算应报送的资料

符合清算条件应进行土地增值税清算的纳税人，须在满足清算条件之日起90日内到主管税务机关办理清算手续。

(六)土地增值税的核定征收

房地产开发企业有下列情形之一的，核定征收土地增值税：

(1)依照法律、行政法规的规定应当设置但未设置账簿的。

(2)擅自销毁账簿或者拒不提供纳税资料的。

(3)虽设置账簿，但账目混乱或者成本资料、收入凭证、费用凭证残缺不全，难以确定转让收入或扣除项目金额的。

(4)符合土地增值税清算条件，未按照规定的期限办理清算手续，经税务机关责令限期清算，逾期仍不清算的。

(5)申报的计税依据明显偏低，又无正当理由的。

(七)清算后再转让房地产的处理

在土地增值税清算时未转让的房地产，清算后销售或有偿转让的，纳税人应按规定进行土地增值税的纳税申报，扣除项目金额按清算时的单位建筑面积成本费用乘以销售或转让面积计算。

单位建筑面积成本费用=清算时的扣除项目总金额÷清算的总建筑面积

(八)土地增值税清算后应补缴的土地增值税加收滞纳金

纳税人按规定预缴土地增值税后，清算补缴的土地增值税，在主管税务机关规定的期限内补缴的，不加收滞纳金。

考点九　土地增值税的税收优惠★★★

扫我解疑难

经典例题

【例题·多选题】下列各项中，符合土地增值税税收优惠有关规定的有(　)。

A. 纳税人建造普通标准住宅出售，增值额未超过扣除项目金额20%的，减半征收土地增值税

B. 纳税人建造普通标准住宅出售，增值额未

超过扣除项目金额20%的，免征土地增值税

C. 纳税人建造普通标准住宅出售，增值额超过扣除项目金额20%的，应对其超过部分的增值额按规定征收土地增值税

D. 纳税人建造普通标准住宅出售，增值额超过扣除项目金额20%的，应就其全部增值额按规定征收土地增值税

【答案】BD

【解析】纳税人建造普通标准住宅出售，增值额未超过扣除项目金额20%的，免征土地增值税；超过20%的，应就其全部增值额按规定计税。

考点精析

(1)纳税人建造普通标准住宅出售，增值额未超过扣除项目金额20%的，免征土地增值税；超过20%的，应就其全部增值额按规定计税。

(2)因国家建设需要依法征用、收回的房地产，免征土地增值税。

(3)因城市实施规划、国家建设需要而搬迁，由纳税人自行转让原房地产的，免征土地增值税。

(4)对企事业单位、社会团体以及其他组织转让旧房作为公共租赁住房房源，且增值额未超过扣除项目金额20%的，免征土地增值税。

阶段性测试

【计算问答题1】(2019年)某房地产开发企业拟对其开发的位于县城一房地产项目进行土地增值税清算，该项目相关信息如下：

(1)2015年12月以10 000万元竞得国有土地一宗，并按规定缴纳契税。

(2)该项目2016年开工建设，未取得《建筑工程施工许可证》，建筑工程承包合同注明的开工日期为3月25日，2019年1月竣工，发生房地产开发成本7 000万元(不含物业用房开发成本)；开发费用3 400万元。

(3)该项目所属物业用房建成后产权归全体业主所有，并已移交物业公司使用，另发生物业用房开发成本500万元。

(4)2019年4月，该项目销售完毕，取得含税销售收入42 000万元。

(其他相关资料：契税税率4%，利息支出无法提供金融机构证明，当地省政府规定的房地产开发费用扣除比例为10%，企业对该项目选择简易计税方法计征增值税)

要求：根据上述资料，按照下列序号回答问题，如有计算需计算出合计数。

(1)说明该项目选择简易纳税方法计征增值税的理由。

(2)计算该项目应缴纳的增值税额。

(3)计算土地增值税时允许扣除的城市维护城建税、教育费附加和地方教育费附加。

(4)计算土地增值税时允许扣除的开发费用。

(5)计算土地增值税时允许扣除项目金额的合计数。

(6)计算该房地产开发项目应缴纳的土地增值税额。

【计算问答题2】位于市区的甲公司(非房地产开发企业)为增值税一般纳税人，2019年8月转让一栋2001年自建的办公楼，取得含税收入9 000万元，已按规定缴纳转让环节的有关税金，并取得完税凭证。该办公楼造价为800万元，其中包含为取得土地使用权支付的地价款300万元、契税9万元以及按国家统一缴纳的其他有关费用1万元。经房地产评估机构评定，该办公楼重新构建价格为5 000万元，成新度折扣率为五成，支付房地产评估费用10万元，该公司的评估价格已经税务机关认定。甲公司对于转让自建的办公楼的增值税选择简易征收方式。转让该办公楼缴纳的印花税税额为4.5万元。

要求：根据上述资料，按下列序号计算回答问题，每问需计算出合计数。

(1)计算该公司转让办公楼应纳增值税。

(2)计算土地增值税时甲公司可扣除转让环节的税金。

(3)计算土地增值税时甲公司可扣除项目金额

合计。

(4)计算甲公司应纳土地增值税。

阶段性测试答案精析

1.【答案】

(1)未取得《建筑工程施工许可证》的，建筑工程承包合同注明的开工日期在2016年4月30日前的建筑工程项目为房地产老项目。房地产开发企业中的一般纳税人，销售自行开发的房地产老项目，可以选择适用简易计税方法按照5%的征收率计税。

(2)该项目应缴纳的增值税额＝42 000÷(1＋5%)×5%＝2 000(万元)

(3)土地增值税前允许扣除的城市维护建设税、教育费附加和地方教育附加＝2 000×(5%＋3%＋2%)＝200(万元)

(4)允许扣除的开发费用＝[10 000×(1＋4%)＋7 000＋500]×10%＝1 790(万元)

(5)允许扣除的项目合计＝10 000×(1＋4%)＋7 000＋500＋1 790＋200＋[10 000×(1＋4%)＋7 000＋500]×20%＝23 470(万元)

『提示』物业用房建成后产权归全体业主所有，其开发成本可以扣除。

(6)增值额＝42 000÷(1＋5%)－23 470＝16 530(万元)

增值率＝16 530÷23 470×100%＝70.73%

应纳土地增值税＝16 530×40%－23 470×5%＝5 438.5(万元)

2.【答案】

(1)一般纳税人转让其2016年4月30日前自建的不动产，可以选择适用简易计税方法计税，以取得的全部价款和价外费用为销售额，按照5%的征收率计算应纳税额。

该公司转让办公楼应纳增值税＝9 000÷(1＋5%)×5%＝428.57(万元)。

(2)可扣除转让环节税金＝428.57×(7%＋3%＋2%)＋4.5＝55.93(万元)。

(3)在计算土地增值税时，可扣除项目：

①为取得土地使用权所支付的金额＝支付的地价款＋契税＋按国家统一规定缴纳的其他有关费用＝300＋9＋1＝310(万元)。

②评估价格＝5 000×50%＝2 500(万元)。

③税法规定，纳税人转让旧房及建筑物时，因计算纳税需要对房地产进行评估，其支付的评估费用允许在计算土地增值税时予以扣除。所以支付房地产评估10万元，可以扣除。

④可扣除转让环节税金＝55.93(万元)。

可扣除项目金额合计＝310＋2 500＋10＋55.93＝2 875.93(万元)。

(4)不含增值税收入＝9 000－428.57＝8 571.43(万元)。

增值额＝8 571.43－2 875.93＝5 695.50(万元)。

增值率＝5 695.50÷2 875.93×100%＝198.04%。

适用税率为50%，速算扣除系数为15%。

应纳土地增值税＝5 695.50×50%－2 875.93×15%＝2 416.36(万元)。

本章综合练习 限时120分钟

一、单项选择题

1. 下列各项中，关于房产税纳税人的说法正确的是(　)。
   A. 房屋出租的，由承租人缴纳房产税
   B. 房屋产权出典的，由承典人缴纳房产税
   C. 房屋产权出典的，由出典人缴纳房产税
   D. 纳税单位无租使用免税单位房产的，由产权所有人缴纳房产税

2. 下列出租住房的行为，不分用途一律减按4%的税率征收房产税的是(　)。
   A. 个人出租在城市的住房
   B. 企业出租在农村的住房
   C. 事业单位出租在县城的住房
   D. 社会团体出租在工矿区的住房

3. 某企业2019年3月投资1 500万元取得5万平方米的土地使用权，缴纳契税60万元，用于建造面积为4万平方米的厂房，建造成本和费用为2 000万元，2019年竣工验收并投入使用，对该厂房征收房产税所确定的房产原值是(　)万元。

A. 3 500　　B. 3 200

C. 3 560　　D. 3 000

4. 2019年4月，某企业将其与办公楼相连的地下停车场和另一独立的地下建筑物分别改为地下生产车间，停车场原值100万元，地下建筑物原价200万元，该企业所在地区确定地下建筑物的房产原价的折算比例为50%，房产原值减除比例为30%。该企业以上两处地下建筑物2019年4月至12月应纳房产税(　)万元。

A. 0.95　　B. 1.15

C. 1.26　　D. 1.89

5. 某企业2019年1月购买一宗40万平方米的土地使用权用于建造仓库，支付土地价款5 000万元，新建仓库总建筑面积为10万平方米，仓库总造价为2 500万元，2019年12月完工并验收合格交付使用，则该仓库的房产税计税原值为(　)万元。

A. 4 500　　B. 5 000

C. 8 500　　D. 12 500

6. 某小规模纳税人企业有原值为2 500万元的房产，2019年1月1日将其中的30%用于对外投资联营，投资期限10年，每年固定利润分红50万元，不承担投资风险。已知当地政府规定的扣除比例为20%，该企业2019年度应纳房产税(　)万元。

A. 24　　B. 22.51

C. 30　　D. 16.8

7. 甲企业为一般纳税人，2019年6月以融资租赁的方式租入一处房产，原值1 000万元，租赁期5年，租入当月投入使用，每月支付租赁费10万元(不含税)，计算房产余值的扣除比例为20%，企业采取一般计税方法。2019年甲企业融资租赁的房产应缴纳房产税(　)万元。

A. 4.8　　B. 5.6

C. 7.2　　D. 8.4

8. 赵某拥有两处房产，一处原值60万元的房产供自己和家人居住，另一处原值20万元的房产于2019年7月1日出租给王某居住，按市场价每月取得不含税租金收入1 200元(按月收取租金)。赵某2019年应缴纳的房产税为(　)元。

A. 288　　B. 576

C. 840　　D. 864

9. 下列房产中，免征房产税的是(　)。

A. 军队出租的房产

B. 公园里由照相馆使用的房产

C. 个人拥有的营业用房产

D. 经营公租房的租金收入

10. 下列行为中，不需要缴纳契税的是(　)。

A. 等价交换房屋

B. 买房拆料

C. 以获奖方式取得的房屋

D. 受赠的房屋

11. 下列各项中不符合契税计税依据的是(　)。

A. 以划拨方式取得土地使用权，经批准转让房地产时，计税依据为补交的土地使用权出让费用或者土地收益

B. 房屋赠与，参照房屋买卖的市场价格核定

C. 土地使用权出售，以成交价格为计税依据，不包括承受者交付的实物经济利益

D. 房屋交换，所交换房屋的价格差为契税的计税依据

12. 某企业破产清算时，其房地产评估价值为4 000万元，其中以价值3 000万元的房地产抵偿债务，将价值1 000万元的房地产进行拍卖，拍卖收入1 200万元。债权人获得房地产后，与他人进行房屋交换，取得额外补偿500万元。当事人各方合计应缴纳契税(　)万元。(适用契税税

率3%。)

A. 15　B. 36

C. 51　D. 126

13. 下列各项中，契税计税依据可由征收机关核定计税价格的是(　)。

A. 土地使用权出售

B. 国有土地使用权出让

C. 土地使用权赠与

D. 以划拨方式取得土地使用权

14. 某公司2019年发生两笔互换房产业务，并已办理了相关手续。第一笔业务换出的房产价值500万元，换进的房产价值800万元；第二笔业务换出的房产价值600万元，换进的房产价值300万元。已知当地政府规定的契税税率为3%，该公司应缴纳契税(　)万元。

A. 0　B. 9

C. 18　D. 33

15. 某公司购买写字楼应缴纳的税金为(　)。

A. 增值税　B. 房产税

C. 教育费附加　D. 契税

16. 甲企业以自有房产作抵押向某商业银行借入一年期贷款1 000万元，房产账面价值600万元，抵押时市价900万元；一年后无力偿还，将房产折价给银行抵偿了1 080万元的债务本息，抵债时房产市价1 100万元。当地规定的契税税率为3%，契税的正确处理是(　)。

A. 甲企业应纳契税30万元

B. 甲企业应纳契税33万元

C. 银行应纳契税30万元

D. 银行应纳契税32.4万元

17. 下列各项表述中，不符合契税规定的是(　)。

A. 以政府奖励方式获得的房屋，承受方也应缴纳契税

B. 采取分期付款方式购买房屋所有权的，按合同规定的总价款计征契税

C. 契税的纳税义务发生时间是纳税人签订土地、房屋权属转移合同的当天

D. 契税的纳税地点为纳税人机构所在地的契税征收机关

18. 居民刘某2019年有三套住房，将2018年购入的第一套价值80万元的公寓出租，月租金6 000元；第二套住房在2019年1月份与胡某交换，取得胡某另付的差价款20万元；第三套是2019年以45万元价格购入的90平方米普通住房现房。当地确定的契税税率为3%。刘某2019年共计应纳契税(　)元。

A. 4 500　B. 13 500

C. 19 500　D. 21 660

19. 居民甲某有三套住房，将一套价值120万元的别墅折价给乙某抵偿了100万元的债务；用市场价值70万元的第二套两室住房与丙某等价交换一套四室住房；将第三套市场价值50万元的公寓无偿捐赠给丁某。当地确定的契税税率为3%，甲、乙、丙、丁缴纳契税的情况是(　)。

A. 甲不缴纳，乙30 000元，丙不缴纳，丁15 000元

B. 甲3 600元，乙30 000元，丙3 600元，丁不缴纳

C. 甲不缴纳，乙36 000元，丙21 000元，丁不缴纳

D. 甲15 000元，乙36 000元，丙不缴纳，丁15 000元

20. 2019年3月份，小张夫妇通过多年的努力，全款购买了一套96平方米的住房，此房屋属于夫妻二人的唯一住房，房屋价格100万元，应缴纳契税(　)万元。

A. 1　B. 1.5

C. 2　D. 3

21. 下列情形中，免予缴纳契税的是(　)。

A. 买房拆料

B. 受赠房产

C. 交换价格相等的房屋

D. 承受国有土地使用权支付土地出让金

22. 下列各项中，应征收土地增值税的是(　)。

A. 通过中国境内非营利的社会团体赠与社会公益事业的房地产

B. 个人之间互换自有居住用房地产

C. 抵押期满权属转让给债权人的房地产

D. 企业转让旧房作为公租房房源，且增值额未超过扣除项目金额 20%

23. 土地增值额计算过程中，不允许按实际发生额扣除的项目是(　)。

A. 房地产开发成本

B. 地价款

C. 房地产开发费用

D. 契税

24. 房地产开发企业销售新房时，土地增值税扣除项目允许单独扣除的税金是(　)。

A. 增值税　　B. 房产税

C. 教育费附加　　D. 印花税

25. 某国有企业 2015 年 5 月在市区购置一栋办公楼，支付价款 8 000 万元。2019 年 8 月，该企业将办公楼转让，取得不含税收入 10 000 万元，签订产权转移书据。办公楼经税务机关认定的重置成本价为 12 000 万元，成新率 70%。计算土地增值税时准予扣除的税金为 60 万元(不含印花税)，该企业在缴纳土地增值税时计算的增值额为(　)万元。

A. 400　　B. 1 535

C. 1 490　　D. 1 530

26. 某工业企业 2018 年 10 月转让一幢新建办公楼取得不含增值税收入 5 000 万元，该办公楼建造成本和准予扣除的开发费用共计 3 700 万元，缴纳除增值税外与转让办公楼相关的税金 32.5 万元(其中印花税 2.5 万元)。该企业应缴纳土地增值税(　)万元。

A. 96.75　　B. 97.50

C. 380.25　　D. 392.50

27. 房地产开发企业将开发产品用于下列(　)项目，不属于视同销售房地产。

A. 开发的部分房地产用于换取其他单位的非货币性资产

B. 开发的部分房地产用于职工福利

C. 开发的部分房地产用于出租

D. 开发的部分房地产用于对外投资

28. 某生产企业 2019 年 12 月销售一栋 8 年前建造的办公楼，取得不含税销售收入 1 200万元。该办公楼原值 700 万元，已计提折旧 400 万元。经房地产评估机构评估，该办公楼的重置成本为 1 400 万元，成新度折扣率为五成，计算土地增值税时允许扣除的税金合计 7.2 万元。该生产企业销售办公楼应缴纳土地增值税(　)万元。

A. 128.4　　B. 161.76

C. 146.8　　D. 171.2

29. 某公司于 2014 年 11 月购入位于市区的办公用房，购房发票上金额为 80 万元。2019 年 11 月转让，取得不含税售房款 200 万元，不能提供评估价格。能够提供购房发票和契税完税凭证，计算土地增值税时允许扣除的税金合计 1.2 万元(不含契税)，转让时应缴纳土地增值税增值额是(　)万元。(当地契税税率 4%，不考虑印花税。)

A. 112.2　　B. 109

C. 95.6　　D. 93.4

30. 除保障性住房外，东部地区省份土地增值税预征率不得低于(　)。

A. 2%　　B. 3%

C. 3.5%　　D. 4%

二、多项选择题

1. 下列各项关于房产税纳税规定的说法中，正确的有(　)。

A. 租赁合同约定有免收租金期限的出租房产，免收租金期间不需缴纳房产税

B. 产权出典的，由承典人缴纳房产税

C. 无租使用其他单位房产的应税单位和个人，由使用人代为缴纳房产税

D. 融资租赁的房产，由承租人依照支付的租赁费缴纳房产税

2. 下列各项中，应依照房产余值缴纳房产税

的有(　)。

A. 经营租赁的房产

B. 产权出典的房产

C. 纳税单位无租使用其他单位的房产

D. 用于自营的居民住宅区内业主共有的经营性房产

3. 甲企业从 2019 年 1 月起以融资租赁方式出租给乙企业一栋房屋，原值为 200 万元，租期 5 年，年租金 40 万元，税务机关确定纳税人为承租方(该省规定允许按原值减除 20% 的余值计税)。下列处理正确的有(　)。

A. 甲企业应纳房产税为 0.16 万元

B. 甲企业应纳房产税为 4.8 万元

C. 乙企业应纳房产税为 0

D. 乙企业应纳房产税为 1.76 万元

4. 下列各项中，应当征收房产税的有(　)。

A. 城市居民出租的房产

B. 城市居民投资联营的房产

C. 宗教寺庙自用的房产

D. 城市居民拥有的营业用房

5. 下列各项中，应当计入房产税计税原值的有(　)。

A. 为取得土地使用权支付的地价款

B. 以房屋为载体，不可随意移动的附属设备和配套设施

C. 更新的易损坏的附属设备零配件

D. 对原有房屋的改扩建支出

6. 下列各项中，符合房产税纳税义务发生时间规定的有(　)。

A. 将原有房产用于生产经营，从生产经营之次月起缴纳房产税

B. 委托施工企业建设的房屋，从办理验收手续之次月起缴纳房产税

C. 购置存量房，自权属登记机关签发房屋权属证书之次月起缴纳房产税

D. 购置新建商品房，自权属登记机关签发房屋权属证书之次月起缴纳房产税

7. 甲企业将原值 70 万元的房产评估作价 80 万元投资乙企业，乙企业办理产权登记后又将该房产以每年 30 万元的价格出租给丙企业，当地契税税率 3%，则下列说法正确的有(　)。

A. 丙企业缴纳契税 0.9 万元

B. 丙企业不缴纳契税

C. 乙企业缴纳契税 2.4 万元

D. 乙企业缴纳契税 3.3 万元

8. 下列各项中，免征或不征契税的有(　)。

A. 国家出让国有土地使用权

B. 受赠人接受他人赠与的房屋

C. 两个公司依照法律规定合并为一个公司，且原投资主体存续的，对合并后公司承受原合并各方土地、房屋权属的

D. 对公共租赁住房经营管理单位购买住房作为公共租赁住房

9. 下列以成交价格为依据计算契税的有(　)。

A. 土地使用权赠与

B. 土地使用权出让

C. 土地使用权出售

D. 土地使用权转让

10. 下列各项中，不可以享受契税免税优惠的有(　)。

A. 母公司与其全资子公司之间土地、房屋权属的划转

B. 城镇职工自己购买商品住房

C. 以减免土地出让金方式取得的土地使用权

D. 取得荒山、荒沟、荒丘、荒滩土地使用权，用于工业园建设

11. 按照契税的有关规定，下列表述正确的有(　)。

A. 以行政划拨方式取得土地使用权，承受方需要缴纳契税

B. 契税由承受人纳税，即买方纳税

C. 因不可抗力灭失住房而重新购买住房的，免征契税

D. 契税的纳税人也包括外籍个人

12. 下列各项中，符合契税纳税义务发生时间和纳税期限规定的有(　)。

A. 签订房屋、土地权属转移合同的当天
B. 签订房屋、土地权属转移合同的次日
C. 纳税义务发生之日起 7 日内完税
D. 纳税义务发生之日起 10 日内完税

13. 下列各项中，按税法规定应缴纳契税的有(　)。
A. 农民承包荒山造林的土地
B. 银行承受企业抵债的房产
C. 科研事业单位受赠的科研用地
D. 劳动模范获得政府奖励的住房

14. 关于契税的计税依据，下列表述正确的有(　)。
A. 土地使用权交换的，以所交换的土地使用权的价格差额为计税依据
B. 房屋赠与的，由征收机关参照房屋买卖的市场价格核定计税依据
C. 采取分期付款方式购买房屋附属设施土地使用权、房屋所有权的，应按合同规定的总价款计征契税
D. 土地使用权出售的，以评估价格为计税依据

15. 下列国有土地使用权变动项目中，属于土地增值税征税范围的有(　)。
A. 出让国有土地使用权
B. 出租国有土地使用权
C. 转让国有土地使用权
D. 交换国有土地使用权

16. 下列各项中，应当作为土地增值税纳税人的有(　)。
A. 与国有企业换房的外资企业
B. 合作建房后出售房产的合作企业
C. 转让办公楼的事业单位
D. 建造普通标准住宅出售，增值额未超过扣除项目金额 20%的房地产开发企业

17. 下列项目中，按税法规定可以免征或不征土地增值税的有(　)。
A. 国家机关转让自用的房产
B. 税务机关拍卖欠税单位的房产
C. 对国有企业进行评估增值的房产
D. 因为国家建设需要而被政府征用的房产

18. 转让旧房产，计算其土地增值税增值额时准予扣除的项目有(　)。
A. 旧房产的评估价格
B. 支付评估机构的费用
C. 建造旧房产的重置成本
D. 转让环节缴纳的各种税费

19. 下列各项行为中，不需要缴纳土地增值税的有(　)。
A. 甲企业与乙企业之间交换办公楼
B. 房地产企业以自行开发的房地产对外出租
C. 非房地产企业之间，单位在改制重组时以国有土地使用权进行投资，其将国有土地权属转移到被投资的企业
D. 因国家收回国有土地使用权而使房地产权属发生转让

20. 房地产开发企业加计扣除 20%费用的计算基数包括(　)。
A. 房地产开发成本
B. 房地产开发费用
C. 地价款
D. 购买土地过程中按国家统一规定缴纳的登记、过户手续费

21. 在计算土地增值税应纳税额时，纳税人为取得土地使用权支付的地价款准予扣除。这里的地价款是指(　)。
A. 以协议方式取得土地使用权的，为支付的土地出让金
B. 以转让方式取得土地使用权的，为实际支付的地价款
C. 以出让方式取得土地使用权的，为支付的土地出让金
D. 以行政划拨方式取得土地使用权的，为补交的土地出让金

22. 计算土地增值税时，下列费用准予从收入总额中扣除的有(　)。
A. 耕地占用税
B. 开发小区的排污费、绿化费
C. 安置动迁用房的支出

D. 超过贷款期限的利息和加罚的利息支出

23. 下列关于土地增值税纳税地点的表述中，正确的有(　)。

A. 土地增值税的纳税人应该向其房地产所在地的主管税务机关办理纳税申报

B. 自然人纳税人转让的房地产坐落地与其居住所在地不一致的，应在住所所在地的税务机关申报纳税

C. 法人纳税人转让的房地产坐落地与其机构所在地一致的，应在办理税务登记的原管辖税务机关申报纳税

D. 法人纳税人转让的房地产坐落地与其机构所在地不一致的，应在房地产的坐落地所管辖的税务机关申报纳税

24. 下列情形中，税务机关可以要求纳税人进行清算的有(　)。

A. 已竣工验收的房地产开发项目，已转让的房地产建筑面积占整个项目可售建筑面积的比例为 90%

B. 取得销售(预售)许可证满三年仍未销售完毕的

C. 已竣工验收的房地产开发项目，已转让的房地产建筑面积占整个项目可售建筑面积的比例为 50%，剩余 50% 已经出租

D. 纳税人申请注销税务登记但未办理土地增值税清算手续的

25. 某企业转让一处土地使用权，在办理纳税申报时，应向税务机关提交的资料有(　)。

A. 土地增值税纳税申报表

B. 土地使用权证书

C. 土地转让合同

D. 与转让土地使用权有关的其他资料

26. 房地产开发企业将开发产品用于职工福利、奖励、对外投资、分配给股东或投资人、抵偿债务、换取其他单位或个人的非货币性资产等，发生所有权转移时应视同销售房地产，其收入可以按下列(　)方法确认。

A. 按本企业同一年度销售的其他房地产的平均价格确定

B. 按本企业同一地区、同一年度销售的同类房地产的平均价格确定

C. 由评估机构参照当地当年房地产的市场价格或评估价值确定

D. 由主管税务机关参照当地当年、同类房地产的市场价格或评估价值确定

27. 房地产开发企业进行土地增值税清算时，下列各项中，不得允许在计算增值额时扣除的有(　)。

A. 加罚的利息

B. 已售精装修房屋的装修费用

C. 逾期开发土地缴纳的土地闲置费

D. 未取得建筑安装施工企业开具发票的扣留质量保证金

28. 下列关于房地产企业土地增值税清算中拆迁安置费的说法正确的有(　)。

A. 房地产企业用建造的该项目房地产安置回迁户的，安置用房视同销售处理

B. 房地产开发企业支付给回迁户的补差价款，计入拆迁补偿费

C. 回迁户支付给房地产开发企业的补差价款，不抵减本项目拆迁补偿费

D. 回迁户支付给房地产开发企业的补差价款，应抵减本项目拆迁补偿费

三、计算问答题

1. 2019 年 7 月，某市税务机关拟对辖区内某房地产开发公司开发的房产项目进行土地增值税清算。该房地产开发公司提供该房产开发项目的资料如下：

(1) 2016 年 3 月以 8 000 万元拍得用于该房地产开发项目的一宗土地，并缴纳契税；因闲置 1 年，支付土地闲置费 400 万元。

(2) 2017 年 5 月开始动工建设，发生开发成本 5 000 万元；按照银行同类同期贷款利率计算的利息，银行贷款凭证显示利息支出 1 000 万元。

(3) 2019 年 6 月项目已销售可售建筑面积

的80%，共计取得不含税收入20 000万元，与转让房地产有关的税金198.20万元（不含增值税和印花税）；剩余面积进行出租。

(4)公司已按照3%的预征率预缴了土地增值税600万元。

（其他相关资料：当地适用的契税税率为5%，房地产公司按照一般计税方法计算缴纳增值税，按照最高限额计算扣除房地产开发费用。）

要求：根据上述资料，按照下列序号计算回答问题。如有计算，需计算出合计数。

(1)简要说明税务机关要求该公司进行土地增值税清算的理由。

(2)计算该公司清算土地增值税时允许扣除的土地使用权支付金额。

(3)计算该公司清算土地增值税时允许扣除的税金。

(4)计算该公司清算土地增值税时补缴的土地增值税。

(5)简要说明税务机关能否对清算补缴的土地增值税征收滞纳金，简要说明理由。

(6)简要说明税务机关对税务中介机构出具的鉴证报告在什么条件下可以采信。

2. 某工业企业2019年8月1日转让其位于县城的一栋办公楼，合同注明含税销售收入12 000万元，对于该项销售行为企业选择增值税一般计税方法计税。2008年建造该办公楼时，为取得土地使用权支付金额3 000万元，发生建造成本4 000万元。转让时经政府批准的房地产评估机构评估后，确定该办公楼的重置成本价为8 000万元。

（其他相关资料：当期没有可以抵扣的进项税额，产权转移书据印花税税率0.5‰，成新度折扣率60%。）

要求：根据上述资料，按照下列序号回答问题。如有计算，需计算出合计数。

(1)请解释重置成本价的含义。

(2)计算土地增值税时该企业办公楼的评估价格。

(3)计算土地增值税时允许扣除的城建税、教育费附加和地方教育附加。

(4)计算土地增值税时允许扣除的印花税。

(5)计算土地增值税时允许扣除项目金额的合计数。

(6)计算转让办公楼应缴纳的土地增值税。

3. 2019年6月税务机关对某房地产开发公司开发的房地产项目进行土地增值税清算，该房地产开发公司提供的资料如下：

(1)2018年6月以17 760万元购得一宗土地使用权，并缴纳契税。

(2)自2019年7月起，对受让土地50%的面积进行一期项目开发，发生开发成本6 000万元，管理费用200万元，销售费用400万元，银行贷款凭证显示利息支出600万元，允许扣除的有关税金及附加290万元。

(3)2020年3月该项目实现全部销售，共计取得不含税收入31 000万元。

（其他相关资料：当地适用的契税税率为5%；不考虑土地价款抵减增值税销售额的因素；该项目未预缴土地增值税）。

要求：根据上述资料，按照下列序号回答问题，如有计算请计算出合计数。

(1)简要说明房地产开发成本包含的项目。

(2)简要说明房地产开发费用的扣除标准。

(3)计算该公司清算土地增值税时允许扣除的土地使用权金额。

(4)计算该公司清算土地增值税时允许扣除项目金额的合计数。

(5)计算该公司清算土地增值税时应缴纳的土地增值税。

本章综合练习参考答案及详细解析

一、单项选择题

1. B 【解析】房屋出租的，由出租人缴纳房产税；房屋产权出典的，由承典人缴纳房产税，而不是出典人缴纳房产税；纳税单位无租使用免税单位房产的，由使用人代为缴纳房产税。

2. A 【解析】对个人出租住房，不区分用途，按4%的税率征收房产税。农村居民住房不属于房产税的征税范围。

3. C 【解析】房产原值＝1 500+2 000+60＝3 560（万元），房产原值包含地价，包括为取得土地使用权支付的价款、开发土地发生的成本费用等。

4. C 【解析】应缴纳房产税＝（100+200×50%）×（1－30%）×1.2%×9÷12＝1.26（万元）。

5. B 【解析】宗地容积率＝总建筑物面积/总地面面积＝10÷40＝0.25。
宗地容积率低于0.5的，按照房产建筑面积的2倍计算土地面积并据此确定计入房产原值的地价。
计入房产原值的地价＝2×10×（5 000÷40）＝2 500（万元）
则该仓库的房产税计税原值＝2 500（房价）+2 500（地价）＝5 000（万元）

6. B 【解析】纳税人以房产联营投资，不承担联营风险，只收取固定收入的，房产税应由出租方按租金收入计缴；未投资的房产仍按房产余值计缴房产税。
本年应纳房产税＝50÷1.05×12%+2 500×70%×（1－20%）×1.2%＝6+16.8＝22.51（万元）。

7. A 【解析】融资租赁的房产，由承租人自融资租赁合同约定开始日的次月起依照房产余值缴纳房产税。
应缴纳房产税＝1 000×（1－20%）×1.2%×6÷12＝4.8（万元）

8. A 【解析】根据房产税法的规定，个人所有非营业用的房产免征房产税，但对其出租的房产属于经营用房产，应当征收房产税；自2008年3月1日起，对个人出租住房，不区分用途，按4%税率征收房产税。
赵某2019年应纳房产税＝1 200×6×4%＝288（元）

9. D 【解析】选项A，军队自用的房产免征房产税，出租的房产不免税；选项B，公园自用的房产免征房产税，公园内附设的营业单位使用的房产应照章征收房产税；选项C，个人所有的非营业用房产免征房产税，对个人拥有的营业用房或者出租的房产，不属于免税房产，应照章纳税。

10. A 【解析】选项B、C、D，都是需要征收契税的；选项A，等价交换的房屋，免征契税。

11. C 【解析】选项C，土地使用权出售，以成交价格为计税依据。成交价格是指土地、房屋权属转移合同确定的价格，包括承受者应交付的货币、实物、无形资产或者其他经济利益。

12. C 【解析】债权人承受破产企业土地、房屋权属以抵偿债务的，免征契税。拍卖房地产的，承受方应纳契税税额＝1 200×3%＝36（万元）。
房屋交换中，由支付补价的一方按价差计算缴纳契税，税额＝500×3%＝15（万元）。
当事人各方应纳契税合计＝36+15＝51（万元）

13. C 【解析】选项A、B，国有土地使用权出让、土地使用权出售、房屋买卖，以成交价格为计税依据；选项C，土地使用权赠与、房屋赠与，由征收机关参照土地使用权出售、房屋买卖的市场价格核定；选项D，以划拨方式取得土地使用权，经批准转让房地产时，房地产转让者补交契税的依据为补交的土地使用权出让费用或者土地收益。本题中只有选项C可由征收机关核定计税价格。

14. B 【解析】房屋或土地使用权相交换，交换价格相等，免征契税；交换价格不等，由多交付货币、实物、无形资产或其他利益的一方按价差缴纳契税。第一笔交换业务应由该公司交契税，第二笔交换业务由对方交契税。

该公司应纳契税＝(800－500)×3%＝9(万元)

15. D 【解析】选项A、C由销售写字楼的售房单位缴纳。选项B，房产税在持有期间缴纳，购买环节不缴纳。契税在购买时由承受方缴纳。

16. D 【解析】甲企业不用缴纳契税；银行(承受方)按房产折价款缴纳契税。

应纳税额＝1 080×3%＝32.4(万元)。

17. D 【解析】契税的纳税地点为土地、房屋所在地的契税征收机关，而不是纳税人机构所在地的契税征收机关。

18. B 【解析】刘某第一套住房出租，不需缴纳契税；第二套住房交换，应由支付补价的胡某缴纳契税；第三套住房不是首次购买，不得使用优惠税率。

刘某应缴纳契税＝45×3%＝1.35(万元)＝13 500(元)。

19. A 【解析】甲不用缴纳契税；

乙应缴纳契税＝100×3%＝3(万元)

等价交换，甲、丙不缴纳契税；

丁应缴纳契税＝50×3%＝1.5(万元)

20. B 【解析】对个人购买家庭唯一住房，面积为90平方米以上的，减按1.5%的税率计算契税。契税＝100×1.5%＝1.5(万元)。

21. C 【解析】选项A，买房拆料或翻建新房，应照章征收契税；选项B，房屋的受赠人要按规定缴纳契税；选项D，对承受国有土地使用权所应支付的土地出让金，要计征契税。不得因减免土地出让金而减免契税。

22. C 【解析】房地产抵押期间产权未发生权属变更，不属于土地增值税征税范围；抵押期满权属转让给债权人的，征收土地增值税。

23. C 【解析】房地产开发费用中，纳税人能够按转让房地产项目计算分摊利息支出，并能提供金融机构的贷款证明的，利息支出可据实扣除，其他开发费用按取得土地使用权支付的金额和开发成本之和的5%以内计算扣除；纳税人不能按转让房地产项目计算分摊利息支出，或不能提供金融机构贷款证明的，房地产开发费用按取得土地使用权支付的金额和房地产开发成本金额之和的10%以内计算扣除。

24. C 【解析】房地产开发企业销售新房时，计算土地增值税时允许扣除的税金包括：城市维护建设税、教育费附加、地方教育附加。

25. B 【解析】评估价格＝12 000×70%＝8 400(万元)

税金＝60+10 000×0.05%＝65(万元)

增值额＝10 000－8 400－65＝1 535(万元)

26. C 【解析】扣除项目金额＝3 700+32.5＝3 732.5(万元)

土地增值额＝5 000－3 732.5＝1 267.5(万元)

增值率＝1 267.5÷3 732.5×100%＝33.96%

适用税率为30%。

应纳土地增值税＝1 267.5×30%＝380.25(万元)

27. C 【解析】房地产开发企业开发的部分房地产转为企业自用或用于出租等商业用途时，如果产权未发生转移，不征收土地增值税。

28. B 【解析】纳税人转让旧房的，在计算土地增值税时，应按房屋及建筑物的评估价格、取得土地使用权所支付的地价款和按国家统一规定交纳的有关费用以及在转让环节缴纳的税金作为扣除项目金额。

扣除项目金额 = 1 400×50% + 7.2 = 707.2（万元）

增值额 = 1 200 − 707.2 = 492.8（万元）

增值率 = 492.8 ÷ 707.2×100% = 69.68%

应纳土地增值税 = 492.8×40% − 707.2×5% = 161.76（万元）

29. C 【解析】纳税人转让旧房及建筑物，凡不能取得评估价格，但能提供购房发票的，旧房及建筑物的评估价格，可按发票所载金额并从购买年度起至转让年度止每年加计 5%计算扣除。计算扣除项目时“每年”按购房发票所载日期起至售房发票开具之日止，每满 12 个月计一年；超过一年，未满 12 个月但超过 6 个月的，可以视同为一年。对纳税人购房时缴纳的契税，凡能提供契税完税凭证的，准予作为“与转让房地产有关的税金”予以扣除，但不作为加计 5%的基数。

扣除项目 = 80×（1 + 5%×5）+ 1.2 + 80×4%（购房时的契税）= 104.4（万元）

增值额 = 200 − 104.4 = 95.6（万元）

30. A 【解析】除保障性住房外，东部地区省份土地增值税预征率不得低于 2%。

二、多项选择题

1. BC 【解析】选项 A，租赁双方签订的租赁合同约定有免收租金期限的出租房产，免收租金期间由产权所有人按照房产原值缴纳房产税；选项 D，融资租赁的房产，由承租人自融资租赁合同约定开始日的次月起依照房产余值缴纳房产税。合同未约定开始日的，由承租人自合同签订的次月起依照房产余值缴纳房产税。

2. BCD 【解析】经营租赁的房产按照房屋租金计算缴纳房产税。

3. AD 【解析】承租方为乙企业，融资租赁以房产余值计算房产税。纳税人出租、出借房产，自交付出租、出借房产之次月起缴纳房产税。

乙企业应纳房产税 = 200×（1 − 20%）×1.2%×11 ÷ 12 = 1.76（万元）

出租方甲企业应纳房产税 = 200×（1 − 20%）×1.2%×1 ÷ 12 = 0.16（万元）

4. ABD 【解析】选项 A、D，个人所有的居住房免税，经营用房要交房产税；选项 B，城市居民投资联营的房产，属于经营性用房，投资者共担风险的由被投资方交房产税，不承担经营风险，只收固定租金的房产，由投资方交房产税；选项 C，免征房产税。

5. ABD 【解析】对房屋附属设备和配套设施中易损坏、需经常更换的零配件更新后不再计入房产原值。

6. BC 【解析】选项 A，将原有房产用于生产经营，从生产经营之月起缴纳房产税；选项 D，购置新建商品房，自房屋交付使用之次月起缴纳房产税。

7. BC 【解析】乙企业按评估作价入股金额计算契税 = 80×3% = 2.4（万元）；出租房屋不纳契税。

8. CD 【解析】契税的纳税义务人，是转移土地、房屋权属行为中的承受人。缴纳出让金取得国有土地使用权、接受赠与（法定继承除外）的房屋，都要按规定缴纳契税，选项 C、D 属于契税的免税项目。

9. BCD 【解析】土地使用权赠与，由征收机关参照土地使用权出售的市场价格核定计税依据。

10. BCD 【解析】选项 B，城镇职工自己购买商品住房，照常征收契税；选项 C，以减免土地出让金方式取得的土地使用权，不得因减免土地出让金，而减免契税；选项 D，承受荒山、荒沟、荒丘、荒滩土地使用权，并用于农、林、牧、渔业生产，属于契税的免税规定，用于工业园建设的，不可以享受契税免税优惠。

11. BD 【解析】以行政划拨方式取得土地使用权，不是土地使用权的转让行为，也不是土地使用权的出让行为，承受方不需要缴纳契税；因不可抗力灭失住房而重新购买住房的，酌情减免，而不是一定免税。

12. AD 【解析】契税纳税义务发生时间为签订房地产权属转移合同的当天；纳税期限为纳税义务发生之日起10日内。

13. BD 【解析】承受荒山、荒沟、荒丘、荒滩土地使用权，并用于农、林、牧、渔业生产的，免征契税；事业单位承受土地、房屋用于科研的，免征契税。

14. ABC 【解析】选项D，土地使用权出售、房屋买卖，其计税依据为成交价格。

15. CD 【解析】出让国有土地使用权，属于土地一级市场行为，不征收土地增值税；出租国有土地使用权，因未发生权属变更，不征收土地增值税。

16. ABC 【解析】土地增值税的纳税义务人是转让国有土地使用权、地上建筑物及其附着物并取得收入的单位和个人。包括内外资企业、行政事业单位等有应税行为的单位和个人。房地产开发企业应当属于土地增值税的纳税人，但建造、出售的是普通标准住宅，增值额未超过扣除项目金额的20%，属于免税范围。

17. CD 【解析】转让国有土地使用权或房屋产权与国有土地使用权一并转让，只要取得收入，均属于土地增值税的征税范围；因为国家建设需要而被政府征用的房产，可以免征土地增值税。

18. ABD 【解析】重置成本要乘以成新度折扣率才是扣除的成本。纳税人缴纳的评估费用，允许作为扣除项目金额予以扣除。

19. BCD 【解析】房地产交换行为，发生了房产产权、土地使用权的转移，交换双方也取得了实物形态的收入，属于土地增值税的征税范围。但对于个人之间互换自有居住用房地产的，经当地税务机关核实，可以免征土地增值税。

20. ACD 【解析】房地产开发企业加计扣除的依据是取得土地使用权支付的金额(含地价款以及按国家统一规定支付的登记、过户手续费)和房地产开发成本两项内容。

21. ABCD 【解析】上述四种情况是纳税人为取得土地使用权支付的地价款。

22. ABC 【解析】选项D，不得作为开发费用在计算土地增值税中扣除。

23. ACD 【解析】纳税人是自然人的，当转让的房地产坐落地与其居住所在地一致时，则在住所所在地税务机关申报纳税；当转让的房地产坐落地与其居住所在地不一致时，在房地产坐落地的税务机关申报纳税。

24. ABCD 【解析】符合下列情形之一的，主管税务机关可要求纳税人进行土地增值税清算：

(1)已竣工验收的房地产开发项目，已转让的房地产建筑面积占整个项目可售建筑面积的比例在85%以上，或该比例虽未超过85%，但剩余的可售建筑面积已经出租或自用的；

(2)取得销售(预售)许可证满三年仍未销售完毕的；

(3)纳税人申请注销税务登记但未办理土地增值税清算手续的；

(4)省税务机关规定的其他情况。

25. ABCD 【解析】土地增值税的纳税人应在转让房地产合同签订后的7日内，到房地产所在地主管税务机关办理纳税申报，并向税务机关提交房屋及建筑物产权、土地使用权证书，土地转让、房产买卖合同，房地产评估报告及其他与转让房地产有关的资料。

26. BD 【解析】房地产开发企业将开发产品用于职工福利、奖励、对外投资、分配给股东或投资人、抵偿债务、换取其他单位或个人的非货币性资产等，发生所有权转移时应视同销售房地产，其收入按下列方法和顺序确认：

(1)按本企业同一地区、同一年度销售的同类房地产的平均价格确定；

(2)由主管税务机关参照当地当年、同类房地产的市场价格或评估价值确定。

27. ACD 【解析】房地产开发企业销售已装修的房屋，其装修费用可以计入房地产开发成本扣除；选项A、C、D均属于土地增值税清算时不能扣除的项目。

28. ABD 【解析】回迁户支付给房地产开发企业的补差价款，应抵减本项目拆迁补偿费。

三、计算问答题

1. 【答案】

(1)房地产公司直接销售可售建筑面积已达到80%，虽然未超过85%，但是剩余的可售建筑面积已经出租，税务机关可以要求其进行土地增值税的清算。

(2)允许扣除的土地使用权支付金额 = 8 000×80%×(1+5%) = 6 720(万元)

(3)允许扣除的税金 = 198.20(万元)

(4)允许扣除的项目金额合计 = 6 720+5 000×80%+1 000×80%+(6 720+5 000×80%)×5%+198.20+(6 720+5 000×80%)×20% = 14 398.2(万元)

增值额 = 20 000−14 398.2 = 5 601.8(万元)

增值率 = 5 601.8 ÷ 14 398.2 × 100% = 38.91%

土地增值税 = 5 601.8×30% = 1 680.54(万元)

补缴土地增值税 = 1 680.54−600 = 1 080.54(万元)

(5)纳税人按规定预缴土地增值税后，清算补缴的土地增值税，在主管税务机关规定的期限内补缴的，不加收滞纳金。

(6)税务中介机构受托对清算项目审核鉴证时，应按税务机关规定的格式对审核鉴证情况出具鉴证报告。对符合要求的鉴证报告，税务机关可以采信。

2. 【答案】

(1)重置成本价的含义是：对旧房及建筑物，按转让时的建材价格及人工费用计算，建筑同样面积、同样层次、同样结构、同样建设标准的新房及建筑物所需花费的成本费用。

(2)计算土地增值税时该企业办公楼的评估价格 = 8 000×60% = 4 800(万元)。

(3)可扣除的城建税、教育费附加和地方教育附加 = 12 000÷(1+9%)×9%×(5%+3%+2%) = 99.08(万元)

(4)计算土地增值税时可以扣除的印花税 = 12 000×0.5‰ = 6(万元)

(5)允许扣除项目金额的合计数 = 4 800+3 000+99.08+6 = 7 905.08(万元)

(6)转让办公楼的收入 = 12 000−12 000÷(1+9%)×9% = 11 009.17(万元)

增值额 = 11 009.17 − 7 905.08 = 3 104.09(万元)

增值率 = 3 104.09 ÷ 7 905.08 × 100% = 39.27%，适用税率30%。

应纳土地增值税 = 3 104.09×30% = 931.23(万元)

3. 【答案】

(1)房地产开发成本，包括土地征用及拆迁补偿费、前期工程费、建筑安装工程费、基础设施费、公共配套设施费、开发间接费用等。

(2)房地产开发费用的扣除标准：

①纳税人能够按转让房地产项目计算分摊利息支出，并能提供金融机构的贷款证明的，其允许扣除的房地产开发费用为：利息+(取得土地使用权所支付的金额+房地产开发成本)×5%以内(注：利息最高不能超过按商业银行同类同期贷款利率计算的金额)。

②纳税人不能按转让房地产项目计算分摊利息支出或不能提供金融机构贷款证明的，其允许扣除的房地产开发费用为：(取得土地使用权所支付的金额+房地产开

发成本)×10%以内。

(3)取得土地使用权所支付的金额=17 760×(1+5%)×50%=9 324(万元)

(4)取得土地使用权所支付的金额=9 324(万元)

房地产开发成本=6 000(万元)

房地产开发费用=600+(9 324+6 000)×5%=1 366.2(万元)

允许扣除的税金及附加=290(万元)

其他扣除项目=(9 324+6 000)×20%=3 064.8(万元)

允许扣除项目金额的合计数=9 324+6 000+1 366.2+290+3 064.8=20 045(万元)

(5)增值额=31 000−20 045=10 955(万元)

增值率=10 955÷20 045×100%=54.65%，适用税率40%，速算扣除系数5%。

应纳土地增值税税额=10 955×40%−20 045×5%=3 379.75(万元)

第11章 车辆购置税法、车船税法和印花税法

考情分析

历年考情分析

本章属于小税种，历年考题主要以客观题出现，考核难度比较基础，考点一般是车辆购置税的计税依据、车船税计税单位和应纳税额的计算、印花税税目、税收优惠。本章预计分值为6分左右。

本章2020年考试主要变化

根据《关于车辆购置税征收管理有关事项的公告》等政策进行修订车辆购置税法。

核心考点及经典例题详解

考点一　车辆购置税的计税依据及应纳税额的计算★★

扫我解疑难

经典例题

【例题1·单选题】(2019年)下列税费中，应计入车辆购置税计税依据的是(　)。

A. 购车时随购车款，同时支付的车辆装饰费

B. 购车时支付的增值税

C. 购车时已取得公安交管部门开具票据的临时牌照费

D. 购车时保险公司票据的保险费

【答案】A

【解析】纳税人购买自用应税车辆的计税价格，为纳税人实际支付给销售者的全部价款，不包括增值税税款。

【例题2·单选题】(2016年改)某企业2020年3月进口小汽车1辆；4月在国内市场购置载货汽车2辆，支付全部价款为75万元(不含增值税)，另支付车辆购置税7.5万元，车辆牌照费0.1万元，代办保险费2万元；5月受赠小汽车1辆。上述车辆全部为企业自用。下列关于该企业计缴车辆购置税依据的表述中，正确的是(　)。

A. 国内购置载货汽车的计税依据为84.5万元

B. 进口载货汽车的计税依据为关税完税价格加关税和消费额

C. 受赠小汽车的计税依据为同类小汽车的市场价格加增值税

D. 国内购置载货汽车的计税依据为77万元

【答案】B

【解析】选项A，车辆购置税的计税依据中不包括代收的保险费、车辆牌照费和车辆购置税，所以计税依据是75万元；选项C，受赠小汽车的计税依据是购置应税车辆时相关凭证载明的价格确定，不包括增值税税款；选项D，国内购置载货汽车的计税依据是75万元。

考点精析

车辆购置税的计税依据及税额计算如表 11-1 所示。

表 11-1　车辆购置税的计税依据及税额计算

应税行为	计税依据	税额计算
购买自用	支付给销售方的全部价款(不含增值税)	应纳税额=计税依据×10%
进口自用	组成计税价格=关税完税价格+关税+消费税=**(关税完税价格+关税)÷(1-消费税税率)** 【知识点拨】如果进口自用的是应缴消费税的小轿车，这个组价也是进口消费税、增值税的计税依据	应纳税额=组价×10%
自产自用	生产的**同类应税车辆的销售价格**(不含增值税) 【知识点拨】没有同类应税车辆销售价格的，按照**组成计税价格**确定。 组成计税价格计算公式如下： 组成计税价格=成本×(1+成本利润率) **属于应征消费税的应税车辆，其组成计税价格中应加计消费税税额**	应纳税额=计税依据×10%
受赠、获奖或者其他方式	**购置应税车辆时相关凭证载明的价格**(不含增值税) 【知识点拨】购置应税车辆时相关凭证，是指原车辆所有人购置或者以其他方式取得应税车辆时载明价格的凭证。无法提供相关凭证的，参照同类应税车辆市场平均交易价格确定其计税价格	

【知识点拨】已经办理免税、减税手续的车辆因转让、改变用途等原因不再属于免税、减税范围的，纳税人、纳税义务发生时间、应纳税额按以下规定执行：

1. 发生转让行为的，受让人为车辆购置税纳税人；未发生转让行为的，车辆所有人为车辆购置税纳税人。

2. 纳税义务发生时间为车辆转让或者用途改变等情形发生之日。

3. 应纳税额计算公式为：

应纳税额=初次办理纳税申报时确定的计税价格×(1-使用年限×10%)×10%-已纳税额

应纳税额不得为负数。

使用年限的计算方法是，自纳税人初次办理纳税申报之日起，至不再属于免税、减税范围的情形发生之日止。使用年限取整计算，不满一年的不计算在内。

考点二　车辆购置税的税收优惠★★★

扫我解疑难

经典例题

【例题 1·单选题】依据车辆购置税的有关规定，下列车辆中可以享受减免税的是(　)。

A. 国家机关购买的小汽车

B. 留学人员销售使用过的用现汇购买的进口自用小汽车

C. 有突出贡献专家购买的小汽车

D. 国际组织驻华机构购买的自用小汽车

【答案】D

【解析】选项 A，需要缴纳车辆购置税；选项 B，回国服务的在外留学人员用现汇购买 1 辆个人自用国产小汽车和长期来华定居专家进口 1 辆自用小汽车免征车辆购置税；选项 C，无免税规定；选项 D，外国驻华使馆、领事馆和国际组织驻华机构及其外交人员自用车辆免征车辆购置税。

【例题2·单选题】下列车辆中，可以免征车辆购置税的是(　)。

A. 回国服务的留学人员用现汇购买1辆自用的进口小汽车

B. 挂车

C. 长期来华定居专家进口2辆自用小汽车

D. 设有固定装置的非运输车辆

【答案】D

【解析】回国服务的留学人员用现汇购买1辆自用国产小汽车免税；对购置挂车减半征收车辆购置税；长期来华定居专家进口1辆自用小汽车免税。

考点精析

车辆购置税的税收优惠如表11-2所示。

表11-2　车辆购置税的税收优惠

税收优惠形式	优惠规定
减免税	(1)根据车辆购置税法的规定，下列车辆免征车辆购置税： ①依照法律规定应当予以免税的外国驻华使馆、领事馆和国际组织驻华机构及其外交人员自用的车辆 ②中国人民解放军和中国人民武装警察部队列入装备订货计划的车辆 ③悬挂应急救援专用号牌的国家综合性消防救援车辆 ④设有固定装置的非运输专用作业车辆 ⑤城市公交企业购置的公共汽电车辆 (2)根据财政部 税务总局公告2019年第75号的规定： ①回国服务的在外留学人员用现汇购买1辆个人自用国产小汽车和长期来华定居专家进口1辆自用小汽车，免征车辆购置税 ②防汛部门和森林消防部门用于指挥、检查、调度、报汛(警)、联络的由指定厂家生产的设有固定装置的指定型号的车辆免征车辆购置税 ③自2018年1月1日至2020年12月31日，对购置新能源汽车免征车辆购置税 ④自2018年7月1日至2021年6月30日，对购置挂车减半征收车辆购置税 ⑤中国妇女发展基金会"母亲健康快车"项目的流动医疗车免征车辆购置税 ⑥北京2022年冬奥会和冬残奥会组织委员会新购置车辆免征车辆购置税 ⑦原公安现役部队和原武警黄金、森林、水电部队改制后换发地方机动车牌证的车辆(公安消防、武警森林部队执行灭火救援任务的车辆除外)，一次性免征车辆购置税
退税	已征车辆购置税的车辆退回车辆生产或销售企业，纳税人申请退还车辆购置税的，应退税额计算公式如下： 应退税额=已纳税额×(1-使用年限×10%) 应退税额不得为负数 使用年限的计算方法是，自纳税人缴纳税款之日起，至申请退税之日止

阶段性测试

1.【单选题】下列各类车辆中，不属于车辆购置税征税范围的是(　)。

A. 汽车挂车

B. 排气量200毫升的摩托车

C. 有轨电车

D. 自行车

2.【单选题】张某2019年7月从某4S店(一般纳税人)购买轿车一辆供自己使用，支付含增值税的价款120 000元，另支付购置工具件和零配件价款2 000元，车辆装饰费6 000元，4S店还收取加急费等6 000元，并统一开具机动车销售统一发票。另外还收取保险公司开具增值税发票的保险费2 000元。则张某应纳车辆购置税(　)元。

A. 11 858.41　　B. 11 236.26

C. 10 896.56　　D. 10 619.47

阶段性测试答案精析

1. D 【解析】车辆购置税的征收范围包括汽车、有轨电车、汽车挂车、排气量超过一百五十毫升的摩托车。

2. A 【解析】保险公司开具票据的保险费，4S店只履行代收义务的款项，不并入计税依据计税。

   应纳车辆购置税=(120 000+2 000+6 000+6 000)÷1.13×10%=11 858.41(元)

   若工具件和零配件、车辆装饰费、加急费另开发票，不并入销售额计征车辆购置税。

考点三　车船税的税目及应纳税额的计算★★★

扫我解疑难

经典例题

【例题1·单选题】(2016年)下列关于车船税计税单位确认的表述中，正确的是(　)。

A. 摩托车以“排气量”作为计税单位

B. 游艇以“净吨位每吨”作为计税单位

C. 专用作业车以“整备质量每吨”作为计税单位

D. 商用货车以“每辆”作为计税单位

【答案】C

【解析】选项A错误，摩托车应以“每辆”为计税单位；选项B错误，游艇应以“艇身长度每米”为计税单位；选项D错误，商用货车应以“整备质量每吨”为计税单位。

【例题2·单选题】(2015年)某企业2016年1月缴纳了5辆客车车船税，其中一辆9月被盗，已办理车船税退还手续；11月由公安机关找回并出具证明，企业补缴车船税，假定该类型客车年基准税额为480元，该企业2016年实际缴纳的车船税总计为(　)元。

A. 1 920　　B. 2 280

C. 2 400　　D. 2 320

【答案】D

【解析】已办理退税的被盗抢车船，失而复得的，纳税人应当从公安机关出具相关证明的当月起计算缴纳车船税。实际缴纳的车船税=4×480+480÷12×10=2 320(元)。

【例题3·多选题】(2019年)下列各项中，属于车船税征税范围的有(　)。

A. 拖拉机　　B. 非机动驳船

C. 纯电动乘用车　　D. 节能汽车

【答案】BD

【解析】选项A，拖拉机不需要缴纳车船税；选项C，纯电动乘用车不属于车船税征税范围，对其不征车船税。

【例题4·多选题】(2019年)下列车船中，属于车船税征税范围的有(　)。

A. 节能汽车　　B. 燃料电池乘用车

C. 非机动驳船　　D. 半挂牵引车

【答案】ACD

【解析】纯电动乘用车和燃料电池乘用车不属于车船税征税范围，不征收车船税。

考点精析

(一)车船税的税目

车船税的税目见表11-3。

表11-3　车船税的税目

税目		计税单位	说明
乘用车		每辆	核定载客人数9人(含)以下
商用车	客车	每辆	核定载客人数9人以上(包括电车)
	货车	整备质量每吨	(1)包括半挂牵引车、挂车、客货两用汽车、三轮汽车和低速载货汽车等 (2)挂车按照货车税额的50%计算

续表

税目		计税单位	说明
其他车辆	专用作业车	整备质量每吨	—
	轮式专用机械车	整备质量每吨	不包括拖拉机
摩托车		每辆	—
船舶	机动船舶	净吨位每吨	**拖船**、**非机动驳船**分别按照机动船舶税额的**50%**计算
	游艇	艇身长度每米	—

(1)**拖船按照发动机功率每1千瓦折合净吨位0.67吨计算征税。**

(2)车船税法及其实施条例涉及的整备质量、净吨位、艇身长度等计税单位，有尾数的一律按照含尾数的计税单位据实计算车船税应纳税额。计算得出的应纳税额小数点后超过两位的可四舍五入保留两位小数。

(二)应纳税额的计算

纳税人按照纳税地点所在的省、自治区、直辖市人民政府确定的具体适用税额缴纳车船税。车船税由税务机关负责征收。

(1)购置的新车船，购置当年的应纳税额自纳**税义务发生的当月**起按月计算。

应纳税额=(年应纳税额÷12)×应纳税月份数

应纳税月份数=12-纳税义务发生时间(取月份)+1

(2)在一个纳税年度内，已完税的车船**被盗抢、报废、灭失**的，纳税人可以凭有关管理机关出具的证明和完税证明，向纳税所在地的主管税务机关申请退还自**被盗抢、报废、灭失月份**起至该纳税年度终了期间的税款。

(3)已办理退税的被盗抢车船，失而复得的，纳税人应当**从公安机关出具相关证明的当月起**计算缴纳车船税。

(4)在一个纳税年度内，纳税人在**非车辆登记地**由**保险机构代收代缴机动车车船税**，且能够提供合法有效完税证明的，纳税人不再向车辆登记地的税务机关缴纳车船税。

(5)已缴纳车船税的车船在同一纳税年度内办理转让过户的，不另纳税，也不退税。

考点四　车船税的税收优惠及征收管理★★

扫我解疑难

经典例题

【例题1·单选题】(2018年)下列车船中，免征车船税的是(　)。

A. 辅助动力帆艇

B. 半挂牵引车

C. 客货两用汽车

D. 武警专用车船

【答案】D

【解析】军队、武装警察部队专用的车船，免征车船税。

【例题2·单选题】(2017年改)下列车船中，享受减半征收车船税优惠的是(　)。

A. 纯电动乘用车

B. 使用新能源的插电式混合动力汽车

C. 燃料电池乘用车

D. 符合规定标准的节能乘用车

【答案】D

【解析】选项A、C，不属于车船税征税范围，不征收车船税；选项B，免征车船税。

【例题3·单选题】(2015年改)下列车船中，应缴纳车船税的是(　)。

A. 警用车辆

B. 养殖渔船

C. 纯电动乘用车

D. 公司拥有的摩托车

【答案】D

【解析】警用车辆和养殖渔船免征车船税；纯

电动乘用车，不属于车船税征收范围，不征收车船税。

考点精析

（一）税收优惠

1. 法定减免

（1）捕捞、养殖渔船。

（2）军队、武装警察部队专用的车船。

（3）警用车船。

（4）依照法律规定应当予以免税的外国驻华使领馆、国际组织驻华代表机构及其有关人员的车船。

（5）对节能汽车，减半征收车船税。对新能源车船，免征车船税。

【知识点拨】免征车船税的新能源汽车是指纯电动商用车、插电式（含增程式）混合动力汽车、燃料电池商用车。纯电动乘用车和燃料电池乘用车不属于车船税征税范围，对其不征车船税。

（6）省、自治区、直辖市人民政府根据当地实际情况，可以对公共交通车船，农村居民拥有并主要在农村地区使用的摩托车、三轮汽车和低速载货汽车定期减征或者免征车船税。

（7）国家综合性消防救援车辆由部队号牌改挂应急救援专用号牌的，一次性免征改挂当年车船税。

2. 特定减免

（1）经批准临时入境的外国车船和香港特别行政区、澳门特别行政区、台湾地区的车船，不征收车船税。

（2）按照规定缴纳船舶吨税的机动船舶，自车船税法实施之日起5年内免征车船税。

（3）机场、港口内部行驶或作业的车船，自车船税法实施之日起5年内免征车船税。

（二）征收管理

（1）纳税义务发生时间：取得车船所有权或者管理权的当月。

（2）纳税地点：车船的登记地或者车船税扣缴义务人所在地；依法不需要办理登记的车船，纳税地点为车船的所有人或者管理人所在地。

扣缴义务人代收代缴车船税的，纳税地点为扣缴义务人所在地。

纳税人自行申报缴纳车船税的，纳税地点为车船登记地的主管税务机关所在地。

（3）纳税期限：按年申报，分月计算，一次性缴纳。

阶段性测试

1.【单选题】下列车船中，以“整备质量每吨”作为车船税计税标准的是（　）。

A. 载客汽车

B. 三轮汽车

C. 乘用车

D. 拖船

2.【单选题】下列各项中不属于车船税征税范围的是（　）。

A. 拖船　　B. 火车

C. 摩托车　　D. 挂车

3.【单选题】下列关于车船税的说法，正确的是（　）。

A. 挂车按照货车税额的50%计算车船税

B. 非机动驳船按照机动船舶税额60%计算车船税

C. 拖船按船舶税额的70%计算车船税

D. 车辆整备质量尾数在0.5吨以下的不计算车船税

4.【单选题】某船运公司2019年度拥有旧机动船20艘，每艘净吨位750吨，非机动驳船2艘，每艘净吨位150吨；当年8月新购置机动船6艘，每艘净吨位1 500吨，当月取得购买机动船的发票。该公司2019年度应缴纳的车船税为（　）元。（已知机动船舶，具体适用税额为：净吨位小于或者等于200吨的，每吨3元；净吨位201吨至2 000吨的，每吨4元。）

A. 61 000　　B. 76 000

C. 75 450　　D. 77 000

5.【单选题】下列各项中，不符合车船税有关征收管理规定的是(　)。

A. 纳税人自行申报缴纳车船税的，应在车船的登记地缴纳车船税

B. 已办理退税的被盗抢车船，失而复得的，纳税人应当从公安机关出具相关证明的当月起计算缴纳车船税

C. 扣缴义务人代收代缴车船税的，纳税地点为扣缴义务人所在地

D. 依法不需要办理登记的车船，纳税地点为车船所在地的主管税务机关

6.【多选题】根据车船税法的规定，下列选项中属于法定免税的有(　)。

A. 由部队号牌改挂应急救援专用号牌的国家综合性消防救援车辆

B. 人民检察院领取警用牌照的车辆

C. 外国驻华使领馆有关人员使用的车辆

D. 经批准临时入境的外国车船

阶段性测试答案精析

1. B 【解析】以整备质量每吨作为车船税计税标准的是货车(包括半挂牵引车、三轮汽车和低速载货汽车等)、挂车、专用作业车和轮式专用机械车。

2. B 【解析】依法应当在车船管理部门登记的车辆和船舶，在机场、港口以及其他企业内部场所行驶或作业且依法不需在车船管理部门登记的车船属于车船税征税范围，但是火车不属于车船税的征税范围。

3. A 【解析】选项B、C，拖船、非机动驳船分别按照机动船舶税额的50%计算；选项D，没有此项优惠。

4. C 【解析】该船运公司应缴纳的车船税=20×750×4+2×150×3×50%+6×1 500×4×5÷12=75 450(元)。

5. D 【解析】依法不需要办理登记的车船，纳税地点为车船所有人或者管理人所在地。

6. ABC 【解析】经批准临时入境的外国车船属于特定减免。

考点五　印花税税目★★★

扫我解疑难

经典例题

【例题1·单选题】(2017年)下列合同中，应按照"技术合同"税目征收印花税的是(　)。

A. 工程项目论证合同

B. 会计制度咨询合同

C. 税务筹划咨询合同

D. 经济法律咨询合同

【答案】A

【解析】技术咨询合同，是当事人就有关项目的分析、论证、预测和调查订立的技术合同。但一般的法律、会计、审计等方面的咨询不属于技术咨询，其所立合同不贴印花。

【例题2·单选题】(2015年)下列合同中，应按"购销合同"税目征收印花税的是(　)。

A. 企业之间签订的土地使用权转让合同

B. 发电厂与电网之间签订的购售电合同

C. 银行与工商企业之间签订的融资租赁合同

D. 开发商与个人之间签订的商品房销售合同

【答案】B

【解析】选项A、D按照"产权转移书据"税目征收印花税；选项C，按照"借款合同"税目征收印花税。

【例题3·多选题】(2018年)下列各项，应按照"产权转移书据"税目缴纳印花税的有(　)。

A. 股权转让合同

B. 专利实施许可合同

C. 商品房销售合同

D. 专利申请权转让合同

【答案】ABC

【解析】产权转移书据包括财产所有权和版权、商标专用权、专利权、专有技术使用权等转移书据和专利实施许可合同、土地使用权出让合同、土地使用权转让合同、商品房销售合同等权利转移合同。选项D，专利申

请权转让合同，按照“技术合同”税目缴纳印花税。

【例题4·多选题】（2017年）下列合同中，按照印花税“产权转移书据”税目计征印花税的有（　）。

A. 土地使用权出让合同

B. 土地使用权转让合同

C. 非专利技术转让合同

D. 版权转移书据出让合同

【答案】 ABD

【解析】 产权转移书据包括财产所有权和版权、商标专用权、专利权、专有技术使用权等转移书据和专利实施许可合同、土地使用权出让合同、土地使用权转让合同、商品房销售合同等权利转移合同。选项C，非专利技术转让合同属于技术合同。技术合同包括技术开发、转让、咨询、服务等合同，以及作为合同使用的单据。技术转让合同，包括专利申请权转让和非专利技术转让。

【例题5·多选题】（2016年）电网公司甲在2016年4月与发电厂乙签订了购销电合同1份，与保险公司丙签订了保险合同1份，直接与用户签订了供电合同若干份，另与房地产开发公司丁签订了1份购房合同。下列关于甲公司计缴印花税的表述中，正确的有（　）。

A. 与丙签订的保险合同按保险合同缴纳印花税

B. 与乙签订的购销电合同按购销合同缴纳印花税

C. 与用户签订的供电合同按购销合同缴纳印花税

D. 与丁签订的购房合同按产权转移书据缴纳印花税

【答案】 ABD

【解析】 选项C，与用户签订的供电合同不属于印花税征税范围，不缴纳印花税。

【例题6·多选题】（2015年）下列证照中，应按“权利、许可证照”税目征收印花税的有（　）。

A. 专利证书　　B. 卫生许可证

C. 土地使用证　　D. 工商营业执照

【答案】 ACD

【解析】 选项B，卫生许可证不征收印花税。

考点精析

印花税的税目，指印花税法明确规定的应当纳税的项目，它具体划定了印花税的征税范围。一般地说，列入税目的就要征税，未列入税目的就不征税。印花税共有13个税目。印花税税目如表11-4所示。

表11-4　印花税税目

应税凭证类别	税目	范围	纳税人
合同或具有合同性质的凭证	购销合同	包括供应、预购、采购、购销结合及协作、调剂、补偿、贸易等合同。电网与用户之间签订的供用电合同，不征印花税	立合同人
	加工承揽合同	包括加工、定做、修缮、修理、印刷广告、测绘、测试等合同	
	建设工程勘察设计合同	包括勘察、设计合同	
	建筑安装工程承包合同	包括建筑、安装工程承包合同	
	财产租赁合同	包括租赁房屋、船舶、飞机、机动车辆、机械、器具、设备等合同，还包括企业、个人出租门店、柜台等签订的合同	

续表

应税凭证类别	税目	范围	纳税人
合同或具有合同性质的凭证	货物运输合同	各种运输合同以及**作为合同使用的单据**	立合同人
	仓储保管合同	包括仓储、保管合同，以及作为合同使用的**仓单**、**栈单**等	
	借款合同（包括融资租赁合同）	银行及其他金融组织与借款人（不包括银行同业拆借）所签订的合同	
	财产保险合同	包括财产、责任、保证、信用保险合同，以及作为合同使用的单据，**家庭财产两全保险**合同属于本税目	
	技术合同	包括技术开发、转让、咨询、服务等合同，以及作为合同使用的单据。 【知识点拨】(1)技术转让合同，包括**专利申请权转让**和**非专利技术转让** (2)一般的法律、会计、审计等方面的咨询不属于技术咨询，其所立合同不贴印花	
书据	产权转移书据	包括财产所有权和版权、商标专用权、专利权、专有技术使用权等转移书据和**专利实施许可合同**、土地使用权出让合同、土地使用权转让合同、商品房销售合同等权利转移合同	立据人
账簿	营业账簿	可分为记载资金的账簿和其他账簿 【知识点拨】自2018年5月1日起，对按0.5‰税率贴花的**资金账簿减半**征收印花税，对按件贴花5元的**其他账簿免征**印花税	
证照	权利、许可证照	包括政府部门发给的房屋产权证、工商营业执照、商标注册证、**专利证**、土地使用证	领受人

考点六　印花税的计税依据及应纳税额的计算★

扫我解疑难

经典例题

【例题1·单选题】(2019年)甲企业与运输公司签订货物运输合同，记载装卸费20万元，保险费10万元，运输费30万元，则甲企业按“货物运输合同”税目计算缴纳印花税的计税依据为(　)。

A. 40万元　　B. 30万元

C. 60万元　　D. 50万元

【答案】B

【解析】货物运输合同的计税依据为取得的运输费金额(即运费收入)，不包括所运货物的金额、装卸费和保险费等。

【例题2·单选题】甲汽车轮胎厂与乙汽车制造厂签订了一份货物交换合同，甲以价值65万元的轮胎交换乙的两辆汽车，同时甲再支付给乙3万元差价。对此项交易，甲应缴纳的印花税税额为(　)元。

A. 195　　B. 390

C. 399　　D. 408

【答案】C

【解析】商品购销活动中，采用以货换货方式进行商品交易签订的合同，是反映既购又销双重经济行为的合同。对此，应按合同所载的购、销合计金额计税贴花。

应缴纳的印花税=(65+68)×0.3‰×10 000=399(元)。

【例题3·单选题】某公司受托加工制作广告牌，双方签订的加工承揽合同中分别注明加工费40 000元，委托方提供价值60 000元的主要材料，受托方提供价值2 000元的辅助材料。该公司此项合同应缴纳印花税(　)元。

A. 20　　B. 21

C. 38　　D. 39

【答案】B

【解析】委托方提供原料主料的加工承揽合同，印花税以受托方提供的辅料与加工费合计数为计税依据。应纳印花税 = (2 000 + 40 000)×0.5‰ = 21(元)。

【例题4·单选题】下列关于印花税计税依据的表述中，正确的是(　)。

A. 技术合同的计税依据包括研究开发经费

B. 财产保险合同的计税依据包括所保财产的金额

C. 货物运输合同的计税依据包括货物装卸费和保险费

D. 记载资金账簿的计税依据为“实收资本”和“资本公积”的合计金额

【答案】D

【解析】选项A，技术合同的计税依据为合同所载的价款、报酬或使用费。为了鼓励技术研究开发，对技术开发合同只就合同所载的报酬金额计税，研究开发经费不作为计税依据。选项B，财产保险合同的计税依据为支付(收取)的保险费，不包括所保财产的金额。选项C，货物运输合同的计税依据为取得的运输费金额(运费收入)，不包括所运货物的金额、装卸费和保险费等。

【例题5·多选题】(2015年)甲是国内运输企业，乙是国外运输企业，丙委托甲和乙运输，甲是起运方，乙负责国外运输，甲、乙、丙都签了全程运输单，以下说法正确的有(　)。

A. 甲按本程运费贴花

B. 乙按本程运费贴花

C. 乙按全程运费贴花

D. 丙按全程运费贴花

【答案】AD

【解析】选项A，对国际货运，凡由我国运输企业运输的，不论在我国境内、境外起运或中转分程运输，我国运输企业所持的一份运费结算凭证，均按本程运费计算应纳税额；选项D，托运方所持的一份运费结算凭证，按全程运费计算应纳税额；选项B、C，由外国运输企业运输进出口货物的，外国运输企业所持的一份运输结算凭证免纳印花税，所以乙是免税的。

考点精析

(一)印花税的计税依据

(1)购销合同，计税依据为购销金额。

【知识点拨】如果是以物易物方式签订的购销合同，计税金额为合同所载的购、销金额合计数。

(2)加工承揽合同，计税依据为加工或承揽收入，区分两种情况：

①受托方提供原材料的，原材料金额与加工费在合同中分别列明的，原材料和辅料按购销合同计税，加工费按加工承揽合同计税，两者合计为应纳税额。若未分别记载，则全部金额按加工承揽合同计税

②委托方提供原材料的，加工费和辅料金额按加工承揽合同计税，原材料不交印花税。

(3)建设工程勘察设计合同，计税依据为勘察、设计收取的费用(勘察、设计收入)。

(4)建筑安装工程承包合同，计税依据为承包金额，不得剔除任何费用。施工单位将自己承包的建设项目分包或转包给其他施工单位所签订的分包合同或转包合同，应以新的分包合同或转包合同所载金额为依据计算应纳税额。

(5)财产租赁合同，计税依据为租赁金额(租金收入)。

(6)货物运输合同，计税依据为取得的运输费金额。

【知识点拨】计税依据中不包括所运货物的金额、装卸费和保险费等——有计税金额扣减规定。

①对国内各种货物联运，凡在起运地统一结算全程运费的，以全程运费作为计税依据，由起运地运费结算双方缴纳印花税；凡分程结算运费的，以分程运费作为计税依据，

分别由办理运费结算的各方缴纳印花税。

②对国际货运，凡由我国运输企业运输的，不论在我国境内、境外起运或中途分程转运，我国运输企业所持的一份运费结算凭证，均以本程运费为依据计税；托运方所持的一份运输结算凭证，以全程运费为依据计税。由外国运输企业运输进出口的货物，外国运输企业所持的运费结算凭证免纳印花税；托运方所持的运费结算凭证照章纳税。国际货运运费结算凭证在国外办理的，应在凭证转回我国境内时缴纳印花税。

(7)仓储保管合同，计税依据为仓储保管的费用(保管费收入)。

(8)借款合同，计税依据为借款金额(借款本金)，特殊情况中应注意事项：

①对银行及其他金融组织的融资租赁业务签订的融资租赁合同，应按合同所载租金总额，暂按借款合同计税。

②抵押借款合同按借款合同贴花。

(9)财产保险合同，计税依据为支付(收取)的保险费金额，不包括所保财产的金额。

(10)技术合同，计税依据为合同所载的价款、报酬或使用费。

【知识点拨】对技术开发合同，合同中所注明的研究开发经费可以从计税依据中扣除——有计税金额扣减规定。

(11)产权转移书据，计税依据为书据中所载的金额。

(12)记载资金的营业账簿，以实收资本和资本公积的两项合计金额为计税依据。

凡“资金账簿”在次年度的实收资本和资本公积未增加的，对其不再计算贴花。

(13)权利许可证照，计税依据为应税凭证件数。

(二)印花税应纳税额的计算

(1)适用比例税率的应税凭证，以凭证上所记载的金额为计税依据。计税公式为：

应纳税额=计税金额×比例税率

(2)适用定额税率的应税凭证，以凭证件数为计税依据。计税公式为：

应纳税额=凭证件数×固定税额(5元/件)

【知识点拨】(1)应税凭证以金额、收入、费用为计税依据的，应当全额计税，不得作任何扣除。

(2)同一凭证，载有两个或两个以上经济事项而适用不同税目税率，如分别记载金额的，应分别计算应纳税额，按相加后的合计税额贴花；如未分别记载金额，按税率高的计税贴花。

(3)应税凭证所载金额为外国货币的，按凭证书立当日的国家外汇管理局公布的外汇牌价折合人民币，计算应纳税额。

(4)有些合同在签订时无法确定计税金额，如技术转让合同中的转让收入，是按销售收入的一定比例收取或是按实现利润分成的，财产租赁合同只是规定了月(天)租金标准而无期限的。对于这类合同，可在签订时先按定额5元贴花，以后结算时再按实际金额计税，补贴印花税票。

(5)应税合同不论是否兑现或是否按期兑现，均应贴花。

(6)自2008年9月19日起，对证券交易印花税由双边征收改为单边征收，即只对卖出方(或继承、赠与A股、B股股权的出让方)征收证券(股票)交易印花税，对买入方(受让方)不再征税。税率仍保持1‰。

考点七　印花税的税收优惠与征收管理★

扫我解疑难

经典例题

【例题·多选题】下列各项中，符合印花税有关规定的有(　)。

A. 已贴用的印花税票，不得揭下重用

B. 凡多贴印花税票者，不得申请退税或者抵用

C. 应税合同不论是否兑现或是否按期兑现，均应贴花

D. 伪造印花税票的，税务机关可处以伪造印

花税票金额3倍至5倍的罚款

【答案】ABC

【解析】伪造印花税票的，由税务机关责令改正，处以2 000元以上1万元以下的罚款；情节严重的，处以1万元以上5万元以下的罚款；构成犯罪的，依法追究刑事责任。

考点精析

（一）税收优惠

（1）已缴纳印花税凭证的副本或者抄本免税。

（2）无息、贴息贷款合同免税。

（3）对房地产管理部门与个人签订的用于生活居住的租赁合同免税。

（4）对农牧业保险合同免税。

（5）自2019年1月1日至2021年12月31日，对与高校学生签订的高校学生公寓租赁合同免税。

（6）对公租房经营管理单位建造管理公租房涉及的印花税予以免征。

（7）对改造安置住房经营管理单位、开发商与改造安置住房相关的印花税以及购买安置住房的个人涉及的印花税予以免征。

（8）对全国社会保障基金理事会、全国社会保障基金投资管理人管理的全国社会保障基金转让非上市公司股权，免征全国社会保障基金理事会、全国社会保障基金投资管理人应缴纳的印花税。

（9）自2018年5月1日起，对按万分之五税率贴花的资金账簿减半征收印花税，对按件贴花五元的其他账簿免征印花税。

（10）2019年1月1日至2021年12月31日，对商品储备管理公司及其直属库资金账簿免征印花税；对其承担商品储备业务过程中书立的购销合同免征印花税，对合同其他各方当事人应缴纳的印花税照章征收。

（二）征收管理

1. 纳税方法

（1）自行贴花办法。一般适用于应税凭证较少或者贴花次数较少的纳税人。

（2）汇贴或汇缴办法。一般适用于应纳税额较大或者贴花次数频繁的纳税人。

【知识点拨】（1）一份凭证应纳税额超过500元的，应向当地税务机关申请填写缴款书或者完税证，将其中一联粘贴在凭证上或者由税务机关在凭证上加注完税标记代替贴花——汇贴。

（2）同一种类应纳税凭证，需频繁贴花的，纳税人可以根据实际情况自行决定是否采用按期汇总缴纳印花税的方式，汇总缴纳的期限为1个月——汇缴。

（3）委托代征办法。

2. 纳税环节

印花税应当在书立或领受时贴花。

3. 纳税地点

印花税一般实行就地纳税。

4. 违章与处罚

印花税纳税人有下列行为之一的，由税务机关根据情节轻重予以处罚：

（1）在应纳税凭证上未贴或者少贴印花税票的或者已粘贴在应税凭证上的印花税票未注销或者未划销的，由税务机关追缴其不缴或者少缴的税款、滞纳金，并处不缴或者少缴的税款50%以上5倍以下的罚款。

（2）已贴用的印花税票揭下重用造成未缴或少缴印花税的，由税务机关追缴其不缴或者少缴的税款、滞纳金，并处不缴或者少缴的税款50%以上5倍以下的罚款；构成犯罪的，依法追究刑事责任。

（3）伪造印花税票的，由税务机关责令改正，处以2 000元以上1万元以下的罚款；情节严重的，处以1万元以上5万元以下的罚款；构成犯罪的，依法追究刑事责任。

（4）按期汇总缴纳印花税的纳税人，超过税务机关核定的纳税期限，未缴或少缴印花税款的，由税务机关追缴其不缴或者少缴的税款、滞纳金，并处不缴或者少缴的税款50%以上5倍以下的罚款；情节严重的，同时撤销其汇缴许可证；构成犯罪的，依法追究刑事责任。

（5）纳税人违反以下规定的，由税务机关责令限期改正，可处以 2 000 元以下的罚款；情节严重的，处以 2 000 元以上 1 万元以下的罚款。

①凡汇总缴纳印花税的凭证，应加注税务机关指定的汇缴戳记，编号并装订成册后，将已贴印花或者缴款书的一联粘附册后，盖章注销，保存备查。

②纳税人对纳税凭证应妥善保存。凭证的保存期限，凡国家已有明确规定的，按规定办理；没有明确规定的其余凭证，均应在履行完毕后保存 1 年。

阶段性测试

1.【单选题】下列各项中，属于印花税纳税人的是（　）。

A. 电子形式签订应税凭证的当事人

B. 合同的证人

C. 权利许可证照的发放人

D. 在国外书立合同且在国外使用的使用人

2.【单选题】下列合同中，属于印花税征税范围的是（　）。

A. 供用电合同

B. 融资租赁合同

C. 人寿保险合同

D. 法律咨询合同

3.【单选题】A 公司与 B 公司签订了购销合同，由 A 公司向 B 公司提供价值 300 000 元的钢材，B 公司向 A 公司提供价值 400 000元的水泥，货物价差由 A 公司付款补足。已知购销合同的印花税税率为 0.3‰，A、B 两公司共应缴纳印花税为（　）元。

A. 90　　B. 120

C. 420　　D. 480

4.【单选题】某企业与海外公司 2018 年签订一份金额为 500 万美元的采购合同，并按合同金额的 0.3‰缴纳了印花税。2019 年修改该合同，将金额增加为 661 万美元，修改凭证当日的美元与人民币的汇率为 6.11，当月 1 日美元与人民币的汇率为 6.5。则该企业 2019 年应缴纳的印花税为（　）元。

A. 0　　B. 2 951.1

C. 3 140　　D. 2 951

5.【单选题】印花税在委托代征办法下，按代售金额（　）的比例支付代售手续费。

A. 2%　　B. 3%

C. 5%　　D. 10%

6.【多选题】下列凭证中，属于印花税征税范围的有（　）。

A. 银行设置的现金收付登记簿

B. 个人出租门店签订的租赁合同

C. 电网与用户之间签订的供用电合同

D. 出版单位与发行单位之间订立的图书订购单

7.【多选题】下列合同中，免征印花税的有（　）。

A. 贴息贷款合同

B. 仓储保管合同

C. 农牧业保险合同

D. 建设工程勘察设计合同

8.【多选题】下列凭证免征印花税的有（　）。

A. 作为正本使用的副本

B. 公租房租赁双方签订的租赁协议

C. 对与高校学生签订的高校宿舍租赁合同

D. 个人与房地产管理部门签订用于经营性活动的房屋租赁合同

阶段性测试答案精析

1. A　【解析】选项 A，以电子形式签订应税凭证的当事人，属于印花税的纳税人；选项 B，合同的当事人属于印花税的纳税人，所谓当事人，是指对凭证有直接权利义务关系的单位和个人，但不包括合同的担保人、证人、鉴定人；选项 C，权利许可证照的领受人，属于印花税纳税人；选项 D，在国外书立、领受，但在国内使用的应税凭证，其纳税人是使用人。

2. B 【解析】选项 A，电网与用户之间签订的供用电合同不属于印花税列举征税的凭证，不征收印花税；选项 C，人寿保险合同不属于印花税列举征税的凭证，不征收印花税；选项 D，法律咨询合同不属于技术咨询，其所立合同不贴印花。

3. C 【解析】以货换货方式进行商品交易签订的购销合同，应以合同所载购销合计金额计税贴花。A、B 两公司共应缴纳印花税 = (300 000 + 400 000) × 0.3‰ × 2 = 420（元）。

4. B 【解析】应缴纳的印花税 = (661 − 500) × 10 000 × 6.11 × 0.3‰ = 2 951.1（元）。
应纳税额不足 1 角的，免纳印花税；1 角以上的，其税额尾数不满 5 分的不计，满 5 分的按 1 角计算。

5. C 【解析】税务机关委托工商行政管理机关代售印花税票，按代售金额 5% 的比例支付代售手续费。

6. BD 【解析】选项 A，银行根据业务管理需要设置的各种登记簿，如空白重要凭证登记簿、有价单证登记簿、现金收付登记簿等，其记载的内容与资金活动无关，仅用于内部备查，属于非营业账簿，均不征收印花税；选项 C，电网与用户之间签订的供用电合同不属于印花税列举征税的凭证，不征收印花税。

7. AC 【解析】选项 B、D 没有免税的规定。

8. BC 【解析】选项 A，副本或抄本作为正本使用的应当另行贴花；选项 D，个人与房地产管理部门签订用于生活居住的房屋租赁合同才免税。

本章综合练习 限时70分钟

一、单项选择题

1. 下列人员中属于车辆购置税纳税义务人的是（　）。
   A. 应税车辆的赠与者
   B. 应税车辆的购买者
   C. 自产车辆的销售者
   D. 应税车辆的出口者

2. 下列说法中，符合车辆购置税计税依据相关规定的是（　）。
   A. 进口自用的应税小汽车的计税价格包括关税完税价格和关税，不包括消费税
   B. 获奖方式取得自用应税车辆的计税价格，按照购置应税车辆时相关凭证载明的价格确定，包括增值税税款
   C. 销售汽车的纳税人代收的保险费，不应计入计税依据中征收车辆购置税
   D. 纳税人自产自用应税车辆的计税价格，按照纳税人生产的同类应税车辆的销售价格确定

3. 某汽车贸易公司 2019 年 10 月进口 11 辆小轿车，海关审定的关税完税价格为 25 万元/辆，当月销售 8 辆，取得含税销售收入 320 万元；2 辆企业自用，1 辆用于抵偿债务。合同约定的含税价格为 40 万元。该公司应纳车辆购置税（　）万元。（小轿车关税税率 28%，消费税税率为 9%。）
   A. 7.03　　B. 5
   C. 7.50　　D. 10.55

4. 下列车辆中，可以免征车辆购置税的是（　）。
   A. 购置的挂车
   B. 四轮农用运输车
   C. 2019 年某企业购置的新能源汽车
   D. 设有固定装置的运输车辆

5. 某汽车制造厂将自产的小汽车 8 辆自用，该厂同类应税车辆的不含税销售价格为 200 000 元/辆，该厂小汽车的账面成本为 100 000 元/辆，成本利润率为 10%。该汽车制造厂应纳车辆购置税（　）元。
   A. 15 000　　B. 76 000

C. 132 000　　D. 160 000

6. 下列各项关于车船税计税依据及税额的表述中，不正确的是(　)。

A. 拖船按照发动机功率每1千瓦折合净吨位0.67吨计算

B. 非机动驳船以机动船舶税额的50%计算

C. 挂车按照货车税额的50%计算

D. 船舶净吨位尾数在半吨以下的按半吨计算

7. 某机械制造厂2019年拥有货车3辆，每辆货车的整备质量均为1.499吨；挂车1辆，其整备质量为1.2吨；小汽车2辆。已知货车车船税税率为整备质量每吨年基准税额16元，小汽车车船税税率为每辆年基准税额360元。该厂2019年度应纳车船税为(　)元。

A. 441.6　　B. 792

C. 801.55　　D. 811.2

8. 某交通运输企业2019年年初拥有20辆整备质量为5吨的载货汽车，10辆整备质量为4吨的挂车，8辆2.3吨载货汽车，10辆中型载客汽车，其中包括2辆电车。该企业所在地载货汽车年税额20元/吨，载客汽车的税额是420元/年。该企业当年应缴纳车船税(　)元。

A. 7 000　　B. 7 500

C. 6 160　　D. 6 968

9. 下列车辆中，应缴纳车船税的是(　)。

A. 纯电动乘用车

B. 拖船

C. 武装警察部队专用的车船

D. 捕捞渔船

10. 下列关于车船税纳税申报的表述中，正确的是(　)。

A. 按月申报，分期缴纳

B. 按季申报，分期缴纳

C. 按半年申报，分期缴纳

D. 按年申报，分月计算，一次性缴纳

11. 下列车船税征收管理规定中不正确的是(　)。

A. 税务机关应当按照车船税统一申报表数据指标建立车船税税源数据库

B. 保险机构应当在收取机动车第三者责任强制保险费时依法代收车船税

C. 已经缴纳车船税的车船，因质量原因，车船被退回生产企业或者经销商的，纳税人不可以申请退税

D. 已完税车辆被盗抢、报废、灭失而申请车船税退税的，纳税人向纳税所在地的主管税务机关办理

12. 下列各项中，应当征收印花税的是(　)。

A. 借款合同

B. 法律咨询合同

C. 会计咨询协议

D. 电网与用户之间签订的供用电合同

13. 下列项目中，应当缴纳印花税的凭证是(　)。

A. 家庭财产两全保险合同

B. 无息贷款合同

C. 农牧业保险合同

D. 金融机构与小型企业签订的借款合同

14. 2019年1月，甲公司将闲置厂房出租给乙公司，合同约定每月租金2 500元，租期未定。签订合同时，预收租金5 000元，双方已按定额贴花。5月底合同解除，甲公司收到乙公司补交租金7 500元。甲公司5月份应补缴印花税(　)元。

A. 7.5　　B. 8

C. 9.5　　D. 12.5

15. 某货运公司与重型机械厂签订一项货物运输合同，负责将货物运抵某地，运输费用4万元，装卸费用0.5万元，该货物运输合同应缴印花税额为(　)元。

A. 2.5　　B. 5

C. 20　　D. 22.5

16. 甲公司与乙公司分别签订了两份合同：一是以货换货合同，甲公司的货物价值200万元，乙公司的货物价值150万元；二是采购合同，甲公司购买乙公司50万

元货物，但因故合同未能兑现。甲公司应缴纳印花税(　)元。

A. 150　　B. 600

C. 1 050　　D. 1 200

17. 孙某将自有住房无偿赠与非法定继承人王某，已向税务机关提交经审核并签字盖章的《个人无偿赠与不动产登记表》。下列有关孙某赠房涉及税收的表述中，不正确的是(　)。

A. 孙某应缴纳契税

B. 王某应缴纳契税

C. 孙某应缴纳印花税

D. 王某应缴纳印花税

18. 甲企业与丙企业签订一份技术开发合同，记载金额共计 500 万元，其中研究开发费用为 100 万元。该合同甲、乙各持一份，共应缴纳的印花税为(　)元。

A. 500　　B. 2 400

C. 3 000　　D. 3 600

19. 下列各项中，属于印花税免税凭证的是(　)。

A. 个人出租柜台签订的合同

B. 融资租赁合同

C. 个人购买安置住房签订的合同

D. 技术合同

20. 根据印花税暂行条例的规定，下列有关借款合同的计税依据的表述中，错误的是(　)。

A. 凡是一项信贷业务既签订借款合同，又一次或分次填开借据的，只以借款合同所载金额为计税依据贴花；凡只填开借据并作为合同使用的，应以借据所载金额为计税依据计税贴花

B. 借贷双方签订的流动资金周转性借款合同，以其规定的最高额为计税依据，在签订时贴花一次，在限额内随借随还不签订新合同的，另贴印花

C. 对借款方以财产作抵押借款签订的合同，应按借款合同贴花

D. 对银行及其他金融组织的融资租赁业务签订的融资租赁合同，应按合同所载租金总额，暂按借款合同计税

21. 某企业 2019 年 8 月开业，建账时共设 9 个账簿，其中包括 1 个资金账簿，资金账簿中记载实收资本 300 万元。设置账簿应缴纳的印花税为(　)元。

A. 45　　B. 1 500

C. 750　　D. 1 545

22. 某中学委托一服装厂加工校服，合同约定布料由学校提供，价值 50 万元，学校另支付加工费 10 万元，下列各项关于计算印花税的表述中，正确的是(　)。

A. 学校应以 50 万元为计税依据，按销售合同的税率计算印花税

B. 服装厂应以 50 万元为计税依据，按销售合同的税率计算印花税

C. 服装厂应以 10 万元加工费为计税依据，按加工承揽合同的税率计算印花税

D. 服装厂和学校均以 60 万元为计税依据，按照加工承揽合同的税率计算印花税

二、多项选择题

1. 下列各项中，属于车辆购置税应税行为的有(　)。

A. 受赠使用应税车辆

B. 进口使用应税车辆

C. 经销商经销应税车辆

D. 债务人以应税车辆抵债

2. 某机关 2020 年 4 月购车一辆，随购车支付的下列款项中，不并入计税依据征收车辆购置税的有(　)。

A. 取得运输企业增值税专用发票的运费

B. 增值税税款

C. 实际支付的车辆价款

D. 保险公司开具发票的保险费

3. 自然人李某 2019 年 8 月从游艇生产企业购进一艘游艇(用于自用)，取得的增值税专用发票注明价款 120 万元、税额 15.6 万元；从汽车贸易公司购进一辆小汽车，取得机动车统一发票注明价款 40 万元、税额

5.2万元。游艇的消费税税率为10%，小汽车消费税税率为5%。下列关于上述业务相关纳税事项的表述中，正确的有(　)。

A. 汽车贸易公司应缴纳消费税2万元

B. 游艇生产企业应缴纳消费税12万元

C. 李某应缴纳游艇车辆购置税12万元

D. 李某应缴纳小汽车的车辆购置税4万元

4. 下列关于车辆购置税的征收管理的说法中，正确的有(　)。

A. 纳税人购置不需办理车辆登记注册手续的应税车辆，单位纳税人向车辆销售商所在地的税务机关申报纳税

B. 车辆购置税实行一车一申报制度

C. 纳税人购置自用的应税车辆，应自购买之日起30日内申报纳税

D. 进口自用应税车辆的纳税义务发生时间为进口之日

5. 下列单位和个人中，属于车船税纳税人的有(　)。

A. 事业单位　　B. 外商投资企业

C. 私营企业　　D. 个人

6. 在车船税征税过程中，以“辆”为计税依据的有(　)。

A. 客车　　B. 商用货车

C. 摩托车　　D. 低速货车

7. 下列各种车辆中，以“整备质量每吨”为计税单位计算车船税的有(　)。

A. 专用作业车

B. 轮式专用机械车

C. 客货两用汽车

D. 挂车

8. 根据车船税法现行政策，下列表述不正确的有(　)。

A. 半挂牵引车不需要缴纳车船税

B. 三轮汽车按照货车税额征收车船税

C. 非机动驳船按照机动船舶税额的50%计税

D. 挂车按照货车税额的70%计算

9. 下列说法符合车船税法征收管理规定的有(　)。

A. 车船税纳税义务发生时间为取得车船所有权或者管理权的当月

B. 依法不需要办理登记的车船，纳税地点由省、自治区、直辖市人民政府规定

C. 已经缴纳车船税的车船，因质量原因，车船被退回生产企业或者经销商的，纳税人可以向纳税所在地的主管税务机关申请退还自退货月份起至该纳税年度终了期间的税款

D. 纳税人自行申报缴纳车船税的，纳税地点为车船登记地的主管税务机关所在地

10. 下列关于印花税纳税人的表述中，正确的有(　)。

A. 各类电子应税凭证的签订人，也是印花税的纳税人

B. 印花税的纳税人包括合同的担保人、证人

C. 现行印花税纳税人包括外商投资企业和外国企业

D. 政府部门发给的各种权利、许可证照都需要缴纳印花税

11. 下列各项中，应按“产权转移书据”税目征收印花税的有(　)。

A. 商品房销售合同

B. 土地使用权转让合同

C. 专利申请权转让合同

D. 专利实施许可合同

12. 营业账簿税目中记载资金账簿缴纳印花税的计税依据为(　)两项合计金额。

A. 资本公积　　B. 盈余公积

C. 所有者权益　　D. 实收资本

13. 下列各项中，应征收印花税的有(　)。

A. 版权转移书据

B. 税务咨询合同

C. 非专利技术转让

D. 未列明金额的购销合同

14. 下列印花税应税凭证中，按每件5元定额贴花的有(　)。

A. 购销合同　　B. 专利证

C. 商标注册证　　　D. 产权转移书据

15. 下列关于应税凭证的计税依据的说法正确的有(　)。

A. 建筑安装工程承包合同，为承包金额

B. 货物运输合同为运输、保险、装卸等各项费用合计

C. 融资租赁合同为租赁费

D. 以物易物的购销合同为合同所载的购销金额合计

16. 某汽车运输公司 2019 年 11 月购置客车 3 辆并办理了相关手续，未签订合同；2019 年 12 月与甲企业签订货物运输合同，合同记载材料价款 100 万元，运输费 10 万元，装卸费 2 万元，保险费 3 万元(客车车船税年税额为 500 元/辆)。则下列说法正确的有(　)。

A. 该运输公司 2019 年缴纳的车船税为 1 500元

B. 该运输公司 2019 年缴纳的车船税为 250 元

C. 该运输公司 2019 年缴纳的运输合同印花税为 50 元

D. 该运输公司 2019 年缴纳的运输合同印花税为 75 元

17. 对国内各种形式的货物联运，下列说法正确的有(　)。

A. 凡在起运地统一结算全程运费的，应以全程运费为计税依据，由起运地运费结算双方缴纳印花税

B. 凡在起运地结算全程运费的，分别由办理运费结算的各方缴纳印花税

C. 凡分程结算运费的，应以分程的运费作为计税依据，分别由办理运费结算的各方缴纳印花税

D. 凡分程结算运费的，由起运地运费结算双方缴纳印花税

18. 甲公司于 2019 年 8 月与乙公司签订了数份以货易货合同，以共计 500 000 元的钢材换取 450 000 元的水泥，甲公司取得差价 50 000 元。下列各项中表述正确的有(　)。

A. 甲公司 8 月应缴纳的印花税为 285 元

B. 甲公司 8 月应缴纳的印花税为 150 元

C. 甲公司可对易货合同采用汇贴方式缴纳印花税

D. 甲公司可对易货合同采用汇缴方式缴纳印花税

19. 采用自行贴花方法缴纳印花税的，纳税人应(　)。

A. 自行申报应税行为

B. 自行计算应纳税额

C. 自行购买印花税票

D. 自行一次贴足印花税票并注销

20. 下列各项中，符合印花税有关违章处罚规定的有(　)。

A. 已贴印花税票，揭下重用造成未交或少交印花税的，依法追究刑事责任

B. 在应税凭证上未贴少贴印花税票，处以未贴少贴金额 3 倍至 5 倍的罚款

C. 伪造印花税票的，由税务机关责令改正，处以 2 000 元以上 1 万元以下的罚款

D. 伪造印花税票情节严重的，处以 1 万元以上 5 万元以下的罚款；构成犯罪的，依法追究刑事责任

三、计算问答题

1. 某股份公司于 2019 年 5 月 1 日开业，领受工商营业执照、房屋产权证、土地使用证、商标注册证各一件；本公司实收资本 3 000 万元。2019 年发生如下业务：

(1)签订购销合同，合同记载的购销金额为 1 360 万元。

(2)4 月，与甲企业签订以物易物合同。合同规定，该公司以价值 840 万元的材料与甲企业价值 940 万元的产品交换，该公司以银行存款支付补价 100 万元。

(3)5 月委托某服装厂为其定做一批校服，公司打算用于捐赠，原材料由服装厂提供，双方签订服装加工合同，合同载明原材料金额为 40 万元，加工费 15 万元。

(4)年底与某银行签订融资租赁合同购置

固定资产，合同载明租赁期限为5年，每年支付租金150万元。

(5)该公司研发部为某企业开发适用软件，双方签订技术开发合同一份，取得的报酬为1 200万元，其中包括研究开发经费500万元。

(6)年底，该股份公司的资本公积账户增加150万元。

要求：根据上述资料，按照下列序号计算回答问题：

(1)该股份公司领取的证件应缴纳的印花税。

(2)该股份公司按"购销合同"税目计算缴纳的印花税。

(3)该股份公司按"加工承揽合同"税目计算缴纳的印花税。

(4)该股份公司签订的融资租赁合同应缴纳的印花税。

(5)该股份公司按"技术合同"税目计算缴纳的印花税。

(6)该股份公司记载资金的营业账簿应缴纳的印花税。

2. 某电子企业2019年8月签订以下合同：

(1)与某工厂签订加工承揽合同，受托加工一批专用电子部件。合同规定，工厂(委托方)提供价值70万元的原材料，电子企业(受托方)提供价值15万元的辅助材料，另收加工费20万元。

(2)与铁路部门签订运输保管合同，所载运输费及保管费共计2万元。

(3)与某开发公司签订技术转让合同，规定按开发产品销售收入的2%提取转让收入，每季度结算一次。

(4)与某农机站签订租赁合同，将本企业3台闲置设备出租，总价值21万元，租期1年，每年每台租金2万元。

(5)与广告公司签订广告制作合同1份，分别记载加工费3万元，广告公司提供的原材料7万元。

要求：请计算该电子企业2019年8月共缴印花税税额。

3. 某航空公司经批准占用耕地500 000平方米，于2019年5月31日办妥占用耕地手续，其中用于建设飞机场跑道、停机坪占地320 000平方米，候机厅占地100 000平方米，宾馆和办公楼占地80 000平方米。2019年6月1日，航空公司就该耕地与当地政府签订土地出让合同，支付土地补偿费4 200万元、拆迁补偿费500万元、市政配套费300万元。当地耕地占用税税额为12元/平方米，契税税率为4%。

要求：根据上述资料，按照下列序号计算回答问题：

(1)计算航空公司应缴纳的耕地占用税。

(2)计算航空公司与政府签订的土地出让合同应缴纳契税。

(3)计算航空公司与政府签订的土地出让合同应缴纳印花税。

本章综合练习参考答案及详细解析

一、单项选择题

1. B 【解析】车辆购置税是由车辆购置者在车辆退出流通进入消费领域时缴纳的，应税车辆的赠与者、销售者、出口者不是车辆的使用者，不属于车辆购置税纳税义务人。

2. D 【解析】选项A，进口自用的应税小汽车的计税价格包含关税完税价格、关税及消费税。选项B，获奖或者其他方式取得自用应税车辆的计税价格，按照购置应税车辆时相关凭证载明的价格确定，不包括增值税税款。选项C，代收款项应区别征税：凡使用代收单位(受托方)票据收取款项，应视为代收单位价外收费，购买者支付的价费款应并入计税价格中一并征税；凡使用委托方票据收取，受托方只履行代收义务和收取代收手续费的款项，不并入计税价格中征收车辆购置税。

3. A 【解析】该公司应纳车辆购置税 = 2×(25+25×28%)÷(1-9%)×10% = 7.03（万元）

4. C 【解析】选项 A，购置的挂车，减半征收车辆购置税；选项 B，四轮农用运输车不免征车辆购置税；选项 D，设有固定装置的非运输车辆免征车辆购置税。

5. D 【解析】纳税人自产自用应税车辆的计税价格，按照纳税人生产的同类应税车辆的销售价格确定，不包括增值税税款。

6. D 【解析】车船税法及其实施条例涉及的整备质量、净吨位、艇身长度等计税单位，有尾数的一律按照含尾数的计税单位据实计算车船税应纳税额。计算得出的应纳税额小数点后超过两位的可四舍五入保留两位小数。

7. C 【解析】挂车按照货车税额的 50% 计算纳税。车船税法及其实施条例涉及的整备质量、净吨位等计税单位，有尾数的一律按照含尾数的计税单位据实计算车船税应纳税额。

应纳的车船税 = 1.499×3×16+1.2×16×50%+2×360 = 801.55（元）。

8. D 【解析】应纳车船税 = 5×20×20+4×10×20×50%+2.3×8×20+420×10 = 6 968（元）

9. B 【解析】选项 A，不属于车船税征税范围，不征税车船税；选项 B，按照机动船舶税额的 50% 计算车船税；选项 C、D，免税。

10. D 【解析】车船税按年申报，分月计算，一次性缴纳。

11. C 【解析】已经缴纳车船税的车船，因质量原因，车船被退回生产企业或者经销商的，纳税人可以向纳税所在地的主管税务机关申请退还自退货月份起至该纳税年度终了期间的税款，退货月份以退货发票所载日期的当月为准。

12. A 【解析】一般的法律、会计、审计等方面的咨询不属于技术咨询，其所立合同不贴印花；电网与用户之间签订的供用电合同不属于印花税列举征税的凭证，不征收印花税。

13. A 【解析】选项 B、C、D 为印花税的免税凭证。

14. A 【解析】合同在签订时无法确定计税金额的，可在签订时先按定额 5 元贴花，以后结算时再按实际金额计税，补贴印花税票。

应补缴印花税 = (5 000+7 500)×1‰-5 = 7.5（元）。

15. C 【解析】货物运输合同的计税依据为运输费用，不包括装卸费用，应纳印花税 = 40 000×0.5‰ = 20（元）。

16. D 【解析】以物易物合同应按购销金额合计计税贴花，应税合同在签订时产生纳税义务，不论合同是否兑现，均应贴花。

应纳印花税 = (200+150+50)×0.3‰×10 000 = 1 200（元）。

17. A 【解析】契税以承受方为纳税义务人。因此，选项 A 不正确。

18. B 【解析】技术开发合同计税依据是合同所载报酬，研究开发经费不作为计税依据。

应纳税额 = (5 000 000-1 000 000)×0.3‰×2 = 2 400（元）

19. C 【解析】选项 A、B、D 均属印花税应税凭证。

20. B 【解析】借贷双方签订的流动资金周转性借款合同，以其规定的最高额为计税依据，在签订时贴花一次，在限额内随借随还不签订新合同的，不再另贴印花。

21. C 【解析】自 2018 年 5 月 1 日起，对按 0.5‰税率贴花的资金账簿减半征收印花税，对按件贴花 5 元的其他账簿免征印花税。

应纳税额 = 3 000 000×0.5‰×50% = 750(元)

22. C 【解析】对于由委托方提供主要材料或原料，受托方只提供辅助材料的加工合同，无论加工费和辅助材料金额是否分别记载，均以辅助材料与加工费的合计数，依照加工承揽合同计税贴花。对委托方提供的主要材料或原料金额不计税贴花。所以原材料由学校提供，服装厂收取加工费，加工费 10 万元按照加工承揽合同计算印花税。

二、多项选择题

1. AB 【解析】车辆购置税的纳税人是指在我国境内购置应税车辆的单位和个人。其中购置是指购买使用行为、进口使用行为、受赠使用行为、自产自用行为、获奖使用行为以及以拍卖、抵债、走私、罚没等方式取得并使用的行为，这些行为都属于车辆购置税的应税行为。

2. ABD 【解析】纳税人购买自用应税车辆的计税价格，为纳税人实际支付给销售者的全部价款，不包括增值税税款。

3. BD 【解析】小汽车在生产环节、委托加工环节和进口环节缴纳消费税。汽车贸易公司销售小汽车不缴纳消费税，汽车贸易公司应缴纳消费税=0(元)。

游艇生产企业应缴纳消费税 = 120×10% = 12(万元)

游艇不属于车辆购置税征税范围，旅游公司应缴纳游艇车辆购置税=0(元)

旅游公司应缴纳小汽车的车辆购置税=40×10%=4(万元)

4. BD 【解析】购置不需要办理车辆登记注册手续的纳税人，单位纳税人向其机构所在地的主管税务机关申报纳税；纳税人购置自用的应税车辆，应自纳税义务发生之日起 60 日内申报纳税。

5. ABCD 【解析】事业单位、外商投资企业、私营企业和个人都是车船税的纳税人。

6. AC 【解析】商用货车、低速载货汽车以“整备质量每吨”为计税单位。

7. ABCD 【解析】客货两用汽车、挂车均属于货车，挂车还有按货车税额 50%计算车船税的规定。

8. AD 【解析】半挂牵引车按照载货汽车缴纳车船税；挂车按照货车税额的 50%计算。

9. ACD 【解析】依法不需要办理登记的车船，纳税地点为车船所有人或者管理人主管税务机关所在地。

10. AC 【解析】选项 B，立合同人是各类合同的当事人，但不包括合同的担保人、证人、鉴定人；选项 D，“权利、许可证照”只包括列举的房屋产权证、工商营业执照、商标注册证、专利证、土地使用证，不是各种证照。

11. ABD 【解析】“产权转移书据”包括专利实施许可合同、土地使用权出让合同、土地使用权转让合同、商品房销售合同等权利转移合同；选项 C 属于技术合同的范围。

12. AD 【解析】记载资金的账簿以“实收资本”与“资本公积”两项合计金额作为计税依据。

13. ACD 【解析】一般的法律、会计、审计等方面的咨询合同，不属于技术咨询，其所立合同不需贴花，选项 B 不应征收印花税；选项 A 为产权转移书据；选项 C 为技术合同；选项 D 为购销合同。

14. BC 【解析】印花税税目中的权利许可证照按每件 5 元贴印花税票。

15. ACD 【解析】选项 B 中货物运输合同的计税依据应为运输费用，不包括装卸费和保险费。

16. BC 【解析】该运输公司应缴纳的车船税=(3×500)×2÷12=250(元)

该运输公司应缴纳的印花税=10×0.5‰×10 000=50(元)

17. AC 【解析】选项 A，对国内各种形式的货物联运，凡在起运地统一结算全程运费的，应以全程运费为计税依据，由起运地运费结算双方缴纳印花税；选项 C，凡分程结算运费的，应以分程的运费作为计税依据，分别由办理运费结算的各方缴纳印花税。

18. AD 【解析】商品购销活动中，采用以货换货方式进行商品交易签订的合同，应按合同所载的购、销合计金额计税贴花。一份凭证应纳税额超过 500 元的，应向当地税务机关申请填写缴款书或者完税证，即汇贴办法。同一种类应纳税凭证，需频繁贴花的，纳税人可以根据实际情况自行决定是否采用按期汇总缴纳印花税的方式，汇总缴纳的期限为 1 个月。本题目中一份凭证应纳税额未超过 500 元，应当汇总缴纳。

甲公司 8 月应缴纳的印花税＝(500 000+450 000)×0.3‰＝285(元)

19. BCD 【解析】印花税是由纳税人自行完税，即纳税人在发生纳税义务时，自行计算税额、自行购买印花税票、自行一次贴足印花税票并加以注销或划销的办法，这是印花税三种缴纳方法中应用最广泛的方法。选项 A 所述“自行申报应税行为”在印花税自行完税方法中是不存在的。

20. CD 【解析】选项 A，已贴印花税票，揭下重用造成未交或少交印花税的，由税务机关追缴其不缴或者少缴的税款、滞纳金，并处不缴或者少缴税款 50% 以上 5 倍以下的罚款；构成犯罪的，依法追究刑事责任。选项 B，在应税凭证上未贴少贴印花税票，由税务机关追缴其不缴或者少缴的税款、滞纳金，并处不缴或者少缴税款 50% 以上 5 倍以下的罚款；构成犯罪的，依法追究刑事责任。

三、计算问答题

1. 【答案】

(1)该股份公司领取的证件应缴纳的印花税＝4×5＝20(元)

【思路点拨】征收印花税的权利、许可证照包括房屋产权证、工商营业执照、商标注册证、专利证、土地使用证。

(2)该股份公司按“购销合同”税目计算缴纳的印花税＝(1 360+840+940+40)×0.3‰×10 000＝9 540(元)。

【思路点拨】以物易物合同，是反映既购又销双重经济行为的合同，应按合同所载的购、销合计金额计税贴花。业务(3)中受托方提供的原材料，不属于真正的加工承揽合同，原材料 40 万元按照购销合同缴纳印花税。

(3)该股份公司按“加工承揽合同”税目计算缴纳的印花税＝15×0.5‰×10 000＝75(元)

【思路点拨】业务(3)中受托方提供的原材料，不属于真正的加工承揽合同，加工费按照加工承揽合同缴纳印花税。

(4)该股份公司签订的融资租赁合同应缴纳的印花税＝150×5×0.05‰×10 000＝375(元)。

【思路点拨】对融资租赁合同可据合同所载的租金总额按借款合同计算缴纳印花税。

(5)该股份公司按“技术合同”税目计算缴纳的印花税＝(1 200－500)×0.3‰×10 000＝2 100(元)

【思路点拨】对技术开发合同，只就合同所载的报酬金额计税，研究开发经费不作为计税依据。

(6)该股份公司记载资金的营业账簿应纳印花税＝(3 000+150)×0.5‰×50%×10 000＝7 875(元)

【思路点拨】记载资金的账簿按实收资本和资本公积的合计金额贴花。同时，资本公积账户增加的金额也要贴花。自 2018 年

5月1日起，对按万分之五税率贴花的资金账簿减半征收印花税。

2.【答案】

业务(1)应纳税额=(15+20)×10 000×0.5‰=175(元)

业务(2)应纳税额=20 000×1‰=20(元)

【思路点拨】同一凭证载有两个或两个以上经济事项，如未分别记载金额，应按最高一种适用税率计税贴花。

业务(3)应纳税额=5(元)

业务(4)应纳税额=20 000×3×1‰=60(元)

业务(5)应纳税额=30 000×0.5‰+70 000×0.3‰=36(元)

【思路点拨】广告制作合同属于加工承揽合同，受托方提供原材料的，原材料金额与加工费在合同中分别列明的，原材料和辅料按购销合同计税，加工费按加工承揽合同计税，两者合计为应纳税额。

该电子企业共缴纳印花税=175+20+5+60+36=296(元)

3.【答案】

(1)飞机场跑道、停机坪占用耕地，减按每平方米2元的税额征收耕地占用税。

航空公司应缴纳耕地占用税=320 000×2÷10 000+(100 000+80 000)×12÷10 000=280(万元)

(2)以协议方式出让的，其契税计税价格为成交价格。成交价格包括土地出让金、土地补偿费、安置补助费、地上附着物和青苗补偿费、拆迁补偿费、市政建设配套费等承受者应支付的货币、实物、无形资产及其他经济利益。

航空公司应缴纳契税=(4 200+500+300)×4%=200(万元)

(3)签订的土地出让合同按照产权转移书据税目缴纳印花税。税率为0.5‰。

航空公司应缴纳印花税=(4 200+500+300)×0.5‰=2.5(万元)

第12章 国际税收税务管理实务

JINGDIAN TIJIE

考情分析

历年考情分析

本章内容繁杂并且难度较大，考生可以通过本书知识点的梳理、难点内容的深入理解、一定的习题演练进行本章内容的学习。本章在近年考试中属于比较重要的一章，每年的单选题、多选题会各有一题，2016 年、2018 年和 2019 年均有计算问答题型出现，分值在 8 分左右。由于本章知识点比较琐碎，计算分析题经常是贴近实务的小案例，考生学习时要注意总结归纳，建立知识框架，关注新增内容，对重要的细节知识点考前可以突击记忆。

本章 2020 年考试主要变化

1. 新增非居民企业享受税收协定待遇，采取“自行判断、申报享受、相关资料留存备查”的方式办理。

2. 删除第二节非居民企业税收管理“承包工程作业和提供劳务”中的“登记备案管理”和“税务申报要求”。

3. 第三节境外所得税收管理中的例题进行了修订。

4. 删除第六节国际税收征管合作中的“税收公约”。

核心考点及经典例题详解

考点一 国际税收协定★

扫我解疑难

经典例题

【例题 1 · 单选题】(2017 年)下列关于双重居民身份下最终居民身份判定标准的顺序中，正确的是(　)。

A. 永久性住所、重要利益中心、习惯性居处、国籍

B. 国籍、永久性住所、重要利益、习惯性居处

C. 重要利益中心、习惯性居处、永久性住所

D. 习惯性居处、国籍、永久性住所、重要利益中心

【答案】A

【解析】先后顺序为：永久性住所、重要利益中心、习惯性居处、国籍。

【例题 2 · 多选题】下列关于《经合组织范本》的表述中，正确的有(　)。

A. 主导思想强调的是居民税收管辖权

B. 注重扩大收入来源国的税收管辖权

C. 发展中国家在谈判和缔结国际税收协定时，较多地参照了《经合组织范本》

D. 其主要目的是促进经合组织成员国之间国际税收协定的签订

【答案】AD

【解析】选项 B，《联合国范本》注重扩大收入来源国的税收管辖权；选项 C，发展中国家在谈判和缔结国际税收协定时，较多地参照了《联合国范本》。

考点精析

（一）国际税收协定及范本

国际税收协定是指两个或两个以上的主权国家或地区为了协调相互间在处理跨国纳税人征纳事务方面的税收关系，本着对等原则，通过政府间谈判所签订的确定其在国际税收分配关系的具有法律效力的书面协议或条约，也称为国际税收条约。

国际贸易中，影响最大的两个国际税收协定分别为《经合组织范本》（OECD 范本）和《联合国范本》（UN 范本），《经合组织范本》和《联合国范本》如表 12-1 所示。

表 12-1　《经合组织范本》和《联合国范本》

	适用范围	要点
《经合组织范本》（OECD 范本）	主导思想强调的是居民税收管辖权，主要是为了促进经合组织成员国之间国际税收协定的签订	《经合组织范本》虽然在某些特殊方面承认收入来源国的优先征税权，但其主导思想所强调的是居民税收管辖权
《联合国范本》（UN 范本）	较为注重扩大收入来源国的税收管辖权，主要在于促进发达国家和发展中国家之间国际税收协定的签订，同时也促进发展中国家相互间国际税收协定的签订	就收入来源国征税的权利而言，《联合国范本》强调，收入来源国对国际资本收入的征税应当考虑以下三点： （1）考虑为取得这些收入所应分担的费用，以保证对这种收入按其净值征税 （2）税率不宜过高，以免挫伤投资积极性 （3）考虑同提供资金的国家适当地分享税收收入，尤其是对在来源国产生的即将汇出境的股息、利息和特许权使用费所征收的预提所得税，以及对国际运输的船运利润所征收的税款，应体现税收分享原则

（二）国际税收协定条款介绍（以《中新协定》为例）

【知识点拨】本书基于《中华人民共和国政府和新加坡共和国政府关于对所得避免双重征税和防止偷漏税的协定》及议定书条文解释（以下简称"中新协定"），介绍国际税收协定的典型条款。

1. 居民

根据"中新协定"第四条规定，居民身份的判定如表 12-2 所示。

表 12-2　居民身份的判定

单一居民身份		居民应是在一国负有全面纳税义务的人
双重居民身份	个人	同时为缔约国双方居民的个人，其最终居民身份的判定应按以下规则确定： （1）永久性住所；（2）重要利益中心；（3）习惯性居处；（4）国籍 【知识点拨】按上述四个标准的先后顺序确定，只有当使用前一标准无法解决问题时，才使用后一个标准
	公司和其他团体	应认定其是"实际管理机构"所在国的居民

2. 劳务所得

（1）独立个人劳务。

根据"中新协定"第十四条规定，个人以独立身份从事劳务活动取得所得的征税原则，即一般情况下仅在该个人为其居民的国家征税，但符合下列条件之一的，来源国有征税权：

①该缔约国居民个人为从事独立个人劳务为目的在缔约国另一方设立了经常使用的固定基地。

②该居民个人在任何 12 个月中在缔约国另一方停留连续或累计达到或超过 183 天。

(2)非独立个人劳务。

根据“中新协定”第十五条规定：

①个人以受雇身份(雇员)从事劳务活动取得所得的征税原则：一般情况下缔约国一方居民因雇佣关系取得的工资薪金报酬应在居民国征税。

【思路点拨】也就是说，新加坡居民在新加坡受雇取得的报酬应仅在新加坡纳税。但在中国从事受雇活动取得的报酬，中国可以征税。

②在同时满足以下三个条件的情况下，受雇个人不构成在劳务发生国的纳税义务：

a. 受雇人在任何 12 个月中在劳务发生国停留连续或累计不超过 183 天；

b. 该项报酬并非由劳务发生国雇主支付或代表劳务发生国雇主支付；

c. 该项报酬不是由雇主设在劳务发生国的常设机构或固定基地所负担。

【思路点拨】只要有一个条件未符合，就构成在劳务发生国的纳税义务。例如新加坡居民以雇员的身份在中国从事活动，只要有下列情况之一的，其获得的报酬就可以在中国征税：

a. 在任何十二个月中在中国停留连续或累计超过 183 天(不含)。

b. 该项报酬由中国雇主支付或代表中国雇主支付。

c. 该项报酬由雇主设在中国的常设机构或固定基地所负担。

③在经营国际运输的船舶或飞机上从事受雇活动的人员取得报酬的征税原则：在从事该项运输的企业为其居民的国家征税。

考点二　国际税收协定管理★

扫我解疑难

经典例题

【例题·多选题】下列不符合非居民纳税人享受税收协定待遇的税务管理规定的有(　)。

A. 非居民纳税人自行申报的，应当在申报前向主管税务机关申请享受协定待遇

B. 在源泉扣缴和指定扣缴的情况下，非居民纳税人认为自身符合协定待遇条件，需要享受协定待遇的，应当主动向扣缴义务人提出，并向扣缴义务人提供相关报告表和资料

C. 非居民纳税人享受税收协定独立个人劳务条款待遇的，已经在首次取得相关所得并进行纳税申报时报送相关报告表和资料，在符合享受协定待遇条件且所报告信息未发生变化的情况下，非居民纳税人可在报送相关报告表和资料之日所属年度起的 3 个公历年度内免于向同一主管税务机关就享受同一条款协定待遇重复报送资料

D. 扣缴义务人根据非居民纳税人提供的报告表和资料依协定规定扣缴的，不改变非居民纳税人真实填报相关信息和提供资料的责任

【答案】AC

【解析】选项 A，在中国发生纳税义务的非居民纳税人自行申报的，应当自行判断能否享受协定待遇，如实申报并报送相关报告表和资料；选项 C，非居民纳税人享受税收协定独立个人劳务、非独立个人劳务(受雇所得)、政府服务、教师和研究人员、学生条款待遇的，应当在首次取得相关所得并进行纳税申报时，或者由扣缴义务人在首次扣缴申报时，报送相关报告表和资料。在符合享受协定待遇条件且所报告信息未发生变化的情况下，非居民纳税人免于向同一主管税务机关就享受同一条款协定待遇重复报送资料。

考点精析

（一）受益所有人

根据《国家税务总局关于税收协定中“受益所有人”有关问题的公告》（国家税务总局公告2018年第9号）规定，股息、利息、特许权使用费条款中“受益所有人”身份判定时，对受益所有人的有关规定如表12-3所示。

表12-3 受益所有人的有关规定

情形	具体内容
受益所有人	对所得或所得据以产生的权利或财产具有所有权和支配权的人
不利于“受益所有人”身份判断的情形	一般来说，下列因素不利于对申请人“受益所有人”身份的判定： （1）申请人有义务在收到所得的12个月内将所得的50%以上支付给第三国（地区）居民，“有义务”包括约定义务和虽未约定义务但已形成支付事实的情形 （2）申请人从事的经营活动不构成实质性经营活动 （3）缔约对方国家（地区）对有关所得不征税或免税，或征税但实际税率极低 （4）在利息据以产生和支付的贷款合同之外，存在债权人与第三人之间在数额、利率和签订时间等方面相近的其他贷款或存款合同 （5）在特许权使用费据以产生和支付的版权、专利、技术等使用权转让合同之外，存在申请人与第三人之间在有关版权、专利、技术等的使用权或所有权方面的转让合同
应认为申请人具有“受益所有人”身份的情形	申请人从中国取得的所得为股息时，申请人虽不符合“受益所有人”条件，但直接或间接持有申请人100%股份的人符合“受益所有人”条件，并且属于以下两种情形之一的，应认为申请人具有“受益所有人”身份： （1）上述符合“受益所有人”条件的人为申请人所属居民国（地区）居民 （2）上述符合“受益所有人”条件的人虽不为申请人所属居民国（地区）居民，但该人和间接持有股份情形下的中间层均为符合条件的人
直接判定申请人具有“受益所有人”身份的情形	下列申请人从中国取得的所得为股息时，可不根据本公告第二条规定的因素进行综合分析，直接判定申请人具有“受益所有人”身份： （1）缔约对方政府 （2）缔约对方居民且在缔约对方上市的公司 （3）缔约对方居民个人 （4）申请人被第（1）至（2）项中的一人或多人直接或间接持有100%股份，且间接持有股份情形下的中间层为中国居民或缔约对方居民
不属于“受益所有人”	代理人或指定收款人等（以下统称代理人）不属于“受益所有人”。申请人通过代理人代为收取所得的，无论代理人是否属于缔约对方居民，都不应据此影响对申请人“受益所有人”身份的判定 股东基于持有股份取得股息，债权人基于持有债权取得利息，特许权授予人基于授予特许权取得特许权使用费，不属于本条所称的“代为收取所得”

【知识点拨】上述规定要求的持股比例应当**在取得股息前连续12个月以内任何时候均达到规定比例。**

（二）合伙企业适用税收协定问题

根据《国家税务总局关于税收协定执行若干问题的公告》（国家税务总局公告2018年第11号）第五条规定，有关合伙企业及其他类似实体（以下简称合伙企业）适用税收协定的问题，应按以下原则执行：

（1）依照中国法律在中国境内成立的合伙企业，其合伙人为税收协定缔约对方居民的，该合伙人在中国负有纳税义务的所得被缔约对方视为其居民的所得的部分，可以在中国享受协定待遇。

（2）依照外国（地区）法律成立的合伙企业，其实际管理机构不在中国境内，但在中国境内设立机构、场所的，或者在中国境内未设立机构、场所，但有来源于中国境内所得的，是中国企业所得税的非居民企业纳税人。除税收协定另有规定的以外，只有当该合伙企业是缔约对方居民的情况下，其在中国负有纳税义务的所得才能享受协定待遇。该合伙企业根据《非居民纳税人享受税收协定待遇管理办法》报送的由缔约对方税务主管当局开具的税收居民身份证明，应能证明其根据缔约对方国内法，因住所、居所、成立地、管理机构所在地或其他类似标准，在缔约对方负有纳税义务。

税收协定另有规定的情况是指，税收协定规定，当根据缔约对方国内法，合伙企业取得的所得被视为合伙人取得的所得，则缔约对方居民合伙人应就其从合伙企业取得所得中分得的相应份额享受协定待遇。

（三）非居民纳税人享受税收协定待遇的税务管理

非居民纳税人享受协定待遇，采取“自行判断、申报享受、相关资料留存备查”的方式办理。

（四）居民享受税收协定待遇的税务管理

国家税务总局关于开具《中国税收居民身份证明》有关事项的公告（国家税务总局公告2016年第40号）规定：企业或者个人（即申请人）为享受中国政府对外签署的税收协定及其他税收协定待遇，可以向税务机关申请开具《中国税收居民身份证明》（以下简称《税收居民证明》）。

考点三　外国企业常驻代表机构★

扫我解疑难

经典例题

【例题·多选题】对账簿不健全，不能准确核算收入或成本费用，以及无法按照规定据实申报的代表机构，税务机关有权采取以下（　）方式核定其应纳税所得额。

A. 按经费支出换算收入核定应纳税所得额

B. 按收入总额核定应纳税所得额

C. 按毛利核定应纳税所得额

D. 参考同类企业应纳税所得额

【答案】AB

【解析】选项A、B是对外国企业常驻代表机构核定应纳税所得额规定的两种核定方法。

考点精析

（一）税务登记管理

代表机构可办理“多证合一”税务登记。税务登记内容发生变化或驻在期届满、提前终止业务活动的，应按规定向主管税务机关申报办理变更税务登记或注销登记；代表机构应在办理注销登记前，就其清算所得依法缴纳企业所得税。

（二）账簿凭证管理

（三）企业所得税

代表机构应在季度终了之日起15日内向主管税务机关据实申报缴纳企业所得税。对账簿不健全，不能准确核算收入或成本费用，以及无法按规定据实申报的代表机构，税务机关有权采取以下方式核定应纳税所得额：

（1）按收入总额核定应纳税所得额：

应纳企业所得税额＝收入总额×核定利润率×企业所得税税率

（2）按经费支出换算收入核定应纳税所得额：

应纳企业所得税税额＝本期经费支出总额÷（1－核定利润率）×核定利润率×企业所得税税率

（四）其他税种

（五）税务申报要求

企业所得税：采取据实申报方式的代表机构应在季度终了之日起15日内向主管税务机关申报缴纳企业所得税。

增值税：同境内一般纳税期限的规定。

考点四　承包工程作业和提供劳务★

扫我解疑难

经典例题

【例题·多选题】以下关于非居民企业承包工程作业和提供劳务所得表述正确的有(　)。

A. 非居民企业为中国境内客户提供劳务取得的收入，凡其提供的服务全部发生在中国境内的，应全额在中国境内申报缴纳企业所得税

B. 采取核定征收方式征收企业所得税的非居民企业，在中国境内从事适用不同核定利润率的经营活动，其取得应税所得，应从高适用利润率，计算缴纳企业所得税

C. 非居民企业应当按规定设置账簿，根据合法、有效凭证记账，进行核算

D. 税务机关发现非居民企业采用核定征收方式计算申报的应纳税所得额不真实，有权予以调整

【答案】ACD

【解析】选项B，采取核定征收方式征收企业所得税的非居民企业，在中国境内从事适用不同核定利润率的经营活动，并取得应税所得的，应分别核算并适用相应的利润率计算缴纳企业所得税；凡不能分别核算的，应从高适用利润率，计算缴纳企业所得税。

考点精析

该知识点用于规范非居民企业和非居民个人在中国境内承包工程作业和提供劳务的税收征收管理。

【知识点拨】非居民企业是指依照外国(地区)法律成立且实际管理机构不在中国境内，但在中国境内设立机构、场所的，或者在中国境内未设立机构、场所，但有来源于中国境内所得的企业。

非居民个人是指在中国境内无住所又不居住或者无住所而在境内居住不满183天的个人。

(一)账簿凭证管理

(二)企业所得税

应纳税所得额的确定见第四章企业所得税法，第七节第四项，非居民企业应纳税额的计算。

考点五　非居民企业的股息、利息、租金、特许权使用费和财产转让所得★

扫我解疑难

经典例题

【例题·多选题】在中国境内未设立机构、场所的非居民企业从中国境内取得的收入，按全额作为企业所得税应纳税所得额的有(　)。

A. 利息收入

B. 特许权使用费收入

C. 租金收入

D. 财产转让收入

【答案】ABC

【解析】税法规定，非居民企业在中国境内未设立机构、场所的，或者虽设立机构、场所但取得的所得与其所设机构、场所没有实际联系的，按照下列方法计算其应纳税所得额：(1)股息、红利等权益性投资收益和利息、租金、特许权使用费所得，以收入全额为应纳税所得额；(2)转让财产所得，以收入全额减除财产净值后的余额为应纳税所得额。

考点精析

适用于在中国境内未设立机构、场所的，或者虽设立机构、场所但取得的所得与其所设机构、场所没有实际联系的非居民企业。(实际征税时减按10%税率)

【知识点拨】并非所有的非居民企业都适用于本规定，在中国境内设立机构、场所，取得的与其所设机构场所有实际联系的非居民企业，按25%的税率纳税。

(一)应纳税额计算

扣缴企业所得税应纳税额=应纳税所得

额×实际征收率

其中，应纳税所得额依照下列规定计算：

(1)股息、红利等权益性投资收益和利息、租金、特许权使用费所得，以收入全额为应纳税所得额。

(2)转让财产所得，以收入全额减除财产净值后的余额为应纳税所得额。

(3)其他所得，参照前两项规定的方法计算应纳税所得额

(二)扣缴税款要求

对非居民企业取得上述所得应缴纳的所得税，实行源泉扣缴，以支付人为扣缴义务人。税款由扣缴义务人在每次支付或者到期应支付时，从支付或者到期应支付的款项中扣缴。并关注：

(1)非居民企业取得应源泉扣缴的所得为股息、红利等权益性投资收益的，相关应纳税款扣缴义务发生之日为股息、红利等权益性投资收益实际支付之日。

(2)非居民企业采取分期收款方式取得应源泉扣缴所得税的同一项转让财产所得的，其分期收取的款项可先视为收回以前投资财产的成本，待成本全部收回后，再计算并扣缴应扣税款。

(三)其他相关规定

2018年1月1日起，外投资者从中国境内居民企业分配的利润，直接投资于所有非禁止外商投资项目和领域，凡符合规定条件的，实行递延纳税政策，暂不征收预提所得税。

(1)境外投资者暂不征收预提所得税须同时满足以下条件：

①境外投资者以分得利润进行的直接投资，包括境外投资者以分得利润进行的增资、新建、股权收购等权益性投资行为，但不包括新增、转增、收购上市公司股份(符合条件的战略投资除外)。

②境外投资者分得的利润属于中国境内居民企业向投资者实际分配已经实现的留存收益而形成的股息、红利等权益性投资收益。

③境外投资者用于直接投资的利润以现金形式支付的，相关款项从利润分配企业的账户直接转入被投资企业或股权转让方账户，在直接投资前不得在境内外其他账户周转；境外投资者用于直接投资的利润以实物、有价证券等非现金形式支付的，相关资产所有权直接从利润分配企业转入被投资企业或股权转让方，在直接投资前不得由其他企业、个人代为持有或临时持有。

(2)境外投资者符合规定条件的，应按照税收管理要求进行申报并如实向利润分配企业提供其符合政策条件的资料。利润分配企业经适当审核后认为境外投资者符合本通知规定的，可暂不扣缴预提所得税，并向其主管税务机关履行备案手续。

(3)境外投资者按照本通知规定可以享受暂不征收预提所得税政策但未实际享受的，可在实际缴纳相关税款之日起三年内申请追补享受该政策，退还已缴纳的税款。

考点六　中国境内机构和个人对外付汇的税收管理★

扫我解疑难

经典例题

【例题1·单选题】(2019年)境内机构对外付汇的下列情形中，需要进行税务备案的是(　)。

A. 境内机构在境外发生差旅费10万美元以上的

B. 境内机构发生在境外的进出口贸易佣金5万美元以上的

C. 境内机构在境外发生会议费10万美元以上的

D. 境内机构向境外支付旅游服务费5万美元以上的

【答案】D

【解析】境内机构和个人向境外单笔支付等值5万美元以上(不含等值5万美元，下同)下列外汇资金，除无须进行税务备案的情形外，均应向所在地主管国税机关进行税务备案。

无须进行税务备案的情形包括境内机构在境外发生的差旅、会议、商品展销等各项费用，进出口贸易佣金、保险费、赔偿款，以及境内机构在境外代表机构的办公经费，以及境内机构在境外承包工程的工程款等。

【例题2·单选题】(2018年)境内机构对外支付下列外汇资金时，须办理和提交《服务贸易等项目对外支付税务备案表》的是( )。

A. 境内机构在境外发生的商品展销费用

B. 进口贸易项下境外机构获得的国际运输费用

C. 境内机构在境外承包工程的工程款

D. 我国区县级国家机关对外无偿捐赠援助资金

【答案】D

【解析】选项D，我国省级以上国家机关对外无偿捐赠援助资金，支付外汇资金时，无须办理和提交《服务贸易等项目对外支付税务备案表》，区县级国家机关需要办理和提交《备案表》。

考点精析

(一)对外付汇需要进行税务备案的情形

境内机构和个人向境外单笔支付等值5万美元以上的外汇资金(除无须备案以外)，均应向所在地主管税务机关进行税务备案。

【知识点拨】外国投资者以境内直接投资合法所得在境内再投资单笔5万美元以上的，也应按照规定进行税务备案。

(二)对外付汇无须进行税务备案的情形

境内机构和个人对外支付下列外汇资金，无须办理和提交《服务贸易等项目对外支付税务备案表》：

(1)境内机构在境外发生的差旅、会议、商品展销等各项费用。

(2)境内机构在境外代表机构的办公经费，以及境内机构在境外承包工程的工程款。

(3)境内机构发生在境外的进出口贸易佣金、保险费、赔偿款。

(4)进口贸易项下境外机构获得的国际运输费用。

(5)保险项下保费、保险金等相关费用。

(6)从事运输或远洋渔业的境内机构在境外发生的修理、油料、港杂等各项费用。

(7)境内旅行社从事出境旅游业务的团费以及代订、代办的住宿、交通等相关费用。

(8)亚洲开发银行和世界银行集团下属的国际金融公司从我国取得的所得或收入，包括投资合营企业分得的利润和转让股份所得、在华财产(含房产)出租或转让收入以及贷款给我国境内机构取得的利息。

(9)外国政府和国际金融组织向我国提供的外国政府(转)贷款[含外国政府混合(转)贷款]和国际金融组织贷款项下的利息。

(10)外汇指定银行或财务公司自身对外融资如境外借款、境外同业拆借、海外代付以及其他债务等项下的利息。

(11)我国省级以上国家机关对外无偿捐赠援助资金。

(12)境内证券公司或登记结算公司向境外机构或境外个人支付其依法获得的股息、红利、利息收入及有价证券卖出所得收益。

(13)境内个人境外留学、旅游、探亲等因私用汇。

(14)境内机构和个人办理服务贸易、收益和经常转移项下退汇。

(15)国家规定的其他情形。

考点七 境外所得税收管理★★

扫我解疑难

经典例题

【例题1·单选题】(2019年)某居民企业2018年度境内应纳税所得额为1 000万元，设立在甲国的分公司就其境外所得在甲国已纳企业所得税60万元，甲国企业所得税税率为30%，该居民企业2018年企业所得税应纳税所得额是( )。

A. 1 018 万元　　B. 940 万元

C. 1 200 万元　　D. 1 060 万元

【答案】C

【解析】甲国企业取得的境外所得=60÷30%=200(万元)

我国应缴税所得额=1 000+200=1 200(万元)

【例题 2·计算问答题】(2016 年)我国居民企业甲在境外进行了投资，相关投资架构及持股比例如下图所示。

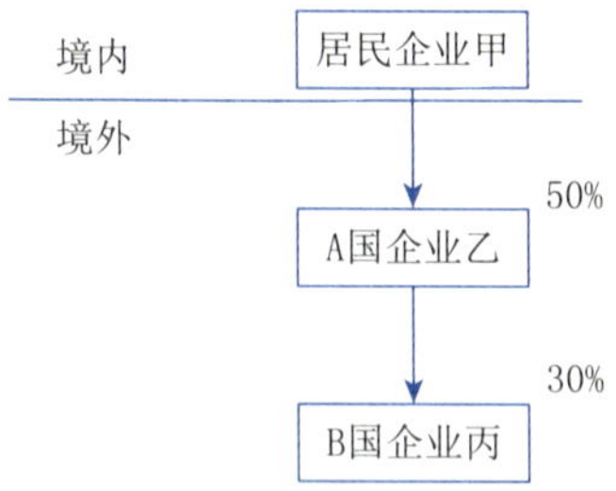

2015 年经营及分配状况如下：

(1)B 国企业所得税税率为 30%，预提所得税税率为 12%，丙企业应纳税所得总额 800 万元，丙企业将部分税后利润按持股比例进行了分配。

(2)A 国企业所得税税率为 20%，预提所得税税率为 10%。乙企业应纳税所得总额(该应纳税所得总额已包含投资收益还原计算的间接税款)1 000 万元，其中来自丙企业的投资收益 100 万元，按照 12%的税率缴纳 B 国预提所得税 12 万元；乙企业在 A 国享受税收抵免后实际缴纳税款 180 万元，乙企业将全部税后利润按持股比例进行了分配。

(3)居民企业甲适用的企业所得税税率 25%，其来自境内的应纳税所得额为 2 400 万元。

要求：根据上述资料，按照下列序号回答问题，如有计算需计算出合计数。

(1)简述居民企业可适用境外所得税收抵免的税额范围。

(2)判断企业丙分回企业甲的投资收益能否适用间接抵免优惠政策并说明理由。

(3)判断企业乙分回企业甲的投资收益能否适用间接抵免优惠政策并说明理由。

(4)计算企业乙所纳税额属于由企业甲负担的税额。

(5)计算企业甲取得来源于企业乙投资收益的抵免限额。

(6)计算企业甲取得来源于企业乙投资收益的实际抵免额。

【答案】

(1)居民企业可以就其取得的境外所得直接缴纳和间接负担的境外企业所得税性质的税额进行抵免。

(2)企业丙不能适用间接抵免优惠政策，由于企业甲对于企业丙的持股比例为 15%(50%×30%)，未达到 20%的要求。

(3)企业乙可以适用间接抵免优惠政策，由于企业甲对于企业乙的持股比例为 50%，达到了 20%的要求。

(4)由企业甲负担的税额=[企业乙就利润和投资收益所实际缴纳的税额(180+12)+企业乙间接负担的税额 0]×乙向一家上一层企业分配的股息 404(808×50%)÷本层企业所得税后利润额 808(1 000−180−12)=96(万元)

(5)企业甲应纳税总额=[2 400+(404+96)]×25%=(2 400+500)×25%=725(万元)

抵免限额=725×500÷(2 400+500)=125(万元)

(6)可抵免境外税额=(1 000−180−12)×50%×10%(直接缴纳)+96(间接负担)=136.4(万元)，136.4>125，实际抵免额为 125 万元。

考点精析

境外所得税收管理依据《关于企业境外所得税收抵免有关问题的通知》(财税〔2009〕125 号)和国家税务总局关于发布《企业境外所得税收抵免操作指南》的公告(国家税务总局公告 2010 年第 1 号)的规定执行。

(一)适用范围

(1)**居民企业可以抵免其取得的境外所得直接缴纳和间接负担的境外企业所得税税额。**

(2)非居民企业在中国境内设立的机构、场所的，可以抵免其取得的发生在中国境外，但与其所设机构、场所有实际联系的所得直接缴纳的境外企业所得税税额。

【知识点拨】境外税额抵免分为直接抵免和间接抵免。

（二）境外所得税额抵免计算的基本项目

企业应按照企业所得税法相关规定，准确计算下列当期与抵免境外所得税有关的项目后，确定当期实际可抵免分国（地区）别的境外所得税税额和抵免限额：

（1）境内所得的应纳税所得额（以下称境内应纳税所得额）和分国（地区）别的境外所得的应纳税所得额（以下称境外应纳税所得额）——境内外应纳税所得额。

（2）分国（地区）别的可抵免境外所得税税额——可抵免境外所得税税额。

（3）分国（地区）别的境外所得税的抵免限额——抵免限额。

据财税〔2017〕84号政策规定，自2017年7月1日起，企业可以选择按国（地区）别分别计算［即“分国（地区）不分项”］，或者不按国（地区）别汇总计算［即“不分国（地区）不分项”］其来源于境外的应纳税所得额，并按照有关规定分别计算其可抵免境外所得税税额和抵免限额。上述方式一经选择，5年内不得改变。

企业选择采用不同于以前年度的方式（以下简称新方式）计算可抵免境外所得税税额和抵免限额时，对该企业以前年度按照有关规定没有抵免完的余额，可在税法规定结转的剩余年限内，按新方式计算的抵免限额中继续结转抵免。

（三）境外应纳税所得额的计算

在抵免境外缴纳的所得税税额时，抵免限额为该项所得依照《中华人民共和国企业所得税法》计算的应纳税额；超过抵免限额的部分，可以在以后5个年度内，用每年度抵免限额抵免当年应抵税额后的余额进行抵补。用公式可以表述为：

抵免限额＝中国境内、境外所得依法计算的应纳税总额×来源于某国（地区）的应纳税所得额÷中国境内、境外应纳税所得总额

其中，境外应纳税所得额的确定方法如下：

（1）居民企业在境外投资设立不具有独立纳税地位的分支机构，其来源于境外的所得，以境外收入总额扣除与取得境外收入有关的各项合理支出后的余额为应纳税所得额。

（2）居民企业应就其来源于境外的股息、红利等权益性投资收益，以及利息、租金、特许权使用费、转让财产等收入，扣除按照《企业所得税法》及其实施条例等规定计算的与取得该项收入有关的各项合理支出后的余额为应纳税所得额。

（3）非居民企业在境内设立机构、场所的，应就其发生在境外但与境内所设机构、场所有实际联系的各项应税所得，比照上述第（2）点的规定计算相应的应纳税所得额。

（4）在计算境外应纳税所得额时，企业为取得境内、境外所得而在境内、境外发生的共同支出，与取得境外应税所得有关的、合理的部分，应在境内、境外［分国别（地区）］应税所得之间，按照合理比例进行分摊后扣除。

（5）在汇总计算境外应纳税所得额时，企业在境外同一国家（地区）设立不具有独立纳税地位的分支机构，按照《企业所得税法》及其实施条例的有关规定计算的亏损，不得抵减其境内或他国（地区）的应纳税所得额，但可以用同一国家（地区）其他项目或以后年度的所得按规定弥补。

【知识点拨】基于分国不分项计算抵免的原则及其要求，对在不同国家的分支机构发生的亏损不得相互弥补。国家税务总局关于发布《企业境外所得税收抵免操作指南》的公告（国家税务总局公告2010年第1号）中做出规定：企业在同一纳税年度的境内外所得加总为正数的，其境外分支机构发生的亏损，由于上述结转弥补的限制而发生的未予弥补的部分（以下称为非实际亏损额），今后在该分支机构的结转弥补期限不受5年期限

制。即：

(1)如果企业当期境内外所得盈利额与亏损额加总后和为零或正数，则其当年度境外分支机构的非实际亏损额可无限期向后结转弥补。

(2)如果企业当期境内外所得盈利额与亏损额加总后和为负数，则以境外分支机构的亏损额超过企业盈利额部分的实际亏损额，按《企业所得税法》第十八条规定的期限进行亏损弥补，未超过企业盈利额部分的非实际亏损额仍可无限期向后结转弥补。

企业应对境外分支机构的实际亏损额与非实际亏损额不同的结转弥补情况做好记录。

(四)可予抵免境外所得税额的确认

可抵免境外所得税税额，是指企业来源于中国境外的所得依照中国境外税收法律以及相关规定应当缴纳并已实际缴纳的企业所得税性质的税款。

(五)境外所得间接负担税额的计算

居民企业在用境外所得间接负担的税额进行税收抵免时，其取得的境外投资收益实际间接负担的税额，是指根据直接或者间接持股方式合计持股20%以上(含20%，下同)的规定层级的外国企业股份，由此应分得的股息、红利等权益性投资收益中，从最低一层外国企业起逐层计算的属于由上一层企业负担的税额。其计算公式如下：

本层企业所纳税额属于由一家上一层企业负担的税额=(本层企业就利润和投资收益所实际缴纳的税额+符合本通知规定的由本层企业间接负担的税额)×本层企业向一家上一层企业分配的股息(红利)÷本层企业所得税后利润额

【知识点拨】本层企业是指实际分配股息(红利)的境外被投资企业。

(六)适用间接抵免的外国企业持股比例的确定

自2017年1月1日起，境外股息所得间接抵免层级有三层变更为五层。企业在境外取得的股息所得，在按规定计算该企业境外股息所得的可抵免所得税额和抵免限额时，由该企业直接或者间接持有20%以上股份的外国企业，限于按照规定的持股方式确定的五层外国企业，即：

第一层：企业直接持有20%以上股份的外国企业；

第二层至第五层：**单一上一层外国企业直接持有20%以上股份，且由该企业直接持有或通过一个或多个符合规定持股方式的外国企业间接持有总和达到20%以上股份的外国企业。**

【知识点拨】持股条件，是指各层企业直接持股、间接持股以及为计算居民企业间接持股总和比例的每一个单一持股，均应达到20%的持股比例。

(七)税收饶让

居民企业从与我国政府订立税收协定(或安排)的国家(地区)取得的所得，按照该国(地区)税收法律享受了免税或减税待遇，且该免税或减税的数额按照税收协定规定应视同已缴税额在中国的应纳税额中抵免的，该免税或减税数额可作为企业实际缴纳的境外所得税额用于办理税收抵免。

【知识点拨】税收饶让承认境外所得在境外享受的减免税优惠，境外减免税视同实际缴纳税额，不用在境内补税。

(八)抵免限额的计算

企业可以选择按国(地区)别分别计算[即“分国(地区)不分项”]，或者不按国(地区)别汇总计算[即“不分国(地区)不分项”]其来源于境外的应纳税所得额，并按照规定的税率，分别计算其可抵免境外所得税税额和抵免限额。上述方式一经选择，5年内不得改变。

1. 适用税率——25%

【知识点拨】以境内、境外全部生产经营活动有关的研究开发费用总额、总收入、销售收入总额、高新技术产品(服务)收入等指标申请并经认定的**高新技术企业**，其来源于境外的所得可以享受高新技术企业所得税优惠政策，即对其来源于境外的所得可以按照15%的优惠税率缴纳企业所得税，在计算境外抵免限额时，可按照15%的优惠税率计算境内外应纳税总额。其他企业在计算抵免限额时，只能用25%的税率，即使企业境内所得按税收法规规定享受企业所得税优惠的，在进行境外所得税额抵免限额计算中的中国境内、外所得应纳税总额所适用的税率也应为25%。

2. 境内、境外所得之间的亏损弥补

若企业境内所得为亏损，境外所得为盈利，且企业已使用同期境外盈利全部或部分弥补了境内亏损，则境内已用境外盈利弥补的亏损不得再用以后年度境内盈利重复弥补。由此，在计算境外所得抵免限额时，形成当期境内、境外应纳税所得总额小于零的，应以零计算当期境内、境外应纳税所得总额，其当期境外所得税的抵免限额也为零。上述境外盈利在境外已纳的可予抵免但未能抵免的税额可以在以后5个纳税年度内进行结转抵免。

【知识点拨】如果企业境内为亏损，境外盈利分别来自多个国家(地区)，则弥补境内亏损时，企业可以自行选择弥补境内亏损的境外所得来源国家(地区)顺序。

(九)实际抵免境外税额的计算

实际缴纳和负担的所得税税额低于抵免限额——按实际缴纳和负担的税额抵免。

实际缴纳和负担的所得税税额超过抵免限额——按抵免限额进行抵免(余额5年抵补)。

(十)简易办法计算抵免

(1)企业从境外取得营业利润所得以及符合境外税额间接抵免条件的股息所得，虽有所得来源国(地区)政府机关核发的具有纳税性质的凭证或证明，但因客观原因无法真实、准确地确认应当缴纳并已经实际缴纳的境外所得税税额的，除就该所得直接缴纳及间接负担的税额在所得来源国(地区)的实际有效税率低于税法规定税率50%以上(即低于12.5%)的外，可按境外应纳税所得额的12.5%作为抵免限额。

(2)企业从境外取得营业利润所得以及符合境外税额间接抵免条件的股息所得，凡就该所得缴纳及间接负担的税额在所得来源国(地区)的法定税率且其实际有效税率明显高于我国的，可直接以按本通知规定计算的境外应纳税所得额和《企业所得税法》规定的税率计算的抵免限额作为可抵免的已在境外实际缴纳的企业所得税税额。

(十一)境外分支机构与我国对应纳税年度的确定

企业在境外投资设立不具有独立纳税地位的分支机构，其计算生产、经营所得的纳税年度与我国规定的纳税年度不一致的，与我国纳税年度当年度相对应的境外纳税年度，应为在我国有关纳税年度中任何一日结束的境外纳税年度。

【知识点拨】按境外分支机构所在国纳税年度结束日所在的我国纳税年度确定在我国计算抵免税额的年度。

(十二)境外所得税抵免时应纳所得税额的计算

企业抵免境外所得税额后实际应纳所得税额的计算公式为：

企业实际应纳所得税额=企业境内外所得应纳税总额-企业所得税减免、抵免优惠税额-境外所得税抵免额

考点八　国际反避税★★

扫我解疑难

经典例题

【例题1·多选题】(2019年)间接转让中国应税财产的交易双方及被间接转让股权的中国居民企业可以向主管税务机关报告股权转让事项，并提交相关资料。下列各项材料中属于相关资料的有(　)。

A. 股权转让合同

B. 间接转让中国应税财产交易双方的公司章程

C. 境外企业及直接或间接持有中国应税财产的下属企业上两个年度的会计报表

D. 股权转让前后的企业股权架构图

【答案】ACD

【解析】间接转让中国应税财产的交易双方及被间接转让股权的中国居民企业可以向主管税务机关报告股权转让事项，并提交以下资料：

(1)股权转让合同或协议(为外文文本的需同时附送中文译本)；

(2)股权转让前后的企业股权架构图；

(3)境外企业及直接或间接持有中国应税财产的下属企业上两个年度财务、会计报表；

(4)间接转让中国应税财产交易不适用第1条的理由。

【例题2·多选题】(2018年)OECD于2015年10月发布税基侵蚀和利润转移项目全部15项产出成果。下列各项中，属于该产出成果的有(　)。

A.《防止税收协定优惠的不当授予》

B.《金融账户涉税信息自动交换标准》

C.《消除混合错配安排的影响》

D.《确保转让定价结果与价值创造相匹配》

【答案】ACD

【解析】税基侵蚀和利润转移项目成果有以下15项：

(1)《关于数字经济面临的税收挑战的报告》；

(2)《消除混合错配安排的影响》；

(3)《制定有效受控外国公司规则》；

(4)《对利用利息扣除和其他款项支付实现的税基侵蚀予以限制》；

(5)《考虑透明度和实质性因素有效打击有害税收实践》；

(6)《防止税收协定优惠的不当授予》；

(7)《防止人为规避构成常设机构》；

(8)-(10)《确保转让定价结果与价值创造相匹配》；

(11)《衡量和监控BEPS》；

(12)《强制披露规则》；

(13)《转让定价文档与国别报告》；

(14)《使争议解决机制更有效》；

(15)《开发用于修订双边税收协定的多边工具》。

【例题3·多选题】(2016年)甲企业与其关联方签署了成本分摊协议，共同开发无形资产，并约定退出补偿时协议成果转让给关联方；该成本分摊协议符合独立交易原则。下列关于甲企业成本分摊的税务处理中，正确的有(　)。

A. 退出协议时，该无形资产应按资产处置的税务规定处理

B. 协议终止时，应与关联方对已有协议成果作出合理分配

C. 按照协议分摊的成本，应在协议规定的各年度税前扣除

D. 涉及补偿调整的，应调整成本发生年度的应纳税所得额

【答案】ABC

【解析】对于符合独立交易原则的成本分摊协议，有关税务处理如下：

(1)企业按照协议分摊的成本，应在协议规定的各年度税前扣除。

(2)涉及补偿调整的，应在补偿调整的年度计入应纳税所得额。

(3)涉及无形资产的成本分摊协议，加入支付、退出补偿或终止协议时对协议成果分配的，应按资产购置或处置有关规定处理。

考点精析

(一)税基侵蚀和利润转移项目

BEPS行动计划分类和具体内容如表12-4所示。

表 12-4 BEPS 行动计划分类和具体内容

类别	行动计划(15 项)
应对数字经济带来的挑战	数字经济
协调各国企业所得税税制	混合错配、受控外国公司规则、利息扣除、有害税收实践
重塑现行税收协定和转让定价国际规则	税收协议滥用、常设机构、无形资产、风险和资本、其他高风险交易
提高税收透明度和确定性	数据统计分析、强制披露原则、转让定价同期资料、争端解决
开发多边工具促进行动计划实施	多边工具

(二)一般反避税

1. 避税安排的特征

(1)以获取税收利益为唯一目的或者主要目的。

(2)以形式符合税法规定，但与其经济实质不符的方式获取税收利益。

税收利益是指减少、免除或者推迟缴纳企业所得税应纳税额。

2. 特别纳税调整方法

税务机关应当以具有合理商业目的和经济实质的类似安排为基准，按照实质重于形式的原则实施特别纳税调整。调整方法包括：

(1)对安排的全部或者部分交易重新定性。

(2)在税收上否定交易方的存在，或者将该交易方与其他交易方视为同一实体。

(3)对相关所得、扣除、税收优惠、境外税收抵免等重新定性或者在交易各方间重新分配。

(4)其他合理方法。

3. 间接转让财产

非居民企业通过实施不具有合理商业目的的安排，间接转让中国居民企业股权等财产，规避企业所得税纳税义务的，应按照《企业所得税法》的有关规定，重新定性该间接转让交易，确认为直接转让中国居民企业股权等财产。

(三)特别纳税调整

1. 转让定价

转让定价是指关联企业之间在销售货物、提供劳务、转让无形资产等时制定的价格。它通常不同于一般的市场价格，而是关联企业之间内部转让交易所确定的一种价格。

2. 成本分摊协议

企业与其关联方签署成本分摊协议，有下列情形之一的，其自行分摊的成本不得税前扣除：

(1)不具有合理商业目的和经济实质。

(2)不符合独立交易原则。

(3)没有遵循成本与收益配比原则。

(4)未按规定备案或准备、保存和提供有关成本分摊协议的同期资料。

(5)自签署成本分摊协议之日起经营期限少于 20 年。

3. 受控外国企业

受控外国企业是指由居民企业，或者由居民企业和居民个人控制的设立在实际税负低于 25% 的企业所得税税率水平 50% 的国家(地区)，并非出于合理经营需要对利润不作分配或减少分配的外国企业。

对于受控外国企业的上述利润中应归属于该居民企业股东的部分，应当视同分配计入该居民企业的当期收入。

【知识点拨】所称控制，是指在股份、资金、经营、购销等方面构成实质控制。其中，股份控制是指由中国居民股东在纳税年度任何一天单层直接或多层间接单一持有外国企业 10% 以上有表决权股份，且共同持有该外国企业 50% 以上股份。中国居民股东多层间接持有股份按各层持股比例相乘计算，中间层持有股份超过 50% 的，按 100% 计算。

4. 资本弱化

企业从其关联方接受的债权性投资与权益性投资的比例超过规定标准而发生的利息支出，不得在计算应纳税所得额时扣除。

不得扣除利息支出=年度实际支付的全部关联方利息×(1-标准比例/关联债资比例)

(1)标准比例，即接受关联方债权性投资与其权益性投资比例为：

①金融企业，为5：1；

②其他企业，为2：1。

(2)关联债资比例是指企业从其全部关联方接受的债权性投资(以下简称关联债权投资)占企业接受的权益性投资(以下简称权益投资)的比例，关联债权投资包括关联方以各种形式提供担保的债权性投资。

关联债资比例的具体计算方法如下：

关联债资比例=年度各月平均关联债权投资之和/年度各月平均权益投资之和

其中：

各月平均关联债权投资=(关联债权投资月初账面余额+月末账面余额)÷2

各月平均权益投资=(权益投资月初账面余额+月末账面余额)÷2

【知识点拨】权益投资为企业资产负债表所列示的所有者权益金额。如果所有者权益小于实收资本(股本)与资本公积之和，则权益投资为实收资本(股本)与资本公积之和；如果实收资本(股本)与资本公积之和小于实收资本(股本)金额，则权益投资为实收资本(股本)金额。

考点九　转让定价★★

扫我解疑难

经典例题

【例题1·单选题】(2018年)关联交易同期资料中的主体文档，应当在企业集团最终控股企业会计年度终了之日起一定期限内准备完毕。这一期限为(　)个月。

A. 15　　B. 18

C. 12　　D. 24

【答案】C

【解析】主体文档应当在企业集团最终控股企业会计年度终了之日起12个月内准备完毕。

【例题2·单选题】预约定价安排适用于主管税务机关向企业送达接收其谈签意向的《税务事项通知书》之日所属纳税年度起(　)年度的关联交易。

A. 1至3个

B. 3至5个

C. 3至6个

D. 5至10个

【答案】B

【解析】预约定价安排适用于主管税务机关向企业送达接收其谈签意向的《税务事项通知书》之日所属纳税年度起3至5个年度的关联交易。

【例题3·多选题】依据企业所得税特别纳税调整的相关规定，转让定价的方法主要包括(　)。

A. 再销售价格法

B. 现金与实物分配法

C. 交易净利润法

D. 可比非受控价格法

【答案】ACD

【解析】转让定价方法包括：可比非受控价格法、再销售价格法、成本加成法、交易净利润法、利润分割法和其他符合独立交易原则的方法。

考点精析

(一)关联申报

关联方是指与企业有下列关联关系之一的企业、其他组织或者个人，关联关系见表12-5。

表 12-5 关联关系

判断标准	具体情形	举例
持有股份	一方直接或者间接持有另外一方股份总和达到25%以上	A拥有B公司25%的股权；则A和B形成关联方
	双方直接或者间接同为第三方持有25%以上的股份	A同时拥有B公司和C公司25%的股权；则A、B、C三方均形成关联方
双方存在持股关系或者同为第三方持股，但持股比例不足25%的	一方与另外一方之间借贷资金占任一方实收资本的50%以上	A公司实收资本100万元，向B公司借方50.1万元，则A、B公司形成关联关系
	一方借贷资金总额的10%以上由另外一方担保	A公司借贷总额100万元，有11万元由B公司担保，则A、B公司形成关联关系
	一方的生产经营活动必须由另一方提供专利权、非专利技术、商标权、著作权等特许权才能正常进行	A公司的生产必须由B公司提供非专利技术才能开展，则A、B公司存在关联关系
	一方的购买、销售、接受劳务等经营活动由另一方控制	A公司的材料采购、产品销售均需B公司来完成，则A、B公司存在关联关系
控制高管或者董事会	一方半数以上董事或者半数以上高管由另一方任命或者委派，或者同时担任另一方的董事或者高管	A公司50%的高管由B公司委派，二者形成关联方；A公司的董事长由B公司委派，该董事长可控制A公司董事会，则二者也形成关联方
	双方各自半数以上董事或者半数以上高管同为第三方任命或者委派	A、B公司50%以上的高管均由C公司委派，则A、B公司存在关联关系

（二）同期资料管理

根据国家税务总局《关于完善关联申报和同期资料管理有关事项的公告》（国家税务总局公告2016年第42号）的规定，同期资料包括主体文档、本地文档和特殊事项文档。

1. 主体文档

（1）符合下列条件之一的企业，应当准备主体文档：

①年度发生跨境关联交易，且合并该企业财务报表的最终控股企业所属企业集团已准备主体文档。

②年度关联交易总额超过10亿元。

（2）主体文档主要披露最终控股企业所属企业集团的全球业务整体情况，包括以下内容：①组织架构；②企业集团业务；③无形资产；④融资活动；⑤财务与税务状况。

2. 本地文档

（1）年度关联交易金额符合下列条件之一的企业，应当准备本地文档：

①有形资产所有权转让金额（来料加工业务按照年度进出口报关价格计算）超过2亿元。

②金融资产转让金额超过1亿元。

③无形资产所有权转让金额超过1亿元。

④其他关联交易金额合计超过4 000万元。

【思路点拨】需要注意的是，企业执行预约定价安排的，可以不准备预约定价安排涉及关联交易的本地文档和特殊事项文档，且关联交易金额不计入上述第①项至第④项规定的关联交易金额范围。

（2）本地文档主要披露企业关联交易的详细信息，包括以下内容：①企业概况。②关联关系。③关联交易。④可比性分析。其中，可比性分析考虑的因素，包括交易资产或者劳务特性，交易各方功能、风险和资产，合同条款，经济环境，经营策略等。⑤转让定价方法的选择和使用。

3. 特殊事项文档

特殊事项文档包括成本分摊协议特殊事项文档和资本弱化特殊事项文档。

4. 豁免情形

（1）企业执行预约定价安排的，可以不准备预约定价安排涉及关联交易的本地文档和特殊事项文档。

（2）企业仅与境内关联方发生关联交易

的，可以不准备主体文档、本地文档和特殊事项文档。

5. 时限及其他要求

（1）主体文档应当在企业集团最终控股企业会计年度终了之日起 12 个月内准备完毕；本地文档和特殊事项文档应当在关联交易发生年度次年 6 月 30 日之前准备完毕。同期资料应当自税务机关要求之日起 30 日内提供。

（2）企业因不可抗力无法按期提供同期资料的，应当在不可抗力消除后 30 日内提供同期资料。

（3）同期资料应当自税务机关要求的准备完毕之日起保存 10 年。

（三）转让定价调整方法

转让定价调整方法如表 12-6 所示。

表 12-6　转让定价调整方法

方法	含义	适用范围
可比非受控价格法	以非关联方之间进行的与关联交易相同或类似业务活动所收取的价格作为关联交易公平成交价格	一般适用于所有类型关联交易
再销售价格法	以关联方购进商品再销售给非关联方的价格减去可比非关联交易毛利后的金额作为关联方购进商品的公平成交价格。 其计算公式如下： 公平成交价格 = 再销售给非关联方的价格×（1 - 可比非关联交易毛利率） 可比非关联交易毛利率 = 可比非关联交易毛利/可比非关联交易收入净额×100%	一般适用于再销售者未对商品进行改变外形、性能、结构或更换商标等实质性增值加工的简单加工或单纯购销业务
成本加成法	以关联交易发生的合理成本加上可比非关联交易毛利后的金额作为关联交易的公平成交价格。 其计算公式如下： 公平成交价格 = 关联交易的合理成本×（1 + 可比非关联交易成本加成率） 可比非关联交易成本加成率 = 可比非关联交易毛利/可比非关联交易成本×100%	一般适用于有形资产使用权或者所有权的转让、资金融通、劳务交易等关联交易
交易净利润法	以可比非关联交易的利润指标确定关联交易的净利润	一般适用于不拥有重大价值无形资产企业的有形资产使用权或者所有权的转让和受让、无形资产使用权受让以及劳务交易等关联交易
利润分割法	根据企业与其关联方对关联交易合并利润（实际或者预计）的贡献计算各自应该分配的利润额	一般适用于企业及其关联方均对利润创造具有独特贡献，业务高度整合且难以单独评估各方交易结果的关联交易
其他符合独立交易原则的方法	成本法：以替代或者重置原则为基础，通过在当前市场价格下创造一项相似资产所发生的支出确定评估标的价值的评估方法	适用于能够被替代的资产价值评估
	市场法：利用市场上相同或者相似资产的近期交易价格，经过直接比较或者类比分析以确定评估标的价值的评估方法	适用于在市场上能找到与评估标的相同或者相似的非关联可比交易信息时的资产价值评估
	收益法：通过评估标的未来预期收益现值来确定其价值的评估方法	适用于企业整体资产和可预期未来收益的单项资产评估

(四)预约定价安排

预约定价安排管理是指税务机关按照所得税法的相关规定，对企业提出的未来年度关联交易的定价原则和计算方法进行审核评估，并与企业协商达成预约定价安排等工作的总称。根据《国家税务总局关于完善预约定价安排管理有关事项的公告》(国家税务总局公告2016年第64号)的规定，企业可以与税务机关就其未来年度关联交易的定价原则和计算方法达成预约定价安排。

(1)预约定价安排的谈签与执行通常经过**预备会谈、谈签意向、分析评估、正式申请、协商签署和监控执行6个阶段**。

(2)预约定价安排包括**单边、双边和多边**3种类型。

(3)预约定价安排适用范围。

①预约定价安排适用于主管税务机关向企业送达接收其谈签意向的《税务事项通知书》之日所属纳税年度起**3至5个年度**的关联交易。

企业以前年度的关联交易与预约定价安排适用年度相同或者类似的，经企业申请，税务机关可以将预约定价安排确定的定价原则和计算方法追溯适用于以前年度该关联交易的评估和调整。**追溯期最长为10年**。

预约定价安排的谈签不影响税务机关对企业不适用预约定价安排的年度及关联交易的特别纳税调查调整和监控管理。

②预约定价安排一般适用于主管税务机关向企业送达接收其谈签意向的《税务事项通知书》之日所属纳税年度前**3个年度**每年度发生的关联交易金额**在4 000万元人民币以上**的企业。

考点十　国际税收征管合作★

经典例题

【例题1·单选题】(2017年)下列国际组织或机构中，发布了《金融账户涉税信息自动交换标准》的是(　)。

A. 联合国

B. 世界银行

C. 经济合作与发展组织

D. 实际贸易组织

【答案】C

【解析】经济合作与发展组织(OECD)于2014年7月发布了《金融账户涉税信息自动交换标准》。

【例题2·单选题】(2016年)下列关于《海外账户税收遵从法案》的表述中，正确的是(　)。

A.《海外账户税收遵从法案》规定举证责任最终由纳税人承担

B.《海外账户税收遵从法案》的主要目的是追查全球企业避税情况

C. 根据《海外账户税收遵从法案》被认定为“不合作账户持有人”将被扣缴40%的预提所得税

D.《海外账户税收遵从法案》仅适用于美国境内

【答案】A

【解析】选项B，《海外账户税收遵从法案》的主要目的是追查全球范围内美国富人的逃避缴纳税款行为。选项C，虽然金融机构负有尽职调查与信息报告义务，但举证责任最终仍由纳税人承担。如果某账户持有人不能证明自己并非美国纳税人或者无法向外国金融机构提供必要的证明文件，那么该账户持有人会被认定为“不合作账户持有人”，将被扣缴30%的预提所得税，并且将面临被关闭账户的风险。选项D，《海外账户税收遵从法案》适用范围远远超出美国辖区。

【例题3·多选题】(2017年)下列关于税收情报交换的表述中，正确的有(　)。

A. 税收情报应作密件处理

B. 税收情报交换在税收协定规定的权利和义务范围内进行

C. 税收情报交换应在税收协定生效并执行以后进行

D. 我国从缔约国主管当局获取的税收情报可

以在诉讼程序中出示

【答案】ABCD

【解析】税收情报应作密件处理；情报交换在税收协定规定的权利和义务范围内进行；我国享有从缔约国取得税收情报的权利，也负有向缔约国提供税收情报的义务。我国从缔约国主管当局获取的税收情报可以作为税收执法行为的依据，并可以在诉讼程序中出示；情报交换应在税收协定生效并执行以后进行，税收情报涉及的事项可以溯及税收协定生效并执行之前。

考点精析

（一）情报交换

国家税务总局关于印发《国际税收情报交换工作规程》的通知（国税发〔2006〕70号）中规定：情报交换，是指我国与相关税收协定缔约国家（以下简称缔约国）的主管当局为了正确执行税收协定及其所涉及税种的国内法而相互交换所需信息的行为。

1. 情报交换的种类

情报交换的种类包括专项情报交换、自动情报交换、自发情报交换以及同期税务检查、授权代表访问和行业范围情报交换等。

2. 情报交换的范围

除缔约国双方另有规定外，情报交换的范围一般为：

（1）国家范围应仅限于与我国正式签订含有情报交换条款的税收协定并生效执行的国家。

（2）税种范围应仅限于税收协定规定的税种，主要为具有所得（和财产）性质的税种。

（3）人的范围应仅限于税收协定缔约国一方或双方的居民。

（4）地域范围应仅限于缔约国双方有效行使税收管辖权的区域。

3. 税收情报的保密

绝密级情报保密期限一般为30年，机密级情报保密期限一般为20年，秘密级情报保密期限一般为10年。

（二）海外账户税收遵从法案

主要目的：追查全球范围内美国富人的逃避缴纳税款行为。

（三）金融账户涉税信息自动交换标准

（1）受G20委托，OECD于2014年7月发布了《金融账户涉税信息自动交换标准》。

（2）AEOI标准由《多边主管当局协议》（MCAA）和《统一报告标准》（CRS）两部分内容组成。

（3）金融机构应当登录国家税务总局网站办理注册登记，金融机构应当汇总报送境内分支机构的非居民账户信息，并注明报送信息的金融机构名称、地址以及纳税人识别号，并且于每年5月31日前按要求报送。信息中涉及金额的，应当按原币种报送并且标注原币种名称。

阶段性测试

1.【单选题】某外国公司实际管理机构不在中国境内，也未在中国设立机构场所，2019年从中国境内某企业获得专有技术使用权转让收入200万元，该技术的成本80万元，从外商投资企业取得投资收益300万元，此外转让其在中国境内的房屋一栋，转让收入3 000万元，原值1 000万元，已提折旧600万元。则该外国公司2019年应当向我国缴纳的企业所得税是（　）万元。

A. 350　　B. 310

C. 50　　D. 250

2.【单选题】下列年度关联交易金额不符合应当准备本地文档条件的是（　）。

A. 有形资产所有权转让金额（来料加工业务按照年度进出口报关价格计算）超过2亿元

B. 无形资产所有权转让金额超过1亿元

C. 其他关联交易金额合计超过4 000万元

D. 金融资产转让金额超过5 000万元

3.【多选题】根据税法规定，预约定价安排的预备会谈期间，企业应当作出简要说明内容的有（　）。

A. 预约定价安排涉及的关联方及关联交易

B. 市场情况的说明

C. 预约定价安排是否追溯适用以前年度

D. 企业最近 10 个年度生产经营情况、同期资料等

阶段性测试答案精析

1. B 【解析】对于在中国境内未设立机构、场所的，或者虽设立机构、场所但取得的所得与其所设机构、场所没有实际联系的非居民企业的所得，按照下列方法计算应纳税所得额：

股息、红利等权益性投资收益和利息、租金、特许权使用费所得，以收入全额为应纳税所得额。转让财产所得，以收入全额减除财产净值后的余额为应纳税所得额。

应缴纳企业所得税 = (200 + 300) × 10% + [3 000 − (1 000 − 600)] × 10% = 310(万元)

2. D 【解析】选项 D 应为金融资产转让全额超过 1 亿元。

3. ABC 【解析】预约定价安排的预备会谈期间，企业应当就以下内容作出简要说明：

(1)预约定价安排的适用年度；

(2)预约定价安排涉及的关联方及关联交易；

(3)企业及其所属企业集团的组织结构和管理架构；

(4)企业最近 3 至 5 个年度生产经营情况、同期资料等；

(5)预约定价安排涉及各关联方功能和风险的说明，包括功能和风险划分所依据的机构、人员、费用、资产等；

(6)市场情况的说明，包括行业发展趋势和竞争环境等；

(7)是否存在成本节约、市场溢价等地域特殊优势；

(8)预约定价安排是否追溯适用以前年度；

(9)其他需要说明的情况。

本章综合练习 限时45分钟

一、单项选择题

1. 在国际税收协定中，强调居民税收管辖权的范本是(　)。

A.《经合组织范本》

B.《联合国范本》

C.《中新协定》

D.《多边税收征管互助公约》

2.《联合国范本》较为注重(　)，主要目的在于既促进发达国家和发展中国家之间，也促进发展中国家相互间双边税收协定的签订。

A. 扩大收入来源国的税收管辖权

B. 维护居民税收管辖权原则

C. 兼顾居民管辖权和地域管辖权

D. 国际组织在签订税收协定中的作用

3. 某境内公司适用的企业所得税税率为 25%，2019 年度取得境内应纳税所得额 160 万元，境外分公司应纳税所得额 50 万元，在境外已缴纳企业所得税 10 万元。2019 年度该公司汇总纳税时实际在我国应缴纳企业所得税为(　)万元。

A. 42.5　　B. 45.5

C. 40　　D. 52.5

4. 某居民企业 2019 年境内生产经营应纳税所得额为 500 万元，适用 15% 的企业所得税税率。该企业在 A 国设有甲分支机构，甲分支机构的应纳税所得额为 50 万元，甲分支机构适用 20% 的企业所得税税率，甲分支机构按规定在 A 国缴纳了企业所得税，该企业在我国应汇总缴纳的企业所得税是(　)万元。

A. 75　　B. 77.5

C. 127.5　　D. 172.5

5. 根据规定，转让定价方法不包括的是(　)。

A. 可比非受控价格法

B. 关联交易法

C. 再销售价格法

D. 利润分割法

6. 境内居民企业A公司拥有B公司股份比例达到70%，而B公司又拥有C公司60%，C公司又拥有D公司55%，D公司又拥有E公司(外国公司)52%，在判断受控外国企业时，我们可以推定A公司持有E公司的股份是(　)。

A. 52%　　B. 70%

C. 55%　　D. 60%

7. 企业以前年度的关联交易与预约定价安排适用年度相同或者类似的，经企业申请，税务机关可以将预约定价安排确定的定价原则和计算方法追溯适用于以前年度该关联交易的评估和调整，追溯期最长为(　)年。

A. 3　　B. 5

C. 8　　D. 10

8. 甲、乙两家生产企业是关联企业。2019年5月1日，乙企业从甲企业借款3 000万元，期限半年，双方约定按照金融企业同类同期贷款年利率8%结算利息，乙企业无其他关联方债权性投资。乙企业注册资本为200万元，每月所有者权益构成均为：实收资本200万元，资本公积100万元，未分配利润-50万元。则2019年不得扣除的关联方借款利息是(　)万元。

A. 0　　B. 72

C. 88　　D. 120

9. 企业按税务机关要求提供其关联交易的同期资料时，提供主体文档条件之一是年度关联交易总额超过(　)亿元。

A. 1　　B. 2

C. 5　　D. 10

10. 从境内向境外单笔支付等值5万美元以上的外汇资金，无需向所在地主管税务机关进行税务备案的是(　)。

A. 境外机构境内获得不动产的转让收入

B. 境外个人在境内的工作报酬

C. 外国投资者以境内直接投资合法所得在境内再投资单笔5万美元以上

D. 境内机构在境外代表机构的办公经费

二、多项选择题

1. 双重居民身份下，最终居民身份的判定标准包括(　)。

A. 永久性住所　　B. 重要利益中心

C. 习惯性居处　　D. 国籍

2. 以下各项中，属于税基侵蚀和利润转移项目(BEPS)行动计划的有(　)。

A. 数字经济

B. 有害税收实践

C. 数据统计分析

D. 实际管理机构规则

3. 企业按税务机关要求提供其关联交易的同期资料时，年度关联交易金额符合下列(　)条件，应当准备本地文档。

A. 有形资产所有权转让金额超过1亿元

B. 金融资产转让金额超过2亿元

C. 无形资产所有权转让金额超过1亿元

D. 其他关联交易金额合计超过4 000万元

4. 企业关联债资比例超过标准比例需要说明符合独立交易原则的，应当准备资本弱化特殊事项文档。资本弱化特殊事项文档包括(　)。

A. 企业偿债能力和举债能力分析

B. 企业集团举债能力及融资结构情况分析

C. 企业注册资本等权益投资的变动情况说明

D. 关联债权投资的性质、目的及取得时的市场状况

5. 企业与其关联方签署成本分摊协议，有(　)情形之一的，其自行分摊的成本不得税前扣除。

A. 不具有合理商业目的和经济实质

B. 不符合独立交易原则

C. 没有遵循成本与收益配比原则

D. 自签署成本分摊协议之日起经营期限少于25年

6. OECD于2015年10月发布税基侵蚀和利润转移项目全部15项产出成果。下列各项中，属于该产出成果的有(　　)。

A.《消除混合错配安排的影响》

B.《防止税收协定优惠的不当授予》

C.《金融账户涉税信息自动交换标准》

D.《确保转让定价结果与价值创造相匹配》

7. 一般来说，下列因素属于不利于对申请人"受益所有人"身份判定的有(　　)。

A. 申请人从事的经营活动不构成实质性经营活动

B. 缔约对方国家(地区)对有关所得不征税或免税

C. 缔约对方国家(地区)对有关所得征税但实际税率极低

D. 申请人有义务在收到所得的12个月内将所得的30%以上支付给第三国(地区)居民

8. 居民企业存在下列(　　)情形，应当在报送《年度关联业务往来报告表》时填报国别报告。

A. 该居民企业为跨国企业集团的最终控股企业，且其上一会计年度合并财务报表中的各类收入金额合计超过55亿元

B. 该居民企业被跨国企业集团指定为国别报告的报送企业

C. 跨国企业集团未向任何国家提供国别报告

D. 虽然跨国企业集团已向其他国家提供国别报告，且我国与该国已建立国别报告信息交换机制，但国别报告实际未成功交换至我国

9. 国际税收协作中情报交换的类型包括(　　)。

A. 专项情报交换

B. 自动情报交换

C. 自发情报交换

D. 行业范围情报交换

10. 对境外投资者从中国境内居民企业分配的利润，用于境内直接投资暂不征收预提所得税政策。这里所说的直接投资包括(　　)。

A. 境外投资者以分得利润进行增资

B. 境外投资者以分得利润进行新建

C. 境外投资者收购上市公司股份

D. 境外投资者以分得利润进行股权收购

三、计算问答题

1. 甲公司为一家注册在香港的公司，甲公司通过其在开曼群岛设立的特殊目的公司SPV公司，在中国境内设立了一家外商投资企业乙公司。SPV公司是一家空壳公司，自成立以来不从事任何实质业务，没有配备资产和人员，也没有取得经营性收入。甲公司及其子公司相关股权架构示意如下，持股比例均为100%。

甲公司

↓

SPV　　　　境外

↓

乙公司　　　境内

乙公司于2019年发生了如下业务：

①5月5日，通过SPV公司向甲公司分配股息1 000万元。

②7月15日，向甲公司支付商标使用费1 000万元，咨询费800万元，7月30日向甲公司支付设计费5万元。

③12月20日，甲公司将SPV公司的全部股权转让给另一中国居民企业丙公司。

(其他相关资料：1美元=6.5人民币)

根据资料回答下列问题：

(1)计算乙公司向SPV公司分配股息时应代扣代缴的企业所得税。

(2)计算乙公司向甲公司支付商标使用费应代扣代缴的企业所得税。

(3)指出乙公司上述对外支付的款项中，需要办理税务备案手续的项目有哪些？并

说明理由。

(4)判断甲公司转让 SPV 公司的股权是否需要在中国缴纳企业所得税？并说明理由。

2. 我国境内某居民企业(以下称该企业)在 A 国设立一分公司(以下称境外分公司)，2018 年该企业境内应纳税所得额 -14.29 万元，境外分公司税后所得 10 万元，已在该国缴纳企业所得税 4.29 万元。2019 年该企业境内应纳税所得额 30 万元，境外分公司税后所得 14 万元，已在该国缴纳企业所得税 6 万元。该企业适用企业所得税税率 25%，境外分公司适用企业所得税税率 30%。

根据上述资料，回答下列问题：

(1)计算 2018 年度汇总纳税时，境外分公司所得抵免限额。

(2)计算 2019 年度汇总纳税时，境外分公司所得的抵免限额。

(3)计算 2019 年度汇总纳税时，境外分公司所得实际抵免的所得税税额。

(4)计算 2019 年度汇总纳税时，该企业实际应缴纳的企业所得税。

本章综合练习参考答案及详细解析

一、单项选择题

1. A 【解析】《经合组织范本》主导思想强调的是居民税收管辖权，主要是为了促进经合组织成员国之间国际税收协定的签订。

2. A 【解析】较为注重维护居民税收管辖权是《经合组织范本》的特点。《联合国范本》并未强调兼顾居民管辖权和地域管辖权，更没有强调国际组织在签订税收协定中的作用。

3. A 【解析】境外缴纳所得税的抵免限额=(160+50)×25%×50÷(160+50)= 12.5(万元)

汇总纳税时实际应缴纳企业所得税=(160+50)×25%-10=42.5(万元)

4. B 【解析】A 国的扣除限额=(500+50)×25%×50÷(500+50)= 12.5(万元)

在 A 国实际缴纳的所得税=50×20% = 10(万元)，小于抵扣限额，需要补税。

企业在我国应汇总缴纳的企业所得税=500×15%+(50×25%-10)= 77.5(万元)

5. B 【解析】转让定价方法包括：可比非受控价格法、再销售价格法、成本加成法、交易净利润法、利润分割法和其他符合独立交易原则的方法。

6. A 【解析】判断是否受控时，中国居民股东多层间接持有股份按各层持股比例相乘计算，中间层持有股份超过 50% 的，按 100% 计算。我们可以推定 A 公司持有 E 公司股份 52%，E 公司为 A 公司的受控外国公司，达到受控标准。

7. D 【解析】企业以前年度的关联交易与预约定价安排适用年度相同或者类似的，经企业申请，税务机关可以将预约定价安排确定的定价原则和计算方法追溯适用于以前年度该关联交易的评估和调整。追溯期最长为 10 年。

8. B 【解析】实际支付的关联方利息为 120 万元。

关联债资比例=(3 000×6)÷(300×12)= 5

不得扣除利息支出=120×(1-2÷5)= 72(万元)

9. D 【解析】符合下列条件之一应提供主体文档：(1)年度发生跨境关联交易，且合并该企业财务报表的最终控股企业所属企业集团已准备主体文档；(2)年度关联交易总额超过 10 亿元。

10. D 【解析】选项 A、B、C 为需要备案的情形；无需进行税务备案的情形例如：境内机构在境外发生的差旅费、会议费、商品展销费用；境外代表机构的办公经费；进出口贸易佣金、保险费、赔偿款；境内个人境外留学、旅游、探亲等因私用汇。

二、多项选择题

1. ABCD 【解析】同时为缔约国双方居民的个人，其身份应按前后顺序，以永久性住所、重要利益中心、习惯性居处、国籍四条标准确定。
2. ABC 【解析】税基侵蚀和利润转移项目(BEPS)行动计划有数字经济、有害税收实践、数据统计分析、多边工具、税收协定滥用、常设机构等。
3. CD 【解析】选项A，有形资产所有权转让金额应当是超过2亿元；选项B，金融资产转让金额应当是超过1亿元。
4. ABCD 【解析】企业关联债资比例超过标准比例需要说明符合独立交易原则的，应当准备资本弱化特殊事项文档。资本弱化特殊事项文档包括以下内容：

   (1)企业偿债能力和举债能力分析。

   (2)企业集团举债能力及融资结构情况分析。

   (3)企业注册资本等权益投资的变动情况说明。

   (4)关联债权投资的性质、目的及取得时的市场状况。

   (5)关联债权投资的货币种类、金额、利率、期限及融资条件。

   (6)非关联方是否能够并且愿意接受上述融资条件、融资金额及利率。

   (7)企业为取得债权性投资而提供的抵押品情况及条件。

   (8)担保人状况及担保条件。

   (9)同类同期贷款的利率情况及融资条件。

   (10)可转换公司债券的转换条件。

   (11)其他能够证明符合独立交易原则的资料。

   资本弱化特殊事项文档应当在关联交易发生年度次年6月30日之前准备完毕，应当自税务机关要求之日起30日内提供。
5. ABC 【解析】企业与其关联方签署成本分摊协议，有下列情形之一的，其自行分摊的成本不得税前扣除：

   (1)不具有合理商业目的和经济实质。

   (2)不符合独立交易原则。

   (3)没有遵循成本与收益配比原则。

   (4)未按规定备案或准备、保存和提供有关成本分摊协议的同期资料。

   (5)自签署成本分摊协议之日起经营期限少于20年。
6. ABD 【解析】选项C是经济合作与发展组织(OECD)于2014年7月发布了《金融账户涉税信息自动交换标准》。
7. ABC 【解析】选项D，应为申请人有义务在收到所得的12个月内将所得的50%以上支付给第三国(地区)居民。
8. AB 【解析】区分“应当”和“可要求”，选项C、D为税务机关可要求在实施特别纳税调查时企业提供国别报告。
9. ABCD 【解析】情报交换的类型包括专项情报交换、自动情报交换、自发情报交换以及同期税务检查、授权代表访问和行业范围情报交换等。
10. ABD 【解析】境外投资者以分得利润进行的直接投资，包括境外投资者以分得利润进行的增资、新建、股权收购等权益性投资行为，但不包括新增、转增、收购上市公司股份(符合条件的战略投资除外)。

三、计算问答题

1. 【答案】

   (1)应代扣代缴的企业所得税 = 1 000×10% = 100(万元)

   (2)应代扣代缴企业所得税 = 1 000÷(1+6%)×10% = 94.34(万元)

   (3)乙公司上述对外支付的款项中，需要办理税务备案手续的项目有：分配股息、支付商标使用费、咨询费。

理由：境内机构和个人向境外单笔支付等值5万美元以上(不含等值5万美元)的外汇资金，除无须进行税务备案的情形外，均应向所在地主管税务机关进行税务备案。

(4)甲公司转让SPV公司的股权需要在中国缴纳企业所得税。

理由：非居民企业通过实施不具有合理商业目的的安排，间接转让中国居民企业股权，规避企业所得税纳税义务的，应重新定性该间接转让交易，确认为直接转让中国居民企业股权。

2.【答案】

(1)境内外应纳税所得总额正好是零，那么境外抵免限额也是零。

(2)2019年境外分公司税前所得 = 14+6 = 20(万元)，抵免限额 = 20×25% = 5(万元)。

(3)在境外实际缴纳的税额是6万元，抵免限额是5万元，所以实际抵免的税额就是5万元。

(4)2019年度境内应纳税所得额是30万元，境外所得不用补税。所以，实际应纳税额 = 30×25% = 7.5(万元)。

第13章 税收征收管理法

JINGDIAN TIJIE

考情分析

历年考情分析

本章属于我国税收法律体系中的程序法，在考试中属于非重点章节，每年以单选题、多选题形式考核，所占分值为2.5分左右。

本章2020年考试主要变化

1. 税务登记管理进行了较大调整。
2. 新增企业破产清算程序中的税收征管、《无欠税证明》开具服务。
3. 纳税信用管理中新增纳税信用修复的相关内容。
4. 新增第八节“税收违法行为检举管理办法”。
5. 新增第九节“税务文书电子送达规定(试行)”。

核心考点及经典例题详解

考点一 税务管理★★

扫我解疑难

经典例题

【例题1·多选题】(2019年)在办理税务注销时，对处于税务检查状态，无欠款罚款、已缴销增值税专用发票及税控专用设备，且符合下列情形之一的纳税人，可采用“承诺制”容缺办理的有(　)。

A. 纳税信用等级为B级的纳税人

B. 省人民政府引进人才创办的企业

C. 控股母公司的纳税信用级别为B级的M级纳税人

D. 未达到增值税起征点的纳税人

【答案】ABD

【解析】选项C，不符合条件。控股母公司纳税信用级别为A级的M级纳税人，符合规定的条件可采取“承诺制”容缺办理。

【例题2·单选题】(2018年)下列情形中，纳税人应当注销税务登记的是(　)。

A. 纳税人改变生产经营方式的

B. 纳税人被工商行政管理部门吊销营业执照的

C. 纳税人改变名称的

D. 纳税人改变住所和经营地点未涉及改变原主管税务机关的

【答案】B

【解析】注销税务登记的适用范围：

(1)纳税人发生解散、破产、撤销以及其他情形，依法终止纳税义务的；

(2)纳税人被工商行政管理机关吊销营业执照

或者被其他机关予以撤销登记的；

(3)纳税人因住所、经营地点变动，涉及改变税务登记机关的；

(4)境外企业在中国境内承包建筑、安装、装配、勘探工程和提供劳务的。

【例题3·多选题】(2017年)根据《税收征收管理法》的规定，下列属于纳税申报对象的有(　)。

A. 代收代缴义务人

B. 享受减税的纳税人

C. 享受免税的纳税人

D. 纳税期内没有应纳税款的纳税人

【答案】ABCD

【解析】纳税申报的对象为纳税人和扣缴义务人。扣缴义务人包括代扣代缴义务人和代收代缴义务人。

考点精析

税务管理是整个税收征收管理工作的基础环节。教材包括以下三部分内容：税务登记管理、账证管理、纳税申报管理。

(一)税务登记管理

税务登记是税收管理的首要环节，是征纳双方法律关系成立的依据和证明。考生学习中应重点掌握税务登记种类、适用范围及时间限定。

(1)适用范围

①企业在外地设立的分支机构和从事生产、经营的场所，个体工商户和从事生产、经营的事业单位，均应办理税务登记。

②除国家机关、个人和无固定生产、经营场所的流动性农村小商贩外的其他纳税人，也应办理税务登记。

③负有扣缴税款义务的扣缴义务人(国家机关除外)，均应当按照规定办理扣缴税款登记。

(2)管辖机关

县以上(含本级，下同)税务局(分局)是税务登记的主管税务机关。

(3)税务登记证件的使用范围

①开立银行账户

②领购发票

1. 设立税务登记

设立税务登记办理如表13-1所示。

表13-1　设立税务登记办理

纳税人类型		办理纳税登记时限
从事生产、经营的纳税人	领取工商营业执照的	自领取工商营业执照之日起30日内
	未办理工商营业执照但经有关部门批准设立的	自有关部门批准设立之日起30日内
	未办理工商营业执照也未经有关部门批准设立的	自纳税义务发生之日起30日内
有独立的生产经营权、在财务上独立核算并定期向发包人或者出租人上缴承包费或租金的承包承租人		自承包承租合同签订之日起30日内
境外企业在中国境内承包建筑、安装、装配、勘探工程和提供劳务的		自项目合同或协议签订之日起30日内
其他纳税人(国家机关、个人和无固定生产、经营场所的流动性农村小商贩除外)		自纳税义务发生之日起30日内

根据2014年国家税务总局关于推进工商营业执照、组织机构代码证和税务登记证"三证合一"改革的若干意见，税务登记证和工商营业执照、组织机构代码证实行"三证合一"，由"三证联办"和"一证三码"逐渐发展为"一证一码"。

2. 变更税务登记

(1)纳税人已在工商行政管理机关办理变更登记的，应当**自工商行政管理机关变更登记之日起30日内**，向原税务登记机关如实提供证件、资料，申报办理变更税务登记。

(2)纳税人按照规定不需要在工商行政管

理机关办理变更登记，或者其变更登记的内容与工商登记内容无关的，应当自税务登记内容实际发生变化之日起30日内，或者自有关机关批准或者宣布变更之日起30日内，持证件到原税务登记机关申报办理变更税务登记。

3. 注销税务登记

（1）适用范围。纳税人发生解散、破产、撤销以及其他依法终止纳税义务的情形。

（2）时间要求。纳税人依法终止纳税义务时，应当在申报办理注销工商登记前，先向原税务登记机关申报办理注销税务登记；对按规定不需在工商行政管理机关办理注销登记的，应当在有关机关批准或宣告之日起15日内申报办理注销税务登记。对被吊销营业执照的纳税人，应当自营业执照被吊销之日起15日内，向原税务登记机关申报办理注销税务登记。

纳税人在办理注销税务登记前，应当向税务机关结清应纳税款、滞纳金、罚款，缴销发票和其他税务证件。

（3）清税情形。根据2015年国家税务总局《国家税务总局　关于落实“三证合一”登记制度改革的通知》，已实行“三证合一，一照一码”登记模式的企业、农民专业合作社办理注销登记，须先向主管税务机关申报清税，填写《清税申报表》。清税完毕后由受理税务机关根据清税结果向纳税人统一出具《清税证明》。

（4）对向市场监管部门申请简易注销的纳税人，符合下列情形之一的，可免予到税务机关办理清税证明，直接向市场监管部门申请办理注销登记。

①未办理过涉税事宜的。

②办理过涉税事宜但未领用发票、无欠税（滞纳金）及罚款的。

③经人民法院裁定宣告破产的纳税人，持人民法院终结破产程序裁定书向税务机关申请税务注销的，税务机关即时出具清税文书，按照有关规定核销“死欠”。

（5）对向市场监管部门申请一般注销的纳税人，税务机关在为其办理税务注销时，进一步落实限时办结规定。对未处于税务检查状态、无欠税（滞纳金）及罚款、已缴销增值税专用发票及税控专用设备，且符合下列情形之一的纳税人，优化即时办结服务，采取“承诺制”容缺办理，即：纳税人在办理税务注销时，若资料不齐，可在其作出承诺后，税务机关即时出具清税文书。

①纳税信用级别为A级和B级的纳税人。

②控股母公司纳税信用级别为A级的M级纳税人。

③省级人民政府引进人才或经省级以上行业协会等机构认定的行业领军人才等创办的企业。

④未纳入纳税信用级别评价的定期定额个体工商户。

⑤未达到增值税纳税起征点的纳税人。

纳税人应按承诺的时限补齐资料并办结相关事项。若未履行承诺的，税务机关将对其法定代表人、财务负责人纳入纳税信用D级管理。

（6）处于非正常状态纳税人在办理税务注销前，需先解除非正常状态，补办纳税申报手续。

4. 停业、复业登记

实行定期定额征收方式的个体工商户需要停业的，应当在停业前向税务机关申报办理停业登记。纳税人的停业期限不得超过一年。

纳税人应当于恢复生产经营之前，向税务机关申报办理复业登记，如实填写《停业复业报告书》，领回并启用税务登记证件、发票领购簿及其停业前领购的发票。

5. 外出经营报验登记

（1）纳税人跨省税务机关管辖区域（以下简称跨省）经营的，应当在外出生产经营以前，持税务登记证向主管税务机关申请开具《外出经营活动税收管理证明》（以下简称《外管证》）。

纳税人在省税务机关管辖区域内跨县（市）经营的，是否开具《外管证》由省税务机关自行确定。

（2）税务机关按照一地一证的原则，发放《外管证》，《外管证》的有效期限一般为30日，最长不得超过180天，但建筑安装行业纳税人项目合同期限超过180天的，按照合同期限确定有效期限。

（3）纳税人应当在《外管证》有效期届满后10日内，持《外管证》回原税务登记地税务机关办理《外管证》缴销手续。

【知识点拨】自2018年7月5日起，纳税人跨省（自治区、直辖市和计划单列市）临时从事生产经营活动的，向机构所在地的税务机关填报《跨区域涉税事项报告表》。

纳税人首次在经营地办理涉税事宜时，向经营地的税务机关报验跨区域涉税事项。

纳税人跨区域经营活动结束后，应当结清经营地税务机关的应纳税款以及其他涉税事项，向经营地的税务机关填报《经营地涉税事项反馈表》。经营地的税务机关核对《经营地涉税事项反馈表》后，及时将相关信息反馈给机构所在地的税务机关。纳税人不需要另行向机构所在地的税务机关反馈。

6. 税务登记证

除按照规定不需要发给税务登记证件的以外，纳税人办理下列事项时，必须持以下税务登记证件：

（1）开立银行账户。

（2）申请减税、免税、退税。

（3）申请办理延期申报、延期缴纳税款。

（4）领购发票。

（5）申请开具外出经营活动税收管理证明。

（6）办理停业、歇业。

（7）其他有关税务事项。

纳税人遗失税务登记证件的，应当在15日内书面报告主管税务机关，并登报声明作废。

7. 非正常户的认定与解除

（1）已办理税务登记的纳税人未按照规定的期限进行纳税申报，税务机关依法责令其限期改正。

纳税人负有纳税申报义务，但连续三个月所有税种均未进行纳税申报的，税收征管系统自动将其认定为非正常户，并停止其发票领用簿和发票的使用。

（2）对欠税的非正常户，税务机关依照税收征管法及其实施细则的规定追征税款及滞纳金。

（3）已认定为非正常户的纳税人，就其逾期未申报行为接受处罚、缴纳罚款，并补办纳税申报的，税收征管系统自动解除非正常状态，无需纳税人专门申请解除。

（二）账簿、凭证的管理

1. 账簿、凭证管理

（1）设置账簿时间。①从事生产、经营的纳税人应当自领取营业执照或发生纳税义务之日起15日内设置账簿；②扣缴义务人应当自税法规定的扣缴义务发生之日起10日内设置代扣代缴、代收代缴税款账簿。

（2）对纳税人的财务会计制度的管理。从事生产、经营的纳税人必须将所采用的财务、会计制度和财务、会计处理办法，自领取税务登记证之日起15日内，报主管税务机关备案。

（3）账簿、凭证的保存和管理。除法律、行政法规另有规定的外，账簿、记账凭证、报表、完税凭证、发票、出口凭证以及其他有关涉税资料应当保存10年。

2. 发票管理

（1）依法办理税务登记的单位和个人，在领取税务登记证后，向主管税务机关申请领购发票。

（2）需要临时使用发票的单位和个人，可以直接向税务机关申请办理。临时到本省、自治区、直辖市行政区域以外从事经营活动的单位或者个人，应当凭所在地税务机关的证明，向经营地税务机关申请领购经营地的发票。

税务机关对外省、自治区、直辖市来本辖区从事临时经营活动的单位和个人申请领购发票的，可以要求其提供保证人或者根据所领购发票的票面限额及数量交纳不超过1万元的保证金，并限期缴销发票。

（3）开具发票的单位和个人应当按照规定存放和保管发票。已开具的发票存根联和发票登记簿，应当保存五年。保存期满，报经税务机关查验后销毁。

（4）一般纳税人申请增值税专用发票最高开票限额不超过10万元的，主管税务机关不需事前进行实地查验。

3. 税控管理

不能按照规定安装、使用税控装置，或者损毁、擅自改动税控装置的，由税务机关责令限期改正，可以处以2 000元以下的罚款；情节严重的，处2 000元以上1万元以下的罚款。

（三）纳税申报管理

1. 办理纳税申报的对象

纳税申报的对象为纳税人和扣缴义务人。纳税人在纳税期内没有应纳税款的，也应当按照规定办理纳税申报。纳税人享受减税、免税待遇的，在减税、免税期间应当按照规定办理纳税申报。

2. 纳税申报方式

直接申报、邮寄申报、数据电文。

3. 延期申报管理

纳税人因有特殊情况，不能按期进行纳税申报的，经县以上税务机关核准，可以延期申报。

【知识点拨】延期申报有别于延期纳税：①延期申报的审批权在县以上税务机关，延期纳税的审批权在省级税务机关；②经批准延期申报的，应在纳税期内按上期实际缴纳的税额或税务机关核定的税额预缴税款，经批准延期纳税的，不需要预缴税款。

考点二　税款征收★★

扫我解疑难

经典例题

【例题1·单选题】（2018年）根据《税收征收管理法》中延期缴纳税款制度的规定，下列表述中正确的是（　）。

A. 批准的延期期限内加收滞纳金

B. 延期缴纳税款必须经县级税务机关批准

C. 延期缴纳的同一笔税款不得滚动审批

D. 延期缴纳税款的期限最长不得超过30天

【答案】C

【解析】选项A，批准延期内免予加收滞纳金；选项B，经省、自治区、直辖市税务局批准，可以延期缴纳税款；选项D，延期期限最长不得超过3个月，同一笔税款不得滚动审批。

【例题2·单选题】下列关于退还纳税人多缴税款的表述中，正确的是（　）。

A. 纳税人发现多缴税款但距缴款日期已超过3年的，税务机关不再退还多缴税款

B. 税务机关发现多缴税款的，在退还税款的同时，应一并计算银行同期存款利息

C. 税务机关发现多缴税款但距缴款日期已超过3年的，税务机关不再退还多缴税款

D. 纳税人发现当年预缴企业所得税款超过应缴税额的，可要求退款并加计银行同期存款利息

【答案】A

【解析】选项A，纳税人自结算缴纳税款之日起3年内发现的，可以向税务机关要求退还多缴的税款并加算银行同期存款利息，税务机关及时查实后应当立即退还。选项B，税务机关发现多缴税款的，没有加算银行同期存款利息的规定。选项C，税务机关发现多缴税款的，《税收征收管理法》没有规定多长时间内可以退还。法律没有规定期限的，推定为无限期。因此，税务机关发现的多缴税

款，无论多长时间，都应当退还给纳税人。选项D，不得加算银行同期存款利息。

【例题3·单选题】税务机关采取的下列措施中，属于税收保全措施的是(　)。

A. 查封纳税人的价值相当于应纳税款的商品或货物

B. 书面通知纳税人的开户银行从其银行存款中扣缴税款

C. 拍卖纳税人其价值相当于应纳税款的商品用以抵缴税款

D. 对纳税人逃避纳税义务的行为处以2 000元以上5 000元以下的罚款

【答案】A

【解析】税务机关可以采取下列税收保全措施：(1)书面通知纳税人开户银行或者其他金融机构冻结纳税人的金额相当于应纳税款的存款；(2)扣押、查封纳税人的价值相当于应纳税款的商品、货物或者其他财产。所以选项A是正确的。

【例题4·单选题】某公司拖欠2018年度增值税42万元，催款无效，经县税务局局长批准，2019年3月税务机关书面通知开户银行扣缴所欠税款，这一行政行为属于(　)。

A. 税收保全措施

B. 提供纳税担保

C. 强制执行措施

D. 税务行政协助

【答案】C

【解析】税法规定，从事生产、经营的纳税人、扣缴义务人未按照规定的期限缴纳或者解缴税款，纳税担保人未按照规定的期限缴纳所担保的税款，由税务机关责令限期缴纳，逾期仍未缴纳的，经县以上税务局(分局)局长批准，税务机关可以采取下列强制执行措施：

(1)书面通知其开户银行或者其他金融机构从其存款中扣缴税款；

(2)扣押、查封、依法拍卖或者变卖其价值相当于应纳税款的商品、货物或者其他财产，以拍卖或者变卖所得抵缴税款。

【例题5·多选题】下列选项中，属于税务机关征收税款的方式有(　)。

A. 查账征收

B. 查验征收

C. 查定征收

D. 定期定额征收

【答案】ABCD

【解析】税务机关征收税款的方式有多种，选项A、B、C、D都属于其主要的方式。

考点精析

税款征收是税收征收管理工作的中心环节。教材重点阐述三个问题：税款征收原则、税款征收方式、税款征收制度。

(一)税款征收原则

重点关注：

(1)税务机关征收税款或扣押、查封商品、货物或其他财产时，必须向纳税人开具完税凭证或开付扣押、查封的收据或清单。

(2)税款优先原则。税收优先于无担保债权；纳税人的欠税行为发生在纳税人以其财产设定抵押、质押或者被留置之前的，税收应当先于抵押权、质押权、留置权执行；纳税人欠缴税款，同时又被行政机关决定处以罚款、没收违法所得的，税收优先于罚款、没收非法所得。

(二)税款征收方式(见表13-2)

表13-2　税款征收方式

征收方式	适用企业
查账征收	一般适用于财务会计制度较为健全，能够认真履行纳税义务的纳税单位
查定征收	一般适用于账册不够健全，但能够控制原材料或进销货的纳税单位
查验征收	一般适用于经营品种比较单一、经营地点、时间和商品来源不固定的纳税单位

续表

征收方式	适用企业
定期定额征收	一般适用于无完整考核依据的小型纳税单位
委托代征税款	一般适用于小额、零散税源的征收
邮寄纳税	主要适用于那些有能力按期纳税，但采用其他方式纳税又不方便的纳税人
其他方式	利用网络申报、用IC卡纳税等方式

（三）税款征收制度

1. 延期缴纳税款制度

（1）基本规定。纳税人因有特殊困难，不能按期缴纳税款的，经省、自治区、直辖市税务局批准，可以延期缴纳税款，但最长不得超过3个月。

（2）特殊困难适用条件。一是因不可抗力，导致纳税人发生较大损失，正常经营活动受到较大影响的；二是当期货币资金在扣除应付职工工资、社会保险费后，不足以缴纳税款的。

（3）申请方式。以书面形式提出。

（4）审批权限。税款的延期缴纳，必须经省、自治区、直辖市税务局批准，方为有效。

（5）延期期限。最长不得超过3个月，同一笔税款不得滚动审批；批准延期内免予加收滞纳金。

2. 税收滞纳金征收制度

从滞纳税款之日起，按日加收滞纳税款万分之五的滞纳金。

滞纳金=滞纳税款×滞纳天数×0.5‰

『提示』对纳税人、扣缴义务人、纳税担保人应缴纳的欠税及滞纳金不再要求同时缴纳，可以先行缴纳欠税，再依法缴纳滞纳金。

3. 减免税收制度

纳税人在享受减免税待遇期间，仍应按规定办理纳税申报。

国家税务总局《税收减免管理办法》的学习要点包括：

（1）减免税分类。减免税分为报批类减免税和备案类减免税。

（2）纳税人依法可以享受减免税待遇，但未享受而多缴税款的，凡属于无明确规定需经税务机关审批或没有规定申请期限的，纳税人可以在规定的期限内申请减免税，要求退还多缴的税款，但不加算银行同期存款利息。

（3）税务机关对纳税人提出的减免税申请，应当根据以下情况分别作出处理：①申请的减免税项目，依法不需要由税务机关审查后执行的，应当及时告知纳税人不受理；②申请的减免税材料不详或存在错误的，应当告知并允许纳税人更正；③申请的减免税材料不齐全或者不符合法定形式的，应在5个工作日内一次告知纳税人需要补正的全部内容；④申请的减免税材料齐全、符合法定形式的，或者纳税人按照税务机关的要求提交全部补正减免税材料的，应当受理纳税人的申请。

（4）纳税人享受减免税的条件发生变化的，应自发生变化之日起15个工作日内向税务机关报告，经税务机关审核后，停止其减免税。

4. 税额核定和税收调整制度

（1）税额核定制度。纳税人有下列情形之一的，税务机关有权核定其应纳税额：①按照法律、行政法规的规定可以不设置账簿的；②依照法律、行政法规的规定应当设置但未设置账簿的；③擅自销毁账簿或者拒不提供纳税资料的；④虽设置账簿，但账目混乱或者成本资料、收入凭证、费用凭证残缺不全，难以查账的；⑤发生纳税义务，未按照规定的期限办理纳税申报，经税务机关责令限期申报，逾期仍不申报的；⑥纳税人申报的计税依据明显偏低，又无正当理由的。

（2）税收调整制度。主要是指关联企业的

税收调整制度。

关联企业，是指有下列关系之一的公司、企业和其他经济组织：①在资金、经营、购销等方面，存在直接或者间接的拥有或者控制关系；②直接或者间接地同为第三者所拥有或者控制；③在利益上具有相关联的其他关系。

【知识点拨】与《企业所得税法》特别纳税调整中“关联方”认定完全一致。

纳税人与其关联企业之间的业务往来有下列情形之一的，税务机关可以调整其应纳税额：①购销业务未按照独立企业之间的业务往来作价；②融通资金所支付或者收取的利息超过或者低于没有关联关系的企业之间所能同意的数额，或者利率超过或者低于同类业务的正常利率；③提供劳务，未按照独立企业之间业务往来收取或者支付劳务费用；④转让财产、提供财产使用权等业务往来，未按照独立企业之间业务往来作价或者收取、支付费用；⑤未按照独立企业之间业务往来作价的其他情形。

5. 税款征收程序

核定应纳税额；责令缴纳；扣押商品、货物；解除扣押或者拍卖、变卖所扣押的商品、货物；抵缴税款。

6. 税收保全措施

税收保全措施是指税务机关对可能由于纳税人的行为或者某种客观原因，致使以后税款的征收不能保证或难以保证的案件，采取限制纳税人处理或转移商品、货物或其他财产的措施。

(1)税收保全措施的主要形式。①书面通知纳税人开户银行或其他金融机构冻结纳税人相当于应纳税款的存款；②扣押、查封纳税人的价值相当于应纳税款的商品、货物或其他财产。

(2)税收保全措施的适用条件。税收保全措施只适用于从事生产、经营的纳税人。对不从事生产、经营的纳税人，或扣缴义务人和纳税担保人，不能适用该措施。

(3)税收保全措施的前提。①纳税人有逃避纳税义务的行为；②必须是在规定的纳税期之前和责令限期缴纳应纳税款的期限之内。

(4)税收保全措施的法定程序。①责令纳税人提前缴纳税款；②责成纳税人提供纳税担保；③冻结纳税人的存款；④查封、扣押纳税人的商品、货物或其他财产。

(5)实施税收保全措施，必须经县以上税务局(分局)局长批准。

7. 税收强制执行措施

税收强制执行措施是指当事人不履行法律、行政法规规定的义务，有关国家机关采用法定的强制手段，强迫当事人履行义务的行为。

(1)税收强制执行措施的两种主要形式。①书面通知其开户银行或其他金融机构从其存款中扣缴税款；②扣押、查封、依法拍卖或者变卖其价值相当于应纳税款商品、货物或其他财产，以拍卖或者变卖所得抵缴税款。

个人及其所扶养家属维持生活必需的住房和用品，不在强制执行措施的范围之内。

(2)税收强制执行措施的适用条件。不仅可以适用于从事生产经营的纳税人，而且可以适用于扣缴义务人和纳税担保人。

(3)税收强制执行的程序。①扣缴税款；②扣押、查封、拍卖或变卖所得抵缴税款。

(4)滞纳金的强行划拨。滞纳金不同于罚款，采取税收强制执行措施，对纳税人、扣缴义务人、纳税担保人未缴纳的滞纳金必须同时强制执行，但不包括罚款。

8. 欠税清缴制度

《税收征收管理法》在欠税清缴方面主要采取了以下措施：

(1)严格控制欠缴税款的审批权限。缓缴税款的审批权限集中在省、自治区、直辖市税务局。

(2)限期缴税时限。从事生产、经营的纳税人、扣缴义务人未按照规定的期限缴纳或者解缴税款的，纳税担保人未按照规定的期限缴纳所担保的税款的，由税务机关发出限期缴纳税款通知书，责令缴纳或者解缴税款的**最长期限不得超过15日**。

(3)建立欠税清缴制度，防止税款流失。

①欠缴税款的纳税人或其法定代表人在出境前未按照规定结清应纳税款、滞纳金或者提供担保的，税务机关可以通知出境管理机关**阻止其出境**。

②建立改制纳税人欠税的清缴制度。纳税人有合并、分立情形的，应当向税务机关报告，并依法缴清税款。纳税人**合并时未缴清税款的，应当由合并后的纳税人继续履行未履行的纳税义务；纳税人分立时未缴清税款的，分立后的纳税人对未履行的纳税义务应当承担连带责任**。

③大额欠税处分财产报告制度。欠缴税款数额在**5万元以上**的纳税人，在处分其不动产或者大额资产之前，应当向税务机关报告。

④税务机关可以对欠缴税款的纳税人行使**代位权、撤销权**。

⑤**建立欠税公告制度**。

9. 税款的退还和追征(见表13-3)

表13-3 税款的退还和追征

情形	处理	
税款的退还(纳税人多缴税款)	税务机关发现后应当立即退还(无限制)	
	纳税人自结算缴纳税款之日起3年内发现的，可以向税务机关要求退还多缴的税款并加算银行同期存款利息，税务机关及时查实后应当立即退还	
税款的追征(纳税人少缴税款)	税务机关责任	税务机关在3年内可要求纳税人、扣缴义务人补缴税款，但是不得加收滞纳金
	纳税人、扣缴义务人计算失误	税务机关在3年内可以追征税款、滞纳金；有特殊情况的追征期可以延长到5年
	纳税人偷税、抗税、骗税	税务机关无限期追征其未缴或者少缴的税款、滞纳金或者所骗取的税款

10. 企业破产清算程序中的税收征管

(1)税务机关在人民法院公告的债权申报期限内，向管理人申报企业所欠**税款**(含教育费附加、地方教育附加，下同)、**滞纳金及罚款**。因特别纳税调整产生的**利息**，也应一并申报。

『提示』企业所欠税款、滞纳金、罚款，以及因特别纳税调整产生的利息，以人民法院裁定**受理破产申请之日为截止日**计算确定。

(2)在人民法院裁定受理破产申请之日至企业注销之日期间，企业应当接受税务机关的税务管理，履行税法规定的相关义务。破产程序中如发生应税情形，应按规定申报纳税。

(3)企业所欠税款、滞纳金、因特别纳税调整产生的利息，税务机关按照企业破产法相关规定进行申报，其中，企业所欠的滞纳金、因特别纳税调整产生的利息按照普通破产债权申报。

上述政策自2020年3月1日起实施。

11.《无欠税证明》开具服务

自2020年3月1日起，国家税务总局决定向纳税人提供《无欠税证明》开具服务。

(1)《无欠税证明》是指税务机关依纳税人申请，根据税收征管信息系统所记载的信息，为纳税人开具的表明其**不存在欠税情形**的证明。

『提示』所称“不存在欠税情形”是指纳税人在税收征管信息系统中，不存在应申报未申报记录且无下列应缴未缴的税款：

①办理纳税申报后，纳税人未在税款缴纳期限内缴纳的税款；

②经批准延期缴纳的税款期限已满，纳税人未在税款缴纳期限内缴纳的税款；

③税务机关检查已查定纳税人的应补税额，纳税人未缴纳的税款；

④税务机关根据《中华人民共和国税收征收管理法》第二十七条、第三十五条核定纳税人的应纳税额，纳税人未在税款缴纳期限内缴纳的税款；

⑤纳税人的其他未在税款缴纳期限内缴纳的税款。

（2）纳税人因境外投标、企业上市等需要，确需开具《无欠税证明》的，可以向主管税务机关申请办理。

（3）已实行实名办税的纳税人到主管税务机关申请开具《无欠税证明》的，办税人员持有效身份证件直接申请开具，无需提供登记证照副本或税务登记证副本。

未办理实名办税的纳税人到主管税务机关申请开具《无欠税证明》的，区分以下情况提供相关有效证件：

①单位纳税人和个体工商户，提供市场监管部门或其他登记机关发放的登记证照副本或税务登记证副本，以及经办人有效身份证件；

②自然人纳税人，提供本人有效身份证件；委托他人代为申请开具的，还需一并提供委托书、委托人及受托人有效身份证件。

考点三　税务检查★★

扫我解疑难

经典例题

【例题·多选题】（2016年）下列方法中属于税务检查方法的有（　）。

A. 全查法　　B. 外调法

C. 抽查法　　D. 现场检查法

【答案】ABCD

【解析】税务检查的方法有：全查法、抽查法、顺查法、逆查法、现场检查法、调账检查法、比较分析法、控制计算法、审阅法、核对法、观察法、外调法、盘存法、交叉稽核法。

考点精析

税务检查是对税收征收管理工作的审核与监督。

（一）税务检查的形式

重点检查；分类计划检查；集中性检查；临时性检查；专项检查。

（二）税务检查的权利

主要有：查账权、场地检查权、责成提供资料权、询问权、在交通要道和邮政企业的查证权、查询存款账户权。

需要特别注意的是：

（1）检查纳税人的纳税资料时，因检查需要时，经县以上税务局（分局）局长批准，可以将纳税人、扣缴义务人以前会计年度的账簿、记账凭证、报表和其他有关资料调回税务机关检查，但是税务机关必须向纳税人、扣缴义务人开付清单，并在3个月内完整退还；有特殊情况的，经设区的市、自治州以上税务局局长批准，税务机关可以将纳税人、扣缴义务人当年的账簿、记账凭证、报表和其他有关资料调回检查，但是税务机关必须在30日内退还。

（2）检查纳税人存款账户时，查询内容包括纳税人存款账户余额和资金往来情况。查询时应当指定专人负责，凭全国统一格式的检查存款账户许可证明进行，并有责任为被检查人保守秘密。

考点四　纳税担保试行办法★★

扫我解疑难

经典例题

【例题1·单选题】（2016年）纳税人的下列财

产或财产权利，不得作为纳税质押品的是(　)。

A. 汽车　　B. 活期存款单

C. 定期存款单　　D. 房屋

【答案】D

【解析】不动产不得作为纳税质押品。

【例题 2·多选题】(2018 年)根据《税收征收管理法》规定，下列情形中的企业不得作为纳税保证人的有(　)。

A. 与纳税人存在担保关联关系的

B. 纳税信用等级被评为 C 级以下的

C. 有欠税行为的

D. 因有税收违法行为正在被税务机关立案处理的

【答案】ABCD

【解析】有以下情形之一的，不得作为纳税保证人：

(1)有偷税、抗税、骗税、逃避追缴欠税行为被税务机关、司法机关追究过法律责任未满 2 年的。

(2)因有税收违法行为正在被税务机关立案处理或涉嫌刑事犯罪被司法机关立案侦查的。

(3)纳税信誉等级被评为 C 级以下的。

(4)在主管税务机关所在地的市(地、州)没有住所的自然人或税务登记不在本市(地、州)的企业。

(5)无民事行为能力或限制民事行为能力的自然人。

(6)与纳税人存在担保关联关系的。

(7)有欠税行为的。

【例题 3·多选题】某房地产开发企业被税务机关要求提供纳税担保，该企业拥有的下列资产中，可以用作纳税抵押品的有(　)。

A. 小轿车　　B. 写字楼

C. 库存钢材　　D. 土地所有权

【答案】ABC

【解析】下列财产不得抵押：

(1)土地所有权。

(2)土地使用权，但法律规定可以抵押的除外。

(3)学校、幼儿园、医院等以公益为目的的事业单位、社会团体、民办非企业单位的教育设施、医疗卫生设施和其他社会公益设施；学校、幼儿园、医院等以公益为目的的事业单位、社会团体，可以其教育设施、医疗卫生设施和其他社会公益设施以外的财产为其应缴纳的税款及滞纳金提供抵押。

(4)所有权、使用权不明或者有争议的财产。

(5)依法被查封、扣押、监管的财产。

(6)依法定程序确认为违法、违章的建筑物。

(7)法律、行政法规规定禁止流通的财产或者不可转让的财产。

(8)经设区的市、自治州以上税务机关确认的其他不予抵押的财产。

考点精析

纳税担保，是指经税务机关同意或确认，纳税人或其他自然人、法人、经济组织以保证、抵押、质押的方式，为纳税人应当缴纳的税款及滞纳金提供担保的行为。

(一)纳税保证

纳税保证，是指纳税保证人向税务机关保证，当纳税人未按照税收法律、行政法规规定或者税务机关确定的期限缴清税款、滞纳金时，由纳税保证人按照约定履行缴纳税款及滞纳金的行为。**税务机关认可的，保证成立；税务机关不认可的，保证不成立。**

1. 纳税保证人

纳税保证人是指在中国境内具**有纳税担保能力的自然人、法人或者其他经济组织。**

(1)纳税保证人范围：在中国境内具有纳税担保能力的法人或其他经济组织。

具体标准为：法人或其他经济组织财务报表资产净值**超过**需要担保的税额及滞纳金**2倍以上的**，自然人、法人或其他经济组织所拥有或者依法可以处分的**未设置担保的财产的价值超过需要担保的税额及滞纳金。**

(2)不得作为纳税保证人的有：**①国家机关、学校、幼儿园、医院等事业单位、社会团体不得作为纳税保证人。②企业法人的职**

能部门不得作为纳税保证人。企业法人的分支机构有法人书面授权的，可以在授权范围内提供纳税担保。③有以下七种情形之一的，不得作为纳税保证人：a. 有偷税、抗税、骗税、逃避追缴欠税行为被税务机关、司法机关追究过法律责任未满 2 年的；b. 因有税收违法行为正在被税务机关立案处理或涉嫌刑事犯罪被司法机关立案侦查的；c. 纳税信誉等级被评为 C 级以下的；d. 在主管税务机关所在地的市(地、州)没有住所的自然人或税务登记不在本市(地、州)的企业；e. 无民事行为能力或限制民事行为能力的自然人；f. 与纳税人存在担保关联关系的；g. 有欠税行为的。

2. 纳税担保范围

纳税担保范围包括税款、滞纳金和实现税款、滞纳金的费用。费用包括抵押、质押登记费用，质押保管费用，以及保管、拍卖、变卖担保财产等相关费用支出。

纳税人有下列情况之一的，适用纳税担保：

(1)税务机关有根据认为从事生产、经营的纳税人有逃避纳税义务行为，在规定的纳税期之前经责令其限期缴纳应纳税款，在限期内发现纳税人有明显的转移、隐匿其应纳税的商品、货物以及其他财产或者应纳税收入的迹象，责成纳税人提供纳税担保的。

(2)欠缴税款、滞纳金的纳税人或者其法定代表人需要出境的。

(3)纳税人同税务机关在纳税上发生争议而未缴清税款，需要申请行政复议的。

(4)税收法律、行政法规规定可以提供纳税担保的其他情形。

3. 纳税保证责任

纳税保证为连带责任保证，纳税人和纳税保证人对所担保的税款及滞纳金承担连带责任。当纳税人在税收法律、行政法规或税务机关确定的期限届满未缴清税款及滞纳金的，税务机关即可要求纳税保证人在其担保范围内承担保证责任，缴纳担保的税款及滞纳金。

用于纳税担保的财产、权利的价值不得低于应当缴纳的税款、滞纳金，并考虑相关的费用。纳税担保的财产价值不足以抵缴税款、滞纳金的，税务机关应当向提供担保的纳税人或纳税担保人继续追缴。

4. 纳税担保时限

(1)纳税保证期间。为纳税人应缴纳税款期限届满之日起 60 日内，即税务机关自纳税人应缴纳税款的期限届满之日起60 日内有权要求纳税保证人承担保证责任，缴纳税款、滞纳金。

(2)纳税担保履行期限。纳税保证人应当自收到税务机关的纳税通知书之日起 15 日内履行保证责任，缴纳税款及滞纳金。

纳税人在规定的期限届满未缴清税款及滞纳金，税务机关在保证期限内书面通知纳税保证人的，纳税保证人应按照纳税担保书约定的范围，自收到纳税通知书之日起 15 日内缴纳税款及滞纳金，履行担保责任。

(3)纳税保证人未履行保证责任的处理。①保证人在期限内未缴纳税款及滞纳金的，由税务机关发出责令限期缴纳通知书，责令纳税保证人在限期 15 日内缴纳；②逾期仍未缴纳的，经县以上税务局(分局)局长批准，对纳税保证人采取强制执行措施，通知其开户银行或其他金融机构从其存款中扣缴所担保的纳税人应缴纳的税款、滞纳金，或扣押、查封、拍卖、变卖其价值相当于所担保的纳税人应缴纳的税款、滞纳金的商品、货物或者其他财产，以拍卖、变卖所得抵缴担保的税款、滞纳金。

(二)纳税抵押

纳税抵押，是指纳税人或纳税担保人不转移对税法所列财产的占有，将该财产作为税款及滞纳金的担保。纳税人逾期未缴清税款及滞纳金的，税务机关有权依法处置该财产以抵缴税款及滞纳金。

1. 可以抵押的财产

(1)抵押人所有的房屋和其他地上定

着物。

(2)抵押人所有的机器、交通运输工具和其他财产。

(3)抵押人依法有权处分的国有房屋和其他地上定着物。

(4)抵押人依法有权处分的国有的机器、交通运输工具和其他财产。

(5)经设区的市、自治州以上税务机关确认的其他可以抵押的合法财产。

以依法取得的国有土地上的房屋抵押的，该房屋占用范围内的国有土地使用权同时抵押。以乡(镇)、村企业的厂房等建筑物抵押的，其占用范围内的土地使用权同时抵押。

2. 不得抵押的财产

(1)土地所有权。

(2)土地使用权，但上述抵押范围规定的除外。

(3)学校、幼儿园、医院等以公益为目的的事业单位、社会团体、民办非企业单位的教育设施、医疗卫生设施和其他社会公益设施；上述以外的财产为其应缴纳的税款及滞纳金提供抵押。

(4)所有权、使用权不明或者有争议的财产。

(5)依法被查封、扣押、监管的财产。

(6)依法定程序确认为违法、违章的建筑物。

(7)法律、行政法规规定禁止流通的财产或者不可转让的财产。

(8)经设区的市、自治州以上税务机关确认的其他不予抵押的财产。

3. 抵押财产的处理

(1)在抵押物灭失、毁损或者被征用的情况下，税务机关应该就该抵押物的保险金、赔偿金或者补偿金要求优先受偿，抵缴税款、滞纳金。

在抵押物灭失、毁损或者被征用的情况下，抵押权所担保的纳税义务履行期未满的，税务机关可以要求将保险金、赔偿金或补偿金等作为担保财产。

(2)纳税人在规定的期限内未缴清税款、滞纳金的，税务机关应当依法拍卖、变卖抵押物，变价抵缴税款、滞纳金。

(3)纳税担保人以其财产为纳税人提供纳税抵押担保的，按照纳税人提供抵押担保的规定执行；纳税担保书和纳税担保财产清单须经纳税人、纳税担保人签字盖章并经税务机关确认。

(4)纳税人在规定的期限届满未缴清税款、滞纳金的，税务机关应当在期限届满之日起15日内书面通知纳税担保人自收到纳税通知书之日起15日内缴纳担保的税款、滞纳金。

纳税担保人未按照前款规定的期限缴纳所担保的税款、滞纳金的，由税务机关责令限期在15日内缴纳；逾期仍未缴纳的，经县以上税务局(分局)局长批准，税务机关依法拍卖、变卖抵押物，抵缴税款、滞纳金。

(三)纳税质押

1. 含义

纳税质押是指经税务机关同意，纳税人或纳税担保人将其动产或权利凭证移交税务机关占有，将该动产或权利凭证作为税款及滞纳金的担保。纳税人逾期未缴清税款及滞纳金的，税务机关有权依法处置该动产或权利凭证以抵缴税款及滞纳金。

2. 分类

纳税质押分为动产质押和权利质押。

动产质押包括现金以及其他除不动产以外的财产提供的质押。权利质押包括汇票、支票、本票、债券、存款单等权利凭证提供的质押。

(四)法律责任

重点关注：

(1)纳税人、纳税担保人采取欺骗、隐瞒等手段提供担保的，由税务机关处以1 000元以下的罚款；属于经营行为的，处以10 000元以下的罚款。

(2)非法为纳税人、纳税担保人实施虚假纳税担保提供方便的，由税务机关处以1 000元以下的罚款。

(3)纳税人采取欺骗、隐瞒等手段提供担保，造成应缴税款损失的，由税务机关按照《税收征收管理法》的规定处以未缴、少缴税款50%以上5倍以下的罚款。

考点五 纳税信用管理★

扫我解疑难

经典例题

【例题·单选题】(2019年)下列关于纳税信用管理的表述中，符合规定的是( )。

A. 税务机关每年2月确定上一年度纳税信用评价结果

B. 实际生产经营期不满3年的纳税人，本评价年度不能评为B级

C. 年度内无生产经营业务收入的企业，不参加本期评价

D. 以直接判级进行纳税信用评价适用于有重大失信行为纳税人

【答案】D

【解析】选项A，税务机关每年4月确定上一年度纳税信用评价结果；选项B，实际生产经营期不满3年的纳税人，本评价年度不能评为A级；选项C，纳税评级管理办法，适用于评价年度内无生产经营业务收入的企业。

考点精析

(一)纳税信用信息的采集

纳税信用信息采集工作由国家税务总局和省税务机关组织实施，按月采集。

(二)纳税信用评估

1. 纳税信用评估方法

纳税信用评价采取年度评价指标得分和直接判级方式。

【知识点拨】年度评价指标得分，采取扣分方式，纳税人评价年度内经常性指标和非经常性指标信息齐全的，从100分起评；非经常性指标缺失的，从90分起评。

直接判级适用于有严重失信行为的纳税人。

2. 纳税信用评价指标体系

评价指标包括税务内部信息和外部信息。

3. 纳税信用评价周期

纳税信用评价周期为一个纳税年度。

纳税信用评价周期为一个纳税年度，有下列情形之一的纳税人，不参加本期的评价：

(1)纳入纳税信用管理时间不满一个评价年度的；

(2)因涉嫌税收违法被立案查处尚未结案的；

(3)被审计、财政部门依法查出税收违法行为，税务机关正在依法处理，尚未办结的；

(4)已申请税务行政复议、提起行政诉讼尚未结案的；

(5)其他不应参加本期评价的情形。

(三)纳税信用级别(见表13-4)

表13-4 纳税信用级别

纳税信用级别	年度评价指标得分	评判条件
A级	90分以上的	有下列情形之一的纳税人，本评价年度不能评为A级： (1)实际生产经营期不满3年的 (2)上一评价年度纳税信用评价结果为D级的 (3)非正常原因一个评价年度内增值税连续3个月或者累计6个月零申报、负申报的 (4)不能按照国家统一的会计制度规定设置账簿，并根据合法、有效凭证核算，向税务机关提供准确税务资料的

续表

纳税信用级别	年度评价指标得分	评判条件
B级	70分以上不满90分的	—
M级	70分以上的企业	未发生C级、D级所列失信行为的下列企业适用纳税信用M级： (1)新设立企业 (2)评价年度内无生产经营业务收入且年度评价指标得分70分以上的企业
C级	40分以上不满70分的	—
D级	不满40分或者直接判级确定的	有下列情形之一的纳税人，本评价年度直接判为D级： (1)存在逃避缴纳税款、逃避追缴欠税、骗取出口退税、虚开增值税专用发票等行为，经判决构成涉税犯罪的 (2)存在第(1)项所列行为，未构成犯罪，但偷税(逃避缴纳税款)金额10万元以上且占各税种应纳税总额10%以上，或者存在逃避追缴欠税、骗取出口退税、虚开增值税专用发票等税收违法行为，已缴纳税款、滞纳金、罚款的 (3)在规定期限内未按税务机关处理结论缴纳或者足额缴纳税款、滞纳金和罚款的 (4)以暴力、威胁方法拒不缴纳税款或者拒绝、阻挠税务机关依法实施税务稽查执法行为的 (5)存在违反增值税发票管理规定或者违反其他发票管理规定的行为，导致其他单位或者个人未缴、少缴或者骗取税款的 (6)提供虚假申报材料享受税收优惠政策的 (7)骗取国家出口退税款，被停止出口退(免)税资格未到期的 (8)有非正常户记录或者由非正常户直接责任人员注册登记或者负责经营的 (9)由D级纳税人的直接责任人员注册登记或者负责经营的 (10)存在税务机关依法认定的其他严重失信情形的

【知识点拨】除已办理税务登记，从事生产、经营并适用查账征收的企业纳税人外，纳税信用管理试行办法还适用于以下企业纳税人：

(1)从首次在税务机关办理涉税事宜之日起时间不满一个评价年度的企业(以下简称新设立企业)。评价年度是指公历年度，即1月1日至12月31日。

(2)评价年度内无生产经营业务收入的企业。

(3)适用企业所得税核定征收办法的企业

(四)纳税信用评估结果的确定和发布

税务机关每年4月确定上一年度纳税信用评价结果，并为纳税人提供自我查询服务。

(五)纳税信用评估结果的应用

(1)对纳税信用评价为A级的纳税人，税务机关予以下列激励措施：

①主动向社会公告年度A级纳税人名单；

②一般纳税人可单次领取3个月的增值税发票用量，需要调整增值税发票用量时即时办理，取消其增值税发票的认证；

③普通发票按需领用；

④连续3年被评为A级信用级别(简称3连A)的纳税人，除享受以上措施外，还可以由税务机关提供绿色通道或专门人员帮助办理涉税事项。

【知识点拨】根据现行制度，不管纳税人信用评价等级为哪一级别，均已取消增值税专用发票认证。

(2)对纳税信用评价为B级的纳税人，税务机关实施正常管理，适时进行税收政策和管理规定的辅导，并视信用评价状态变化趋势选择性地提供纳税信用A级纳税人适用的激励措施。

(3)对纳税信用评价为M级的企业，税务机关实行下列激励措施：

①取消增值税专用发票认证；

②税务机关适时进行税收政策和管理规定的辅导。

(4)对纳税信用评价为C级的纳税人，税务机关应依法从严管理，并视信用评价状态变化趋势选择性地采取纳税信用D级纳税人适用的管理措施。

(5)对纳税信用评价为D级的纳税人，税务机关应采取以下措施：

①公开D级纳税人及其直接责任人员名单，对直接责任人员注册登记或者负责经营的其他纳税人纳税信用直接判为D级；

②增值税专用发票领用按辅导期一般纳税人政策办理，普通发票的领用实行交(验)旧供新、严格限量供应；

③加强出口退税审核；

④加强纳税评估，严格审核其报送的各种资料；

⑤列入重点监控对象，提高监督检查频次，发现税收违法违规行为的，不得适用规定处罚幅度内的最低标准；

⑥将纳税信用评价结果通报相关部门，建议在经营、投融资、取得政府供应土地、进出口、出入境、注册新公司、工程招投标、政府采购、获得荣誉、安全许可、生产许可、从业任职资格、资质审核等方面予以限制或禁止；

⑦D级评价保留2年，第三年纳税信用不得评价为A级；

⑧税务机关与相关部门实施的联合惩戒措施，以及结合实际情况依法采取的其他严格管理措施。

(六)纳税信用修复

1. 自2020年1月1日起，纳入纳税信用管理的企业纳税人，符合下列条件之一的，可在规定期限内向主管税务机关申请纳税信用修复。

(1)纳税人发生未按法定期限办理纳税申报、税款缴纳、资料备案等事项且已补办的。

(2)未按税务机关处理结论缴纳或者足额缴纳税款、滞纳金和罚款，未构成犯罪，纳税信用级别被直接判为D级的纳税人，在税务机关处理结论明确的期限期满后60日内足额缴纳、补缴的。(修复后，不得重新评价为A级)

(3)纳税人履行相应法律义务并由税务机关依法解除非正常户状态的。

2. 非正常户失信行为纳税信用修复一个纳税年度内只能申请一次。纳税年度自公历1月1日起至12月31日止。

3. 主管税务机关自受理纳税信用修复申请之日起15个工作日内完成审核，并向纳税人反馈信用修复结果。

考点六　税收违法行为检举管理办法★

扫我解疑难

经典例题

【例题·多选题】下列关于税收违法行为检举管理办法的表述中正确的有(　)。

A. 检举人因检举而产生的支出应当由其自行承担

B. 检举人可以实名检举，也可以匿名检举

C. 不予受理的检举材料，应退还检举人

D. 税务机关应当在职责范围内依法保护检举人、被检举人的合法权益

【答案】ABD

【解析】选项C，已接收的检举材料原则上不予退还，不予受理的检举材料，登记检举事项的基本信息和不予受理原因后，经本级稽查局负责人批准可以销毁。

考点精析

税收违法行为，是指涉嫌偷税(逃避缴纳

税款)，逃避追缴欠税，骗税，虚开、伪造、变造发票，以及其他与逃避缴纳税款相关的税收违法行为。

检举人可以实名检举，也可以匿名检举。

检举管理工作坚持依法依规、分级分类、属地管理、严格保密的原则。

检举税收违法行为是检举人的自愿行为，检举人因检举而产生的支出应当由其自行承担。

(一)检举事项的接收与受理

1. 检举方式

(1)以来访形式实名检举的，检举人应当提供营业执照、居民身份证等有效身份证件的原件和复印件。

(2)以来信、网络、传真形式实名检举的，检举人应当提供营业执照、居民身份证等有效身份证件的复印件。

『提示』检举人未采取上述两种形式进行检举的，视同匿名检举。

(3)以电话形式要求实名检举的，税务机关应当告知检举人采取上述两种形式进行检举。

2. 举报中心对接收的检举事项，应当及时审查，有下列情形之一的，不予受理：

(1)无法确定被检举对象，或者不能提供税收违法行为线索的；

(2)检举事项已经或者依法应当通过诉讼、仲裁、行政复议以及其他法定途径解决的；

(3)对已经查结的同一检举事项再次检举，没有提供新的有效线索的。

除上述规定外，举报中心自接收检举事项之日起即为受理。

(二)检举事项的处理

1. 检举事项受理后，应当分级分类，按照以下方式处理：

(1)检举内容详细、税收违法行为线索清楚、证明资料充分的，由稽查局立案检查。

(2)检举内容与线索较明确但缺少必要证明资料，有可能存在税收违法行为的，由稽查局调查核实。发现存在税收违法行为的，立案检查；未发现的，作查结处理。

(3)检举对象明确，但其他检举事项不完整或者内容不清、线索不明的，可以暂存待查，待检举人将情况补充完整以后，再进行处理。

(4)已经受理尚未查结的检举事项，再次检举的，可以合并处理。

(5)前述第(3)条规定以外的检举事项，转交有处理权的单位或者部门。

2. 举报中心应当在检举事项受理之日起十五个工作日内完成分级分类处理，特殊情况除外。

3. 查处部门应当在收到举报中心转来的检举材料之日起三个月内办理完毕；案情复杂无法在期限内办理完毕的，可以延期。

(三)检举事项的管理

1. 举报中心应当严格管理检举材料，逐件登记已受理检举事项的主要内容、办理情况和检举人、被检举人的基本情况。

2. 已接收的检举材料原则上不予退还。

3. 暂存待查的检举材料，若在受理之日起两年内未收到有价值的补充材料，可以销毁。

(四)检举人的答复和奖励

1. 实名检举人可以要求答复检举事项的处理情况与查处结果。

实名检举人要求答复处理情况时，应当配合核对身份；要求答复查处结果时，应当出示检举时所提供的有效身份证件。

举报中心可以视具体情况采取口头或者书面方式答复实名检举人。

2. 实名检举事项的处理情况，由作出处理行为的税务机关的举报中心答复。

3. 实名检举事项的查处结果，由负责查处的税务机关的举报中心答复。

4. 检举事项经查证属实，为国家挽回或者减少损失的，按照财政部和国家税务总局的有关规定对实名检举人给予相应奖励。

(五)权利保护

1. 检举人不愿提供个人信息或者不愿公

开检举行为的，税务机关应当予以尊重和保密。

2. 税务机关应当在职责范围内依法保护检举人、被检举人的合法权益。

3. 税务机关工作人员与检举事项或者检举人、被检举人有直接利害关系的，应当回避。

检举人有正当理由并且有证据证明税务机关工作人员应当回避的，经本级税务机关负责人或者稽查局负责人批准以后，予以回避。

4. 税务机关工作人员必须严格遵守以下保密规定：

(1)检举事项的受理、登记、处理及查处，应当依照国家有关法律、行政法规等规定严格保密，并建立健全工作责任制，不得私自摘抄、复制、扣压、销毁检举材料；

(2)严禁泄露检举人的姓名、身份、单位、地址、联系方式等情况，严禁将检举情况透露给被检举人及与案件查处无关的人员；

(3)调查核实情况和立案检查时不得出示检举信原件或者复印件，不得暴露检举人的有关信息，对匿名的检举书信及材料，除特殊情况以外，不得鉴定笔迹；

(4)宣传报道和奖励检举有功人员，未经检举人书面同意，不得公开检举人的姓名、身份、单位、地址、联系方式等情况。

(六)法律责任

1. 税务机关工作人员违反本办法规定，将检举人的检举材料或者有关情况提供给被检举人或者与案件查处无关人员的，依法给予行政处分。

2. 税务机关工作人员打击报复检举人的，视情节和后果，依法给予行政处分；涉嫌犯罪的，移送司法机关依法处理。

3. 税务机关工作人员不履行职责、玩忽职守、徇私舞弊，给检举工作造成损失的，应当给予批评教育；情节严重的，依法给予行政处分并调离工作岗位；涉嫌犯罪的，移送司法机关依法处理。

4. 税收违法检举案件中涉及税务机关或者税务人员违纪违法问题的，应当按照规定移送有关部门依纪依法处理。

5. 检举人违反本办法第九条规定的，税务机关工作人员应当对检举人进行劝阻、批评和教育；经劝阻、批评和教育无效的，可以联系有关部门依法处理。

考点七　税务文书电子送达规定(试行)★

扫我解疑难

经典例题

【例题·单选题】税务机关采用电子送达方式送达税务文书的，送达日期的确定方法为(　　)。

A. 以税务机关通过电子税务局等特定系统发送税务文书的日期为送达日期

B. 以电子版式税务文书到达特定系统受送达人端的日期为送达日期

C. 以税务机关通过电话、短信等方式发送提醒信息的日期为送达日期

D. 以受送达人打印纸质文书的日期为送达日期

【答案】B

【解析】税务机关采用电子送达方式送达税务文书的，以电子版式税务文书到达特定系统受送达人端的日期为送达日期，特定系统自动记录送达情况。

考点精析

1. 电子送达，是指税务机关通过电子税务局等特定系统向受送达人(纳税人、扣缴义务人)送达电子版式税务文书。

2. 经受送达人同意，税务机关可以采用电子送达方式送达税务文书。

『提示』受送达人同意采用电子送达的，签订《税务文书电子送达确认书》。《税务文书电子送达确认书》包括电子送达的文书范围、效力、渠道和其他需要明确的事项。

受送达人可以登录特定系统直接签订电子版《税务文书电子送达确认书》，也可以到税务机关办税服务厅签订纸质版《税务文书电子送达确认书》，由税务机关及时录入相关系统。

3. 电子送达与其他送达方式具有同等法律效力。受送达人可以据此办理涉税事宜，行使权利、履行义务。

4. 税务机关采用电子送达方式送达税务文书的，以电子版式税务文书到达特定系统受送达人端的日期为送达日期，特定系统自动记录送达情况。

『提示』税务机关向受送达人送达电子版式税务文书后，通过电话、短信等方式发送提醒信息。**提醒服务不影响电子文书送达的效力。**

5. 受送达人需要纸质税务文书的，可以通过特定系统自行打印，也可以到税务机关办税服务厅打印。

6. 暂不适用电子送达的税务文书：税务处理决定书、税务行政处罚决定书(不含简易程序处罚)、税收保全措施决定书、税收强制执行决定书、阻止出境决定书以及税务稽查、税务行政复议过程中使用的税务文书等。

阶段性测试

1. 【单选题】下列税费的征收管理，适用《中华人民共和国税收征收管理法》的是(　)。
A. 房产税
B. 地方教育附加
C. 关税
D. 海关代征消费税

2. 【单选题】下列关于税务登记的表述，正确的是(　)。
A. 无固定生产、经营场所的流动性农村小商贩，需要办理税务登记
B. 纳税人需要改变主管税务机关的，向原税务登记机关申报办理注销税务登记，并在30日内向迁入地主管税务登记机关申报办理税务登记
C. 纳税人的停业期限不得超过6个月
D. 纳税人办理注销税务登记后，应当向税务机关提交相关证明文件和资料，结清应纳税款

3. 【多选题】纳税人可以采用的纳税申报方式有(　)。
A. 邮寄申报
B. 电子邮件申报
C. 直接申报
D. 网上申报

4. 【多选题】单位或个人存在以下(　)情形，不得作为纳税保证人。
A. 拥有或者依法可以处分的未设置担保的财产的价值超过需要担保的税额及滞纳金的其他经济组织
B. 有逃避追缴欠税行为被税务机关、司法机关追究过法律责任未满2年的
C. 与纳税人存在担保关联关系的
D. 有欠税行为的

5. 【多选题】根据税收征收管理法律制度的规定，下列财产中，可以作为纳税抵押的有(　)。
A. 抵押人被查封的房屋
B. 抵押人有权处分的国有房屋
C. 抵押人被监管的财产
D. 抵押人有权处分的交通运输工具

阶段性测试答案精析

1. A 【解析】《中华人民共和国税收征收管理法》的适用范围是税务机关征收的各种税收。选项B，目前还有一部分政府收费由税务机关征收，这些费用不适用《中华人民共和国税收征收管理法》，如教育费附加；选项C和D，由海关征收的关税及代征的增值税、消费税，不属于《中华人民共和国税收征收管理法》的适用范围。

2. B 【解析】选项A，除国家机关、个人和无固定生产、经营场所的流动性农村小商贩外，应该按照规定办理税务登记；选项C，纳税人的停业期限不得超过一年；

选项D，纳税人办理注销税务登记前，应当向税务机关提交相关证明文件和资料，结清应纳税款。

3. ABCD 【解析】选项B、D均是数据电文申报方式下的具体申报方法。

4. BCD 【解析】不得作为纳税保证人的有7种情形，本题选项B、C、D均包括在7种情形内，选项A可以作为纳税保证人。

5. BD 【解析】根据规定，依法被查封、扣押和监管的财产，不能作为纳税抵押。

本章综合练习 限时50分钟

一、单项选择题

1. 根据《税收征收管理法》的规定，下列说法正确的是(　)。
   A. 教育费附加的征收适用《税收征收管理法》
   B. 关税的征收适用《税收征收管理法》
   C. 进口增值税的征收适用《税收征收管理法》
   D.《税收征收管理法》只适用于由税务机关征收的各种税收的征收管理

2. 下列各项中，按照《税收征收管理法》及《税务登记管理办法》的规定，不承担税务登记义务的是(　)。
   A. 依法负有代扣代缴税款义务的单位
   B. 从事生产经营活动的个体工商户
   C. 企业在外地设立的独立核算的分支机构
   D. 农村集市上卖鱼的商贩

3. 某企业2019年3月18日将2月份应纳的增值税20万元，向当地税务局缴纳，其同时应缴纳税收滞纳金是(　)元。
   A. 300　　B. 400
   C. 800　　D. 900

4. 从事生产经营的纳税人应自领取(　)之日起(　)日内，向所在地主管税务机关办理税务登记。
   A. 税务登记证，15
   B. 税务登记证，30
   C. 营业执照，15
   D. 营业执照，30

5. 对下列企业或个人，税务机关可以采取税收保全措施的是(　)。
   A. 扣缴义务人
   B. 纳税担保人
   C. 从事生产经营的纳税人
   D. 非从事生产经营的纳税人

6. 下列关于税收强制执行措施的表述中，正确的是(　)。
   A. 税收强制执行措施不适用于扣缴义务人
   B. 作为家庭唯一代步工具的轿车，不在税收强制执行的范围之内
   C. 税务机关采取强制执行措施时，可对纳税人未缴纳的滞纳金同时强制执行
   D. 税务机关对单价4 000元的组合家具可以采取税收强制执行措施

7. 税务机关针对纳税人的不同情况可以采取不同的税款征收方式。根据税收法律制度的规定，对于纳税人财务制度不健全，生产经营不固定，零星分散的，适用的税款征收方式是(　)。
   A. 查账征收　　B. 查定征收
   C. 查验征收　　D. 定期定额征收

8. 下列关于延期纳税制度中，处理错误的是(　)。
   A. 延期期限最长不得超过3个月
   B. 同一笔税款不得滚动延期
   C. 当期货币资金在扣除应付职工工资后，不足以缴纳税款的属于延期纳税的特殊困难
   D. 批准延期内免予加收滞纳金

9. 下列各项中，不符合《税收征收管理法》有关规定的是(　)。

A. 采取税收保全措施时，冻结的存款以纳税人应纳税款的数额为限

B. 采取税收强制执行的措施时，被执行人未缴纳的滞纳金必须同时执行

C. 税收强制执行的适用范围不限于从事生产经营的纳税人，也包括扣缴义务人

D. 税收保全措施的适用范围不限于从事生产经营的纳税人，也包括扣缴义务人

10. 根据《税收征收管理法》的规定，下列不属于税务机关权利的项目是(   )。

A. 调出发票查验

B. 到纳税人的生活场所检查纳税人应纳税的商品、货物或者其他财产

C. 到车站、码头、机场、邮政企业及其分支机构检查纳税人托运、邮寄应纳税商品、货物或者其他财产的有关单据、凭证和有关资料

D. 询问纳税人、扣缴义务人与纳税或者代扣代缴、代收代缴税款有关的问题和情况

11. 下列财产中不得作为纳税抵押的是(   )。

A. 抵押人所有的机器、交通运输工具和其他财产

B. 依法取得的国有土地上的房屋抵押的，该房屋占用范围内的国有土地使用权

C. 学校、幼儿园、医院等以公益为目的的事业单位、社会团体、民办非企业单位的教育设施、医疗卫生设施和其他社会公益设施

D. 抵押人依法有权处分的交通运输工具

12. 下列单位或个人可以成为纳税保证人的是(   )。

A. 与纳税人存在担保关联关系的

B. 在主管税务机关所在地的市没有住所的自然人

C. 纳税信誉等级被评为 B 级

D. 有欠税行为的

13. 根据《税收征收管理法》及其实施细则的规定，欠缴税款数额较大的纳税人在处分其不动产或者大额资产之前，应当向税务机关报告。欠缴税款数额较大是指欠缴税款在(   )万元以上。

A. 3　　B. 5

C. 10　　D. 20

14. 纳税人发生纳税义务，未在规定期限内进行纳税申报，经税务机关责令限期申报，逾期仍未申报。根据税收征收管理法律制度的规定，税务机关有权对纳税人采取的税款征收措施是(   )。

A. 采取税收保全措施

B. 责令提供纳税担保

C. 税务人员直接征收税款

D. 核定其应纳税额

15. 某企业 2017—2019 年连续三年被评为 A 级信用级别，则下列选项中该纳税人可以享受到的激励措施不包括(   )。

A. 主动向社会公告年度该纳税人名单

B. 增值税发票按需领用

C. 取消其增值税发票的认证

D. 享受绿色通道或专门人员帮助办理涉税事项

16. 下列税务机关对 D 级纳税人采取的措施，表述不正确的是(   )。

A. 取消增值税专用发票认证

B. 公开 D 级纳税人及其直接责任人员名单

C. D 级评价保留 2 年，第三年纳税信用不得评价为 A 级

D. 列入重点监控对象，提高监督检查频次，发现税收违法违规行为的，不得适用规定处罚度内的最低标准

17. 根据《税收征收管理法》的规定，扣缴义务人应扣未扣、应收未收税款的，由税务机关向纳税人追缴税款，对扣缴义务人处以一定数额的罚款。其罚款限额是(   )。

A. 2 000 元以下

B. 2 000 元以上 5 000 元以下

C. 应扣未扣、应收未收税款 50% 以上 3 倍以下

D. 应扣未扣、应收未收税款 50%以上 5 倍以下

18. 税务机关每年一次确定上一年度纳税信用评价结果，并为纳税人提供自我查询服务。这一次的时间是(　)月。

A. 1　　B. 4

C. 8　　D. 12

19. 下列关于纳税信用等级 M 级纳税人政策表述正确的是(　)。

A. 小微企业

B. 评价年度内无生产经营业务收入且年度评价指标得分 70 分以上的企业

C. 评价年度内无生产经营业务收入且年度评价指标得分 90 分以上的企业。

D. 取得的增值税专用发票认证抵扣

20. 下列关于税款追征的表述中，正确的是(　)。

A. 因税务机关责任，致使纳税人少缴税款的，税务机关在 3 年内可要求纳税人补缴税款，但不加收滞纳金

B. 因税务机关责任，致使纳税人少缴税款的，税务机关在 3 年内可要求纳税人补缴税款并按银行同期利率加收滞纳金

C. 对于纳税人偷税、抗税和骗取税款的，税务机关在 20 年内可以追征税款、滞纳金；有特殊情况的，追征期可延长到 30 年

D. 因纳税人计算等失误，未缴或者少缴税款的，税务机关在 3 年内可以追征税款、滞纳金；有特殊情况的，追征期可延长到 10 年

二、多项选择题

1. 根据《税收征收管理法》和《税务登记管理办法》的有关规定，下列各项中应当进行税务登记的有(　)。

A. 从事生产经营的事业单位

B. 企业在境内其他城市设立的分支机构

C. 不从事生产经营只缴纳车船税的行政单位

D. 有来源于中国境内所得但未在中国境内设立机构、场所的非居民企业

2. 下列各项中，属于法定税务登记事项的有(　)。

A. 设立税务登记

B. 注销税务登记

C. 停业税务登记

D. 临时经营税务登记

3. 下列关于纳税申报的陈述，正确的有(　)。

A. 纳税人因有特殊情况，不能按期进行纳税申报的，经省级人民政府核准，可以延期申报

B. 纳税人采取邮寄方式办理纳税申报的，应当使用统一的纳税申报专用信封

C. 邮寄申报以寄出的邮戳日期为实际申报日期

D. 纳税人采取电子方式办理纳税申报的，不再需要书面报送主管税务机关

4. 有下列情形(　)之一的纳税人，本评价年度不能评为 A 级。

A. 实际生产经营期不满 3 年的

B. 上一评价年度纳税信用评价结果为 M 级的

C. 非正常原因一个评价年度内增值税连续 3 个月零申报的

D. 不能按照国家统一的会计制度规定设置账簿，并根据合法、有效凭证核算，向税务机关提供准确税务资料的

5. 下列关于税务机关实施税收保全措施的表述中，正确的有(　)。

A. 税收保全措施仅限于从事生产、经营的纳税人

B. 只有在事实全部查清，取得充分证据的前提下才能进行

C. 冻结纳税人的存款时，其数额要以相当于纳税人应纳税款的数额为限

D. 个人及其抚养家属维持生活必需的住房和用品，不在税收保全措施的范围之内

6. 下列关于税务机关税款追征期的规定，正确的说法有(　)。

A. 一般情况追征期为 3 年

B. 特殊情况追征期为 5 年

C. 特殊情况追征期为 10 年

D. 对纳税人偷税骗税少缴的税款无限期追征

7. 下列关于税务机关行使税务检查权的表述中，符合税法规定的有(　)。

A. 到纳税人的住所检查应纳税的商品、货物和其他财产

B. 责成纳税人提供与纳税有关的文件，证明材料和有关资料

C. 到车站检查纳税人托运货物或者其他财产的有关单据、凭证和资料

D. 经县税务局局长批准，凭统一格式的检查存款账户许可证，查询案件涉嫌人员的储蓄存款

8. 下列关于税款优先的原则中，表述正确的有(　)。

A. 当纳税人发生的欠税在前时，税收优先于抵押权

B. 对于法律上有规定的无担保债权，税收优先于该无担保债权

C. 纳税人欠税，同时被税务机关决定处以罚款时，税收优先于罚款

D. 纳税人欠税，同时被工商局处以罚款时，税款优先于罚款

9. 纳税担保的具体方式包括(　)。

A. 提供保证金　　B. 纳税保证

C. 纳税抵押　　D. 纳税质押

10. 纳税人有下列(　)情形，适用纳税担保。

A. 在限期内税务机关有根据认为纳税人有明显的转移、隐匿其应纳税的商品、货物以及其他财产或者应纳税收入的迹象

B. 纳税人未按规定期限纳税

C. 纳税人同税务机关在纳税上发生争议而未缴清税款，需要申请行政复议的

D. 欠缴税款、滞纳金的纳税人或者其法定代表人需要出境的

11. 下列表述中，不符合《税收征收管理法》规定的有(　)。

A. 因纳税人、扣缴义务人计算等失误，未缴或者少缴税款累计数额在 5 万元以上，税务机关在 5 年内可以追征税款、滞纳金

B. 纳税人在合并、分立时未缴清的税款，应由合并、分立后的纳税人继续履行纳税义务

C. 税务机关发现的多缴税款，无论多长时间都应退还给纳税人

D. 纳税人多缴税款自结算缴纳税款之日起 5 年内发现的，可以向税务机关要求退还多缴的税款并加算银行同期贷款利息

12. 下列各项中，符合《税收征收管理法》税款征收有关规定的有(　)。

A. 税务机关减免税时，必须给纳税人开具承诺文书

B. 税务机关征收税款时，必须给纳税人开具完税凭证

C. 税务机关扣押商品、货物或者其他财产时必须开付收据

D. 税务机关查封商品、货物或者其他财产时必须开付清单

13. 下列各项中，可以作为纳税抵押财产的有(　)。

A. 抵押人所有的房屋

B. 所有权有争议的财产

C. 抵押人依法被查封的财产

D. 抵押人所有的交通运输工具

14. 下列各项中符合税法规定的有(　)。

A. 自 2015 年 10 月 1 日起，新设立企业领取由工商行政管理部门核发加载法人和其他组织统一社会信用代码的营业执照后，无须再次进行税务登记，不再领取税务登记证

B. 企业办理涉税事宜时，在完成补充信息采集后，凭加载统一代码的营业执照可代替税务登记证使用

C. 工商登记“一个窗口”统一受理申请后，申请材料和登记信息在部门间共享，

各部门数据互换、档案互认

D. 对于 2016 年 1 月 1 日以后在机构编制、民政部门登记设立并取得统一社会信用代码的纳税人，以 18 位统一社会信用代码为其纳税人识别号，按照现行规定办理税务登记，发放税务登记证件

15. 对纳税信用评价为 A 级的纳税人，税务机关的激励措施包括(　)。

A. 主动向社会公告年度 A 级纳税人名单

B. 一般纳税人可单次领取 6 个月的增值税发票用量，需要调整增值税发票用量时即时办理

C. 普通发票按需领用

D. 连续 3 年被评为 A 级的纳税人，由税务机关提供绿色通道办理涉税事项

16. 下列关于税务机关对 M 级纳税人采取的措施的表述，正确的有(　)。

A. 取消增值税专用发票认证

B. 普通发票按需领用

C. 增值税专用发票领用按照辅导期一般纳税人政策办理

D. 税务机关适时进行税收政策和管理规定的辅导

17. 下列关于检举事项受理后处理方式的表述中，正确的有(　)。

A. 检举内容详细、税收违法行为线索清楚、证明资料充分的，由稽查局立案检查

B. 检举内容与线索较明确但缺少必要证明资料，有可能存在税收违法行为的，由稽查局调查核实

C. 检举对象明确，但其他检举事项不完整或者内容不清、线索不明的，可以不予受理

D. 已经受理尚未查结的检举事项，再次检举的，可以合并处理

本章综合练习参考答案及详细解析

一、单项选择题

1. D 【解析】选项 A，教育费附加属于附加费，不属于税，不适用《税收征收管理法》；选项 B 和 C 海关征收的关税及代征的增值税、消费税，适用其他法律、法规的规定，不适用《税收征收管理法》。

2. D 【解析】除国家机关、个人和无固定生产、经营场所的流动性农村小商贩外，应该按规定办理税务登记。

3. A 【解析】自 2009 年 1 月 1 日起，增值税、消费税的纳税期限均调整为：纳税人以 1 个月或者 1 个季度为 1 个纳税期的，自期满之日起 15 日内申报纳税。本题的纳税人滞纳税款 3 天，每天滞纳金比例为 0.5‰，滞纳金 = 20×0.5‰×3 = 0.03(万元) = 300(元)。

4. D 【解析】开业税务登记的时间为领取营业执照之日起 30 日内。

5. C 【解析】可以采取税收保全措施的纳税人仅限于从事生产、经营的纳税人，不包括非从事生产、经营的纳税人，也不包括扣缴义务人和纳税担保人。

6. C 【解析】选项 A，税收强制执行不仅适用于纳税人还适用于扣缴义务人；选项 B，作为家庭使用的轿车，也在强制执行的范围内；选项 D，税务机关对单价 5 000 元以下的其他生活用品，不采取税收保全措施和强制执行措施。

7. C 【解析】查验征收方式主要适用于纳税人财务制度不健全，生产经营不固定，零星分散、流动性大的税源。

8. C 【解析】当期货币资金在扣除应付职工工资、社会保险费后，不足以缴纳税款的，属于延期纳税的特殊困难。

9. D 【解析】税收保全措施的适用范围，仅限于纳税人，不包括扣缴义务人。

10. B 【解析】税务机关检查权有 6 项，其中场地检查权的“场地”指纳税人的生产、经营场所和货物存放地点，不包括纳税人生活场所。

11. C 【解析】可以作为纳税抵押的财产有五类，不得作为纳税抵押的财产有八类，这些内容特别注意选择题。

12. C 【解析】不得作为纳税保证人的有 7 种情形，其中纳税信誉等级被评为 C 级以下的，不得作为纳税保证人，本题选项 C 可以作为纳税保证人。

13. B 【解析】欠税清缴制度中规定：欠缴税款数额在 5 万元以上的纳税人，在处分其不动产或大额资产之前，应当向税务机关报告。

14. D 【解析】纳税人发生纳税义务，未按照规定的期限办理纳税申报，经税务机关责令限期申报，逾期仍未申报的，主管税务机关可以核定其应纳税额。

15. B 【解析】选项 B，一般纳税人可单次领取 3 个月的增值税发票用量，需要调整增值税发票用量时即时办理。增值税普通发票按需领用。

16. A 【解析】选项 A，D 级纳税人未取消增值税专用发票认证，A 级、B 级、M 级、C 级纳税人取消了增值税专用发票认证。

17. C 【解析】根据《税收征收管理法》的规定：扣缴义务人应扣未扣、应收未收税款的，由税务机关向纳税人追缴税款，对扣缴义务人处以应扣未扣、应收未收税款 50%以上 3 倍以下的罚款。

18. B 【解析】税务机关每年 4 月确定上一年度纳税信用评价结果，并为纳税人提供自我查询服务。

19. B 【解析】适用纳税信用 M 级的条件：(1)新设立企业。(2)评价年度内无生产经营业务收入且年度评价指标得分 70 分以上的企业。对纳税信用评价为 M 级的企业，取消增值税专用发票认证。

20. A 【解析】选项 B，因税务机关责任，致使纳税人、扣缴义务人未缴或者少缴税款的，税务机关在 3 年内可要求纳税人、扣缴义务人补缴税款，但是不得加收滞纳金；选项 C，对偷税、抗税、骗税的，税务机关追征其未缴或者少缴的税款、滞纳金或者所骗取的税款，不受前款规定期限的限制。选项 D，因纳税人、扣缴义务人计算等失误，未缴或者少缴税款的，税务机关在 3 年内可以追征税款、滞纳金；有特殊情况的追征期可以延长到 5 年。

二、多项选择题

1. AB 【解析】非从事生产经营的纳税人，除临时取得应税收入或发生应税行为以及只缴纳个人所得税、车船税的外，都应该申报办理税务登记。选项 C 属于国家机关，不需要办理税务登记。

2. ABCD 【解析】税务登记事项包括：设立税务登记、注销变更税务登记、停业税务登记、外出经营报验登记(临时经营税务登记)等。

3. BC 【解析】选项 A，纳税人因有特殊情况，不能按期进行纳税申报的，经县以上税务机关核准，可以延期申报；选项 D，纳税人采取电子方式办理纳税申报的，应当按照税务机关规定的期限和要求保存有关资料，并定期书面报送主管税务机关。

4. ACD 【解析】有下列情形之一的纳税人，本评价年度不能评为 A 级：

(1)实际生产经营期不满 3 年的。

(2)上一评价年度纳税信用评价结果为 D 级的。

(3)非正常原因一个评价年度内增值税连续 3 个月或者累计 6 个月零申报、负申报的。

(4)不能按照国家统一的会计制度规定设置账簿，并根据合法、有效凭证核算，向税务机关提供准确税务资料的。

5. ACD 【解析】税收保全措施是针对纳税

人即将转移、隐匿应税的商品、货物或其他财产的紧急情况下采取的一种紧急处理措施。不可能等到事实全部查清，取得充分的证据以后再采取行动，如果这样，纳税人早已将其收入和财产转移或隐匿完毕，到时再想采取税收保全措施就晚了。

6. ABD 【解析】《税收征收管理法》第五十二条规定，因税务机关的责任，致使纳税人、扣缴义务人未缴或者少缴税款的，税务机关在3年内可以要求纳税人、扣缴义务人补缴税款，但是不得加收滞纳金；因纳税人、扣缴义务人计算错误等失误，未缴或者少缴税款的，税务机关在3年内可以追征税款、滞纳金；有特殊情况的，追征期可以延长到5年；对偷税、抗税、骗税的，税务机关追征其未缴或者少缴的税款、滞纳金或者所骗取的税款，不受前款规定期限的限制。

7. BC 【解析】选项A，税务机关不能到纳税人住所检查应纳税的商品、货物和其他财产；选项D，税务机关在调查税务违法案件时，经设区的市、自治州以上税务局(分局)局长批准，可以查询案件涉嫌人员的储蓄存款。

8. ACD 【解析】选项B中，税收优先于无担保债权，但并不是说优先于所有的无担保债权，对于法律另有规定的无担保债权，不能行使税收优先权。

9. BCD 【解析】纳税担保的具体方式包括三种：纳税保证、纳税抵押、纳税质押。

10. ACD 【解析】纳税人适用纳税担保有四种情况，除选项A、C、D以外，还有税收法律、行政法规规定可以提供纳税担保的其他情形，不包括纳税人未按规定期限纳税。

11. AD 【解析】因纳税人、扣缴义务人计算等失误，未缴或者少缴税款累计数额在10万元以上，税务机关在5年内可以追征税款、滞纳金，选项A不符合规定；纳税人多缴税款自结算缴纳税款之日起3年内发现的，可以向税务机关要求退还多缴的税款并加算银行同期贷款利息，选项D不符合规定。

12. BCD 【解析】税务机关作出的减免税审批决定，应当向纳税人送达减免税审批书面决定，但是这不是承诺文书。

13. AD 【解析】下列财产不得抵押：(1)土地所有权。(2)土地使用权，法律规定可以抵押的除外。(3)学校、幼儿园、医院等以公益为目的的事业单位、社会团体、民办非企业单位的教育设施、医疗卫生设施和其他社会公益设施；学校、幼儿园、医院等以公益为目的的事业单位、社会团体，可以其教育设施、医疗卫生设施和其他社会公益设施以外的财产为其应缴纳的税款及滞纳金提供抵押。(4)所有权、使用权不明或者有争议的财产。(5)依法被查封、扣押、监管的财产。(6)依法定程序确认为违法、违章的建筑物。(7)法律、行政法规规定禁止流通的财产或者不可转让的财产。(8)经设区的市、自治州以上税务机关确认的其他不予抵押的财产。

14. ABCD 【解析】本题4个选项均是正确的。

15. ACD 【解析】一般纳税人可单次领取3个月的增值税发票用量，需要调整增值税发票用量时即时办理。

16. AD 【解析】选项B，属于税务机关对A级纳税人的激励措施；选项C，属于税务机关对D级纳税人采取的措施。

17. ABD 【解析】检举事项受理后，应当分级分类，按照以下方式处理：

(1)检举内容详细、税收违法行为线索清楚、证明资料充分的，由稽查局立案检查。(2)检举内容与线索较明确但缺少必要证明资料，有可能存在税收违法行为的，由稽查局调查核实。发现存在税收违法行为的，立案检查；未发现的，作查结处理。(3)检举对象明确，但其他检举事项不完整或者内容不清、线索不明的，可以暂存待查，待检举人将情况补充完整以后，再进行处理。(4)已经受理尚未查结的检举事项，再次检举的，可以合并处理。(5)前述第(3)条规定以外的检举事项，转交有处理权的单位或者部门。

第14章 税务行政法制

JINGDIAN TIJIE

考情分析

历年考情分析

本章属于考试的非重点章，考试题型为单选题和多选题，分值3分左右。由于本章着重介绍的是税务行政处罚、税务行政复议、税务行政诉讼，程序性内容较多，考生学习时重在理解、记忆有关政策规定。

本章2020年考试主要变化

本章内容无变动。

核心考点及经典例题详解

考点一 税务行政处罚★★

扫我解疑难

经典例题

【例题1·单选题】(2016年)下列关于税务行政处罚的设定中，正确的是(　)。

A. 国务院可以通过法律的形式设定各种税务行政处罚

B. 国家税务总局可以通过规章的形式设定警告和罚款

C. 地方人大可以通过法律的形式设定各种税务行政处罚

D. 省税务机关可以设定税务行政处罚的规范性文件

【答案】B

【解析】选项A应该是全国人大及其常委会；选项C应该是全国人大及其常委会；选项D，省税务机关可以制定税收法律、法规、规章之外的规范性文件。

【例题2·单选题】税务所可以在一定限额以下实施罚款作为税务行政处罚，该限额为(　)元。

A. 50　　B. 2 000

C. 10 000　　D. 50 000

【答案】B

【解析】各级税务机关的内设机构、派出机构不具有处罚主体资格，不能以自己名义实施税务行政处罚。但是税务所可以实施罚款额在2 000元以下的税务行政处罚。

【例题3·单选题】下列案件中，属于税务行政处罚听证范围的是(　)。

A. 对法人做出1万元以上罚款的案件

B. 对公民做出1 000元以上罚款的案件

C. 对法人做出没收非法所得处罚的案件

D. 对法人做出停止出口退税权处罚的案件

【答案】A

【解析】税务行政处罚听证的范围是对公民作

出2 000元以上，或者对法人或其他组织作出1万元以上罚款的案件。所以选项A是正确的。

【例题4·多选题】（2017年）根据现行税务行政处罚规定，下列属于税务行政处罚的有（　）。

A. 行政罚款

B. 停止出口退税权

C. 加收滞纳金

D. 没收财物违法所得

【答案】 ABD

【解析】 税务行政处罚主要有：(1)罚款；(2)没收财物违法所得；(3)停止出口退税权；(4)法律、法规和规章规定的其他行政处罚。

考点精析

税务行政处罚是指公民、法人或者其他组织有违反税收征收管理秩序的违法行为，尚未构成犯罪的，应当承担行政责任，由税务机关给予行政处罚。税务行政处罚如表14-1所示。

表14-1　税务行政处罚

要点	内容
税务行政处罚设定	(1)全国人民代表大会及其常务委员会可以通过法律的形式设定各种税务行政处罚 (2)国务院可以通过行政法规的形式设定除限制人身自由以外的税务行政处罚 (3)国家税务总局可以通过规章的形式设定警告和罚款。税务行政规章对非经营活动中的违法行为设定罚款不得超过1 000元；对经营活动中的违法行为，有违法所得的，设定罚款不得超过违法所得的3倍，且最高不得超过3万元，没有违法所得的，设定罚款不得超过1万元；超过限额的，应当报国务院批准
税务行政处罚种类	税务行政处罚主要有：(1)罚款；(2)没收财物违法所得；(3)停止出口退税权；(4)法律、法规和规章规定的其他行政处罚
税务行政处罚主体	(1)税务行政处罚主体主要是县级以上税务机关 (2)各级税务机关的内设机构、派出机构不具处罚主体资格，不能以自己的名义实施税务行政处罚 (3)税务所可以实施罚款额在2 000元以下的税务行政处罚——这是《税收征收管理法》对税务所的特别授权 (4)税务行政处罚实行行为发生地原则。只有当事人违法行为发生地的税务机关才有权对当事人实施处罚，其他地方的税务机关则无权实施
税务行政处罚的简易程序	适用条件：一是案情简单、事实清楚，违法后果比较轻微且有法定依据应当给予处罚的违法行为；二是给予的处罚较轻，仅适用于对公民处以50元以下和对法人或其他组织处以1 000元以下罚款的违法案件
税务行政处罚的一般程序	适用条件：情节比较复杂、处罚比较重的案件 程序：(1)调查与审查；(2)听证，范围是对公民作出2 000元以上或对法人或其他组织作出10 000元以上罚款的案件；(3)决定
税务行政处罚权力清单	(1)账簿凭证管理类： ①未按规定设置、保管账簿资料，报送财务、会计制度办法核算软件，安装使用税控装置的(包括纳税人未按照规定设置、保管账簿或者保管记账凭证和有关资料的；纳税人未按照规定将财务、会计制度或者财务、会计处理办法和会计核算软件报送税务机关备查的；纳税人未按照规定安装、使用税控装置，或者损毁或者擅自改动税控装置的)，税务机关责令其限期改正，可以处2 000元以下的罚款；情节严重的，处2 000元以上1万元以下的罚款 ②扣缴义务人未按照规定设置、保管代扣代缴、代收代缴税款账簿或者保管代扣代缴、代收代缴税款记账凭证及有关资料的，税务机关责令其限期改正，可以处2 000元以下的罚款；情节严重的，处2 000元以上5 000元以下的罚款

要点	内容
税务行政处罚权力清单	③非法印制、转借、倒卖、变造或者伪造完税凭证的，税务机关责令其改正，处2 000元以上1万元以下的罚款；情节严重的，处1万元以上5万元以下的罚款；构成犯罪的，依法追究刑事责任 **(2)纳税申报类：** ①未按规定期限办理纳税申报和报送纳税资料的(包括纳税人未按照规定的期限办理纳税申报和报送纳税资料的；扣缴义务人未按照规定的期限向税务机关报送代扣代缴、代收代缴税款报告表和有关资料的)，税务机关责令其限期改正，可以处2 000元以下的罚款；情节严重的，可以处2 000元以上1万元以下的罚款 ②纳税人、扣缴义务人编造虚假计税依据的，税务机关责令其限期改正，并处5万元以下的罚款 **(3)税务检查类：** ①纳税人、扣缴义务人逃避、拒绝或者以其他方式阻挠税务机关检查(包括提供虚假资料，不如实反映情况，或者拒绝提供有关资料的；拒绝或者阻止税务机关记录、录音、录像、照相和复制与案件有关的情况和资料的；在检查期间，纳税人、扣缴义务人转移、隐匿、销毁有关资料的；有不依法接受税务检查的其他情形的)，税务机关责令其改正，可以处1万元以下的罚款；情节严重的，处1万元以上5万元以下的罚款 ②纳税人、扣缴义务人的开户银行或者其他金融机构拒绝接受税务机关依法检查纳税人、扣缴义务人存款账户，或者拒绝执行税务机关作出的冻结存款或者扣缴税款的决定，或者在接到税务机关的书面通知后帮助纳税人、扣缴义务人转移存款，造成税款流失的，税务机关处10万元以上50万元以下的罚款，对直接负责的主管人员和其他直接责任人员处1 000元以上1万元以下的罚款 ③税务机关依照《税收征收管理法》第五十四条第(五)项的规定到车站、码头、机场、邮政企业及其分支机构检查纳税人有关情况时，有关单位拒绝的，税务机关责令其改正，可以处1万元以下的罚款；情节严重的，处1万元以上5万元以下的罚款
税务行政处罚的执行	税务机关对当事人作出罚款行政处罚决定的，当事人应当在收到行政处罚决定书之日起15日内缴纳罚款，到期不缴纳的，作出罚款决定的税务机关可以对当事人每日按罚款数额的3%加处罚款
税务行政处罚裁量权行使规则	(1)行使税务行政处罚裁量权应当遵循的原则 ①合法原则 ②合理原则 ③公平公正原则 ④公开原则 ⑤程序正当原则 ⑥信赖保护原则 ⑦处罚与教育相结合原则 (2)行政处罚裁量规则适用 ①税务机关应当责令当事人改正或者限期改正违法行为的，除法律、法规、规章另有规定外，责令限期改正的期限一般不超过三十日 ②对当事人的同一个税收违法行为不得给予两次以上罚款的行政处罚。当事人同一个税收违法行为违反不同行政处罚规定且均应处以罚款的，应当选择适用处罚较重的条款 ③当事人有下列情形之一的，不予行政处罚： a. 违法行为轻微并及时纠正，没有造成危害后果的 b. 不满十四周岁的人有违法行为的 c. 精神病人在不能辨认或者不能控制自己行为时有违法行为的 d. 其他法律规定不予行政处罚的

续表

要点	内容
税务行政处罚裁量权行使规则	④当事人有下列情形之一的，应当依法从轻或者减轻行政处罚： a. 主动消除或者减轻违法行为危害后果的 b. 受他人胁迫有违法行为的 c. 配合税务机关查处违法行为有立功表现的 d. 其他依法应当从轻或者减轻行政处罚的 (3)违反税收法律、行政法规应当给予行政处罚的行为在五年内未被发现的，不再给予行政处罚 (4)税务机关对公民作出2 000元以上罚款或者对法人或者其他组织作出1万元以上罚款的行政处罚决定之前，应当告知当事人有要求举行听证的权利；当事人要求听证的，税务机关应当组织听证

考点二　税务行政复议★★

扫我解疑难

经典例题

【例题1·单选题】(2019年)下列可以作为税务行政复议申请人的是(　)。

A. 有权申请行政复议的股份制企业，其股东代表大会

B. 有权申请行政复议的公民下落不明的，其近亲属

C. 有权申请行政复议的公民为限制行为能力人，其法定代理人

D. 有权申请行政复议的法人发生终止的，该法人的法定代表人

【答案】C

【解析】有权申请行政复议的公民为无行为能力人或者限制行为能力人，其法定代理人可以代理申请行政复议。

【例题2·单选题】(2018年)税务行政复议期间发生的下列情形中，应当终止行政复议的是(　)。

A. 作为申请人的公民死亡且没有近亲属

B. 案件涉及法律适用问题，需要有权机关做出解释

C. 作为申请人的公民下落不明

D. 作为申请人的法人终止且尚未确定权利义务承受人

【答案】A

【解析】行政复议期间，有下列情形之一的，行政复议终止：

(1)申请人要求撤回行政复议申请，行政复议机构准予撤回的。

(2)作为申请人的公民死亡，没有近亲属，或者其近亲属放弃行政复议权利的。

(3)作为申请人的法人或者其他组织终止，其权利义务的承受人放弃行政复议权利的。

(4)申请人与被申请人依照规定，经行政复议机构准许达成和解的。

(5)行政复议申请受理以后，发现其他行政复议机关已经先于本机关受理，或者人民法院已经受理的。

(6)发生行政复议中止前三项情形，满60日行政复议中止的原因未消除的。

【例题3·单选题】(2017年)纳税人对税务机关作出的下列行政行为不服时，应当先向行政复议机关申请复议后，才可以向人民法院提起行政诉讼的是(　)。

A. 加收滞纳金

B. 税收保全措施

C. 处以税款50%的罚款

D. 强制执行措施

【答案】A

【解析】对具体征税行为不服时，先复议再诉讼。征税行为包括确认纳税主体、征税对象、征税范围、加收滞纳金、计税依据等。

【例题4·单选题】(2015年)税务机关作出的下列行政行为，纳税人不服时可以申请行政复议也可以直接向人民法院提起行政诉讼的

是（ ）。

A. 罚款

B. 加收滞纳金

C. 确认征收范围

D. 确认抵扣税款

【答案】A

【解析】选项A，属于税务行政处罚行为，纳税人对税务机关作出的税务行政处罚行为不服的，可以申请行政复议也可以直接向人民法院提起行政诉讼；选项B、C、D，属于征税行为，纳税人对税务机关作出的征税行为不服的必须先申请行政复议。

【例题5·多选题】（2019年）纳税人对税务机关作出下列行政不服的，可申请行政复议，也可以直接向法院提起行政诉讼的有（ ）。

A. 收缴发票行为

B. 暂停免税办理

C. 没收违法所得

D. 阻止出入境行为

【答案】ACD

【解析】申请人对"征税行为"的行为不服的，应当先向行政复议机关申请行政复议；对行政复议决定不服的，可以向人民法院提起行政诉讼。其中，选项B，属于征税行为。

【例题6·多选题】（2018年）对下列事项进行行政复议时，申请人和被申请人在行政复议机关作出行政复议决定前可以达成和解的有（ ）。

A. 行政赔偿　　B. 行政奖励

C. 行政处罚　　D. 核定税额

【答案】ABCD

【解析】对下列行政复议事项，按照自愿、合法的原则，申请人和被申请人在行政复议机关作出行政复议决定以前可以达成和解，行政复议机关也可以调解：

(1)行使自由裁量权作出的具体行政行为，如行政处罚、核定税额、确定应税所得率等。

(2)行政赔偿。

(3)行政奖励。

(4)存在其他合理性问题的具体行政行为。

考点精析

税务行政复议是指当事人（纳税人、扣缴义务人、纳税担保人及其他税务当事人）不服税务机关及其工作人员作出的税务具体行政行为，依法向上一级税务机关（复议机关）提出申请，复议机关经审理对原税务机关具体行政行为依法作出维持、变更、撤销等决定的活动。

（一）税务行政复议的受案范围

税务行政复议的受案范围见表14-2。

表14-2　税务行政复议的受案范围

内容	具体项目
税务机关作出的征税行为	确认纳税主体、征税对象、征税范围、减税、免税、退税、抵扣税款、适用税率、计税依据、纳税环节、纳税地点以及税款征收方式等具体行政行为和征收税款、加收滞纳金及扣缴义务人、受税务机关委托的单位和个人作出的代扣代缴、代收代缴行为等
行政许可、行政审批行为	—
发票管理行为	发售、收缴、代开发票等
税务机关作出的税收保全措施	书面通知银行或者其他金融机构冻结金额相当于应纳税款的存款；扣押、查封商品、货物或其他财产
税务机关作出的税收强制执行措施	书面通知银行或者其他金融机构从其存款中扣缴税款；扣押、查封、依法拍卖或变卖商品、货物或其他财产
行政处罚行为	①罚款；②没收财物违法所得；③停止出口退税权

续表

内容	具体项目
不依法履行规定职责的行为	①颁发税务登记；②开具、出具完税凭证、外出经营活动税收管理证明；③行政赔偿；④行政奖励；⑤其他不依法履行职责的行为
资格认定行为	—
不依法确认纳税担保行为	—
政府信息公开工作中的具体行政行为	—
纳税信用等级评定行为	—
通知出入境管理机关阻止出境行为	—

【知识点拨1】纳税人认为税务机关的具体行政行为所依据的规定不合法，对具体行政行为申请行政复议时，可以一并向行政复议机关提出对有关规定的审查申请。

上述的规定不包括规章。

【知识点拨2】税总发〔2017〕103号《国家税务总局关于创新跨区域涉税事项报验管理制度的通知》中规定，将“外出经营活动税收管理”更名为“跨区域涉税事项报验管理”。

（二）税务行政复议的管辖

我国税务行政复议管辖的基本制度原则上是实行由上一级税务机关管辖的一级复议制度。

1. 一般管辖

（1）对各级税务局的具体行政行为不服的，向其上一级税务局申请行政复议。

（2）对计划单列市税务局的具体行政行为不服的，向国家税务总局申请行政复议。

（3）对税务所（分局）、各级税务局的稽查局的具体行政行为不服的，向其所属税务局申请行政复议。

（4）对国家税务总局的具体行政行为不服的，向国家税务总局申请行政复议。

【知识点拨】对行政复议决定不服，申请人可以向人民法院提起行政诉讼，也可以向国务院申请裁决。国务院的裁决为最终裁决。

2. 特殊管辖

（1）对两个以上税务机关以共同的名义做出的具体行政行为不服的，向其共同上一级税务机关申请行政复议；对税务机关与其他行政机关以共同的名义做出的具体行政行为不服的，向其共同上一级行政机关申请行政复议。

（2）对被撤销的税务机关在撤销以前所做出的具体行政行为不服的，向继续行使其职权的税务机关的上一级税务机关申请行政复议。

（3）对税务机关做出逾期不缴纳罚款加处罚款的决定不服的，向做出行政处罚决定的税务机关申请行政复议；对已处罚款和加处罚款都不服的，一并向做出行政处罚决定的税务机关的上一级税务机关申请行政复议。（先缴纳罚款和加处罚款，再申请行政复议）

【知识点拨】申请人向具体行政行为发生地的县级地方人民政府提交行政复议申请的，由接受申请的县级地方人民政府依法予以转送。

（三）税务行政复议申请

税务行政复议申请见表14-3。

表14-3 税务行政复议申请

项目	要点	提示
时间	申请人可以在知道税务机关做出具体行政行为之日起60日内提出行政复议申请	因不可抗力或者被申请人设置障碍等原因耽误法定申请期限的，申请期限的计算应当扣除被耽误时间

续表

项目	要点	提示
两种申请	必经复议：税务行政复议的申请人对“征税行为”不服的，应当先向行政复议机关申请行政复议；对行政复议决定不服，可以再向人民法院提起行政诉讼	征税行为包括：确认纳税主体、征税对象、征税范围、减税、免税及退税、适用税率、计税依据、纳税环节、纳税地点以及税款征收方式等具体行政行为和征收税款、加收滞纳金及扣缴义务人、受税务机关委托征收的单位作出的代扣代缴、代收代缴行为等
	选择复议：税务行政复议的申请人对“征税行为”以外的其他具体行政行为不服，可以申请行政复议，也可以直接向人民法院提起行政诉讼。如选择复议程序，对复议决定仍不服的，可以向人民法院起诉	申请人对税务机关做出逾期不缴纳罚款加处罚款的决定不服的，应当先缴纳罚款和加处罚款，再申请行政复议

（四）税务行政复议受理

（1）纳税人对税务机关作出的征税行为不服，申请人可以在知道税务机关作出具体行政行为之日起60日内提出行政复议申请。行政复议机关决定不予受理或者受理以后超过行政复议期限不作答复的，申请人可以自收到不予受理决定书之日起或者行政复议期满之日起15日内，依法向人民法院提起行政诉讼。

（2）行政复议期间具体行政行为不停止执行。但是有下列情形之一的，可以停止执行：

①被申请人认为需要停止执行的。

②行政复议机关认为需要停止执行的。

③申请人申请停止执行，行政复议机关认为其要求合理，决定停止执行的。

④法律规定停止执行的。

（五）税务行政复议证据

下列证据材料不得作为行政复议的定案依据：

（1）违反法定程序收集的证据材料。

（2）以偷拍、偷录、窃听等手段获取侵害他人合法权益的证据材料。

（3）以利诱、欺诈、胁迫、暴力等不正当手段获取的证据材料。

（4）当事人无正当事由超出举证期限提供的证据材料。

（5）当事人无正当理由拒不提供原件、原物，又无其他证据印证，且对方当事人不予认可的证据的复制件或者复制品。

（6）无法辨明真伪的证据材料。

（7）不能正确表达意志的证人提供的证言。

（8）不具备合法性和真实性的其他证据材料。

（六）税务行政复议审查与决定

（1）行政复议期间，有下列情形之一的，行政复议中止：

①作为申请人的公民死亡，其近亲属尚未确定是否参加行政复议的。

②作为申请人的公民丧失参加行政复议的能力，尚未确定法定代理人参加行政复议的。

③作为申请人的法人或者其他组织终止，尚未确定权利义务承受人的。

④作为申请人的公民下落不明或者被宣告失踪的。

⑤申请人、被申请人因不可抗力，不能参加行政复议的。

⑥行政复议机关因不可抗力原因暂时不能履行工作职责的。

⑦案件涉及法律适用问题，需要有权机关作出解释或者确认的。

⑧案件审理需要以其他案件的审理结果为依据，而其他案件尚未审结的。

⑨其他需要中止行政复议的情形。

（2）行政复议期间，有下列情形之一的，

行政复议终止：

①申请人要求撤回行政复议申请，行政复议机构准予撤回的。

②作为申请人的公民死亡，没有近亲属，或者其近亲属放弃行政复议权利的。

③作为申请人的法人或者其他组织终止，其权利义务的承受人放弃行政复议权利的。

④申请人与被申请人依照《税务行政复议规则》第八十七条的规定，经行政复议机构准许达成和解的。

⑤行政复议申请受理以后，发现其他行政复议机关已经先于本机关受理，或者人民法院已经受理的。

依照上述前三项规定中止行政复议，满60日行政复议中止的原因未消除的，行政复议终止。

（七）税务行政复议和解与调解

对下列行政复议事项，按照自愿、合法的原则，申请人和被申请人在行政复议机关作出行政复议决定以前可以达成和解，行政复议机关也可以调解：

（1）行使自由裁量权作出的具体行政行为，如行政处罚、核定税额、确定应税所得率等。

（2）行政赔偿。

（3）行政奖励。

（4）存在其他合理性问题的具体行政行为。

【知识点拨】经行政复议机构准许和解终止行政复议的，申请人不得以同一事实和理由再次申请行政复议。

考点三 税务行政诉讼★★

扫我解疑难

经典例题

【例题1·多选题】（2015年）税务行政诉讼的原则有（ ）。

A. 合法性审查原则

B. 不适用调解原则

C. 由税务机关负责赔偿原则

D. 纳税人负举证责任原则

【答案】ABC

【解析】税务行政诉讼的原则包括：（1）人民法院特定主管原则；（2）合法性审查原则；（3）不适用调解原则；（4）起诉不停止执行原则；（5）税务机关负举证责任原则；（6）由税务机关负责赔偿原则。

【例题2·多选题】（2012年）下列各项中，属于税务管理相对人在提起税务行政诉讼时必须同时符合的条件有（ ）。

A. 有明确的被告

B. 有具体的诉讼请求和事实、法律依据

C. 属于人民法院的受案范围和受诉人民法院管辖

D. 原告是认为具体税务行为侵犯其合法权益的公民、法人或者其他组织

【答案】ABCD

【解析】纳税人、扣缴义务人等税务管理相对人在提起税务行政诉讼时，必须符合下列条件：

（1）原告是认为具体税务行为侵犯其合法权益的公民、法人或者其他组织。

（2）有明确的被告。

（3）有具体的诉讼请求和事实、法律根据。

（4）属于人民法院的受案范围和受诉人民法院管辖。

考点精析

税务行政诉讼是指公民、法人和其他组织认为税务机关及其工作人员的具体税务行政行为违法或不当，侵犯了其合法权益，依法向人民法院提起行政诉讼，由人民法院对具体税务行政行为的合法性和适当性进行审理并作出裁决的司法活动。

（一）税务行政诉讼的原则

（1）人民法院特定主管原则。

（2）合法性审查原则。

（3）不适用调解原则。

(4)起诉不停止执行原则。

(5)税务机关负举证责任原则。

(6)由税务机关负责赔偿的原则。

(二)税务行政诉讼的受案范围

基本上与税务行政复议的受案范围一致。有所不同的是税务当事人不服税务机关行政复议决定的税务案件，在税务行政诉讼的受案范围内，具体包括：一是复议机关改变了原具体行政行为；二是期限届满，税务机关不予答复。

(三)税务行政诉讼的判决

包括维持判决、撤销判决、履行判决、判决。

阶段性测试

1.【单选题】下列税务行政处罚情形中，当事人可以在税务机关作出税务行政处罚决定之前要求听证的是(　)。

A. 某公司被处以 5 000 元罚款

B. 某中国公民被处以 500 元罚款

C. 某合伙企业被处以 1 500 元罚款

D. 某非营利组织被处以 15 000 元罚款

2.【单选题】税务行政规章对非经营活动中的违法行为设定罚款不得超过(　)元；对经营活动中的违法行为，有违法所得的，设定罚款不得超过违法所得的 3 倍，且最高不得超过(　)万元，没有违法所得的，设定罚款不得超过(　)万元。

A. 1 000；1；1　　B. 1 000；2；1.5

C. 1 000；3；1　　D. 5 000；3；1

3.【单选题】关于税务行政处罚，下列表述不正确的是(　)。

A. 对公民和组织实施税务行政处罚必须有法定依据，无明文规定不得处罚

B. 税务行政处罚必须由法定的国家机关在其职权范围内设定

C. 税务行政规章对非经营活动中的违法行为设定罚款不得超过 1 000 元

D. 国家税务总局可以针对纳税人的违法行为设定各种税务行政处罚

4.【单选题】某企业对县税务局的征税行为不服，在缴纳税款之后，欲申请行政复议。根据有关法律、法规的规定，有管辖权的行政复议机关是(　)。

A. 县人民政府　　B. 县税务局

C. 市人民政府　　D. 市税务局

5.【多选题】下列关于税务行政复议和解与调解的表述中，正确的有(　)。

A. 申请人和被申请人达成和解的，应当向行政复议机构提交书面和解协议

B. 经行政复议机构准许和解终止行政复议的，申请人可以以同一事实和理由再次申请行政复议

C. 行政复议调解书经双方当事人签字，即具有法律效力

D. 调解未达成协议，或者行政复议调解书不生效的，行政复议机关应当及时作出行政复议决定

6.【多选题】税务行政诉讼的受案范围包括(　)。

A. 税务机关作出的罚款行为

B. 税务机关作出的复议行为

C. 税务机关作出的税收保全措施

D. 税务机关作出的税收强制执行措施

阶段性测试答案精析

1. D 【解析】税务行政处罚听证的范围是对公民作出 2 000 元以上，或者对法人或其他组织作出 1 万元以上罚款的案件。

2. C 【解析】税务行政规章对非经营活动中的违法行为设定罚款不得超过 1 000 元；对经营活动中的违法行为，有违法所得的，设定罚款不得超过违法所得的 3 倍，且最高不得超过 3 万元，没有违法所得的，设定罚款不得超过 1 万元。

3. D 【解析】全国人民代表大会及其常务委员会可以通过法律的形式设定各种税务行政处罚，国家税务总局可以通过规章的形式设定警告和罚款。

4. D 【解析】对各级税务局的具体行政行为

不服的，向其上一级税务局申请行政复议。

5. ACD 【解析】经行政复议机构准许和解终止行政复议的，申请人不得以同一事实和理由再次申请行政复议。

6. ABCD 【解析】税务行政诉讼的受案范围共8项，除上述4项外，还包括税务机关作出的征税行为、责令纳税人提交纳税保证金(或提供担保)行为、阻止出境行为、认为符合法定条件申请税务机关颁发税务登记证和发售发票，税务机关拒绝颁发、发售或不予答复的行为。

本章综合练习 限时30分钟

一、单项选择题

1. 下列关于税务行政处罚权的表述中，正确的是(　)。

A. 省税务局可以通过规范性文件的形式设定警告

B. 国家税务总局可以通过规章的形式设定一定限额的罚款

C. 省以下税务局的稽查局不具有税务行政处罚主体资格

D. 作为税务机关派出机构的税务所不具有税务行政处罚主体资格

2. 税务行政处罚听证的范围是对公民作出(　)或者对法人或其他组织作出(　)罚款的案件。

A. 1 000元以上；10 000元以上

B. 2 000元以上；10 000元以上

C. 1 000元以上；20 000元以上

D. 2 000元以上；50 000元以上

3. 某国有企业因有违反《税收征收管理法》的行为，被税务机关处以8 000元的罚款。假定该企业收到税务行政处罚决定书的时间为2019年3月1日，则该企业2019年4月5日缴纳罚款时的总金额是(　)元。

A. 8 000　　B. 9 200

C. 13 040　　D. 16 640

4. 在税务行政复议范围中，下列属于税务机关作出的征税行为的是(　)。

A. 税务机关拒绝颁发税务登记证、发售发票

B. 税务机关委托扣缴义务人作出的代扣、代收税款行为

C. 税务机关作出的税收保全措施

D. 税务机关审批出口退税

5. 下列税务行政复议受理案件中，必须经复议程序的是(　)。

A. 因税务机关作出行政处罚引起争议的案件

B. 因不予代开发票引起争议的案件

C. 因停止出口退税权引起争议的案件

D. 因对加收滞纳金不服引起的争议案件

6. 甲市乙县税务局丙镇税务所在执法时给予本镇纳税人赵某1 500元罚款的行政处罚，赵某不服，向行政复议机关申请行政复议，则被申请人是(　)。

A. 甲市税务局　　B. 乙县税务局

C. 丙镇税务所　　D. 乙县人民政府

7. 申请人逾期不起诉又不履行行政复议决定的，或者不履行最终裁决的行政复议决定的，以下说法中正确的是(　)。

A. 对于维持具体行政行为的行政复议决定，由作出具体行政行为的行政机关或人民法院依法强制执行

B. 对于维持具体行政行为的行政复议决定，由复议机关依法强制执行

C. 对于变更具体行政行为的行政复议决定，由复议机关依法强制执行，但是不得申请人民法院强制执行

D. 对于变更具体行政行为的行政复议决定，由作出具体行政行为的行政机关强制执行，也可以申请人民法院强制执行

8. 下列关于税务行政复议听证的说法正确的是(　)。

A. 除涉及国家秘密、商业秘密的案件外，听证都应当公开举行

B. 行政复议听证人员不得少于2人

C. 行政复议听证笔录是行政复议机构审理案件的唯一依据

D. 申请人、被申请人和第三人都应当参加听证，否则听证不得举行

9. 根据《税务行政复议规则》，下列事项中，不可以适用调解的是(　)。

A. 确定应税所得率

B. 税务机关办事流程

C. 行政奖励

D. 行政赔偿

10. 根据《税收征收管理法》及其他相关规定，对税务机关的征税行为提起诉讼，必须先经过复议，对复议决定不服的，可以在接到复议决定书之日起的一定时限内向人民法院起诉。下列各项中，符合上述时限规定的是(　)日。

A. 15　　B. 30

C. 60　　D. 90

11. 税务行政诉讼中，税务机关享有的权利是(　)。

A. 起诉权　　B. 反诉权

C. 应诉权　　D. 撤诉权

二、多项选择题

1. 国家税务总局制定的税务行政处罚规章中对非经营活动和经营活动中的违法行为设定的处罚包括(　)。

A. 非经营活动违法行为设定罚款不得超过1 000元

B. 非经营活动违法行为设定罚款不得超过10 000元

C. 经营活动有违法所得的，设定罚款不得超过违法所得的3倍，且最高不得超过30 000元

D. 经营活动没有违法所得的，设定罚款不得超过1 000元

2. 下列关于税务行政处罚权力清单相关规定的表述，正确的有(　)。

A. 纳税人未按照规定安装、使用税控装置，或者损毁或者擅自改动税控装置的，税务机关责令其限期改正，情节严重的，处2 000元以上1万元以下的罚款

B. 非法印制、转借、倒卖、变造或者伪造完税凭证的，税务机关责令其改正，处2 000元以上1万元以下的罚款

C. 纳税人逃避、拒绝或者以其他方式阻挠税务机关检查的，税务机关责令其改正，可以处2 000元以下的罚款

D. 扣缴义务人的开户银行或者其他金融机构拒绝接受税务机关依法检查扣缴义务人存款账户的，税务机关处10万元以上50万元以下的罚款，对直接负责的主管人员和其他直接责任人员处1 000元以上1万元以下的罚款

3. 下列各项中，属于税务行政处罚权力清单的有(　)。

A. 对纳税人未按规定安装使用税控装置的处罚权力

B. 对纳税人未按规定开具增值税专用发票的处罚权力

C. 对纳税人未按规定期限办理纳税申报和报送纳税资料的处罚权力

D. 对纳税人拒绝或者以其他方式阻挠税务机关检查的处罚权力

4. 当事人有下列情形之一的，不予行政处罚(　)。

A. 违法行为轻微并及时纠正，没有造成危害后果的

B. 受他人胁迫有违法行为的

C. 精神病人在不能辨认或者不能控制自己行为时有违法行为的

D. 不满十四周岁的人有违法行为的

5. 税务机关实施的下列具体行政行为中，属于行政复议受案范围的有(　)。

A. 代开发票

B. 税收保全措施

C. 纳税信用等级评定

D. 行政许可行为

6. 纳税人对税务机关作出的下列( )行为不服，可申请复议或直接诉讼。

A. 不予核准延期纳税

B. 确认纳税主体

C. 确认征税范围

D. 未及时解除税收保全而使纳税人合法权益遭受损失

7. 下列各项中，符合税务行政复议管辖要求的有( )。

A. 对两个以上税务机关共同做出的具体行政行为不服的，向其共同上一级税务机关申请行政复议

B. 对税务机关与其他机关共同作出的具体行政行为不服，向其上一级税务机关申请复议

C. 对税务机关做出逾期不缴纳罚款加处罚款的决定不服的，向做出行政处罚决定的税务机关申请行政复议

D. 对国家税务总局作出的具体行政行为不服的，应向国务院申请复议

8. 下列税务行政诉讼范围中，必须先经过税务行政复议程序的有( )。

A. 税务机关作出的税收保全措施

B. 税务机关作出的加收滞纳金决定

C. 税务机关作出的征税决定

D. 税务机关作出的税收强制执行措施

9. 下列关于税务行政复议的正确说法有( )。

A. 税务行政复议一般实行由上一级税务机关管辖的一级复议制度

B. 行政复议决定书一经送达即发生法律效力

C. 复议机关受理行政复议申请，可以按标准收取费用

D. 申请税务行政复议只能采用书面形式，不得采用口头形式

10. 下列各项中，税务行政复议是税务行政诉讼必经前置程序的有( )。

A. 税务机关书面通知银行从其存款中扣缴税款

B. 税务机关不依法确认纳税担保行为

C. 因税务机关适用法律错误，致使纳税人少缴税款，税务机关要求补缴两年前税款引起的争议

D. 因纳税中介机构计算错误，致使纳税人少缴税款，税务机关要求补缴三年前的税款引起的税务争议

11. 税务行政复议期间发生的下列情形中，可导致行政复议中止的有( )。

A. 作为申请人的公民死亡，其近亲属尚未确定是否参加行政复议的

B. 作为申请人的法人或者其他组织终止，尚未确定权利义务承受人的

C. 作为申请人的公民死亡，没有近亲属，或者其近亲属放弃行政复议权利的

D. 作为申请人的法人或者其他组织终止，其权利义务的承受人放弃行政复议权利的

12. 某县一加工企业因账簿不全，县主管税务局对其核定征收企业所得税，企业认为核定数额过高，在双方协商无果的情况下，企业准备请求法律救济。下列关于企业的做法错误的有( )。

A. 加工企业可以直接向人民法院提起行政诉讼

B. 加工企业可以向该县人民政府提起行政复议

C. 加工企业应在复议决定作出后及时缴纳税款

D. 加工企业和县主管税务局可以在复议决定作出前达成和解

13. 纳税人和其他税务当事人对侵犯其合法权益的特定税务行政行为，可以依法向人民法院提起行政诉讼。下列属于法定行政诉讼受案范围的有( )。

A. 税务机关通知银行冻结其存款的行为

B. 税务机关逾期未对其复议申请作出答复的行为

C. 税务机关对其所缴纳的税款没有上缴

国库的行为

D. 税务机关作出的行政处罚行为

14. 税务机关作出具体行政行为时，未告知当事人诉权和起诉期限，致使当事人起诉逾期，当事人可从(　)时间算起2年内行使起诉权。

A. 实际知道起诉期限

B. 知道或者应当知道权利被侵害时

C. 权利被侵害时

D. 实际知道诉权

本章综合练习参考答案及详细解析

一、单项选择题

1. B 【解析】国家税务总局可以通过规章的形式设定警告和罚款。

2. B 【解析】对公民作出2 000元以上或对法人或其他组织作出10 000元以上罚款的案件，经申请可进行税务行政听证。

3. C 【解析】税务机关对当事人作出罚款行政处罚决定的，当事人应当在收到行政处罚决定书之日起15日内缴纳罚款，到期不缴纳的，税务机关可以对当事人每日按罚款数额的3%加处罚款。

该企业在2019年4月5日缴纳罚款时的总金额=(16+5)×8 000×3%+8 000=13 040(元)

4. B 【解析】根据新的《税务行政复议规则》，税务机关作出的审批出口退税，不属于征税行为，本题中只有选项B属于征税行为。

5. D 【解析】对税务机关作出的征税行为不服，必须先经税务行政复议，对复议结果不服，才能提起税务行政诉讼；选项A、B、C中的争议，当事人可以选择行政复议或诉讼程序。

6. C 【解析】税务所作为税务局的派出机构，经法律、法规授权，有一定的税务行政处罚权(2 000元以内罚款的处罚权)。只要满足两个条件，税务所就可以成为税务行政复议的被申请人：一是法律、法规对税务所有授权；二是税务所以自己的名义作出具体行政行为。

7. A 【解析】对于变更具体行政行为的行政复议决定，由复议机关依法强制执行，或者申请人民法院强制执行。

8. B 【解析】选项A，涉及国家秘密、商业秘密和个人隐私的案件不公开进行听证；选项C，行政复议听证笔录是作出行政复议决定的证据之一；选项D，第三人不参加听证，不影响听证的举行。

9. B 【解析】对下列税务行政复议事项，依照自愿、合法的原则，申请人和被申请人在行政复议机关作出行政复议决定以前可以达成和解，税务行政复议机关也可以调解：行使自由裁量权作出的税务具体行政行为，如行政处罚、核定税额、确定应税所得率等；行政赔偿；行政奖励；存在其他合理性问题的具体行政行为。

10. A 【解析】根据《税收征收管理法》第八十八条及其他相关规定，对税务机关的征税行为提起诉讼，必须先经过复议；对复议决定不服的，可以在接到复议决定书之日起15日内向人民法院起诉。

11. C 【解析】在税务行政诉讼等行政诉讼中，起诉权是单向性的权利，税务机关不享有起诉权，只有应诉权，即税务机关只能作为被告；与民事诉讼不同，作为被告的税务机关不能反诉。

二、多项选择题

1. AC 【解析】非经营活动中违法行为设定罚款不得超过1 000元；对经营活动中的违法行为，无违法所得的罚款不得超过10 000元。

2. ABD 【解析】纳税人、扣缴义务人逃避、拒绝或者以其他方式阻挠税务机关检查，税务机关责令其改正，可以处 1 万元以下的罚款；情节严重的，处 1 万元以上 5 万元以下的罚款。

3. ACD 【解析】税务行政处罚权力清单，共包括 3 类 8 项处罚权力事项，没有对纳税人未按规定开具增值税专用发票的处罚权力。

4. ACD 【解析】受他人胁迫有违法行为属于应当依法从轻或者减轻行政处罚的情形。

5. ABCD 【解析】上述选项均属于行政复议受案范围。

6. AD 【解析】纳税人对税务机关作出的征税行为必须先经复议，对复议决定不服的，才可提起税务行政诉讼。

7. AC 【解析】选项 B，对税务机关与其他机关共同作出的具体行政行为不服，向其共同上一级行政机关申请复议；选项 D，对国家税务总局作出的具体行政行为不服的，应向国家税务总局申请复议，对行政复议决定不服的，可以向国务院申请裁决。

8. BC 【解析】纳税人对税务机关作出的征收税款、加收滞纳金决定不服，必须先经过税务行政复议程序，对复议决定不服的，才可以提起税务行政诉讼。

9. AB 【解析】选项 C，复议机关受理行政复议申请，不得向申请人收取任何费用；选项 D，申请税务行政复议时，既可以是书面形式申请，也可以是口头形式申请。

10. CD 【解析】当事人不服税务机关的征税行为，必须先向原处理机关的上一级税务机关申请行政复议，对行政复议决定仍不服的，才可以向法院提起行政诉讼，此时税务行政复议是税务行政诉讼的必经前置程序。本题中选项 C、D 均属于征税行为。

11. AB 【解析】行政复议期间，有下列情形之一的，行政复议中止：①作为申请人的公民死亡，其近亲属尚未确定是否参加行政复议的；②作为申请人的公民丧失参加行政复议的能力，尚未确定法定代理人参加行政复议的；③作为申请人的法人或者其他组织终止，尚未确定权利义务承受人的；④作为申请人的公民下落不明或者被宣告失踪的；⑤申请人、被申请人因不可抗力，不能参加行政复议的；⑥行政复议机关因不可抗力原因暂时不能履行工作职责的；⑦案件涉及法律适用问题，需要有权机关作出解释或者确认的；⑧案件审理需要以其他案件的审理结果为依据，而其他案件尚未审结的；⑨其他需要中止行政复议的情形。行政复议中止的原因消除以后，应当及时恢复行政复议案件的审理。行政复议机构中止、恢复行政复议案件的审理，应当告知申请人、被申请人、第三人。

12. ABC 【解析】选项 A，核定税额属于征税问题，解决争议必经复议；选项 B，应向上一级税务局申请行政复议；选项 C，必须先依法缴纳税款，才能申请行政复议；选项 D，核定税额也属于行使自由裁量权的具体行政行为，申请人和被申请人在行政复议机关做出行政复议决定以前可以达成和解，行政复议机关也可以调解。

13. ABD 【解析】选项 C，税务机关对其所缴纳的税款没有上缴国库的行为，并没有侵犯纳税人和其他税务当事人的利益，不是税务行政诉讼受案范围。

14. AD 【解析】税务机关作出具体行政行为时，未告知当事人诉权和起诉期限，致使当事人起诉逾期，当事人可从实际知道诉权或起诉期限时算起 2 年内行使起诉权。

第三部分

跨章节主观题突破

JINGDIAN TIJIE

智慧启航

没有加倍的勤奋，就既没有才能，也没有天才。

——门捷列夫

跨章节主观题

扫我做试题

1. 本题涉及增值税、消费税纳税人与负税人——考题计算问答题(改编)。

张女士为A市某大型商场(含超市)财务管理人员，她2019年9月份从商场购买了下列商品：

(1)高档化妆品一盒，支出400元。

(2)白酒1 000克，支出640元。

(3)食品支出790元，其中：橄榄油2 500克，支出280元；淀粉1 000克，支出10元；新鲜蔬菜40千克，支出500元。

同时她对部分商品的供货渠道和价格进行了追溯，主要数据如下表：

项目	高档化妆品	白酒	橄榄油	淀粉	新鲜蔬菜
供货商	B市化妆品厂	B市白酒厂	A市外贸公司	A市调料厂	A市蔬菜公司
供货方式	自产自销	自产自销	进口销售	自产自销	外购批发
不含增值税供货价	300元/盒	260元/500克	50元/500克	3元/500克	5元/500克

(其他相关资料：高档化妆品的消费税税率为15%，白酒消费税税率20%加0.5元/500克)

要求：根据上述资料，按照下列序号计算回答问题，每问需计算出合计数。

(1)计算商场销售给张女士高档化妆品的增值税销项税额。

(2)计算商场销售给张女士白酒的增值税销项税额。

(3)计算商场销售给张女士食品的增值税销项税额。

(4)计算张女士购买高档化妆品支出中包含的消费税税额，并确定消费税的纳税人和纳税地点。

(5)计算张女士购买白酒支出中包含的消费税税额，并确定消费税的纳税人和纳税地点。

2. 本题涉及增值税、消费税、城建税、教育费附加及地方教育附加。

位于县城的某筷子生产企业系增值税一般纳税人，2019年9月份发生以下业务：

(1)委托某商场代销红木工艺筷子5 000套，双方约定，待5 000套全部售出并取得代销清单后，企业再开具增值税专用发票给商场。本月底尚未收到代销清单，但已收到其中3 000套筷子的不含税货款30万元。

(2)将红木工艺筷子4 000套按100元/套的不含税价格赊销给某代理商，双方合同约定，下个月的25日付款，届时再开具增值税专用发票。

(3)将自产红木工艺筷子(价格同上)1 000

关于“扫我做试题”，你需要知道——

亲爱的读者，下载并安装“中华会计网校”APP，扫描对应二维码，即可同步在线做题，交卷后还可查看得分、正确率及答案解析。

套在展销会上作为样品，在展销会结束后无偿赠送给参展的其他客商。

(4)向林业生产者收购一批原木用以生产木制一次性筷子，给林业生产者开具了经主管税务机关批准使用的农产品收购凭证，收购凭证上注明的价款合计为 50 万元，收购款已支付(当月已全部领用生产木制一次性筷子)。该批原木通过铁路运往企业所在地，企业支付运输费，取得增值税专用发票，注明运费 6 万元。

(5)将当月购入的不含税金额为 20 万元的原木(购入时取得一般纳税人开具的增值税专用发票)移送给位于某市市区的一加工企业，委托其加工成木制一次性木筷，本月收回并取得加工方增值税专用发票，注明的加工费及辅料费金额共计 5 万元。

(6)取得销售部门人员交回的注明本单位员工身份信息的国内航空运输电子客票行程单十份，行程单上注明票价 8 000 元、燃油附加费 1 200 元、机场建设费 500 元，合计金额 9 700 元，另支付人身保险费 300 元。

(7)销售本企业 2008 年 2 月份购入已使用的一台设备，取得含税销售额 21 万元。未放弃享受减税优惠。

(说明：木制一次性筷子的消费税税率为 5%；本月取得的合法票据均在本月确认抵扣。)

要求：根据上述资料，按下列序号计算回答问题，每问需计算出合计数。

(1)说明委托其他纳税人代销货物纳税义务发生时间的规定。

(2)针对该企业委托商场代销红木工艺筷子的事项，计算本月的增值税销项税额。

(3)针对该企业向代理商赊销红木工艺筷子的事项，计算本月的增值税销项税额。

(4)计算该企业将展销会样品无偿赠送给参展客商的增值税销项税额。

(5)计算位于某市市区的加工企业应代收代缴的消费税。

(6)计算位于某市市区的加工企业应代收代缴的城市维护建设税、教育费附加及地方教育附加。

(7)计算购入农产品可以抵扣的增值税进项税额。

(8)计入购入旅客运输服务可以抵扣的增值税进项税额。

(9)计算该企业销售使用过的设备应缴纳的增值税。

(10)计算该企业本月应向税务机关申报缴纳增值税。

3. 本题涉及增值税、消费税、城建税、教育费附加及地方教育附加。

位于城市市区的一家电视机生产企业(以下简称甲企业)和一家百货商场(以下简称乙商场)均为增值税一般纳税人。2020 年 2 月份发生以下业务：

(1)甲企业销售给乙商场一批电视机，不含税销售额为 70 万元，采用托收承付方式结算，货物已经发出，托收手续已经办妥，但尚未给乙商场开具增值税专用发票。甲企业支付不含税运费 4 万元并取得增值税专用发票。

(2)因乙商场 2019 年 12 月份从甲企业购进一批电视机，货款为 10 万元、增值税 1.3 万元尚未支付，经双方协商同意，本月乙商场以一批金银首饰抵偿此笔债务并由乙商场开具增值税专用发票，乙商场该批金银首饰的成本为 8 万元，若按同类商品的平均价格计算，该批首饰的不含税价格为 10 万元；若按同类商品最高销售价格计算，该批首饰的不含税价格为 11 万元。

(3)甲企业本月依据乙商场上年销售电视机的销售额按 1% 的比例返还现金 5.65 万元，甲企业未开具红字增值税专用发票。乙商场收到返还的现金后，向甲企业开具了增值税普通发票。

(4)甲企业购进一台气缸容量为 2.4 升的小汽车作为办公用车，取得增值税专用发票，支付金额 20 万元、增值税 2.6 万元。

(5)甲企业本月购进原材料取得增值税专用发票，支付金额18万元、增值税2.34万元。

(6)因甲企业管理不善，从乙商场取得的金银首饰被盗40%。

(7)乙商场零售金银首饰取得含税销售额10.17万元，其中包括以旧换新首饰的含税销售额5.65万元。在以旧换新业务中，旧首饰作价的含税金额为3.39万元，乙商场实际收取的含税金额为2.26万元。

(8)乙商场销售粮食、食用植物油、鲜奶取得含税销售额21.8万元，销售家用电器取得含税销售额56.5万元。

(9)乙商场采购商品取得增值税专用发票，注明的增值税额合计为3.5万元。

(说明：有关票据在本月均通过发票综合服务平台确认并申报抵扣；增值税月初留抵税额为0；金银首饰的消费税税率为5%。)

要求：根据上述资料，按下列序号计算回答问题，每问需计算出合计数。

(1)计算甲企业2月份可以抵扣的进项税额。

(2)计算甲企业2月份应缴纳的增值税。

(3)计算甲企业2月份应缴纳的城市维护建设税、教育费附加及地方教育附加。

(4)计算乙商场2月份以金银首饰抵偿债务应缴纳的消费税。

(5)计算乙商场2月份以金银首饰抵偿债务的增值税销项税额。

(6)计算乙商场2月份零售金银首饰应缴纳的消费税。

(7)计算乙商场2月份零售金银首饰的增值税销项税额。

(8)计算乙商场2月份应缴纳的增值税，并说明乙商场收到返还的现金是否可开具增值税专用发票。

(9)计算乙商场2月份应缴纳的城市维护建设税、教育费附加及地方教育附加。

4. 本题涉及增值税及税收征收管理。

某机械公司为增值税一般纳税人，主要生产各种电动工具。2019年7月10日该公司申报缴纳6月份增值税税款100万元。7月底，税务机关对该公司6月份增值税计算缴纳情况进行专项检查，有关检查情况如下：

(1)6月2日收到代销公司代销部分电动工具的代销清单及货款9万元，随即按照与代销公司结算价20万元开具了增值税专用发票。企业会计处理为：

借：银行存款——代销款　　90 000

　　贷：预收账款——代销款　　79 646.02

　　　　应交税费——应交增值税(销项税额)　　10 353.98

(2)6月6日，一批上月外购钢材因管理不善被盗，增值税专用发票确认的成本为40万元，增值税税额为5.2万元。在查明原因之前，该公司将40万元作为待处理财产损溢入账。

(3)6月10日，处理一批下脚料，将取得的含增值税销售额3.39万元全部确认为其他业务收入。

(4)6月15日，购进低值易耗品一批，取得一般纳税人承运公司开具的增值税专用发票上注明的运费金额为1万元。该公司抵扣的进项税额为0.13万元。

(5)6月25日，销售电动工具一批，另外向购货方收取包装物租金2.26万元。该公司将该项价外费用全部计入了营业外收入。

根据以上情况，税务机关依法责令该公司限期补缴少缴的增值税税款、加收滞纳金，并处少缴税款1.5倍的罚款。该公司于2019年8月8日缴纳增值税税款、滞纳金(滞纳天数为24天)和罚款。不考虑其他税收因素。

要求：根据上述资料，按下列序号计算有关纳税事项，每问需计算出合计数。

(1)指出该公司上述(1)至(5)项业务的增值税处理是否正确，并说明理由。

(2)计算该公司应补缴的增值税税款，列出计算过程。

(3)计算该公司应缴纳的滞纳金和罚款数额，列出计算过程。

(4)依据《税收征收管理法》的有关规定，指出该公司所应承担的法律责任。

5. 本题涉及关税、消费税、增值税、城建税、教育费附加。

某市大型商贸公司为增值税一般纳税人，兼营商品加工、批发、零售和进出口业务，2019 年 10 月相关经营业务如下：

(1)进口高档化妆品一批，支付国外的买价 220 万元、购货佣金 6 万元、国外的经纪费 4 万元；支付运抵我国海关地前的运输费用 20 万元、装卸费用和保险费用 11 万元；支付海关地再运往商贸公司的运输费用 8 万元、装卸费用和保险费用 3 万元，已取得海关的完税凭证及一般纳税人的运输企业开具的运输费增值税专用发票。

(2)受托加工高档化妆品一批，委托方提供的原材料不含税金额 86 万元，加工结束向委托方开具普通发票收取加工费和辅助材料的含税金额共计 45.2 万元，该化妆品商贸公司当地无同类产品市场价格。

(3)收购用于生产高档化妆品的免税农产品一批，支付收购价款 70 万元，委托运输企业(小规模纳税人)运输，不含税运输费用为 10 万元，取得税务机关代开的专用发票，当月将收购免税农产品的 30% 用于公司食堂，剩余 70% 已领用生产高档化妆品。

(4)购进其他商品，取得增值税专用发票，支付价款 200 万元、增值税 26 万元，支付运输费用 20 万元，取得增值税专用发票(税率 9%)，由于管理不善商品被盗，被盗商品金额 10 万元(占支付金额的 5%)，经查实应由运输单位赔偿。

(5)将进口高档化妆品的 80% 重新加工制作成套装高档化妆品，当月销售给其他商场并开具增值税专用发票，取得不含税销售额 650 万元；直接销售给消费者个人，开具普通发票，取得含税销售额 67.8 万元。

(6)销售除化妆品以外的其他非应税消费品，开具增值税专用发票，应收不含税销售额 300 万元，月末前收回全部货款，给所有购货方的销售折扣比例为 5%，实际收到金额 285 万元。

(7)取得高档化妆品的逾期包装物押金收入 13.56 万元。

(注：关税税率 20%，高档化妆品消费税税率 15%；当月购销各环节所涉及的票据符合税法规定，并通过发票综合服务平台勾选用于抵扣；不考虑地方教育附加。)

要求：根据上述资料，回答问题。如有计算，需计算出合计数。

(1)计算该公司进口环节应缴纳的关税。

(2)计算该公司进口环节应缴纳的消费税。

(3)计算该公司进口环节应缴纳的增值税。

(4)计算该公司委托加工环节应代收代缴的消费税、城市维护建设税和教育费附加总和。

(5)计算该公司国内销售环节应缴纳的消费税总和。

(6)计算该公司国内销售环节实现的销项税额总和。

(7)计算该公司国内销售环节准予抵扣的进项税额总和。

(8)计算该公司国内销售环节应缴纳的增值税。

(9)计算该公司当月应缴纳的城市维护建设税和教育费附加总和(不包括代收代缴的部分)。

6. 本题涉及土地增值税、企业所得税。

甲房地产开发公司为内资企业，公司于 2017 年 1 月—2020 年 2 月开发“东方家园”住宅项目，发生相关业务如下：

(1)2017 年 1 月通过竞拍获得一宗国有土地使用权，合同记载总价款 17 000 万元，并规定 2017 年 3 月 1 日动工开发。由于公司资金短缺，于2018年5月才开始动工。因超过期限1年未进行开发建设，被政府相关部门按照规定征收土地受让总价款20%的土地闲置费。
(2)支付拆迁补偿费、前期工程费、基础设施费、公共配套设施费和间接开发费用合计2 450万元。
(3)2019年3月该项目竣工验收，应支付建筑企业工程总价款3 150万元，根据合同约定当期实际支付价款为总价的95%，剩余5%作为质量保证金留存两年，建筑企业按照工程总价款开具了发票。
(4)发生销售费用、管理费用1 200万元，向商业银行借款用于开发该项目的利息支出600万元，其中含超过贷款期限的利息和罚息150万元，已取得相关凭证。
(5)2019年5月开始销售，可售总面积为45 000平方米，截至2019年8月底销售面积为40 500平方米，取得不含增值税销售收入40 500万元；尚余4 500平方米房屋未销售。
(6)2019年9月主管税务机关要求房地产开发公司就"东方家园"项目进行土地增值税清算，公司以该项目尚未销售完毕为由对此提出异议。
(7)2020年2月底，公司将剩余4 500平方米房屋打包销售，取得不含增值税销售收入4 320万元。
(其他相关资料：①当地适用的契税税率为5%；②土地增值税清算时可扣除的税金及附加为2 227.5万元。)
要求：根据上述资料，按序号回答下列问题。如有计算，每问需计算出合计数。
(1)简要说明主管税务机关于2019年9月要求甲房地产开发公司对该项目进行土地增值税清算的理由。
(2)在计算土地增值税和企业所得税时，对缴纳的土地闲置费是否可以扣除?
(3)计算2019年9月进行土地增值税清算时可扣除的土地成本金额。
(4)计算2019年9月进行土地增值税清算时可扣除的开发成本金额。
(5)在计算土地增值税和企业所得税时，对公司发生的借款利息支出如何进行税务处理?
(6)计算2019年9月进行土地增值税清算时可扣除的开发费用。
(7)计算2019年9月进行土地增值税清算时的增值额。
(8)计算2019年9月进行土地增值税清算时应缴纳的土地增值税。
(9)计算2019年2月公司打包销售的4 500平方米房屋的单位建筑面积成本费用。
(10)计算2020年2月公司打包销售的4 500平方米房屋的土地增值税。

7. 本题涉及增值税、城建税及附加费、资源税、企业所得税。

某市煤矿联合企业为增值税一般纳税人，主要开采原煤销售，2019年度有关经营业务如下：
(1)销售开采原煤130 000吨，不含税收入15 000万元，销售成本6 580万元(适用13%的增值税税率)。
(2)年初转让符合条件的开采技术所有权取得收入650万元，直接与技术所有权转让有关的成本和费用300万元。
(3)提供矿山开采技术培训取得不含税收入300万元；取得国债利息收入130万元。
(4)年初购进原材料共计3 000万元，取得增值税专用发票上注明的税额为480万元；支付购料运输费用共计230万元，取得增值税专用发票(税率为10%)。
(5)销售费用1 650万元，其中广告费1 400万元。
(6)管理费用1 232万元，其中业务招待费120万元；技术研发费用280万元。
(7)财务费用280万元，其中含向非金融企业借款1 000万元所支付的年利息120万元；向金融企业贷款800万元，支付年利息46.40万元。

(8)计入成本、费用中的实发合理工资 820 万元；发生的工会经费 16.4 万元(取得工会专用收据)、职工福利费 120 万元、职工教育经费 25 万元。

(9)营业外支出 500 万元，其中含通过红十字会向灾区捐款 300 万元；因消防设施不合格，被处罚 50 万元。

(其他相关资料：①上述销售费用、管理费用和财务费用不涉及转让费用；②取得的相关票据均通过主管税务机关认证；③煤炭资源税税率为 4%；④结转上年广告费用税前未扣除余额 380 万元；⑤各扣除项目均已取得有效凭证，相关优惠已办理必要手续。)

要求：根据上述资料，按下列序号计算回答问题，每问需计算出合计数。

(1)计算企业 2019 年应缴纳的资源税。

(2)计算企业 2019 年应缴纳的增值税。

(3)计算企业 2019 年应缴纳的城市维护建设税、教育费附加和地方教育附加。

(4)计算企业 2019 年全年实现的会计利润。

(5)计算企业 2019 年广告费用应调整的应纳税所得额。

(6)计算企业 2019 年业务招待费应调整的应纳税所得额。

(7)计算企业 2019 年职工工会经费、职工福利费、职工教育经费应调整的应纳税所得额。

(8)计算企业 2019 年财务费用应调整的应纳税所得额。

(9)计算企业 2019 年营业外支出应调整的应纳税所得额。

(10)计算企业 2019 年度企业所得税的应纳税所得额。

(11)计算企业 2019 年度应缴纳的企业所得税。

8. 本题涉及企业所得税(境内所得、境外所得)。

某生产化工产品的公司，2019 年全年主营业务收入 2 500 万元，其他业务收入 1 300 万元，资产处置收益 30 万元，主营业务成本 600 万元，其他业务成本 460 万元，税金及附加 240 万元，销售费用 120 万元，管理费用 130 万元，财务费用 105 万元；取得投资收益 282 万元，其中来自境内非上市居民企业分得的股息收入 100 万元，境外所得税率 20%。

当年发生的部分业务如下：

(1)签订一份委托理财合同，合同约定两年后合同到期时一次收取利息。2019 年已将其中 40 万元利息收入计入投资收益。年初签订一项商标使用权合同，合同约定商标使用期限为 4 年，使用费总额为 240 万元，每两年收费一次，2019 年第一次收取使用费，实际收取 120 万元，已将 60 万元计入其他业务收入。

(2)将自发行者购进的一笔三年期国债售出，取得收入 117 万元。售出时持有该国债恰满两年，该笔国债的买入价为 100 万元，年利率 5%，利息到期一次支付。该公司已将 17 万元计入投资收益。

(3)将 100% 持股的某子公司股权全部转让，取得股权对价 238.5 万元，取得现金对价 26.5 万元。该笔股权的历史成本为 180 万元，转让时的公允价值为 265 万元。该子公司的留存收益为 50 万元。此项重组业务已办理了特殊重组备案手续。

(4)撤回对某公司的股权投资取得收入 85 万元，其中含原投资成本 50 万元，另含相当于被投资公司累计未分配利润和累计盈余公积按减少实收资本比例计算的部分 15 万元。

(5)当年发生广告费支出 480 万元，以前年度累计结转广告费扣除额 65 万元。当年发生业务招待费 30 万元，其中 20 万元未取得合法票据。当年实际发放职工工资 300 万元，其中含福利部门人员工资 20 万元；除福利部门人员工资外的职工福利费总额为 44.7 万元，拨缴工会经费 5 万元，职工教育经费支出 9 万元。

(6)当年 1 月 1 日，自境内关联企业借款 1 500万元，年利率7%(金融企业同期同类贷款利率为 5%)，支付全年利息 105 万元。关联企业在该公司的权益性投资金额为 500 万元。该公司不能证明此笔交易符合独立交易原则，也不能证明实际税负不高于关联企业。

(7)当年转让一项账面价值为 300 万元的专利技术，转让收入为 1 200 万元，该项转让已经省科技部门认定登记。

(8)该企业是当地污水排放大户，为治理排放，当年购置 500 万元的污水处理设备投入使用，同时为其他排污企业处理污水，当年取得收入 30 万元，相应的成本为 13 万元。该设备属于《环境保护专用设备企业所得税优惠目录》所列设备，为其他企业处理污水属于公共污水处理。

(其他相关资料：该公司注册资本为 800 万元。除非特别说明，各扣除项目均已取得有效凭证，相关优惠已办理必要手续。)

要求：根据上述资料，按下列序号计算回答问题，每问需计算出合计数。

(1)计算业务(1)应调整的应纳税所得额并简要说明理由。

(2)计算业务(2)应调整的应纳税所得额。

(3)计算业务(3)应调整的应纳税所得额。

(4)计算业务(4)应调整的应纳税所得额。

(5)计算业务(5)应调整的应纳税所得额。

(6)计算业务(6)应调整的应纳税所得额。

(7)计算业务(7)应调整的应纳税所得额。

(8)计算业务(8)应调整的应纳税所得额和应纳税额。

(9)计算该公司 2019 年应纳企业所得税额。

9. 本题涉及增值税、消费税、附加税费、企业所得税。

某市的小汽车生产企业为增值税一般纳税人，2019 年度自行核算的相关数据为：全年取得产品销售收入总额 68 000 万元，应扣除的产品销售成本 45 800 万元、税金及附加 9 250 万元、销售费用 3 600 万元、管理费用 2 900 万元、财务费用 870 万元。另外，取得营业外收入 320 万元以及直接投资其他居民企业分回的股息收入 550 万元，发生营业外支出 1 050 万元，全年实现会计利润 5 400 万元，已预缴企业所得税 1 200 万元。

2020 年 1 月经聘请的会计师事务所对 2019 年度的经营情况进行审核，发现以下相关问题：

(1)12 月 20 日收到代销公司代销 5 辆小汽车的代销清单及货款 158. 2 万元(小汽车每辆成本价 20 万元，与代销公司不含税结算价 28 万元)。企业会计处理为：

借：银行存款——代销汽车款

贷：预收账款——代销汽车款

(2)管理费用中含有业务招待费 280 万元、新技术研究开发费用 120 万元。

(3)营业外支出中含该企业通过省教育厅向某山区中小学的捐款 800 万元。

(4)成本费用中含 2019 年度实际发生的工资费用 3 000 万元、职工福利费 480 万元、职工工会经费 90 万元、职工教育经费 70 万元。

(5)12 月 10 日购入一台生产设备，取得普通发票上注明价款 580 万元，设备当月投入使用，会计上作为固定资产核算并按照 10 年计提折旧。

(说明：该企业生产的小汽车适用消费税税率为 9%；假定该企业无进项税额、购入并投入使用的设备使用期限为 10 年，符合加速折旧特殊规定，折旧年限按不低于规定折旧年限的 60%处理。)

要求：根据上述资料回答问题。如有计算，需计算出合计数。

(1)计算全年销售(营业)收入。

(2)判断 12 月份购进新设备的成本能否一次性税前列支并说明理由。

(3)计算全年营业成本。

(4)计算全年税金及附加(包括地方教育附加)。

(5)计算企业全年利润总额。

(6)计算业务招待费纳税调整额。

(7)计算公益性捐赠纳税调整额。

(8)计算三项经费的纳税调整额。

(9)计算企业当年纳税调整增加额。

(10)计算企业当年纳税调整减少额。

(11)计算企业全年应纳税所得额。

(12)计算全年汇算清缴实际应纳所得税额。

10. 本题涉及增值税、个人所得税。

居民个人李某为独生子女，父母均已年满65周岁，其独生子就读于某小学，名下有一套尚在偿还贷款的境内第二套住房。李某受聘于一家财务咨询服务公司，2019年收入情况如下：

(1)每月领取工资13 600元，个人负担三险一金2 500元/月，申报专项附加扣除时，李某夫妻约定女子教育由李某扣除。

(2)6月8日，李某取得财务咨询报酬50 000元，咨询方已经为其预扣预缴了个人所得税。

(3)6月1日~12月31日将一套自有住房按市场价格出租给个人居住，月租金6 000元。

(4)6月20日李某购入某企业债券40 000份，每份的买入价格4.3元，支付有关税费645元，12月20日转让其中的20 000份，每份转让价格5.1元，转让时支付有关手续费383元。

(5)8月与一家证券交易所签订期限为4个月的劳务合同，合同约定李某自9月起每月为该交易所的股民讲课四次，每次报酬1 000元。

要求：根据上述资料，回答问题，如有计算，需计算出合计数。

(1)计算财务咨询服务公司1月份应为李某预扣预缴工资、薪金所得的个人所得税金额。

(2)计算财务咨询服务公司2月份应为李某预扣预缴工资、薪金所得的个人所得税金额。

(3)计算李某取得财务咨询报酬，咨询方应为其预扣预缴的个人所得税金额。

(4)计算李某出租的居住用房当年应缴纳的增值税金额，并说明依据。

(5)计算李某出租的居住用房当年应缴纳的个人所得税金额。

(6)计算李某出售债券应缴纳的个人所得税金额。

(7)计算李某为证券交易所授课，证券交易所每月应预扣预缴的个人所得税金额。

(8)计算李某全年取得综合所得应缴纳的个人所得税金额。

(9)假设李某全年取得的工资、薪金所得，已由任职单位合计预扣预缴个人所得税756元，计算李某就2019年综合所得向主管税务机关办理汇算清缴时应补缴的税款或申请的应退税额。

跨章节主观题参考答案及解析

JINGDIAN TIJIE

1. 【答案】

(1)商场销售给张女士高档化妆品的增值税销项税额 = 400÷(1+13%)×13% = 46.02(元)

(2)增值税销项税额 = 640÷(1+13%)×13% = 73.63(元)

(3)对从事蔬菜批发、零售的纳税人销售的蔬菜免征增值税

食品的增值税销项税额 = 280÷(1+9%)×9%+10÷(1+13%)×13% = 24.27(元)

(4)消费税税额 = 300×15% = 45(元),纳税人为B市化妆品厂,纳税地点为B市。

(5)消费税税额 = 260×2×20%+2×0.5 = 105(元),纳税人为B市白酒厂,纳税地点为B市。

2. 【答案】

(1)根据税法规定,委托其他纳税人代销货物,为收到代销单位的代销清单或者收到全部或者部分货款的当天;未收到代销清单及货款的,为发出代销货物满180天的当天。

(2)销项税额 = 30×13% = 3.9(万元)

(3)销项税额为0。

【思路点拨】采取赊销和分期收款方式销售货物,为书面合同约定的收款日期的当天,无书面合同的或者书面合同没有约定收款日期的,为货物发出的当天。

(4)销项税额 = 1 000×100×13%÷10 000 = 1.3(万元)

(5)代收代缴的消费税 = (20+5)÷(1−5%)×5% = 1.32(万元)

(6)代收代缴的城建税、教育费附加及地方教育附加 = 1.32×(7%+3%+2%) = 0.16(万元)

(7)农产品进项税额 = 50×10%+20×10% = 7(万元)

【思路点拨】收购免税农产品,用于生产或委托加工13%税率的货物,增值税进项税额按10%扣除。

(8)航空旅客运输进项税额 = (票价+燃油附加费)÷(1+9%)×9% = (8 000+1 200)÷(1+9%)×9%÷10 000 = 0.08(万元)

(9)销售使用过的设备应缴纳的增值税 = 21÷(1+3%)×2% = 0.41(万元)

【思路点拨】一般纳税人销售自己使用过的不得抵扣且未抵扣进项税的固定资产,按照简易办法依照3%征收率减按2%征收增值税。

(10)一般计税方法增值税应纳税额 = 3.9+1.3−(7+6×9%+5×13%+0.08) = −3.07(万元),一般计税方法当期应纳增值税为零;简易计税方法应纳增值税为0.41万元,当期全部应纳增值税为0.41万元,留抵下期抵扣增值税进项税额3.07万元。

3. 【答案】

(1)甲企业2月份可以抵扣的进项税额 = 4×9%+1.3×60%+2.6+2.34 = 6.08(万元)

【思路点拨】本题中甲企业管理不善,从乙商场取得的金银首饰被盗40%,要作进项税转出处理。

(2)甲企业2月份应缴纳的增值税 = 70×13%−6.08 = 3.02(万元)

(3)甲企业2月份应缴纳的城市维护建设税、教育费附加及地方教育附加 = 3.02×(7%+3%+2%) = 0.36(万元)

(4)乙商场2月份以金银首饰抵偿债务应缴纳的消费税 = 11×5% = 0.55(万元)

【思路点拨】消费税中,纳税人用于换取生产资料和消费资料、投资入股和抵偿债务等方面的应税消费品,应当以纳税人同

类应税消费品的最高销售价格作为计税依据计算消费税。

(5)乙商场2月份以金银首饰抵偿债务的增值税销项税额＝10×13%＝1.3(万元)

【思路点拨】 增值税中，纳税人用于换取生产资料和消费资料、投资入股和抵偿债务等方面的应税消费品，应当以纳税人同类应税消费品的平均价格作为计税依据计算增值税，与消费税中的最高售价规定不同。

(6)乙商场2月份零售金银首饰应纳消费税＝(10.17－5.65)÷1.13×5%＋2.26÷1.13×5%＝0.3(万元)

(7)乙商场2月份零售金银首饰应纳的增值税销项税额＝(10.17－5.65)÷1.13×13%＋2.26÷1.13×13%＝0.78(万元)

【思路点拨】 对于以旧换新方式销售金银首饰，增值税和消费税的计税依据是一致的，都是纳税人实际收取的不含增值税的销售额。本题的10.17万元中包括了以旧换新首饰的含税销售额5.65万元，所以要先将5.65万元剔除，再单独对实际收取的差价2.26万元计算增值税和消费税。

(8)乙商场2月份应纳的增值税＝1.3＋0.78＋(21.8÷1.09×9%＋56.5÷1.13×13%)－(3.5－5.65÷1.13×13%)＝7.53(万元)

乙商场收到返还的现金，不得向甲企业开具增值税专用发票。因为税法规定，商业企业向供货方收取的各种返还收入，一律不得开具增值税专用发票。

【思路点拨】 粮食、食用植物油、鲜奶的增值税税率均为9%。另外，税法规定，对商业企业向供货方收取的与商品销售量、销售额挂钩(如一定比例、金额、数量计算)的各种返还收入，均应按照平销返利行为的有关规定冲减当期增值税进项税金。本题中，按销售额的1%的比例返还现金5.65万元，乙商场收到返还的现金后，向甲企业开具了普通发票，乙商场准予冲减当期进项税金。

(9)乙商场2月份应缴纳的城市维护建设税、教育费附加及地方教育附加＝(0.55＋0.3＋7.53)×(7%＋3%＋2%)＝1.01(万元)

4.**【答案】**

(1)业务(1)公司的处理不正确，公司按结算价20万元开具了增值税专用发票，应当以20万元计算销项税额。

业务(2)公司的处理不正确，外购的钢材被盗，属于非正常损失，其进项税额是不可以进行抵扣的，已经抵扣的要进行进项税转出，企业只是将成本40万元转入待处理财产损溢，并没有作相应的进项税转出处理是不正确的。应转出的进项税额＝5.2(万元)。

业务(3)将含税销售额3.39万元全部确认为其他业务收入的处理是不正确的。销售下脚料，应将取得的含税销售额换算为不含增值税的销售额，以此计算税额，确认增值税销项税额＝3.39÷(1＋13%)×13%＝0.39(万元)。

业务(4)购进低值易耗品发生的运费抵扣进项税额的计算不正确。根据规定，增值税一般纳税人购进货物而发生的运费，凭增值税专用发票抵扣进项税，本题中，发生的不含税运费为1万元，可以抵扣的进项税＝1×9%＝0.09(万元)，多抵扣部分＝0.13－0.09＝0.04(万元)。

业务(5)收取的包装物租金，是要作为价外费用确认销项税额的，企业将该项价外费用一并计入营业外收入的处理不正确。

应确认的销项税额＝2.26÷(1＋13%)×13%＝0.26(万元)

(2)应补缴的增值税＝(20－9)÷(1＋13%)×13%＋5.2＋0.39＋0.04＋0.26＝7.16(万元)

(3)该公司应缴纳的滞纳金＝7.16×0.5‰×24(天)(7月16—31日、8月1—8日)＝0.09(万元)。该公司应缴纳的罚款＝7.16×1.5＝10.74(万元)。

(4)依据《税收征收管理法》的有关规定，对纳税人偷税的，由税务机关追缴其不缴或者少缴的税款、滞纳金，并处不缴或者少缴的税款50%以上5倍以下的罚款，构成犯罪的，依法追究刑事责任。

5.【答案】

(1)进口环节应缴纳关税=(220+4+20+11)×20%=51(万元)

(2)进口环节应缴纳消费税=(220+4+20+11+51)÷(1-15%)×15%=54(万元)

(3)进口环节应缴纳增值税=(220+4+20+11+51+54)×13%=46.8(万元)

(4)委托加工环节应代收代缴消费税、城市维护建设税和教育费附加=[86+45.2÷(1+13%)]÷(1-15%)×15%×(1+7%+3%)=24.46(万元)

(5)国内销售环节应缴纳消费税=[650+67.8÷(1+13%)+13.56÷(1+13%)]×15%-54×80%=65.1(万元)

(6)国内销售环节实现的销项税额=[45.2÷(1+13%)+650+67.8÷(1+13%)+300+13.56÷(1+13%)]×13%=138.06(万元)

(7)国内销售环节准予抵扣的进项税额=46.8+8×9%+(70×10%+10×3%)×(1-30%)+(26+20×9%)×(1-5%)=79.04(万元)

(8)国内销售环节应缴纳增值税=138.06-79.04=59.02(万元)

(9)公司当月应缴纳城市维护建设税和教育费附加=(65.1+59.02)×(7%+3%)=12.41(万元)

6.【答案】

(1)对于已竣工验收的房地产开发项目，已转让的房地产建筑面积占整个项目可售建筑面积的比例在85%以上的，主管税务机关可要求纳税人进行土地增值税清算。

府城房地产开发公司截至2018年8月底已经销售了40 500平方米的建筑面积，占全部可销售面积45 000平方米的90%，已经达到了主管税务机关可要求纳税人进行土地增值税清算的条件。

(2)房地产开发企业逾期开发缴纳的土地闲置费在土地增值税税前不得扣除，但在企业所得税税前可以扣除。

(3)可以扣除的土地成本金额=(17 000+17 000×5%)×90%=16 065(万元)

(4)可以扣除的开发成本金额=(2 450+3 150)×90%=5 040(万元)

(5)超过贷款期限的利息和罚息在土地增值税税前不能扣除，在企业所得税税前可以扣除。所以金融机构利息费用，在土地增值税税前可以扣除450万元，在企业所得税税前可以扣除600万元。

(6)可以扣除的开发费用=(600-150)×90%+(16 065+5 040)×5%=1 460.25(万元)

(7)扣除项目金额=16 065+5 040+1 460.25+2 227.5+(16 065+5 040)×20%=29 013.75(万元)

增值额=40 500-29 013.75=11 486.25(万元)

(8)增值率=11 486.25÷29 013.75×100%=39.59%

应纳土地增值税=11 486.25×30%=3 445.88(万元)

(9)单位建筑面积成本费用=29 013.75÷40 500=0.72(万元)

(10)扣除项目=0.72×4 500=3 240(万元)

增值额=4 320-3 240=1 080(万元)

增值率=1 080÷3 240×100%=33.33%

应纳土地增值税=1 080×30%=324(万元)

【思路点拨】本题中府城房地产开发公司已经销售了全部可销售面积的90%，所以可以扣除的土地成本、开发成本和利息支出要根据销售比例进行计算，不能按照实际发生额全部扣除。另外，可以扣除的开发费用中由于土地成本和开发成本均已按90%计算，因此开发费用中除利息支出之外的部分不需要再乘以销售比例。可以扣除的税金因为属于销售环节发生的，所以不需要考虑销售比例。

7. 【答案】

(1)资源税 = 15 000×4% = 600(万元)

(2)增值税 = 15 000×13% + 300×6% − 480 − 230×10% = 1 465(万元)

(3)应纳城市维护建设税、教育费附加和地方教育附加合计 = 1 465×(7%+3%+2%) = 175.8(万元)

(4)企业全年实现的会计利润 = 15 000 − 6 580 + 650 − 300 + 300 + 130 − 175.8 − 600 − 1 650 − 1 232 − 280 − 500 = 4 762.2(万元)

【思路点拨】上年广告费用税前扣除余额380万元已经在上年的会计利润中扣除了，本年不能再在会计利润中扣除，应该在计算应纳税所得额的时候扣除。

(5)广告费和宣传费扣除限额 = (15 000+300)×15% = 2 295(万元)

本期实际发生广告费用1 400万元，可以据实扣除，同时结余2 295−1 400 = 895(万元)。

结转上年税前未扣除广告费用380万元，可以在本年税前扣除。应调减应纳税所得额380万元。

【思路点拨】此处需要注意结转上年未扣除广告费用可以在本年税前限额内扣除。

(6)业务招待费限额 = (15 000+300)×5‰ = 76.5(万元) > 120×60% = 72(万元)所以，税前扣除业务招待费为72万元。应调增应纳税所得额 = 120−72 = 48(万元)。

(7)税前扣除限额：

工会经费 = 820×2% = 16.4(万元)和实际发生16.4万元一致，所以，工会经费不调整。

职工教育经费 = 820×8% = 65.6(万元)大于实际发生额25万元，所以，职工教育经费不调整。

职工福利费 = 820×14% = 114.8(万元)小于实际发生额120万元，所以，职工福利费应纳税调增 = 120−114.8 = 5.2(万元)。

综上，应调增应纳税所得额5.2万元。

(8)金融机构年利率 = 46.40÷800×100% = 5.8%

非金融机构借款税前扣除利息 = 1 000×5.8% = 58(万元)

财务费用应调增应纳税所得额 = 120−58 = 62(万元)

【思路点拨】非金融企业向非金融企业借款的利息支出，不超过按照金融企业同期同类贷款利率计算的数额的部分可据实扣除。本题中没有直接告知金融企业同期同类贷款利率，但是告知了向金融企业借款支付的利息，所以要先计算出相关利率。

(9)捐赠限额 = 4 762.2×12% = 571.46(万元)

公益捐款300万元，小于限额，所以据实扣除，不用调整。

因消防设施不合格，被处罚50万元要全额调整。

所以营业外支出应调增应纳税所得额50万元。

【思路点拨】因消防设施不合格，被处罚50万元，属于行政性罚款，不得税前扣除，要全额调整。

(10)应纳税所得额 = 4 762.2−380+48+5.2+62+50−130(国债利息收入)−280×75%(研发费用)−(650−300)(技术转让所得) = 3 857.4(万元)

【思路点拨】本期产品研发费用发生280万元，按规定加计75%扣除。国债利息收入130万元，属于免税收入，可以从应纳税所得额中减除。另外，转让开采技术所有权取得收入650万元，直接与技术所有权转让有关的成本和费用300万元，技术转让所得 = 650−300 = 350(万元)，因为没有超过500万元，免征企业所得税，所以要从应纳税所得额中减去。

(11)应缴纳的企业所得税 = 3 857.4×25% = 964.35(万元)

8. 【答案】

(1)利息收入应调减应纳税所得额40万元。

对利息收入，应按照合同约定的债务人应付利息的日期确认收入的实现。

商标使用权收入应调增应纳税所得额 60 万元。

对特许权使用费收入，应按照合同约定的特许权使用人应付特许权使用费的日期确认收入的实现。

(2) 国债利息收入免税，应予调减。

调减的应纳税所得额 = 100×5%×2 = 10(万元)

(3) 非股权支付对应的资产转让所得 = (265−180)×(26.5÷265) = 8.5(万元)

应调减应纳税所得额 = (265−180)−8.5 = 76.5(万元)

(4) 应调减应纳税所得额 = 15(万元)

(5) 计算广告费和业务宣传费扣除的基数 = 2 500+1 300+60 = 3 860(万元)

可以扣除的广告费限额 = 3 860×15% = 579(万元)

当年发生 480 万元的广告费可全额扣除，并可扣除上年结转的广告费 65 万元，应调减应纳税所得额 65 万元。

可以扣除的招待费限额 = 3 860×5‰ = 19.3(万元)

实际可以扣除的招待费 = (30−20)×60% = 6(万元)

应调增应纳税所得额 = 30−6 = 24(万元)

可以扣除的福利费限额 = (300−20)×14% = 39.2(万元)

应调增应纳税所得额 = (20+44.7)−39.2 = 25.5(万元)

可以扣除的工会经费限额 = (300−20)×2% = 5.6(万元)

工会经费可全额扣除。

可以扣除的职工教育经费限额 = (300−20)×8% = 22.4(万元)

职工教育经费可全额扣除。

(6) 可扣除的借款利息 = 500×2×5% = 50(万元)

应调增应纳税所得额 = 105−50 = 55(万元)

(7) 技术转让所得 = 1 200−300 = 900(万元)

应调减应纳税所得额 = 500+(900−500)×50% = 500+200 = 700(万元)

(8) 可以抵减的应纳所得税额 = 500×10% = 50(万元)

可以免税的所得额 = 30−13 = 17(万元)

应调减应纳税所得额 17 万元。

(9) 会计利润 = 2 500+1 300+30−600−460−240−120−130−105+282 = 2 457(万元)

应纳税所得额 = 2 457−40+60−10−76.5−15−65+24+25.5+55−700−17−100 = 1 598(万元)

应纳所得税税额 = 1 598×25%−50 = 349.5(万元)

9. **【答案】**

(1) 全年销售(营业)收入 = 68 000+28×5 = 68 140(万元)

【思路点拨】将小汽车委托代销公司代销，应按照与代销公司不含税结算价确认销售收入，按照成本价确认销售成本。

(2) 不能一次性税前列支。

理由：对所有行业企业在 2018 年 1 月 1 日至 2020 年 12 月 31 日期间新购进的设备、器具，单位价值不超过 500 万元的，允许一次性计入当期成本费用在计算应纳税所得额时扣除，不再分年度计算折旧；单位价值超过 500 万元的，专门用于研发的仪器、设备，可缩短折旧年限或采取加速折旧的方法。

(3) 全年销售成本 = 45 800+20×5 = 45 900(万元)

(4) 全年税金及附加 = 9 250+(5×28×13%+5×28×9%)×(7%+3%+2%)+5×28×9% = 9 266.3(万元)

(5) 全年利润总额 = 68 140−45 900−9 266.3−3 600−2 900−870+550+320−1 050 = 5 423.7(万元)

(6) 业务招待费发生额的 60% = 280×60% = 168(万元) < 68 140×5‰ = 340.7(万元)

纳税调增金额 = 280−168 = 112(万元)

【思路点拨】业务招待费支出按照发生额的60%扣除，但最高不得超过当年销售（营业）收入的5‰。所以要计算出两个限额，谁小按谁扣。

(7) 公益性捐赠限额=5 423.7×12%=650.84（万元）。纳税调增金额=800-650.84=149.16（万元）。

【思路点拨】公益性捐赠支出，不超过年度利润总额（年度会计利润）12%的部分，准予扣除。

(8) 福利费扣除限额=3 000×14%=420（万元），纳税调整金额=480-420=60（万元）。

工会经费扣除限额=3 000×2%=60（万元），纳税调整金额=90-60=30（万元）。

职工教育经费扣除限额=3 000×8%=240（万元），实际70万元，不需进行纳税调整。

三项经费的纳税调整额=60+30=90（万元）

(9) 纳税调整增加额=112+149.16+90=351.16（万元）

(10) 纳税调整减少额=120×75%+550=640（万元）

(11) 全年应纳税所得额=5 423.7+351.16-640=5 134.86（万元）

(12) 全年汇算清缴实际应补所得税额=5 134.86×25%-1 200（预缴）=83.72（万元）

10.【答案】

(1) 1月应预扣预缴的个人所得税=(13 600-5 000-2 500-1 000-2 000)×3%=93（元）

(2) 2月应预扣预缴的个人所得税=(13 600×2-5 000×2-2 500×2-1 000×2-2 000×2)×3%-93=93（元）

(3) 应预扣预缴的个人所得税=50 000×(1-20%)×30%-2 000=10 000（元）

(4) 李某出租的居住用房当年应缴纳的增值税=0

依据：其他个人（自然人）出租不动产，月租金收入不超过10万元的，可以享受小微企业免征增值税优惠政策。

(5) 应缴纳的个人所得税=(6 000-6 000×4%)×(1-20%)×10%×7=3 225.6（元）

(6) 李某出售债券取得的收益=20 000×(5.1-4.3)-645÷2-383=15 294.50（元）

应缴纳的个人所得税=15 294.50×20%=3 058.90（元）

(7) 证券公司每月应预扣预缴的个人所得税=(1 000×4-800)×20%=640（元）

(8) 李某取得综合所得应纳个人所得税=[13 600×12-60 000-2 500×12-1 000×12-2 000×12+50 000×(1-20%)+1 000×4×4×(1-20%)]×10%-2 520=6 480（元）

(9) 综合所得合计已经预扣预缴个人所得税=756+10 000+640×4=13 316（元）

应退个人所得税=13 316-6 480=6 836（元）

第三部分　跨章节主观题突破

第四部分

机考通关模拟试题演练

JINGDIAN TIJIE

智慧启航

没有人事先了解自己到底有多大的力量，直到他试过以后才知道。

——歌德

机考通关模拟试题

JINGDIAN TIJIE

模拟试卷(一)

扫我做试题

一、单项选择题(本题型共24小题，每小题1分，共24分。每小题只有一个正确答案，请从每小题的备选答案中选出一个你认为正确的答案。)

1. 下列有关税法概念的表述正确的是(　)。

A. 税法是国家制定的用来调整税务机关和纳税人之间权利与义务关系的法律规范的总称

B. 税法只具有义务性法规的特点

C. 税法的综合性特点是由税收的无偿性和强制性的特点决定的

D. 税法是税收制度的核心内容

2. 某企业有三项债权打包拍卖(债务人A欠20万元，债务人B欠40万元，债务人C欠50万元)，假设张某从拍卖会上以80万元购买该打包债权。经催讨，将B债务人的所有欠款收回，收回价款36万元。不考虑相关税费，则张某应纳的个人所得税是(　)万元。

A. 0.6　　B. 1.5

C. 6.91　　D. 1.38

3. 境内某公司2019年4月取得销售部门人员交回的注明身份信息的航空客票行程单，行程单上注明票价1 000元、燃油附加费120元、机场建设费50元。合计金额1 170元。当月可以计算抵扣的增值税进项税额为(　)元。

A. 0　　B. 82.57

C. 92.48　　D. 96.61

4. 下列项目不适用增值税零税率的是(　)。

A. 对境内不动产提供的设计服务

B. 航天运输服务

C. 向境外单位提供的完全在境外消费的设计服务

D. 有国际运输资质的境内运输单位提供的往返香港、澳门、台湾的交通运输服务

5. 下列消费品中属于消费税征税范围的是(　)。

A. 未经涂饰的素板　B. 电动汽车

C. 护肤护发品　　D. 高尔夫车

6. 某汽车厂为增值税一般纳税人，下设一非独立核算的门市部，2020年8月该厂将生产的一批汽车移送门市部进行销售，计价160万元。门市部将其零售，取得含税销售额177.22万元。汽车的消费税税率为9%，该项业务应缴纳的消费税为(　)万元。

A. 12.74　　B. 14.11

C. 14.4　　D. 13.75

7. 某烟厂为增值税一般纳税人，2020年1月收购烟叶2 000公斤，实际支付的价款总额为30万元，支付烟农价外补贴5万元，已开具烟叶收购发票。下列表述正确的是(　)。

A. 烟厂应该代扣代缴烟叶税6万元

B. 烟厂应该代扣代缴烟叶税6.6万元

C. 烟厂应该自行缴纳烟叶税6.6万元

D. 烟厂应该自行缴纳烟叶税6万元

8. 某企业进口一批货物，海关审定的货价折合人民币2 000万元，运费折合人民币10万元，保险费无法查明，该批货物进口关税税率为5%，则应纳关税(　)万元。

A. 100　　B. 100.8

C. 110　　D. 110.8

9. 根据资源税法的规定，对从低丰度油气田开采的原油资源税可以减征(　)。

A. 40%　　B. 50%

C. 20%　　D. 30%

10. 对于符合应进行土地增值税清算条件的纳税人，应当在满足清算条件之日起(　)日内到主管税务机构办理清算手续。

A. 7　　B. 10

C. 30　　D. 90

11. 甲企业拥有一土地使用权，其中的40%自用，另60%出租给乙企业生产经营使用，则(　)。

A. 应当由甲缴纳全部的土地使用税

B. 应当由乙缴纳全部的土地使用税

C. 应当按比例计算缴纳土地使用税

D. 按双方协商比例缴纳土地使用税

12. 某学校将一栋闲置不用的房屋转让给A公司，当年学校以无偿划拨方式取得土地使用权。按规定下列说法正确的是(　)。

A. 仅受让公司缴纳契税

B. 学校和公司均不负担契税

C. 学校在转让时不缴纳契税

D. 学校补缴土地使用权的契税，公司缴纳房屋买卖的契税

13. 下列收入不符合增值税免税政策的是(　)。

A. 动漫企业增值税一般纳税人销售其自主开发生产的动漫软件取得的收入

B. 科普单位的门票收入

C. 军队空余房产租赁收入

D. 境外教育机构与境内从事学历教育的学校开展中外合作办学，提供学历教育服务取得的收入

14. 下列选项中，对耕地占用税的表述错误的是(　)。

A. 在占用耕地环节一次性课征

B. 采用了地区差别定额税率

C. 纳税义务发生时间为纳税人收到自然资源主管部门办理占用耕地手续的书面通知的当日

D. 农村居民占用耕地新建自用住宅免税

15. 下列项目中，应当缴纳印花税的是(　)。

A. 电网与用户之间签订的供用电合同

B. 农牧业保险合同

C. 贴息贷款合同

D. 视同正本使用的副本

16. 下列关于车辆购置税的说法中，不正确的是(　)。

A. 销售单位开展优质销售活动收取的有关费用，应作为价外费用计算征税

B. 进口自用的应税小汽车的计税价格包括关税完税价格、关税以及消费税

C. 纳税人自产自用应税车辆的计税价格，按照纳税人生产的同类应税车辆的销售价格确定，不包括增值税税款

D. 销售汽车的纳税人代收的保险费，一律不计入计税依据中征收车辆购置税

17. 某交通运输企业2020年拥有整备质量10吨的载重汽车20辆，中型商用客车10辆，整备质量8吨的挂车3辆。该企业所在地载货汽车年税额20元/吨，中型客车年税额540元/辆。该企业当年应缴纳车船税(　)元。

A. 9 640　　B. 8 460

C. 9 880　　D. 8 700

18. 某外商投资企业自行申报以45万元从境外甲公司(关联企业)购入一批产品，又将这批产品以50万元转售给乙公司(非关联企业)。假定该公司的销售毛利率为20%，企业所得税税率为25%，按再销售价格法计算，此次销售业务应缴纳的企业所得税为(　)元。

A. 0　　B. 12 500

C. 15 000　　D. 25 000

19. 下列各项中，不属于企业所得税税前扣除项目的原则的是(　)。

A. 权责发生制原则　B. 配比原则

C. 相关性原则　D. 及时性原则

20. 下列所得中，免征个人所得税的是(　)。

A. 外国来华留学生，领取的奖学金

B. 个人取得的保险赔款

C. 拍卖本人文字作品手稿原件的收入

D. 个人转让自用2年并且是唯一的家庭居住用房取得的所得

21. 对于符合独立交易原则的成本分摊协议，下列有关税务处理错误的是(　)。

A. 企业按照协议分摊的成本，应在协议规定的各年度税前扣除

B. 涉及补偿调整的，应在补偿调整的年度计入应纳税所得额

C. 涉及无形资产的成本分摊协议，加入支付、退出补偿或终止协议时对协议成果分配的，应按资产购置或处置的有关规定处理

D. 涉及补偿调整的，应追溯以前年度调整应纳税所得额

22. 下列各项不符合纳税人信用信息采集相关规定的是(　)。

A. 纳税信用信息采集工作由地方税务机关组织实施，按月采集

B. 税务机关每年4月确定上一年度纳税信用评价结果，并为纳税人提供自我查询服务

C. A级一般纳税人可单次领取3个月的增值税发票用量

D. M级纳税人享有取消增值税专用发票认证的激励措施

23. 对计划单列市税务局的具体行政行为不服的，向(　)申请行政复议。

A. 国家税务总局

B. 省人民政府

C. 该税务局的上级主管机关

D. 国务院

24. A级纳税信用为年度评价指标得分(　)分以上的。

A. 98　　B. 95

C. 92　　D. 90

二、多项选择题(本题型共14小题，每小题1.5分，共21分。每小题均有多个正确答案，请从每小题的备选答案中选出你认为正确的答案。每小题所有答案选择正确的得分，不答、错答、漏答均不得分。)

1. 下列各项中，属于税务机关的权利的有(　)。

A. 税收检查权　　B. 延期纳税权

C. 税务处罚权　　D. 提起行政诉讼权

2. 下列关于增值税纳税地点的说法，正确的有(　)。

A. 总机构和分支机构不在同一县(市)的，应当向总机构所在地的主管税务机关申报纳税

B. 扣缴义务人应当向其机构所在地或者居住地主管税务机关申报缴纳其扣缴的税款

C. 固定业户应当向其机构所在地主管税务机关申报纳税

D. 非固定业户应当向应税行为发生地主管税务机关申报纳税

3. 消费税采用的税率形式有(　)。

A. 比例税率　　B. 超额累进税率

C. 超率累进税率　　D. 定额税率

4. 下列关于教育费附加和地方教育附加的表述，正确的有(　)。

A. 教育费附加和地方教育附加征收比率按照地区差别设定

B. 对海关进口的产品征收增值税、消费税，但不征收教育费附加

C. 出口产品退还增值税、消费税的，同时退还已征收的教育费附加

D. 按月纳税的月销售额不超10万元的缴纳义务人免征教育费附加

5. 下列各项业务的表述符合关税规定的有(　)。

A. 进口货物的运输及其相关费用无法确定的，海关应当按照该货物进口同期的正常运输成本审查确定

B. 在货物价款中单独列明的货物运至我国境内输出地点装载后的运输及其相关费用、保险费，应计入出口货物的完税价格

C. 出口关税不计入出口货物的完税价格

D. 运输工具作为进口货物，利用自身动力进境的，海关在审查确定完税价格时，

不再另行计入运输及其相关费用

6. 下列准予从土地增值税收入总额中扣除的有(　)。

A. 耕地占用税

B. 开发小区的排污费、绿化费

C. 安置动迁用房的支出

D. 超过贷款期限的利息和加罚的利息支出

7. 下列关于房产税纳税义务发生时间的说法正确的有(　)。

A. 纳税人购置新建商品房，从交付使用之次月起纳税

B. 纳税人自行新建房屋用于生产经营，从建成之月起纳税

C. 纳税人购置存量房，自产权变更的当月起纳税

D. 纳税人委托施工企业建设的房屋，从办理验收手续之次月起纳税

8. 下列关于印花税计税依据的表述，正确的有(　)。

A. 财产租赁合同经计算，税额不足 1 元的，按 1 元贴花

B. 货物运输合同为运输、保险、装卸等各项费用合计

C. 融资租赁合同为租赁费

D. 建筑业总包、分包合同分别为总包额、分包额

9. 下列关于企业所得税税前扣除标准的表述中，正确的有(　)。

A. 烟草企业的烟草广告费和业务宣传费支出，一律不得在计算应纳税所得额时扣除

B. 企业发生的公益性捐赠支出未在当年税前扣除的部分，准予向以后年度结转扣除，但结转年限自捐赠发生年度的次年起计算最长不得超过五年

C. 财产保险企业以当年全部保费收入扣除退保金等之后的余额，18%计算税前扣除限额

D. 软件生产企业发生的职工教育经费中的职工培训费用，可以全额在企业所得税前扣除

10. 关于计算个人所得税时可扣除的财产原值，下列表述正确的有(　)。

A. 拍卖受赠获得的物品，原值为该拍卖品的市场价值

B. 拍卖通过拍卖行拍得的物品，原值为拍得该拍卖品实际支付的价款及缴纳的相关税费

C. 拍卖祖传的藏品，原值为该拍卖品的评估价值

D. 拍卖从画廊购买的油画，原值为购买拍卖品时实际支付的价款

11. 下列关于个人所得税纳税期限的表述，正确的有(　)。

A. 居民个人取得综合所得，需要办理汇算清缴的，应当在取得所得的次年 3 月 1 日至 6 月 30 日内办理汇算清缴

B. 非居民个人取得工资、薪金所得，劳务报酬所得，稿酬所得和特许权使用费所得，有扣缴义务人的，由扣缴义务人按月或者按次代扣代缴税款，不办理汇算清缴

C. 居民个人从中国境外取得所得的，应当在取得所得的次年 3 月 31 日前申报纳税

D. 纳税人取得经营所得，按年计算个人所得税，应当在取得所得的次年 3 月 31 日前办理汇算清缴

12. 除已办理税务登记，从事生产、经营并适用查账征收的企业纳税人外，纳税信用管理试行办法还适用于的企业纳税人包括(　)。

A. 从首次在税务机关办理涉税事宜之日起时间不满一个评价年度的企业

B. 适用企业所得税定期定额征收办法的企业

C. 适用企业所得税核定征收办法的企业

D. 评价年度内无生产经营业务收入的企业

13. 下列税务行政诉讼范围中，必须先经过税务行政复议程序的有(　)。

A. 税务机关作出的税收保全措施

B. 税务机关作出的加收滞纳金决定

C. 税务机关作出的征税决定

D. 税务机关作出的税收强制执行措施

14. 下列事项中，可以进行行政复议调解的有(　)。

A. 核定税额　　B. 行政处罚

C. 税收保全措施　D. 确定应税所得率

三、计算问答题(本题型共4小题，每小题6分，共24分。其中一道小题可以选用中文或英文解答，如使用英文解答，须全部使用英文，答题正确的，增加5分。本题型最高得分为29分。要求列出计算步骤，每步骤运算得数精确到小数点后两位。)

1. (本题可用英文作答)位于市区的某金融机构为增值税一般纳税人，2020年第4季度业务收支情况如下：

(1)取得贷款利息收入2 000万元，另外取得加息、罚息收入80万元。

(2)开展股票买卖业务，买进价900万元，卖出价1 000万元。

(3)取得结算手续费收入180万元；结算罚款收入30万元。

(4)将2亿元人民币投资于某商业企业，每季收取固定利润1 200万元。

(5)为电信部门代收电话费当季度收入为850万元，支付给委托方价款836万元。

(6)受某公司委托发放贷款，金额5 000万元，贷款期限3个月，年利息率为4.8%，已经收到贷款企业的利息并转交给委托方，该金融机构按贷款利息收入的10%收取手续费。

(7)第4季度购进办公用品一批，取得增值税专用发票，价税合计金额为113万元。

(以上收入均为含税收入。)

要求：根据上述资料，按下列序号计算回答问题，每问需计算出合计数。

(1)计算业务(1)应纳的增值税。

(2)计算该金融机构受托发放贷款业务应纳的增值税。

(3)计算该金融机构本季度应纳的增值税。

2. 位于县城的某联合企业为增值税一般纳税人，2019年11月生产经营情况如下：

(1)专门开采天然气45 000千立方米，销售天然气36 000千立方米，取得不含税销售额10 800万元。

(2)开采原煤35万吨，销售20万吨，取得不含税销售额10 400万元。

(3)以开采的原煤直接加工洗煤12万吨，全部对外销售，取得不含税销售额7 800万元。

(4)企业职工食堂领用原煤2 500吨，同类产品不含税平均售价为125万元。

(5)购进采掘机械设备40台，取得增值税专用发票，注明每台设备支付货款52万元、增值税6.76万元，已全部投入使用。购进其他货物、服务准予抵扣增值税567万元。

(6)购进一不动产项目，取得增值税专用发票注明价款4 500万元，增值税405万元。

已知：资源税税率，原煤为5%，天然气为6%；洗选煤的折算率为70%，保留两位小数。

要求：根据上述资料，按下列序号计算回答问题，每问需计算出合计数。

(1)计算该联合企业当月应缴纳天然气的资源税。

(2)计算该联合企业当月应缴纳煤炭的资源税。

(3)计算该联合企业当月应缴纳的资源税。

(4)计算该联合企业当月应缴纳的增值税。

3. 中国公民李先生自2013年起担任国内某高新技术上市公司的高级工程师。2019年取得的部分收入如下：

(1)每月工资12 800元，自己负担的“三险一金”为1 300元，1月份取得一次性奖金150 000元。

(2)李先生为独生子女，且父母已年过七旬。

(3)利用业余时间兼职讲课，按月结算报酬。12月份从兼职单位取得报酬35 000元。

(4)5月份取得财政部发行国债的利息1 200元，取得2017年某省发行的地方政府债券的利息560元，取得某国内上市公司发行的公司债券利息750元。

已知：李先生的全年一次性奖金选择不并入

综合所得计税；假设无其他收入和扣除项目。

要求：根据上述资料，按下列序号计算回答问题，每问需计算出合计数。（不考虑其他税费）

（1）简述李先生全年一次性奖金的政策依据及计算出全年一次性奖金应缴纳的个人所得税。

（2）简述李先生赡养老人支出的扣除标准以及两位老人下的扣除政策。

（3）计算李先生兼职收入应预扣预缴的个人所得税。

（4）计算 5 月份李先生取得的各项利息收入应缴纳的个人所得税。

（5）计算 2019 年李先生综合所得应缴纳的个人所得税。（不考虑预扣预缴的个人所得税）

4. 某股份公司于 2020 年 1 月 1 日开业，领受工商营业执照、房产证、土地使用证、商标注册证各一件；本企业实收资本 3 000 万元，2020 年发生如下业务：

（1）签订购销合同，合同记载的购销金额为 1 360 万元。

（2）2 月，与甲企业签订以物易物合同，合同规定，该公司以价值 840 万元的材料与甲企业价值 940 万元的产品交换，该公司以银行存款支付补价 100 万元。

（3）3 月委托某服装厂为其定做一批校服，企业打算用于捐赠，原材料由服装厂提供，双方签订服装加工合同，合同载明原材料金额为 40 万元，加工费 15 万元。

（4）4 月与某银行签订融资租赁合同购置固定资产，合同载明租赁期限为 5 年，每年支付租金 150 万元。

（5）该公司研发部为某企业开发适用软件，双方签订技术开发合同一份，取得的报酬为 1 200 万元，其中包括研究开发经费 500 万元。

（6）7 月初，该股份公司的资本公积账户增加 150 万元。

要求：根据上述资料，按下列序号计算回答问题，每问需计算出合计数。

（1）计算该股份公司领取的证件应缴纳的印花税。

（2）计算该股份公司按“购销合同”税目计算缴纳的印花税。

（3）计算该股份公司按“加工承揽合同”税目计算缴纳的印花税。

（4）计算该股份公司签订的融资租赁合同应缴纳的印花税。

（5）计算该股份公司记载资金的营业账簿应缴纳的印花税。

（6）计算该股份公司按“技术合同”税目计算缴纳的印花税。

四、综合题（本题型共 2 题，第 1 小题 15 分，第 2 小题 16 分，共 31 分。要求列出计算步骤，每步骤运算得数精确到小数点后两位。）

1. 某综合服务公司为增值税一般纳税人，2020 年 7 月发生下列业务：

（1）将 1 栋办公楼对外出租（该办公楼购置于 2015 年 7 月），每月租金收入 20 000 元，一次性收取半年的租金 120 000 元。

（2）代销福利彩票取得手续费收入20 000元。

（3）该公司所属商店（小规模纳税人）销售商品取得销售收入价税合计 161 800 元，购进货物支付货款 51 000 元，支付运费 2 000元，取得普通发票注明支付价税合计金额 2 320 元。

（4）从汽车贸易公司购进一辆轿车自用，取得增值税普通发票，注明金额 200 000 元、增值税 26 000 元，另向保险公司支付保险费 6 000 元，向车辆登记管理机关支付车辆牌照费 200 元。

（5）开办中医按摩室，取得收入100 000元。

（6）举办文化讲座取得门票收入 150 000 元，支付场租 20 000 元、劳务费 10 000 元，均有增值税普通发票。

（7）2018 年 7 月以本公司购置的原值为 4 000 000元的房产作抵押，向某商业银行贷款 2 400 000 元，贷款期限 2 年，年利率 5%，该房产购入价为 3 600 000 元，购入后发生装修等其他费用共计 400 000 元。合同规定，抵押期间该房产由银行使用，公司不再支付利息。贷款本月底到期，公司无力偿还贷款，经双方协商，银行将所抵押的房产收归己有，核定房产价值为4 500 000元，银行向该公司支付了补价2 100 000元。

(8)该公司保龄球馆本月开业，并成立顾客会员俱乐部，向会员收取服务费400 000元，本月保龄球馆经营收入200 000元。

(9)该公司购进办公用品取得增值税专用发票，注明金额500 000元。

(已知：上述金额如无特别说明均为不含税金额；上述销售不动产和不动产租赁服务均按简易计税方法计算，已知不符合加计抵减政策。)

要求：根据上述资料，按下列序号计算回答问题，每问需计算出合计数。

(1)计算2020年7月该公司按“不动产租赁服务”缴纳的增值税。

(2)计算2020年7月该公司应纳的车辆购置税。

(3)计算2020年7月该公司转让房地产应纳的增值税。

(4)计算2020年7月该公司应纳的增值税合计额。

2. 某市区一工业企业，占地10万平方米，房产原值1 875万元，2019年取得主营业务收入5 000万元，其他业务收入600万元，营业外收入48万元，投资收益90万元；发生主营业务成本2 800万元，其他业务成本400万元，营业外支出180万元；税金及附加400万元，管理费用400万元，销售费用1 000万元，财务费用150万元。另外：该企业从业人数55人，资产总额2 800万元。

(1)业务招待费支出50万元。

(2)向个人借款利息支出100万元，利率超过同期同类银行贷款利率1倍。

(3)广告费支出850万元。

(4)资产减值准备金支出100万元，未经过核定。

(5)工资薪金总额800万元，工会经费16万元，职工福利费122万元，职工教育经费25万元。

(6)投资收益中包括国债利息收入50万元，投资于上市公司取得股息40万元，该股票持有5个月时卖出。

(7)通过教育部门捐赠80万元，用于小学图书馆建设；非广告性质赞助支出20万元。

其他资料：2015、2016、2017、2018年待弥补亏损分别是140万元、240万元、0万元、100万元。

(已知：房产税减除标准20%，城镇土地使用税单位税额4元，均未计入税金及附加。)

要求：根据上述资料，按下列序号计算回答问题，如有计算需计算合计数。

(1)计算业务招待费应调整的应纳税所得额。

(2)计算借款利息应调整的应纳税所得额。

(3)计算广告费支出应调整的应纳税所得额。

(4)计算资产减值准备金应调整的应纳税所得额，并说明理由。

(5)计算工会经费、职工福利费、职工教育经费应调整的应纳税所得额。

(6)计算投资收益应调整的应纳税所得额，并说明理由。

(7)计算该企业当年房产税。

(8)计算该企业当年城镇土地使用税。

(9)计算该企业2019年利润总额。

(10)计算弥补亏损后的应纳税所得额。

(11)计算该企业2019年应纳的企业所得税。

模拟试卷(二)

扫我做试题

一、单项选择题(本题型共24小题，每小题1分，共24分。每小题只有一个正确答案，请从每小题的备选答案中选出一个你认为正确的答案。)

1. 下列规范性文件中，属于税收行政法规的是(　)。

A.《企业所得税法实施条例》

B.《增值税暂行条例实施细则》

C.《资源税暂行条例》

D.《消费税暂行条例》

2. 某电器生产企业自营出口自产货物，2020年2月计算出的期末未抵扣完的增值税为15万元，当期免抵退税额为27万元，则当期的免抵税额为(　)万元。

A. 0　　B. 12

C. 15　　D. 27

3. 某罐头加工厂(增值税一般纳税人)于2020年8月向农民收购一批黄桃，当月领用用于生产销售罐头，2020年9月，因管理不善该批黄桃腐烂变质。已知该批黄桃的账面成本为25 560元(其中不含税运费560元)，不考虑其他事项，该罐头厂9月份不得抵扣的进项税额为(　)。

A. 3 692.63　　B. 3 465.09

C. 3 714.71　　D. 2 828.18

4. 下列一般纳税人不能选择适用简易计税方法计税的是(　)。

A. 提供劳务派遣服务，选择全额纳税的

B. 教育辅助服务

C. 生产销售和批发、零售罕见病药品

D. 自来水公司销售自来水

5. 某企业为增值税一般纳税人，2020年6月发生以下业务：从农业生产者手中收购粮食20吨，每吨收购价6 000元，共计支付收购价款120 000元。企业将收购的粮食从收购地直接运往异地的某酒厂生产加工粮食白酒2吨。粮食白酒加工完毕，企业收回2吨粮食白酒时取得酒厂开具的增值税专用发票，注明加工费45 000元，加工的粮食白酒当地无同类产品市场价格。则受托方应代收代缴的消费税为(　)万元。

A. 1.66　　B. 4.08

C. 3.88　　D. 4.02

6. 下列自产应税消费品不缴纳消费税的是(　)。

A. 汽车厂生产的小汽车用于业务招待

B. 将自产的高档化妆品用于广告样品

C. 卷烟厂将自制烟丝用于生产卷烟

D. 汽车生产厂家将生产出来的小汽车配给部门领导使用

7. 甲公司于2018年9月30日(周日)进口一批货物并于当日申报进境，当日纳税人收到海关填发税款缴款书，则该公司最晚向银行缴纳税款的期限为(　)。

A. 10月13日　　B. 10月14日

C. 10月15日　　D. 10月16日

8. 甲工业企业是环境保护税纳税义务人，该厂夜间的噪声为50分贝，白天的噪声为70分贝，《工业企业厂界环境噪声排放标准》规定该区域噪声排放限值昼间是60分贝，夜间是55分贝。超标天数是14天，则该厂应缴纳的环境保护税为(　)元。(已知工业噪声超标4~6分贝，每月税额700元；超标7~9分贝，每月税额1 400元；超标10~12分贝，每月税额2 800元。)

A. 2 800　　B. 1 400

C. 3 500　　D. 1 750

9. 某市因实施国务院批准的建设项目，需要对项目覆盖的地区进行搬迁，甲企业自行将位于项目覆盖地区的房产转让给国家，取得收入2 000万元，该房地产购买时支付价款1 000万元，评估价格为1 500万元，则甲企业应纳的土地增值税为(　)万元。

A. 0　　　　B. 150

C. 117　　　　D. 133.5

10. 甲企业2020年6月以融资租赁的方式租入一处房产，原值1 000万元，租赁期5年，租入当月投入使用，每月支付租赁费10万元，税务机关确定甲企业为该房产的纳税人，计算房产余值的扣除比例为20%。2020年甲企业融资租赁的房产应缴纳房产税(　)万元。

A. 4.8　　　　B. 5.6

C. 7.2　　　　D. 8.4

11. 下列生产或开采的资源税中，不征收资源税的是(　)。

A. 自来水　　　　B. 天然卤水

C. 矿泉水　　　　D. 地热

12. 居民甲和居民乙由于工作地点的原因，双方约定互相交换住房，甲的房屋价值为100万元，乙的房屋价值为120万元，差价款20万元由甲单独支付给乙，双方签订房屋权属转移合同并按规定办理了房屋产权过户手续。下列关于契税的表述正确的是(　)。

A. 甲乙双方均应缴纳契税

B. 甲乙双方均不缴纳契税

C. 甲应缴纳契税、乙不缴纳契税

D. 甲不缴纳契税、乙应缴纳契税

13. 下列各项中，减按2元/平方米征收耕地占用税的是(　)。

A. 铁路线路占用耕地

B. 水利工程占用耕地

C. 农村居民在规定标准以内占用耕地新建住宅

D. 医疗机构占用耕地

14. 关于车辆购置税的纳税地点，下列说法中正确的是(　)。

A. 购置需要办理车辆登记注册手续的应税车辆，纳税地点是纳税人所在地

B. 购置需要办理车辆登记注册手续的应税车辆，应当向购买地主管税务机关申报纳税

C. 购置需要办理车辆登记注册手续的应税车辆，向车辆登记地的主管税务机关申报缴纳

D. 购置不需要办理车辆登记注册手续的应税车辆，应当向购买地主管税务机关申报纳税

15. 下列车船计算缴纳车船税的是(　)。

A. 军队专用车船　　B. 人力三轮车

C. 警用车辆　　　　D. 半挂牵引车

16. 对一份应纳税额超过500元的纳税人，可以采用的印花税纳税办法是(　)。

A. 汇贴纳税　　　　B. 自行贴花

C. 汇缴纳税　　　　D. 委托代征

17. 下列各项个人所得，应按"劳务报酬所得"项目征税的是(　)。

A. 企业和单位对营销业绩突出的非雇员以培训等名义，免费旅游所发生的费用

B. 个人从事个体出租车运营的出租车驾驶员取得的收入

C. 个人提供专利权的使用权取得的所得

D. 为电视剧制作单位提供剧本取得的剧本使用费收入

18. 以下各项生物资产中属于生产性生物资产的是(　)。

A. 薪炭林

B. 存栏代售的牲畜

C. 防风固沙林

D. 水源涵养林

19. 2020年9月甲企业以吸收合并方式合并乙企业，合并业务符合特殊性税务处理的条件。合并时乙企业净资产账面价值1 000万元，市场公允价值1 200万元，弥补期限内的亏损80万元，年末国家发行的最长期限的国债利率为5%。2020年由甲企业弥补的乙企业的亏损额为(　)万元。

A. 70　　　　B. 56.5

C. 60　　　　D. 49.5

20. 2020年2月李某办理了提前退休手续，距法定退休年龄还有2年，取得一次性补

贴收入146 000元。李某就一次性补贴收入应缴纳的个人所得税为(　)元。

A. 0　　B. 500

C. 780　　D. 1 380

21. 某非居民企业在境内取得管理服务收入，但不能准确核算成本费用，则税务机关可以核定的利润率为(　)。

A. 10%~20%　　B. 15%~30%

C. 20%~40%　　D. 30%~50%

22. 下列关于停业、复业的表述，不正确的是(　)。

A. 实行定期定额征收方式的纳税人，在营业执照核准的经营期限内需要停业的，应当向税务机关提出停业登记

B. 申请停业的纳税人，应该结清税款并收回税务登记证件、发票领购簿和发票，办理停业登记

C. 纳税人停业期间发生纳税义务，可以在复业后向主管税务机关申报，依法补缴应纳税款

D. 纳税人应当于恢复生产、经营之前，向税务机关提出复业登记申请

23. 下列不属于税务行政诉讼特有原则的是(　)。

A. 税务机关负举证责任原则

B. 由税务机关负责赔偿的原则

C. 不适用调解原则

D. 实行回避原则

24. 下列选项中不可以和解与调解的是(　)。

A. 行使自由裁量权作出的具体行政行为

B. 行政赔偿

C. 行政奖励

D. 确定税种

二、多项选择题(本题型共14小题，每小题1.5分，共21分。每小题均有多个正确答案，请从每小题的备选答案中选出你认为正确的答案。每小题所有答案选择正确的得分，不答、错答、漏答均不得分。)

1. 我国现行税制中采用的累进税率有(　)。

A. 超额累进税率　B. 超率累进税率

C. 全额累进税率　D. 超倍累进税率

2. 下列各项收入中应计入增值税年应税销售额的有(　)。

A. 预售销售额

B. 纳税申报销售额

C. 稽查查补销售额

D. 纳税评估调整销售额

3. 企业收取的下列款项中，应作为价外费用并入销售额计算增值税的有(　)。

A. 商业企业向供货方收取的返还收入

B. 生产企业销售货物时收取的包装物租金

C. 供电企业收取的逾期未退的电费保证金

D. 融资性售后回租业务中承租方出售资产取得的所得

4. 下列业务应使用同类消费品的最高售价计算缴纳消费税的有(　)。

A. 将自产应税消费品用于换取生产资料

B. 将自产应税消费品用于投资

C. 将自产应税消费品分配给股东

D. 将自产应税消费品用于抵偿债务

5. 下列属于城市维护建设税特点的有(　)。

A. 税款专款专用

B. 属于一种附加税

C. 根据城镇规模设计不同的定额税

D. 补充城市维护建设资金的不足

6. 以倒扣价格估价方法估定关税完税价格时，下列项目应当扣除的有(　)。

A. 进口关税

B. 同种类或同等级货物在境内第一销售环节销售时的利润和一般费用

C. 货物运抵输入地点起卸后的运输及相关费用、保险费

D. 在境外生产时的原材料成本

7. 下列企业不属于资源税纳税人的有(　)。

A. 生产人造石油的股份制企业

B. 生产海盐的国有企业

C. 生产煤炭制品的集体企业

D. 进口金属矿的私营企业

8. 下列对土地增值税特点的表述正确的有(　)。

A. 征税面比较广，个人也负有土地增值税的纳税义务

B. 以转让房地产的收入额为计税依据

C. 实行按次征收

D. 实行超率累进税率

9. 下列承受不动产行为中免征契税的有(　)。

A. 公安局承受房屋办公

B. 医院承受房屋用于开办宾馆

C. 公租房经营单位购买住房作为公租房

D. 运动员因成绩突出获得国家奖励的住房

10. 依据车船税的规定，下列表述正确的有(　)。

A. 车船税纳税义务发生时间为取得车船所有权或者管理权的当月

B. 对依法不需要购买机动车交通事故责任强制险的车辆，纳税人应当向主管税务机关申报缴纳车船税

C. 已办理退税的被盗车船失而复得的，纳税人应当从公安机关出具相关证明的当月起计算缴纳车船税

D. 已缴纳车船税的车船，在同一纳税年度内办理转让过户的，不另纳税，同时已经缴纳的车船税可以申请退回

11. 一般性税务处理情形下，企业分立当事各方下列处理正确的有(　)。

A. 被分立企业对分立出去的资产按公允价值确认资产转让所得或损失

B. 分立企业应按公允价值确认接受资产的计税基础

C. 企业分立相关企业的亏损不得相互结转弥补

D. 被分立企业对分立出去的资产按账面价值确认资产转让所得或损失

12. 下列所得中，不能按“偶然所得”征收个人所得税的有(　)。

A. 个人转让限售股所得

B. 个人取得的不在公司任职的董事费收入

C. 个人处置打包债权取得的收入

D. 个人为单位或他人提供担保获得的收入

13. 下列关于境外所得税收管理的说法错误的有(　)。

A. 由居民企业直接或者间接持有20%以上股份的外国企业，仅限于符合持股方式的三层外国企业

B. 如果企业当期境内外所得盈利额与亏损额加总后和为负数，则以境外分支机构的亏损额超过企业盈利额部分的实际亏损额，在5年的期限内进行亏损弥补，未超过企业盈利额部分的非实际亏损额仍可无限期向后结转弥补

C. 企业从境外取得符合境外税额间接抵免条件的股息所得，凡就该所得缴纳及间接负担的税额在所得来源国(地区)的法定税率且其实际有效税率明显高于我国的，可直接以按本通知规定计算的境外应纳税所得额和《企业所得税法》规定的税率计算的抵免限额作为可抵免的已在境外实际缴纳的企业所得税税额

D. 企业从境外取得营业利润所得，虽有所得来源国政府机关核发的具有纳税性质的凭证或证明，但因客观原因无法真实、准确地确认应当缴纳并已经实际缴纳的境外所得税税额的，一律按境外应纳税所得额的12.5%作为抵免限额

14. 下列关于税款追征的表述中，不正确的有(　)。

A. 因税务机关责任，致使纳税人少缴税款的，税务机关在3年内可要求纳税人补缴税款，但不加收滞纳金

B. 因税务机关责任，致使纳税人少缴税款的，税务机关在3年内可要求纳税人补缴税款并按银行同期利率加收滞纳金

C. 对于纳税人偷税、抗税和骗税的，税务机关在3年内可以追征税款、滞纳金；

有特殊情况的，追征期可延长到5年

D. 因纳税人计算等失误，未缴或者少缴税款的，税务机关在3年内可以追征税款、滞纳金；有特殊情况的，追征期可延长到10年

三、计算问答题（本题型共4小题，每小题6分，共24分。其中一道小题可以选用中文或英文解答，如使用英文解答，须全部使用英文，答题正确的，增加5分。本题型最高得分为29分。要求列出计算步骤，每步骤运算得数精确到小数点后两位。）

1. 中国居民企业A（所得税税率为25%）持有甲国B公司40%股权，甲国的所得税税率为10%。2019年B公司实现税前利润4 000万元，在甲国缴纳企业所得税400万元。B公司决定向股东分配2 500万元的税后利润，A公司分得1 000万元，并按照甲国的预提所得税税率缴纳了50万元的预提所得税，实际获得950万元的股息所得。A公司为进行对B公司的投资，当年发生的管理费用为20万元。

要求：根据上述资料，回答下列问题，如有计算，请计算出合计数。

（1）A公司来自B公司的股息所得，是否符合间接抵免条件，请说明理由。

（2）计算A公司来自B公司的股息所得直接缴纳和间接负担的税额。

（3）计算A公司来自B公司股息所得调整后的应纳税所得额。

（4）计算A公司来自B公司的股息所得在我国应补缴的企业所得税税额。

2. （本题可用英文作答）甲实木地板厂为增值税一般纳税人，2020年9月有关生产经营情况如下：

（1）从油漆厂购进油漆200吨，每吨不含税单价1万元，取得油漆厂开具的增值税专用发票，注明货款200万元、增值税26万元。

（2）向农业生产者收购原木40吨，收购凭证上注明支付收购货款56万元，另支付不含税运输费用5万元，取得运输公司开具的增值税专用发票；原木验收入库后，又将其运往A地板加工厂加工成未上漆的实木地板，取得A厂开具的增值税专用发票，注明支付加工费6万元、增值税0.78万元，甲实木地板厂收回实木地板时A加工厂代收代缴了消费税（A加工厂无同类实木地板的销售价格）。

（3）甲实木地板厂将委托加工收回的实木地板的一半用于继续加工高档实木地板，当月生产实木地板3 000箱，销售高档实木地板2 500箱，取得不含税销售额980万元。

（4）当月将自产高档实木地板100箱用于本企业会议室装修。

已知：实木地板消费税税率5%；实木地板成本利润率5%，本月取得的相关票据符合税法规定，并在当月通过认证并申报抵扣。

要求：根据上述资料，按下列序号计算回答问题，每问需计算出合计数。

（1）计算该厂当月应缴纳的增值税。

（2）计算该厂被代收代缴的消费税。

（3）计算该厂当月应自行向主管税务机关缴纳的消费税。

3. 张某任职于国内某市A公司，系我国居民纳税人，2020年取得部分收入如下：

（1）每月工资收入16 000元，自己负担的“三险一金”为1 960元，申报专项附加扣除时，张某向单位报送的专项附加扣除信息如下：上小学的儿子一名、年满60周岁的父母两名。已知张某是独生子女，夫妻约定子女教育全额由张某扣除。

（2）12月底A公司拟为其发放年终奖18 500元，考虑取得的年终奖是否并入综合所得缴纳个人所得税。

（3）11月1日出租自有住屋一套，每月不含税租金收入2 000元，一次性收取1年房租24 000元，不考虑相关税费。

要求：根据以上资料，按下列顺序回答问

题，如有计算需计算合计数。

(1)计算张某1月份应预扣预缴的个人所得税。

(2)如果A公司未履行代扣代缴义务应承担的法律责任。

(3)请从税务角度为张先生取得的年终奖是否并入综合所得计算个人所得税，说明理由。

(4)计算2020年出租住房应缴纳的个人所得税。

(5)如果张先生取得的综合所得需要办理汇算清缴，回答其2020年个人所得税汇算清缴的期限。

4. 外国甲公司2019年为中国乙公司提供产品设计服务，为开展工作在乙公司所在市区租赁一办公场地，其服务情况如下：

(1)1月6日，甲公司与乙公司签订服务合同，确定产品设计服务相关内容，合同约定服务期限为7个月，服务所产生的税费由税法规定的纳税人缴纳，合同服务费用为600万元(不含增值税)，此外甲公司向乙公司另行收取项目所产生的增值税。

(2)1月13日，甲公司从国外派遣的人员到达乙公司并开展相关服务工作。

(3)8月4日，乙公司对甲公司提供的服务进行验收，验收通过并确认项目完工。

(4)8月6日，甲公司所派遣的员工全部离开中国。

(5)8月7日，乙公司向甲公司全额付款。

(6)项目开展期间，甲公司中国境内人员与境外人员协调开展工作，在中国境内产生成本费用360万元。

(其他相关资料：税务机关对甲公司采取按收入总额核定应纳税所得额的方法计征企业所得税，核定利润率为15%，甲公司适用增值税一般计税方法。项目期间的采购甲公司均未取得增值税专用发票。)

要求：根据上述资料，按下列序号计算回答问题，每问需计算出合计数。

(1)回答甲公司应申请税务登记的期限。

(2)回答甲公司应申报注销税务登记的期限。

(3)计算甲公司应缴纳的企业所得税。

(4)计算甲公司应缴纳的增值税。

(5)计算甲公司应缴纳的城市维护建设税、教育费附加、地方教育附加。

四、综合题(本题型共2题，第1小题15分，第2小题16分，共31分。要求列出计算步骤，每步骤运算得数精确到小数点后两位。)

1. 某市高尔夫球艺有限公司为增值税一般纳税人，下设高尔夫球具生产厂、高尔夫球包生产厂、高尔夫球生产厂，为国内外客户提供专业的高尔夫个性化产品。2020年6月发生如下业务：

(1)购进原材料一批，取得增值税专用发票上注明价款230万元，专用发票已经税务机关认证，原材料已验收入库。

(2)本月销售自产高尔夫球包1 850个，单价为不含税价格2 580元。

(3)本月销售自产高尔夫球，每枚不含税价38元，开具增值税专用发票上注明销售数量为350 000枚，同时收取包装费11.17万元(开具普通发票)。

(4)用自产高尔夫球475枚抵偿上月所欠货款，另向某高尔夫运动场赠送高尔夫球4 500枚。

(5)受托加工特制高尔夫球一批，委托方提供材料成本10万元，收取不含税加工费5万元，没有同类售价。

(6)委托A市区的B公司仿照境外样式加工高尔夫球一批，送出的材料成本2万元，支付的加工费1万元，B公司没有同类售价；取得受托方开具的防伪税控系统增值税专用发票(已经税务机关认证)，货已入库。收回后，直接销售给某俱乐部，收取含税价款85 080元。

(7)将外购高尔夫球握把，用于连续生产高档高尔夫球杆，全部销售给某高尔夫球商业俱乐部价税合计245万元，约定分两期收款，本月收取价款的80%。

(8)将自产高尔夫球和玩具组装成礼品套装销售，取得含税收入 111.7 万元。

(9)月末进口高尔夫球一批，关税完税价格 20 万元，关税税率 40%，取得海关开具的完税凭证。

(10)本期支付电费，取得专用发票，注明价款 18 万元，支付自来水公司水费，取得增值税专用发票，注明税款 0.72 万元。

(11)受某高尔夫俱乐部的委托，为其设计高尔夫球场建筑图纸，取得不含税收入 58 万元。

(期初外购已税高尔夫球握把的买价 127 万元；本期购入外购已税高尔夫球握把取得增值税专用发票上注明的买价 118 万元，专用发票已经税务机关认证；期末库存外购已税高尔夫球握把买价 6 万元；高尔夫球及球具的消费税税率为 10%，高尔夫球及球具的成本利润率为 10%，高尔夫球平均价 38 元/枚，最高价格 40 元/枚。)

要求：根据以上资料，按下列序号计算回答问题，如有计算需计算合计数。

(1)高尔夫球艺有限公司受托设计高尔夫球场建筑图纸取得的收入应缴纳的增值税。

(2)高尔夫球艺有限公司本期进口业务缴纳的税金。

(3)高尔夫球艺有限公司本期应向税务机关缴纳的增值税。

(4)高尔夫球艺有限公司本期代收代缴的消费税。

(5)高尔夫球艺有限公司本期应向税务机关缴纳的消费税。

(6)高尔夫球艺有限公司本期应缴纳的城建税和教育费附加。(不含代收代缴税金)

2. 某白酒酿造公司，2019 年度实现白酒销售收入 7 400 万元、投资收益 180 万元，成本、费用及税金等共计 7 330 万元，营业外支出 80 万元，全年实现会计利润 170 万元，已按 25%的企业所得税税率缴纳了企业所得税 42.5 万元。后经聘请的会计师事务所审核，发现以下问题，公司据此按税法规定予以补税。

(1)管理费用中列支的业务招待费为 80 万元；销售费用中列支当年发生的广告支出 480 万元。该企业以前年度尚未扣除的广告费为 65 万元。

(2)“投资收益”账户记载的 180 万元分别为：①取得境内从被投资企业的撤回投资，分配支付额超过投资成本部分的金额 116 万元(其中含累计未分配利润和累计盈余 86 万元)；②取得境外分支机构税后收益 49 万元，已在国外缴纳了 15%的企业所得税；③取得国债利息收入 15 万元。

(3)2019 年 6 月 20 日购进一台机械设备，购入成本 90 万元，当月投入使用。按税法规定和会计规定该设备按直线法折旧，期限为 10 年，残值率 5%，企业将设备购入成本一次性在利润中作了扣除。

(4)12 月 10 日接受某单位捐赠小汽车一辆，取得增值税专用发票，注明价款 50 万元，增值税 6.5 万元，企业未列入会计核算。

(5)“营业外支出”账户中列支的通过非营利社会团体向灾区捐款 80 万元，已全额扣除。

要求：根据上述资料，按下列序号计算回答问题，每问需计算出合计数。

(1)计算业务(1)应调整的应纳税所得额。

(2)计算业务(2)属于财产转让的应纳税所得额。

(3)计算境外所得在我国应补的企业所得税。

(4)计算业务(3)应调整的会计利润。

(5)计算业务(4)应调整的会计利润。

(6)计算业务(5)应调整的应纳税所得额。

(7)计算该公司 2019 年应补缴的企业所得税。

机考通关模拟试题参考答案及解析

JINGDIAN TIJIE

模拟试卷(一)
参考答案及详细解析

一、单项选择题

1. D 【解析】选项 A，税法调整的对象是国家和纳税人之间的权利义务关系，而不是税务机关和纳税人这两个税法主体之间的权利与义务关系；选项 B，税法具有义务性法规和综合性法规的特点；选项 C，税法属于义务性法规的这一特点是由税收的无偿性和强制性特点所决定的。

2. D 【解析】个人所得税应纳税所得额＝36－80×[40÷(20+40+50)]＝6.91(万元)
应纳的个人所得税税额＝6.91×20%＝1.38(万元)

3. C 【解析】航空旅客运费进项税额＝(票价+燃油附加费)÷(1+9%)×9%＝(1 000+120)÷(1+9%)×9%＝92.48(元)

4. A 【解析】向境外单位提供的设计服务适用零税率，但是其不包括对境内不动产提供的设计服务。

5. A 【解析】依据消费税的有关规定，只有选项 A 符合题意，其余选项均不属于消费税征税范围。

6. B 【解析】汽车厂通过自设非独立核算门市部销售自产应税消费品，应按门市部对外销售额计算消费税，由于门市部零售价是含增值税的价格，需要先换算再计税，应纳消费税＝177.22÷(1+13%)×9%＝14.11(万元)。

7. D 【解析】烟叶税的纳税人是收购烟叶的单位，实际支付的价款总额＝收购价款+价外补贴，所以应缴纳的烟叶税＝30×20%＝6(万元)。

8. B 【解析】进口货物保险费无法确定或未实际发生，按“货价加运费”的3‰计算保险费。
完税价格＝(2 000+10)×(1+3‰)＝2 016.03(万元)
关税＝2 016.03×5%＝100.8(万元)

9. C 【解析】从低丰度油气田开采的原油、天然气减征 20%资源税。

10. D 【解析】对于符合清算条件应进行土地增值税清算的项目，纳税人应当在满足清算条件之日起 90 日内到主管税务机关办理清算手续。

11. A 【解析】土地使用权共有的，由共有各方分别纳税，即几个人或几个单位共同拥有一块土地使用权的，各方应以其实际使用的土地面积占整个土地总面积的比例，分别计算缴纳土地使用税。但本题中的甲拥有土地使用权，所以应当由甲缴纳全部的土地使用税。

12. D 【解析】以无偿划拨方式取得土地使用权又转让的，由转让者按补缴的土地出让费或土地收益补缴契税。

13. A 【解析】对动漫企业增值税一般纳税人销售其自主开发生产的动漫软件，按照 13%的税率征收增值税后，对其增值税实际税负超过 3%的部分，实行即征即退政策。

14. D 【解析】农村居民在规定用地标准以内占用耕地新建自用住宅，按照当地适用税额减半征收耕地占用税。

15. D 【解析】凭证的正式签署本已按规定缴纳了印花税，其副本或抄本对外不发生权利义务关系，只是留存备查。但以副本或者抄本视同正本使用的，则应另行贴印花。

16. D 【解析】选项 D，代收款项应区别征收：凡使用代收单位(受托方)票据收取款项，应视为代收单位价外费用，购买者支付的价费款，应并入计税价格中一并征税；凡使用委托方票据收取，受托方只履行代收义务收取手续费的款项，不并入计税价格中征收车辆购置税。

17. A 【解析】挂车年税额按照货车税额的50%计算缴纳车船税。应纳的车船税 = 10×20×20+540×10+3×8×20×50% = 9 640(元)。

18. D 【解析】再销售价格法：以关联方购进商品再销售给非关联方的价格减去可比非关联交易毛利后的金额作为关联方购进商品的公平成交价格。

应纳税额 = [500 000−500 000×(1−20%)]×25% = 25 000(元)

19. D 【解析】企业所得税税前扣除项目的原则有：权责发生制原则、配比原则、相关性原则、确定性原则和合理性原则。

20. B 【解析】选项 A，不属于工资、薪金范畴，不征个人所得税；选项 C，属于综合所得中的特许权使用费所得；选项 D，个人转让自用达 5 年以上并且是唯一的家庭居住用房取得的所得，免征个人所得税。

21. D 【解析】涉及补偿调整的，应在补偿调整的年度计入应纳税所得额。

22. A 【解析】纳税信用信息采集工作由国家税务总局和省税务机关组织实施，按月采集。

23. A 【解析】对计划单列市税务局的具体行政行为不服的，向国家税务总局申请行政复议。

24. D 【解析】A 级纳税信用为年度评价指标得分 90 分以上的。

二、多项选择题

1. AC 【解析】税务机关的权利主要表现在依法进行征税、税务检查以及对违章者进行处罚；其义务主要是向纳税人宣传、咨询、辅导解读税法，及时把征收的税款解缴国库，依法受理纳税人对税收争议的申诉等。选项 BD，属于纳税义务人的权利。

2. BCD 【解析】总机构和分支机构不在同一县(市)的，应当分别向各自所在地的主管税务机关申报纳税；经财政部和国家税务总局或者其授权的财政和税务机关批准，可以由总机构合并向总机构所在地的主管税务机关申报纳税。

3. AD 【解析】消费税采用比例税率和定额税率两种形式。

4. BD 【解析】教育费附加征收比率为 3%，地方教育附加为 2%；出口产品退还增值税、消费税的，不退还已征收的教育费附加。

5. ACD 【解析】在货物价款中单独列明的货物运至我国境内输出地点装载后的运输及其相关费用、保险费，不计入出口货物的完税价格。

6. ABC 【解析】选项 D 不得作为开发费用在计算土地增值税时从收入总额中扣除。

7. AD 【解析】纳税人自行新建房屋用于生产经营，从建成之次月起纳税；纳税人购置存量房，自办理房屋权属转移、变更登记手续、房地产权属登记机关签发房屋权属证书之次月起纳税。

8. ACD 【解析】选项 B，货物运输合同的计税依据应为运输费用，不包括装卸费和保险费。

9. ACD 【解析】企业发生的公益性捐赠支出未在当年税前扣除的部分，准予向以后年度结转扣除，但结转年限自捐赠发生年度的次年起计算最长不得超过三年。

10. BD 【解析】选项 A，通过赠送取得的，原值为其受赠该拍卖品时发生的相关税费；选项 C，通过祖传收藏的，原值为其收藏该拍卖品而发生的费用。

11. ABD 【解析】选项 C，居民个人从中国境外取得所得的，应当在取得所得的次年3月1日至6月30日内申报纳税。

12. ACD 【解析】除已办理税务登记，从事生产、经营并适用查账征收的企业纳税人外，纳税信用管理试行办法还适用于以下企业纳税人：

(1)从首次在税务机关办理涉税事宜之日起时间不满一个评价年度的企业(以下简称新设立企业)。评价年度是指公历年度，即1月1日至12月31日。

(2)评价年度内无生产经营业务收入的企业。

(3)适用企业所得税核定征收办法的企业。

13. BC 【解析】纳税人对税务机关作出的征收税款、加收滞纳金决定不服，必须先经过税务行政复议程序，对复议决定不服的，才可以提起税务行政诉讼。

14. ABD 【解析】对下列行政复议事项，按照自愿、合法的原则，行政复议机关可以调解：(1)行使自由裁量权作出的具体行政行为，如行政处罚、核定税额、确定应税所得率等；(2)行政赔偿；(3)行政奖励；(4)存在其他合理性问题的具体行政行为。

三、计算问答题

1.【答案】

(1)贷款服务，以提供贷款服务取得的全部利息及利息性质的收入为销售额。

应纳的增值税=(2 000+80)÷(1+6%)×6%=117.74(万元)(1分)

(2)收取的手续费应纳的增值税=5 000×4.8%÷12×3×10%÷(1+6%)×6%=0.34(万元)(1分)

(3)业务(2)：金融企业从事股票买卖业务，以股票的卖出价减去买入价后的余额为销售额。

应纳的增值税=(1 000-900)÷(1+6%)×6%=5.66(万元)

业务(3)：应纳的增值税=(180+30)÷(1+6%)×6%=11.89(万元)

业务(4)：以货币资金投资收取的固定利润或者保底利润，按照贷款服务缴纳增值税。

应纳的增值税=1 200÷(1+6%)×6%=67.92(万元)

业务(5)：经纪代理服务，以取得的全部价款和价外费用，扣除向委托方收取并代为支付的政府性基金或者行政事业性收费后的余额为销售额。

代收电话费应缴纳的增值税=(850-836)÷(1+6%)×6%=0.79(万元)

业务(7)：可以抵扣的进项税=113÷(1+13%)×13%=13(万元)

第3季度应缴纳的增值税=117.74+0.34+5.66+11.89+67.92+0.79-13=191.34(万元)(4分)

【英文答案】

(1)Loan service sales is income of all interest or interest nature obtained by providing loan services.

Output VAT=(2 000+80)÷(1+6%)×6%=117.74(in ten thousand Yuan)

(2) The Output VAT charged for the handling fee=5 000×4.8% ÷12×3×10% ÷(1+6%)×6%=0.34(in ten thousand Yuan)

(3)Business(2): The sales of a financial enterprise engaging in stock trading business is the balance of the stock selling price minus the buying price.

Output VAT=(1 000-900)÷(1+6%)×6%=5.66(in ten thousand Yuan)

Business(3): Output VAT=(180+30)÷(1+6%)×6%=11.89(in ten thousand Yuan)

Business (4): Fixed profit or guaranteed profit received by monetary capital investment is regarded as loan service

Output VAT=1 200÷(1+6%)×6%=67.92(in ten thousand Yuan)

Business(5): The sales of brokerage agency

service is full price and the out-of-cost fee, deducting the balance of the government fund or administrative fee

Output VAT = (850−836) ÷ (1+6%) ×6% = 0.79 (in ten thousand Yuan)

Business (7): Input VAT = 113 ÷ (1+13%) × 13% = 13 (in ten thousand Yuan)

VAT in third quarter = 117.74+0.34+5.66+11.89+0.79−13 = 191.34 (in ten thousand Yuan)

2. 【答案】

(1) 销售天然气应纳资源税 = 10 800×6% = 648(万元)(1 分)

(2) 销售原煤应纳资源税 = 10 400×5% = 520(万元)

自产自用原煤和加工洗煤应纳资源税 = 7 800×70%×5%+125×5% = 279.25(万元)

纳税人将其开采的原煤加工为洗选煤销售的，以洗选煤销售额乘以折算率作为应税煤炭销售额计算缴纳资源税。

当月应缴纳煤炭的资源税 = 520+279.25 = 799.25(万元)(2 分)

(3) 应缴纳资源税合计 = 648 + 799.25 = 1 447.25(万元)(1 分)

(4) 销项税额 = 10 800×9%+(10 400+7 800+125)×13% = 3 354.25(万元)

进项税额 = 6.76×40+567+405 = 1 242.4(万元)

该联合企业当月应缴纳增值税 = 3 354.25−1 242.4 = 2 111.85(万元)(2 分)

3. 【答案】

(1) 居民个人取得全年一次性奖金，符合规定的，在 2021 年 12 月 31 日前，不并入当年综合所得，以全年一次性奖金收入除以 12 个月得到的数额，按照按月换算后的综合所得税率表，确定适用税率和速算扣除数，单独计算纳税。

应纳税额 = 全年一次性奖金收入×适用税率−速算扣除数

一次性奖金的上述 = 150 000÷12 = 12 500，适用税率 20%，速算扣除数 1 410 元。

应纳税额 = 150 000×20% − 1 410 = 28 590(元)(1 分)

(2) 独生子女赡养老人支出，每月按照 2 000 元的标准定额扣除。

纳税人赡养 2 个及以上老人的，不按老人人数加倍扣除。(1 分)

(3) 兼职收入应预扣预缴的个人所得税 = 35 000×(1−20%)×30%−2 000 = 6 400(元)(1 分)

(4) 国债利息和地方政府债券利息，免征个人所得税。企业发行的债券利息应当缴纳个人所得税。

5 月份李先生取得的各项利息收入应缴纳的个人所得税 = 750×20% = 150(元)(1 分)

(5) 应纳个人所得税 = [12 800×12−1 300×12−2 000×12−60 000+35 000×(1−20%)]×10%−2 520 = 5 680(元)(2 分)

4. 【答案】

(1) 该股份公司领取的证件应缴纳的印花税 = 4×5 = 20(元)(1 分)

(2) 该股份公司按“购销合同”税目计算缴纳的印花税 = (1 360+840+940+40)×0.3‰×10 000 = 9 540(元)(1 分)

(3) 该股份公司按“加工承揽合同”税目计算缴纳的印花税 = 15×0.5‰×10 000 = 75(元)(1 分)

(4) 该股份公司签订的融资租赁合同应缴纳的印花税 = 150×5×10 000×0.05‰ = 375(元)(1 分)

(5) 该股份公司记载资金的营业账簿应缴纳的印花税 = (3 000+150)×0.5‰×10 000×50% = 7 875(元)(1 分)

(6) 该股份公司按“技术合同”税目计算缴纳的印花税 = (1 200−500)×0.3‰×10 000 = 2 100(元)(1 分)

四、综合题

1. 【答案】

(1) 业务(1)：一般纳税人出租其 2016 年 4 月 30 日前取得的不动产，可以选择适用简

易计税方法，按照5%的征收率计算应纳税额。应纳的增值税＝120 000×5%＝6 000(元)。(1分)

业务(7)将房产抵押给银行抵顶利息，应按不动产租赁服务征收增值税。应纳的增值税＝2 400 000×5%÷12×5%＝500(元)。(1分)

业务1和业务7按“不动产租赁服务”缴纳的增值税＝6 000+500＝6 500(元)(1分)

(2)业务(4)：车辆购置税的计税依据为纳税人购买应税车辆而支付给销售方的全部价款和价外费用，但不含增值税，价外费用不包括销售方代办保险等而向购买方收取的保险费，以及向购买方收取的代购买方缴纳的车辆购置税、车辆牌照费。应纳的车辆购置税＝200 000×10%＝20 000(元)。(2分)

(3)转让房地产应纳的增值税＝(4 500 000－3 600 000)×5%＝45 000(元)(1分)

(4)业务(2)：代销福利彩票取得的手续费属于现代服务商务辅助服务中的经纪代理服务。

增值税销项税额＝20 000×6%＝1 200(元)(1分)

业务(3)：小规模纳税人不能抵扣进项税。该业务应纳的增值税＝161 800÷(1+3%)×3%＝4 712.62(元)。(2分)

业务(5)：中医按摩属于生活服务中的教育医疗服务，增值税销项税额＝100 000×6%＝6 000(元)。(1分)

业务(6)：举办文化讲座属于生活服务，增值税销项税额＝150 000×6%＝9 000(元)。(1分)

业务(8)：增值税销项税额＝(400 000+200 000)×6%＝36 000(元)(1分)

业务(9)：可以抵扣的进项税额＝500 000×13%＝65 000(元)(1分)

7月份合计应缴纳的增值税：一般计税办法应纳增值税＝1 200+6 000+9 000+36 000－65 000＝－12 800(元)；简易计税办法应纳增值税＝6 500+45 000+4 712.62＝56 212.62(元)，当期应纳增值税合计56 212.62元。(2分)

2.【答案】

(1)业务招待费的扣除限额＝(5 000+600)×0.5%＝28(万元)，发生额的60%＝50×60%＝30(万元)，限额与发生额的60%比较，税前允许扣除的业务招待费是28万元，业务招待费应调增的应纳税所得额＝50－28＝22(万元)。(2分)

(2)企业向个人借款，利率不能超过同期同类银行贷款利率，借款利息应调增的应纳税所得额为50万元。(1分)

(3)广告费的扣除限额＝(5 000+600)×15%＝840(万元)，实际发生了850万元，需要调增应纳税所得额10万元。(1分)

(4)资产减值准备金应调增的应纳税所得额为100万元。税法规定未经核定的准备金支出不得在税前扣除，所以要全部调增。(1分)

(5)职工福利费的扣除限额＝800×14%＝112(万元)，实际发生122万元，需要调增应纳税所得额10万元；职工教育经费的扣除限额＝800×8%＝64(万元)，实际发生25万元，不需要调整；工会经费的扣除限额＝800×2%＝16(万元)，实际发生16万元，不需要调整。(3分)

(6)投资收益应调减应纳税所得额50万元。企业取得的国债利息收入是免税的。(1分)

(7)房产税＝1 875×(1－20%)×1.2%＝18(万元)(1分)

(8)城镇土地使用税＝10×4＝40(万元)(1分)

(9)利润总额＝5 000+600+48+90－2 800－400－180－400－400－1 000－150－18－40＝350(万元)(2分)

(10)捐赠支出的扣除限额＝350×12%＝42(万元)，实际发生了80万元，需要纳税调增应纳税所得额38万元。发生的非广告性赞助支出不允许税前扣除，需要纳税调增应纳税所得额20万元。

弥补亏损前的应纳税所得额 = 350+22+50+10+100+10−50+38+20 = 550(万元)

弥补亏损后的应纳税所得额 = 550−140−240−100 = 70(万元)(2分)

(11)应缴纳的企业所得税 = 70×20%×25% = 3.5(万元)(1分)

模拟试卷(二) 参考答案及详细解析

一、单项选择题

1. A 【解析】选项B属于税收部门规章；选项C、D属于授权国务院立法，国务院经授权立法所制定的规定或条例等，具有国家法律的性质和地位。

2. B 【解析】当期应退税额 = 15(万元)

当期免抵税额 = 当期免抵退税额−当期应退税额 = 27−15 = 12(万元)

3. D 【解析】纳税人从农业生产者处购进用于生产销售13%税率货物的免税农产品以农产品销售发票或收购发票上注明的农产品买价和10%的扣除率计算进项税额。管理不善导致的货物损坏，其入账时确认的进项税额需要做转出处理，该罐头厂9月份不得抵扣的进项税额 = (25 560−560)÷(1−10%)×10%+560×9% = 2 828.18(元)。

4. A 【解析】一般纳税人提供劳务派遣服务，选择差额纳税的，可以选择适用简易计税方法计税。

5. B 【解析】从量税 = 2×2 000×0.5÷10 000 = 0.2(万元)

酒厂应代收代缴的消费税 = [12×(1−10%)+4.5+0.2]÷(1−20%)×20%+0.2 = 4.08(万元)

6. C 【解析】选项ABD，均是将自产的应税消费品用于其他方面，需要缴纳消费税；选项C，将自产的应税消费品用于连续生产应税消费品的，不缴纳消费税。

7. C 【解析】关税纳税义务人应当自海关填发税款缴款书之日起15日内，向指定银行缴纳税款。如关税缴纳期限的最后1日是周末或法定节假日，则关税缴纳期限顺延至周末或法定节假日过后的第1个工作日。第15日为10月14号，且为周日，所以应该顺延至周一，即10月15日。

8. B 【解析】超标分贝数 = 70−60 = 10(分贝)，适用税额为每月2 800元，声源一个月内超标不足15天的，减半计算应纳税额。应缴纳的环境保护税 = 2 800×50% = 1 400(元)。

9. A 【解析】因国家建设需要而搬迁，由纳税人自行转让原房产的，免征土地增值税。

10. A 【解析】融资租赁的房产，由承租人自融资租赁合同约定开始日的次月起依照房产余值缴纳房产税。应缴纳的房产税 = 1 000×(1−20%)×1.2%×6÷12 = 4.8(万元)。

11. A 【解析】自来水不属于资源税的征税范围。

12. C 【解析】房屋交换，交换价格不相等时，由支付价格差额的一方缴纳契税，所以甲应该缴纳契税。

13. A 【解析】选项B，军事设施占用耕地免征耕地占用税；选项C，农村居民在规定标准以内占用耕地新建住宅，按照当地适用税额减半征收耕地占用税；选项D，医疗机构占用耕地免征耕地占用税。

14. C 【解析】需要办理车辆登记注册手续的纳税人，向车辆登记地的主管税务机关申报纳税；不需要办理车辆登记注册手续的纳税人，单位纳税人向其机构所在地的主管税务机关申报纳税，个人纳税人向其户籍所在地或者经常居住地的主管税务机关申报纳税。

15. D 【解析】军队专用的车船免税；非机动车不属于车船税征税范围；警用车船

免征车船税；半挂牵引车按照整备质量每吨计算车船税。

16. A 【解析】对一份应纳税额超过500元的纳税人，可以采用汇贴纳税；对同一种类应纳税凭证，需频繁贴花的，纳税人可以根据实际情况自行决定是否采用按其汇总缴纳印花税的方式。

17. A 【解析】选项B，按“经营所得”缴纳个人所得税；选项C、D属于“特许权使用费所得”缴纳个人所得税。

18. A 【解析】存栏代售的牲畜属于消耗性生物资产；防风固沙林和水源涵养林属于公益性生物资产；只有薪炭林属于生产性生物资产。

19. C 【解析】特殊性税务处理的吸收合并，可由合并企业弥补的被合并企业的亏损限额=被合并企业净资产的公允价值×截至合并业务发生当年年末国家发行的最长期限的国债利率。甲企业弥补的乙企业亏损额=1 200×5%=60(万元)。

20. C 【解析】个人办理提前退休手续而取得的一次性补贴收入，应按照办理提前退休手续至法定离退休年龄之间实际年度数平均分摊，确定适用税率和速算扣除数，单独适用综合所得税率表，计算纳税。计算公式：应纳税额={[(一次性补贴收入÷办理提前退休手续至法定退休年龄的实际年度数)-费用扣除标准]×适用税率-速算扣除数}×办理提前退休手续至法定退休年龄的实际年度数

应纳税额=[(146 000÷2)-60 000]×3%×2=780(元)。

21. D 【解析】税务机关可按照以下标准确定非居民企业的利润率：

(1)从事承包工程作业、设计和咨询劳务的，利润率为15%~30%；

(2)从事管理服务的，利润率为30%~50%；

(3)从事其他劳务或劳务以外经营活动的，利润率不低于15%。

22. C 【解析】纳税人停业期间发生纳税义务，应当及时向主管税务机关申报，依法补缴应纳税款。

23. D 【解析】人民法院独立行使审判权，实行合议、回避、公开、辩论、两审、终审等，这些属于诉讼的共有原则。

24. D 【解析】对下列行政复议事项，按照自愿、合法的原则，申请人和被申请人在行政复议机关做出行政复议决定以前可以达成和解，行政复议机关也可以调解：

(1)行使自由裁量权作出的具体行政行为，如行政处罚、核定税额、确定应税所得率等。

(2)行政赔偿。

(3)行政奖励。

(4)存在其他合理性问题的具体行政行为。

二、多项选择题

1. AB 【解析】我国目前没有采用全额累进税率和超倍累进税率。

2. BCD 【解析】年应税销售额，是指纳税人在连续不超过12个月或四个季度的经营期内累计应征增值税销售额，包括纳税申报销售额、稽查查补销售额、纳税评估调整销售额。

3. BC 【解析】对商业企业向供货方收取的与商品销售量、销售额挂钩(如以一定比例、金额、数量计算)的各种返还收入，均应按照平销返利行为的有关规定冲减当期增值税进项税金。融资性售后回租业务中，承租方出售资产的行为不属于增值税的征税范围，不征收增值税。

4. ABD 【解析】纳税人用于换取生产资料和消费资料，投资入股和抵偿债务等方面的应税消费品，以纳税人同类应税消费品的最高价格作为计税依据计算消费税；选项C，将自产应税消费品分配给股东按平均售价计税。

5. AB 【解析】选项C，应该是比例税，而

非定额税；选项 D，补充城市维护建设资金的不足属于城市维护建设税的作用，而非特点。

6. ABC 【解析】以倒扣价格法估定关税完税价格时，下列各项应当扣除：(1)该货物的同等级或同种类货物，在境内第一销售环节销售时，通常的利润和一般费用及通常支付的佣金；(2)货物运抵境内输入地点起卸后的运输及其相关费用、保险费；(3)进口关税、进口环节海关代征税及其他国内税。

7. ACD 【解析】选项 A，人造石油不属于资源税的征税范围，生产人造石油的股份制企业不属于资源税的纳税人；选项 C，煤炭制品不属于资源税的征税范围，生产煤炭制品的集体企业不属于资源税的纳税人；选项 D，对进口应税资源产品的单位或个人不征收资源税，因此进口金属矿的私营企业不属于资源税的纳税人。

8. ACD 【解析】土地增值税以转让房地产的增值额为计税依据。

9. AC 【解析】选项 A，国家机关、事业单位、社会团体、军事单位承受土地、房屋用于办公，免征契税；选项 B，医院承受房屋用于经营宾馆要征收契税；选项 D，属于以特殊方式转移土地、房屋权属的，应视同土地使用权、房屋转让，承受方要缴纳契税。

10. ABC 【解析】已缴纳车船税的车船，在同一纳税年度内办理转让过户的，不另纳税，也不退税。

11. ABC 【解析】被分立企业对分立出去的资产按公允价值确认资产转让所得或损失。

12. ABC 【解析】选项 A、C，按照"财产转让所得"项目缴纳个人所得税；选项 B，按照综合所得中的"劳务报酬所得"项目缴纳个人所得税。

13. AD 【解析】选项 A，自 2017 年 1 月 1 日起，企业在境外取得的股息所得，在按规定计算该企业境外股息所得的可抵免所得税额和抵免限额时，由该企业直接或者间接持有 20%以上股份的外国企业，限于按照规定的持股方式确定的五层外国企业。选项 D，企业从境外取得营业利润所得，虽有所得来源国政府机关核发的具有纳税性质的凭证或证明，但因客观原因无法真实、准确地确认应当缴纳并已经实际缴纳的境外所得税税额的，除就该所得直接缴纳及间接负担的税额在所得来源国(地区)的实际有效税率低于 12.5%以上的外，可按境外应纳税所得额的 12.5%作为抵免限额。

14. BCD 【解析】选项 B，因税务机关责任，致使纳税人、扣缴义务人未缴或者少缴税款的，税务机关在 3 年内可要求纳税人、扣缴义务人补缴税款，但是不得加收滞纳金；选项 D，因纳税人、扣缴义务人计算等失误，未缴或者少缴税款的，税务机关在 3 年内可以追征税款、滞纳金；有特殊情况的，追征期可以延长到 5 年；选项 C，对偷税、抗税、骗税的，税务机关可以无限期追征其未缴或者少缴的税款、滞纳金或者所骗取的税款。

三、计算问答题

1. 【答案】

(1)A 公司来自 B 公司的股息所得，符合间接抵免条件，因为 A 公司对 B 公司的直接持股比例超过 20%。(1 分)

(2)A 公司直接缴纳的来自 B 公司股息的预提所得税为 50 万元。

B 公司所纳税额属于由 A 公司负担的部分=(本层企业就利润和投资收益所实际缴纳的税额+符合规定的由本层企业间接负担的税额)×本层企业向一家上一层企业分配的股息(红利)÷本层企业所得税后利润额=400×1 000÷3 600=111.11(万元)

A 公司来自 B 公司的所得直接缴纳和间接负担的税额=50+111.11=161.11(万元)(2 分)

(3) A 公司来自 B 公司股息所得调整后的应纳税所得额＝境外股息、红利税后净所得+该项所得直接缴纳和间接负担的税额之和－计算企业应纳税所得总额时已按税法规定扣除的有关成本费用中与境外所得有关的部分＝950+161.11－20＝1 091.11（万元）（1 分）

(4) 抵免限额＝1 091.11×25%＝272.78（万元）

直接缴纳和间接负担的税额为 161.11 万元，按照 161.11 万元抵免。

需补缴的税款＝272.78－161.11＝111.67（万元）（2 分）

2. 【答案】

(1) 当期销项税额＝980×13%＝127.4（万元）

当期进项税额＝26+56×10%+5×9%+0.78＝32.83（万元）

当期应缴纳的增值税＝127.4－32.83＝94.57（万元）（2 分）

(2) 组成计税价格＝[56×(1－10%)+5+6]÷(1－5%)＝64.63（万元）

被代收代缴的消费税＝64.63×5%＝3.23（万元）（1 分）

(3) 销售和视同销售实木地板应纳的消费税＝(980+980÷2 500×100)×5%＝50.96（万元）

生产领用实木地板应抵扣的消费税＝3.23×50%＝1.62（万元）

应缴纳的消费税＝50.96－1.62＝49.34（万元）（3 分）

【英文答案】

(1) Output VAT = 9 800 000 × 13% = RMB1 274 000

Input VAT = 260 000+560 000×10%+50 000×9%+7 800 = RMB328 300

VAT = 1 274 000－328 300 = RMB945 700

(2) Composition of taxable price = [560 000×(1－10%)+50 000+60 000]÷(1－5%) = RMB646 300

Deduction of consumption tax = 646 300×5% = RMB32 300

(3) Consumption tax for sales and deemed sales of solid wood flooring = (9 800 000 + 9 800 000÷2 500×100)×5% = RMB509 600

Consumption Tax Deductible for Production and Consumption of Solid Wood Flooring = 32 300×50% = RMB16 200

Consumption tax = 509 600 － 16 200 = RMB493 400

3. 【答案】

(1) 张某应预扣预缴的个人所得税＝(16 000－1 960－1 000－2 000－5 000)×3%＝181.2（元）（1 分）

(2) 如果 A 公司未履行代扣代缴个人所得税的义务，该税款仍由张先生缴纳，B 公司应承担应扣未扣税款 50%以上至 3 倍以下的罚款。（1 分）

(3) 全年一次性奖金选择不并入综合所得计算个人所得税。

全年一次性奖金不并入综合所得应缴纳的个人所得税：

18 500÷12＝1 541.67 元，适用的个人所得税税率为 3%；

全年一次性奖金应缴纳个人所得税＝18 500×3%＝555（元）

全年应缴纳个人所得税合计＝(16 000×12－1 960×12－1 000×12－2 000×12－60 000)×10%－2 520+555＝5 283（元）

全年一次性奖金并入综合所得计算应缴纳的个人所得税：

＝(16 000×12－1 960×12－1 000×12－2 000×12－60 000+18 500)×10%－2 520＝6 578（元）

综上所述，全年一次性奖金并入综合所得，工资薪金所得全年应缴纳个人所得税为 6 578 元，不并入则全年应缴纳个人所得税 5 283 元，因此选择不并入。（2 分）

(4) 出租住房应缴纳的个人所得税＝(2 000－800)×10%×2＝240（元）（1 分）

(5)居民个人取得综合所得，需要办理汇算清缴的，应当在取得所得的次年3月1日至6月30日内办理汇算清缴。(1分)

4.【答案】

(1)甲公司申请办理税务登记手续的期限为合同签订之日起30日内。(1分)

(2)甲公司申请办理注销税务登记的期限为项目完工后15日内。(1分)

(3)应纳税所得额=600×15%=90(万元)

应缴纳的企业所得税=90×25%=22.50(万元)(2分)

(4)应缴纳的增值税=600×6%=36(万元)(1分)

(5)应缴纳的城建税、教育费附加和地方教育附加=36×(7%+3%+2%)=4.32(万元)(1分)

四、综合题

1.【答案】

(1)销项税=58×6%=3.48(万元)(0.5分)

(2)关税=20×40%=8(万元)

进口增值税=(20+8)÷(1-10%)×13%=4.04(万元)

进口消费税=(20+8)÷(1-10%)×10%=3.11(万元)

进口环节的税金合计=8+4.04+3.11=15.15(万元)(1分)

(3)业务(1)：进项税=230×13%=29.9(万元)

业务(2)：销项税=1 850×2 580×13%÷10 000=62.05(万元)

业务(3)：销项税=(38×350 000÷10 000+11.17÷1.13)×13%=174.19(万元)

业务(4)：应税消费品用于抵偿债务，以最高价计算消费税，按平均价计算增值税。

销项税=(4 500+475)×38×13%÷10 000=2.46(万元)

业务(5)：销项税=5×13%=0.65(万元)

业务(6)：进项税=1×13%=0.13(万元)

销项税=85 080÷1.13×13%÷10 000=0.98(万元)

业务(7)：销项税=245÷1.13×80%×13%=22.55(万元)

业务(8)：销项税=111.7÷1.13×13%=12.85(万元)

业务(10)：进项税=18×13%+0.72=3.06(万元)

销项税合计=62.05+174.19+2.46+0.65+0.98+22.55+12.85+3.48=279.21(万元)

可以抵扣的进项税合计=29.9+0.13+4.04+3.06+118×13%=52.47(万元)

本期应纳的增值税=279.21-52.47=226.74(万元)(7分)

(4)代收代缴消费税=(10+5)÷(1-10%)×10%=1.67(万元)(0.5分)

(5)业务(2)：消费税=1 850×2 580×10%÷10 000=47.73(万元)

业务(3)：消费税=(38×350 000÷10 000+11.17÷1.13)×10%=133.99(万元)

业务(4)：应税消费品用于抵偿债务，以最高价计算消费税，按平均价计算增值税。

消费税=(4 500×38+475×40)×10%÷10 000=1.9(万元)

业务(6)：委托加工过程中消费税、城建税和教育费附加、地方教育附加由受托方代收代缴。收回后销售，售价大于受托方计税价格，需要补缴消费税。

消费税=85 080÷1.13×10%÷10 000-(2+1)÷(1-10%)×10%=0.42(万元)

业务(7)：消费税=245÷1.13×80%×10%=17.35(万元)

业务(8)：消费税=111.7÷1.13×10%=9.88(万元)

本期生产领用高尔夫球握把金额=127+118-6=239(万元)

可以抵扣的消费税=239×10%=23.9(万元)

本期应纳的消费税=47.73+133.99+1.9+0.42+17.35+9.88-23.9=187.37(万元)(5

分）

（6）本期应纳的城建税和教育费附加＝（226.74＋187.37）×（7%＋3%）＝41.41（万元）（1分）

2.【答案】

（1）业务招待费发生额的60%为48万元；销售收入的5‰为37万元，税前允许扣除37万元，纳税调增43万元；

广告费税前扣除限额＝7 400×15%＝1 110（万元）

当年发生的480万元广告费可全额扣除，并可扣除以前年度结转的广告费65万元，应调减应纳税所得额65万元。

业务（1）应调整的应纳税所得额＝43－65＝－22（万元），即纳税调减22万元。（3分）

（2）投资收益中应纳税的财产转让所得＝116－86＝30（万元）

国债利息、股息红利免税，纳税调减101万元（86＋15）。（2分）

（3）境外所得在我国应补的企业所得税＝49÷（1－15%）×（25%－15%）＝5.76（万元）（2分）

（4）外购设备应调增的会计利润＝90－90×（1－5%）÷10÷12×6＝85.73（万元）（2分）

（5）接受捐赠应调增的会计利润＝50＋6.5＝56.5（万元）（2分）

（6）向灾区捐赠应调增的应纳税所得额：

公益捐赠税前扣除限额＝会计利润×12%＝（170＋56.5＋85.73）×12%＝312.23×12%＝37.47（万元）

实际捐赠额＝80（万元）

实际捐赠额超过税法规定的扣除限额，调增的应纳税所得额＝80－37.47＝42.53（万元）（2分）

（7）公司应补缴的企业所得税＝（312.23－22－101－49＋42.53）×25%－42.5（已纳）＋5.76（境外补税）＝8.95（万元）（3分）

致亲爱的读者

“梦想成真”系列辅导丛书自出版以来，以严谨细致的专业内容和清晰简洁的编撰风格受到了广大读者的一致好评，但因水平和时间有限，书中难免会存在一些疏漏和错误。读者如有发现本书不足，可扫描“扫我来纠错”二维码上传纠错信息，审核后每处错误奖励10元购课代金券。（多人反馈同一错误，只奖励首位反馈者。请关注“中华会计网校”微信公众号接收奖励通知。）

在此，诚恳地希望各位学员不吝批评指正，帮助我们不断提高完善。

邮箱：mxcc@cdeledu.com

微博：@ 正保文化

扫我来纠错

中华会计网校
微信公众号

加強判解研究
推進司法改革

肖揚

二〇〇〇年
七月一日